城市图书馆发展模式研究

——以铜陵市图书馆为例

徐常宁　刘锦山　主编

国家圖書館出版社
National Library of China Publishing House

图书在版编目（CIP）数据

　　城市图书馆发展模式研究：以铜陵市图书馆为例/徐常宁，刘锦山主编. --北京：国家图书馆出版社，2016.10
　　ISBN 978 - 7 - 5013 - 5916 - 5

　　Ⅰ.①城…　Ⅱ.①徐…　②刘…　Ⅲ.①市级图书馆—图书馆发展—发展模式—研究—中国　Ⅳ.①G259.252.2

　　中国版本图书馆 CIP 数据核字（2016）第 195429 号

书　　名　城市图书馆发展模式研究——以铜陵市图书馆为例
著　　者　徐常宁　刘锦山　主编
责任编辑　金丽萍　高　爽　唐　澈

出　　版　国家图书馆出版社（100034　北京市西城区文津街 7 号）
　　　　　（原书目文献出版社　北京图书馆出版社）
发　　行　010 - 66114536　66126153　66151313　66175620
　　　　　66121706（传真）　66126156（门市部）
E-mail　nlcpress@ nlc. cn（邮购）
Website　www. nlcpress. com ——→投稿中心
经　　销　新华书店
印　　装　北京联兴盛业印刷股份有限公司
版　　次　2016 年 10 月第 1 版　2016 年 10 月第 1 次印刷

开　　本　787 毫米×1092 毫米　1/16
印　　张　20.75
字　　数　490 千字

书　　号　ISBN 978 - 7 - 5013 - 5916 - 5
定　　价　38.00 元

本书编辑委员会

序　言

　　进入新世纪,我国公共图书馆事业迎来了历史上最好的发展时期,这不仅体现在各级政府对公共图书馆事业投入逐年增加,图书馆办馆条件、服务水平逐年提升,更体现在社会公众对图书馆期待不断深化,图书馆内涵不断嬗变。我们高兴地看到,图书馆正在经历从"重物"向"重人"的转变,从"重书"向"重知识"的转变。我们可以将公共图书馆的发展大致划分为三个阶段:第一代图书馆、第二代图书馆与第三代图书馆。第一代图书馆以藏书为中心,藏书与阅览区域一般是分开的;第二代图书馆以开放为特征,实行开架借阅,读者可以自由徜徉于书架之间,但第一代和第二代图书馆仍然是以书为基础的;第三代图书馆是超越书、超越传统图书馆的"以人为本"的图书馆,致力于促进知识流通、创新交流环境、注重多元素养、激发社群活力,扮演知识中心、学习中心和交流中心的角色。

　　多年来,面对我国公共图书馆事业发展的伟大实践,业内人士从多个角度和视域进行理论总结,取得了不少成果,有力促进了我国公共图书馆事业的发展。作为公共图书馆的重要组成部分,城市图书馆一直扮演着引领和推动公共图书馆事业发展的角色,越来越多的城市图书馆在构建现代公共文化服务体系过程中发挥着重要的引领和支撑作用。

　　在 2016 年中国图书馆年会即将召开之际,《城市图书馆发展模式研究——以铜陵市图书馆为例》一书的出版,适逢其时,恰到好处。本书不仅是我国城市图书馆发展的一次大检阅,汇集全国各地以及国外具有代表性的 11 个城市图书馆发展案例,而且让我们从中看到了一个独特的"铜陵经验":一座平凡的城市所打造的不平凡的公共文化服务景象。铜陵地处我国中部,在近年来城市转型与文化供给侧改革的背景下,大力发展公共文化事业,图书馆事业取得了长足的发展与进步。不仅如此,本书还从更广阔的视野和格局,对城市图书馆的发展实践进行了理论总结,并与全国 18 位专家、学者和图书馆馆长围绕图书馆发展进行全方位的深刻对话,内容涉及图书馆理论、体系化建设、图书馆创新、图书馆治理、图书馆业务、技术与未来趋势等诸多方面,力图全方位、多角度、多层次地呈现当今背景下我国城市图书馆发展的样式和图景,以此纪念 2016 年中国图书馆年会的召开,颇具匠心。

　　当我在 2015 年年底中国图书馆年会闭幕式上听到安徽省铜陵市获 2016 中国图书馆年会举办权的消息时,脱口说了一句"没想到",以前几届年会都是在发达城市举办的,尤其是广州年会,把年会办到几乎可以说是无与伦比的地步,那铜陵能给予我们什么样的惊喜呢?看了这本书,我真的有一种"没想到"的感觉。

　　这本书已经给予我们答案:铜陵的精彩不仅在年会之中,更在年会之外、年会之后。

　　是为序。

吴建中

中国图书馆学会副理事长

中国图书馆学会学术研究委员会主任

2016 年 9 月 1 日

目　　录

前　言

构建现代公共文化服务体系、保障人民群众基本文化权益是党中央、国务院的重要战略举措，也是各级党委和政府的职责所在。随着2015年1月中办、国办《关于加快构建现代公共文化服务体系的意见》的印发，现代公共文化服务体系的建设工作进入了一个迅猛发展的阶段。而《公共文化服务保障法》与《公共图书馆法》立法工作不断推进，更加彰显了现代公共文化服务体系的构建工作从业务驱动、政策驱动为主正在逐步转变为立法驱动为主，政策驱动、业务驱动为辅的格局，这一转变是符合现代公共文化服务体系发展规律的，这一转变将会促进现代公共文化服务体系建设工作进入一个新的历史发展阶段。在这样一个历史阶段，我们将肩负起更大的历史责任。

铜陵市位于安徽省中南部，下辖一县三区，面积3008平方公里，人口172万，建市史仅60年，素有"中国古铜都""当代铜基地"之称，是一座工贸港口城市，曾面临矿竭城衰、产业转型、环境治理等多重压力。"十二五"期间，铜陵市政府下大力气进行资源型城市转型建设，顺利实现了从资源枯竭型城市到文化宜居新城的转型，以公益性、基本性、均等性、便利性为原则，紧贴城乡居民的精神文化需求，大力加强城乡公共文化服务体系建设，取得了显著的成效。2012年以来，财政投入到博物馆、文化馆、图书馆新馆，大剧院改造，职工文化活动中心和市体育中心的建设资金近20亿元，已建成5个公共图书馆、5个文化馆、2个博物馆、1个美术馆、1个大剧院、14个乡镇综合文化站、217个农家(社区)书屋和78个社区文化家园。全市人均拥有公共文化设施面积0.11平方米，人均公共文化事业费44.6元，人均公共藏书量1册，人均开展文化活动0.8次/年，各项人均指标超过全国、全省平均水平，拥有"全国文明城市""国家卫生城市""国家园林城市""中国优秀旅游城市"等多项荣誉称号。在这样的背景下，铜陵市的公共文化服务事业的发展，有两件大事值得一提：

2015年5月，铜陵市参与第三批国家公共文化服务体系示范区申报，以中部地区排名第二的成绩，成功获得国家公共文化服务体系示范区创建资格。这是多年来铜陵市党政领导高度重视、持之以恒推进文化建设，广大干部群众积极参与、共同努力的结果。在这一过程中，在市委、市政府的领导下，我们不断发力推动现代公共文化服务体系建设，立足群众需求，积极探索公共文化服务供给侧改革，铜陵市文化和旅游委员会指导市图书馆以"一切服务读者"为核心理念，着力构建"图书馆＋"的铜陵模式，打造城乡"十分钟阅读圈"，推动城乡全民阅读体系建设。2015年12月，铜陵市图书馆新馆建成开馆，基于"图书馆＋"的理念，建成了国内首个公共图书馆、书店、高校图书馆综合体，通过与书店联建"你读书、我买单"平台，与高校共建创客空间，实现馆店校有机融合。目前，全市以市、县(区)图书馆为中心构建了"中心馆—总分馆"体系，以市馆为中心馆，县(区)馆为总馆，分馆覆盖各乡镇社区，同时建新馆、留老馆，以满足群众需求为出发点，打破按行政层级设置文化设施的传统模式。

2015年12月，在广州中国图书馆年会闭幕式上，文化部决定，2016年中国图书馆年会举办城市为安徽省铜陵市，这是年会首次落户中部地区，而且是中部地区的一个中小城市。铜陵市委、市政府高度重视，将承办中国图书馆年会列为市委、市政府年度重点工作，在文化部公共文化司、中国图书馆学会的精心指导下，在省文化厅的支持下，铜陵市的筹备工作也紧锣密鼓地展开：成立了中国图书馆年会铜陵市筹备委员会，由市委书记任第一主任，市长任主任，分管市领导任副主任，设立了6个工作组，33个市直部门为成员单位，明确了各工作组主要职责和各成员单位具体职责，召开定期例会，推进筹备工作。同时，以年会为契机，加强宣传力度，展示铜陵市图书馆事业发展成就。《人民日报》、新华社、中央电视台、《光明日报》《中国文化报》《工人日报》等多家中央级媒体对铜陵市图书馆和全民阅读点进行了多次报道，产生了良好的社会反响，为年会举办营造了浓厚的舆论氛围。我们还借机策划了图书馆之夜、古籍保护、少儿阅读推广及读书服务等系列活动，结合铜陵建市60周年和文化惠民活动季，向市民免费赠送展会门票，吸引市民参观感受。举办中国图书馆年会已成为全市的共同任务，并被省文化厅列入全年的工作要点。

任何历史阶段，尤其是在事业飞速发展时期，理论与实践的深入互动、相互促进都是事业可持续发展必不可少的重要条件。作为现代公共文化服务体系的重要组成部分，图书馆事业的发展对于现代公共文化服务体系的构建具有十分重要的意义。从而，对于图书馆特别是公共图书馆事业发展实践与现代公共文化服务体系构建这一具有重要现实与历史意义课题的研究，其重要性就不言而喻了。在2016年中国图书馆年会即将召开之际，《城市图书馆发展模式研究——以铜陵市图书馆为例》这本书得已出版，是我们为这一行业盛会的胜利召开献上的一份薄礼，这既凝聚了铜陵市图书馆人的心血，又凝聚了全国图书馆届同人、专家、学者的智慧。该书基于城市化与现代公共文化服务体系构建这一宏大背景，结合我国城市图书馆发展实践对城市图书馆发展模式进行深入的理论研究和思考，书中既有理论探索，也有实践案例；既有作者独立的思考，还有与全国著名的专家、学者、馆长的对话；既介绍了国内外兄弟图书馆的发展经验，也着重介绍了铜陵市图书馆近年来的积极探索。我们期待这本书能在此次盛会上起到抛砖引玉的作用，引发图书馆行业乃至全社会对城市与城市图书馆发展的大讨论，为政府决策和图书馆行业自身的思考提供参考。同时，也为铜陵市学习全国城市图书馆和公共文化服务体系建设的最先进、最前沿的发展理念和理论、服务举措和科技创新手段提供一个难得的机会。

"十三五"时期是全面建成小康社会的决胜阶段，也是铜陵市加快转型发展的关键时期。在市委、市政府的领导下，深入贯彻习近平总书记系列重要讲话精神，紧紧围绕"四个全面"的战略布局，全面践行创新、协调、绿色、开放、共享的发展理念，按照"抢占竞争制高点、争当发展排头兵"的目标定位，实现铜陵市更高质量、更有效率、更加公平、更可持续的发展，是"十三五"时期铜陵市社会经济发展的主要目标。2016年是"十三五"的开局之年，也是推进供给侧改革，全面实施"调转促"行动计划的攻坚之年。在新形势下，政府要以群众个性化的实际需求为导向，从硬件和软件两个方面，把市场资源和政府资源进行有效嫁接，从而增加、改进文化服务的有效供给，建立完善的公共文化服务体系。城市公共图书馆作为公共文化服务体系建设的重要力量，仍然是铜陵市政府在"十三五"期间重点支持和发展的领域。

铜陵市的图书馆事业虽然取得了一定的成就，但依然面临种种考验。此次能够有幸承办2016中国图书馆年会，希望来自全国各地的图书馆界专家学者能够为铜陵市的图书馆事业传经送宝，提出宝贵的意见和建议。

预祝2016中国图书馆年会圆满成功！欢迎全国图书馆界的朋友们莅临美丽铜陵！

徐常宁

2016年9月1日

绪　　论

一、城市发展与城市图书馆

城市图书馆,位于城市的公共图书馆,为城市居民提供文化和信息服务,因而其发展长久以来一直与所在城市的发展密不可分。一方面,城市的发展为城市图书馆的发展创造了条件,带来了契机;另一方面,城市图书馆也越来越深刻地影响着城市的发展。尤其是进入21世纪以来,伴随着我国经济的快速增长、社会的进步以及城市化进程的加快,我国的城市图书馆事业进入了一个崭新的发展阶段,与城市一道正经历着信息时代变革的洗礼。

数字城市、智慧城市、学习型城市、宜居城市等概念的相继提出,使城市的建设从注重经济向提升"软实力"方向发展,城市发展已从"注重数量"步入"注重质量"的转型阶段,而城市图书馆也在不断寻求着自身发展的途径和动力,力求在这场变革中更深入地影响城市的发展,在实践中更主动而积极地发挥自身的文化潜力,为城市的文化、经济、政治发展注入新的活力。

近10多年来城市图书馆取得的成就以及对其所在城市发展带来的积极影响可谓有目共睹,城市图书馆事业也逐渐引起社会各界越来越多的关注,对城市图书馆进行研究和探讨的学者也在逐年增多。而研究城市图书馆,我们首先要从宏观上了解城市图书馆所处的环境,即城市正在经历哪些变革、其未来的发展趋势和方向如何,才能有助于我们以战略的眼光重新审视城市图书馆,为其发展寻找方向、定位和空间。

1. 全球城市化进程的发展趋势和方向

城市是人类社会发展和文明进步的产物,从其产生、发展到今天,经历了早期城市、古代城市、近代城市以及现代城市化的漫长发展过程,在这一过程中,城市的运行、功能等发生了翻天覆地的变化。尤其是第二次世界大战以来,在全世界范围内,城市发生的最显著的变化就是城市化进程加速带来的城市人口的不断增加和城市规模的不断扩大,以及城市总体数量的增加,城市化已然成为一个全球性现象。作为一个社会经济的转化过程,城市化包括人口流动、地域景观变化、产业结构转变、社会文化发展等诸多方面的变化,是当前城市改善环境、促进科技和经济发展、加强文化交流,进行人口转化、产业调整和工业发展的主要动力。

联合国经济和社会事务部(Department of Economic and Social Affairs)在2014年7月发布的《世界城市化展望2014》报告显示:在全球范围内,越来越多的人生活在城市。1950年,仅有30%的世界人口居住在城市。而到了2014年,全世界城市居民所占比例已跃升为54%。预计到2050年,将会有66%的世界人口居住在城市。世界城市人口从1995年以来一直处于快速增长阶段,具体体现为已从1995年的7.46亿人增长为2014年的39亿人。预计在2050年,世界的城市化人口将会再增加25亿人。其中,有近90%的增长都集中在亚洲和非洲①。由于发达国家较早进入城市化进程,其城市化已达到了较高的水平,因此,现阶段城市数量增长最快、城市人口数量增长最快、大城市乃至特大城市数量增长最快的国家均为包括我国在内的发展中国家。

然而,世界各国在享受这一过程带来的经济红利的同时,也不得不面对由此产生的诸多社会问题,如人口膨胀、环境恶化、交通拥堵、住房紧张等物质环境和形体空间的问题,更深层次的问题还有城市文化的匮乏,市民对于所居住城市的认同感、满意度下降,使得整个城市建设缺乏凝聚力,居民幸福感下降。例如,20世纪的最后20年里,随着东南亚城市化步伐的不断加快,东盟四国的城市化呈超常发展的态势,城市在质与量的发展上出现严重背离的二元化趋势,即城市在量上的飞速增长与在质上的缓慢发展呈现相对背离的趋势,主要表现为城市中政治、经济、文化等方面结构的断层和分化,而造成这一后果的重要原因之一是没有注重城市文化的建设,使得西方文化大行其道,城市文化的历史性和地方性逐渐丧失,西方文化和传统文化并没有得到很好的融合②。

德国是世界上高度城市化的国家之一,其城市化的速度快,城市化的水平和质量也较高。究其城市化成功的原因,除德国的中小城市多,分布比较均匀,各城市在基础设施方面无很大差异外,还有一个很重要的原因就是注重城市文化建设,各城市都有其独特的城市文化,无论城市大小,学校、幼儿园、图书馆等文化教育设施配置合理而齐全③。

时至今日,越来越多的人已经意识到,城市化进程已不仅仅是人口由农村向城市的简单转移过程,其内涵更加丰富,在关注经济的同时更应关注城市文明,关注不同文化的融合,文化资源与文化产业正成为推动城市发展的重要生产要素与先进生产力代表④。在当今世界,无论是文化产业直接带来的巨大经济效益,还是文化事业对社会发展方向的引领,都表明文化发展在人类可持续发展中占据着越来越重要的地位。因此,文化型城市是当今世界城市化的发展趋势和方向。

2. 我国的城市化进程及公共文化建设

(1)我国城市化进程的发展趋势

城市化是一个国家实现现代化的必由之路。从20世纪70年代末,我国的城市化进程明显加快。进入21世纪以来,受经济全球化的影响,我国的城市化进程空前加速,已涌现出很多新城市,大城市持续快速发展,并已形成若干大都市连绵区,出现了郊区与城市中心区共同繁荣的景象,形成了珠三角、长三角、环渤海地区三大都市圈。据统计,1978—2013年,我国城镇常住人口从1.7亿人增加到7.3亿人,城镇化率从17.9%提升到53.7%,城市数量从193个增加到658个,建制镇数量从2173个增加到20 113个⑤。和世界上其他国家一样,我国的城市化进程虽然推动了经济的持续快速发展,但也出现了所谓的"城市病",盲目追求

---

① Department of Economic and Social Affairs. World Urbanization Prospects 2014 Revision [EB/OL]. [2016 – 03 – 30]. http://10.1.2.8/files/12210000009D4202/esa. un. org/unpd/wup/Highlights/WUP2014-Highlights. pdf.

② 牛笑风. 城市化:仅有城市是不够的——东盟四国城市化二元发展的启示[J]. 浙江师范大学学报(社会科学版),2004,29(4):34—38.

③ 王伟波等. 德国的城市化模式[J]. 城市问题,2012(6):87—91.

④ 刘士林. 特色文化城市与中国城市化的战略转型[J]. 天津社会科学,2013(1):122—127.

⑤ 国务院. 国家新型城镇化规划(2014—2020年)[EB/OL]. [2016 – 03 – 30]. http://www. gov. cn/gongbao/content/2014/content_2644805. htm.

经济发展的城市化对城市生活方式和城市文化生态造成了诸多严重的负面影响,诸如交通拥堵、就业困难、房价上涨、环境恶化、公共服务供给能力不足等,居民的幸福感指数下降,生活压力加大,甚至出现了"逃离北上广"的现象。

2005年,北京市明确其城市发展目标为"国家首都、国际城市、文化名城、宜居城市"①,首次提出建设"宜居城市",成为2005年影响中国城市发展十件大事之一②。2007年5月,建设部《宜居城市科学评价标准》正式对外发布,其中的"教育文化体育设施"指标规定,每万人拥有公共图书馆、文化馆(群艺馆)、科技馆数量为0.3个③。此后,我国开始出现以宜居指数、生态指数、幸福指数等城市发展观为标志的城市建设模式,我国的城市化进程开始转为以提升质量为主,不仅重视实体城市的建设,更注重城市文化建设的转型发展阶段。

近10年来,随着我国城镇化进程的不断加快,更加明确了城镇化过程要伴随着区域文化的传承、演变、创新和发展,文化不仅是城镇化进程中的重要组成部分,也是城镇化健康平稳发展的重要推动力量。2011年,文化部委托中国传媒大学就"新型城镇化与文化发展"进行课题研究,并于2014年年初正式出版了《新型城镇化与文化发展研究报告》,探讨了新型城镇化与文化发展的关系。2014年3月,国务院印发了《国家新型城镇化规划(2014—2020年)》,进一步提出要注重人文城市建设,"发掘城市文化资源,强化文化传承创新,把城市建设成为历史底蕴厚重、时代特色鲜明的人文魅力空间""培育和践行社会主义核心价值观,加快完善文化管理体制和文化生产经营机制,建立健全现代公共文化服务体系、现代文化市场体系。鼓励城市文化多样化发展,促进传统文化与现代文化、本土文化与外来文化交融,形成多元开放的现代城市文化"。其中人文城市的建设重点就包括建设城市公共图书馆、文化馆、博物馆、美术馆等文化设施④。

2014年11月,由中央党校报刊社主办的我国新型城镇化发展的权威论坛——第三届中国城市管理高峰论坛在天津召开,此次论坛首次邀请了文化部相关人士参加。文化部部长助理刘玉珠在论坛开幕讲话中指出,新型城镇化的核心是人的城镇化,这决定了文化在城镇化建设过程中是不可缺失的⑤。文化部公共文化司司长张永新发表了题为"新型城镇化进程中的公共文化服务体系建设"的主题演讲,认为城镇化是中国现代化进程当中不可逆转的历史趋势,是经济转型、社会变迁与文化融合协同发展的过程。从世界范围来看,任何一个大规模的城市化浪潮必然带来文化的转型和人们思想观念的转变。就我国来看,当前的城镇化也给文化发展特别是公共文化服务体系建设带来了新的挑战⑥。

---

① 北京市规划委员会. 北京城市总体规划(2004—2020年)[EB/OL]. [2016-03-30]. http://www.bjghw.gov.cn/web/static/articles/catalog_349/article_6198/6198.html.
② 刘苈忆. 专家评出2005年影响中国城市发展十件大事[EB/OL]. [2016-03-30]. http://politics.people.com.cn/GB/1026/4025239.html.
③ 新华网. 中国《宜居城市科学评价标准》正式出台[EB/OL]. [2016-03-30]. http://news.xinhuanet.com/politics/2007-05/30/content_6175236_2.htm.
④ 国务院. 国家新型城镇化规划(2014—2020年)[EB/OL]. [2016-03-31]. http://www.gov.cn/gongbao/content/2014/content_2644805.htm
⑤ 马榕. 文化部部长助理刘玉珠进行论坛开幕讲话[EB/OL]. [2016-03-31]. http://finance.chinanews.com/house/2014/12-04/6843736.shtml.
⑥ 张永新. 新型城镇化进程中的公共文化服务体系建设[EB/OL]. [2016-03-31]. http://www.ndcnc.gov.cn/shifanqu/zixun/201412/t20141202_1028909.htm.

（2）城市化进程中的公共文化建设

早在 2002 年，文化部和财政部就共同下发了《关于实施全国文化信息资源共享工程的通知》，在全国范围组织实施了文化信息资源共享工程（以下简称"共享工程"），目的是应用现代信息技术，将中华优秀文化信息资源进行数字化加工与整合，依托各级公共图书馆、文化馆（站）等公共文化设施，通过互联网、广播电视网、无线通信网等新型传播载体，在全国范围内实现中华优秀文化资源的共建共享。共享工程成为政府提供公共文化服务的重要手段，省级、市级城市公共图书馆在工程实施中发挥了骨干作用，成为共享工程实施的主要力量。

此后，伴随着城镇化进程的加快，公共文化服务体系建设被正式纳入国民经济和社会发展五年规划之中。2006 年 3 月 14 日，十届全国人大四次会议表决通过了关于《国民经济和社会发展第十一个五年规划纲要》的决议，提出要"丰富人民群众精神文化生活""积极发展文化事业和文化产业，创造更多更好适应人民群众需求的优秀文化产品。加大政府对文化事业的投入，逐步形成覆盖全社会的比较完备的公共文化服务体系"①。同年 9 月，中共中央办公厅、国务院办公厅印发了《国家"十一五"时期文化发展规划纲要》，进一步对公共文化服务体系建设进行了部署，并提出要完善大中城市公共文化设施，加强图书馆、博物馆和文化馆（中心）建设②。此后，我国还相继出台了《关于加强公共文化服务体系建设的若干意见》《国家"十二五"时期文化发展规划纲要》《关于加快构建现代公共文化服务体系的意见》等政策性文件，公共文化服务体系建设全面展开。在此后的 10 多年间，公共文化领域成为财政预算安排重点支持的领域之一。2006 年，财政用于文化事业的支出为 685 亿元，到 2014 年已跃升为 2753 亿元③。

2011 年，文化部、财政部共同推出"数字图书馆推广工程"，目的是搭建以各级数字图书馆为节点的数字图书馆虚拟网，建设优秀中华文化集中展示平台、开放式信息服务平台和国际文化交流平台，打造基于新媒体的公共文化服务新业态，最终实现数字图书馆的服务惠及全民，切实保障公共文化服务的公益性、基本性、均等性、便利性，最大限度地发挥数字图书馆在文化建设中引导社会、教育人民的功能。该工程以国家图书馆、省级公共图书馆、地（市）级和县（市）级公共图书馆为实施主体，截至 2013 年，已在全国大部分省级和地市级公共图书馆成功实施④。

2011 年，文化部、财政部共同启动了"国家公共文化服务体系示范区（项目）创建工程"，要求按照公益性、均等性、基本性、便利性的要求，在全国创建一批网络健全、结构合理、发展均衡、运行有效的公共文化服务体系示范区，培育一批具有创新性、带动性、导向性、科学性的公共文化服务体系项目，为我国公共文化服务体系建设探索经验、提供示范，推动公共文

① 全国人大四次会议.中华人民共和国国民经济和社会发展第十一个五年规划纲要[EB/OL].[2016-03-31]. http://news.xinhuanet.com/misc/2006-03/16/content_4309517.htm.
② 国务院办公厅.国家"十一五"时期文化发展规划纲要（全文）[EB/OL].[2016-03-31].http://www.chinalibs.net/ArticleInfo.aspx?id=364218.
③ 财政部.2014年全国一般公共预算支出决算表[EB/OL].[2016-03-31].http://yss.mof.gov.cn/2014czys/201507/t20150709_1269855.html.
④ 数字图书馆推广工程.工程介绍[EB/OL].[2016-03-30].http://www.ndlib.cn/gcjs_1/201108/t20110818_47872.htm.

化服务体系建设科学发展①。2011年5月，文化部公布了第一批示范区(项目)名单，并于2013年完成验收。示范区的创建极大地推动了区内公共图书馆的发展，各公共图书馆也抓住这一契机，在服务、管理方面进行了大量的创新实践，如嘉兴市的城乡一体化公共图书馆服务体系建设、陕西省铜川市的公共图书馆服务一体化建设、重庆大渡口区的文化馆和图书馆总分馆制建设等。

2012年，为进一步加强公共数字文化建设，提高公共文化服务能力，推动覆盖城乡的公共文化服务体系建设，保障数字化、信息化、网络化环境下公共文化服务的公益性、基本性、均等性、便利性，提高公民思想道德素质和科学文化素质，依托共享工程的服务网络、共享工程及国家图书馆的数字资源，文化部和财政部在全国推广实施了公共电子阅览室建设计划，由共享工程各省级分中心担负本省(区、市)公共电子阅览室的资源建设、技术支持和工作人员培训等工作。由于省级分中心一般都设在省级公共图书馆，因此，省级公共图书馆以及各市县级公共图书馆又一次在计划的实施中发挥了重要作用。

这一系列的数字文化建设工程的启动和实施，推动了公共文化服务体系的进一步形成，提高了公共文化的服务能力，广大的城市公共图书馆也成为各项工程实施的主力军，在自身发展壮大的同时带动和帮扶了基层和乡镇图书馆的建设和发展。可以说，在城市实体建设逐渐与城市文化建设并驾齐驱的大环境下，公共文化服务体系的建设已全面铺开。而在实践中，越是经济发达的城市，如北京、上海、广州、深圳、东莞、嘉兴、厦门，越是注重城市文化建设，其公共文化服务体系越完善，相应地在建设过程中发挥重要作用的城市公共图书馆系统就越发达。

3. 城市化进程中城市图书馆面临的机遇和挑战

近10年来，不仅仅是城市化与城市文化建设的并驾齐驱和逐渐融合，信息通信技术、互联网技术等的不断飞速发展，使得我国城市图书馆的发展背景多重而复杂。一方面，城市图书馆需应对信息技术发展带来的信息环境和读者需求的变化，义不容辞地在公共文化服务体系的建设中发挥主力军的作用，参与到城市或区域的文化建设中；另一方面，政府对城市文化建设的逐步重视和投入的加大，也使城市图书馆获得了更多经费和政策的支持。如深圳提出的建设"图书馆之城"，南京都市圈图书馆联盟、武汉城市圈图书馆联盟、京津冀图书馆联盟等都市圈图书馆联盟的相继成立，各地总分馆制的相继实行，城市图书馆开展的多元文化服务、面向进城务工农民开展的各项服务等，表明城市图书馆已经在自觉或不自觉地适应着快速城市化过程中城市文化的需求和建设，由此，也为城市图书馆的发展带来了机遇和挑战。

(1)人口因素变化带来的挑战和机遇

城市化过程中大量的农村人口涌向城市，使城市的人口数量增多，人口流动频繁，人口的社会结构(如民族、文化、语言、宗教、婚姻、家庭、职业等)变得更为复杂，其文化需求急剧增长并且多种多样，这无疑给城市图书馆服务带来巨大的挑战：如何能均衡满足大多数人的文化需求？现实情况是，往往那些在客观上非常需要图书馆服务的群体却由于各种原因(如

---

① 财政部.关于开展国家公共文化服务体系示范区(项目)创建工作的通知[EB/OL].[2016－03－31].http://www.chinalibs.net/ArticleInfo.aspx? id＝366792.

就近没有图书馆设施)或由于主观上没有图书馆意识而享受不到图书馆服务,如低收入者、失业者、老年人、进城务工的农民及其子女以及其他弱势群体。虽然我国城市图书馆在针对弱势群体服务方面已经开展了一些工作,如盲人服务、少儿服务,但远远不能惠及大多数的外来人员。

造成这一状况的原因是多方面的,如图书馆受经费局限,不具备开展大规模、深层次服务的资源和能力;在设计服务产品时更多考虑的是常住居民,他们的需求更容易掌握,而忽视了流动人口和其他弱势群体的特殊需求,这些群体往往没有机会或没有意识表达自己的诉求,不了解城市图书馆可以提供给他们的文化服务;城市图书馆从资源建设、服务设计等各方面也没有去进行深度的挖掘和准备,等等。因此,从人口因素的角度来看,城市图书馆服务的公益性、基本性、均等性、便利性还远未达到,城市图书馆的服务拓展还有非常大的空间。

(2)城市空间范围扩大带来的挑战和机遇

城市化进程必然伴随着城市空间范围的扩大,如新城、新区、各类产业园区、开发区的建设等。从地域上来讲,城市图书馆系统的服务范围无疑被扩大了。这其中有几种情况:其一是一些城市在新城或新区建设时,没有合理规划医疗、教育、卫生、文化、体育等公共设施的配套,图书馆当然也就不在规划之列,新城或新区建好之后的图书馆服务依然由中心城区的图书馆承担,受经费、人员、资源等的限制,图书馆对新城或新区的服务就显得鞭长莫及。其二是一些新城或新区建设虽然也规划了新区的中心图书馆,但往往是在新城或新区建成之后才逐渐开始建设,馆舍、资源、人员等需要较长时间才能逐步完善,新区内社区图书馆的建设则更为滞后。有些地区由于基础设施和公共服务不完善,人口的聚集度不够,市民居住较为分散,新建图书馆的发展缺乏用户需求的驱动;还有一些新区如产业园区或工业园区,则由于人口数量增长过快,而新建图书馆设施和资源不能及时跟上,导致图书馆服务不能满足读者需求。其三是中心城区图书馆迁往新区造成的读者流失。一些城市在新区规划了大型的中心图书馆,在新区建成后将原来的中心图书馆迁到新建馆,由于新区远离市中心,给旧城区读者带来不便,从而造成读者流失。

总之,伴随着城市空间范围的扩大,城市图书馆系统的服务半径和跨度也在扩大,相应地,城市图书馆系统的规模也应扩大。在现有体制下,要想实现普遍均等的公共图书馆服务,城市图书馆系统在服务网点布局、体系设计、资源建设、服务模式等方面都面临严峻的挑战。

(3)文化的多元化性带来的挑战和机遇

城市化进程中人口的流动和迁移不仅仅局限在市域或省域范围内,跨省市的人口流动和迁移也是最常见的现象,在这一过程中,来自不同地区、不同民族甚至不同国家的人们,带着各自的本土文化,汇聚在同一城市生活、工作和学习,不同文化之间的相互碰撞、相互渗透、相互融合甚至相互学习成为常态。城市的"新移民"一方面试图通过学习融入当地文化,另一方面又渴望在新的环境中"遇到"自己从小接受的本土文化。因此,对于文化生活的多元化需求就成为城市文化生活的一大特点。这一趋势必然对城市图书馆的资源建设和服务提出新的要求,图书馆在经费、人员等方面的投入也会相应增多。一方面,城市图书馆要收集、整理和保存具有当地文化特色的馆藏,开展特色文化服务;另一方面,还要开发和建设多元文化馆藏,培养馆员的多元文化素养,拓展多元文化服务和交流活动,为外来人口和当地常住人口的文化交流和学习提供平台,真正体现城市图书馆的价值所在。

由于人口的多样性造成文化的多元性和多样性,在大都市尤其明显,因此,大都市图书馆无疑在这方面会面临更大的挑战,同时也为其开发新的资源和服务模式带来更多的契机。以广州市为例,随着外来人口的流入、城市规模的扩大,以及临时居住的来自亚洲、美洲、欧洲、非洲等国家和地区的外籍人士的增多,广州成为多元文化不断交汇和融合的国际化大都市。为此,广州图书馆明确了成为"多元文化窗口"的使命,设立了多元文化馆、广州人文馆、语言学习馆、都市休闲馆等,为本地居民和外籍人士了解世界多元文化、获取母语文献、学习不同语言等文化交流活动提供了平台①。

(4)城市传统文化建设中图书馆的优势和机遇

城市文化是城市居民在长期的生活过程中共同创造的、具有城市特点的文化模式,是城市生活环境、生活方式和生活习俗的总和,包括城市文化设施、市民素质、传统文化、社会秩序等城市所创造的一切物质文化、制度文化和精神文化。其中,传统文化是提升城市文化品质的人文根基。众所周知,保存、利用和传承人类文化遗产是图书馆的基本社会职能。城市图书馆在长期的文献资源建设中,积累了大量珍贵的地方历史文献,记录了所在城市政治、经济、文化的历史变迁和所取得的成就,其文献无论是在数量还是在质量上,都是其他文化机构所无法比拟的,是城市历史文化传承的物质基础。

进入 21 世纪以来,我国很多公共图书馆参与了非物质文化遗产的保护和传承,在非物质文化遗产的抢救、收集、整理、利用方面做了大量工作,制作了一批非物质文化遗产数据库,显示了图书馆在地方历史文献保存和利用方面得天独厚的优势。如福建省图书馆与福建省文化厅共同制作的"福建文化记忆"数据库,内容涵盖了福建民间文学、音乐、舞蹈、传统戏曲、杂技与竞技、民间美术、传统手工技艺、传统医药、民风民俗等丰富的内容,以音频、视频、文字、图片等形式系统而全面地记录和保存了福建丰富的非物质文化遗产,不仅丰富了图书馆馆藏,也为弘扬和继承当地特色文化提供了平台。再如山东省 2014 年创新推进的"图书馆 + 书院"的公共文化服务模式,将现代公共图书馆和传统书院有机结合,在全省公共图书馆建设"尼山书院"。通过尼山书院,图书馆纷纷举办了国学讲堂、剪纸培训、射艺体验培训班、儒学讲堂等活动,不仅发挥了公共图书馆传承教化的文化功能,使图书馆收藏的历史文献资源得到更好地利用,同时也为公共图书馆开辟新的服务模式带来契机②。随着城市文化建设的不断推进,传统文化扮演的角色愈来愈重要,必将为城市图书馆在资源建设、服务拓展方面带来更多的机遇。

(5)城市图书馆在市民素质提高方面的优势和机遇

城市的建立是为了人更好地生活,人是城市建设中最为活跃的部分,是城市的主体和城市发展的意义。在城市发展过程中,人的素质决定了城市是否能形成稳定的社会秩序和良好的社会风气,城市文化品位和城市文明程度提高的关键就在于市民素质的提高。2013 年,文化部印发的《全国公共图书馆事业发展"十二五"规划》指出:"公共图书馆是保障人民基本文化权益的重要阵地,是开展社会教育活动的终身课堂,是国家公共文化服务体系的重要

① 方家忠.社会转型背景下的图书馆多元文化服务[DB/OL].[2016 – 04 – 05].http://www.chinalibs.net/Articlesp.aspx? id = 304679.
② 山东省文化厅.山东省文化厅关于在全省创新推进"图书馆 + 书院"模式建设"尼山书院"的决定[DB/OL].[2016 – 04 – 06].http://www.chinalibs.net/ArticleInfo.aspx? id = 397735.

组成部分,是城市文明进步的标志。"①事实上,城市公共图书馆长期以来所承担的社会教育职能,使其在市民的学习、文化氛围的营造、开展终身教育方面有着多重优势。

首先,城市图书馆拥有的丰富馆藏和独有的阅读空间和阅读氛围使其在现代化城市发展中始终是市民学习、阅读和提高文化素养的最佳场所,具有独特性和不可替代性。近几年城市图书馆提出的建设城市"第三空间""市民大书房"等理念,就充分体现了城市图书馆在提高市民文化素养方面进行的服务创新。其次,城市图书馆由于长期从事参考咨询工作以及信息的搜集和整理工作,在信息素养方面有独到的经验,是市民提高信息素养的最佳培训机构。在数字时代,信息在呈几何级增长的同时也变得越来越复杂,人们想获得或辨别有用信息,必须掌握一定的信息素养技能。一些图书馆抓住这一机遇,开辟了新的读者服务模式。如新加坡图书馆管理局于 2014 年在全国范围内开展了名为 S. U. R. E. 的信息素养活动,他们运用市场营销的手段,在各类媒体进行广泛宣传和推广,与学校合作,通过开设信息素养课程,举办各类以信息素养为主题的文化活动、研讨会等,在市民和学生中成功地宣传和传递了图书馆服务②。再次,城市图书馆完全可以利用自身的文献资源和人员优势、设施设备、公益形象,通过与社会机构的广泛合作,主动开展社会教育活动,为市民提供终身教育服务。事实上,我国城市图书馆在这方面已经做了很多工作,开设了各类讲座、培训,如少儿绘画培训、英语培训、不同主题的公开讲座等,但很多图书馆的这类活动整体持续性和系统性不够,活动较为分散,没有在市民心中形成较为稳定的印象,图书馆的优势还有待进一步发挥。

总之,城市化进程的趋势和发展方向要求建设传统与现代、地方与外来多元文化融合的先进城市文化,而先进的城市文化需要城市图书馆事业的同步发展③。图书馆是城市文化的象征和文明的标志,是城市建设不可或缺的组成部分。在机遇和挑战并存的大环境下,城市图书馆面临的危机并不是图书馆是否会消亡,而是在城市发展的视野下,如何与城市的发展形成良性互动,从而为城市的发展助力,成为引领城市文化建设、提升城市软实力的主力军,同时也为自身的发展壮大创造机会。

二、城市发展语境下的城市图书馆研究现状

研究城市图书馆的发展,既要关注图书馆本身,又要关注其所处的环境;既要研究图书馆自身的发展规律,也要研究其所在城市的发展规律,更重要的是要研究图书馆与城市发展之间的内在联系,把图书馆放在整个城市发展的大环境下进行研究,才能从宏观上把握图书馆的发展方向,为图书馆战略规划的制订提供理论基础。

从 20 世纪末,我国学者就开始关注城市发展对图书馆发展的影响以及二者之间的联系。如程亚男(1996)认为,随着我国城市化进程的加快,传统的以城池为起点的城市图书馆

---

① 文化部. 全国公共图书馆事业发展"十二五"规划[DB/OL]. [2016 – 04 – 06]. http://www. chinalibs. net/ArticleInfo. aspx? id = 286321.

② National Library Board. S. U. R. E. Campaign: Promoting Information Literacy Awareness to Singaporeans[DB/OL]. [2016 – 04 – 07]. http://www. chinalibs. net/ArticleInfo. aspx? id = 356090.

③ 李超平. 先进的城市文化需要公共图书馆事业的同步发展[J]. 图书馆建设 2006,(3):9—11.

已无法满足城市地域扩大的需要,城市图书馆建设必须是系统的、多层次的、全面的,而不应是独立的单个图书馆的集合①。王世伟(1996)认为城市化进程的加快,使大城市中的第三产业和科教文化事业也在不断发展,并已经或正在成为大城市发展的主要动力,其中就包括大城市的图书馆。大城市图书馆应充分利用城市发展带来的机遇,因地制宜地开发文化展示、文化服务、文化市场、文化教育、文化典藏、文化研究、文化交流、文化娱乐等综合文化功能②。罗军(1997)分析了我国城镇化现状后认为,在城镇化过程中,人口素质的提高、对文化生活的需求有赖于文化事业的建设,其中图书馆的发展是非常重要的内容。城市图书馆需要走强化宏观控制结构、推进社会化、探索多种发展模式的道路③。

21 世纪以来,随着我国城镇化进程的加快,图书馆发展和城市发展的联系越来越紧密,图书馆对城市建设和发展的影响也逐渐显现,以城市作为视野范围、以城市图书馆作为明确研究对象,对其实践和理论进行研究和总结的学者也逐渐增多,研究的主题主要有城市发展与城市图书馆、城市文化与城市图书馆、城市图书馆联盟、总分馆制、城市社区图书馆等。

1. 城市发展与城市图书馆

21 世纪初,随着上海、广州、深圳等南方及沿海城市经济的迅速发展,这些地区的城市图书馆建设也走在了全国前列,在适应城市发展、改善自身服务、寻求新的发展模式方面进行了很多探索。一些学者通过总结这些城市图书馆的发展经验,论证了城市发展与城市图书馆间的相关性。

王世伟(2005)以上海为例,回顾了上海从城市开埠到现代的国际化大都市,上海城市的发展与上海图书馆事业发展间的相互促进作用。在这一过程中,图书馆提升了上海的城市品质,营造了没有围墙的"城市教室",增强了国际文化交流中心城市的活力。他认为这种城市发展与图书馆发展的互动关系和作用在上海及中国其他城市乃至世界各国城市与图书馆的发展中得到了充分的证明④。无独有偶,张正、梁伟钧等(2006)以广州市公共图书馆的发展为例,认为城市发展与公共图书馆间存在着一种互动关系:公共图书馆从城市发展中获得自身发展的原动力,城市则凭借公共图书馆来提升自己的软实力,获得发展的文化助力。而城市发展与公共图书馆之间的良性互动,则需要政府、市民和公共图书馆来共同推动⑤。王小兰(2009)则以广州和深圳城市与图书馆之间的互动发展实践为例,提出了适应东莞城市发展的图书馆建设策略⑥。

赵迎红、徐宏毅(2013)运用因子分析从 29 项城市图书馆统计指标中提取图书馆综合资源因子、读者服务资源因子等 4 个公因子,对国内 35 个城市图书馆的综合发展水平进行了排名,并与 12 项该城市的经济社会发展指标进行相关性分析,验证了城市图书馆对提升城市竞争力排名和经济社会发展的重要作用⑦。

① 程亚男.城市化发展与城市图书馆发展战略[J].图书馆,1996(4):11—13.
② 王世伟.论中国大城市图书馆综合文化功能及其开发[J].图书馆,1996(2):18—28.
③ 罗军.中国城市化与图书馆发展[J].中国图书馆学报,1997(2):31—36.
④ 王世伟.上海城市发展与图书馆发展的互动作用[J].图书情报工作,2005;49(7):80—83.
⑤ 张正.城市发展与公共图书馆的互动关系——基于广州的实例分析[J].图书馆杂志,2006,24(7):31—35.
⑥ 王小兰.城市发展与图书馆发展的互动作用研究——以东莞为例[J].图书馆杂志,2009(6):70—73.
⑦ 赵迎红,徐宏毅.城市图书馆综合发展水平与经济社会发展相关性实证研究[J].图书情报工作,2013(6):106—
113.

在对国内城市图书馆研究的同时,国外城市图书馆发展的先进经验也引起了学者们的注意。2006年出版的《世界著名城市图书馆述略》一书,不仅介绍了世界15个城市的图书馆发展历史、管理和服务特色、图书馆未来的发展愿景等,还包括图书馆所在城市发展的历史,并对城市发展与图书馆发展的互动进行了分析。这些世界著名城市图书馆的发展经验为中国一些城市在未来发展中如何增强软实力提供了借鉴和启示①。

2. 城市文化与城市图书馆

城市发展与城市图书馆发展间的互动,归根结底是城市发展为图书馆创造了发展环境和需求,反过来城市图书馆又对城市文化的建设产生了积极的影响。城市的发展需要城市文化,而图书馆是城市文化最具代表性的象征和载体,城市文化的发展离不开城市图书馆。也正因如此,城市文化成为城市图书馆研究中涉及最多的因素,研究城市文化与城市图书馆的论文也相对较多。近十几年来,对城市文化与城市图书馆的研究主要有以下两个方面:

一是对城市图书馆在城市文化建设中的重要性和作用的研究。毋庸置疑,城市图书馆在城市文化建设中的重要作用在学界已成共识,对这一主题的研究多是从不同角度进行的进一步分析和论述,所持观点大同小异。如李超平、刘兹恒(2004)认为公共图书馆是城市的文化象征之一,是提升城市文化品位的重要因素,是城市文化传统延续的展示,在城市文化发展战略中具有资源保障、提高城市文化力和克服数字鸿沟的作用②。张丽(2006)认为在城市现代化进程加速进行的新形势下,公共图书馆是现代城市的文化传承者、最重要的文献资源中心和城市文化需求的主要公共服务体系③。李春来(2006)认为公共图书馆在推进城市文化建设中发挥着提升城市文化品位、提高市民素质、发挥城市文化建设主阵地的作用④。李明荣(2007)认为文化是城市发展的灵魂,公共图书馆是城市文化的象征和重要标志,使城市文化传统得以延续、发扬,公共图书馆精神是城市文化发展强有力的催化剂等⑤。白淑春(2008)则从创建学习型城市的角度论述了城市图书馆与城市文化建设的关系⑥。张彦静⑦(2012)、张岩⑧(2013)分别以佛山市图书馆和深圳图书馆在参与城市文化建设中的实践为例,总结和归纳了城市图书馆在城市文化建设中的作用,基本与上述学者的观点相同。范并思(2009)则有了另外的表述,认为城市文化的基本要素有创新、时尚、学习、包容、追求公民意识的文化,对于这些要素,公共图书馆承载的重心是其中的若干要素,如对于城市的学习、社会包容和公民意识等方面,公共图书馆都能起到建设性的作用,而对于时尚的引领、创新等最多能够起到辅助的作用⑨。肖希明(2012)则认为公共图书馆不仅仅是城市的文化标志

---

① 王世伟.世界著名城市图书馆述略[M].上海:上海科学技术出版社,2006:12.

② 李超平,刘兹恒.论公共图书馆事业与城市文化战略的互动关系[J].中国图书馆学报,2004(1):40—44.

③ 张丽.论图书馆在城市文化建设中的作用[J].图书馆理论与实践,2006(6):21—22.

④ 李春来.论公共图书馆在推进城市文化建设中的作用[J].国家图书馆学刊,2006(1):37—39.

⑤ 李明荣.公共图书馆与城市文化发展关系探讨[J].图书馆学研究,2007(1):37—39.

⑥ 白淑春.城市图书馆在创建学习型城市中的使命[J].图书馆理论与实践,2008(1):75—76.

⑦ 张彦静,曲晓玮.公共图书馆推动城市文化建设的实践与思考——以佛山市图书馆为例[J].图书馆论坛,2012,32(4):67—71.

⑧ 张岩.公共图书馆与城市文化建设——深圳图书馆参与深圳学术文化构建的思考[J].图书馆论坛,2013,33(2):73—77.

⑨ 范并思.公共图书馆与城市文化[DB/OL].[2016 - 04 - 07].http://www.chinalibs.net/ArticleInfo.aspx? id = 397733.

或符号,其更为深刻的文化内涵应该体现在制度文化和精神文化的层次①。

二是对城市图书馆的多元文化服务的研究。城市是不同民族、不同文化背景人们的聚集体,每一个民族、每一种文化都可以在城市中展现他们丰富的想象力和独特的创造力②,文化多元化是城市文化发展的必然结果,是城市图书馆服务必须要面对的问题。图书馆的文化多样性服务是由图书馆的性质所决定的。图书馆既要为所有的社会成员提供服务,就必须创造文化多样性服务的条件③。赵云利(2011)认为城市图书馆开展多元文化服务时应该相互协作配合,应从各类型图书馆的功能定位出发决定多元文化服务的方式、方法和重点,做到各有侧重、各有特色的品牌效应服务④。肖希明(2012)认为城市在拥有多元文化的同时,还拥有多种多样的文化场所、文化产品、文化服务和文化艺术活动,从不同的角度满足人们的文化需求。因此,城市公共图书馆必须找准自己的位置,发挥独特的功能⑤。张江顺(2013)总结广州图书馆的多元文化服务后认为,我国城市公共图书馆多元文化服务主要是促进不同文化间的了解、尊重和包容,并促进跨文化对话和交流⑥。叶勇等(2013)以大连地区图书馆开展多元文化服务的实践为例,认为大都市图书馆必须在世界、国家和地区的层面上反应、促进、支持文化多元服务工作⑦。

3. 关于城市图书馆联盟

城市图书馆联盟是为了实现资源共享,提高服务质量,系统而有效地协调同一城市或不同城市间图书馆的资源而组织起来的、受共同认可的协议制约的城市图书馆联合体,有助于城市图书馆在一定区域内形成较大的合力和影响力,是城市图书馆间实现资源互补、拓展读者服务范围、提高图书馆整体竞争力的重要手段。目前我国关于图书馆联盟的研究,多是从高校图书馆联盟、公共图书馆联盟、区域图书馆联盟等方面进行的探讨,以城市的视角,对城市图书馆联盟的研究还相对较少。

王军(2004)探讨了副省级城市图书馆建立联盟的可行性,认为副省级城市图书馆在许多方面具备建立联盟的优势,诸如开放理念、经费保证、自动化程度较高、技术力量雄厚、资源丰富等,而联盟的建设有助于充分利用副省级城市图书馆的资源优势,发挥其经济和社会效益,提高各馆的整体利益⑧。朱俊波、许军林(2011)分析了我国中小城市区域图书馆联盟建设的必要性和可行性,认为中小城市区域图书馆联盟不仅可以发挥不同类型图书馆合作共享后的综合实力,体现中小城市区域特色,促进中小城市区域图书馆事业的整体发展,还能突破我国图书馆联盟条块分割障碍,推进跨地区、跨系统的图书馆联盟建设⑨。宋乐平、许

①⑤　肖希明. 关于城市文化特质与公共图书馆发展的几点思考[J]. 图书情报论坛,2012(6):58—61.

②　吴建中. 多元文化与城市发展——以上海图书馆为例[DB/OL]. [2016 - 04 - 07]. http://www. chinalibs. net/ArticleInfo. aspx? id = 70479.

③　王世伟. 图书馆文化多样性服务述略——以上海图书馆为例[J]. 深图通讯,2008(2):2—5.

④　赵云利. 城市发展的内在诉求:图书馆多元文化服务[J]. 图书馆工作与研究,2011(10):8—10.

⑥　张江顺. 大都市公共图书馆的多元文化服务——以广州图书馆为例[C]//方家忠. 大都市的公共图书馆事业——国际学术研讨会论文集. 广州:中山大学出版社,2013:42—49.

⑦　叶勇等. 大都市图书馆的多元文化服务——以大连地区图书馆为例[C]//方家忠. 大都市的公共图书馆事业——国际学术研讨会论文集. 广州:中山大学出版社,2013:28—31.

⑧　王军. 建立副省级城市图书馆联盟及其功能的思考[J]. 图书馆建设,2004(6):9—10.

⑨　朱俊波,许军林. 论我国中小城市区域图书馆联盟[J]. 情报理论与实践,2011,34(1):39—42.

子媛(2012)提出了一种中小城市异质性图书馆联盟的运作模式,即业务中心层级馆模式①。刘颖、梅群(2012)认为中小型城市图书馆联盟可以采用共建共享模式、协议会员模式、联合办馆模式,并建立科学、有效的评估机制,拓宽经费来源,有效解决资源共享中的知识产权问题,才能保证图书馆联盟的可持续发展②。应该说,通过联盟实现资源共享对于资金相对缺乏的中小城市图书馆来说是一条合理而又经济的途径,因此,对中小城市图书馆联盟的研究也就相对较多。

在实践经验的总结方面,武汉城市圈图书馆联盟是典型的城市间图书馆联盟,引起了学者们的关注。彭静(2010)对武汉城市圈图书馆联盟门户网站的建设现状及其作用进行了分析,指出了其中存在的问题,并提出了提升武汉城市圈图书馆联盟门户网站价值的策略③。高波(2010)认为在武汉城市圈图书馆联盟的未来发展中,如何调动圈内中小城市地方政府的主动性与积极性,在城市圈联盟中再构建一个服务于中小城市民众的中小城市图书馆联盟的子联盟是在未来建设中必须重点考虑的问题④。陈方权(2013)对武汉城市圈图书馆联盟少年儿童图书馆的发展现状进行了调查,发现武汉城市圈图书馆联盟中少年儿童图书馆(室)的管理效率、服务水平以及满足圈域内少儿读者的阅读需求等方面还存在问题。作者建议应成立武汉城市圈少年儿童图书馆(室)子联盟,进一步提升和完善圈域内各少年儿童图书馆(室)的运行机制、管理模式和服务规范⑤。

其他的城市图书馆联盟诸如2005年成立的长江三角洲图书馆联盟、2010年成立的珠江三角洲数字图书馆联盟、2012年成立的"中三角"(湘鄂赣皖)公共图书馆联盟、2015年成立的京津冀三地公共图书馆联盟等,但鲜有从城市的角度对这些联盟进行的研究。学者们普遍认为,城市图书馆联盟不仅仅是城市公共图书馆的联盟,城市图书馆还应该和高校图书馆以及其他专业图书馆进行合作,建设由城市内各类图书馆共同组成的城市图书馆联盟,以丰富共享资源、拓展服务范围。

4. 关于城市图书馆总分馆制

进入21世纪以来,随着我国城市化进程的加快和经济的快速增长,我国城市图书馆的建设也进入快速发展时期,不仅是城市中心图书馆的新建、扩建以及社区、乡镇图书馆数量的增多,国外先进的城市图书馆管理理念和经验也在实践中得以应用。为实现普遍均等的图书馆服务,南方沿海一些发达城市图书馆率先实行了总分馆制,经过10多年的发展,形成了诸如东莞模式、嘉兴模式、苏州模式等各具特色、因地制宜的总分馆模式。而在总分馆制的管理模式下,省级、市级或区级城市公共图书馆担任着中心馆的重任,带动和辅助了城市社区图书馆和乡镇图书馆的发展,为实现公共文化服务的普遍均等做出了重要贡献。在这一过程中,理论界对这些模式的积极研究、总结和反思也是总分馆模式得以在全国城市图书馆推广开来的重要原因之一。

---

① 宋乐平,许子媛.中小城市异质性图书馆联盟运作模式探析[J].情报理论与实践,2012,35(1):41—44.

② 刘颖,梅群.中小型城市区域图书馆联盟建设与可持续发展研究[J].图书建设,2012,(7):58—60.

③ 彭静.武汉城市圈图书馆联盟门户网站价值提升的研究[J].图书情报论坛,2010(2):44—46.

④ 高波.中外区域性图书馆联盟比较研究——兼论其对武汉城市圈图书馆联盟的启示[J].学习与实践,2010(10):136—140.

⑤ 陈方权等.武汉城市圈图书馆联盟服务创新管理研究[J].图书情报论坛,2013(6):44—46.

对总分馆制建设模式的归纳和总结。由于我国公共图书馆现行的多层管理体制和多元建设主体,再加上各地情况不同,因而建成的总分馆模式也都各具特色。对于总分馆模式的分类,学者们从不同的视角给出了不同的分法。邱冠华(2008)根据总馆与分馆的委托关系将总分馆制分为自下而上委托而形成的总分馆、自下而上半委托而形成的总分馆、自上而下半委托而形成的总分馆、自上而下全委托而形成的总分馆、完全(纯粹)的总分馆五种类型①。高波(2009)认为依据总馆对分馆管理权限的大小,可分为紧密型和松散型;依据建设主体,可分为民间行为、准民间行为、政府行为的总分馆;依据工作内容,可分为完全资源共享型与不完全资源共享型②。金武刚、李国新(2010)根据投入主体和管理方式将总分馆制分为"多元投入、协同管理"的松散型总分馆模式;"多级投入、集中管理"的集约型总分馆模式和"单级投入,统一管理"的统一型总分馆模式③。徐益波(2013)则按管理形式将总分馆制分为直管型、委托型、联办型和加盟型④。马岩(2015)则将我国总分馆建设分为合作制、联合制和协作制三大基本模式⑤。更多的学者则按实施地点分为东莞模式、嘉兴模式、苏州模式等。

关于总分馆制的可持续发展问题。经过10多年的建设和发展,不同模式的总分馆制在全国各地陆续建成。在现行体制下,总分馆的可持续发展引起了学者们的广泛关注和讨论。王世伟(2006)分析了上海城市中心图书馆向社区基层延伸的六大难题,为其他城市总分馆制建设提供了参考,这六大难题包括:三级财政体制带来的分馆维护和管理问题,中心馆、分馆及各自所在地政府间的激励共赢机制建设,总分馆系统中的业务规范管理、物流配送保障、人力资源建设和组织文化共建问题⑥。王颖(2008)认为图书馆立法、领导体制改革、有计划分期分批地推行总分馆制以及广泛开展市馆、区馆、社区馆的协作活动是推行总分馆制要认真解决好的问题⑦。中国图书馆学会2007年专项资金项目"图书馆服务网络构建模式研究"的最终成果《覆盖全社会的公共图书馆服务体系:模式、技术支撑与方案》一书则一针见血地指出:"能否成为真正意义上的总分馆体系,归根结底是个制度问题,而不是职业问题,仅仅通过行业合作不可能建立起真正意义上的总分馆制"⑧。于良芝(2008)认为将总分馆制建设纳入图书馆立法视野,使其建设主体法定化是总分馆制建设的法律保障⑨。邱冠华(2009)总结了苏州图书馆的总分馆建设经验和实践中遇到的问题,认为总分馆制要想进一步发展,首先必须要由政府主导,其次需及早制订一个科学合理的布局规划,还要充分考虑

①　邱冠华,于良芝,许晓霞.覆盖全社会的公共图书馆服务体系、模式、技术支撑与方案[M].北京:北京图书馆出版社(今国家图书出版社),2008:53—62.
②　高波.论公共图书馆总分馆的若干基本理论问题[J].图书情报工作,2010(1):62—66.
③　金武刚,李国新.中国公共图书馆总分馆制建设:起源、现状与未来趋势[J].图书馆杂志,2010(5):4—15.
④　王世伟.江苏积极探索公共图书馆总分馆制[EB/OL].[2016-04-10].http://www.chinalibs.net/ArticleInfo.aspx?id=350809.
⑤　马岩,郑建明.图书馆总分馆制建设的模式、特色与思考[J].图书馆工作与研究,2015(7):42—45.
⑥　王世伟.城市中心图书馆向社区基层延伸的理论思考与实践探索[J].图书馆建设,2006,50(3):6—9.
⑦　王颖.对公共图书馆推行总分馆制的几点思考[J].图书馆建设,2008(6):92—94.
⑧　邱冠华,于良芝,许晓霞.覆盖全社会的公共图书馆服务体系:模式、技术支撑与方案[M].北京:北京图书馆出版社(今国家图书出版社),2008:8.
⑨　于良芝等.公共图书馆总分馆建设的法律保障——法定建设主体及相关问题[J].图书情报工作,2008,52(7):6—11.

投入与效益之间的关系①。罗雪明(2010)认为总分馆制可持续发展的核心优势是其服务的低成本,而制约其可持续发展的主要因素则是总馆压力大和过度依赖政府主导②。陆晓曦、刘璇(2012)对我国总分馆制实践和理论的研究成果分析后认为,我国行政事业体制的现实约束、经济发展水平的参差不齐、建设过程中的概念混杂和规范性较差以及资源共建共享效益较低等因素仍然是制约我国公共图书馆建设和总分馆体系发展的瓶颈③。徐益波(2013)认为在我国现有的体制下,很难真正建立起纯粹的总分馆体系,政府行为与行业行为在不同的地区会对总分馆制建设产生不同的影响,在不同地域的总分馆制建设过程中,不应拘泥于模式限制,而是需要进行多样化的探索④。

当然,在众多的研究文献中,对于总分馆制的探讨并不仅仅局限于以上两个问题,还涉及总分馆制建设中的资源建设、技术支撑、业务管理、服务开展等更为具体的问题,更多的文献则是对各地总分馆制建设实践经验的总结和介绍,其中不乏典型的成功案例。在公共图书馆总分馆制的研究中,很少有"城市图书馆总分馆制"的提法,总分馆制研究中更多的是关注整个总分馆体系中的问题,包括在其中起主要作用的城市中心图书馆、社区图书馆和县、乡镇图书馆等。

三、城市图书馆发展模式的研究范围

就目前已有的对我国城市图书馆发展的研究来看,事实上已经涉及城市图书馆发展的很多方面,这些研究有宏观层面的,也有微观层面的;有对实践的总结和提炼,也有理论的应用和升华;既有对城市图书馆外部环境的研究,也有对城市图书馆自身和行业的研究。因此,远不止以上所述的这些研究主题。结合我国城市图书馆发展的实践,对城市图书馆发展模式的内涵、外延进行深入而系统的研究,并总结我国城市图书馆发展过程中形成的有代表性的发展模式,为不同地区的城市图书馆提供一条规范的、有效的、可复制推广的发展道路则是本书的目的所在。本书的研究范围包括:

第一,对图书馆发展模式的解析。模式指的是事物的标准样式,即把解决某类问题的方法总结归纳为一定的理论用于更好地指导实践。城市图书馆发展模式解决的是城市图书馆可持续发展中的一系列问题,如发展方向、目标、驱动、方法、途径等。其构成要素主要包括发展理念、发展动力、发展目标、发展内容、发展制度、发展工具或措施、发展程序或路线图、发展结构或体系等。针对目前出现的众多的图书馆发展模式,本书将其归纳总结为:依据发展理念分为可持续型发展模式和非可持续型发展模式;依据发展动力分为政府驱动型、图书馆自身驱动型和用户驱动型;依据发展目标分为规模数量型和内涵效益型。

第二,关于城市图书馆发展模式的构建。构建城市图书馆的发展模式,首先对城市图书馆的外部发展环境、自身的发展现状进行总结和梳理是非常有必要的,这有助于我们能够立足现在、以发展的眼光看待问题。此外,分析城市图书馆发展模式构建的战略意义,将使模

---

① 邱冠华.苏州城区总分馆建设的实践与思考[J].图书情报工作,2009,53(1):15—18.
② 罗雪明.论公共图书馆总分馆制的可持续发展[J].图书馆论坛,2010,30(3):20—22.
③ 陆晓曦,刘璇.中国公共图书馆总分馆体系研究述评[J].图书馆建设,2012(1):4—9.
④ 徐益波.我国公共图书馆总分馆制实践案例比较分析[J].图书与情报,2013(6):62—64.

式构建的目标更加明确和清晰。因此,这两方面的内容都应该纳入城市图书馆发展模式构建的研究范围。现代城市图书馆发展模式构建需要在借鉴国外城市图书馆发展经验的基础之上,立足于我国国情、有效协调政府、图书馆与公众之间的关系,使之形成一种互惠与共生的状态。基于此,本书从三个不同的层面讨论城市图书馆发展模式的构建:一是国家层面的城市图书馆发展模式构建,其重点在于建立权威的、具有法定约束力的城市图书馆发展制度规范;二是区域层面的城市图书馆发展模式构建,这种模式往往是不同图书馆间的相互协作,其重点是如何突破体制障碍,统一规范各图书馆的管理和服务,明确各利益相关方的权责,从而使协作能够更深入持久地发展;三是市域层面的城市图书馆发展模式构建,其重点是以城市中心图书馆为主,如何解决图书馆服务的便利性问题,高度强调就近满足群众的基本文化需求的原则。

第三,对当前城市图书馆主要发展模式的总结和分析。目前,我国城市图书馆发展模式主要有图书馆联盟、总分馆制、"图书馆＋"以及图书馆外包等。从城市发展的视角,基于城市图书馆发展模式的构建对这些已有的模式进行总结和分析,有助于我们发现问题、提出问题、分析问题和解决问题。其中,图书馆联盟重点关注大都市圈和城市群的图书馆联盟建设;总分馆制目前已在全国很多地方实施,但由于各地情况的差异,总分馆的模式也各不相同,因此本书试图对这一模式进行全面和系统的梳理;"图书馆＋"探讨城市图书馆如何与其他机构合作、吸纳社会力量参与图书馆建设,包括由政府主导的合作和图书馆自己主导的合作;严格地来讲,图书馆外包事实上也是由政府或图书馆自身主导的与社会机构的合作,但这种合作与其他形式的合作有着本质的区别,外包实际上是政府或图书馆通过"购买"社会机构的服务来节约资金和提高服务质量的一种模式,因此,本书将这一模式单独进行探讨。

第四,对于城市图书馆发展的其他途径的探讨。随着城市的发展和读者信息需求的多样化以及新技术的不断涌现,出现了一些新兴的图书馆服务模式和管理模式,有些在一定程度上还与主流的图书馆理念和发展模式存在着冲突,如收费服务、商业项目的加入、适度营利等,但这些新兴的图书馆模式却在一定城市背景下成为人们享受图书馆服务的好去处。对城市图书馆发展的研究不应该局限于普遍认为合理的模式或理论范围内,而应该拓宽思路、放眼全世界,寻找政府、图书馆和公众间平衡的多种途径。因此,本书还重点关注和探讨了以下三方面的内容:城市图书馆发展中的"去图书馆化"现象,如英国伦敦的创意店(Idea Store)、图书馆创客空间;公共图书馆的法人治理;提供非营利性有偿图书馆服务、营利性图书馆服务的民间图书馆。

第一部分　城市图书馆发展研究

一、图书馆发展模式解析

随着我国图书馆事业的发展,各种各样的图书馆发展模式也在不断涌现,关于图书馆发展模式的探讨已有很多。但是大多数时候人们关注的重点是图书馆的发展,基于"发展模式"的深入分析就相对较少,例如我们常常说到"发展模式",但究竟"发展模式"有什么内涵,构成要素有哪些,在关于图书馆发展模式的探讨中却常被忽略。因此,首先我们要对发展模式进行解析,从构成要素的角度对图书馆发展模式展开探讨。

1. 发展模式的构成要素

模式指的是事物的标准样式,它是对已累积经验的提炼和总结,揭示了事物所包含的规律关系,提供问题解决方案的核心。有了模式的话,后来者在面临同样的问题时就可重复利用已有的解决方案,而无须再度进行"摸着石头过河"式的探索。"模式"一词的指涉范围极广,可应用于各个方面,如对于事物发展经验和发展规律的提炼和总结则形成了发展模式。

每种事物都会经历诞生、成长、成熟、衰退的生命周期,当某一事物逐渐成熟的时候,自然就会出现某种或多种发展模式。从行业领域的角度来看,不同的行业领域也都各自有着相应的发展模式。如经济发展模式,通常指的是一定时期内,一个国家或地区所确立的经济发展战略及其生产力要素增长机制、运行原则的特殊类型,其构成要素包括经济发展目标、经济发展重点、经济发展方式、经济发展步骤等,常见的有粗放型或集约型经济发展模式、内向型或外向型经济发展模式、倾斜型或均衡型经济发展模式。或者如城市发展模式,指的是在一定的资源条件下,由一定的城市主体基于特定的驱动因素所形成的城市发展理念、发展目标、发展路径、制度规范、评价体系等方面的整体性的认识和规律性的把握[①],其构成要素主要有主体要素、资源要素、驱动要素、路径要素、规范要素、目标要素等。

在这里,我们要探讨的是城市图书馆发展模式,主要围绕城市图书馆发展的方方面面而展开。城市图书馆发展模式需要能够回答这一系列的问题,如:未来的城市图书馆应发展成什么样? 城市图书馆的发展是由谁驱动的? 城市图书馆靠什么发展? 下一步该朝什么目标发展? 怎么发展? 如何确保发展方向不偏离原目标? 如何保障城市图书馆的可持续发展? 正是对这些问题的探讨和解决,才一点点逐渐形成了一个完整的城市图书馆发展模式。

和其他发展模式一样,城市图书馆发展模式也是由不同要素综合构成的、相互联系的统一整体。而对城市图书馆发展模式要解决的系列问题的分析中我们可以发现,城市图书馆发展模式一般应包括发展理念、发展动力、发展目标、发展内容、发展制度、发展工具或措施、发展程序或路线图、发展结构或体系等要素。

---

① 吴标兵,林承亮,许为民.智慧城市发展模式:一个综合逻辑架构[J].科学进步与对策,2013,30(10):31—36.

其中,发展理念指的是城市图书馆发展的根本原则,这是最为核心的要素,模式的其他要素如发展目标和发展内容都是基于发展理念而确定的。发展动力即推动城市图书馆发展的各种力量,这里主要指的是其中的主导力量,它是发展的必要条件,缺乏发展动力的城市图书馆是很难实现一直向前发展的,也谈不上达成发展目标。城市图书馆发展目标包括近期发展目标和长期发展目标,发展目标的制定要从图书馆自身的实际情况出发,同时还要结合所处外部环境的状况,要与所在城市、区域、国家的发展规划相一致,不好高骛远也不鼠目寸光。发展内容指的是城市图书馆发展中要做些什么,主要包括优先发展项目、核心业务及其他工作。发展制度是城市图书馆发展模式实践取得理想成效的必要保障,包括制约性制度、激励性制度、评估机制等,发展制度应有一定的稳定性,不能朝令夕改。发展工具或措施指的是在城市图书馆发展过程中采用的各种发展手段,包括技术层面的、设备设施层面的、管理层面的、实践活动层面的,发展工具或措施是多种多样的,可综合采用。发展程序或路线图是从时间的角度来说的,涉及城市图书馆发展的不同时期、环节、进度等,而发展结构或体系则是从空间的角度来架构城市图书馆发展模式,如社区街道图书馆、县级图书馆、地市级图书馆、省级图书馆之间相互关联而形成的区域性城市图书馆体系,或者如总分馆模式下的总馆和分馆建立的体系。发展程序或路线图是单向线性的,而发展结构或体系表现为一种互动的网状关系。

2. 图书馆发展模式分类

图书馆事业现已经历了一段很长的发展历史,而未来还有更长的路要走。因为所处外部环境或自身条件的差异,不同的图书馆所选择的发展之路也不都一样,仅目前大家所熟知的就有很多不同的图书馆发展模式。如果对图书馆发展模式进行分类,大致会有以下这些。

(1)从发展理念来区分

从发展理念来区分,图书馆发展模式可分为可持续型发展模式、非可持续型发展模式。

可持续发展的概念是在 20 世纪 80 年代被明确提出的,指的是能满足当代人的需求,又不对后代人满足其需求的能力构成危害的发展。可持续发展是将当前利益和长远利益有机结合并志在永久长存的发展,注重社会、经济、文化、资源、环境、生活等各方面的相互协调和共同发展,因而受到了全球社会的广泛认可。我国也一直都在倡导和鼓励可持续型发展,已把"可持续发展能力不断增强"作为全面建设小康社会的目标之一。可持续型的图书馆发展模式即意味着图书馆在追求发展的时候不能毫无节制地满足当前需求,而应考虑到资源和环境的承载能力,确保资源的永续利用和良好的生态环境,实现图书馆事业的长久永存。因而,我们认为,尽管各图书馆有着不同的办馆理念,但在现代城市图书馆发展理念中,一些核心的、具有普世价值的理念要素是不可或缺的,或者至少不可与之相悖,这些基本理念要素包括人本、平等、多元、泛在、普惠、生态、公益、辩证、和谐等[1]。

与之相对的,那些只顾眼前利益不顾长远利益、寅吃卯粮式的资源利用方式,以及故步自封,或者对环境造成破坏等之类的发展方式都属于非可持续型发展模式。如历史上我国一些藏书楼和西方的很多修道院图书馆受"重藏轻用"的理念限制,要求"代不分书,书不出阁",或者将书用铁链拴在书桌上,对读者严防死守,与现代图书馆倡导向社会全面开放的理

---

① 刘淑华,刘锦山.沉思与对话:城市图书馆运营创新[M].北京:国家图书馆出版社,2014:35—40.

念形成鲜明对比,结果随着时代的发展,这些藏书楼、修道院图书馆都已湮没在故纸堆里,永远地成为一段历史。

(2)从发展动力来区分

从发展动力来区分,图书馆发展模式可分为立法驱动型发展模式、政府驱动型发展模式、图书馆自身驱动型发展模式、用户驱动型发展模式。

立法驱动型发展模式指的是通过立法推动的图书馆发展方式,图书馆法对于图书馆的举办方、图书馆的运营方、图书馆的用户以及社会等各方的责权利具有明确的规定,是一种综合的保障驱动模式,这种模式常见于西方发达国家。

政府驱动型发展模式指的是由政府主导的图书馆发展方式,如通过自上而下的半委托或全委托而形成的总分馆体系,采用这种模式的有我国的东莞图书馆之城、广东省的流动图书馆模式,这些地区的图书馆都是在政府的指导文件或其他形式的支持下建立起相应的发展模式的。

图书馆自身驱动型发展模式指图书馆的发展是由其自身主导的,如厦门图书馆采用的总分馆模式,是由图书馆自身主动进行探索而创建实施的,在此之前当地政府并没有发布相应的指导文件或采用其他形式的支持措施,或是在图书馆的发展中提供了经费等相关协作,政府并未主导图书馆的发展。

用户驱动型发展模式则指由用户需求推动的图书馆发展,在这一类型的图书馆发展模式中,主导图书馆发展的力量是用户,而非政府或图书馆自身,如在世界图书馆史上颇具盛名的卡内基图书馆,即由美国"钢铁大王"安德鲁·卡内基投资建设的众多免费公共图书馆。在其有生之年,卡内基和卡内基基金会共花费 5600 多万美元,在世界各地建立了 2509 座公共图书馆,其中近一半是在美国,惠及 1412 个社区。更为重要的是,卡内基并不仅仅是单纯地提供捐款或建好图书馆,他还向地方政府提出要求,要地方政府以立法方式保证对建立图书馆的持续支持为捐款前提,因而在客观上促使美国形成了以地方立法为基础的政府对公共图书馆事业的支持体系。同时,卡内基还对受捐的公共图书馆提出了工作上的要求:"图书馆应该成为社区的实际存在"(Libraries should be a real presence in the community)①,对图书馆的长远发展产生重要意义。卡内基对于图书馆事业的这份重视和支持,对世界图书馆事业尤其是美国图书馆事业的发展做出了巨大贡献,时至今日,卡内基图书馆依然在为当地人们提供各种服务。

(3)从发展目标来区分

按照发展目标的不同,图书馆发展模式可分为规模数量型发展模式、内涵效益型发展模式。

规模数量型发展模式指的是图书馆在发展过程中追求较高的发展速度,更强调图书馆规模的拓展、馆藏数量的增长、馆舍空间的扩大,这也被认为是外延式发展。在 20 世纪 90 年代兴起的图书馆新馆建设风潮中,很多图书馆就体现出了规模数量型发展模式,各种大型图书馆或超大型图书馆不断涌现,一些图书馆的建筑面积在世界级排行榜上都名列前茅,而在关于图书馆新馆建设的各种报道中,"亚洲单体建筑面积最大的图书馆""全国单体建筑

---

① 翟艳芳,赵喜红. 美国钢铁大王卡内基与图书馆［DB/OL］.［2016 - 04 - 07］. http://www. chinalibs. net/ArticleInfo. aspx? id = 168029.

面积最大的省级图书馆"之类的描述也屡见不鲜。

内涵效益型发展模式又可叫作内涵式发展,指图书馆在发展过程中,更注重图书馆服务能力和服务质量的提升,强调增强图书馆综合竞争力,提高用户满意度,最大化地实现图书馆的社会效益。目前我国越来越多的图书馆正从规模数量型发展模式向内涵效益型发展模式转变,如目前在我国各地公共图书馆对法人治理结构的日益关注和广泛探索,包括浙江图书馆、云南省图书馆、深圳图书馆、广州图书馆、南京图书馆、浦东图书馆、温州市图书馆、朔州市图书馆、徐州市图书馆等众多图书馆都在探索构建图书馆法人治理结构,推动图书馆实现内涵式发展的目标。

(4)从发展内容来区分

按照对发展内容的不同规划来区分,图书馆发展模式可分为均衡型发展模式、倾斜型发展模式。

均衡型发展模式是指对图书馆内各部门同时进行人规模的投入,使图书馆各方面的工作能够按照同一比率或不同比率全面得到发展,以此推动图书馆的整体发展。或者指对某一地区(或系统)内的各个图书馆都同时进行大规模的投入,使各个图书馆的发展能够按照同一比率或不同比率全面推进,以此推动该地区(或系统)图书馆事业的整体发展。均衡型发展模式强调大规模投入的重要性和合理配置有限资源的必要性,因而需要有充足的资源,以及较高的技术水平和管理水平,否则就难以实现。

倾斜型发展模式则强调发展的不平衡性,主要是对图书馆中具有关键作用的部门或业务进行侧重投入,以通过这些部门或业务的超前发展带动整个图书馆的发展,或者指对某一地区(或系统)内的某个或少数几个图书馆提供特别支持,让少数图书馆先发展起来,然后带动其他图书馆实现该地区(或系统)图书馆事业的整体发展。这种模式往往在图书馆的初级发展阶段和资源较为稀缺的情况下被采用,可帮助图书馆事业在一定时期内实现快速发展,但也有可能导致图书馆发展两极分化的结果。因此,图书馆究竟要采用均衡型发展模式还是倾斜型发展模式,应根据现实情况具体而定,并注意及时调整改善,防范各种问题。

二、构建城市图书馆的发展模式

从图书馆发展史的角度来看,今天的图书馆正处于一个前所未有的发展时代,面临着全方位的变革。正如美国雪城大学(Syracuse University)的 Scott Nicholson 教授在 2005 年所指出的,图书馆界过去 5 年的变化超过了前面 100 年的变化,而未来 5 年的变化将使过去 5 年的变化微不足道①。这在城市图书馆的发展上更是表现明显,如此复杂多变的形势可以用"风云万变一瞬息"来形容,身处其中的我们当然不能徒劳叹息。城市图书馆的持续健康发展需要图书馆人的不断努力以及全社会的共同参与,需要归纳总结各方实践经验并上升到理论高度,需要透过纷杂现象把握住发展的本质和一般规律,需要对城市图书馆的发展模式展开积极研究和探讨。因此,以下将围绕"构建城市图书馆的发展模式"的主题从三个方面来展开:首先,从外部发展环境和自身发展状态两方面总结城市图书馆的发展现状,确定我

---

① 张晓林.颠覆数字图书馆的大趋势[J].中国图书馆学报,2011(9):4—11.

们的起点以及我们和先行者之间的差距;其次,分析构建城市图书馆发展模式的战略意义,进一步坚定我们的信念和目标;最后,从国家层面、区域层面、市域层面依次探索如何构建城市图书馆的发展模式,有层次、有重点地规划我们的工作,帮助我们的工作更加有序进行。

1. 城市图书馆发展现状

任何事物的发展是外因和内因共同作用的结果,城市图书馆的发展离不开所处外部环境的影响,也离不开自身内部矛盾的根本原因,因而这里主要从城市图书馆的外部发展环境和自身发展状态两方面来分析其发展现状。

(1)城市图书馆的外部发展环境

城市图书馆的发展与所处外部环境的状况密切相关,其中影响最为明显的是城市发展状况。当前世界各国的城市化程度并不一致,欧美等发达国家的城市化程度较高,而发展中国家的城市化程度要相对较低,但却也具有更大的发展空间,如我国目前的城市化进程就正在不断加快。这对发展中国家的城市图书馆来说是一个前所未有的机遇,但这也意味着各种复杂的挑战。

城市化是一个全方位且长时段的概念,过程中包括人口职业的转变、产业结构的转变、土地及地域空间的变化,经济、科技、文化等领域都会出现长足发展。也就是说,文化的发展本就是城市化的内容之一。人们常说,文化是城市之魂,从这点来看,文化应该是城市化的核心内容,但在城市化初期,往往会更侧重于经济、物质方面的发展。而正如人们经常听到的"短板理论"——木桶的盛水量取决于桶壁上最短的木板,桶里的水装得越多,短板造成的限制也就越明显。当城市经济及市民物质生活发展到一定水平时,其他方面的问题就会突显出来,如城市文化沙漠、城市同质化等。因而,满足人们日益迫切的精神文化生活需求已成为当前城市化发展的一个重要内容,包括图书馆在内的公共文化服务事业越来越受关注和重视。

以深圳为例,深圳市是我国改革开放中建立的第一个经济特区,"深圳速度"代表着日新月异的城市发展情形,但同时,深圳也是我国最早被人们用"文化沙漠"来形容的城市。深圳的城市化发展经验极具启示意义,深圳也是一个典型的移民城市,2014 年的调查数据显示,深圳常住人口中非户籍人口占将近七成。大量外来人口的入住也带来了不同的外来文化,在与本地文化的长期冲突、融合中,传统文化逐渐消失或变迁,而新生的文化还在幼苗期,无法荫庇居住在这座城市中的人们,导致这块土地变成了"文化沙漠"。为了改善这一问题,2003 年,深圳将"文化立市"确立为发展战略,在全国率先实施"文化立市"战略,随后,提出建设"两城一都",即"图书馆之城""钢琴之城""设计之都",并且举办了首届深圳文博会,力图将文化产业培育成高新技术、金融和物流三大支柱产业之外的第四大支柱产业[①]。经过数十年的发展,深圳这块"文化沙漠"变成了一片绿洲,到 2014 年,深圳的文化创意产业增加值达 1561.90 亿元,10 年增长了约 10 倍,占 GDP 的比重达 9.8%。从 2000 年开始举办的"深圳读书月"已成为全国著名读书文化节,参与深圳读书月的群众从首届的 170 万人次增长到第 15 届的 1000 余万人次[②],深圳还被联合国教科文组织授予了"全球全民阅读典范城

---

① 马璇. 深圳提出实施"文化立市"战略[N]. 深圳特区报,2010 – 03 – 02(A8).
② 李瑞琦,杨世国,程全兵. 深圳 35 周年:文化沙漠变绿洲[N]. 人民日报海外版,2015 – 09 – 16(7).

市"证书,以表彰深圳坚持不懈地推动国际化城市建设和全球文化交流合作,尤其在推广书籍和全民阅读、建设学习型城市方面为全球树立了典范。

城市图书馆是城市文化生态圈中的重要一环。城市中的图书馆、博物馆、美术馆、影剧院、艺术中心、书店、咖啡馆等往往是文化氛围较为浓厚的地方,城市文化生态圈通常是以这些地方为网点,并通过大众媒介、人际交往等传播连接集聚而形成的。城市文化生态观倡导城市文化在发展过程中必须正视文化个体的差异性和文化元素的多样性,通过有意识地协调和平衡,使之达到和谐统一。这正与现代图书馆基本理念不谋而合。另外,图书馆还具有独特的优势,如图书馆有丰富、系统且可靠的信息资源,图书馆是专门的阅读场所和公益性文化空间,馆员可为培养和提升人们的文化信息素养提供专业支持。因此,城市图书馆应在建设与丰富城市文化生态圈中发挥重要作用,包括消除城市文化沙漠,树立城市文化个性,推动城市文化多元开放发展等,这是城市图书馆义不容辞的责任,也是一个任重道远的使命。

总之,从当前外部环境来看,城市图书馆正面临着众多挑战和机遇。一方面,随着文化产业的发展以及信息网络技术的提升,文化信息服务领域的市场正日益广阔,图书馆有了更大的发展空间,但也不得不与越来越多的竞争对手抢夺用户和市场;另一方面,城市人口因素变化、空间范围扩大也给图书馆带来了新的挑战,实现城市图书馆服务的公益性、基本性、均等性、便利性依然是个艰巨的任务。当前"十三五"时期正是我国全面建成小康社会最后冲刺的 5 年,也是我国城镇化发展的黄金时期,这给城市图书馆的发展提供了十分有利的外部环境。但同时也要看到,近年来,由于经济发展走向新常态,很多国家的图书馆遭遇了经费减少、人员裁减等困境,这对城市图书馆来说,也是一个需要给予高度重视的问题。

(2)城市图书馆的自身发展状态

信息中心是现代图书馆的基本定位之一,这意味着,图书馆与当前的信息时代在发展方面天然地存在契合,信息时代的图书馆有着无限发展潜能。澳大利亚图书馆与信息协会最近发布的一份该国图书馆与信息科学领域的教育、技能教学和就业趋势情况报告也确证了这一点。该报告指出,近几年,澳大利亚图情行业的就业市场虽然保持紧张趋势,但同时,图书馆员的失业率明显低于其他行业的平均水平,而且,图书馆在社会上具有重要影响力,地位较高,未来 5 年中,图情专业人员的就业前景将十分乐观[1]。这份报告传达出的信息显示,图书馆事业近期发展良好,未来发展前景也十分乐观。

美国图书馆协会每年也都会在其会刊《美国图书馆》(American Libraries)杂志上发布《美国图书馆现状报告》(The State of America's Libraries),从其近几年的报告我们可以发现,美国图书馆正处于转型期,在经历着一个转折性变化。报告指出[2],图书馆的角色和定位正在发生改变,图书馆的功能在不断拓展,和社区的互动参与日益深入,在人们生活中正发挥着越来越重要的作用,社会公众对于图书馆重要性的认知也越来越明确。公共图书馆正积极地参与到社会公共事务中,倡导并推动知识自由和社会民主,在动荡时期为公众提供安全的避风场所,如在美国密苏里州"布朗枪击事件"中弗格森市公共图书馆坚持照常开放的表现获

①　赵启玥编译,刘剑英校审. ALIA:未来五年,图情专业人员就业前景十分乐观[DB/OL]. [2016 - 04 - 13]. http://www. chinalibs. net/ArticleInfo. aspx? id = 384203.

②　赵启玥编译,刘剑英校审.《2015 年美国图书馆状况报告》关注美国图书馆角色转变[DB/OL]. [2016 - 04 - 13]. http://www. chinalibs. net/ArticleInfo. aspx? id = 375241.

得了社会各界的广泛好评。各类图书馆的社会教育职能也得到进一步强化,公共图书馆在早期教育方面取得显著成效,学校图书馆在 21 世纪信息素养技能的培养方面占有重要地位,高校图书馆在科研支持方面的作用愈加突出,服务方式更加多样,服务内容更具深度。

而从我国来看,近几年,我国城市图书馆事业取得了长足发展,尤其是公共图书馆。通过全国文化信息资源共享工程、数字图书馆推广工程和公共电子阅览室建设计划的多年开展,我国公共文化服务系统已基本建立。2012 年以来,已投入 16 亿元支持 214 个地市级公共图书馆、博物馆和文化馆新建和改扩建,截至 2014 年年底,全国共建成县级以上公共图书馆 3117 个,基本实现了"县县有图书馆"的建设目标。城市图书馆基础设施大为改善,文献资源建设方面,数字资源有了显著增长,大量地方特色资源得到整理保存,古籍文献的搜集抢救工作也取得明显成果,图书馆服务更加丰富多样,服务效益得到提升。与此同时,目前我国城市图书馆存在的问题主要包括:图书馆在城市中的整体布局有待改善,应对不同层级、不同类型的图书馆进行科学布局,填补空白,避免重复建设,实现各级各类图书馆之间的位置互补和资源互补;图书馆发展规划有待完善,应进一步走向规范化、科学化、可持续化;图书馆自主能动性有待加强,尤其是在自我宣传营销方面还需更多创新和探索;图书馆管理机制有待改进,其中如何突破体制藩篱和提高工作效率是重点;馆员队伍建设有待加强,主要在于提升馆员专业素养,改善人才队伍结构。

这也反映了当前城市图书馆的总体发展状态——前途是光明的,道路是曲折的。不过,由于起点不同,其中也会有所区别。以城市图书馆中与广大民众联系最为密切的社区图书馆为例,在图书馆事业发展水平较高的欧美发达国家中,社区图书馆起步较早,数量较多,现代化程度较高,服务体系发展得较为成熟,从业人员整体素质较高,具备一定的专业技能,人们也已养成了良好的习惯,将利用图书馆资源、参与图书馆活动视为生活常态。虽然近年来有很多社区图书馆因为缺乏经费支持而被迫关闭,但人们对于图书馆的重视度和认知度依然处于较高水平,目前普遍认为,社区图书馆是社区居民的第二起居室,是社区公共活动中心。相比之下,发展中国家的社区图书馆事业起步较晚、发展缓慢,且呈现发展不平衡状态[①],部分国家和地区的社区图书馆事业已接近发达国家水平,但也有一些国家和地区的图书馆事业还没有发展到社区一级,图书馆太少,服务半径有限,用户借阅不便,即使在城市中仍有很多人利用不到图书馆。因此,对于发展中国家的城市图书馆来说,他们的发展之路将更为复杂而艰辛。

2. 构建城市图书馆发展模式的战略意义

我国图书馆事业现在正经历着一场全面而深刻的变革,从软硬件基础设施的大力投入到图书馆服务理念的根本转变,从图书馆从业人士的自我提升到改变图书馆在社会上的整体形象。毕竟,和作为"先行者"的欧美等发达国家相比,我们的起点已经落后,要想同时到达同一个目的地,就需要付出比前人更多的努力。城市图书馆是这场变革的主要力量,在这样的发展形势下,对城市图书馆发展模式展开研究和探索,积极构建城市图书馆发展模式,显然具有重要的战略意义。

首先,构建城市图书馆发展模式,有利于更准确地认识和把握相关发展规律,从根本上

---

① 张彤. 国内外城市社区图书馆发展现状的比较与思考[J]. 图书馆工作与研究,2006(5):15—17.

规范图书馆事业的健康发展。

不管是建一座新的城市图书馆,还是建设一个覆盖全社会、结构合理、功能健全、实用高效的城市图书馆服务体系,都需要遵循一定的发展规律,主要包括自然环境的发展规律、社会环境的发展规律以及图书馆自身的发展规律。遵循自然环境的发展规律,是表示图书馆的发展要尊重自然、顺应自然、保护自然,走与自然和谐共处的可持续发展之路。遵循社会环境的发展规律,是强调图书馆的发展要符合国情和当地城市的实际情况,不囿于一隅,要"走出图书馆办图书馆",通过图书馆的发展推动当地文化、经济、科技、政治等各领域的全面发展,充分发挥图书馆的社会效益,让更多人共享到图书馆发展带来的好处。遵循图书馆自身的发展规律,则是指图书馆的发展要坚持保存、保护人类优秀文化遗产,提高广大人民群众的文化信息素养,维护全体公民的文化权益,促进知识自由和社会民主发展。城市图书馆发展模式由发展理念、发展动力、发展目标、发展内容、发展制度、发展工具或措施、发展程序或路线图、发展结构或体系等要素构建而成,是对城市图书馆发展整体性的认识和规律性的把握,揭示了城市图书馆发展的实质。好的城市图书馆发展模式能够规范城市图书馆朝着对的方向健康发展,必然是准确认识和把握住了以上三大规律,符合城市图书馆的发展趋势,能够从根本上促进图书馆的发展,因而对于我国构建覆盖全社会的公共文化服务体系来说,乃至对于全世界图书馆事业的发展来说,这都是极为重要的成果,具有十分深远的战略意义。

其次,从主要矛盾入手,开展城市图书馆的顶层设计,科学构建城市图书馆发展模式,有利于推动城市图书馆的更快更好发展。

对事物发展起决定作用的是主要矛盾,要想促进城市图书馆的更快发展,就要抓住重点,集中力量解决主要矛盾。在城市图书馆的发展中,主要矛盾就在于其顶层设计。位于城市图书馆顶层的图书馆通常指的是在城市图书馆事业发展中居于核心和枢纽地位的图书馆,如采用总分馆模式的城市图书馆体系中的总馆,作为一国首都的城市中的国家图书馆和市图书馆,省会城市中的省图书馆和市图书馆,以及一般城市中的市级图书馆。城市图书馆的顶层设计指的是在城市图书馆的发展规划中,根据公共图书馆的功能、读者的需求以及城市空间布局对处于城市图书馆顶层层面的图书馆体系进行统筹规划,科学定位,合理布局,特色配置,体现出城市图书馆事业发展的协调功能、配置功能、引导功能、特色功能和科学持续发展功能[①]。城市图书馆的顶层设计主张体现出了城市图书馆事业发展中突出重点、把握关键、纲举目张的战略发展思想。通过科学开展城市图书馆顶层设计,确立层级明确的城市图书馆发展模式,从根本上解决发展中可能出现的服务缺位、同质化等问题,使各层级图书馆能够避免一团乱麻的局面,有条不紊、相辅相成地持续发展下去,从而推动城市图书馆的更快更好发展。

第三,城市图书馆发展模式是对发展经验的高度提炼,构建城市图书馆发展模式有利于广泛推广先进城市图书馆的发展经验,带动其他图书馆共同发展。

发展模式是可借鉴、可学习、可效仿的发展方式。每种图书馆发展模式都为图书馆提供了一条规范的、有效的、可复制推广的发展道路。我国地域辽阔,图书馆事业整体发展水平偏低,而且各地图书馆事业的发展程度也并不一致。这一基本国情决定了我国图书馆事业

---

① 王世伟.关于特大型城市图书馆顶层设计的思考[J].图书馆建设,2007(5):6—8.

的发展战略是有先后次序的,让有条件的地区、城市优先发展起来,发挥其引领示范作用,对其发展经验进行高度提炼,去粗取精,去伪存真,由此及彼,由表及里,将指导理念与实践经验有机统一起来,总结出更具推广价值的图书馆发展模式,让其他地区、城市图书馆的发展能够不再重复摸索,采纳有用的成功经验,同时借鉴失败教训,避免走同样的弯路,进而实现更快发展,最终达到图书馆事业的整体进步。

3. 城市图书馆发展模式的构建与形成

（1）国家层面的城市图书馆发展模式

国家层面的城市图书馆发展模式构建重点在于建立权威的、具有约束力的城市图书馆发展制度规范,如通过立法或者制定相关政策规范和指导意见,明确城市图书馆的使命职能、经费来源、人员资质、管理体制、馆藏资源建设、馆舍条件、读者服务等方面,让城市图书馆各方面的发展有法可依、有法必依、执法必严、违法必究。这也是城市图书馆发展宏观层面的内容。

我国的图书馆事业在近几十年中发生了巨大变化,图书馆立法工作也取得了一些成果,主要体现在一些省市颁布的地方性图书馆法规、为公共图书馆制定的几个国家标准以及为各类学校图书馆制定的一些规程。2015 年 12 月 9 日,国务院法制办公室全文公布了《中华人民共和国公共图书馆法（征求意见稿）》,这是我国第一部图书馆专门法,面向社会各界公开征求意见阶段已经于 2016 年 1 月 9 日结束,但其正式出台实施的时间目前还未确定。因此,我国在建立健全图书馆法律法规体系和标准规范体系方面还有很多空白之处需要补足。

当然,目前已发布的图书馆相关法规标准也为城市图书馆发展模式构建提供了重要参考依据。作为目前图书馆制度体系建设中的最高成果,《中华人民共和国公共图书馆法（征求意见稿）》无疑是最重要的参考依据,虽然这部法律还未正式确定最终文本,但其中传达的一些基本思想还是可以提供重要指导作用。根据该征求意见稿,政府是发展公共图书馆事业的主体,同时鼓励公民、法人或者其他组织,以及高等学校图书馆、科研机构图书馆等各方力量积极参与公共图书馆事业。其中,第五条指出:"县级以上人民政府应当将公共图书馆事业纳入本级国民经济和社会发展总体规划、城乡规划和土地利用总体规划,并将政府设立的公共图书馆所需经费列入本级财政预算,专款专用,不得挪作他用。设立公共图书馆的公民、法人或者其他组织应当保障公共图书馆正常运行经费。"第六条指出:"国家鼓励公民、法人或者其他组织依法设立公共图书馆或者向公共图书馆捐赠,并按照有关规定给予税收优惠和其他扶持政策。高等学校图书馆、科研机构图书馆以及政府设立的其他类型图书馆向公众开放的,国家给予必要的经费支持。"

城市图书馆的发展可以走不同模式,但一些普遍存在的根本性问题需要从国家层面进行解决,如构建城市图书馆发展模式中的发展动力要素。城市图书馆的发展是由政府主导还是由图书馆自身主导,或者是由个人、社会组织等其他社会力量主导,最后形成的模式肯定会存在很大差异,但不管是哪种模式,来自政府的支持都十分重要。我国图书馆事业曾在很长一段时间没有得到应有的重视和支持,即使在现在,政府主导的图书馆发展建设行为也往往需归功于图书馆人背后所做的大量游说和解释工作,或者,政府主导的图书馆发展有时会过度关注建设速度,而导致服务标准、规范管理、服务延伸等方面的不足,而在由图书馆自身主导的图书馆发展模式构建中,如果政府支持长期缺位,能走多远又是一件令人担心的事①,同样的问题也存在于由其他社会力量主导的图书馆发展中。建立公共图书馆是国家和地方政府的责任,政府应自觉为公共文化服务提供支持和保障,我国近年来发布的相关法规政策基本上都体现了这一点,《中华人民共和国公共图书馆法(征求意见稿)》中更是将这一思想确定为正式的法律条文。不管在任何城市,对当地民众文化生活最重要的都是公共图书馆,公共图书馆是城市图书馆最主要的部分,同时城市图书馆也包括当地的高校图书馆、科研机构图书馆、民间图书馆等。而有了相应的制度规范后,公共图书馆将被纳入城市的整体发展规划中,场地、经费等都可得到专门支持,发展动力有了持续保障,高校图书馆、科研机构图书馆、民间图书馆等的发展也可以不断得到政府提供的支持,相信这将极大地推动城市图书馆的整体发展。

(2)区域层面的城市图书馆发展模式

这里的区域层面指的是一国之内的某个区域(包括了多个省),或某个省,或省内某个地区(包括了多个城市)。区域层面的城市图书馆发展模式通常是由多个图书馆相互合作的协同发展。图书馆协同发展,或者说集群化、群体化,已成为当前国内外图书馆事业发展的一个重要趋势。在我国,城市图书馆跨地区、跨系统、跨行业的合作、整体协同发展已越来越普遍,出现了以"联盟""体系""系统""组织""网络"等为名的各种图书馆发展模式,根据协同程度的不同,可以分为总分馆模式和图书馆联盟模式两大类。

在我国,区域图书馆的协同发展最关键的是要解决当前体制下的各种层级壁垒、系统壁垒、行业壁垒等障碍,尤其是在协同程度更高的总分馆模式中,体制障碍已成为制约我国总分馆建设可持续发展的最关键问题。正因为这样,我国当前各地图书馆采用的总分馆模式被认为是非真正意义上的总分馆制,和欧美等国家的总分馆制相比,图书馆之间的协同程度要稍弱一些,甚至出现有些总分馆制下的总馆对分馆无法实施有效管理,对分馆控制力不够,导致分馆的服务质量得不到保证,限制了分馆的进一步发展,进而影响到整个总分馆模式下的图书馆服务体系的可持续发展。体制障碍同样存在于协同程度一般的图书馆联盟模式中。当前我国的图书馆联盟多是以资源共建共享为主要工作内容的初级形态的联盟,这些联盟主要是为解决资源共享机制而成立的,而从发展的眼光来看,图书馆联盟将来很可能扩展到在图书馆管理、馆员培训、岗位轮换、读者工作、社区服务等方面的联盟。在这些图书馆联盟中,体制障碍带来的问题也将越来越明显。

除此之外,区域层面的城市图书馆发展模式构建还需要重视明确各利益相关方的权责,协调其中各图书馆的发展,要从管理、服务、技术等方面对合作范围内的各图书馆进行统一规范。如关于图书馆资产权对于通借通还的制约问题,事实上这一问题已受到业界的广泛关注。馆藏是图书馆最重要的资源之一,是图书馆服务得以进行的基础条件,通借通还是区域图书馆合作的一个重要内容。但是,通借通还的实现却需要多方面的共同支撑,不仅仅需要技术的支撑,使不同图书馆之间的馆藏图书数据进行联结,还要物流的支撑,将读者还到其他馆的图书能通过物流流转回归原馆,其中更关键的就是资产权的问题,我国一些地区正是因为资产权的争议无法解决,导致通借通还服务不能完全地实施开展,最后给区域图书馆

---

① 邱冠华,于良芝,许晓霞.覆盖全社会的公共图书馆服务体系:模式、技术支撑与方案[M].北京:北京图书馆出版社(今国家图书馆出版社),2008:194—195.

的共同发展带来限制。

以上问题在区域层面的城市图书馆发展模式构建中较为常见,也比较关键,从我国当前区域图书馆协同发展的实践经验来看,有的地方已经做出了很好的探索,提供了一些可值得借鉴推广的做法。现在,在打破体制障碍方面,图书馆体制改革的呼声日益高涨,已有图书馆在进行这方面的试点,政府的相关自觉性也正在增强,并有望获得相关法律保障。同样的,在为解决文献资源产权对通借通还的制约方面,各地图书馆也提供了一些成功经验,如广东通过设立"馆中馆"来解决,东莞、佛山通过技术开发来解决,杭州通过设立专架来解决,上海和苏州分别通过在理念上设立"浮动馆藏"和"动态资产权"概念来解决①,由此形成的不同图书馆发展模式,也已成为我们在开展城市图书馆发展模式研究时的重点。

(3)市域层面的城市图书馆发展模式

我们主张要走出图书馆来发展图书馆,城市图书馆发展规划的战略视界不能只限定于某一单体图书馆,即使在微观层面也必须立足于当地城市,也就是说,至少要以某个城市为视域范围来构建城市图书馆发展模式。和国家层面、区域层面相比,在市域层面的城市图书馆发展模式构建中,应高度强调就近满足群众的基本文化需求的原则,将提高图书馆利用率、提升图书馆服务的社会效益作为发展的重心。

在一般城市中,市级图书馆是城市图书馆系统的顶层,相对于中层县级图书馆和基层街镇社区图书馆来说处于中心图书馆总馆的地位,应肩负起业务指导协调的职责。图书馆的管理者或领导部门在构建本地城市图书馆的发展模式时,要做好城市图书馆的顶层设计,结合当地城市的发展战略规划好各层级图书馆的功能定位、数量多寡、空间距离、面积大小以及资源配置,让广大群众能就近便捷地获取相关图书馆服务,充分发挥各层级图书馆的社会效益。结合我国城市图书馆事业的发展现状,建议加强对当前发展相对滞后的社区图书馆的重视。

在美国、英国等国,社区图书馆在当地社区生活中发挥出了重要作用,为培养公众的图书馆素养做出了巨大贡献。而随着公共文化服务设施网络的基本建立,基层也已成为我国公共文化服务体系建设的重点,城市社区图书馆的发展将是"十三五"时期城市图书馆事业的一个重要内容。社区图书馆是老百姓身边的图书馆,社区图书馆应成为社区的心脏,这已成为图书馆界的共识,社区图书馆不仅仅是一个借书还书的场所,它还是社区居民的主要社交空间,可为人们提供教育、就业、娱乐休闲等方面的支持和服务。

我国目前也有很多地方在积极建设城市社区图书馆,但社区图书馆的发展之路总体却并不太乐观,往往处境尴尬②:大部分人未曾听闻身边有社区图书馆;有人想去社区图书馆却找不到在哪;好不容易找到社区图书馆却没开门,或者提供不了满意的服务;有的社区图书馆因为缺乏专业管理,书本随意堆了一地;一些社区图书馆无人问津,已沦为摆设……这些现象在我国很多城市社区图书馆普遍存在。究其原因,也是各方面的,如:布局不合理,在同一服务区域内有多个图书馆或没有建图书馆;监管不到位,一旦工作人员出现人事变动,社区图书馆就变成无人管理,或接管者不知如何管理;宣传不充分,使得很多居民并不知道自

---

① 邱冠华,于良芝,许晓霞.覆盖全社会的公共图书馆服务体系:模式、技术支撑与方案[M].北京:北京图书馆出版社(今国家图书馆出版社),2008:196.

② 宋珏.杭州这座书香浸润的城市 社区图书馆却处境尴尬(图)[DB/OL].[2016-04-21].http://www.chinali-bs.net/ArticleInfo.aspx?id=397755.

己家门口就有社区图书馆;服务不规范,没有持续提供服务或者服务质量不高,居民逐渐舍弃该馆而选择其他馆,用户流失严重。

基于以上情况,相关管理者在构建某一城市图书馆发展模式时,应重视市级图书馆、县级图书馆、街道社区图书馆之间的协调和科学发展,根据图书馆的功能定位确定其服务半径,合理规划图书馆在城市中的位置,在缺少图书馆服务的服务区域新建图书馆,不重复建设;不但要建好每一个图书馆,还要管好每一个图书馆,制定科学规范的管理、服务制度体系,加强人员、经费、服务等方面的监管,坚持执行;加强图书馆的宣传营销,扩大图书馆知名度;将中心馆的资源和服务充分向各分馆延伸,使读者在该城市图书馆服务体系中的任何一个馆都能享受到基本一致的服务。如被誉为"杭州最有腔调的社区图书馆"的和家园求是里社区图书馆,每个月都会举办各色活动,如小型的沙龙、派对、讲座等,给社区图书馆带来越来越高的人气,长期的熏陶下,居民对于社区图书馆的认同感也日益提升。

三、当前城市图书馆的主要发展模式

1. 图书馆联盟

图书馆联盟是两个(含两个)以上的图书馆为降低运营成本、提高运营效益,经过自愿协商、谈判结成的在图书馆有关组成要素方面的合作、协调和共享关系①。图书馆联盟的组织机构一般包括:大会、理事会、秘书处和各专业委员会。结成联盟的各图书馆平等享有各项权利和义务,并具有绝对的独立性和自主性。例如,当图书馆联盟在对某一数据库做集团采购时,联盟中的图书馆可以根据自身情况决定是否参与该采购项目,而不是一定得参加。

图书馆联盟的发展正随着城市化进程加快而日益兴盛。早在20世纪70年代,各国图书馆就已纷纷开展图书馆联盟建设的探索与实践,到现在,已发展出多种多样的图书馆联盟模式。以我国为例,各类图书馆联盟按区域分有全国性图书馆联盟、跨省的图书馆联盟、省域图书馆联盟和市域图书馆联盟;按所属系统分有高校图书馆联盟、专业图书馆联盟、公共图书馆联盟和跨系统的图书馆联盟;按组织模式分有由行业主管部门组织的图书馆联盟、由地方政府主导组织的图书馆联盟、由系统主管部门组织的图书馆联盟、省高校图工委组织的图书馆联盟、某个图书馆发起组建的图书馆联盟和多个图书馆自发组建的图书馆联盟;按合作模式分有资源共建共享式的图书馆联盟、合作服务式的图书馆联盟、馆际互借式的图书馆联盟、中心馆式的图书馆联盟和协议式的图书馆联盟;按管理模式分有项目管理式图书馆联盟、理事会式图书馆联盟、中心馆管理式图书馆联盟、多层管理式图书馆联盟和协议制约式图书馆联盟。此外,吴建中还从合作动机的角度将图书馆联盟由低到高分为沟通交流型图书馆联盟、抱团取暖型图书馆联盟和事业拓展型图书馆联盟,并指出,国内大多数图书馆联盟还处于沟通交流的层次上②。

① 刘淑华,刘锦山.沉思与对话:城市图书馆运营创新[M].北京:国家图书馆出版社,2014:108.
② 吴建中.新常态下图书馆联盟发展的新课题[DB/OL].[2016-04-28].http://www.chinalibs.net/ArticleInfo.aspx? id=375635.

（1）城市群图书馆联盟

图书馆联盟是城市图书馆的一个重要发展模式。因为我国图书馆事业的发展主要依赖于政府的主导和支持，城市图书馆联盟多以行政区域为单位，主要是省域图书馆联盟和市域图书馆联盟。有数据显示，在 2011 年，我国的 103 个区域性图书馆联盟中，有 8 个跨省的图书馆联盟、51 个省域图书馆联盟和 44 个市域图书馆联盟；而从成员馆性质来看，高校图书馆联盟最多，有 67 个，跨系统的图书馆联盟为 32 个，其他 4 个是公共图书馆联盟①。此外，我国一些图书馆联盟的出现也直接反映了当地的城市化情况，有基于大学城而建立的图书馆联盟，如深圳大学城图书馆、福州地区大学城文献信息资源共享平台（FULink）、宁波大学园区图书馆；还有基于城市群的发展而建立的图书馆联盟，如珠三角数字图书馆联盟、长三角高校图书馆联盟、武汉城市圈图书馆联盟、湘鄂赣皖四省公共图书馆联盟以及 2015 年 11 月 19 日刚成立的京津冀图书馆联盟。

自"十一五"以来，城市群就被作为推进我国新型城镇化的主体形态。"十三五"期间，城市群建设将进一步加大步伐，在 5 个国家级城市群之外，我国还将建立多个区域性城市群和地区性小城市群②。根据 2014 年 3 月国务院印发的《国家新型城镇化规划（2014—2020 年）》③，我国"十三五"期间将着力优化提升东部地区城市群，加快培育发展中西部地区城市群，并建立城市群发展协调机制，发展集聚效率高、辐射作用大、城镇体系优、功能互补强的城市群，使之成为支撑全国经济增长、促进区域协调发展、参与国际竞争合作的重要平台。目前，我国已形成的京津冀、长江三角洲、珠江三角洲三大城市群，以 2.8% 的国土面积集聚了 18% 的人口，创造了 36% 的国内生产总值，显示了城市群的巨大发展力。今后，京津冀、长江三角洲、珠江三角洲三大城市群将向世界级城市群发展，而长江中游城市群发展规划、哈长城市群、成渝城市群发展规划目前已经获得国务院批复同意，北部湾城市群和中原城市群规划也已纳入 2016 年度工作安排。毫无疑问，这将为城市图书馆带来又一次重要的发展良机。根据这一优势，基于城市群的发展而建立的图书馆联盟模式应受到城市图书馆的高度重视。这里以长江三角洲地区的图书馆联盟、武汉城市圈图书馆联盟为例。

（2）长江三角洲地区的图书馆联盟

根据国务院 2010 年批准的《长江三角洲地区区域规划》，长江三角洲地区主要包括上海市、江苏省和浙江省。目前，长江三角洲城市群是中国城市化程度最高、城镇分布最密集、经济发展水平最高的地区，已成为国际公认的六大世界级城市群之一。长三角也是我国图书馆事业较为发达的地区，出现了不同的图书馆联盟，其中，以长三角地区为范围的图书馆联盟就有多个，如以公共图书馆为主体的长三角图书馆联盟，以高校图书馆为主体的长三角高校图书馆联盟，还有为科研行业服务的长三角科技文献系统。

2005 年 11 月 5 日，由浙、沪、苏三地图书馆学会和浙江图书馆联合举办的"第二届长江三角洲城市图书馆发展论坛"在杭州举行，来自三省市的 100 多家图书馆联合签署了《长江三角洲城市图书馆合作章程》，这被认为是长三角图书馆联盟成立的标志。该章程包括合作宗旨、合作原则、合作内容、合作机构、合作机制、合作经费等方面的内容，对联盟成员馆的联

① 鄂丽君，许子媛.我国区域图书馆联盟建设现状调查与分析[J].图书馆，2012（1）:62—65.
② 定军，来莎莎."十三五"城市群大修编 将建设十九个城市群[N].21 世纪经济报道，2016－05－05(6).
③ 国务院.国家新型城镇化规划（2014—2020 年）[EB/OL].[2016－04－28].http://www.gov.cn/gongbao/content/2014/content_2644805.htm.

合编目、资源共享、讲座合作、人才交流、学术交流等做出了明确规定。根据该章程,长三角市民可依托网络,就地查阅江浙沪三地图书文献,共享资源数据库,参与各馆特色活动。而事实上,从2004年开始,长三角城市图书馆就已开始各种合作,如2004年6月长三角地区的18个城市图书馆签署了"讲座资源共建共享协议"。长三角图书馆联盟成立后,在开展图书馆会展资源共享、设立网上参考咨询项目、进行图书馆员继续教育这几个方面取得了明显成果,但总体而言联盟的工作并没有达到预计的理想效果,主要是因为联盟没有形成积极有效的管理,资金没有保障,成员馆对联盟的地位和作用没有应有的认识①,导致该联盟的发展后续无力,没能真正发挥作用,目前俨然名存实亡。

2011年4月8—9日,长三角教育联动发展研讨会在沪召开。2011年4月8日,根据该会议形成的共识,上海市教育委员会、江苏省教育厅、浙江省教育厅共同签署了"长三角地区高校图书馆联盟的框架协议"。长三角高校图书馆联盟是一个集数字资源为主体的包括印本资源在内的长三角地区高校图书馆文献信息资源服务共享平台,旨在实现长江三角洲地区高校文献信息资源的共建、共知和共享,并为两省一市高校特别是高职高专院校图书馆的专业人员提供各类进修、培训的机会,以迅速提高长三角地区高校图书馆馆员的整体专业水平和实际能力②。该联盟组建单位为上海教育网络图书馆、江苏省高等学校数字图书馆、浙江省高等教育数字化图书馆,成员馆均来自上海、浙江、江苏的高校,联盟办公室设在上海交通大学内的上海高校图工委,面向社会提供科技查新、文献情报咨询服务。2012年5月,该联盟网站正式开通。

长三角科技文献系统于2009年5月正式对外开通使用,该系统旨在整合三省一市科技文献资源现有的基础,建立统一的数据标准和接口,通过综合集成,以科技型中小企业、转制的中小型科研单位、新建的科研院所、高校与核心科研院所在校园网外从事科研活动的人员为主要用户群,提供馆藏联合目录检索、全文检索、原文远程传递、虚拟咨询等服务,构建若干个区域服务中心,强化优势资源综合集成和科技资源的高效优化配置,建立综合的社会化服务体系,为科技产业化环境建设提供支撑③。长三角科技文献系统的成员包括来自上海、江苏、浙江、安徽的多家公共图书馆、高校图书馆、高校、科研院所和科研型企业。

图书馆联盟是实现资源共享最实际、最有效的组织形式,而综合性区域图书馆联盟在促进公共文化服务发展更具有优势,能有效地协调不同类型图书馆的资源和服务,从制度保障、网络共享平台建设、信息资源开发以及人员培训等方面有效推进公共文化服务均等化④。因此,从城市公共文化服务的角度来看,长三角地区各系统、各类型的图书馆有必要携起手来,建立一个积极有效的跨地区、跨系统的图书馆联盟,为长三角地区的广大公众提供更好的图书馆服务。

① 杨帅.论我国区域图书馆联盟的建设与发展——以长江三角洲图书馆联盟为例[J].新世纪图书馆,2009(1):47—49.

② 长三角高校图书馆.联盟简介[EB/OL].[2016 – 04 – 28].http://www.csj.sh.edu.cn/html/article.htm?id=1&fid=0.

③ 长三角科技文献系统.关于长三角科技文献系统[EB/OL].[2016 – 04 – 28].http://www.csjpt.cn/lib/jsp/bzzn_index.html.

④ 高咏先,叶华.基于公共文化服务均等化的综合性区域图书馆联盟服务模式研究[J].图书馆学研究,2016(1):46—49.

(3)武汉城市圈图书馆联盟

2009 年成立的武汉城市圈图书馆联盟(The Consortium of Libraries in Wuhan Urban Circle,简称 CLWUC)是由武汉城市圈的公共、高校、科研系统图书馆共同组建的,该联盟是以政府为主导,以公共财政为支撑,联盟内的图书馆在资源建设、馆际互借、联合参考咨询、成员馆之间通阅通借、联合采购等方面进行密切合作,构建武汉城市圈文献信息资源保障和服务体系。

《武汉城市圈图书馆联盟建设方案》规划了联盟的发展蓝图,包括指导思想、建设目标、建设原则、实施步骤、保障措施等内容①。根据该方案,联盟要在 2012 年完成其近期目标,包括:建立武汉城市圈联合目录,实施人力资源、管理资源共享,实现联合参考咨询服务,联合开展文献传递和馆际互借服务,构建城市圈数字资源服务平台。到 2020 年,要逐步实现这些远期目标:建立武汉城市圈流动图书馆、实施文献资源建设合理布局、构建联盟数字化生产中心、开展联合项目及可持续发展研究。

进入实质性建设阶段后,由政府牵头成立的联盟领导小组制定了《武汉城市圈图书馆联盟章程》和 5 个实施联盟建设的纲领性文件,成立了 3 个联盟机构——联席会议、联盟办公室和 5 个专业委员会。5 个专业委员会包括专家咨询委员会、文献采访协调及联合目录工作委员会、联盟"一卡通"及馆际互借工作委员会、联合项目及图书馆可持续发展研究工作委员会、联盟门户网站及网上参考咨询委员会。随后联盟积极开展了一系列活动,如主办武汉城市圈图书馆联盟自动化系统培训,签署武汉城市圈公共图书馆联盟承诺书,全面展开圈内公共图书馆互通阅览服务以及部分图书馆之间的图书通借通还服务,推出联盟网站,在武汉市建立多个汽车流动图书服务点和 24 小时自助图书馆,等等。

而一些问题也在实际建设过程中逐渐浮出②:宣传不充分,民众对联盟缺乏了解导致利用率达不到预计效果;联盟对成员馆没有行政约束力,不同成员馆之间的服务效率和质量存在明显差距,影响了联盟业务的整体发展;联盟工作主要由武汉市图书馆和湖北省图书馆承担,联盟领导小组的监督指导职能有限,对成员馆没有具体的任务分解计划和有效的监督措施;固有的体制障碍使得联盟内跨系统的融合流于形式,公共图书馆和高校图书馆、科研图书馆之间没能达到实质性的合作,日常工作多各行其是。其中,管理机制方面的问题十分突出。良好的管理机制对区域性图书馆联盟的可持续发展具有重要意义,而一个良好的管理机制至少应包括以下三方面:一个科学合理而又符合区域发展实际情况的组织架构;一套完善且便于执行并能够妥善处理各方面利益关系的制度体系;一个专业、成熟、具有先进理念的领导和管理团队,它能够及时跟踪国内外区域图书馆联盟的最新发展动向,适时提出和变更组织的发展目标,并通过完善组织方式和组织制度来实现既定目标③。因而,建议武汉城市圈图书馆联盟做出管理体制方面的相应改革,并加强宣传,促进联盟对各成员馆的凝聚力。

---

① 武汉城市圈图书馆联盟.武汉城市圈图书馆联盟建设方案[EB/OL].[2016 - 04 - 28].http://www1. library. hb. cn/lm/lmgk/jsfa. html.

② 张兵.新发展中的武汉城市圈图书馆联盟建设探讨[J].武汉商业服务学院学报,2011(1):87—90.

③ 高波.中外区域性图书馆联盟比较研究——兼论其对武汉城市圈图书馆联盟的启示[J].学习与实践,2010(10):136—140.

2. 总分馆

总分馆顾名思义,就是有总馆和分馆之分。结成图书馆联盟的图书馆之间是平等独立的关系,与其相比,总分馆模式就更强调从属关系,总馆处于核心的领导地位,其他图书馆则作为分馆处于从属地位,总馆和分馆共同构成了一个整体,可以被视作一个图书馆。在美国图书馆协会对总分馆的描述中,总馆是一个独立建制的图书馆或一个图书馆系统中充当管理中心的图书馆,它是图书馆系统集中加工文献的场所,也是收藏整个系统主要藏书的处所,而分馆是总馆把一部分业务分离出去而形成的附属场馆,必须拥有一个基本馆藏、常规的人员配置和固定的开馆时间①。我国图书馆界在谈及总分馆时,通常会强调其"统一采购、统一编目、统一配送、统一服务"的特点②。

总分馆模式和图书馆联盟模式是近年来城市图书馆发展中最为常见的方式,和图书馆联盟相比,总分馆的联系更加紧密,因而在地域范围上也会有所限定。通常,总分馆在城市内图书馆协同发展方面可发挥更大作用,我国目前出现的各种总分馆模式也多为市级行政区域范围内的总分馆,如常被作为成功范例来提及的佛山市禅城区、苏州市、东莞市、深圳市福田区、嘉兴市等地的总分馆模式。

(1)现状:日益重要、异彩纷呈的总分馆建设

众所周知单体图书馆的服务半径有限,要实现均等覆盖全社会的公共文化服务,就需要建立布局合理、设施完善、功能齐全、服务方便的图书馆服务体系。总分馆被认为是实现普遍均等的图书馆服务体系建设的最有效形式之一,已在欧美和我国港澳台地区得到较好的发展。这里,我们也将主要关注对城市公共文化服务具有重要影响的公共图书馆总分馆模式建设。

我国的公共图书馆总分馆模式建设最初源于图书馆人的职业自觉。从 2000 年上海市中心图书馆一卡通建设启动开始,我国多地公共图书馆陆续展开了总分馆制建设的实践探索,2002 年,佛山市禅城区、苏州市、东莞市起步探索构建总分馆模式;2003 年,深圳市福田区开始启动总分馆的建设;2005 年,嘉兴市在积累此前分馆建设的经验上大力探索总分馆的建设模式和管理模式,并取得了显著成功。这些成功实践对推动图书馆事业迅速发展起到了重要作用,获得社会广泛好评,也使总分馆模式也受到了业界的高度关注,对总分馆的理论研究和实践探索不断升温,"总分馆制"还被政府确立为国家文化发展政策在全国广泛推广。

2006 年 9 月发布的《国家"十一五"时期文化发展规划纲要》明确提出"县(市)图书馆逐步实行分馆制,丰富藏书量,形成统一采购、统一编目的图书配送体系"③,这是其首次在国家文化发展大政方针中出现。2012 年 5 月 1 日开始实施的国家标准《公共图书馆服务规范》中将总分馆服务作为公共图书馆服务能力的重要表现,提出"公共图书馆应在政府主导、多级投入、集中分层管理、资源共享的原则下,建立普遍均等的公共图书馆服务体系,因地制宜地开展形式多样的总分馆服务,形成统一的机构标识,统一的业务规范,建立便捷的通借

---

① 邱冠华,于良芝,许晓霞. 覆盖全社会的公共图书馆服务体系:模式、技术支撑与方案[M]. 北京:北京图书馆出版社(今国家图书馆出版社),2008:7.

② 王学思. 各地探索公共图书馆总分馆体系建设[DB/OL]. [2016－04－29]. http://www.chinalibs.net/ArticleInfo.aspx? id=308294.

③ 中共中央办公厅,国务院办公厅. 国家"十一五"时期文化发展规划纲要[DB/OL]. [2016－04－29]. http://www.chinalibs.net/ArticleInfo.aspx? id=364218.

通还文献分拣传递物流体系,提升同一地区公共图书馆系统的整体形象和服务能力"[①]。2013 年 1 月,文化部印发的《全国公共图书馆事业发展"十二五"规划》中指出,要"立足现实,因地制宜地推广公共图书馆总分馆制"[②]。

而由文化部、财政部联合启动的"国家公共文化服务体系示范区(项目)创建工作"更是极大地推动了我国城市图书馆总分馆建设的繁荣发展。从 2011 年到现在,示范区(项目)创建工作已进展到第三批,我国内地各省市的大部分城市均榜上有名。而在示范区创建标准中,明确包括了图书馆总分馆制建设指标。在第一批 31 个示范区中,东、中部的 20 个城市(如苏州、东莞、宁波鄞州区、厦门、长沙等)和西部 3 个城市(成都、重庆渝中区、宝鸡)建立起了多种模式的总分馆制;在第二批示范区名单中,东、中部有 20 个城市开展了图书馆总分馆建设[③];2015 年公布的第三批 30 个示范区名单中包括了 9 个东部城市、9 个中部城市以及 12 个西部城市。由此可见,总分馆模式在我国城市图书馆发展中的重要性。

(2)未来:建设集约型、统一型总分馆模式

总分馆模式已成为我国城市图书馆的一个重要发展模式,但实际上,在共同以"总馆—分馆"为框架基础的情况下,各地的具体总分馆建设也不尽相同、各具特色,和真正意义上的总分馆制还存在一定差异。这和我国当前国情分不开,也和各地发展条件、发展思路存在差异密切相关,是发展过程中不可避免的阶段,但未来,我国图书馆的总分馆建设将逐渐向比较接近欧美总分馆制的集约型、统一型总分馆模式推进[④],这一发展趋势也已在业界得到越来越多的认可。

总分馆模式在我国的最大发展障碍是现有的图书馆建设体制和管理体制,这已成为一个共识,在建设集约型、统一型总分馆模式的过程,这一障碍将更加明显。但显然,推行总分馆模式不能等着现有行政体制改革后再进行。经过这些年的积极探索和研究,我国公共图书馆领域已出现了一些切实可行的总分馆发展经验和建议,可供我国当前城市图书馆借鉴和效仿。如对现有行政体制进行局部调整,使建设主体上移,将大城市(直辖市和部分公共图书馆较发达的副省级城市)的区政府界定为全区公共图书馆的建设主体,将中等城市的市政府(副省级城市、地级市)界定为整个城区公共图书馆的建设主体,将县级政府界定为全县公共图书馆的建设主体;由建设主体指定所服务范围内最大的图书馆为总馆,其他图书馆为分馆,并赋予总馆对体系内所有图书馆行使财务、人事和业务管理的权力,科学制订分馆的规划布局,以大城市的区、中等城市的城区、城郊的县为管理单元,从而构建真正的"经费来源统一、管理统一、服务统一"的总分馆模式[⑤]。

其中,政府主导是城市图书馆的集约型、统一型总分馆模式建设实现可持续发展的关键。苏州市的总分馆建设经验就很直接地反映了这一点。苏州图书馆从 2002 年开始探索总分馆建设,先后建立了 4 所分馆,但结果并不如人意,分馆后来陷入发展困境,难以为继。

---

① 文化部.公共图书馆服务规范[DB/OL].[2016 – 04 – 29]. http://www.chinalibs.net/ArticleInfo.aspx? id = 374535.

② 文化部.《全国公共图书馆事业发展"十二五"规划》(全文)[DB/OL].[2016 – 04 – 29]. http://www.chinalibs.net/ArticleInfo.aspx? id = 286321.

③ 金武刚,李国新.中国公共图书馆总分馆制建设:起源、现状与未来趋势[J].图书馆杂志,2014(5):4—15.

④ 张岩.从图书馆权利视野论总分馆建设[J].图书馆建设,2015(12):19—22.

⑤ 邱冠华,于良芝,许晓霞.覆盖全社会的公共图书馆服务体系:模式、技术支撑与方案[M].北京:北京图书馆出版社(今国家图书馆出版社),2008:203—205.

2005 年,苏州图书馆吸取教训重新设计启动总分馆建设,与多个基层政府、区政府、学校等合作建立分馆,到 2010 年,已建成 26 家分馆,取得了很好的效益。但这一次实践依然是由图书馆主导的职业行为,政府自愿参与其中,随着总分馆规模的扩大,固有的限制逐渐突显,如无法对全市的分馆建设做到科学布局,因而也就不能真正提供普遍均等的公共图书馆服务,而且由于该体系所需的人财物等资源主要由总馆提供,总分馆体系发展越大,总馆的压力就越大,一旦超出总馆的负荷程度,总分馆建设就无法继续下去。于是,2011 年成功申报创建国家公共文化服务体系示范区成为"苏州模式"转型升级的一个重要机遇。苏州市政府颁布了《苏州市公共图书馆总分馆体系建设实施方案》,规定了以区(市)政府为总分馆的建设主体,为苏州市总分馆体系建设提供了制度保障,由此进入全面由政府主导的"新苏州模式"。这种有制度约束的法定政府责任,和此前的协议约定有本质区别,苏州总分馆建设也得以向全市区进行覆盖。截至 2014 年年底,"新苏州模式"已发展成了一个拥有 1 个总馆、66 家分馆、2 辆流动图书车(30 个停靠点)、28 个流通服务点、1 个轨道交通图书馆、2 个集装箱图书馆、1 个 24 小时自助图书馆、5 个网上借阅投递点的图书馆服务体系①。

3. 图书馆 +

我们倾向于将"图书馆 +"视为"互联网 +"思维和特质在图书馆领域的体现。"互联网 +"具有跨界融合、创新驱动、重塑结构、尊重人性、开放生态、连接一切六大核心特质。这六大特质相辅相成,连接促进开放,开放促进跨界,跨界促进融合,融合促进重构,重构促进创新②。"图书馆 +"指的是通过图书馆与其他学科、专业、行业以及领域的创新合作、深度融合,充分吸纳社会力量参与图书馆事业发展,促成图书馆和其他社会资源的优势互补,为人们提供更加便捷、高效且个性化、专业化的图书馆服务。

"图书馆 +"并不是将图书馆与其他元素简单叠加起来。" +"意味着跨界融合、开放创新、连接一切,图书馆可吸纳外界一切有利于图书馆发展得更好的资源,包括技术方面的、理念方面的、用户市场方面的,将之融合到图书馆的各项工作中,如图书馆阅读推广、文献传递、图书借阅等。"图书馆 +"的重心落在图书馆上,一切合适的元素都可以与图书馆实现有机融合,但不管未来这将如何改变图书馆的形态,图书馆的核心价值却永远存在。总之,"图书馆 +"代表着一种创新的图书馆发展模式,重新定位图书馆在当今社会的角色,重新塑造图书馆的业务结构、关系结构、文化结构,重视并强调用户参与,尊重用户需求,建立以用户为导向的图书馆服务模式,积极主动地将图书馆服务送入一切可以进入的领域和行业、机构和场所,使图书馆服务无所不在、随手可得,最终实现图书馆事业在新环境下健康、快速、长远发展的目标。

(1)"图书馆 +"是城市图书馆的一种发展方向

2014 年 11 月,李克强总理在首届世界互联网大会上指出,互联网是大众创业、万众创新的新工具③。次年 3 月,"互联网 +"被写入政府工作报告,极大地推动了"互联网 +"的蓬勃

---

① 许晓霞."苏州模式"的演进及价值再挖掘——写在苏州图书馆服务体系建设十周年之际[J].国家图书馆学刊,2015(3):16—23.

② 周建芳,刘桂芳,沙玉萍."互联网 +"视角下图书馆创新的逻辑与行动——以图书馆受赠创新为例[J].图书情报工作,2015,59(17):26—32.

③ 中国政府网.李克强:促进互联网共享共治 推动大众创业万众创新[EB/OL].[2016 - 04 - 28].http://www.gov.cn/guowuyuan/2014-11/20/content_2781560.htm.

发展。这股热潮以前所未有的姿态改变着人们的思维方式、生活方式,也给城市图书馆事业的发展带来了新的机遇。

"互联网+""图书馆+"的出现是建立在一定基础上,即当前社会的经济、科技、文化水平已经发展到一定的高度,因此,"互联网+"所带来的改变主要集中在城市中,"图书馆+"模式也更明显地体现在城市图书馆的发展上。"图书馆+"为城市图书馆提供了广大的发展空间,有利于提升图书馆在城市文化生活中的影响力,推动图书馆成为城市最为重要的第三空间,成为我们社会中不可或缺的公共空间,还有利于打造城市的"15分钟公共文化服务圈",为建设智慧城市、人文城市发挥重要作用。

近几年,我国一些城市和地区的图书馆已经启动了相关探索,做出了十分有益的尝试。山东省从2014年5月开始在全省创新推进"图书馆+书院"模式,在各公共图书馆和部分图书馆分馆、企业图书馆、民办图书馆中建设具有鲜明特色的"尼山书院"文化品牌。同年,江苏省江阴市也开始了"三味书咖"城市阅读联盟建设模式的探索,通过市图书馆与咖啡馆、茶楼、花店等社会机构的创新合作,打造老百姓家门口的文化阵地,达到了公共文化服务效益最大化,带来了非常好的社会影响①。2015年7月,浙江图书馆联合全省11个市级公共图书馆发布《浙江省公共图书馆"互联网+"行动计划》②,提出通过流程重组、服务上线、跨界融合、数据共享、开拓创新等措施打造文化服务的新型业态,实现泛在图书馆服务。嘉兴市文化局在2015年10月提出以"图书馆+"创新公共图书馆服务模式③,包括创新"图书馆+组织"新型分馆、创新"图书馆+行业"共享联盟、创新"图书馆+24小时"自助服务。2016年4月,山东省东营市印发《东营市"公共图书馆+书店"服务模式实施方案》④,决定在全市公共图书馆系统推行"公共图书馆+书店"服务模式,市民可以从书店选书,现场办理借书手续后免费拿回家,图书馆会为此买单。正如媒体所报道的,"图书馆+"现在正在我国各地蓬勃兴起,以"1+X"的无限可能,与书店、咖啡馆、银行、医院等频频擦出融合共通的火花⑤。

(2)山东省"图书馆+书院"模式的实践探索

2014年5月12日,山东省文化厅正式印发《关于在全省创新推进"图书馆+书院"模式建设"尼山书院"的决定》,标志着由政府主导的"图书馆+书院"的公共文化服务模式在我国的出现。根据该决定⑥,"图书馆+书院"模式将坚持"开拓思路、创新服务;部门主导、社会参与;因地制宜、实事求是;循序渐进、典型带动"的原则,不新建设施,不新增人员,分步骤、分层次在全省推进尼山书院建设。

"图书馆+书院"实现了图书馆与书院的优势互补。书院是我国传统的文化教育机构,

① 刘锦山,刘剑英,宫昌俊.宫昌俊:"图书馆+"开启阅读新体验(图)[DB/OL].[2016-05-05].http://www.chinalibs.net/ArticleInfo.aspx? id=398590.

② 浙江图书馆.开放融合,连接一切——浙江省公共图书馆"互联网+"行动计划[DB/OL].[2016-05-05].http://www.chinalibs.net/ArticleInfo.aspx? id=380822.

③ 嘉兴市文化局.嘉兴市以"图书馆+"创新公共图书馆服务模式[DB/OL].[2016-05-05].http://www.chinalibs.net/ArticleInfo.aspx? id=398646.

④ 李长莲.东营推行"图书馆+书店"服务模式 在书店可以免费借书(图)[DB/OL].[2016-05-05].http://www.chinalibs.net/ArticleInfo.aspx? id=396506.

⑤ 杜洁芳."图书馆+"使阅读无处不在(图)[DB/OL].[2016-05-05].http://www.chinalibs.net/ArticleInfo.aspx? id=395339.

⑥ 山东省文化厅公共文化处.山东省文化厅关于在全省创新推进"图书馆+书院"模式建设"尼山书院"的决定[DB/OL].[2016-05-06].http://www.chinalibs.net/ArticleInfo.aspx? id=397735.

在历史上发挥了重要作用。尼山书院原址坐落在孔子诞生地曲阜尼山之上,始建于宋庆历三年;元时重修,一直以来都是传播孔孟文化、研讨儒家思想的重要场所,是中华优秀传统文化的重要符号,在国内外具有极大影响力。"图书馆+书院"将现代公共图书馆和传统书院有机结合,可帮助在现代日渐式微的书院文化通过规范且分布广泛的图书馆系统实现创造性转化、创新性发展,而图书馆也可借助书院的影响力和专业人才将自身的丰富资源推广给广大民众,提高图书馆的文化服务能力,同时,这也有利于推广国学经典,弘扬中华优秀传统文化,增强国人文化自信,提升我国文化软实力。

"图书馆+书院"模式下的尼山书院在设施布局和活动内容上有明确规划,在设施布局上,要求做到"六个一",即全省各级图书馆尼山书院都有一个统一标牌,一尊孔子像,一个国学讲堂,一个道德展室或展板,一个国学经典阅览室或阅览区,一个文化体验室或活动区。活动内容则要求包括经典诵读、国学普及、礼乐教化、道德实践、情趣培养五个板块。尼山书院的建设也有明确的目标任务和实施步骤,根据决定,到2015年年底,在山东省的150多个公共图书馆建成尼山书院,同时在部分图书馆分馆、企业图书馆、民办图书馆中开建尼山书院;到2020年年底,全省尼山书院联盟建立健全、运行规范,形成山东孔子故乡独有的特色与优势,形成全国甚至国际知名的文化品牌。在服务标准上,则制定了《"尼山书院"建设与服务标准》,拟订了《尼山书院讲读专家库》《尼山书院推荐书目》《尼山书院必备书目》等,形成了一套标准化的服务体系。

此外,还以尼山书院为平台,大力整合各种资源。一方面,聘请著名语言学家、教育家许嘉璐先生担任山东省图书馆名誉馆长、尼山书院山长。另一方面,积极与文化系统内部各机构、高校以及其他社会力量建立合作,组织文艺院团、文博单位、非遗传承人在尼山书院定期开展礼乐教化、传统文化展示体验等活动,与山东大学儒学院签订了《关于共同推进尼山书院建设战略合作协议书》,鼓励高校专家教授、退休干部教师广泛参与尼山书院建设,并向社会招募志愿团队,由志愿者组织市民朗读经典名篇,并进行讲解。

在山东省政府的大力支持下,"图书馆+书院"模式在全省各个城市得到迅速发展。截至2014年12月,全省建成尼山书院67个、社区儒学讲堂694个,开展活动1300场次,服务群众超过17万人次①。山东省图书馆以及曲阜、济南、济宁、菏泽、烟台等地的尼山书院受到当地群众的热烈欢迎。其中,山东省图书馆的尼山书院还被国家古籍保护中心授予"中华优秀传统文化实践基地试点单位"。自建成以来,开展活动场场爆满,直接服务群众人数同比增长120%以上②,成果十分显著,为其他城市、地区创新图书馆服务提供了很好的示范作用。

4. 图书馆业务外包

图书馆业务外包指将图书馆的服务和业务部分或全部委托给馆外机构承包管理,也常有人称之为"图书馆社会化"。在图书馆发展史上,图书馆业务外包实践早已有之,到20世纪80、90年代,图书馆业务外包已成为图书馆管理中的一种自觉行为,到现在,图书馆业务外包在国内外图书馆界都已有广泛实践,相关理论研究成果也有很多。现在人们对于图书馆部分业

---

① 于国鹏."图书馆+书院"模式成"样板"[DB/OL].[2016-05-06].http://www.chinalibs.net/ArticleInfo.aspx?id=398769.

② 徐向红.创新推进"图书馆+书院"模式让古籍里的文字活起来[J].人文天下,2014(11):2—5.

务外包已经没有太大的争议,但是对于图书馆全部业务外包还是有比较大的争议的。

2015 年 5 月 11 日,国务院办公厅转发由文化部、财政部、新闻出版广电总局、体育总局四部门起草的《关于做好政府向社会力量购买公共文化服务工作的意见》[1],提出"到 2020年,在全国基本建立比较完善的政府向社会力量购买公共文化服务体系",并给政府向社会力量购买公共文化服务工作明确了指导思想、基本原则和目标任务;同时要求积极有序推进政府向社会力量购买公共文化服务工作,营造向社会力量购买公共文化服务的良好环境。同时印发的附件《政府向社会力量购买公共文化服务指导性目录》中,也明确列出了公共图书馆(室)的运营和管理,这显然给城市图书馆业务外包带来了更大的空间。

图书馆业务外包主要分为部分外包和整体外包两种模式。部分外包通常是将图书馆的非核心性、非专业性业务外包出去,以提高图书馆公众效率和服务水平,同时缓解图书馆资金紧张的困境。其中,比较常见的图书馆外包实践有编目采访业务外包、流通业务外包、自动化业务外包、数字资源建设外包、古籍修复业务外包、文献物流业务外包、馆内休息场所的运营外包以及物业管理外包。将业务部分外包在城市图书馆中已越来越普遍,在我国各级公共图书馆、高校图书馆中都十分常见,已形成了较为成熟的运作模式,并取得了较好的实际效果。2012 年对珠三角地区 9 个城市的公共图书馆业务外包状况的一项调查数据显示[2]:受访的 32 个公共图书馆中,包括省级馆 1 个、副省级馆 2 个、地市级馆 5 个、区县级馆 24 个,有 22 个图书馆进行了外包,占总数的 69%;外包的业务主要是物业管理、图书加工与上架,还新出现了读者活动外包;外包的主要原因是人力、物力不足;外包结果较为乐观,大部分图书馆都对外包持欢迎态度;存在的问题是效益评估较为缺乏。

相对而言,人们对于公共图书馆整体外包的争议更大,因为这有可能造成公共图书馆公益性的弱化或丧失。关于如何规避这一风险,最关键的是要充分发挥政府对公共图书馆事业的主导作用。在向社会公众提供普遍均等的公共文化服务方面,国家和地方政府负有不可推卸的重要责任,不过,这不表示需要国家和地方政府直接承办提供,政府可以购买服务提供,也可以与社会资本合作提供。政府积极引导和鼓励社会力量参与公共文化服务,或者,政府购买公共文化服务。在其中,政府始终是主导力量,保证公共文化服务提供并得以实现,这是政府的义务。这就决定,政府的主要任务是建立规范的购买图书馆运营服务的程序、标准和制度,选择合适的服务提供者,在购买后严格执行考核监管职能,确保所购买的图书馆服务能健康有序进行,以免公共利益受损。另外要注意的是,在公共文化服务体系中,不同层级、类型图书馆的职能定位也存在一定差别。从这个角度来看,为了防止图书馆公益性的弱化和丧失,地市级及以上的公共图书馆不宜采用整体外包模式。因为地市级及以上的公共图书馆在城市公共文化服务体系中处于顶层,对其他图书馆工作负有一定的指导职责,对其进行整体外包的话,难度较高且外包失败后的代价很大。

事实上,目前我国采用整体外包的图书馆也主要是地市级以下的公共图书馆。在若干图书馆整体外包的实践中,政府发挥着最为重要的主导作用,即主要通过政府购买公共图书馆运营服务实现的。具体来说,政府购买公共图书馆运营服务是指政府引入市场机制,通过

---

① 国务院办公厅. 国务院办公厅转发文化部等部门关于做好政府向社会力量购买公共文化服务工作意见的通知[DB/OL].[2016-05-10]. http://www.chinalibs.net/ArticleInfo.aspx? id=376923.

② 张滢,陈俊翘,段锐. 珠三角地区公共图书馆业务外包区域差异的实证研究[DB/OL].[2016-05-10]. http://www.chinalibs.net/ArticleInfo.aspx? id=256430.

公开招标、邀请招标、竞争性谈判、询价等采购方式,将原应由自己提供的公共图书馆运营和管理服务,交给条件具备的社会组织、事业单位、企业或机构来完成,并由政府依据承接者所提供的服务数量和质量来支付费用①。这给社区图书馆等城市基层图书馆的发展提供了另一种可能的模式。

社区图书馆是我国城市图书馆事业的基础,与广大民众的联系最为直接、最为密切,但是,社区图书馆的发展现状却也是最令人担忧的,经费短缺、人员太少、资源匮乏、馆舍老旧、设备不全,这是我国许多城市社区图书馆普遍面临的问题。一个完善的城市公共文化服务体系中,社区图书馆在数量上通常是最多的,如果纯粹依赖政府来建设,负担巨大。基于此,城市社区图书馆采用图书馆外包的模式会更具优势,可有效缓解公众对公共服务要求不断提高与政府直接提供能力有限之间的矛盾。城市社区图书馆的主要工作是维持日常开放,提供基础的图书馆服务,如借还书、一般性阅读指导等,图书馆的规模也不需要多大,政府通过聘用具有一定资质的社会机构或人员来运营、管理社区图书馆,就可以有效解决当前城市社区图书馆的主要问题,满足广大基层民众的基本文化需求,有利于城市图书馆事业的整体发展。

四、城市图书馆发展的另一种可能

城市图书馆发展需要以动态的眼光来观察,应综合对过去的总结、对现在的分析以及对未来的预测。从全球范围来看,除了我们前面提到的图书馆联盟、总分馆、图书馆＋、图书馆外包这几大主要发展模式,今后,城市图书馆的发展还存在更多的可能,不管它们能不能成为主流,但至少提供了另一种可能,让城市图书馆事业更加缤纷繁华。

1. “非图书馆”的创意空间

将图书馆命名为或改成其他“非图书馆”的名称的现象在以前也曾出现过,这一现象后面反映的是人们对图书馆角色的新认知,如1985年12月中国科学院决定将“中国科学院图书馆”改名为“中国科学院文献情报中心”,是要强调新环境下图书馆的情报服务功能②。而在近些年,全球各地出现了越来越多的“非图书馆”现象。

2002年,英国伦敦塔尔哈姆雷特行政区建成了第一家“概念店”(Idea Store)。这个有意舍弃了“图书馆”之名的“概念店”打破了过去人们心中的图书馆印象。这是一个将传统图书馆服务、成人学习课程、交友聚会和其他各种生活、健康服务融合在一起的综合性空间,并取得了显著成功。随后,当地图书馆系统关闭了12所公共图书馆,代之以7所地处闹市的概念店,为城市图书馆创建了一种十分新颖的发展模式。

在2009年8月国际图联的一场会议上,新加坡国家图书馆介绍了一个名为“Unlibrary”(即“非图书馆”)的项目。这是一个设立在新加坡国家图书馆内的馆中馆,也是新加坡第一个表演艺术图书馆,在2300平方米的空间,不仅提供与表演相关的资源,而且提供表演空间,项目的参与者都是馆外的志愿者。其目标是让社会民众走进图书馆,按照他们的想象来

---

① 易斌,郭华,易艳.政府购买公共图书馆运营服务的内涵、模式及其发展趋向[J].图书馆,2016(1):19—24.
② 孟连生.图书情报体制改革的一种趋势——中国科学院图书馆改名有感[J].中国图书馆学报,1986(4):16—19.

重新设计和创造超越传统图书馆的空间①。

2009 年 9 月,美国兰吉维尤图书馆(Rangeview Libraries)开启品牌重塑计划,在这场宣告为"兰吉维尤图书馆的一场革命"(A Revolution of Rangeview Libraries)的运动中,图书馆使用了新的名称 Anythink™,并将图书馆员的称呼改为市民更易接受的导读员(Guides)、看门人(Concierges)、牛仔(Wranglers)②。这场革命有一个有趣的使命宣言——"我们为好奇的心打开大门"(We open doors for curious minds)③,提出要为当地社区的家庭和孩子们打造一个最美丽、最舒适的空间,让他们能够在阳光下愉悦地学习任何东西,这个新的创意空间将比人们此前所见过的任何图书馆都要更具吸引力。

2011 年,芬兰赫尔辛基市提出把市中心图书馆打造成"城市办公室"(Urban office),作为主要工作场所(即传统意义上的办公室)、第二工作场所(如合作伙伴、客户和外包工作场所)之外的更受人们欢迎的第三工作场所。"城市办公室"旨在为市民提供一个舒适的工作环境,其中不仅有传统的办公用品,如订书机、打孔器,还有舒适的座椅、无线打印机、存储卡阅读器等,人们可以通过专门的预约系统进行预订,在这里进行短期办公④。

这些充满创意的各种"非图书馆"实践有一个共同点,就是对图书馆空间的重新定位和利用。当然并非只是简单地对图书馆馆舍进行改造,而是如张晓林所指,这是重新组织图书馆的服务模式,将以馆藏为主的图书馆转变成以知识用户的创新创造为主的图书馆⑤。吴建中强调,从收藏型图书馆到创造型图书馆是图书馆品牌重塑的一个重要目标,需要图书馆员具有丰富的想象力和创新思维⑥。以上这些来自不同国家的案例就展现了城市图书馆的广阔创新空间,可以为我国城市图书馆的发展带来启发。现实中,我国图书馆领域也已出现了这方面的探索,如近年来常提及的信息共享空间、创客空间、众创空间等。

信息共享空间(Information Commons,简称 IC)在 20 世纪 90 年代就已在美国兴起,2005 年左右进入我国,现已在国内外众多图书馆中得到实现,尤其是在高校图书馆中更是受到高度重视。有调查显示,截至 2012 年年底,我国的 100 所"211"工程院校图书馆中,提供信息共享空间服务的有 78 所,占总数的 2/3⑦。信息共享空间是基于图书馆空间而建立的一种创新服务模式,通过将现代化信息技术与图书馆信息知识资源进行整合向用户提供一站式信息服务,以培养人们的信息素养,推动其研究和学习。信息共享空间的出现和兴起反映了当前人们对图书馆的空间价值和服务功能的新认识,在公共图书馆领域,人们更多是以"第三空间"概念来传达这一认知。近几年日益受到关注的"创客空间""众创空间"等也反映了同样的变化,而且更加突出了图书馆与城市发展、社会发展之间的紧密关系。

"创客空间"和"众创空间"属于人们对同一事物的不同叫法,英文中也没有统一的名称,有 Hackerspace、Hacklab、Makerspace、Hackspace 等多种表述,这个概念是在 2010 年进入

① 王晔. 从 UnLibrary 项目与创客空间建设看图书馆的转型与超越[J]. 图书情报工作,2014(2):24—28.
② 吴建中. 转型与超越:无所不在的图书馆[M]. 上海:上海大学出版社,2012:77.
③ Anythink Libraries. About[EB/OL].[2016-05-11]. https://www.anythinklibraries.org/about.
④ Helsinki Central Library. The Library sa an Urban Office[EB/OL].[2016-05-11]. http://keskustakirjasto.fi/en/2011/06/03/the-library-as-an-urban-office/.
⑤ 孙莉薇. 图书馆创意空间是一种新的服务模式——访国家科学图书馆馆长张晓林(图)[DB/OL].[2016-05-11]. http://www.chinalibs.net/ArticleInfo.aspx? id=399034.
⑥ 吴建中. 转型与超越:无所不在的图书馆[M]. 上海:上海大学出版社,2012:76.
⑦ 谢瑶. 我国 211 高校图书馆信息共享空间建设现状与特色分析[J]. 图书馆学研究,2013(8):54—57.

我国的，目前国内尚未对图书馆创客空间的定义达成一致。我们在这里倾向于这样的表述，即图书馆创客空间是图书馆为使用户能发挥创意和实现创意提供工具资源和交流平台，让用户在实践过程中实现知识学习和知识创新的一种新型图书馆服务模式①。

实践方面，2012 年，中国科学院文献情报中心与科技孵化器合作建成了"创意空间"，同时搭建了"科技创新与创业平台"，这是我国第一个专业图书馆创意空间。2013 年 5 月，上海图书馆"创·新空间"正式对外开放，这是我国第一个公共图书馆创客空间。而在 2015 年 3 月创客空间写入《关于发展众创空间推进大众创新创业的指导意见》后，各地的创客空间、众创空间更是犹如雨后春笋般出现。目前，长沙图书馆、成都图书馆、厦门市图书馆、天津大学图书馆、上海交通大学图书馆、武汉大学图书馆、广州市越秀区图书馆、深圳图书馆等众多图书馆都已设立创客空间，呈现出一股勃勃生机。不过，显然，我国图书馆界对创客空间的探索还处于起步阶段，有待进一步深入展开。

2. 图书馆法人治理结构探索

"法人治理结构"概念最早出现在 20 世纪 70 年代的美国经济理论界。而早在 1848 年，美国马萨诸塞州议会就通过了一项法案，决定在波士顿市建立一座免费的公共图书馆，并将图书馆事务交由专门成立的理事会管理；同时规定理事会拥有监督图书馆预算、制定图书馆规章制度、选聘核心馆员等权力。英国、德国、日本等国对图书馆法治化也有相关的规定。从国外图书馆法人治理结构的经验来看，建立健全以理事会为核心的公共图书馆法人治理结构，有助于公共图书馆将所有权与经营权适度分离，实现图书馆的依法管理、独立治理，有利于公共图书馆服务的持续提升，充分发挥图书馆的社会效益。为此，图书馆法人治理结构建设近年来在我国日益受到重视，给城市图书馆事业的发展带来了日益深远的影响。

2007 年 10 月，中共深圳市委办公厅、深圳市人民政府办公厅发布了《建立和完善事业单位法人治理结构实施意见》，其中将深圳图书馆列入首批适合组建理事会的事业单位名单。由此启动了我国公共图书馆法人治理结构的改革实践。2010 年 12 月，深圳图书馆理事会正式成立，由 11 人组成，包括来自市文体旅游局的政府代表 2 名，图书馆代表 2 名，分别为行政执行人和图书馆员工代表，以及来自社会科学界、文学艺术界、科技界、教育界、图情界的代表和读者代表 7 名。理事会作为深圳图书馆的议事和决策机构，负责确定深圳图书馆的发展战略和发展规划，行使重大事项议事权和决策权，但理事会不直接参与图书馆管理和干预图书馆日常事务。

2011 年 3 月，我国出台了《中共中央国务院关于分类推进事业单位改革的指导意见》，提出对面向社会提供公益服务的事业单位，积极探索管办分离的有效实现形式，建立健全法人治理结构，探索建立理事会、董事会、管委会等多种形式的治理结构，健全决策、执行和监督机制，提高运行效率，确保公益目标实现。随后，国务院又下发了一系列配套文件，提出了面向社会提供公益服务的事业单位建立和完善法人治理结构的基本原则、总体要求、主要内容、组织实施等，推动图书馆的法人治理结构建设从国家政策层面进入具体落实的实践阶段。广州图书馆、深圳宝安区图书馆等图书馆加入法人治理结构建设的行列，成立了图书馆理事会。

---

①　宋甫，吴跃伟，韩晓雪等. 我国图书馆创客空间理论研究与实践发展综述[J]. 图书情报知识，2015（6）：28—35.

2013 年 11 月,党的十八届三中全会正式通过《中共中央关于全面深化改革若干重大问题的决定》,提出要"明确不同文化事业单位功能定位,建立法人治理结构,完善绩效考核机制。推动公共图书馆、博物馆、文化馆、科技馆等组建理事会,吸纳有关方面代表、专业人士、各界群众参与管理"。我国公共图书馆法人治理改革由此成为一大热点和重点任务,公共图书馆法人治理结构建设逐渐在全国各地广泛开展。截至 2015 年 5 月,我国共有 36 家公共图书馆成立了理事会,其中广东省 10 家,浙江省 5 家,江苏省 4 家,安徽省 3 家,其余散落分布在华中、华北和西南地区;而从图书馆的级别看,则有 10 家省级图书馆、19 家市级图书馆、7 家区县级图书馆①。而这些图书馆的理事会建设模式也并不完全相同,主导力量、职能定位等方面存在一定差别。

法人治理结构是我国图书馆管理体制和运行机制改革的重要探索实践。从 20 世纪 80 年代开始,我国就在不断探索公共图书馆管理体制改革,如"政事分开"和"馆长负责制",在很大程度上推进了公共图书馆的发展。但是,由于未能改变现行管理体制的核心问题,即公共图书馆的所有者和经营管理者之间的关系问题,图书馆的法人自主权未能彻底落实,导致公共图书馆的发展受到一些限制,不利于建立覆盖全社会的、普遍均等的公共图书馆服务体系。而法人治理结构的实质就是使图书馆的决策权力机构、管理执行机构、监督约束机构相互分离、相互制衡,可推动政府放权,真正实现图书馆自主管理,增强图书馆的活力。因此,实行以理事会制度为核心的法人治理结构被认为是我国图书馆优化内部治理结构的关键,有利于图书馆管理的专业化和"去行政化"②。

从图书馆法人治理结构建设的实际效果来看,自这方面的改革启动后,尤其是 2015 年以来,公共图书馆法人治理结构在我国呈现爆发状态,各地公共图书馆成立理事会之举令人目不暇接,理事会制度建设出现了众多新亮点③。但和理想状态相比还是有一定距离,和国外发展较为成熟的图书馆理事会制度相比,也有比较长的路要走。其中,最为根本的问题,是要在相关领域和方面实施与建立法人治理结构相适应的改革,加强关联制度配套衔接的顶层设计,包括管理体制、人事体制、财务体制等④,否则,理事会制度难以发挥真正成效,反而可能给图书馆添麻烦,妨碍图书馆的正常发展。

3. 倔强生存着的城市民间图书馆

民间图书馆即非政府力量创办的图书馆,是我国城市文化景观中的一道独特风景,近年来也受到了越来越多的关注。与有政府支持的公共图书馆等相比,民间图书馆显得格外的命运多舛,饱受经费、政策、场地、人员等方面的困苦,被迫关闭者众多。但不管前行之路如何曲折,依然有不少民间图书馆在倔强生存着,作为公共文化服务体系的有益补充,为城市图书馆事业的发展贡献着一己之力。王子舟教授对近 10 年开始涌现的城市民间图书馆做出了这样的评价,"就像一抹温馨的暖色浮动在城市的身体上"⑤。

---

① 陈凤娟,秦广宏.公共图书馆理事会现状调研及存在问题研究[J].新世纪图书馆,2015(11):60—63.
② 蒋永福.现代公共图书馆制度研究[M].北京:知识产权出版社,2010:262.
③ 江水.图书馆理事会成立步伐再提速[DB/OL].[2016 – 05 – 12].http://www. chinalibs. net/ArticleInfo. aspx?id = 377099.
④ 李国新.公共图书馆法人治理:结构·现状·问题·前瞻[J].图书与情报,2014(2):1—9.
⑤ 王子舟.一抹暖色的浮现:城市民间图书馆[J].图书馆建设,2013(11):1—10.

2008 年年初,旨在关注和支持民间公益图书馆发展的"文化火种寻找之旅"网站(http://www.mjtsg.org)正式上线。目前,该网站已收集了全国各地 400 多家民间公益图书馆的基本信息,展现了我国民间图书馆的基本现状。此外,在 2011、2015 年先后召开的两次"民间图书馆论坛",也对促进我国民间图书馆事业的发展做出了重要贡献。图书馆界对民间图书馆的积极作用普遍持肯定态度,认为民间图书馆作为公共图书馆的服务补充极大地促进了我国图书馆事业的发展,在一定程度上完善了图书馆服务区域,为用户提供了有针对性的服务,有效地发挥了精神文化建设的职能①。

当前我国大多数民间图书馆多由热爱文化事业的企业、组织或个人创办,公益性比较明显,多数坚持免费提供图书借阅服务,有的会开展非营利性有偿图书馆服务或营利性图书馆服务,但普遍规模较小,管理者多为非图情专业人员。从当代我国民间图书馆事业的发展来看,民间图书馆在城市的出现要晚于乡村,数量也更少,但和乡村民间图书馆比较,城市民间图书馆在资本实力、信息技术、管理方法等方面显示出独特的优势。

如由深圳市青番茄文化传媒有限公司于 2010 年 8 月成立的中文网上实体书图书馆——青番茄,这是一个宣称"以全民阅读为梦想的社会企业",提出要凭借跨界思维和商业模式,实践阅读的一切可能。青番茄主要通过互联网平台和快递物流方式为用户提供免费借阅、送、还上门服务。2012 年,其服务范围扩展到国内 27 座城市,覆盖人群超过 100 万人,书籍种类超过 40 万种②。此外,青番茄还在线下一些城市建立了节点式 In library 图书馆,用户可直接前往就近贴有"INLIBRARY"标识的咖啡馆,直接选择馆内喜欢的好书,通过自己的借阅卡号或手机号,让馆内的店员帮助完成借阅及还书。到 2014 年 7 月,青番茄已在全国创建近 1000 家咖啡图书馆③。

荒岛图书馆也是我国目前一个具有较大影响力的城市民间图书馆组织。荒岛图书馆源起《城市画报》的"荒岛图书馆"特辑,其自我定位是"一个 Web2.0 思想组织起来的社区图书馆联盟,更是一个汇集创新思维的社区文化空间"④,主要通过豆瓣、微博、博客、QQ 等社交平台进行宣传。2009 年,我国第一家荒岛图书馆在广州市小洲村正式对外开放,随后北京、上海、武汉、成都等诸多城市也陆续建立了荒岛图书馆,目前已在全国 60 多个城市建立了 200 家分馆,它们均分布于城市的咖啡馆、青年旅舍、文化活动空间、居民社区等地。荒岛图书馆的图书主要来自捐赠、寄存、寄售,提供免费借阅服务,如果是现场阅览图书,则无须提供任何证件。荒岛图书馆鼓励人们将闲置的图书捐赠出来,捐赠数量的多寡决定了借阅数量和借阅时长,如果逾期不还,则每超出一天罚捐赠图书一本。同时,荒岛图书馆还经常性开展真人图书、读书会、朗诵会、荒岛寻宝游戏、电影沙龙等形式多样的活动,其中,真人图书已发展成为其品牌活动,具有广泛的影响力。

---

① 田利.政府购买民间图书馆服务研究[J].图书馆,2016(1):31—34.
② 青番茄.公司简介[EB/OL].[2016－05－13].http://www.qingfanqie.com/other/companyProfile.html.
③ 青番茄.关于网上借阅模式取消的通知[EB/OL].[2016－05－13].http://www.qingfanqie.com/Notice/NoticeIndex.htm? Id =81.
④ 荒岛图书馆.Hi,我是荒岛图书馆[EB/OL].[2016－05－13].http://www.islibrary.com/a/huangdaojieshao/20140902/3.html.

第二部分 铜陵市图书馆发展案例深度研究——铜陵模式研究

2015 年 12 月 25 日,铜陵市图书馆新馆建成并投入运行。在文化供给侧改革大潮和铜陵城市转型升级背景下,铜陵市图书馆结合自身发展的客观需求,通过前期深入思考、探讨与实践,借由新馆建设这一契机,总结提炼出"图书馆 +"的铜陵市图书馆事业发展模式,而"一切服务读者"是这一模式的核心理念。铜陵模式的提出和实践,是我国公共图书馆事业发展过程中有益的探索,对于促进我国公共图书馆事业发展具有积极意义。

一、铜陵模式的构建背景

铜陵市位于安徽省中南部、长江下游,承东启西、连南接北、临江近海,是长江经济带重要节点城市和皖中南中心城市。目前,乘着文化供给侧改革的东风,铜陵市正处于从资源枯竭型城市向文化型宜居城市转变的发展蜕变中,铜陵市图书馆作为铜陵市唯一的市级城市公共图书馆,是铜陵市公共文化服务体系中的主体力量,在推进城市文化建设方面肩负着不可替代的重要作用,铜陵市的这一转型发展为铜陵市图书馆带来了新的发展机遇,"铜陵模式"正是在这一独特发展背景下构建发展起来的。

1. 文化供给侧改革与城市图书馆发展

当前我国正处于全面建成小康社会的决胜阶段,文化事业在城市发展中的重要性日益突出。但现实中,文化事业的发展却面临着不少新问题,主要表现为文化产品和服务总量规模空前,但真正被社会大众充分消费并达成以文化人目标的却不是很多。简而言之,即当前文化事业存在明显的供给侧结构性短缺的问题。文化供给侧改革正是为解决这一问题而提出的。从城市图书馆的发展来看,当前城市图书馆应从公共文化服务的供给、生产端入手,提升图书馆服务质量,大力开展服务创新,在社会上培育一个健康向上的文化氛围,以此影响广大公众的文化消费,引导公众文化需求朝着更有品位、更具深度、更符合社会主义核心价值观的方向发展。

(1)我国开展文化供给侧改革的必要性

供给侧是相对于需求侧来说的。过去,人们在推动经济增长方面主要强调投资、消费、出口这"三驾马车",也即需求侧。与之相对的供给侧是由劳动力、土地、资本、创新等要素构成。"供给侧改革"是 2015 年 11 月 10 日习近平总书记在中央财经领导小组第十一次会议上首次提出的。习近平总书记指出:"在适度扩大总需求的同时,着力加强供给侧结构性改革,着力提高供给体系质量和效率,增强经济持续增长动力。"2016 年 1 月 26 日,在中央财经领导小组第十二次会议上,习近平总书记再度强调,供给侧结构性改革的根本目的是提高社会生产力水平,落实好以人民为中心的发展思想。供给侧改革已成为新常态下我国经济转型升级、社会全面发展的重要举措。

需求和供给之间关系的结构性失衡已成为当前影响我国经济持续增长、社会全面发展的最大障碍。近年来,我国城镇居民对于消费的需求已普遍从生存性向发展性升级,更加重视消费产品的属性和质量,但供给侧的发展却没有及时跟上需求侧的这一变化,我国供给侧总体表现出中低端产品过剩、高端产品供给不足的现象,导致供求关系出现结构性失衡。现阶段对于供给侧改革的强调,就是为了彻底改善我国供需关系的结构性失衡现状。结合我国国情来看,现阶段供给侧改革的重点是"去产能、去库存、去杠杆、降成本、补短板",要求从生产领域加强优质供给,减少无效供给,扩大有效供给,提高供给结构适应性和灵活性,提高全要素生产率,使供给体系更好适应需求结构变化。

虽然这一供给侧改革最开始是从经济领域开始的,但对于当前文化领域来说也很有必要,且十分迫切。根据 2013 年 11 月发布的"2013 中国文化消费指数",我国内地文化消费的潜在规模为 4.7 万亿元,而实际消费仅为 1 万亿元,存在超过 3 万亿元的文化消费缺口①。这表明,我国内地潜在文化需求未得到有效满足,文化消费存在巨大的市场空间。而这一巨大的消费空地需要通过文化产业和公共文化服务的有效供给来铺满。近些年,我国公共文化服务事业的发展取得了显著成果,但同时也存在许多问题,其中最为突出的就是供给和需求之间的不协调矛盾,表现为公共服务主体提供的公共文化服务不符合人民群众的实际文化需求,如近几年常被提及的农家书屋、社区图书馆利用率低下的情况,还有一些地区不顾自身实际特点,盲目跟风打造各种"文化街""文化节",形式大于内容,导致供给不到位,看起来好像是文化领域产能过剩,实际上人民群众的真正文化需求却没有得到满足,依然存在巨大缺口。

另一方面,从文化的特有属性来看,文化产品和服务具有意识形态属性和公共品属性。就公共文化服务事业而言,这意味着其发展目的不仅仅是满足当前人民群众的实际文化需求,实现供需平衡,更重要的是通过公共文化产品和服务在社会上培育一个健康向上的文化氛围,影响人民群众的文化消费行为和文化消费偏好,引导公众文化需求朝着更有品位、更具深度、更符合社会主义核心价值观的方向发展,即达到以文化人、以文育人的更深层次的长远目标。以全民阅读为例,2015 年的第十三次全国国民阅读调查结果显示,超四成的成年国民认为自己的阅读数量较少,近七成的成年国民希望当地有关部门举办阅读活动②。国民阅读自觉性的提升带动了阅读需求的增长,但同时当中存在的一些问题也日益突显,如目前儿童阅读存在着功利性阅读多,情趣性阅读少;浅阅读多,深阅读少;图像阅读多,文字阅读少的问题③。解决这些问题需要全民阅读推广主体——政府、图书馆以及新闻出版机构、学校等组织从供给侧进行改革,加大阅读推广力度和广度,打造一个全民参与的社会阅读氛围,倡导趣味阅读,引导人们树立正确的阅读观念,帮助人们养成自主阅读、终身阅读的习惯。

这里需要指出的是,强调文化供给侧改革并不表示可以对需求侧不管不顾。供给和需

---

① 尹力."中国文化消费指数"首次发布 文化消费缺口超 3.6 万亿[DB/OL].[2016 – 06 – 12]. http://www.chinalibs.net/ArticleInfo.aspx? id = 400764.

② 新华书目报.国民阅读率整体上升举办读书活动呼声高——第十三次全国国民阅读调查结果发布[DB/OL].[2016 – 06 – 12]. http://www.chinalibs.net/ArticleInfo.aspx? id = 397996.

③ 庄建.中国少儿阅读现状:功利性阅读多 情趣性阅读少[EB/OL].[2016 – 06 – 12]. http://www.chinalibs.net/ArticleInfo.aspx? id = 398382.

求是一枚硬币的两面,二者缺一不可。之所以现在我国要强调供给侧改革,是因为过去过多地强调了需求侧管理,致使出现了供给和需求的不平衡。因此,当前我们开展文化供给侧结构性改革,要注意是在适度扩大总需求的同时进行的,最终目的是实现供给和需求之间的平衡和协调。

(2)以供给侧改革促进城市图书馆发展

城市图书馆,尤其是城市公共图书馆,对促进城市文化事业发展、提升公共文化服务效能负有重要职责,文化供给侧改革对于当前城市图书馆事业来说实有必要,且十分可行,可在促进城市图书馆发展方面发挥重要作用。国务院发展研究中心资源与环境研究所副所长李佐军指出,供给侧结构性改革主要包含五方面内容:一是通过改革增加劳动力、资金、土地、资源等生产要素的高效投入;二是通过改革促进技术进步、人力资本提升、知识增长等要素升级;三是通过改革培育企业、创业者、创新型地区或园区、科研院所和高等院校、创新型政府等主体;四是通过改革(如减税、简政放权、放松管制等)激发各主体的积极性和创造性;五是通过改革淘汰落后产业、培育有市场竞争力的新产业和新产品[①]。从我国城市公共图书馆的发展现状来看,应从提升图书馆服务的有效供给、优化供给侧要素投入结构、创新供给驱动力结构、推动供给形式和内容的多元化发展等方面着手开展供给侧改革。

近几年我国在公共文化服务事业方面投入越来越高,但效果并不理想,有效供给不足,因此,在文化供给侧改革中,最为首要就是提升图书馆服务的有效供给。文化产业的投入产出我们可以通过销量、收视率、票房等市场效益标准来检验衡量,但公共文化服务的产出却难以如此量化,公共图书馆的效益是通过得到公共图书馆服务的人群数量来衡量,也就是说,公共图书馆服务的有效供给是和所惠及的人群数量成正比的,没人去的图书馆建得再好也是无效供给。当前影响公共图书馆服务有效供给的问题主要有:或者流于形式主义,出现各种品质低劣的形象工程、政绩工程;或者囿于自娱自乐,没有真正送达到用户;或者失于虎头蛇尾,没有建立长效管理机制,影响了公共图书馆服务的可持续发展。2012 年 5 月,我国《公共图书馆服务规范》国家标准开始实施,众多省市也制定了地方性公共图书馆服务标准,如 2011 年 9 月 7 日,安徽省文化厅印发了《安徽省公共图书馆服务标准》,为公共图书馆服务提供了规范,但这些规范对于具体的公共图书馆服务来说还是有鞭长莫及之感。由此来看,目前,我国亟须对公共图书馆服务的供给侧进行改革,通过创新服务内容和形式提高公共图书馆服务的质量,并通过确立考评机制和问责机制保证公共图书馆服务执行有结果,评价有反馈,后续有改善,最终提高公共文化服务的有效供给。

其次,从供给侧要素来看,此前我国图书馆服务的发展过度依赖于增加生产要素量的投入,如馆舍面积、馆藏数量等,人才、技术、知识、信息等高级要素投入比重偏低。现在依然很多人以为图书馆只是一个藏书的场所,认为图书馆所提供的服务只是图书借阅等基础性服务。市级公共图书馆本应是城市的信息中心、学习中心,不仅仅担负着收集、保存、传播人类优秀文化成果的职责,还应是社区文化活动中心,是重要的城市第三空间。但目前很多公共图书馆因为人才、技术等方面的不足导致其难以提供或只能有限提供高层次的公共图书馆服务,如面向政府、企业等机构提供的竞争情报服务。因此,今后的公共图书馆服务发展中,应优化供给侧要素的投入结构,一方面要让劳动力、资金、土地、资源等生产要素的投入更加

---

① 林火灿.结构性改革:改什么 怎么改[N].经济日报,2015 – 11 – 23(5).

高效,如依据所服务人口的变化趋势来规划馆舍、馆藏的发展;另一方面,要促进生产要素质的提升,包括技术进步、知识增长、人力资本提升等,提高公共图书馆服务能力,拓展高层次的公共图书馆服务。

而从图书馆发展的驱动力来看,目前,我国公共图书馆的经费来源主要是政府拨款,公共图书馆的发展也主要依赖于政府的支持,甚至有的公共图书馆的运行和发展事务统统由政府掌控,容易导致图书馆的发展受限,捉襟见肘。因而创新动力结构也应是公共图书馆供给侧改革的重要内容,表现为更多地依靠体制改革、结构转型和要素升级来推动公共图书馆服务的发展,如实行公共图书馆法人治理结构,建立公共图书馆总分馆体系等,改变公共图书馆服务的单一的政府供给体制,吸纳企事业机构、社会组织、社区、个人等社会力量,使之成为公共图书馆服务供给主体的重要组成部分,着力构建以政府为主导、社会力量积极参与公共图书馆服务的发展格局。

此外,公共图书馆实行供给侧改革的最终目的是为了让人民群众获得更好的公共文化服务,要落实好以用户为中心的发展思想。因此,公共图书馆应始终坚持以用户需求为导向来对供给侧进行改革,主要表现为对用户进行细化分类,按照年龄、职业、教育程度等不同标准将用户划分为多个群体,调查分析不同群体的公共图书馆服务需求,然后有针对性地提供个性化的公共图书馆服务,通过多元化的服务供给提高用户满意度,并有意识地培育用户的图书馆素养和信息素养。如美国很多公共图书馆都会按用户年龄提供细分服务,面向儿童和青少年的服务尤其丰富,有图书借阅、阅读辅导、故事会、家庭作业辅导、暑期阅读活动等,让孩子们的学习和日常生活都离不开公共图书馆。

2. 铜陵市的城市转型之路

铜陵市于 1956 年建市,现辖一县三区(枞阳县、铜官区、义安区、郊区),总面积为 3008平方公里,城市化率达 76.3%,全市总人口达 172 万。近年来,铜陵市通过实施"文化强市"发展战略,着力打造文化型宜居城市,让铜陵市走出了一条独具特色的资源枯竭型城市转型发展之路,并大大促进了当地公共文化事业的繁荣兴旺。

(1)从资源型工业城市到文化型宜居城市

铜陵因铜得名,依矿建市,以铜而兴,是一座典型的资源型城市,素有"中国古铜都,当代铜基地"之称,其采冶铜的历史始于商周,盛于汉唐,延绵至今已有 3500 余年。但是,近些年以来,当矿产资源随着人类的开发和利用在不断减少,资源型城市的发展问题也日益凸显。2009 年 3 月,铜陵市被列为全国第二批资源枯竭城市;2013 年在国家出台的《全国资源型城市发展规划》中,铜陵市又被列为资源衰退型城市。在这一形势下,铜陵市近年来一直致力于资源型城市转型的探索与实践,坚持在转型中发展、在发展中转型。

"十二五"期间,铜陵市将改造升级传统产业、培育发展接续产业作为城市转型重点,大力推进产业转型升级,目前已取得了阶段性的显著成效。铜陵市现在是我国资源枯竭型城市转型试点市、国家节能减排财政政策综合示范市、国家循环经济示范创建市、国家工业绿色转型发展试点市、国家智慧城市试点市、"宽带中国"示范城市,是安徽省首个全国发展改革试点市、第三批国家公共文化服务体系示范创建市和安徽省城乡一体化发展示范区。在2013、2014 两个年度全国 67 个资源枯竭城市转型绩效考核评价中,铜陵市均获优秀等次第一名。

吸取过去的经验和教训,在这一城市转型过程中,铜陵市对文化产业给予了高度重视,从顶层设计上把文化产业作为铜陵转型发展的战略性新兴产业来推进,作为有潜力的支柱性产业来加速发展,为城市发展提供了巨大动力。"十二五"期间,铜陵市文化产业增加值年增速超过10%。2014年,铜陵市实现文化产业增加值12.65亿元,同比增长11%;文化及相关产业法人单位由2012年的348家增加到2014年的1072家,其中规上(限上)法人单位由22家增加到41家,有8家文化企业入选省级重点文化产业园区和民营文化企业100强①。

公共文化事业作为政府的职责所在,在这场城市转型发展中,更是被列为一大重要任务。铜陵市明确提出将铜陵市打造成宜居宜业的山水园林城市,以"让城市更靓丽,让市民更幸福"为发展目标,深入开展精神文明创建,大力发展公共文化事业,建设城市阅读示范点,不断提升城市的文化氛围。近年来,铜陵市在重点文化场馆的建设力度空前加大,如投资3亿元,建成全国规模最大的铜文化主题博物馆;按照一级馆标准,建成市文化馆新馆一期、市图书馆新馆;对市五松山剧院按照现代化剧场要求改造;批准挂牌成立市美术馆;新建或改造县区级设施6个,总投资约4000万元,建筑面积15 000平方米。据统计,2012年以来,铜陵市已在财政投入近20亿元,用于博物馆、文化馆、图书馆新馆、大剧院改造以及职工文化活动中心和市体育中心的建设。2014年,铜陵市的财政文化事业费投入由2012年的2350万元增加到3300万元,为公共文化服务体系的正常运营提供了经费保障,大大增强了这座城市的综合竞争力和文明建设水平。在中国社科院城市与竞争力研究中心发布的《2014年宜居城市竞争力前200名城市》中,铜陵市排名第30位。2015年2月,铜陵被评为第四届"全国文明城市",这是我国目前综合评价一个城市五个文明建设水平的最高荣誉,是一个地方经济社会发展水平的集中体现,是一个城市最具价值的无形资产和最具竞争力的金字招牌。

刚刚开始的"十三五"时期被铜陵市视为全面推进转型发展的关键时期。按照规划,"十三五"时期,铜陵市将进一步完善和提升城市功能,紧紧围绕"五位一体"总体布局和"四个全面"战略布局,全面践行创新、协调、绿色、开放、共享的发展理念,坚持走创新转型、绿色转型、文明转型之路,加快建设富有实力的新型工业化城市、富有活力的创新创业城市、富有魅力的山水园林城市和富有向心力的人民满意城市。现在,随着向文化型宜居城市发展的步伐不断迈进,铜陵市正日益展现出其巨大的魅力和旺盛的活力。

(2)以文化为支撑推进城市转型

铜陵市是我国青铜文明发祥地、桐城派文化发源地,拥有悠久的历史,人文荟萃,先后涌现出盛度、方以智、方苞、刘大櫆、姚鼐、章伯钧、黄镇、朱光潜等众多著名人物。铜陵市还是中国人民解放军渡江作战江南解放第一城,现存中国人民解放军中线渡江指挥部旧址陈氏宗祠、战国墓文化遗址、汉武帝射蛟台、三国吕蒙城遗址、千年江南古埠大通古镇、太平天国枞阳会议旧址望龙庵等众多历史文化遗迹,"东乡武术"入选中国首批体育非遗。这些历史积淀的文化精髓是铜陵市城市文化建设的坚实基石,为铜陵市的城市转型发展提供了珍贵的养分。

文化是一座城市的灵魂,有了文化的润泽,城市的发展才能鲜活持久。铜文化是铜陵城

① 李莉.文化产业成为城市转型"点金术"[N].铜陵日报,2016-01-07(1).

46

市文化的重要内容,"古朴厚重、熔旧铸新、自强不息、敢为人先"的铜都精神就是其集中体现。在"十二五"规划中,铜陵市提出了"构筑世界铜都"的目标,并将发展铜文化作为铜陵"文化强市"的支点。从1992年到2012年,铜陵市已举办十二届中国(铜陵)青铜文化博览会,这是目前国内唯一以铜产业为主的博览会,现在国内外已有较高的知名度和影响力,这一博览会不仅有力地弘扬了铜陵青铜文化,对铜陵市城市发展也做出了很大贡献。今天,散落在铜陵市各处的一座座青铜城雕已成为这座城市的独特印记,其中,以"丰收门"为主题的铜雕已成为铜陵最具代表性的城市地标之一,令人印象深刻。

现在,铜陵市以文化为支撑推进城市转型的举措已产生了巨大成效。经过多年努力,铜陵市的公共文化设施网络已基本建成,覆盖城乡的市、县(区)、镇(街道)、村(社区)四级公共文化基本设施设置率达100%,全市已建成5个公共图书馆、5个文化馆、2个博物馆、1个美术馆、1个大剧院、14个乡镇综合文化站、217个农家(社区)书屋、78个社区文化家园;在市、县(区)两级建成5个支中心、39个公共电子阅览室、141个共享工程基层服务点,实现全覆盖,社区、村共享工程设备配置率达100%。公共文化服务能力大为改善,2014年年底,铜陵市人均拥有公共文化设施面积0.11平方米,人均公共文化事业费44.6元,人均公共藏书量1册,人均开展文化活动0.8次/年。各种公共文化活动十分丰富,仅在2014年,全市举办的公共文化活动就有120余项,参与人次达52万余人,群众参与率达70%。异彩纷呈的公共文化活动极大地丰富了铜陵市市民的文化生活,如两年一届的"铜陵市社区文化活动月",2001年以来已连续举办八届,年参与人次达20万以上;自2006年起举办的"全市文化艺术节",集各类文艺专业、各行业、协会、专业团体文艺演出于一体,已举办两届,是铜陵的文化艺术盛会;每月一期的"铜官乐大舞台",由政府搭台,群众自导自演,参与度非常高。由此打造了一批具有一定知名度和影响力的文化活动品牌,如中国(铜陵)青铜文化博览会、安徽民俗文化节、凤丹文化旅游节、社区文化活动月、农村文艺调演等,还有"铜陵好人"评选机制形成了铜陵特有的好人文化,而顺安镇"三月三"传统庙会、老洲风筝节、大通镇美食文化节、灰河乡葡萄文化节等也已成为群众踊跃参与的特色文化活动。

2011年以来,铜陵市连续开展争创国家公共文化服务体系示范区工作,2015年6月,根据文化部发布的创建资格评审结果公告,铜陵市成功入选为第三批国家公共文化服务体系示范区创建城市,标志着铜陵市公共文化建设进入国家战略层面,为铜陵市公共文化事业带来重要发展机遇。铜陵市委书记宋国权强调,要以创建国家公共文化服务体系示范区为契机,坚持把公共文化事业发展作为引领城市转型、提升城市品位的重要抓手,坚定信心决心,创新思路理念,整合资源力量,健全体制机制,努力以文化丰富生活、引领风尚、推动转型[①]。铜陵市将把建设全民阅读示范点作为创建国家公共文化服务体系示范区的创新之举,在2015年,首批10个全民阅读示范点已顺利建成,"书香铜都""铜都阅生活"的概念日益深入人心。另外,2016年中国图书馆年会定于10月26日至27日在铜陵市举办,这是中国图书馆年会首次在中部地级城市举办,具有重要意义,将带动铜陵市乃至中西部地区图书馆事业的快速发展,对铜陵市的城市转型发展也将发挥积极作用。

下一步,铜陵市提出,在公共文化建设方面将紧密结合实际,突出需求导向、问题导向,加大力度解决制约公共文化建设和文化产业发展方面存在的问题,推动文化建设与城市深

---

① 壹柯,汪伟.宋国权调研公共文化项目[N].铜陵日报,2015-12-03(A1).

化改革、转型发展、科技创新相融合,充分发挥文化在城市建设中的引领作用,全面提升文化事业和产业发展水平。"十三五"期间,根据规划,铜陵市的公共文化建设将重点抓好四个方面的工作:加快出台《基本公共文化服务标准实施标准》等相关规划措施,以科学规划为引导明确文化建设发展目标;以示范区创建为契机,全面推进现代公共文化服务体系建设,进一步完善铜陵市公共文化设施网络、服务供给、科技创新、社会参与、管理机制等体系建设,全面提升建设水平;以强化保障为重点,加强统筹协调,科学统计分析,加大投入力度,落实人才保障,确保各项文化建设顺利推进;以公共文化供给侧改革为重点,创新公共文化服务方式,包括推进城乡全民阅读体系建设,加强文化馆总分馆建设等。

3. 铜陵市图书馆发展历程

铜陵市图书馆的发展之路是随着改革开放一起走过来的。从建立到现在,铜陵市图书馆的发展历程大致可分为三个阶段,即 20 世纪 80 年代的初期成长阶段、20 世纪 90 年代的稳步发展阶段以及进入 21 世纪后的快速发展阶段。铜陵市图书馆这么多年的发展取得了众多成绩,为铜陵模式的构建奠定了坚实的基础。

(1)20 世纪 80 年代:初期成长阶段

铜陵市图书馆成立于 1978 年 11 月,1980 年 10 月正式开放,坐落于铜官山区义安北路。成立之初馆舍面积仅为 670 平方米,全部职工共 15 个人,其中中青年 6 人,占职工人数的 40%。至 1988 年,职工总数增加至 30 人,是 1978 年的两倍,中青年 19 人,占全馆人数的 53.3%。

馆藏方面,1978 年全馆藏书仅有 8 万册,到 1988 年递增到 15 万册。馆内设有报刊阅览室、少儿阅览室、外借室、办公室、采编室、辅导部,对外开放的部室只有三个,即阅览室、少儿室和外借室。

(2)20 世纪 90 年代:稳步发展阶段

1992 年年底,铜陵市图书馆在石城大道 188 号的馆舍建成,并于 1993 年元月 1 日正式对外开放。该馆舍位于铜陵市主城区,地理位置优越,交通十分便利。该馆建工程被列为当年铜陵市的市长工程,馆舍由东南大学建筑系的鲍家声教授设计,造型像一本打开的书,在随后的全国中小型图书馆建筑设计研讨会上被评为全国十大优秀建筑设计。

铜陵市图书馆迁到此处后,图书馆服务条件大为改善,和之前相比有了巨大变化,图书馆进入稳步发展阶段。馆舍建筑面积达 4774 平方米,服务空间大幅增加;馆藏增加至 38.3 万册,服务资源更加丰富;员工达到 31 人,其中图书情报专业员工 6 人,服务能力不断提升;组织结构得到调整,部门设置更为系统,设有报纸阅览室、期刊阅览室、成人外借室、少儿外借室、办公室、采编部、辅导部和图书馆学会,服务管理更加有序。

这一时期的铜陵市图书馆为推动本地图书馆事业发展和精神文明建设发挥了重要作用,载誉众多。1996 年,铜陵市图书馆在安徽省市级馆中率先实行计算机管理。1999 年年底,在国家文化部公共图书馆评估中,铜陵市图书馆被定级为"国家一级图书馆",当时是安徽省唯一受此殊荣的图书馆。

(3)21 世纪后:快速发展阶段

进入 21 世纪后,铜陵市图书馆的发展步伐不断加快。2011 年 1 月 26 日,文化部、财政部联合发布《关于推进全国美术馆公共图书馆文化馆(站)免费开放工作的意见》,要求全国所有公共图书馆在 2011 年年底实现无障碍、零门槛进入,公共空间设施场地全部免费开放,所提供的基本服务项目全部免费。铜陵市图书馆积极做出响应,从 2011 年 6 月 26 日开始实行免费开放,取消办证收费项目,服务空间免费开放。

2008 年 2 月,铜陵市图书馆位于主楼后侧新建的副楼开始动工,并于 2009 年 5 月正式启用,建筑面积达 1774 平方米,加之主楼面积 4774 平方米和馆外辅助用房 1686 平方米,至此,铜陵市图书馆总面积达 8234 平方米。随着图书馆的规模不断变大,图书馆的人才队伍有了明显发展,增加到了 43 人,组织结构也大为扩展,设有报纸阅览室、期刊阅览室、成人外借室、少儿外借室、自修室、电子阅览室、办公室、采编部、技术部、信息部、辅导部和图书馆学会。对外服务窗口明显增加,全年接待读者 17.6 万人次。

同时,图书馆服务范围、内容也在不断拓展。馆藏资源建设方面,新增图书 2.2 万余册,订阅报刊 800 余种。服务能力有了质的提升,先后编辑《决策参考》22 期,《经济剪报》12 期;举办公益讲座 5 场,协助录制《铜都讲坛》27 集;举办各类展览 7 次。自 2001 年起,铜陵市图书馆为用户提供了大量的、独特的、有针对性的信息,市图书馆先后开发了 10 种专题信息资料,为铜陵市的政治、经济、文化等领域提供了及时且极具价值的信息服务。用户遍及全市政府职能部门、企事业单位、社会团体等 150 多家单位和部门,每月送达 500 余份,服务范围覆盖全市三区一县。

在建设覆盖全社会的公共图书馆服务体系方面,铜陵市图书馆也取得了很大进展。从 2001 年 9 月起,铜陵市图书馆开始探索与社区联办的形式进行分馆建设。在市图书馆的推动下,2005 年,铜陵市政府发布了《关于援建社区图书馆(室)建议的决定》,并召开专门会议布置社区图书馆的援建工作,明确规定 2—3 个单位援建一个社区分馆。至 2008 年年底,全市社区分馆普及率达 90% 以上;2009 年,全市社区图书室实现全覆盖,普及率达 100%,形成了以市图书馆为龙头、社区分馆为基础的公共图书馆服务网络。另外,自 2000 年起,铜陵市图书馆在全市社区、街道、农村、军营、厂矿、机关等建立了 120 家图书服务流动点,服务点平均年接待读者 10 万次,累计送书 6 万册,有效解决了基层群众读书难的问题。

2000 年和 2006 年,铜陵市图书馆先后被全国知识工程领导小组、文化部评为"读者喜爱的图书馆"和"全国公共文化设施管理先进单位"。2007 年,"全国文化信息资源共享工程铜陵市支中心"正式成立。在每五年一次的文化部公共图书馆评估中,铜陵市图书馆于 2004、2009 年顺利再度被评定为"国家一级图书馆"称号,成为安徽省唯一一家三次蝉联国家一级馆的图书馆。

创新是发展的不竭动力,铜陵市图书馆一直勇于创新。2014 年 8 月,铜陵市编办出台下发了《铜陵市事业单位建立法人治理结构试点工作方案》文件,正式启动铜陵市第二批事业单位法人治理结构试点工作,铜陵市图书馆进入试点名单。2014 年 12 月 29 日,铜陵市图书馆召开理事会成立大会及第一届理事会会议。会上宣读了铜陵市图书馆第一届理事会 15 位理事、1 位监事名单,向各位理事、监事颁发聘书,并讨论通过了《铜陵市图书馆章程(草案)》,由此正式进入探索构建法人治理结构的进程。

铜陵市图书馆理事会成立仪式

二、铜陵模式的核心理念

服务是现代图书馆的本质属性,"铜陵模式"所进行的各种创新都是为了让图书馆服务变得更好。在铜陵模式的探索实践过程中,铜陵市图书馆创新提出了"一切服务读者"的核心理念,这是铜陵模式的灵魂和根基。这其中强调的不仅仅是指要在内容和形式上为读者提供更全面、更贴心的图书馆服务,更重要的是呼吁图书馆人在服务意识方面的重塑。在这一重塑过程中,"平等"和"培育"是两大关键词。

1. 一切服务读者

铜陵市图书馆强调"一切服务读者",图书馆之所以能吸引读者,在于图书馆所提供的普惠均等服务,在于每一个人都能在图书馆享受到人格上平等的尊重和服务。因而,首先,"一切服务读者"要求图书馆人应做到平等地尊重、服务每一个人。图书馆服务的重点在于人,服务需要人提供,服务对象也是人,这是人对人的一种服务。"以人为本"已成为图书馆多年来一直倡导的服务理念。但这里提到的"人"不单只指读者,还包括馆员等各方利益相关人士。从这个层面来看,铜陵市图书馆的"一切服务读者"的服务理念和我们平常经常听到的"读者至上"观有一定区别,"读者至上"观暗含着"读者永远是对的"这样一层意思,因而容易使馆员处于被动,相对削弱了馆员的存在价值。而铜陵市图书馆的"一切服务读者"的服务理念,其潜在前提是图书馆面前人人平等的意识,读者和读者是平等的,馆员和读者也是平等的。所以,不仅仅是馆员要以平等的态度去尊重、服务读者,读者和读者之间、读者对于馆员也应抱着平等的尊重态度。

"一切服务读者"的服务理念存在更进一层的意义,即要求图书馆人要建立"培育"的意识,包括培育图书馆的人气,培育图书馆人的职业素养,培育读者的阅读习惯,以及培育公众的图书馆素养。"培育"是指充分发挥图书馆和馆员的能动作用,是对馆员专业化和职业化的高度强调。图书馆所提供的服务是文化层面的,是认知层面的,不同的人难免存在观念的差异。既然读者不再永远是对的,那就需要有标准来判定什么是不对的。因此,馆员要建立职业自信,提升专业技能,引导读者向更好的方向发展,在读者不对的时候提供专业的改正意见和建议。公共图书馆的服务对象是社会全体公众,从整体来看,我国国民素养还有待提高,并且这种"提高"是一个循序渐进的过程,不可能一蹴而就。阅读推广现已发展成为图书馆的主流服务,是图书馆核心与不可或缺的业务工作。以此为例,在阅读推广中,图书馆不仅仅是为读者提供阅读书目,还有一个义务,就是引导读者正确阅读,为读者培育一个阅读的氛围。所以,作为图书馆人,要在工作中和读者友好沟通,从读者的需求出发为读者提供服务,鼓励读者参与图书馆活动,而对于图书馆中读者的不文明、不恰当行为,要善于进行引导、培育,而不是教条地要求读者遵守图书馆的规矩。

2. 以核心理念指导办馆实践

铜陵模式的构建过程就是"一切服务读者"核心理念指导办馆实践的过程。为更好地服务读者,适应现代图书馆发展趋势,铜陵市图书馆新馆在部门设置方面有所变化,改为大部制,主要部门有大读者服务部、大社会工作部、大网络技术部、大业务部和办公室。大部制是信息时代图书馆组织形态变化的一个鲜明特点,这有助于减小图书馆条块分割造成的弊病,减少各业务部门之间的职能交叉和权限冲突,规范、简化读者利用图书馆的手续,形成权责一致、监督有力的行政管理体制;另一方面也可以减少横向协调困难,解决信息传递阻滞、流通不畅的问题,有利于图书馆信息资源保障体系的建设及网络信息的充分利用,从而建立起高效的符合新一轮发展要求的现代化运行体制,提升图书馆信息服务的整体效益[①]。

2015年12月25日,铜陵市图书馆新馆对外开放运营,随后就举办了丰富多样的活动,包括各类公益展览、讲座、亲子阅读和影视放映活动,以及送书、送文化进军营、进社区、进乡镇等延伸服务工作。2016年1月,铜陵市图书馆自办的《铜都阅生活》报创刊,编辑部设在铜陵市图书馆新馆内,其宗旨是为读者和图书馆建立连接的桥梁,打造传递阅读信息、交流阅读心得的管道,积极营造铜都浓郁的书香氛围。除此之外,铜陵市图书馆还定期编辑发布了《决策参考》《经济剪报》《文化信息》等报刊,用户涵盖全市各级政府、企事业单位、研究机构和社会团体。

新馆为人们提供了一个集阅读休闲、文化交流、知识学习于一体的综合文化空间,开馆后,图书馆的人气越来越旺,读者量一直呈上升趋势,开展的"你读书、我买单"点读平台活动、"铜都阅生活"新春有奖猜灯谜活动更是受到了人们的热烈欢迎。2016年元旦、春节期间,日均读者数量分别达10 000和4000人次以上,远超历年同期。自开馆到2016年5月,新馆共接待读者达25万余人次,预计全年接待读者将达到60万余人次。而在2014年,铜陵市图书馆的到馆人数统计结果为253 076人次,2015年为263 893人次,对比十分明显,比过去翻了一番多。

目前,以铜陵市图书馆为核心的公共图书馆服务体系正在不断完善。铜陵市现辖一县

---

① 黄唯.高校图书馆推行大部制改革的思考[J].江汉大学学报(社会科学版),2013(3):89—91.

三区,即枞阳县、铜官区、义安区和郊区,全市各县区均已建成图书馆。以铜陵市图书馆为中心打造的"一网一卡一平台"城乡公共图书馆服务网络中,枞阳县图书馆、铜官区图书馆、义安区图书馆和郊区图书馆是重要组成部分。根据规划,市内首批 10 个全民阅读示范点已经建成开放。随着铜陵市公共图书馆设施、服务的日益完善,各级公共图书馆(室)和全民阅读示范点之间逐步实现资源互通、活动共办,人们可以就近享受图书免费借阅、通借通还等服务,公共图书馆服务的公益性、基本性、均等性、便利性不断加强。

铜都讲坛之"漫谈清朝皇帝系列"文化讲座现场

新馆书画联展现场

铜陵市图书馆新馆的创新建设模式和成功发展实践受到了业内外的广泛关注。国家公共文化服务体系建设专家委员会主任、北京大学教授李国新对铜陵市公共文化服务体系建设进行实地考察后表示,"铜陵创建公共文化服务体系示范区建设走在全国前列,一系列活动和做法向纵深发展,做出了好的示范。比如,在全国首创公共图书馆、书店、高校图书馆综合体模式,像散布在老百姓身边的阅读点,是一点一特色,接下来可以进行书香小镇的打造,以及对部分农家书屋进行提档升级"①。2016 年,多个国家级新闻媒体聚焦铜陵文化建设,刊发了 20 余篇稿件,同时,人民网、凤凰网、新华网、中国网、网易等 30 余家网络媒体多次进行了转载。如《人民日报》1 月 4 日头版头条对铜陵市图书馆新馆给予图文报道,《光明日报》《工人日报》《中国文化报》等媒体也纷纷关注和报道。铜陵市民的微信"朋友圈"对图书馆新馆更是给予了高度评价,众人纷纷点赞。2016 年 2 月 22 日,中央电视台"新闻联播"还报道了铜陵市图书馆"庆元宵·猜灯谜"活动。以"铜都阅生活"为主题的"庆元宵·猜灯谜"新春有奖猜灯谜活动是由铜陵市图书馆精心策划推出的一个春节公共文化活动。活动采取市图书馆、市边防检查站及三区一县各图书馆联动形式,精心挑选了 1800 条灯谜,分别设置在市图书馆新馆(1000 条)、市图书馆老馆(500 条)和市边防检查站(300 条)。活动吸引 4000 余人前来竞猜,有不少家长带着孩子一起参与猜谜,为人们增添了新年的节日气氛,让大家感受到优秀传统文化的魅力。

人潮涌动的"庆元宵·猜灯谜"活动现场

三、铜陵模式:"图书馆+"

铜陵模式的核心理念是"一切服务读者",这一模式的鲜明特点就是"图书馆+"。铜陵模式是在文化供给侧改革、铜陵市转型升级与铜陵市图书馆创新发展过程中形成的。铜陵市图书馆通过在管理体制、驱动机制、办馆理念、办馆方式、服务体系等方面的多向创新,成功打造了具有鲜明特色的"图书馆+"的铜陵模式。

---

① 李莉.探索路径 积累经验 提供示范——北大教授李国新寄语铜陵创建国家公共文化服务体系示范区建设[N].铜陵日报,2016 - 03 - 28(1).

1.“图书馆＋”的基本内涵

政治、经济、文化、技术与社会的发展为图书馆的创新发展提供了诸多的可能性,理论上可以将上述五个方面的很多内容引入图书馆,实践上也有不少图书馆是这样去做的。铜陵模式的经验告诉我们,我们要“图书馆＋”,不要“＋图书馆”,前者是以图书馆为主,图书馆是主场,将一切有利于图书馆发展的要素都可以引入图书馆;后者恰恰相反,图书馆是客,主场不在图书馆,实践过程中容易迷失方向,甚至会导致去图书馆化的倾向。简言之,铜陵模式就是围绕“一切服务读者”的核心理念,以图书馆为主场,将一切有利于提升图书馆服务效能的要素引入图书馆,从理念、动力、目标、内容、措施、制度、体系等诸多方面全方位促进图书馆创新发展。

在发展理念创新方面,铜陵模式提出“1平台4中心”的新定位,着力推进传统文化与现代文化、本地文化与外来文化、主流文化与小众文化等多元文化交融局面的形成;在动力机制创新方面,以铜陵市图书馆主导下的市图书馆、新华书店和铜陵职业技术学院图书馆三馆融合,将公共图书馆的公益性与新华书店的市场性、学院图书馆的学术性有机结合起来,打造出公共“图书馆＋新华书店＋学院图书馆”的创新机制格局,充分发挥了市图书馆、新华书店和学院图书馆三馆的各自优势,创建了公益(政府)驱动、市场驱动与学术驱动三结合的现代公共文化服务体系运行新机制;在发展目标和内容方面,铜陵模式坚持以打造“十分钟城市阅读圈”、推进“铜都阅生活”建设为目标,创造堪比“家中会客厅”的阅读环境,让“群众有书读,好书有读者”成为铜都文化新地标、书香城市新引擎、创业休闲新空间、公共服务新标杆;在办馆措施创新方面,铜陵模式充分发挥“图书馆＋”的优势,面向居民、面向社会、面向市场开放办馆,与读者、学校、政府、企业开展全方位、多层次合作,将社会资源、企业资源引进图书馆,使之与读者实现对接和互动,大大提升图书馆的服务水平和效能;在制度创新方面,近年来铜陵市先后制定和实施了一系列规范公共文化服务体系建设的政策、章程和办法,完善了公共文化服务体系构建的规划指导机制、政策促进机制、资金投入机制和目标考核机制,规范了公共文化服务秩序,优化了公共文化发展环境①;在服务体系创新方面,铜陵模式以建设“十分钟城市阅读圈”为目标,借力铜陵市行政管理体制改革的优势,实现阵地前移服务下沉,通过强化社区图书馆建设,让图书馆服务深入群众中去,着力完善社区公共文化服务体系。

铜陵模式的构建和发展在我国当前公共文化服务环境下具有典范效应。我国公共文化事业发展近年来取得了一定成绩,公共文化服务设施网络基本建立,下一步的发展面临着新的问题和挑战。国家公共文化服务体系建设协调组在2016年4月21日召开的第四次全体会议上指出,体系不完善、服务效能不高、发展不均衡是当前我国公共文化服务体系建设中存在的最迫切问题。基于这一形势,公共文化服务的供给侧改革越来越受关注与重视。铜陵模式的构建最初就是以文化供给侧改革思想为指导,其发展过程集中体现了文化供给侧改革给城市图书馆事业以及公共文化服务体系建设带来的积极影响。

---

① 中共铜陵市委党校课题组.铜陵创建国家公共文化服务体系示范区的路径选择[N].铜陵日报,2016 – 02 – 24 (6).

2. 铜陵模式要素分析

"供给侧改革"思想强调转变政府职能,简政放权,发挥企业和创业者作为市场主体的作用,强调通过提高供给侧全要素生产率来实现可持续发展,强调尊重和顺应市场规律,以此推进制度的变革和完善。铜陵模式是基于"供给侧改革"而构建发展起来的,这里,我们从城市图书馆发展模式的构成要素角度对铜陵的"图书馆 +"模式进行分析。

(1)发展理念

铜陵市图书馆新馆的建设过程,"供给侧改革"政策被正式提出。而实际上,在新馆的规划过程中,铜陵市政府领导就有意识地从供给侧改革方面来进行考虑。

近年来,我国各级政府不断加大对公共文化的投入,公共文化设施网络逐步健全,公共文化设施服务条件大幅改善,铜陵市政府亦然。但是,政府在公共文化服务供给方面的诸多努力并没有达到预期效果。就铜陵市而言,目前已实现市、县、乡镇、村(社区)四级公共文化设施全设置,面向农村的电影放映、图书服务、送戏进村等服务纳入民生工程。然而在不断加大投入的同时,公共文化服务质量和水平相对滞后,服务内容单调、传播方式简单,群众"获得感"不足,服务效能问题仍未得到很好解决。如不少农家书屋藏书品种单一,书籍陈旧、内容过时,平时基本处于关闭状态;2016 年春节期间,全国一周电影票房突破 36 亿元,而送电影下乡服务却备受冷落,形成鲜明对比;村级文化活动室长期无人管理,活动方式单一,基层群众文化需求并未得到有效满足。一些文化设施去的人并不多,甚至出现门可罗雀、无人问津的情况。导致这样结果的原因并不是供给过剩,而是质量不高、虚假过剩的无效供给难以提起群众参与的兴趣,大量公共文化投入成为无效投入,制约了现代公共文化服务体系的构建。

同时,铜陵市政府也认识到,文化发展的目的并不是为了简单地以需定供、适销对路,而是要以社会主义核心价值观为引导,提高人们素养、影响大众审美、引导文化需求,实现高水平的文化供需平衡。公共文化服务的供给主体有责任去改正社会不良风气,最佳做法就是利用优质的环境、多样的服务和良好的体验,吸引人们走进公共文化设施、享受公共文化服务,实现更多有效供给,促进人民欣赏水平的提高,带动"需求侧"的改进,使社会主义先进文化始终占领文化主阵地①。

为此,铜陵市明确了公共文化供给侧改革"一二三四"的总体思路。即以宣传社会主义核心价值观这一主线为统领,着力提升群众文化"获得感"和"幸福感",创新公共文化组织模式、内容形式和参与方式,实现文化服务供给"四个转变"——从求求规模数量向提质增效转变,由内容形式单调向多样化服务转变,由文化单打独斗向多元融合转变,由单方组织供给向广泛参与转变。同时还提出更加全面具体的建议:促进公共文化服务资源整合,一方面推动横向联合,建立统一的区域公共文化服务平台,实行"一站式"服务,另一方面加强纵向联动,加快建立文化馆、图书馆总分馆体系,形成覆盖全面的文化服务网络;实现公共文化服务设施功能聚合,在体现文化设施主要功能的同时,丰富设施功能,注重用户体验,优化设施环境,使各级文化馆(站)、图书馆(室)成为多样化文化空间,改变公共文化设施服务内容单一、形式单调的状况,吸引更多群众主动走进文化设施,享受服务;加快公共文化服务与科技

---

① 林春生.推进供给侧改革 探索服务新模式[N].安徽日报,2016 - 03 - 21(8).

融合,充分利用科技发展成果,带动文化服务形式创新。构建互联网＋公共文化服务体系,利用大数据分析公共文化发展和需求态势,改善供给;推动公共文化服务体制机制改革,完善理事会、议事会制度,充分吸收服务对象参与文化机构管理,充分发挥社会力量作用,鼓励文化类社会组织参与文化活动组织,增加政府购买服务比例,发挥市场力量,使提供服务主体更加多元,使文化服务供给更加精准、多样。

正是基于以上发展理念,铜陵市政府决定打破现有体制壁垒,将原铜陵职业技术学院图文信息中心大楼规划为"公共图书馆＋新华书店＋学院图书馆"的"三合一"图书服务综合体,推动公共文化服务资源横向联合,既将分散在不同部门的公共文化资源实现有效整合,又能避免资源闲置和重复建设。同时在全市积极开展多项举措,如全民阅读示范点建设,打造"一网一卡一平台"公共图书服务网络等。而从铜陵市图书馆新馆、全民阅读示范点等启用后的情况来看,这一创新模式显然十分成功。事实表明,加快推进文化供给侧改革,创新公共文化服务内容与形式,实现更多有效供给,是使公共文化服务实现从"量变"到"质变"、推动构建现代公共文化服务体系的有效手段。

(2)发展动力

正如前面指出的,我国过去很长一个时期内,图书馆的发展主要依靠劳动力、土地、资本的大规模、高强度投入作为驱动力,公共文化服务的供给主体与方式较为单一,公共文化建设资金来源单一,基本以政府投资建设为主,导致资金保障不足,公共文化事业经费主要用在文化设施建设上,用于公共文化产品的生产和服务、文化人才的培养、文化市场的培育等经常性的经费投入较少,致使公共文化服务体系建设因动力有限而后劲不足或出现服务缺位的问题。公共文化供给侧改革就是要改变这一发展方式,通过提高劳动力、土地、资本的配置效率,并加强创新,提高供给侧的全要素生产率,并调动各方面的社会力量,共同推动图书馆事业和公共文化服务事业实现更健康、更高效、更可持续的发展。

基于供给侧改革的原理,同时充分发挥"图书馆＋"的优势,铜陵模式的发展动力突破了单纯公益驱动的局限,将公益驱动、市场驱动与学术驱动充分结合起来,以公益驱动为主导,市场驱动和学术驱动为有效辅助,且三者缺一不可。这里的公益驱动指的是来自政府的力量,政府主动转变职能,简政放权,变大包大揽为宏观治理,确保了铜陵市图书馆的公益性发展。各级各类政府是公共图书馆的最主要建设主体,是保障公共图书馆公益性的决定性力量,但不应是公共文化产品的唯一供给主体。政府起到的是主导作用,应通过为公共图书馆事业发展提供政策、立法和经费方面的支持来实现,切忌大包大揽。市场驱动指的是发挥市场的积极作用,优化资源配置,以此提高有效供给,增强公共图书馆作为文化消费市场主体的发展动力。公共图书馆发展得好不好,主要看人气。铜陵市图书馆新馆开馆后,通过开展丰富多样的活动吸引了大量读者,如与新华书店图书馆店合作推出了"你读书、我买单"点读平台,随后不到3个月的时间里,吸引读者25万多人次,超过了市中心地段老图书馆一年的读者访问量,给图书馆乃至公共文化服务事业提供了不可小觑的发展动力。学术驱动则主要表现在铜陵市图书馆与铜陵职业技术学院的合作上,通过整合铜陵职业技术学院的学术优势,铜陵市图书馆可提供更加专业化、更高层次的图书馆服务。如创建文化创客空间、企业沙龙等平台促进大学与企业对接,帮助大学生就业创业,同时企业可在人才招聘、品牌宣传、市场拓展等方面获得有利条件,而图书馆的读者则可享受到更丰富、更优质的服务。

（3）发展目标及内容

以新馆开馆为标志,铜陵市图书馆开启了一个新的发展局面,也确立了新的发展目标:创造堪比"家中会客厅"的阅读环境,让"群众有书读,好书有读者",成为铜都文化新地标、书香城市新引擎、创业休闲新空间、公共服务新标杆。为此,铜陵市图书馆提出"一平台四中心"的发展思路,力求将图书馆打造成一个公共文化服务多元化交融发展平台,使之成为铜陵市的知识信息中心、学习创新中心、资源共享中心以及社会交流中心,努力为社会全体公众提供资料借阅、信息咨询、阅读推广、展览讲座、学习研究、艺术展示、文化交流、资源共享和数字阅读等服务。

多元文化交融平台指的是能够满足不同层次的文化需求的一个交融平台。铜陵市图书馆以满足读者多样化、个性化需求为核心,积极打造"铜都阅生活"品牌,丰富公共文化服务业态。为让不同年龄层、不同教育背景、不同职业领域、不同经济条件的读者能够充分享受普惠、均等、便捷的图书馆服务,建立了图书馆、书店与读者的共融共享平台,实行"你读书、我买单",建立以需求为中心的图书入藏模式;着力建设数字图书馆、移动图书馆客户端,建立网上借阅平台,形成集固定、流动、数字服务为一体的立体化公共图书服务体系;加强对残疾人、留守儿童等特殊群体的服务,举办不同主题活动,为社会不同群体的读者提供更多更好的现代公共文化服务新体验。

图书馆作为知识信息中心。铜陵市图书馆作为铜陵市的公共图书馆,一方面,要发挥公共图书馆保存人类文化遗产的基本职能,收集、整理、保存包括古籍、地方文献、本地特色文化等在内的相关信息资源,并建立科学、系统的馆藏资源体系;另一方面,也有责任促进这些信息资源的开发利用,应为当地公众提供有关其学习、工作、生活、娱乐等各个方面的知识信息,让人们可以自由地从图书馆获得自己需要的各方面知识信息而不受环境、身份、地域、经济条件等外在因素的影响,从而最大限度地维护社会信息的公平。

图书馆作为学习创新中心。图书馆是重要的社会教育机构,为公民的终身学习创新服务是公共图书馆的基本宗旨。铜陵市图书馆新馆的使用面积约为 12 000 平方米、拥有阅览座席 1300 个,供读者使用的计算机 150 台,可为公众提供学习创新的场所和相关资源,如开展铜都讲坛、视频讲座等各种专题讲座和知识技能培训,帮助支持正规教育,提高公众的信息素养;以文化创客空间等为平台促进大学与企业对接,引领社会创新创业新导向,以此助力学习型城市建设和创新型社会发展。

图书馆作为资源共享中心。资源共享是为了促进知识信息的传播和交流,充分挖掘并发挥知识信息的价值。铜陵市图书馆大力推动以图书馆为主导的馆、店、校图书馆服务资源共享,同时,建立以市图书馆新馆为中心馆的中心馆—总分馆服务体系,实现市、县区、乡镇(社区)图书馆和全民阅读示范点资源共享、通借通还。此外,还努力构建以公共图书馆为核心的图书馆联盟模式,吸引学校、企业及民营图书馆加盟图书服务体系,在全社会深入推进资源共享,践行图书馆在促进知识自由和开放获取方面的使命。

图书馆作为社会交流中心。图书馆作为城市第三空间,是人们对现代图书馆功能的一次大扩展,目前已得到了业界的普遍认可。将铜陵市图书馆建成一个自由、宽松、便利的社会交流中心,是新形势下图书馆发展的必然趋势所决定的。主要表现在:利用馆内便捷的信息资源开设创客空间、企业沙龙等,营造思想碰撞交流的良好氛围,助推社会创新创业;设立书画、文学、音乐等交流区域,开展丰富多样的公共文化活动,活跃广大群众的文化生活,促进人们在文化休闲方面的交流;建立"铜都人文馆",展示历史文化名人、地域特色文化,推动传统文化与现代文明的交流,等等。为构建和谐社会发挥积极作用。

目前,铜陵市图书馆的一个重要近期目标是做好 2016 年中国图书馆年会的举办工作。2016 年中国图书馆年会—中国图书馆学会年会·中国图书馆展览会定于 10 月 26 日至 27 日在铜陵市举办。本届年会由文化部指导,中国图书馆学会和铜陵市人民政府主办,国家图书馆、文化部全国公共文化发展中心、中国古籍保护协会和安徽省文化厅协办。年会以"创新中国:技术、社会与图书馆"为主题,包括工作会议、学术会议和展览会三大板块,预计将吸引国内外嘉宾 5000 人参加。其中,学术会议专注于文化事业及图书馆事业发展的重点问题,搭建多层次、多维度的学习交流体系;展览会分为国际展区、公共展区、文化事业展区以及各省市、乡镇文化、图书馆阅读事业相关成果展区和图书馆相关企业展区等。年会期间,文化部将召开推进现代公共文化服务体系建设工作会议。展览会期间,国家古籍保护中心将举办"古籍创客:经典文化与现代生活"展览。铜陵市在中部地区首次获 2016 年中国图书馆年会举办权,这对铜陵模式的发展来说是一次巨大的机遇。届时,来自国内外的参会代表都可了解并体验铜陵市图书馆的创新服务,有利于提高铜陵市图书馆的影响力,促进铜陵市和中部地区图书馆事业的发展。

(4)发展制度及措施

制度建设为公共文化服务提供政策指导和秩序保障,是公共文化服务体系构建和公共文化服务繁荣发展的基石和根本。针对铜陵现状和长期发展的要求,近年来铜陵市先后制定和实施了一系列规范公共文化服务体系建设的政策、章程和办法,如《铜陵市农村公共文化体系建设专项规划》《铜陵市公共文化考核和奖励办法》《铜陵市铜文化及相关产业发展规划》(2012—2020 年)等,一系列规范性文件完善了公共文化服务体系构建的规划指导机制、政策促进机制、资金投入机制和目标考核机制,规范了公共文化服务秩序,优化了公共文化发展环境①。2015 年 10 月 26 日,铜陵市召开了全市创建国家公共文化服务体系示范区动员大会,会上宣读了《中共铜陵市委铜陵市人民政府关于创建国家公共文化服务体系示范区的决定》,并由市政府与责任单位签订了相关目标责任书。

根据《铜陵市创建国家公共文化服务体系示范区规划(2015—2017)》的创建工作部署,铜陵市将用两年时间(2015 年 10 月—2017 年 9 月),全面完成国家公共文化服务体系示范区创建任务,实现公共文化设施网络更加完善,公共文化服务管理体制和运行机制更加健全,公共文化服务效能明显提高,公共文化主要发展指标领先中部、看齐东部、示范全国,形成具有铜陵特色的可推广、可复制的有效制度体系和建设模式。规划中详细确立了铜陵市公共文化设施网络、服务供给、科技创新、社会参与、管理机制等体系建设的创建标准和创建目标,主要指标包括市县公共图书馆达标率、人均占有藏书、平均每册新书年流通率、人均年增新书、场馆免费开放、流动服务、总分馆及数字化服务、市级公共图书馆特色数字资源库、市县级图书馆可用数字资源、建设公共数字文化服务平台,等等。

铜陵市已将公共文化供给侧改革列为本市"十三五"期间的一项重点工作,提出要推进文化供给侧改革,转变供需模式。具体措施包括推进城乡全民阅读体系建设,以打造"十分

---

① 中共铜陵市委党校课题组.铜陵创建国家公共文化服务体系示范区的路径选择[N].铜陵日报,2016 – 02 – 24 (6).

钟城市阅读圈"为核心创新公共图书馆服务模式;加快建立公共数字文化一站式服务平台,通过平台对接国家、省级文化资源,提供订单式、菜单式服务,实现文化资源展示、场所活动预约、互动反馈评价等功能,建立公共文化供需新模式;公共文化服务由政府配送变为百姓选择、评价,同时针对特殊群体实施四大公共文化惠民工程,保证文化服务均等化,等等。

据此,铜陵市图书馆在"十三五"期间将重点开展以下几方面工作:文献资源建设方面,将在政府财政的资金支持下,加强文献资源的采购、收集,力争纸质藏书达到 80 万册;信息化建设方面,将使馆内无线服务网传送速度达到 100 兆,无线网络全覆盖,电子阅览室机位将达到 180 个,并建设全市文化信息交互平台;馆舍建设方面,使馆舍总面积达到 18 000 平方米,阅览座椅达到 2100 个,开放服务窗口达到 16 个;资源共建共享方面,着力构建全市公共图书馆总分馆制,实现全市公共图书馆资源共享,加强数字化图书馆及信息资源共享工程建设,建立全市统一的数字资源服务平台;同时,加强信息咨询服务,提高文献使用效率,充分利用馆藏资源,为全市的科研专题提供服务;加大现有的信息服务工作力度,为全市市民提供更多更好的文化信息服务;创新服务模式,使服务达到优质化,坚持"读者第一、服务至上"的服务理念,积极主动地开展各项读者服务工作,满足读者的服务需求,力争读者满意率不断提高,服务零投诉。

目前,铜陵市图书馆已制定了一系列图书馆制度,涵盖借阅规则、窗口工作人员服务规范、财务管理、档案管理、安全防火等各个方面,还有分别对铜陵市社区图书室、街道中心图书室、机关书屋、农村图书室专门制定的管理制度。其中,由铜陵市图书馆理事会通过的《铜陵市图书馆章程》十分重要,该章程内容涉及图书馆宗旨、业务范围、组织机构、举办单位、理事会、理事、理事长、理事会会议、管理层、监事、机构编制及人员管理、资产的管理和使用、信息披露、终止和剩余资产处理等方面,为铜陵市图书馆的发展提供了较为全面的制度规范和保障。

此外,铜陵市图书馆还正在起草一个市级公共图书馆服务管理规范标准,并已启动了图书馆的 ISO 质量管理认证。ISO 9000 族国际标准质量管理体系是当前世界上公认为最权威的质量管理标准,图书馆开展 ISO 质量管理认证,有利于完善图书馆的内部管理,使质量管理制度化、体系化和规范化,全面提升图书馆服务质量,并确保质量的稳定性,有效提高用户满意度。实行 ISO 标准体系管理就是给图书馆确立规矩,使图书馆的每个部门、每个工作环节依据相关质量标准严格执行,促使图书馆事业发展走向一个良性循环,而不受人员变动影响。

(5)发展体系

在第一部分关于城市图书馆发展模式的构建研究中,我们提出,在市域层面的城市图书馆发展模式构建中,应高度强调就近满足群众的基本文化需求的原则,将提高图书馆利用率、提升图书馆服务的社会效益作为发展的重心,并结合我国城市图书馆事业的发展现状提议,要重视对社区图书馆的建设与发展。"铜陵模式"以打造"十分钟城市阅读圈"为目标,在公共文化服务体系建设中强化社区图书馆建设,实现了阵地前移服务下沉,使当地民众享受到更为便利的公共文化服务。

"十分钟城市阅读圈"指的是人们在这个城市里 10 分钟就可以找到一个阅读点。2015年 10 月 27 日,第一个全民阅读点——市植物园全民阅读点开始试运行。随后,铜陵市陆续建成开放了首批 10 个全民阅读点,分布于城市不同公共场所,集阅读、休闲、娱乐、交流等多个功能为一体,为民众提供优质、便捷、均等、多样化的公共图书馆服务。2016 年 2 月,结合铜陵市的十分钟城市阅读圈总分馆服务网络体系建设规划,铜陵市文化旅游委员会、市财政局共同制定了《铜陵市公共图书馆总分馆体系建设实施方案》。根据该方案,铜陵市将在现有的总分馆建设基础上,计划到 2017 年年底,完成 5 个市级全民阅读点建设,50 个村、基层阅读点等基层图书室服务点;到 2019 年年底,全市累计完成 200 个公共图书馆分馆、基层图书室建设。

铜陵市的公共图书馆服务体系由市、县(区)、镇、村四级网点构成,铜陵市图书馆为中心馆,各县、区公共图书馆为总馆,乡、镇、社区图书馆及市级全民阅读点为分馆,村及基层阅读点为基层图书室服务点。根据相关国家标准及《安徽省公共图书馆服务标准》等要求,铜陵市制定了本市公共图书馆事业建设标准,对服务体系中各级图书馆(室)的馆舍面积、人均图书册数、数字服务、功能配置等提出详细指标。同时,要求按照政府主导、统筹规划、多级投入、分级管理、规范服务、资源共享的建设原则,实施统一标牌标识、统一运行管理、统一资源配送、统一业务平台,并提出多项保障措施,包括加强组织领导、队伍建设、经费保障以及健全考评机制等内容,以此规范铜陵市公共图书馆中心馆—总分馆服务体系的建设与发展。

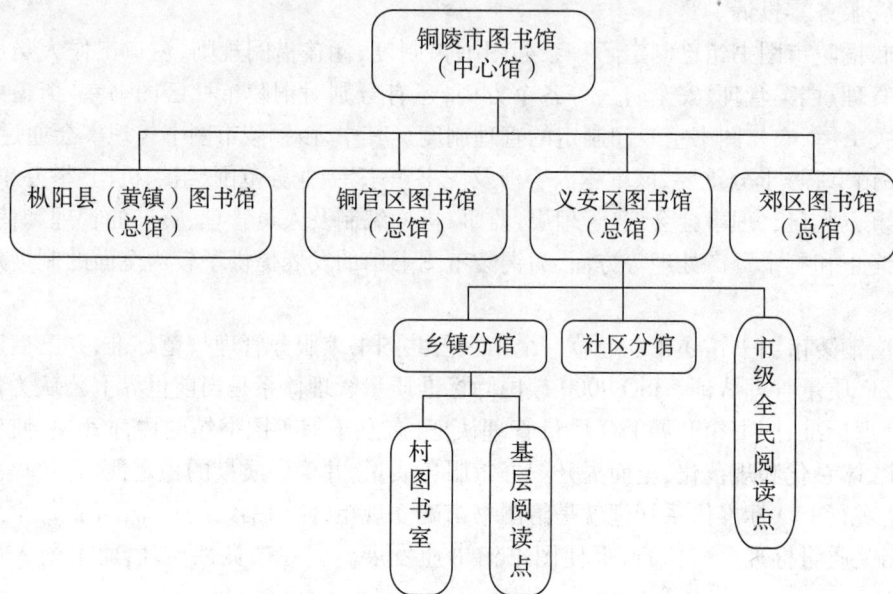

铜陵市"中心馆—总分馆"服务体系示意图

四、新馆:铜陵模式的构建契机

进入 21 世纪后,我国图书馆事业得到快速发展,尤其是近些年,随着图书馆服务的不断拓展,铜陵市图书馆馆舍面积不足的问题日益突出,越来越难以满足当前需求。为此,铜陵市图书馆向上级管理部门提出申请建立新馆。2015 年,在市政府的关注下,铜陵市图书馆新馆选址正式确定。新址位于翠湖五路南侧,毗邻铜陵市文体中心。2015 年 8 月,铜陵市图书馆新馆大楼改建工程正式开工,工程总建设资金 9000 余万元,入选"十二五"铜陵十大最具影响力工程。改建后,主楼总建筑面积达到 29 000 平方米,楼体第 1 至 5 层为铜陵市图书馆新馆,面积 16 280 平方米,其中第 2 层提供给市新华书店图书馆店使用,第 6 至 8 层则为铜陵职业技术学院图书馆。

铜陵市图书馆新馆与新体育中心、市文化馆新馆毗邻,投入使用后,坐落于石城大道的老馆依然继续运行并对市民开放,由此,新馆建筑面积 16 280 平方米,加上老馆面积 8234 平方米,铜陵市图书馆的总面积达到 24 514 平方米。软硬件设施条件的升级创造了更好的服务环境,也给铜陵市图书馆各项发展实践提供了更好的平台。

1. 馆舍布局

作为一座"三合一"图书服务综合体,大楼的设计别具匠心。原建筑主入口面向南面,方便学生进出,而北向入口则相对简单。改建后,南面依然为学生入口,大楼北面入口成为铜陵市图书馆主入口,北向入口分为左右两侧,市民可由此进入。另外,还特别设计了工作人员入口和车辆入口,确保人们进出图书馆井然有序。

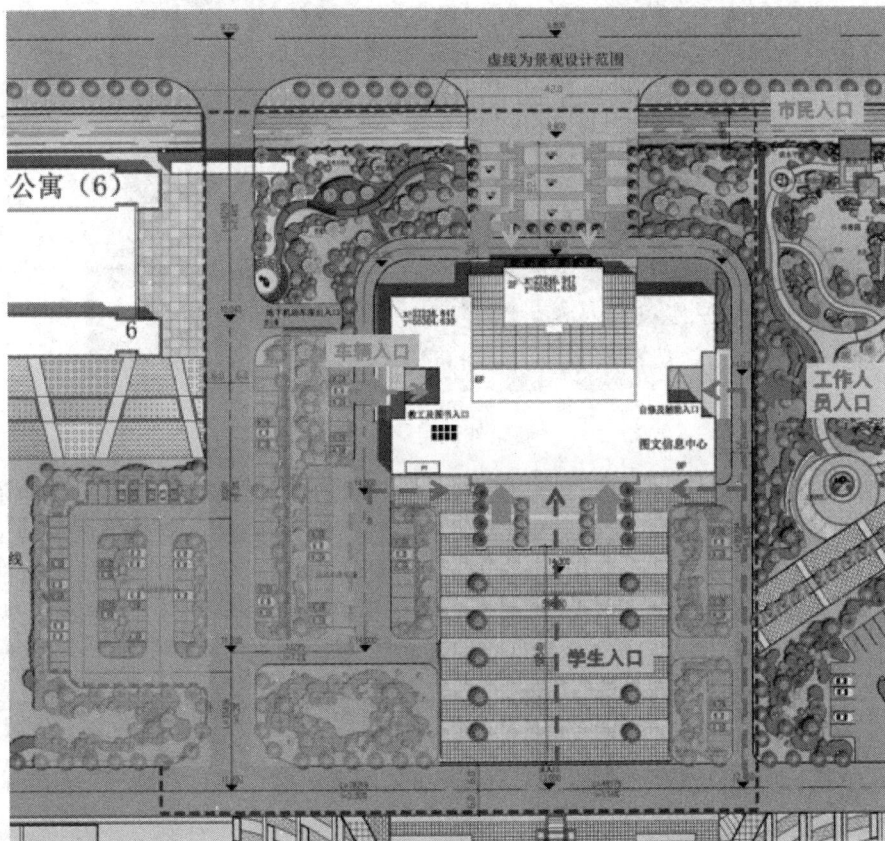

新馆交通路线图

新馆南面入口设计效果图

新馆北面主入口设计效果图

新馆外观实景图

新馆遵循"平等、免费、无障碍"的办馆理念，以"平民图书馆，城市大书房"为办馆目标，全力打造以人为本、功能全面、生态多样化、服务便利、智能化相结合，温馨舒适的阅读环境。在装修设计中，遵循方便、舒适、实用、安全的原则，体现人性化、生态化、开放化、智能化、标志化等理念，致力于打造市民最想去、最愿意去的公共文化休闲中心。大厅空间、阅览空间、交流空间、休闲空间四块开放区域各具特色，为读者提供不同的服务内容与全新的环境感受。阅览空间采用大开间、软分隔、无障碍的空间布局，空间设计错落有致、变化丰富、简约大气，充分体现了"人在书中，书围人转"的服务理念。局部利用便捷的软分隔来设置书房式空间，呈现中式古典与欧式高贵相融合，体现家居式阅读风格。通过灯饰、灯光、色彩、家具等的协调互应，处处给人们温馨舒适、轻松愉悦的感受。

新馆馆藏设计总藏量约达75万册，设有阅览座席1300位，其中一楼设座席214位、三楼设座席278位、四楼设座席318位、五楼设座席481位，另外供读者使用的计算机有150台。各楼层布局如下：

一楼设有多功能报告厅、铜图展厅，西区为少儿综合借阅区，东区为亲子图书馆。

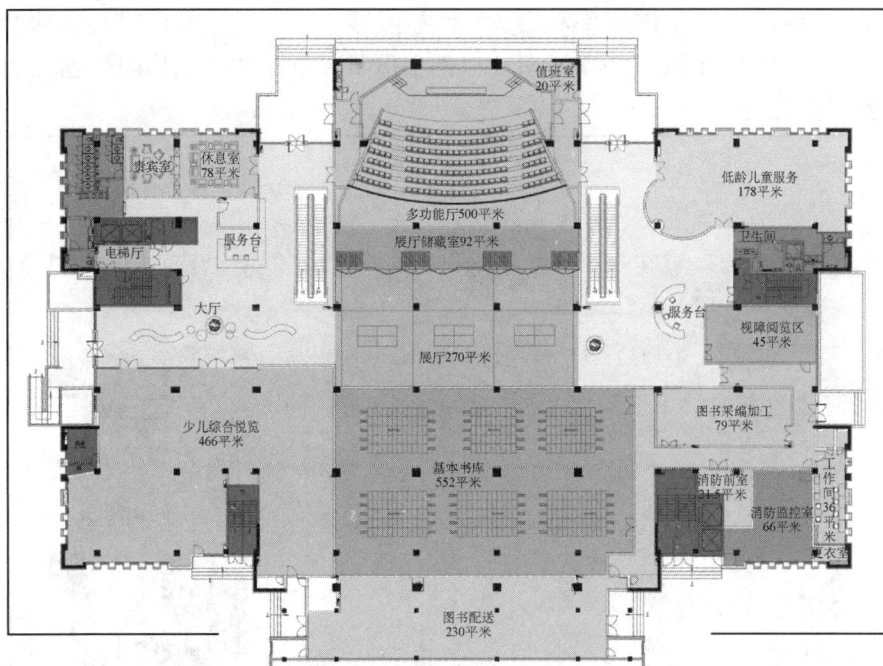

新馆一楼平面分区图

新馆一楼报告厅

新馆一楼展厅

新馆一楼少儿综合借阅区

新馆一楼亲子图书馆

二楼为图书馆和新华书店结合体，设有"你读书，我买单——点读平台"阅读体验区。

三楼东区为书画艺术馆，中区为中外文学图书借阅区和公共文化休闲区，西区为报刊阅览室、参考咨询服务台。

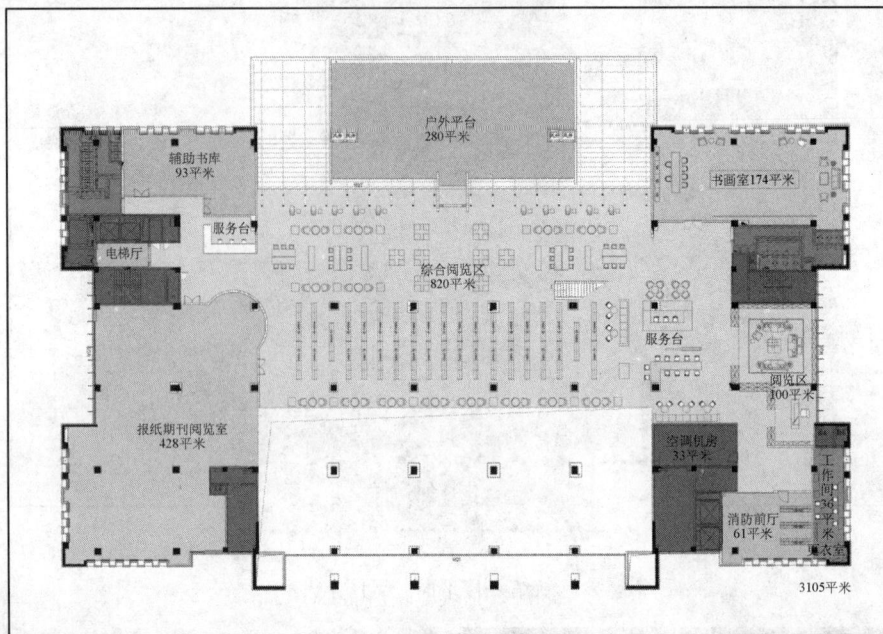

新馆三楼平面分区图

新馆三楼书画艺术馆

新馆三楼借阅区

新馆三楼公共文化休闲区

新馆三楼报刊阅览室

新馆三楼总服务台

四楼东区为铜都人文馆,中区为综合类图书借阅区,西区为智慧城市数字体验馆、视听馆。

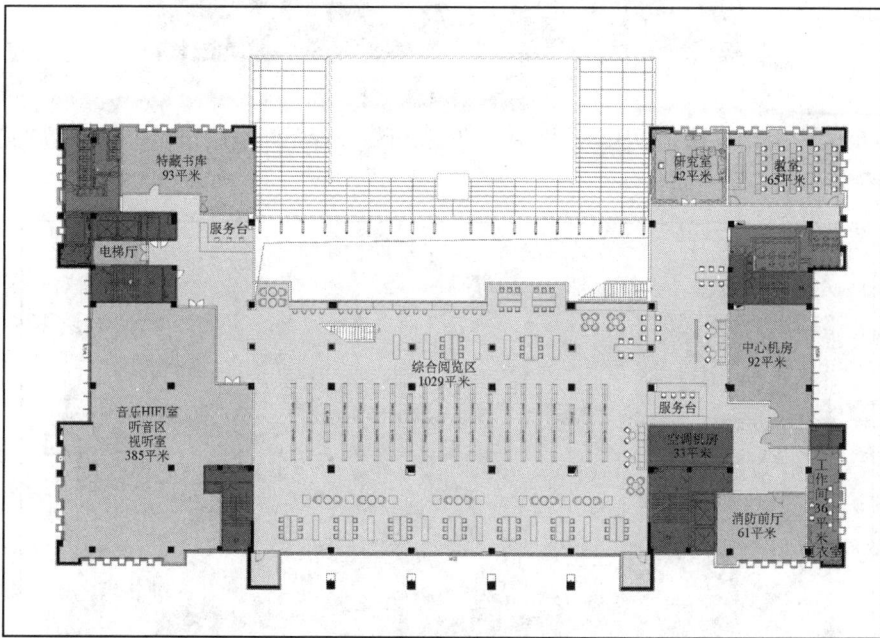

新馆四楼平面分区图

新馆四楼铜都人文馆

新馆四楼综合借阅区

新馆四楼视听馆

五楼东区为古籍家谱馆,中区分别为读者研修区、铜盟(即铜陵市图书馆联盟)文创孵化空间,西区为铜盟文创空间。

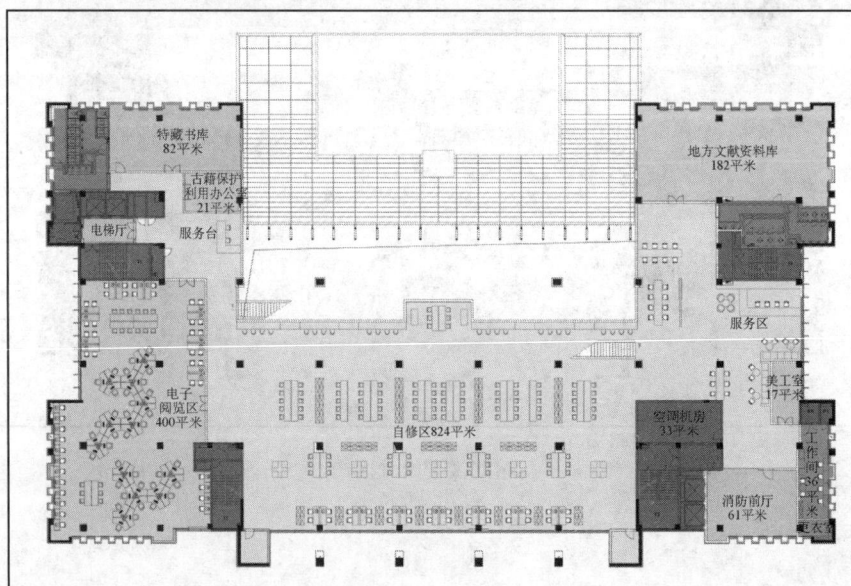

新馆五楼平面分区图

新馆五楼读者研修区

新馆五楼文创空间

2. 设施设备

2015 年 12 月 25 日,铜陵市图书馆新馆开始试运行。新馆坚持"一切服务读者"的理念,在文化空间、现代化设备和服务水平上大步提高,引进了先进的无线射频识别(RFID)技术应用于图书馆管理服务,馆内实现双百兆光纤无线网络 100% 覆盖,配有自助借还设备 15 台,供读者使用的计算机有 150 台,以及先进的自助查询机、电子图书借阅机、监控系统等,可向读者提供文献外借、阅览、信息检索、讲座等多类型、多层次的综合性服务。

自助借还书设备

24 小时自助图书馆设备

造型别致的少儿自助借还书设备

少儿综合借阅区的特色家具

3. 馆藏资源

铜陵市图书馆的馆藏资源主要以中文图书为主,文献类型主要包括社会科学类、自然科学类及少儿类书籍。截至 2016 年 6 月,铜陵市图书馆的馆藏总量约为 50.6 万余册,其中不含报刊杂志等连续出版物,数字资源 40TB,当前订阅报纸 200 余种,期刊 1000 余种。

馆中设有地方文献资料室,现存有《铜陵县志》4 部,分别是明嘉靖四十二年(1563)的《铜陵县志》8 卷,明万历十五年(1587)的《铜陵县志》10 卷,清乾隆十二年(1747)《铜陵县志》16 卷以及 1993 年 8 月出版的《铜陵县志》。

铜陵市图书馆还珍藏了不少古籍资料,其中包括清代的《小雅注疏》《小雅义正》《古香斋袖珍初学记》《太平御览》《古今伪学考》《二十一史四谱》等。还藏有不少报纸珍品,其中包括安徽省现存唯一的一份《鹊江日报》,这份报纸的出版时间是民国 20 年(1931),距今已有 85 年历史。另外,馆内还收藏了民国时期的《申报》《大公报》《晨报》《民国日报》等报纸的全套影印本。

4. 馆员队伍

馆员是图书馆服务的第一要素,图书馆的各项工作都需要馆员来实现,馆员队伍的人员结构、整体素质直接关系到图书馆的发展。

新馆对外开放后,铜陵市图书馆的新馆、老馆员工总人数达到了 83 人,其中副高职称 4 人,中级职称 17 人,29 人因刚进馆尚未获得职称,其余人员为初级职称。从教育程度来看,以本科学历为主,有 45 人,另外专科 21 人,专科以下 17 人;从学科背景来看,图情专业的有 6 人,法律专业的 15 人,中文专业的 6 人,外语专业的 3 人,艺术专业的 11 人,计算机专业的 8 人,经济专业的 8 人,新闻专业的 2 人,思想政治专业的 3 人,行政管理专业的 1 人;从年龄来看,中青年占多数,25 岁及以下年龄职工占 40%,25—35 岁年龄职工占 19%,35—45 岁占 13%,45 岁以上占 28%。

可以看出,这是一支年富力强的队伍,年轻人多充满活力,富有创意,具有广阔的发展空间,有利于图书馆服务的拓展,对于新馆初期发展较为有利。不过,同时也需注意,图书馆员工中拥有图情专业学科背景的较少,高学历人员不多,因此,今后铜陵市图书馆需加强馆员的在职学习与继续发展,提升馆员队伍的专业化、职业化程度。

五、铜陵模式的实践成效

铜陵模式坚持以"一切服务读者"为核心理念,充分发挥"图书馆 +"路线图的无限包容性,以打造"十分钟城市阅读圈"、推进"铜都阅生活"建设为目标,积极进行实践创新,通过重点推进以下服务创新,不断完善铜陵市公共文化服务体系,发挥铜陵模式的显著成效。

1. "图书馆 + 书店"嫁接点读平台

2016 年 1 月 26 日,基于"图书馆 + 书店"的发展路线图,铜陵市图书馆与新华书店图书馆店合作正式推出了"你读书、我买单"活动,读者在书店看到喜欢的书,可通过图书馆设在书店的点读平台办理相关借阅手续,然后直接免费带回家,看完后再将书还到图书馆即可。

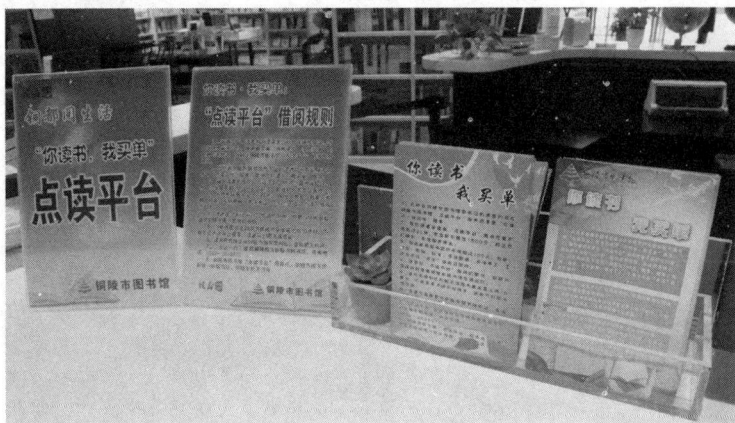

设在新华书店图书馆店的点读平台

这一平台启动运行后,很快就受到了广大读者的认可和欢迎。开通1个多月,已外借图书600余册。平台较好地实现了图书馆与新华书店、读者三方的深度融合,取得了共享互惠的效果,一是给读者带来了实实在在的便利,满足了读者的个性化阅读需求;二是让读者能够及时看到最新出版的图书;三是通过平台数据库分析,更有利于建立以用户需求为导向的馆藏建设模式;四是给新华书店带来了更多经济效益,帮助新华书店走出了发展困境,实现"双赢"。据统计,新馆开馆后仅一周,新华书店图书馆店累计销售码洋13.6万元,其中1月1日单日销售额达到了2.98万元。而自点读平台活动开展以来,新华书店图书馆店营业额更是远远超过了地处铜陵市市中心的新华书店老店。

从更高层次来看,点读平台的开通还有效地解决了文化供给侧的一些问题。事实上,"你读书、我买单"这种以读者需求为导向的文献采访机制此前已在很多图书馆实行过,但往往难以持续进行,多数图书馆是在图书馆服务宣传周或读书月的时候才做一做这样的活动。铜陵市图书馆和新华书店共同推出的这个点读平台是一个常态化活动,将长期开展下去,而且也具备相应的条件。首先,有独特的地利条件,图书馆和书店就在上下楼,活动开展起来很方便;其次,有专项资金支持,图书馆每年将有一笔经费专门用于支持点读平台的开展;另外,点读平台为读者带来的是切实的好处,读者能够通过这个活动看到自己想看的、最新出版的图书,活动目前已经取得了很好效果,已经形成了良性循环,吸引着越来越多人参加,这些人气成为点读平台长久开展下去的最有利因素。因此,点读平台可作为如何通过文化供给侧改革提升有效供给的优秀答案。

然而,读者在点读平台选书是一个随意性很大的行为过程。为保证图书馆馆藏体系的系统性、科学性,点读平台在保障基本点读服务的同时,有的放矢地制定了相关规则:一是规定点读平台年度点购图书经费为40万元(占年度馆藏购书的20%);二是规定每位读者每年在点读平台上的借书不可超过20册,总金额不能超过1500元,且所选单册图书定价不得超过100元;三是当读者所选图书达到图书馆藏书复本量上限10册时,则不能通过点读平台借阅该书,而是得去图书馆进行借阅,等等。另外,铜陵市图书馆坚持以正确阅读为导向,不断调整、优化、完善馆藏结构,并通过阅读推荐等宣传方式,帮助读者养成更加科学合理的阅读习惯,从而使点读平台能够更好地发挥积极的长期效应。

2."图书馆＋高校＋企业"创新文化创客空间

为拓展和提升铜陵市公共图书馆公共文化服务效能,更好地服务铜陵市经济文化和社会事业建设,充分发挥公共图书馆社会职能作用,在确保正常公共图书借阅服务和读书活动开展的基础上,立足于馆藏文献、数字网络、公共空间的载体,根据"图书馆＋高校＋企业"的发展路线图,铜陵市图书馆与社会力量合作共同设立了多个不同主题的创客空间。

铜陵市图书馆与铜陵职业技术学院图书馆、相关企业协商并成立了铜陵市首家文化创客空间(以下简称文创空间)。

文创空间标识

文创空间是以"项目孵化＋创业基金＋资源整合"三位一体的运营模式,融入创客工作室、文创孵化、培训交流、展示体验平台,重点孵化和培育动漫文化创意、青铜文化创意、智能科技、影视传媒、文化电商等领域的创业、创新团队,并形成一个集学习创新、资源共享、信息交流、创业孵化、沙龙论坛等多层次、多方位的文化创客平台。

空间坚持相互尊重、资源共享、共同发展的原则,致力于营造创业创新环境,激发创新潜能和创业活力,服务企业管理和企业文化,帮助企业培育、孵化、催生经济社会发展的新动力,加快实现发展动力转换,从而推动铜陵市经济转型升级、提质增效。铜陵市图书馆与相关企业采用活动场地与服务置换等多种方式进行合作。其中,场地、基础设备由铜陵市图书馆承担;人力资源、安全管理、活动组织开展、孵化团队、信息上报、水电费等由相关企业承担。

文创空间设在铜陵市图书馆新馆五楼,面积约为 2000 平方米,提供的服务包括企业素养培训、企业文化沙龙、企业阅读推广、创业服务等,可承办各种活动,包括举办培训讲座、企业行业主题沙龙、企业产品展示推介活动等。培训讲座将结合铜陵市本地企业的发展,嫁接铜陵市图书馆铜都讲坛——文化讲座和实用技能网培课堂品牌活动,有针对性地组织举办针对企业生产管理、销售管理、战略管理、安全管理、行政管理讲座和主题培训。同时,考虑到大多数创客空间缺乏与创业创新实质性关联资源的支撑,空间活动局限于图书馆内部,局限于读者之间的自我循环,缺乏活力与动力,可持续性不强①,铜陵市图书馆引入碧虚创客空间解决方案,将优质企业资源引进图书馆,基于强化读者结业素养,提升就业能力的目的,充实空间要素,丰富空间内涵,开展了文献阅览、有奖阅读、创客讲座、真人图书馆、求职招聘、项目对接以及企业游学等丰富多彩的活动。

为确保文创空间真正发挥效益,铜陵市图书馆还特别制定了详细的考核要求,如规定培训讲座平均每月举办 2 期,每年不少于 24 期次,培训人数不少于 1200 人次;企业沙龙每周举办 1 期,每年不少于 50 期,年度参与沙龙人数不少于 1000 人次;活动宣传方面,要求每年活动信息报道不少于 40 次,其中省级以上报道不少于 20 次。此外,还要求每年做 2 次读者满意率调查,调查人次不低于服务人次的 20%,读者满意率不低于 90%。铜陵市图书馆将根据这些考核量化指标每半年对创客空间团队、孵化团队进行业务考核。

3."图书馆+学校"推进少儿阅读

少年儿童是国家的希望,是民族的未来,少儿的阅读素养决定着一个国家的、一个民族未来的思维深度和高度,对文化传承和国家发展有着重要意义。面向少年儿童的阅读推广服务是当前公共图书馆服务的一个重要内容。铜陵市图书馆一直十分重视这方面的工作,新馆的建成开放为铜陵市图书馆的少儿阅读推广实践提供了更好的条件,新馆一楼的东区和西区分别设有亲子图书馆和少儿综合借阅区。由于新馆所处地理位置与附近的中小学校有一定距离,为更好地开展少儿阅读推广工作,以点及面促进全市少儿阅读推广活动的开展,图书馆主动与相关小学、初中学校取得联系,以"书香校园"为主题开展了系列悦读沙龙、语文课堂走进图书馆等特色活动,让老师、家长陪同孩子一起走进图书馆乐享阅读,实现了学校、家庭与图书馆在少儿阅读推广方面的三方联动。同时,还面向学龄前幼儿开展了形式多样的早期阅读活动,如早期亲子阅读讲座、阳光周末等,激发孩子们的阅读兴趣,提升阅读素养。此外,铜陵市图书馆还正在筹建"童创童话"儿童阅读空间,通过实体环境、互动阅读等为孩子们提供最好的阅读体验。

(1)"书香校园"悦读沙龙

"书香校园"悦读沙龙是铜陵市图书馆主办的一个系列阅读推广活动。活动由铜陵市图书馆和市内中小学校合作定期开展,图书馆提供场所,每次以班为单位围绕不同主题由孩子们互相交流阅读体会,学生人数一般控制在 10—15 人,这些学生的家长也一起参加活动,另外还有一位老师和一位馆员全程进行引导。

活动通常是在图书馆的阶梯式房间开展,房间内配有多媒体设备。活动时,学生、家长、老师都是席地而坐,在温馨、放松的环境下,孩子们表现格外活跃,他们用各种形式来表达自己的阅读体会。为了让自己的发言更有吸引力,很多孩子还特别准备了 PPT 及阅读视频,在整个准备过程中,很多家长也积极主动参与,帮助孩子制作 PPT,参与孩子们阅读话题的讨论。

---

① 刘锦山. 碧虚图书馆创客空间解决方案[DB/OL]. [2016 - 06 - 24]. http://www. chinalibs. net/ArticleInfo. aspx? id =401585.

孩子们分享自己的阅读体会

　　2016年4月17日,人民小学102班全体同学和他们的家长、老师共同参加亲子悦读沙龙活动。由于人数较多,活动现场只能从少儿借阅室移至图书馆一楼的报告厅。活动中,老师带头畅谈阅读感受,在老师的带动下,孩子们争先恐后地争着走上主席台进行即兴阅读演讲,家长也按捺不住上台与大家分享阅读感受。老师、学生、家长的积极互动,让原本陌生的家长们瞬间结成了阅读同盟,孩子们更是在活动中放开自己,踊跃发言。这一悦读沙龙活动不仅鼓励孩子们将课堂学习与课外知识融汇交流,更重要的是让孩子、家长、老师们拥有了一个共同的宽松而充满亲情的阅读环境,真正体现了"让阅读成为生活的一部分,让好书成为一生的伙伴"。

　　用阅读充实学生的课余生活,用主题阅读鼓励孩子思考,让孩子在提高自我获取知识能力的同时培养良好的阅读习惯。伴随悦读沙龙内容的不断丰富,铜陵市图书馆还将继续探索少儿阅读推广活动新模式,努力让全民阅读渗透到每一个家庭中,用书籍的养分滋润孩子的心灵。可以说,"书香校园"悦读沙龙活动不仅让广大学生和家长认识阅读推广的意义和重要性,更为有效地促进了亲子共读和家庭阅读习惯的培育。

　　(2)语文课堂走进图书馆

　　"语文课堂走进图书馆"活动的推出是想帮助解决现在中小学语文课的一些问题,如不够生动、对学生缺乏吸引力等,这也是我国的语文课教学普遍存在的问题。如何将课堂教学与课外阅读无缝连接起来,铜陵市图书馆参考了国外一些图书馆的做法。在一些国家的小学,老师给学生布置家庭作业,有时就是让孩子们去图书馆借两本书阅读,由家长负责监督完成,读书成了孩子们家庭作业的主要任务。

　　为让学校的语文课更有意义,让孩子们爱上语文课。铜陵市图书馆主动与部分中小学校联系,合作开展了"语文课堂走进图书馆"活动。活动中,语文老师在图书馆举办公开课,并邀请家长陪同学生一起参加,图书馆则根据课程内容为老师、学生提供相应的推荐书目,一方面帮助老师设计完善语文公开课教案,另一方面帮助学生将课外知识融入课堂学习,看到课外阅读对学习语文课的帮助。在图书馆宽松、舒适的环境里,孩子们的思想更为放松,课堂氛围也更加生动有趣,整个教学中孩子们的参与度和积极性更为高涨。

基于该活动带来的明显成效,学校的参与度也非常高。目前,铜陵市图书馆正在与市内教委联系,逐步与更多中小学校合作推广开展"语文课堂走进图书馆"活动。

(3)针对幼儿的早期阅读活动

幼儿教育是每一个家庭关注的焦点。为加强早教工作者和家长对孩子早期阅读兴趣的培养和建立,铜陵市图书馆十分注重幼儿的早期阅读活动的培育,在坚持做好图书馆阳光周末亲子阅读推广活动品牌的基础上,主动与幼儿园、社会早教机构联合开展包括举办讲座、亲子阅读等品牌读书活动。

注重早期阅读的引导。2016 年 1 月 30 日,铜陵市图书馆邀请了悠贝阅读学院执行院长、"阅美妈妈"讲师团资深讲师王薇为铜陵年轻的妈妈们举办了针对家长和早期教育工作者的"早期亲子阅读的价值"公益讲座。讲座从早期亲子阅读的概念、早期亲子阅读带给儿童的价值(包括快乐的体验、认知的发展和人格的健全)及成人对儿童期望及努力三个方面做了详细阐述,300 多位早教老师和家长参加了活动。

培育良好的阅读习惯和兴趣。图书馆主动与大风车幼儿园合作,邀请 30 名大班的小朋友到图书馆开展寻宝游。当孩子们走进温馨、明亮、现代化设施的图书馆,看到五颜六色的绘本读物、琳琅满目的智力玩具、充满趣味的数字触摸屏有声读物,十分兴奋,完全沉入知识的海洋中,有的认真翻看着喜爱的童话绘本书,有的兴致勃勃地摆弄着智力玩具,有的津津乐道地在触摸屏上指点翻看动漫。而这一次寻宝游,也让幼儿通过快乐的阅读体验更好地认识了图书馆。

"阳光周末"让亲情阅读更加温馨。"阳光周末"是铜陵市图书馆自主创办的亲子阅读品牌活动,分为故事会、小课堂、小舞台、手工坊 4 个主题,每周开展不同主题的活动吸引孩子与家长的亲情参与。这些幼儿亲子阅读活动有助于家庭建立良好的亲子阅读习惯,促进家长和孩子之间的感情交流,开阔孩子们的视野。亲子图书馆管理员梅梅老师、彩霞姐姐亲自担任"阳光周末"的形象代言人,引导推动更多家庭开展亲子阅读。随着活动影响的扩大,"阳光周末"微信群里走进了众多"阅美妈妈"粉丝们,她们还走上"阳光周末"舞台,受到了家长和孩子们的热烈欢迎。现在已经有越来越多的"阅美妈妈"加入了铜陵市图书馆亲子阅读推广志愿者团队,为儿童阅读推广贡献自己的力量。

参加"阳光周末"活动的小朋友们

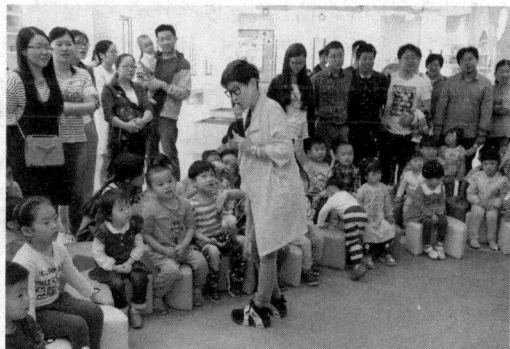

梅梅老师为家长孩子们讲绘本故事

"阳光周末之手工坊"主题活动

（4）"童创童话"儿童阅读空间

"童创童话"儿童阅读空间是铜陵市图书馆正在建设中的一个项目，由铜陵市图书馆与Dreamook（萌克）公司合作推出，其宗旨是给儿童最好的阅读体验。

现在，人们已经日益认识到阅读对于儿童成长的重要性。但是，当前儿童的阅读环境却令人担忧：平板电脑和智能手机等电子产品泛滥，过度使用电子产品，不但容易让孩子们沉迷虚拟世界导致对现实世界的漠视，电子产品的强交互性还会压制孩子的想象力，削弱他们本应具备的创造力；一些家长因为工作繁忙或缺乏相关知识和工具，很少和孩子进行亲子互动阅读；"城市囚笼"效应带来的邻里关系淡漠、社区文化缺乏等问题也在影响着孩子阅读习惯的培养。

铜陵市图书馆的"童创童话"阅读空间就是针对这些问题而提出的解决方案。"童创童话"阅读空间主要包括三大分区——互动阅读区、儿童创意智造区、童话形象展示区。互动阅读区利用游戏（如拼图、手工制作、拓印）、互动装置（如音频童话播放器、动画投影）带给孩子们新颖而充满趣味的阅读体验，提升儿童阅读兴趣。儿童创意智造区将阅读和智造结合起来，孩子们不但可通过实体化的场景沙盘、涂鸦背景墙进行自由创造，还可以参与"童话学院"丰富的课程和工作坊活动，锻炼各方面的能力。童话形象展示区既可展示孩子们的各种创意作品，包括创意绘本、玩偶涂鸦、服饰装扮等，也可展示供售卖的童话文创产品，让孩子们把良好的阅读习惯带回家，促进书香家庭阅读氛围的建设。

"童创童话"阅读空间视觉效果图

通过打造一个童话般的实体世界，"童创童话"阅读空间以真实的触感、极强的代入感将孩子们带入童话世界，让他们在其中自由展开想象的翅膀，并记录下孩子们的想象,给予实物的回馈;同时,为家长和孩子的亲子共读同乐提供场所和所需材料,以及标准化的游戏和课程方法,指导家长有效健康地进行亲子互动。这一阅读空间位于图书馆中,对外免费开放,让图书馆成为儿童阅读和创意的中心,由此形成一个社交场所,还可帮助儿童逐步从家庭走向社会,并建立儿童之间良性的交往关系,有利于儿童的身心全面健康发展。

4.“图书馆＋互联网”推出书香铜陵 O2O 客户端

在图书馆移动服务方面,铜陵市图书馆现已推出了书香铜陵 O2O(Offline to Online,线下线上)客户端,安卓版和苹果 IOS 版均已正式上线。该 APP 支持读者个人账户绑定,绑定后可生成电子借阅证,与实体卡具备相同功能。通过该 APP,读者还可在线查询个人的当前和历史借阅信息、续借预约图书、了解到馆新书信息、检索查找馆藏图书、查看图书馆新闻公告,以及参加“你读书、我买单”点读平台活动或发起图书互借活动,等等。

图书互借是书香铜陵 APP 推出的一个创新功能,目的是简化和方便读者意向性借阅图书,该功能支持在读者与读者之间直接实现互换借阅图书。一般情况下,如果读者想要借阅的图书已经被别人借走了,他只能等前一位借书人把图书还回图书馆后,才可以再去图书馆办理该书的借阅。而今后,只要读者在手机上安装了这个 APP,点击“点借服务”即可与他人交换所借图书。例如,读者 A 和读者 B 分别在图书馆借了一本书,当读者 A 与读者 B 有意互换阅读时,便可以通过手机下载和安装书香铜陵客户端,随后点击“点借服务”发起互换申请完成图书互借手续。这样,不但方便了读者,也在一定程度上缓解图书馆的物流压力,降低物流成本。而且,铜陵市面积不太大,读者互换图书的方式可行性很高,比去图书馆再交换要方便得多。

书香铜陵客户端主页

铜陵市图书馆下一步将升级推出书香铜陵 APP2.0 版,根据规划,新版本将增加多个功能,如图书漂流平台、数字资源统一检索平台、大数据分析平台和积分管理平台等。图书漂流平台支持读者发布自己想看的书的信息,如果其他人家里有这本书,就可以发信息给想看书的读者,把书借给他,以此实现个人闲置图书的漂流活动。数字资源统一检索平台将整合铜陵市图书馆所有购买及自建的数字资源,可起到引导读者阅读的目的。而大数据分析平台可为读者提供精准化的文献推荐等服务。

5.“图书馆＋图书馆”建设公共图书馆服务体系

基于“图书馆＋图书馆”的理念,铜陵模式打造了“一网一卡一平台”,即一个网络一张借书证一个统一检索通借通还平台。这是以铜陵市图书馆新馆为中心图书馆,各个县区图书馆为总馆,各乡镇、社区全民阅读点为分馆的覆盖全市、城乡一体、功能完善、资源共享、管理规范的"一网一卡一平台"铜陵市公共图书馆服务网络体系。通过这一中心馆—总分馆体系建设,实现市辖城乡图书资源共享,统筹规划全市公共图书馆事业发展,提升铜陵市公共图书馆事业的发展整体水平。

在铜陵市图书馆中心馆—总分馆体系建设中,铜陵市图书馆新馆作为铜陵市图书馆中心馆,位于市主城区的老馆定位为铜都主题图书馆,在立足"铜"文化主题馆建设的同时,继续发挥地理位置的优势,为城区市民提供便捷的图书馆服务。另外,铜陵市现辖的一县三区,即枞阳县、铜官区、义安区、郊区,其县、区公共图书馆为总馆,区域内乡、镇、社区图书馆及市级全民阅读点为分馆,村及基层阅读点为基层图书室,如义安区图书馆就是铜陵市义安区图书馆总馆,其属辖范围内的各镇区图书馆和市级全民阅读点就作为它的分馆。通过"一网一卡一平台"的建设,铜陵市民只需要有一种借书证,持证读者就可以在铜陵市图书馆总分馆体系的任何一个总馆或分馆、全民阅读点实现、享受和参与通借通还图书借阅服务和公共文化读书活动。

(1)黄镇图书馆

枞阳县县级公共图书馆为黄镇图书馆,是为纪念当代枞阳杰出名人——集将军、外交家、艺术家于一身的黄镇将军而建立的。黄镇图书馆于2011年3月建成主体大楼,同年6月底老馆整体搬迁,更名为枞阳县(黄镇)图书馆。2012年1月8日,逢黄镇将军诞辰103周年纪念日之际,黄镇图书馆举行了开馆庆典仪式,正式对外开放。

黄镇图书馆是按照国家公共图书馆县级一级馆标准规划设计的,占地面积15亩,馆舍建筑面积3000余平方米,集枞阳历史名人纪念馆、图书馆、县史籍文库于一体。馆内设有书库、史籍文库、少儿阅览室、电子阅览室、期刊阅览室、综合阅览室、残障阅览室、黄镇纪念展厅、枞阳名人展厅、多功能报告厅等,拥有250个阅览座席,现有馆藏图书12万多册,电子图书40万册,古籍200册,期刊1万余册。目前持证读者已达8000余人,日均借阅图书370多人次,日平均读者流量为600多人次。2013年10月,被文化部授予"国家公共图书馆县级一级馆"。2015年9月,实行公共图书馆总分馆制,在乡镇建立了22个分馆和6个村级点,实现资源共享、协同采编、统一检索、通借通还。

(2)铜官区图书馆

因铜陵市行政区划发生调整,2016年3月,铜陵市狮子山区图书馆改为铜官区图书馆,馆址位于铜陵市铜官区木鱼山大道666号,铜官区政务中心西附楼。目前该馆藏有图书7万余册、报刊杂志100多种,涉及人文社科、政治经济、文化教育、自然科学、古典文献等多个领域。馆内设有借阅大厅、综合阅览室、少儿阅览室、期报刊阅览室、电子阅览室、典藏室等多个功能服务单元。

铜官区图书馆采用开放灵活的藏、借、阅、查一体的服务模式,为满足各类读者学习和阅读的需要,提供优质的文献信息服务。铜官区图书馆在做好传统读者服务工作的同时,不断开拓新的服务领域,广泛开展各种图书馆服务宣传活动,组织开展机关干部品读和暑期青少年阅读活动。同时在每个社区、村设有图书阅读点,常年开展图书流动服务。

(3)义安区图书馆

因铜陵县撤县设区,2016年3月,原铜陵县图书馆改为铜陵市义安区图书馆。现馆舍面积为1000平方米,馆藏图书电子资料6.23万册,设有办公室、采编部、借阅部、少儿阅览室、报刊阅览室、资料信息部、书库、全国文化信息共享工程支中心、电子阅览室、中心机房等部室。

义安区图书馆现日均接待读者百余人次,年均图书借阅量约 1.8 万册次;已帮助乡镇、厂矿、学校筹建 16 个图书馆,初步形成了覆盖全区的服务网络;坚持送书、送科技信息知识下乡。2000 年,该馆在全国公共图书馆评估定级中被评为"三级图书馆",并多次被评为全市"文明图书馆"。2007 年 12 月,该馆成功举办"首届全民读书月"活动,直接参加人数 2 万人次,并受到文化部专家组、安徽省图书馆领导的表扬。2008 年 6 月,与铜陵学院图书馆、铜陵市图书馆建立了馆际互借,实现资源共享,方便了广大读者。

(4)郊区图书馆

铜陵市郊区图书馆坐落于南城郊区政务新区,始建于 2011 年 5 月,建筑面积 3200 多平方米,2012 年 10 月 18 日正式对外开放。馆内拥有各类文献 4.7 万余册(件),共有阅览座位 108 个,计算机 60 台,设有展厅、目录检索大厅、少儿阅览室、成人阅览室、基本书库、电子阅览室、配送中心、文献消毒室、多功能室等。2013 年开始,该馆被纳入安徽省民生工程"公共文化场馆免费开放"项目建设,并在当年全国第五次公共图书馆评估定级被文化部评为"三级图书馆"。

建馆以来,铜陵市郊区图书馆一直努力实现自己的目标,即通过追求文献利用率的最大化、追求读者满意度的最大化,来实现图书馆社会文化价值的最大化,使之成为具有现代化管理水平、独具特色的区级图书馆。截至 2016 年 4 月,该馆共办理成人借阅证 800 多个,办理少儿借阅证 300 多个,日均接待读者 50 余人次,年均图书馆借阅量约 6000 册次。开馆以来,共举办讲座、展览、培训、阅读推广等读者活动 70 场次,不断推广全民阅读,积极建设"书香郊区",着力创建国家公共文化服务体系示范区。

6."图书馆＋社会"构建"十分钟城市阅读圈"

基于"图书馆＋社会"的发展路线图,2015 年,铜陵市在全市范围内建设了首批 10 个集阅读、休闲、娱乐、交流为一体的全民阅读示范点(以下简称阅读点),分别位于滨江生态公园、市博物馆观湖厅、植物园、湖东路驿站、天井湖南湖驿站、板栗山儿童公园、城市展示馆、鹞山社区、铜霞社区以及惠泉社区。

(1)建设概况

铜陵市的这些阅读点都是通过将闲置的公共资源重新规划利用,除滨江生态公园阅读点因原址无建筑物需新建外,其他九处均利用原有建筑,因地制宜设计改造而成。阅读点实行统一标志、统一管理、统一服务,并依托公共图书馆总分馆体系,实现了图书借阅全免费,通借通还,市民在任何一个阅读点借阅图书,可就近到市图书馆或阅读点归还。这些阅读点均处于环境较好或人口集中的区域,有的在江边,有的在植物园、公园内,还有的在旧城老矿区生活区,使公共文化服务体系覆盖全社会,为市民提供了优质、便捷、均等、多样化的公共文化服务。

表 1　铜陵市首批 10 个阅读点基本信息

名称	总面积（m²）	开放时间	地址	定位
滨江生态公园阅读点(码头书屋)	500	9:00—22:00(含节假日)	滨江大道滨江生态公园(原四通码头)	休闲、健身、人文景观
南湖阅读点	150	9:00—20:30(含节假日)	天井湖南湖景区西侧	书法、绘画、摄影
湖东路阅读点	105	9:00—20:30(含节假日)	翠湖一路与湖东路交叉口东南角(湖东路驿站)	棋类、自行车运动
城市展示馆阅读点	80	周二—周日上午 9:00—12:00,下午 13:00—17:00	铜陵市城市展示馆内	建筑设计、规划、家装、户外
植物园阅读点	160	9:00—19:00(含节假日)	铜陵市植物园内	园艺、健康、养生
博物馆阅读点	600	周二—周日上午 9:00—12:00,下午 14:00—17:00	铜陵市博物馆新馆内	文博、历史、哲学、考古
板栗山儿童公园阅读点	127	周一—周五上午 8:00—11:00,下午 14:00—17:00,周末、节假日 8:00—17:00	板栗山儿童公园	少儿教育
惠泉阅读点	260	周一—周五上午 8:00—11:30,下午 14:30—17:00(节假日休息)	义安区华芳国际小区内	社区综合定位,突出少儿教育
鹞山阅读点	220	上午 8:30—10:30,下午 14:30—16:30(节假日开放,春节不开放)	鹞山社区居民活动中心	社区综合定位,突出书法绘画
铜霞阅读点	260	周一—周六上午 8:30—12:00,下午 14:00—17:00(节假日休息)	铜官区狮子山北路铜霞社区	社区综合定位,突出少儿教育

　　所有阅读点都采用了统一的标识,为一枚红色的"书"字印章图案,图案下为"书香铜都"四字,是所有全民阅读点的统一名称。红色的印章象征热情、活力、美好,象征铜陵深厚的文化底蕴及全民阅读的文化氛围;标识中"書"字造型神似铜陵市标志性雕塑"丰收门",体现了铜陵特色;同时"書"字还体现了"书香铜都"的内涵及文化特性,也彰显阅读点的特点和功能。

　　这首批 10 个阅读点的设计各具特色,创意新颖。如板栗山儿童公园阅读点,其造型犹如一条蜿蜒的小龙,十分独特。据了解,该设计一方面是为了融合板栗山儿童公园原有的地形和自然环境,最大限度避免破坏树木;另一方面,不断深入的曲线营造出一种未知的氛围,寓意着探索、求知的精神。阅读点内的书架具有"一物两用"的巧妙设计——最底层既可以当椅子坐,也可以当小书桌,适合不同年龄和身高的儿童。而位于铜陵市博物馆新馆三楼观湖厅的博物馆阅读点中,服务台后方高达8.5米、宽达5米的博古书架十分引人注目,书架上摆放着仿古青铜尊、景泰蓝壶等工艺品和书籍;另一面墙上,雕有一组庄严厚重的青铜浮雕,非常契合博物馆的文化,具有浓厚的历史文化气息。城市展示馆阅读点设于城市展示馆顶楼,室内知性优雅的白色家具、暖色的木质墙壁和地板,以及两面阳光通透的落地玻璃,打造出现代简约风格,朝外一眼便能望到的翠湖水,更给人一种身处现代世外桃源的感觉。湖东路阅读点虽然靠近马路边,却因绿树花丛的围绕而显得特别宁静。走进其中,紧挨大门落地玻璃窗的是一排高脚凳,年轻人喜欢坐在这里使用电脑上网;靠近另一个出口是一间棋室,老年人喜欢在这里下象棋、围棋;主阅读区由三块相通的区域衔接而成,既独立又融合;阅读室内配备有电视、自助手机充电设备;而在室外,则有一条绿色自行车道。这里的环境让人想起一句话:要么运动,要么读书,身体和灵魂,必须有一个在路上。

　　各阅读点建筑面积也不一样,多为100平方米和200平方米以上,小的如城市展示馆阅读点,面积为80平方米,小巧玲珑;大的如博物馆阅读点,面积约600平方米,格局宽敞,气势恢宏。根据规划,阅读点藏书量要求不低于2000册,报纸期刊不低于30种,并配置一定数量的阅览席、电脑、电子书借阅机,实现Wi-Fi图书数据资源覆盖。根据体量的不同,各阅读点拥有藏书从几千册到上万册不等,而且针对所处地域服务群体的差异,藏书类别也各所侧重。如植物园阅读点的藏书侧重园艺、健康养生类,城市展示馆阅读点的藏书侧重建筑设计、规划、家装、户外类,博物馆阅读点的藏书以文博、历史、哲学、考古类为主,毗邻天井湖景区的南湖阅读点的藏书以书法、绘画、摄影类为主,湖东路阅读点的藏书以棋类、自行车运动为主,板栗山儿童公园阅读点的藏书则以幼教、少儿、家庭教育类为主。而在读者年龄层分布更为广泛的社区阅读点则注重藏书的综合性,同时突出少儿教育和书法绘画方面的,不论是中外文学名著还是时下最畅销的小说,不论是家庭养生类书籍还是实用的工具类书籍,社区阅读点都能提供,以便居住在附近男女老少都能找到自己想要看的图书。

　　而不变的是,这些阅读点都为人们提供了一个十分舒适的阅读休闲环境。按照藏、借、阅、售、乐一体设计理念,阅读点都具备书报刊阅览、外借、出售、电子文献及网络服务、文化休闲等功能,同时可提供图书、文创产品销售和有偿茶饮等服务。10个阅读点内,书桌、沙发椅、空调等设施一应俱全,均有无线网络覆盖、热水供应,个别阅读点还有以成本价供应的咖啡茶饮,质朴简单实用的布置烘托出如家般的温馨环境。各阅读点还与书法家协会、摄影协会、音乐家协会和武术协会等社会组织签订合作协议,定期开展文化活动,极大地丰富了来访群众的文化生活。在鹞山社区阅读点,工作人员全部是社区的志愿服务者,且大多是已退休的党员,他们利用闲暇时间,义务服务阅读点,既充实了自己的生活,也将阅读点打理得井井有条。此外,铜陵市还将引导全市教育、科技和高校图书馆共建共享,市民可在阅读点通过"互联网+公共文化服务体系"平台,在共享系统中寻找预约喜欢的图书,享用便捷高效的"点餐"服务。

南湖阅读点

湖东路阅读点

城市展示馆阅读点

植物园阅读点

博物馆阅读点

板栗山儿童公园阅读点

惠泉阅读点

铜霞阅读点

鹞山阅读点

(2)码头书屋

位于滨江生态公园中的滨江阅读点,也叫码头书屋或滨江书屋,是首批 10 个阅读点中建筑面积较大的一个,约 500 平方米,其设计风格独特,阅读环境优美,如今已成为人们最爱的读书休闲场所之一。

码头书屋整体外观

从道路一侧看码头书屋

　　码头书屋位于滨江生态公园原铜陵县四通码头上,这里原是江边一座废弃的码头,铜陵市将此处重新规划利用,建造一个全公益性市民书屋,主要建设内容有 30 米深桩基础及砼框架梁、主体钢结构、玻璃幕墙、装饰工程、灯饰及绿化等。工程于 2015 年 8 月 16 日开始动工,同年 12 月 8 日建成并试运营。

　　码头书屋的设计构思旨在与自然相配合、相协调,从码头原环境出发,结合铜陵文化,打造"由地而生"的建筑。新设计运用钢结构玻璃幕墙,将书屋主体建筑"悬浮"在旧码头上,既最大限度保留了码头的历史原貌,又获得了独特的建筑形象和开阔的观江视野。新建筑将原码头空间分隔形成了下、中、上 3 个层面,最下面的底层为旧码头改造的观景平台,中层是书屋的阅览空间,顶层是采用了全通透钢化玻璃栏杆的露天观江平台。人们通过一条倾斜的栈道进入中层的书屋,主入口旁的天井内设置一部钢楼梯与下面的原码头面连接,而建筑另一侧倾斜的草坡中设有枕木踏步,通往屋顶。下层静思,中层阅读,顶层观景,充分满足了建筑的功能需求。建筑外立面大量采用毛石、防腐竹、旧枕木等原生态材料,与滨江公园的生态性遥相呼应,使整座书屋如同从场地中长出一般协调自然,形成了一个通往书海的"码头"。

底层旧码头观景平台

中层书屋室内阅览空间

通往中层书屋的倾斜栈道

另一侧的倾斜草坡

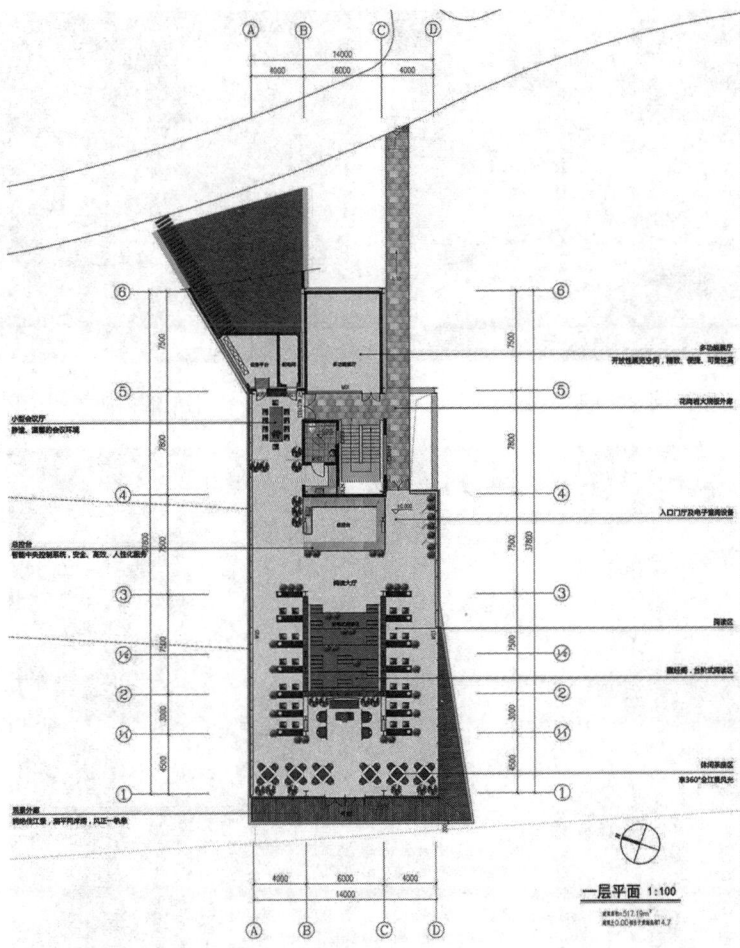

码头书屋平面设计图

　　码头书屋的藏书约有 5000 多册，主要是文学类图书。书屋内设有多功能展厅、藏经阁、小型会议厅、读者阅读区和休闲茶座区，另外正对江面还有一道观景外廊，人们可在此随意欣赏江景。码头书屋入口门厅设有电子查阅设备，总控台设有智能中央控制系统。书屋中展厅约为 50 平方米，除举办展览外，还可举办各类专业学术研讨会；小型会议厅则可提供更加静谧、温馨的会议环境。室内主要空间是沿三面环绕的书架墙展开的，书桌紧靠书架布置，敞亮的落地玻璃窗满足了人们观江的需要。书架墙围合起来的内部即藏经阁，也是整座书屋的精神核心空间，三面以书架为墙，空间内以书架为椅，形成了一个由阅览室向码头江面逐级跌落的"阶梯阅读区"，该空间的吊顶是一个竹装置——"倒置竹山水"，由一个个"竹风铃"组成，朝下一面呈现如山水般自然起伏的曲面，形成了浓浓的禅意，给人以透过视觉、听觉直达心灵的震撼。现在，越来越多人喜欢来到这里，顺着"竹走廊"来到书屋的一角，听一首歌，品一杯茶，读一本书，静静地享受阅读，一阵江风吹来，"竹风铃"叮当叮当敲出清脆的声响，一些爱好读书的人可以在这里待上一整天。

室内阅览空间

书架墙内阶梯阅读区

"倒置竹山水"装置

第三部分　城市图书馆发展案例研究

一、北京东城区第一图书馆：大城市区级图书馆创新之路

北京市东城区第一图书馆是地市级一级图书馆，成立于 1956 年，是区政府兴办的综合性公共图书馆。北京市东城区第一图书馆先后获得"全民阅读推广示范基地""全国人文社科普及基地""第三届北京阅读季先进单位"等荣誉。东城区第一图书馆的工作目标是通过追求文献利用率的最大化、追求读者满意度的最大化，从而实现图书馆社会文化价值的最大化，使之成为全国一流的、独具特色的、具有现代化管理水平的区级图书馆。正是源于这样的目标和不懈的追求，不断发展与创新的东城区第一图书馆成为东城区文化建设中一道亮丽的风景，走出了一条大城市区级图书馆的创新之路。

1. 城市街区图书馆四级网络体系

东城区目前已经形成以区级图书馆、街道图书馆、社区图书室及城区内的送书服务点构成的较为完善的"区—街道—社区—送书服务点"四级服务网络，使得图书馆的服务延伸到了城区每一个角落。

（1）街道图书馆建设

2001 年，东城区图书馆提出了街道图书馆"五个一"的建馆标准，即 1 万册藏书、100 平方米以上面积、1 万元购书经费、1 个专职人员、1 套管理办法，并向全区街道图书馆捐书近10 万册，加强了街道图书馆的业务辅导工作。经过十多年的建设，到 2016 年东城区已有街道图书馆 17 家，并全部实现由区图书馆统一进行图书的采购、加工、配送；全部与区图书馆实现"一卡通"服务，全部安装全国文化信息资源共享工程软件，全部配备有电子阅览室。

2013 年度公共图书馆"全民阅读活动"中，东城区朝阳门、东直门、北新桥、东四、建国门、东华门、景山、安定门、和平里 9 个街道图书馆荣获市文化局颁发的"优秀基层图书馆"称号；在"一卡通"服务中，北新桥（第三名）、东四（第十名）两个街道馆荣获市文化局颁发的"外借图书最多的街道成员馆"奖；在"一卡通"服务中，建国门、东直门、和平里、朝阳门、景山 5 个街道图书馆荣获"办理读者卡最多的街道成员馆"奖①。2015 年，东城区 17 家街道图书馆外借书刊 15.7 万余册次，比上年增长 11%，新办理一卡通 3154 个，比上年增长了 8%，到馆人数 9 万余人次，组织各类读者活动 400 余场次②。

为进一步完善图书借阅流程，提升服务水平，方便读者借还图书，2016 年 1 月中下旬，东

---

① 2013 年图书馆大事记［EB/OL］．［2016 - 06 - 02］．http://www.bjdclib.com/dclib/gydt/dashiji/201312/t20131231_144993.html

② 曹凤.2016 年街道图书馆工作会召开［EB/OL］．［2016 - 06 - 02］．http://www.bjdclib.com/dclib/dtnews/kx/201603/t20160311_153935.html.

城区第一图书馆分别对东华门、东四、朝阳门、安定门四家街道级图书馆进行了 RFID 图书自助借还系统的升级改造工作,对四家街道图书馆完成了全部图书标签转换,安装了图书自助借还机和安全防盗系统,并对馆内的工作人员进行了初步的培训工作①。

(2)社区图书馆建设

早在 2000 年以前,和平里街道就在 24 个社区居委会图书室内推行了"图书银行""环保书架"的统一借阅卡制度,实现了社区图书室的资源共享。东城区图书馆利用这个机会,迅速帮助他们完善了借阅制度,并及时推出了 8000 册藏书、80 平方米面积、5000 元购书经费、20 个阅览座位的社区图书馆建馆标准。并辅导他们采取了群众捐赠、辖区内单位捐赠、区图书馆捐赠、政府投入等多种途径相结合的办法进行馆藏建设,其中和平里兴化社区蔡宗仁老先生一次捐书就达 5400 余册。经过多年努力,截至 2013 年 6 月,东城区社区图书馆已达80 多家②。

2014 年 10 月 1 日,东城区第一图书馆东总布分馆正式开馆。分馆位于东城区东总布胡同 38 号院,馆舍总体建筑面积为 400 平方米,分为书库、图书阅览区、电子阅览区、亲子活动区。图书馆藏书以少儿图书、文学类、生活类为主,贴合辐射区读者需求,持有北京公共图书馆读者"一卡通"的读者可持证借阅,实现通借通还。为配合分馆工作,采编部通过多途径采购 3000 余册优秀的儿童图书于开馆前入藏。2015 年 9 月,东总布分馆 RFID 自助借还书系统正式上线运行,实行全部图书自助借还③。在读者活动方面,每天有馆内故事会,每周阅读分享"绘本之旅",每月开展亲子阅读指导和知名专家讲座,每年邀请世界级知名绘本大师与读者见面。此外,东总布分馆的开放时间延长至晚上 9 点,这在北京社区图书馆中尚属首次。

(3)拓展馆外送书服务点

东城区第一图书馆的送书服务由来已久,早在其成立的 20 世纪 50 年代就推出了"送书上门"的服务项目,在工厂、街道、机关、学校建立了流通站。据 1958 年年底统计,全区图书流通站共有 1319 个。1996 年新馆开馆后,先后建立了敬老院、残疾福利企业等各类服务点20 余个,坚持为残疾读者、老年读者及有特殊需求的读者提供送书上门服务,每年送书上门百余次、万余册。

2008 年年底,东城区图书馆与北京市东城区卫生服务管理中心签订协议,设立 39 家卫生服务站图书服务点,由东城区图书馆拨出专款为 39 个服务点配送 2 种报纸、5 种期刊,让社区居民在健康保健的同时享受精神食粮④。2012 年 7 月 6 日,东城区第一图书馆会同东城区第二图书馆启动了移动图书馆服务项目,成为北京市首家开通移动图书馆服务的公共图书馆。读者在东城区办理"一卡通",利用手持移动终端设备,通过网络,就可以阅读东城区移动图书馆内 3 万册电子书等数字资源。这一举措对"区—街道—社区—送书服务点"四

---

① 东城区第一图书馆.全区街道图书馆 RFID 自助借还系统升级改造再添新成员[EB/OL].[2016 - 06 - 02].http://www.bjdclib.com/dclib/dtnews/news/201605/t20160520_155873.html.

② 东城区第一图书馆.社区图书室联系方式[EB/OL].[2016 - 06 - 02].http://www.bjdclib.com/dclib/jcservice/communitylib/200908/t20090819_22629.html.

③ 东城区第一图书馆.东总布分馆 RFID 自助借还书系统上线运行[ED/OL].[2016 - 06 - 02].http://www.bjdclib.com/dclib/dtnews/news/201511/t20151118_153117.html.

④ 管晓悦.如何让社区图书馆走可持续发展的道路[DB/OL].[2016 - 06 - 05].http://www.bjdclib.com/dclib/specialrec/gytd/thesis/201307/t20130708_142314.html.

级服务网络形成了有力的补充。

目前，东城区第一图书馆已在武警部队、中小学、敬老院、看守所、派出所、社区、剧院等设置馆外送书服务点 40 多处，以集体借阅的形式，有效节约了这些单位的资金，保证了图书的持续更新。除图书馆工作人员为服务点选书外，服务点所在单位也可派人亲自到图书馆事先选好想要阅读的图书，再由图书馆统一将书送往服务点。

2. 保障基础资源　突出特色资源

在文献资源建设上，东城区第一图书馆积极贯彻"以用为主"的采选原则，通过多种方式了解读者的需求，紧紧把握社会热点，工作中积极采用新技术、新工艺，不断提高分编效率与质量，设立"读者需求登记本"，保证了读者能在最短的时间借到所需文献。

（1）根据读者需求，加强基础资源建设

2009 年，东城区第一图书馆在第二外借部推出了"你读书，我买单"活动。读者可以根据自身的阅读需求，持借阅卡到第二外借部登记读者姓名、借阅卡号、联系电话和自己所需要的图书。第二外借部及时汇总读者提交的资料，将订购目录定期交与采编部门。当读者订购的图书编辑完成后，通过电话主动与读者联系，使读者在第一时间借阅自己订购的图书[①]。综合部则在征订下一年度报刊前，举行"报刊需求读者调研"活动，以提高所购报刊针对性，在活动期间，也推出"您读报，我买单"服务，将订报选择权回归到读者手中[②]。为了让有限的购书经费能买到让读者满意的图书，2009 年 11 月，图书馆尝试选派了一名读者代表，与图书馆工作人员一起参加第四届中国北京国际文化创意产业博览会台湖国际图书分会场，进行图书采购[③]。

在假期和节日阅读高峰来临之前，提前有针对性地进行馆藏补充。如暑期到来之前，东城区第一图书馆为了保证中小学生读者能够在暑假期间读上最新出版的书籍，采编部在暑假前即做好暑期图书分编加工的周密工作安排，采购新的儿童读物，并确保儿童阅览室全天开放时新到馆少儿图书全部入库上架。2011 年，针对当年中小学入暑早、假期长的特点，东城区第一图书馆多方努力，从书评杂志社购进参评及获奖的各类图书 450 余册，并高质、高效地提前完成了加工任务[④]。

（2）特色资源建设

● 服装特色资源建设

1986 年，东城区第一图书馆会同东城区服装公司成立了东城区美实服装研究会和业余时装表演队，开始为服装设计、生产、销售服务。1990 年，正式同北京市服装协会成立东城区图书馆服装资料馆。经过近 30 年的发展，东城区第一图书馆在服装特色文献的收集、整理和利用方面积累了丰富的经验，取得了丰硕的成果。

---

① 东城区第一图书馆第二外借部. "你读书，我买单"读者热情参与[EB/OL]. [2016 – 06 – 06]. http://www.bjd-clib.com/dclib/dtnews/news/200908/t20090814_18869.html.

② 东城区第一图书馆综合阅览部. 综合部将报刊选购权回归读者[EB/OL]. [2016 – 06 – 06]. http://www.bjdclib.com/dclib/dtnews/news/201003/t20100304_30803.html.

③ 东城区第一图书馆综合阅览部. 东城区图书馆参加台湖文博会采购图书[EB/OL]. [2016 – 06 – 06]. http://www.bjdclib.com/dclib/dtnews/news/201003/t20100304_30803.html.

④ 东城区第一图书馆采编部. 优秀参评图书　儿童暑期绽放[EB/OL]. [2016 – 06 – 06]. http://www.bjdclib.com/dclib/dtnews/news/201101/t20110126_37764.html.

在文献的收集和整理方面,着重对古代服饰资料和服装专业论文的分类整理上下功夫。其中,对古代服饰资料的整理方面,首先对从古籍中收集到的古代文献服饰文字资料进行了分类整理,分为:服饰制度形成总部、服饰通史总部、服饰制度总部、世俗风尚部、名物考释总部、服饰交流总部、地域民族服饰总部、服饰专题总部、服饰材料和工艺总部、色彩与纹饰总部等十个总部,同时每个总部下面又按需设分部,将收集的 300 多万字的古籍文字资料以 EXCEL 表格的形式分类整理,并且将收集的原始资料用复印、工作人员手工录入等方式汇集成册并上架,为读者利用古代文献中的服装服饰资料提供了便利。其次是对古代文献中的服饰图片资料的整理。将 62 本古文献中与服装纺织有关的图片进行扫描,共扫描收集了 5000 多幅图片,然后整理编辑了《服饰织染文献图汇》,按书籍将图片分类,再配以原书说明文字,同时对每幅图片做目录索引,辟出专门的书架存放,让有需求的读者自主查询,使读者很方便、直观地了解各个时代典型的服饰。

2006 年 1 月,"服装资料数据库"正式投入使用。服装特色文献资源的建设受到了读者的欢迎。2006 年 2 月,《中国服饰报》的编辑通过查看数据库,要求提供"内衣史画"专题,以供连载。2006 年的 9 月,东城区图书馆与北京西城经济科学大学的 2004 级形象设计专业的学生,在服装资料室共同举办了为期 2 个月的毕业设计指导课程①。2009 年,北京服装纺织行业协会举办了"建国六十周年北京服装纺织行业辉煌历程"静态展,几十幅老照片再现了服装行业 60 年的光辉历程,使观者身临其境,感同身受,引得一片好评。组织者正是采用了东城区图书馆保存的资料,才在时间非常紧张的情况下完成了布展②。

- 科举辑萃数据库

东城区第一图书馆自 1998 年起开始收集有关科举制度的文献资料,并致力于科举文化的宣传和推广。1998 年与中国人事出版社合作出版了由本馆专业人员编写的《中国历代状元传略》一书。此书成为东城区第一图书馆也是全市区县级图书馆第一部正式出版物。2001 年又与解放军出版社合作,编写出版《中国历代武状元》,此书填补了我国科举制度研究中武状元人物传记资料之空白,受到有关专家和大专院校的好评,在社会上引起了一定的反响。2003 年,图书馆再次与解放军出版社合作,编写出版了《中国历代文状元》《中国历代武状元》《中国历代榜眼》《中国历代探花》四部书,约 150 万字,其中后两部书同样填补了科举制度研究中人物传记资料的空白。

2009 年,在首都图书馆的指导下,东城区图书馆开发并创建了"科举辑萃"网站。网站属于全国文化共享工程重点数据库之一,因其内容丰富,受到社会和专家学者的一致好评,2013 年 2 月被中华炎黄文化研究会科举文化专业委员会审定为学术指导网站。2016 年 5 月 28—29 日,由北京市东城区文化委员会、中华炎黄文化研究会科举文化专业委员会、故宫博物院故宫学研究所、孔庙和国子监博物馆等单位共同主办,北京市东城区第一图书馆承办的"第十三届科举制与科举学国际学术研讨会"在北京召开。会议期间,52 位学者与东城区第一图书馆签订了关于同意"科举辑萃"网站使用其学术成果的授权书,这既是对东城区第一图书馆科举文献开发工作的充分肯定,为进一步打造专业性的科举文化共享平台提供了

---

① 东城区图书馆. 服装资料大有可为[EB/OL].[2016 - 06 - 06]. http://www.bjdclib.com/dclib/dtnews/news/200907/t20090702_4631.html.

② 东城区图书馆. 馆藏档案派上用场[EB/OL].[2016 - 06 - 06]. http://www.bjdclib.com/dclib/dtnews/news/201003/t20100304_30802.html.

有力保障和文献支持。

3. 读者活动创新与品牌建设

2013 年,东城区顺利通过文化部和财政部第二批创建国家公共文化服务体系示范区资格评审,代表北京市成功入选第二批国家公共文化服务体系示范区名单。为更好地发挥公共图书馆在公共文化服务体系中的重要作用,推动全民阅读活动的深入开展,东城区第一图书馆积极开展多种形式的公益活动服务于大众,打造出了多个具有社会影响和知名度的系列活动品牌。其中,"书海听涛系列读者活动"荣获北京市学习品牌,也为东城区第一图书馆两度成为"全民阅读先进单位""全民阅读示范基地""北京阅读委先进单位"奠定了坚实的基础。

(1)作家与读者见面会系列活动

作为书海听涛的重要版块,作者与读者见面会每周举办一场,见面会一般分为两部分,前一个半小时为名家演讲,后半小时则是作者与读者的互动时间。2008 年年底至 2015 年举办的作家与读者见面会系列活动,共有近 300 位作家、文学评论家走进东城区第一图书馆,25 000 余位读者从中受益。见面会聚集了各界文化名人,如文化部原部长王蒙,中央文献研究室副主任陈晋,中国作家协会副主席陈建功、何建明、高洪波、李敬泽;诺贝尔文学奖获得者莫言;著名作家蒋子龙、赵瑜、严歌苓、李鸣生、汪国真;本土作家肖复兴、马未都、舒乙;著名文学评论家何镇邦、雷达、李建军、彭学明、白烨;少儿作家曹文轩、杨红樱、保冬妮、张之路等;茅盾文学奖获得者刘震云、周大新、刘醒龙等。此外,还有高校学者、文史专家、科普作家、民俗文保名家等走上讲台。他们为读者解读名篇佳作、畅谈文学、政治、党史、科普、艺术欣赏等。

作者与读者见面会还结合优秀新书发布,组织作者、评论家、读者三方共同研讨。著名主持人赵忠祥、白岩松、杨澜、张斌、杨凤池、王芳,法国知名作家卡米耶·洛朗斯、妙莉叶·芭贝里等就曾携书前来。在新书发布之际,倾听读者声音,解答读者疑问,有效提高了读者的鉴赏水平,拉近了专家与读者的距离,引领、深化了阅读。

(2)诵读经典活动

自 2009 年起,北京市东城区第一图书馆连续 8 年以诵读方式推广全民阅读,吸引读者与艺术家参与其中,发现好作品,传播好作品,收到了良好的社会效益。

2010 年,图书馆成立了"东城区朗诵俱乐部",为喜爱朗诵的读者发放了《东城区朗诵俱乐部会员登记表》,让更多喜爱朗诵的读者"听朗诵,来东图;读好书,到东图!"朗诵俱乐部每周一举办诵读沙龙。在重要的节日来临之际,东城区第一图书馆均组织诵读活动,借节日造势,旨推广阅读,平均每年举办 10 场次以上。如春节前的"龙虎风云天下春",清明节的"梨花风起正清明",端午节的"千秋不改炎黄韵",五一节的"用爱心与劳动创造未来",六一节的"让我们荡起双桨",七一建党节的"唱支山歌给党听",八一建军节的"神州同颂军中魂",中秋节的"千江有水千江月","4.23"世界读书日的"聆听经典,品味书香"等,以诵读倡导全民阅读,营造书香氛围。与一般名家唱主角的朗诵会不同,诵读经典活动邀请名家、朗诵爱好者、社会读者登上同一个舞台,共同演绎经典名篇诗文。

为不断推进朗诵活动的深入开展,东城区图书馆还组织了女性专题诵读、诵读推广好文章、朗诵进军营等活动,取得了良好的效果。

（3）少儿红读系列活动

2010 年,书海听涛少儿红领巾读系列活动(简称少儿红读系列活动)启动。该活动秉承"小型、多样、亲情、自主"的思路,营造浓郁的读书、学习氛围,丰富了孩子们的精神世界。迄今为止,少儿红读系列活动已形成了多个板块:童话世界、动感地带、生日书香、科普天地、英语乐园、阅读课堂、经典赏析等。

其中,每月一次的书香生日是最受孩子们的欢迎项目。它让孩子们在享受蛋糕的同时,把读书融入其中,让阅读在孩子们一年最重要的日子里伴其左右,将孩子们物质上的奖赏需求,上升为精神层面的心灵需求。"书香生日会"已成为一个常态项目,先后为多名儿童举办了集体生日,让打工子弟、残疾儿童、优秀学生、孪生姐妹、华裔儿童等近百名同学在这里体验到生日 Party 上满溢的书香氛围。2016 年 2 月 23 日下午,少儿阅览室里张灯结彩,府学 3 年级 8 班全体师生和家长近 60 人齐聚东城区第一图书馆,为班里的两位同学庆祝生日。首先,由图书馆老师向同学们介绍图书馆知识以及图书馆文明礼仪。接下来,由班主任老师给同学们讲述元宵节的传统,进行知识问答,同学们分组抢答,气氛热烈。在学习了元宵节传统文化后,同学们又纷纷投入到猜谜语活动中,而家长们已经悄悄地为孩子们煮好了美味的汤圆。吃过汤圆,活动也进入了尾声,图书馆老师给过生日的同学们送上精美的图书作为生日礼物,希望孩子们更多地走进图书馆,更好地利用图书馆资源①。

（4）对弱势群体的关注与服务

2013 年 1 月,东城区第一图书馆成立了视障阅览室,将原有面积 86 平方米的贵宾室,投资 50 万元改造成拥有现代化无障碍设备的视障阅览室。室内设有阅览座席 20 位,8 台台式主机和 2 台笔记本电脑。其中,台式主机为盲人读者提供网上阅读服务,移动笔记本为方便盲人读者休闲提供多媒体视听服务。为了更方便视障读者使用计算机设备,还特别购买安装了专为盲人读者设计使用的阳光读屏软件,盲文点显器将盲文触感屏和电脑连接上,盲人可以随意摸读电脑里的任何文本信息。此外,还配置了盲文刻印机、听书机、台式助视器以及智能阅读噐等方便低视力(光感不强)读者使用。

为使盲文文献建设有针对性,适合、符合视障人士的需求,东城区第一图书馆特意请东城区残联的负责同志、中国盲文图书馆的专业老师帮助选择。文献资源主要涵盖了经典文学、中医按摩学、音乐、生活/学习资料等内容,考虑到视障读者群体需求广泛,在视障阅览室开放后一段时间,馆里根据工作人员了解到的反馈意见,再次进行了特色资源的采集。到 2014 年,已有盲文文献 430 册、盲人有声读物 180 种、数字文献资源 162 种②。

为帮助视障人士融入社会,东城区第一图书馆除为视障人士提供传统的借阅服务、培训服务、咨询服务、送书上门服务外,积极与残联沟通,走访调研,为视障读者举办丰富多样的读者活动,丰富他们的文化生活。2013 年启动了"阳光爱心助残"工程;为了让盲人朋友享受世界的美好,聆听到世界的声音,每周在视障阅览室举办经典诵读、音乐鉴赏、影片赏析、棋牌娱乐等活动,并举办针对视障读者的电脑培训,为广大视障朋友搭建学习交流的平台。在全国助残日、国际残疾人日组织丰富的主题活动,如座谈会、故事会、专题讲座、读书沙龙

① 李鸣晓. 书香庆生闹元宵［EB/OL］.［2016 - 06 - 06］. http://www. bjdclib. com/dclib/dtnews/kx/201602/t20160224_153819. html.

② 徐宏. 春风化雨,润物无声——北京市东城区图书馆视障阅览室服务初探［EB/OL］.［2016 - 06 - 06］. http://www. bjdclib. com/dclib/specialrec/gytd/thesis/201406/t20140611_147002. html.

等。2015 年,仅视障阅览室的小型化活动就将超过 40 场次,400 余残疾朋友直接从中受益①。

　　除了关注和服务残障人士外,东城区第一图书馆对占读者比重很大的老年读者群体也给予了极大的关注,通过开办老年人免费电脑培训课程,帮助老年人利用计算机和网络丰富其精神生活。

---

①　东城区第一图书馆. 图书馆助残工作得到表扬[EB/OL]. [2016 - 06 - 06]. http://www.bjdclib.com/dclib/dt-news/news/201511/t20151118_153117.html.

二、赤峰市图书馆：图书馆发展的"四治"路线图

赤峰市图书馆创建于1982年，新馆于2010年8月8日正式竣工。但是由于没有搬迁经费，无法立即实施搬迁，而老图书馆设备陈旧，人员老化，甚至连小办公电脑都没有，每年的购书经费也只有3万元。2011年下半年，为摆脱困境，赤峰市图书馆研究制定了治人、治馆、治业、治学的图书馆三年发展的"四治"路线图，全面实施运营创新①。

2011年12月，赤峰市图书馆顺利完成搬迁，新馆正式投入使用。经过几年的努力，新馆已建成全自治区一流的大型电子阅览室和数字图书馆，实现了面向全社会的免费开放服务；形成以赤峰市图书馆为总馆和中心馆，以12个旗县区馆为分馆，包含学校、社区、乡镇、企业、部队图书室，覆盖全市城区与农村的赤峰市图书馆总分馆服务体系。2014年被评为自治区"巾帼文明岗"，2015年在北京召开的全国文化先进单位、全国文化系统先进集体、先进工作者和劳动模范表彰大会上，荣获"全国文化系统先进集体"称号。

1. 加强图书馆队伍建设

2011年7月，在充分考虑了学历结构、专业结构、年龄结构等方面的科学和合理配置的前提下，赤峰市图书馆通过公开选聘和考试成立了新一届领导班子，但图书馆依然面临人才老化和缺乏的窘境，急需建立一支年轻化、知识化、专业化的人才队伍。为此，制定了人才队伍建设规划。

首先在选拔和任用中层干部上，赤峰市图书馆制定了以下原则：一是要打造一支年轻化、知识化、专业化的人才队伍，为图书馆的发展注入新的血液；二是要制定一套行之有效的中层干部任用和选拔办法，实行竞聘上岗和任期制，形成良好的竞争和激励机制；三是在本馆人才不足时，实行对外公开招聘，吸收社会上的优秀人才加入图书馆。其次是注重对普通馆员的激励和管理，制定奖励机制，任何人，只要工作努力，取得一定的成绩，都有机会晋职晋升，物质奖励与精神奖励有机结合，激发馆员的爱岗敬业、奋发有为的职业风貌，从"要我干"变成"我要干"，为每个人创造个人职业价值实现的空间和舞台。

从2011年起，赤峰市图书馆就给人事部门打报告，提申请，要求人事部门来馆进行实地调研，了解图书馆工作中的实际困难和图书馆未来的发展空间。此外，图书馆还申请人事局对空编人员进行招录考试。最终，经过多次调研，人事部门本着客观的态度为图书馆增加了编制，并对空编人员进行了招录考试。到2015年，赤峰市图书馆新引进了10位本科生、5位研究生，人员编制从建馆30年不变的35个编制增加到45个编制，职工总人数从2011年的33人上升为51人，职工平均年龄从2011年的45岁下降到32岁，职工中本科（含）以上学历人数从2011年的17人上升为35人。在2014年年底实行的新一轮部室主任招聘中，竞聘上岗的部室主任全部是全日制本科生和研究生，这些年轻的部室主任业务基础扎实，事业心强，精力充沛，在他们的带领下，顺利打开了工作新局面。

---

① 刘淑华. 地市级公共图书馆发展困境与发展方略研究[J]. 图书情报工作,2015,59(23):23—29.

2. 加强图书馆软硬件建设

2011 年 7 月,赤峰市图书馆新一届领导班子正式成立以后,为顺利实现新馆搬迁,加强图书馆基础条件和基本能力建设,想方设法多方筹措资金。首先积极关注和充分研究中央、地方的相关政策,用好用足政策,争取资金等多项支持。随着近几年国家对公共文化事业投入的加大,以及对经济欠发达地区的政策倾斜,中央出台了一系列扶持公共文化服务发展的专项资金或补助性资金政策,有些是直接由中央财政和地方财政按比例下拨,有些资金由于实行项目管理,因此需要进行相关的项目申报。对于由财政直接下拨的补助性资金,各地区按中央政策都会有相应的资金安排。面对资金严重短缺的困境,赤峰市图书馆不是坐等国家拨款,而是详细了解和密切关注相关政策规定,及时与主管部门沟通协调,并积极参与多个项目的申报。

新一届领导班子正式成立以后,经过努力,赤峰市图书馆先后争取到地方财政 50 万元的设备购置费、13 万元的购书经费;争取到自治区级财政资金 200 万元,中央补助地方经费 100 万元,更重要的是同时争取到免费开放经费 50 万元,为新馆搬迁和读者服务工作的开展做好了资金准备。2012 年,赤峰市图书馆通过争取中央、自治区、赤峰市三级财政支持,加大了基础设施建设投入力度,投资 1000 多万元,建设了大型电子阅览室和数字图书馆,并于 2012 年 11 月末投入使用。几年来,办馆经费也从 2011 年的 3 万元增加到了 2015 年的 791 万元,其中,纸本资源采购费从 2011 年的 5000 元上升到 2015 年的 143 万元、运营费用也从 2011 年的 2.5 万元上升到 107 万元、数字资源采购费和硬件设备采购费更是从 2011 年的 0 元用跃升到了 2015 年的 206 万元和 235 万元。

其次是力促项目经费向地市财政常规预算转化。以项目形式编列预算来支持当地公共图书馆事业的发展,是一些地市级政府常见的做法,会在短时间内使图书馆获得跨越式发展。但随着项目周期的结束,地方政府对于图书馆的投入经常会出现断崖式的下降,对图书馆的可持续性发展造成严重影响。如何将项目经费转换为地方财政常规预算,是赤峰市图书馆一直关注和考虑的主要问题。通过与赤峰市文化广电新闻出版局、市财政等部门和领导的积极沟通,逐步增加图书馆常规经费的比例,并将其纳入市财政常规预算,减小项目完成后办馆经费的剧烈波动。经过几年的努力,赤峰图书馆办馆经费中项目经费占办馆经费的比例由 2012 年的 88% 下降到 2015 年的 54.1%,常规经费的比例则上升到 45.9%,常规经费由 2012 年的 57 万元跃升到 2015 年的 366 万元。

再次是积极争取和发动社会力量参与图书馆建设。如接受个人、企业、基金会和慈善组织的慈善捐赠,接受企业赞助,与相关企业合作举办活动或引导企业参与图书馆建设,引入志愿者服务等。赤峰市图书馆与企业、基金会和慈善组织主动联系,同时争取当地各种媒体的支持,举办公益活动,进行广泛宣传,提高自身的知晓度,强化社会各界的图书馆意识。此外,也积极争取图书馆间的互助合作,如争取自治区图书馆的支持、与经济发达地区的公共图书馆"结对子"等。

2012 年 7 月 18 日,在赤峰市图书馆建馆三十周年暨新馆开馆庆典活动仪式上,中国光华科技基金会及多家出版社和相关企业捐助了价值 550 万元的图书,赤峰市 5 位作家也当场捐赠了自己的作品。2013 年 6 月,在江苏省张家港市图书馆举办的全国中小型公共图书馆联合会 2013 年研讨会上,举行了由全国中小型公共图书馆联合会倡议的"东部联西部带中部——大手拉小手"结队仪式,赤峰市图书馆成功与张家港市图书馆结为帮扶对子,并正式签约。2013年7月,赤峰市图书馆又与国家盲人图书馆签约,成为被帮扶的民族地区盲人支馆,同时国家盲人图书馆向赤峰市图书馆捐赠盲人读物2000册。2013年10月,中国科学院地理科学与资源研究所图书馆向赤峰市图书馆捐赠图书300册。2014年11月,上海浦东图书馆向赤峰市图书馆捐赠图书10 000册。2014—2015年,国家图书馆两次向赤峰市图书馆捐赠图书共10 000册。

经过几年努力,赤峰市图书馆在硬件设备和馆藏资源方面发生了很大变化。其中,计算机由2011年的4台增加到2015年的162台,2015年还增加了自助办证机、自助借还机和触摸屏电子读报机等设备,启用了馆内无线Wi-Fi;已拥有50多万册馆藏图书、期刊、报纸,25万册电子图书,10 000多种电子期刊,数千集的视听资料,各种职业资格考试试题、高考报考指南、红山文化特色数据库等文献,建立了丰富而完善的馆藏体系,并且还在持续发展中①。

3. 加强图书馆服务效能建设

经过前期的工作,赤峰市图书馆有了专业化的人才队伍和图书馆发展必需的资金,随着图书馆硬件条件的逐步改善和文献信息资源的日渐丰富,赤峰市图书馆又意识到,只有不断地提高图书馆服务的效能,为当地社会、经济和文化发展做出更多的贡献,让政府看到图书馆的重要性,才能争取到地方政府对于图书馆的长期和持续支持,有助于地方政府对于图书馆的各项支持形成长效机制。因此,如何提高图书馆的服务水平和服务效能就成为关键问题。赤峰图书馆主要从利用多种媒体推广图书馆服务,持续开展多种形式的阅读推广活动,创建品牌服务、突出服务亮点三个方面促进服务水平和服务效能的提升。

①利用多种媒体推广图书馆服务。赤峰图书馆新馆开馆以来,充分利用传统新闻媒体、户外媒体以及新媒体宣传图书馆服务。与赤峰广播电视网、《内蒙古晨报》、印象赤峰网等多家网站和媒体合作,刊发图书馆服务和各类活动通知、公告、服务情况等信息,做客《政风行风热线》广播直播间,介绍图书馆服务并回答读者咨询。在新媒体的宣传方面,赤峰图书馆利用图书馆网站进行服务宣传,非常注意动态栏目如通知公告、活动预告、活动报道,资源推荐等的持续更新,以增强网站的吸引力。2015年,赤峰图书馆开通了微信公众号,在为读者带来方便的同时,极大地宣传了图书馆服务。

②持续开展多种形式的阅读推广活动。新馆开馆后,赤峰市图书馆与洪森书城、赤峰市歌舞剧院、赤峰电台和电视台、红山晚报、赤峰市动漫协会、赤峰市松山区妇联、松山区玉龙街道办事处、红山区美术协会等社会各界建立了广泛的联合,开展了"迎新春有奖猜谜活动""迎春摄影大奖赛"和"网络书香,新春答题",世界读书日期间的"图书馆服务宣传周系列活动""动漫配音大赛系列活动"、动漫节系列活动、"优秀藏书家系列活动"、"芳草地"暑期小记者在行动系列活动、"悦读愉乐"系列活动、中老年读者电脑培训班等,引发了较大的社会反响。

③创建品牌服务、突出服务亮点。赤峰市图书馆在发展过程中,为了图书馆服务创新能够持久、深入地开展,突出并强化自己的服务特色,特别重视因地制宜开展图书馆的品牌创建与管理工作。

① 刘淑华.城市图书馆加强运营管理的探索与思考[J].图书情报工作,2015,59(18):83—90.

摄影品牌服务活动。摄影一直是赤峰民众喜闻乐见的文化活动,有众多的摄影爱好者和摄影民间组织,多年来,涌现出不少优秀的摄影家和摄影作品。因此,赤峰市图书馆从2011年开始以摄影为主题打造品牌活动,与赤峰市摄影家协会主席白显林合作,创办"摄影专题图书馆"。白显林先生从事摄影工作几十年,积累了国内外的摄影类图书文献2000多册,赤峰市图书馆为其提供专室专门存放陈列,建立摄影专题图书馆,供读者查找利用。同时,白显林先生数十年来积累下来的摄影作品多达1000余件,具有相当高的艺术价值、文献价值与史学价值。2016年,白显林先生将自己的全部摄影作品以及收藏的摄影图书、期刊资源捐赠给图书馆。此外,赤峰市图书馆每年举办"迎春摄影大奖赛"活动,截至2016年已经举办了6期,活动得到了专业摄影人士和读者的热烈欢迎和积极参与,累计征集到参赛作品500多件,评出获奖作品80余件。定期举办各种专题摄影展,通过影展吸引读者、征集作品。

少儿活动中心品牌服务活动。为了让更多的小读者走进图书馆,"从娃娃抓起",带动成年人的读书热情,从而让图书馆服务深入人心,赤峰市图书馆本着"为少年儿童奉献阅读的愉悦、赋予他们展示才华的精彩"的宗旨,于2012年开辟了少儿活动中心,通过开展小记者等一系列丰富多彩、持续不断的少儿品牌活动,吸引更多的孩子走进图书馆。2013年5月25日,赤峰市图书馆少儿活动中心与红山晚报联合举办"聚焦赤图"——红山晚报小记者集体体验图书馆活动。40位小记者们走进图书馆,以他们独特的视角观察图书馆,对图书的加工、上架等过程作了全程了解,并通过他们的文笔表达出热爱读书、热爱图书馆的真挚情怀,作品发表在《红山晚报》上,吸引了更多的小读者走进图书馆,利用图书馆。2013年8月22日,赤峰市图书馆、赤峰市农村牧区广播电台"芳草地"栏目组联合举办"聚焦赤图"——2013"芳草地"暑期小记者在行动系列活动。2014年1月23日,赤峰市图书馆少儿活动中心携手红山晚报小记者的6个家庭走进红山区红庙子镇百姓家里,体验年味送祝福。

经过几年的发展,赤峰市图书馆的服务水平和服务效能有了大幅度的提高。持证读者人数从2011年的4600多人上升到了2015年的约32万人,年度到馆人数也从6900多人增加到了10万多人次。

4. 加强学术研究能力建设

为保证图书馆的可持续发展,赤峰市图书馆在逐渐步入发展上升轨道的同时,推出"治学"的发展思路,帮助馆员不断学习和成长,以保证图书馆整体的创新活力和发展的内在动力。所谓治学,就是通过"走出去""请进来"的办法,一方面把馆员派出去学习、培训、考察,及时了解和掌握图书馆发展的最新理念、技术;另一方面把业界的知名专家学者请进来讲学,让馆员系统地学习图书馆学的最新理论和方法;此外,还在平时的工作实践中加强馆员的自我学习意识。通过不断的学习来提高馆员的业务水平,加强他们的学术研究能力,增加他们的学术研究成果。初期,治学时注重"走出去",尤其是让年轻馆员更多地走出去,他们精力充沛,学习能力强,易于接受新生事物,在图书馆技术发展日新月异的今天,他们更能发现适于本馆发展的管理和技术亮点。通过"走出去",到图书馆发达地区实地考察和学习先进的管理经验,开阔他们的眼界,激发了馆员的创新热情和动力,为图书馆的持续发展注入了活力。

赤峰市图书馆每年都要举办2到3次全国或全市规模的大型培训和继续教育课程,同时,馆里的工作人员每年被派出去参加全国举办的图书馆学培训班和学习班,人均每年至少出去 1 次,多至 5—6 次,每年派馆员外出学习的经费保持在 20—30 万元。为使馆员能快速了解图情行业的最新理论、最新技术、最新产品和最新实践的发展状况和趋势,赤峰图书馆还专门购买了图情专业数据库 e 线图情。通过近几年的学习和培训,馆员的业务素质得到迅速提升,2015 年全国中小型公共图书馆联合会组织的论文评选中,赤峰市图书馆共有 4 人获一等奖、1 人获二等奖、1 人获三等奖。有的馆员还出版了自己的专著。截至目前,取得高级职称的馆员有 11 名,占全体职工的四分之一;中级职称 15 名,占全体职工的三分之一。目前,馆内已形成良好的学习氛围,正努力向着创建学习型组织的目标发展。

三、东莞图书馆:体系化建设的领军者

东莞图书馆成立于 1960 年,20 世纪 90 年代就兴建了 9000 平方米的馆舍①。2005 年 9 月 28 日新馆落成开放。新馆破土动工以来,东莞图书馆进入了一个空前快速的发展阶段,创造了公共图书馆发展的"东莞模式",获得多项第一:全国首个获文化部创新奖的地级市公共图书馆、全国第一个获美国图书馆学会颁发"国际创新奖"的图书馆、全国第一个获准国家社会科学基金项目立项的地级市图书馆等,形成东莞读书节、市民学堂、儿童礼仪之家等活动和服务品牌,年接待读者 200 余万人次;以东莞图书馆为总馆,全市已构建起 52 个分馆、102 个图书流动车服务站,全市 32 个镇街 24 小时自助借阅服务全覆盖。

1. 城市文化建设背景下的总分馆制

改革开放以来,东莞凭借其空前发达的制造业,GDP 连续多年以两位数的速度增长,创造了世界城市经济发展的奇迹。然而,在经济快速发展的 20 多年里,东莞的城市文化建设却严重滞后,市民整体素质和城市文明程度亟待提高,东莞未来的城市发展也急需与之相适应的城市文化。2001 年,东莞提出将"文化新城"作为东莞城市形象重要定位之一,确立了新的文化发展战略,即着力打造"图书馆之城""博物馆之城""广场文化之城"和"音乐剧之都"的以"三城一都"为主要内容的公共文化服务体系。

在政府大力推进"文化新城"建设的背景下,2002 年 9 月,东莞图书馆新馆破土动工。同年 12 月,在深入调研后,出台了《东莞市图书馆新馆建设与发展规划纲要(2002—2010)》(以下简称《纲要》)。《纲要》从东莞地区的图书馆事业发展整体着眼,强调了新馆的龙头和中心作用,集中体现了图书馆区域整体协调发展的思想,即基于大图书馆的视角,实现了从单馆到多馆的思维转变,从城市发展的角度思考了图书馆的发展②,提出了点面结合的目标规划:点是关于新馆的定位与建设,面则是创新东莞地区图书馆发展模式,构建与东莞城市建设相适应的地区图书馆网络形态:即一个中心(城市中心图书馆),两个方面(镇区图书馆和院校图书馆),三级结构(中心、镇区院校、社区基层网点),形成以技术为依托的整体图书馆网群,覆盖和服务全地区。

随后,东莞图书馆通过对全市公共图书馆状况的详细调研,于 2004 年 5 月拟定了《东莞地区图书馆总分馆制实施方案》报送市政府,市政府以〔2004〕56 号文颁发《关于印发东莞地区图书馆总分馆制实施方案的通知》(以下简称《通知》),对东莞地区图书馆总分馆制的总体目标和要求、实施模式等给出了具体方案。

(1)总体目标

《通知》中明确的总体目标是:"全力建造与东莞城市发展相适应、相配套的现代图书馆

---

① 谭详金. 东莞图书馆的崛起[J]. 图书馆论坛,2007,27(4):163—166.

② 本刊记者. 走在城市图书馆集群化协同发展的探索之路上——访东莞图书馆馆长李东来先生[J]. 国家图书馆学刊,2008(2):45—49.

服务体系,初步形成以东莞图书馆新馆为总馆,各镇区图书馆为分馆,村、社区(居委会)图书馆以及图书流动车为补充,吸收企业、学校等其他系统图书馆加入的地区图书馆网群。"具体目标包括:实现文献资源统一采购和配置,加强总分馆特色资源建设,优化东莞地区文献资源布局;建立联合编目中心,实现文献编目工作标准化和规范化,避免机构的重复设置和人员的重复劳动,提高办馆效益;实行书刊借阅"一卡通",在全市范围内实现通借通还,打破各自为政的服务模式,提高图书馆群体为城市配套服务效能和服务覆盖率,方便读者;共建、共享各类型数字资源,激活现有文化资源存量,实现图书馆资源的优化组合与共享;组织干部培训,全面提高全地区图书馆工作人员业务水平。

(2)实施模式

采用由市政府发文,市文化局与各镇区政府签约,市政府和各镇区政府共同出资,共同推动的建设模式。即在不改变原有行政隶属人事和财政关系的情况下,总馆(即东莞图书馆)负责全区域内文献资源的采购、编目、分类、标引、加工,同时指导和协调读者服务工作;分馆专事各种读者服务工作,总、分馆之间实行通借通还,共同保障市民服务。总馆成为真正具有"合法领导"地位的城市中心图书馆,是全市各级图书馆理所当然的管理中枢和技术中心[1]。

在实施中,东莞图书馆首先从技术上进行突破,以区域集群管理和文献共建共享为设计开发理念,开发了"Interlib图书馆集群网络管理平台",2005年5月通过了文化部组织的科技成果项目鉴定。该平台具有经济、高效、实用、方便等性能,从技术上实现了总分馆制的集群管理,将基层图书馆的基础业务工作与总馆完全融为一体,统筹管理,使每个基层分馆都成为整个区域图书馆集群的一个服务窗口,而不是独立运行的单个图书馆。

其次,积极争取政策支持。2005年7月,东莞市政府印发了《东莞市建设图书馆之城实施方案》(以下简称《方案》)的通知。《方案》确定了进行"图书馆之城"建设的组织保障和措施保障,这些措施包括加大财政投入,将图书馆事业的发展纳入国民经济和社会发展计划;设立总分馆管理运作年度专项资金200万元,用于总分馆资源建设、系统和网络运转维护以及资助和扶持镇村图书馆(室)建设等[2]。这无疑为总分馆制的顺利发展奠定了良好的政策基础。

再次,总馆和分馆职责明确,管理到位。总馆负责组织落实统一采购、集中编目、通借通还、开展网上参考咨询、组织建立文献物流传递系统、共建数字资源库、实现资源共享等项工作任务,并加强对分馆业务工作的领导和指导,对所有分馆人员免费进行业务培训;负责制定各业务工作标准要求和规则,研究制定并组织实施总分馆长远发展规划和短期工作计划。而各分馆则自觉遵守总馆制定的各项规章制度,并按要求完成分馆应承担的工作任务,配合总馆共同做好各项工作。

(3)经费

经费是总分馆制能否持续发展的重要保证。《通知》中对各级政府投入总分馆建设的经费以及经费管理进行了明确的规定。总馆集群业务管理系统、网络设施和设备、图书流动

① 苏雪.城市图书馆:在探索中前行 在变革中发展[DB/OL].[2016-05-12].http://www.chinalibs.net/ArticleInfo.aspx?id=79986.

② 东莞市人民政府.关于印发《东莞市建设图书馆之城实施方案》的通知(东府办[2005]46号)[EB/OL].[2016-04-28].http://www.chinalibs.net/ArticleInfo.aspx?id=395099.

车、共享图书和数据库等首期启动的费用在东莞图书馆新馆经费中统筹支出,捆绑使用,不再要求市政府另外批拨;分馆业务管理系统和 ADSL 网络通信费由市统筹,按每年实际加入的分馆数量将统筹经费划拨到总馆,以保证同一技术平台,利于共享资源;镇区分馆所在地政府每年投入总分馆制建设的费用,全部用于该分馆的建设,并实行购书经费单列,专款专用;为了保证双方经费的合理使用,市文化局与各镇区签约,互相监督对方履行合约,保证总分馆的正常运行。

(4)人员

在现有人事权不变的情况下,各分馆人员的工资和一切福利待遇仍归属于当地政府,但总馆对分馆工作人员的聘用特别是对分馆馆长的聘用有建议权;分馆工作人员需分期分批接受图书馆专业培训,并逐步过渡到具备大专以上学历。

东莞图书馆的总分馆制,以技术为支撑,通过统一的集群网络管理平台,使图书馆集群之间实现了完整意义上的业务和资源的大整合,大大方便了读者。读者可以到任何一家分馆借还书,可以检索全部的书目信息和借阅情况,可共享数字资源,实行"一馆办证,多馆借书;一馆借书,多馆还书"和"网上预约、电话预约、送书上门"等便捷服务,建立了公益、开放、丰富、便捷的城市公共图书馆服务体系。2005 年仅总分馆接待读者就达 136 万人次,比上一年增加80%,持证读者由 2003 年的 3 万余人增加到 2006 年的 9.2 万人[1]。同时,总馆发挥其在资源、技术、人员、设备等方面的优势,对分馆进行的资源整合、业务指导和规范管理,极大地提高了域内图书馆事业的整体服务水平和服务效益,为各分馆在硬件、软件、资源、人员、日常维护等方面节省了大量的资金,据统计,同等功能下东莞集群模式与以往的单馆模式相比仅启动费(含一次性投入和首年运营经费投入)就可总体节省经费 3—5 倍[1]。

2. 个性鲜明的"馆中馆"和特色服务

根据《东莞市图书馆新馆建设与发展规划纲要(2002—2010)》的精神,在新馆建成后十多年的发展中,东莞图书馆打破"千馆一面"的办馆模式,注重差异化发展,力求在东莞市"图书馆之城"建设中彰显出自己的特色。新馆开馆伊始,就根据不同读者群特点逐步打造了多个特色专题的"馆中馆",通过技术研发和创新开发了多项特色服务,走出了一条独特的持续发展之路。

(1)全国首家漫画图书馆

20 世纪 80 年代,大量的玩具工厂代加工来自世界各地的动漫玩具和衍生品,使东莞逐渐发展成为世界最大的动漫衍生品制造基地。从 2003 年开始,我国动漫产业开始升温,在国家政策的推动和社会各界的关注下,各个城市纷纷建立动漫产业基地、举办动漫展,东莞市政府也借助产业转型的机遇大力扶持动漫产业的发展。东莞图书馆敏锐地捕捉到动漫发展的热潮和漫画阅读的需求,通过进行读者问卷调查和对其他城市动漫文化的考察,于 2003 年 10 月决定正式筹建漫画图书馆,并制订了《漫画图书馆运作方案》[2]。经过近一年的紧张筹备,2004 年 7 月,漫画图书馆正式开馆,成为中国大陆第一家以动漫图书、期刊和数字资源为主题的漫画专题馆。

① 冯玲.城市图书馆集群管理的路径选择与实现方式——以东莞图书馆为例[J].图书馆建设,2007(3):3—7.
② 吴渊.东莞图书馆漫画图书馆建设实录[J].图书馆建设,2007(1):14—15.

目前,漫画图书馆拥有内地及港台漫画书5万余册,期刊50余种,视频资源2000余件。漫画图书馆以文献资源为依托,以动漫活动为契机,努力为动漫爱好者搭建动漫文化阅读平台、动漫知识学习平台、动漫交流平台和动漫产业服务平台。从2006至2009年,共举办了5届"东莞动漫节",活动从最初的4万余人次发展到后来的9万余人次。2013年,东莞图书馆正式成为中国国际影视动漫版权保护与贸易博览会分会场,积极开展动漫产业文化推广活动。2014年,组织编辑《漫画文献总览》,这是我国第一部漫画专题文献目录总汇。与北京大学信息管理系、武汉大学信息管理学院、华南师范大学信息管理系合作编著《动漫文献研究》丛书,首批分别确定《公共图书馆动漫服务研究》《国外图书馆动漫文献资源建设与服务》《欧美漫画文献出版与发行》3个选题,共同推启行业动漫文献研究的新领域。

(2)全国首家粤剧图书馆

东莞素有"粤剧之乡"的美誉,是粤剧的发祥地之一。粤剧是东莞最受广大群众喜爱和欢迎的传统艺术,也是东莞打造文化新城最具岭南特色的文化品牌。2004年5月前后,东莞图书馆多次与专家会谈,从东莞粤剧历史、莞籍粤剧名人、演出市场、其他地区的粤剧文化活动、东莞文化新城建设等角度分析了设立粤剧图书馆的优势,以及建立粤剧图书馆的必要性和可行性。先后派人到广东、香港等地进行实地考察和学习。2004年11月,正式成立粤剧图书馆筹备小组,开始粤剧图书馆的筹建工作,同时确立了粤剧图书馆作为粤剧粤曲文献的收藏和研究基地的定位①。

由于粤剧文献多在民间爱好者及专业人士手中,东莞图书馆采用购买、借展、寄存或接受赠送及有偿转让等多种方式进行收集。目前,粤剧图书馆已收藏了4000多种、7000多件粤剧文献资料,并还在继续进行收集和接受捐赠。可为读者提供的服务有阅览、视听、研究和资料保存等,是国内首家粤剧图书馆。

(3)衣食住行图书馆

为满足读者日常生活的"衣(服装)""食(饮食)""住(装饰装修)""行(旅游汽车)"等方面的查阅和咨询,东莞图书馆设立了衣食住行图书馆。馆内主要收藏一些贴近广大市民日常生活的文献资料,所藏文献包括服装类700多册、饮食营养类2100多册、装饰装修类3400多册、旅游汽车类6000多册。为读者提供服装、饮食营养、装饰装修、汽车旅游等专题文献资料的查阅、咨询、图文展示以及读者交流沙龙等服务。如举办装饰装修沙龙,根据市民所需的"装修选材""装修合同""装修陷阱""装修质量监控"等方面的知识举办讲座、沙龙等②。

(4)台湾书屋

台湾书屋主要是针对东莞大量的台商企业、台商管理人员及其眷属而专门设立的,所收藏资源均为台湾地区的书刊,内容侧重于哲学、经济、历史、地理、文学及综合性普及读物,为台商、台商家属以及对台湾文化感兴趣的市民提供阅览、检索、咨询、专题等服务。目前共有台湾地区的图书8000种、近19 000册,台湾地区报刊10多种。

(5)东莞书屋

东莞书屋主要为读者提供地方文献的查阅、咨询、专题文献展示、地方文献交流、征集等

---

① 卢苒.东莞图书馆粤剧图书馆建设实录[J].图书馆建设,2007(4):6—8.
② 蔡冰.东莞图书馆:个性鲜明的"馆中馆"[J].全国新书目,2006(11):69—70.

服务。东莞书屋按功能划分为 4 个区域：名人赠书区、专题资料区、展览区和常规阅览区。专题资料区按内容又细分为东莞见报资料、东莞地方志年鉴、东江纵队专题资料、东莞期刊、东莞企业名录、城市化专题和产业资料等七个部分。其中，名人赠书区包括王匡赠书 3315 册，祁烽赠书 2507 册，叶广良赠书 1091 册和王鲁明赠书 1328 册。

（6）市民学堂

2005 年年初，东莞图书馆开始筹备面向市民的讲座活动，提出在新馆开设"东莞学习论坛"，并细化起草了《"东莞学习论坛"总体工作方案》，得到了市委宣传部、市文化广电新闻局的充分重视，将其确立为全市文化工作的一个重要品牌。2005 年 8 月，中共东莞市委宣传部与东莞市文化广电新闻出版局联合向市直各宣传文化单位下发了该方案，要求切实贯彻执行。后来，"东莞学习论坛"正式更名为"市民学堂"。

2005 年 9 月底，东莞图书馆新馆与东莞首届读书节启动仪式同时在新馆举行。市民学堂利用月底及"十一"黄金周假期连续推出 5 场高水平的讲座，产生了轰动效应。此后，市民学堂每个周末常态化开展，零门槛向市民开放，邀请各领域知名的专家、学者和名人，讲座内容覆盖了时事、政治、经济、军事、文化教育、艺术、历史、科学、婚姻家庭、心理等诸多领域，满足了市民多元化的学习需求。截至 2015 年，市民学堂累计举办各类公益讲座、培训、沙龙活动 1500 余场，直接受众近 300 万人次，不仅成为东莞读书节的重点品牌活动，也成为"东莞市十大学习品牌"之一。

（7）东莞学习中心

2005 年 10 月，东莞图书馆自主开发的面向全社会的开放式网上学习平台——东莞市民学习网正式开通。网站还提供计时学习、课堂测试、在线问答和自动测评机制，具有完善的教学管理功能①。该平台首期推出 270 多门课程，内容贴近生活，东莞图书馆还在多个社区设立了培训基地，发展了上万名用户。但随着用户需求的变化，平台在运行中也出现了一些问题。2010 年，东莞图书馆又提出了建设"学习中心"的构想，即在原市民学习网和东莞数字图书馆的基础上打造网络终身教育平台"东莞学习中心"。

2011 年 6 月 14 日，东莞学习中心开通试运行，提供包括学前教育、学校教育、职业教育、特色专题教育等教育资源，是具有普适性和交互性的公益网络学习平台。其中特色专题教育支持学习型城市建设过程中不同群体、机构的学习，目前已建设有人大工作、管理前沿、转型升级、艺术鉴赏、健康养生等多个专题。东莞学习中心开通 3 个月后平台的总访问量就达到了 23 148 人次②。

（8）创办阅读刊物，深度连接读者

为深入推广阅读，加强图书馆与读者和书业界的交流，2011 年 4 月世界读者日到来之际，也是东莞第七届读书节来临之际，东莞图书馆与中国图书馆学会图书馆与社会阅读委员会共同推出了雅俗共赏的读书类杂志《易读》，栏目内容涉及图书导读、学习方法、数字阅读、藏书出版、阅读活动等各方面。既关注阅读的现实话题，也追寻阅读的历史脉络；既有原创的书人、书事、书话、书评文章，也有利用图书馆丰富的文献资源和独有的检索工具提供的大

---

① 东莞图书馆. 自由学习的快乐天地——东莞市民学习网开通[DB/OL]. [2016 – 04 – 28]. http://www.chinalibs.net/ArticleInfo.aspx? id=72930.

② 奚惠娟. 公共图书馆业务转型与发展探索——东莞学习中心的建设理念与实践[DB/OL]. [2016 – 04 – 28]. http://www.chinalibs.net/Zhaiyao.aspx? id=248410.

量信息。为便利读者阅读,《易读》还推出了电子版。截至 2016 年 5 月,《易读》已发布共计 21 期。

2014 年 2 月,东莞图书馆又推出以读书活动为主要内容的宣传出版物《连线》。《连线》栏目分为总分馆活动、图书馆资源推荐、书山寻径、图书馆的人和事。总分馆活动主要发布公益讲座、流动车、展览、图书漂流、少儿故事会、手工等读者活动的公告;图书馆资源推荐主要宣传图书、数字资源、公共电子阅览室影视等内容;书山寻径主要内容是名家读书方法、检索技巧等;图书馆的人和事是馆员、读者的个人故事以及图书馆建设信息等内容。目前,《连线》已发布共计 26 期。

3. 实施卓越绩效管理 提升组织软实力

如果说城市文化建设和政府的大力支持,是东莞图书馆创新发展的外在因素和重要支撑,那么,组织内部的文化建设和有效管理则是东莞图书馆持续发展的内在动力,是其不断产生的积极性和创造性的源泉。

(1)过程管理与绩效评价

①过程管理。为使图书馆管理和业务工作进一步规范化、制度化、标准化,提升个人、部门和组织绩效,东莞图书馆引入和实施了卓越绩效管理。围绕《东莞图书馆新馆建设与发展规划纲要(2002—2010 年)》提出的战略目标、2010 年制定的《东莞图书馆"十二五"发展规划》以及用户和相关方的需求,系统地分析了东莞地区的特点和行业发展现状,确定了文献采访、文献组织、文献典藏、用户服务 4 个主要价值创造过程和人事管理、财务管理、采购管理、设施设备管理、信息管理和业务研究 6 个关键支持过程,建立了东莞图书馆过程管理体系。

在主要价值创造过程中,用户服务是图书馆工作的核心,包括读者发展、文献借阅服务、数字资源服务、参考咨询服务、社会教育与阅读推广、地方文献保存开发与利用、总分馆服务 7 个子过程,每个过程都有其特定的要求及不同的测量指标和测量方法。在充分考虑用户及其他相关方利益的前提下,从质量、成本、周期、时间、准时率、应变能力等方面,对各价值创造过程明确了具体要求和主要测量指标,并落实责任部门,制定执行一系列过程管理规范,来保障价值创造过程的实施;通过测量、统计和调查分析,发现价值创造过程实施的不足并加以改进。支持过程虽然不直接创造价值,但对图书馆的价值创造过程和日常运营却能够起到关键的支持作用。东莞图书馆结合行业特点和自身优势,从各关键支持过程独有的特点考虑,明确要求和测量指标,落实责任部门,对各支持过程进行管理,达到提供支持的目的。

②绩效考核与评价。东莞图书馆运用平衡计分卡的原理从资源设施、利用与服务、效率效能、影响与发展 4 个方面构建了绩效指标体系,共设计了 137 个绩效指标。其中,资源设施类绩效指标 14 个,主要关注图书馆环境对用户的吸引和满足;利用与服务类绩效指标 70 个,主要关注图书馆利用情况和效益产出;效率效能类绩效指标 25 个,主要关注图书馆各项工作、服务和管理过程的绩效;影响与发展类绩效指标 28 个,主要关注图书馆的成长、发展及事业影响力①。同时根据每个岗位的工作特点,以部门为单位设立相应的关键绩效测量指

---

① 杨累,赵爱杰.基于事实的管理——东莞图书馆绩效评价与过程管理的实践思考[J].图书馆建设,2013(7):15—19.

标及其测量周期,以月、季度、半年以及年为时间节点,针对关键绩效测量指标的完成情况进行考核,分析存在问题,找出解决办法,总结提升上一阶段好的经验和做法①。

(2)高度关注组织和个人的学习

2004 年,东莞图书馆确立了建设学习型组织的目标,将"学习工作化,工作学习化"的理念贯穿于图书馆业务工作和员工学习过程。在实施卓越的人才管理实践中,建立了基于 PDCA 循环(Plan→Do→Check→Action)的培训体系,多角度、全方位地开展学习与培训,不断发掘现有人力资源潜能,提升人力资源素质:一是开展需求调查,制订教育培训计划。东莞图书馆通过对组织、岗位、人员三个层次的分析,确定员工的具体培训内容,有针对性地制订全馆和部门培训计划,前者由业务办进行规划、统筹和实施操作;后者由各部门根据部门业务工作的需要来进行计划。二是开展教育培训评估。从员工对培训的反映、感觉和印象,员工在培训中所达到的认知水平和技能以及员工工作业绩的变化三个方面对培训效果进行评估。三是积极创建学习型小组,先后成立了原创书评小组、午间茶沙龙、书法兴趣小组等,形成了浓厚的学习风气。为了提高员工素质,从 2006 年开始,东莞图书馆组织馆员每个季度共同学习一本图书,设计学习方案,馆员还要提交学习成果,并编辑出版学习专刊。近些年来,东莞图书馆的馆员共同学习了 30 本图书,出版学习专刊 30 期,产生了一大批学习积极分子和优秀学习成果,效果显著②。

此外,东莞图书馆还通过"主题年"的形式引导馆员开展业务研究工作。以 2009 年为例,东莞图书馆将当年的主题定为"研究年",组织引导馆员深入开展业务研究,启动了"图书馆之城"建设项目研究,承担了国家社科基金项目"区域图书馆整体协同发展模式及路径研究",参与文化部公共图书馆立法支撑研究课题——"读者权益与图书馆服务"项目的研究,两个部级项目"互联网环境下的市民学习平台研究与项目实施"和"家庭藏书网络管理与信息共享"通过文化部验收。2009 年全年共计出版专业学术著作 1 部、公开发表专业学术论文 61 篇、会议交流论文 3 篇、研究报告 30 篇以及未公开发表论文 55 篇③。

① 李映嫦.公共图书馆绩效管理探索与实践——以东莞图书馆为例[J].高校图书馆工作,2012,32(1):33—36.
② 李正祥,杨晓伟.关注组织和个人的学习——东莞图书馆人力资源建设实践与思考[J].图书馆建设,2013(7):11—14.
③ 黄文镝.新时期公共图书馆业务研究工作机制探析——基于东莞图书馆业务研究工作的探索[J].图书馆,2011(4):122—125.

四、鄂尔多斯东胜区图书馆：创新机制 服务基层

鄂尔多斯市东胜区图书馆成立于 2012 年 5 月，其前身是成立于 1987 年 6 月的东胜区少年儿童图书馆，是一所独立建制的少年儿童图书馆，也是全国文化信息资源共享工程东胜区支中心。东胜区图书馆外设有 14 个分馆、11 个社区阅读角、7 个机关图书流动点、9 个图书馆基层服务点以及 4 台 24 小时街区自助图书馆、1 辆汽车图书馆、15 个"共享工程"基层服务点、58 个公共电子阅览室。目前，东胜区图书馆年流通人数达 21 万人次，年流通图书近 40 万册次，和东胜区约 60 多万人口相比，流通人次占到了东胜区人口的三分之一，流通图书几乎人均一册。多年来，优质的读者服务工作得到了广大读者和上级部门的一致肯定，先后受到国家、自治区、市、县各级部门的表彰奖励 30 多次。对于一个改扩建后馆舍面积仅有 2520 平方米的区级图书馆而言，取得这样的成就，源于他们将"读者至上 服务第一"的办馆宗旨真正落到了实处。

1. 抓住机遇 努力加快发展

2005 年前后，可以说是我国公共图书馆事业发展的一个重要转折时期，南方一些发达城市的公共图书馆如东莞图书馆、佛山禅城区图书馆等已经在尝试建立总分馆制，学术界也发起了关于公共图书馆精神和权利的大讨论。而彼时的鄂尔多斯市东胜区少儿图书馆，馆藏图书只有 1 万册，每年的购书经费也仅有 1 万元，只有 8 名在职职工和 2 名馆长，基础薄弱，发展滞后。

可喜的是，此时的鄂尔多斯市抓住西部大开发的良好机遇，经济建设正处于快速发展时期，建设现代化文明城市、提升城市品位、促进社会公共事业发展被列为"十一五"时期鄂尔多斯市实现经济社会发展总体目标的具体措施之一①。2006 年，鄂尔多斯市委、鄂尔多斯市人民政府发布了《关于进一步加快文化发展的决定》，明确要把文化建设置于全局工作的重要位置，政府要加大对文化建设的经费投入②。在这样利好的大背景下，鄂尔多斯市少儿图书馆也启动了自身的跨越式发展之路。

（1）基础建设升级

2005 年 10 月，鄂尔多斯市少儿图书馆开始使用 ILASS 小型版数据库，对书目数据进行加工升级。但由于多年来硬件设备落后，加上人员知识结构和业务水平有限，工作人员就连最基本的电脑操作和数据录入都没有掌握，因此，工作难度可想而知。鄂尔多斯市少儿图书馆决定从零开始，从电脑的开关机开始对人员进行了计算机、图书馆学知识的全面和系统培训。从 2005 年 11 月到 2006 年 7 月，历时 8 个月，克服种种困难，自行完成了 3 万册图书的书目加工任务，馆员的业务水平也得到了很大的提高。

---

① 新华网内蒙古频道. 走进鄂尔多斯［EB/OL］.［2016 – 06 – 13］. http://www. nmg. xinhuanet. com/erdos/htm/zjerds. htm.

② 鄂尔多斯市委，鄂尔多斯市人民政府. 关于进一步加快文化发展的决定［J］. 鄂尔多斯文化，2006（4）：6—8.

2009年,鄂尔多斯市图书馆搬迁至康巴什新区后,东胜区少儿图书馆就成为东胜区唯一一所公共图书馆,从此便承担起了成人馆的职能,比国家规定的单独建制少儿馆要求每周开馆时间的36小时多出20小时。同年,鄂尔多斯市通过了全国文明城市的评选,这项评选要求行政区必须拥有一个国家二级图书馆。东胜区少儿图书馆抓住这一机遇,通过多种途径积极争取资金、增加馆藏资源,加大成人图书服务建设。2010年,由东胜区文化局出面协调中国光华科技基金会,向该馆捐赠图书100万册,大大地充实了少儿、成人文献资源。2010年1月,东胜区少儿图书馆顺利通过了文化部国家二级图书馆的认定。

2011年,鄂尔多斯市入选第一批创建国家公共文化服务体系示范区名单,鄂尔多斯市委、市政府高度重视,把示范区创建工作作为推动鄂尔多斯文化大发展大繁荣的重要举措来抓,连续出台多项扶持政策,健全了文化发展政策法规体系,为全市公共文化服务体系建设快速发展提供了强有力的保障。东胜区以此为契机,对照创建标准,不断加大公共文化服务体系建设力度。东胜区少儿图书馆抓住这一机遇,2011年对图书馆管理系统进行升级换代,采用Interlib图书馆集群自动化管理软件,实现了馆藏文献的智能化管理。2012年正式挂牌成为东胜区图书馆,同时保留鄂尔多斯市东胜区少儿图书馆。

为迎接鄂尔多斯市创建国家公共文化服务体系示范区,改善读者服务环境,2013年4月,东胜区图书馆开始进行场馆改造扩建及系统智能化升级。2013年7月,东胜区图书馆以崭新的面貌和市民见面:馆舍面积由1130平方米增至2520平方米,设有10个服务窗口;开通了百兆宽带网络,并实现了无线网络全覆盖;安装了自助借还机、自助办证机、自助查询机等智能化设备;采购8台24小时街区自助图书馆,分别安装在鄂尔多斯广场、联邦大厦等人口较集中的区域。

(2)馆藏建设升级

东胜区图书馆采编室是图书馆的基础业务部门之一,是图书馆工作的源头,负责通过调查、分析、研究读者的需求,掌握图书出版发行动态,然后结合实际制定出图书经费的预算和采购计划,还要通过各种渠道收集文献资料,并对这些文献资料进行加工整理。经过这几年的建设,馆藏文献逐渐充实,现有文献资源74万册(件)、22万种。其中,期刊1576册,784种;报纸1097册,93种;古籍文献4801册;盲人有声读物250盘,34种,盲文读物270册;电子图书、报刊10325种,视听文献1451件及数字动漫视听文献20 611分钟①。

图书馆管理系统更新后,采编室的工作也逐步实现了馆藏文献管理的规范化和有序化,并建起了具有地方特色的馆藏体系。地方文献作为一种独有的文献资源,具有一般文献资源无法替代的文献价值和现实意义。鄂尔多斯文化历史悠久,内涵丰富,是匈奴文化、西夏文化、中原文化、蒙古文化等多元文化的汇合与交融和发展起来的一种独特的地域文化和民族文化。东胜区图书馆面向全区各党政机关、事业单位,街道办事处(镇)、村,在东胜区投资的大型企业,各专业协会和社会民众永久性征集东胜区地方文献。目前,地方文献室主要收藏了反映东胜地区政治、经济、科技文化、历史地理等各个方面的地方史料、地方志、行业志等,已经收集到地方戏剧、地方作家作品、地方企业报刊、地方非物质文化遗产等各类文献150多种、近8000册。目前,东胜区图书馆正以建设地方文化产业、地方劳模、地方党政领

---

① 刘锦山,崔凤雷.王芳:创新机制　服务基层[DB/OL].[2016－06－14].http://www.chinalibs.net/ArticleInfo.aspx? id=369007.

导、地方非物质文化遗产等专题地方文献数据库为重点，逐步推进特色地方文献资源的进一步建设。

（3）文化信息资源共享工程建设

2005 年，东胜区少儿图书馆作为内蒙古自治区首批旗县级支中心试点之一，开始了文化信息资源共享工程东胜区支中心的建设，初期配发的设备为一台服务器、一台投影仪和一套卫星接收设备。支中心通过卫星接收设备，接收国家文化部通过卫星下发的数字资源。2009 年，东胜区支中心作为内蒙古自治区文化厅 54 个旗县级支中心试点建设单位，进行了设备更新换代，对每一个旗县支中心投资 68 万余元，配发了 4 组专业机架式服务器、网络安全设备、磁盘阵列、投影仪、摄像机、照相机、服务器专用机房、共享工程制作室及由 20 台电脑组成的电子阅览室等。此次的设备更新基本满足了东胜区支中心的硬件设施建设需求。2009 年，还争取到东胜区文化局投资 80 余万元，对东胜区的 10 个镇、街道办事处打造文化"信息资源"共享工程基层服务点。

2012 年，为创建国家公共文化服务体系示范区，东胜区对所辖 11 个镇、街道办事处，53 个社区，35 个行政村进行软硬件设施的全面打造，共享工程基层服务点作为其中一项基本工作得到了包括人员、硬件设施、场所面积等的全面建设及改善。

通过这些年的不断发展，东胜区支中心现已建成 15 个"共享工程"基层服务点及 58 个公共电子阅览室，并且实行统一的规范化管理，定期为"共享工程"基层服务点下放数字资源，为技术人员提供培训服务，确保文化信息资源的广泛传播。

2. 全面提升服务水平和效能

随着办馆条件的逐步改善，东胜区图书馆始终以"读者至上、服务第一"为宗旨，通过转变和突破原有的服务模式，积极开展创新、优质的读者服务活动，加强对图书馆的宣传力度，让更多的人了解图书馆、关注图书馆、走进图书馆，使到馆人数、流通册次等数据都不断刷新纪录。

第一，变被动的服务模式为主动上门服务模式。东胜区图书馆走出了原有坐等读者上门的服务模式，采取主动上门服务。利用汽车图书馆深入居民区、广场等人流量大的地方开展流动图书现场咨询、借阅、办证、"共享工程"优秀影片展播等服务，每年 40 多场次；对有借阅需求的特殊群体采取送书刊上门服务；作为共享工程的支中心，东胜区图书馆利用"共享工程"数字资源不定期地深入社区、学校、农民工棚等地开展各类电影放映、知识讲座等，从而让广大人民群众能够方便快捷地享受到优秀的文化成果。根据分馆、社区阅读角等各馆外流通点读者的需要，有选择地、有针对性地配送图书，并且不定期地进行图书更新、交换，从而使有限的资源能够得到最大化地利用，让更多的市民享受到读书的乐趣，获得终身学习的机会，同时也负责协调与馆外流通点开展各项读者活动，使馆内外形成联办互动的读书氛围。

第二，从单馆服务到图书馆服务网络建设。东胜区图书馆不断加强包括分馆在内的各馆外流通点建设，努力使图书馆的社会服务功能辐射到全区各个角落，以完整的服务网络搭建市民的"大书房"，方便更多的市民充分享受"阅读便利"，积极构建"书香东胜"。到 2015 年年底，东胜区图书馆已经在学校、社区、民政福利中心、部队、机关单位、村及老年活动中心等地设立了 14 个分馆、9 个基层服务点、11 个社区阅读角、7 个机关图书流动点、1 个爱心图书接力站、18 个街道文化站、15 个"共享工程"基层服务点、58 个公共电子阅览室、草原书屋 26 个、万村书库 4 个。其中，社区阅读角由东胜区文化局投资 20 万元建成，为每个社区阅读角分别订购 5 种报纸、20 种杂志，配送 2 组期刊架、2 组报纸架，制作了统一牌匾。由东胜区少儿图书馆负责统一管理、指导、督促、落实，采取干部包片制管理，每人负责 2 个社区，每周督察 2 次。2008 年以后，自治区将"草原书屋"工程深入至东胜区的各个村，为每个书屋配备 1600 余册蒙汉图书、光碟 100 张、杂志、报纸等刊物，悬挂"草原书屋"牌匾、建立图书室规章制度、图书目录、图书借阅登记簿、条幅等。由东胜区图书馆实行统一管理、督察、辅导等，让广大农牧民共享公共图书馆服务，受到了农牧民的一致好评。街道文化站则由东胜区图书馆派出专职的文化干事担任文化站站长，由社区进行考核后上报图书馆统一管理。

为建立更加完善的总分馆制，以总分馆模式推动实现全民阅读，东胜区图书馆充分挖掘和利用资源，引导和带动各分馆组织开展形式多样的读者活动，形成了良好的阅读氛围。同时，为保证总分馆制的顺利实施，东胜区图书馆以"规范标识、集中管理、凸显特色、共享资源"为要求，进一步健全和完善相关管理制度、操作程序及规范标准，在分馆建设中加强管理和服务，使分馆建设形成良性循环，努力构建以区图书馆、分馆及各馆外流通点共同参与的城市公共图书馆文化服务体系。

第三，传统服务向智能化服务转变。2013 年 5 月，东胜区图书馆进行场馆改、扩建，采购了自助借还机、自助查询机、街区 24 小时自助借还机及电子读报机等智能化设备，并购进、加工了 6T 的数字资源，开通百兆网络，实现无线网络全覆盖。同时建立了图书馆网站，开通微博、微信公众平台，读者通过微信即可完成图书续借、书目检索、电子资源馆外访问和参与图书馆活动报名等。

第四，通过活动来引领读者阅读。东胜区图书馆通过每年举办高达 80 项的主题活动，做到周周都有活动，吸引了越来越多的读者走进图书馆，这大大增加了流通册次和流通人次。活动主要是以面向青少年和老人为主，采取主动走出去的策略，与不同的团体合作开展。如与老年公寓合作，为老人开展文化活动、亲情活动、播放电影、举行书画比赛、阅读报纸、讲故事等。与特殊学校合作开展活动，坚持每月去一次特殊学校，面向学校的全体师生组织开展一些文化活动。此外，利用节假日开展相关主题活动，如世界读书日、五四青年节、六一儿童节、国庆节、春节等都会有相关的主题活动开展。以 2016 世界读书日为例，为弘扬国粹，进一步发挥图书馆第二课堂的教育职能，增强学生对书法艺术的兴趣，东胜区图书馆联合鄂尔多斯市青少年书法协会共同开办了书法教学公益培训班，并于 2016 年 4 月 23 日正式挂牌成立"东胜区图书馆青少年书法教学基地"。读书日期间，还开办了成人计算机培训、"智慧人生　幸福生活"专题讲座、亲子读书会、诵读比赛、阅读之星评选、本土名家讲座等，与新华书店、教育书店等联合举办图书优惠大联展，利用汽车图书馆进行图书流动服务等。

第五，增加特色服务。一是推行馆长接待日，每周二定为馆长接待日，馆长在业务区接待读者，亲自解答读者的咨询问题；二是设立读者意见专栏。在馆内和网站专门设立读者意见栏，就图书馆建设、馆藏及服务工作广泛征求读者意见，诚恳接受读者提出的建议和反映存在的问题，并在每次的干部会议中将读者建议归纳整理，反馈于读者，将存在的问题及时进行整改、完善。三是设立"读者图书荐购"专栏。在采购图书时，除了遵循馆内的采访原则外，还结合"读者图书荐购栏"中推荐的图书进行采选，以满足读者差异性需求。四是开设免费计算机知识培训班。针对不同群体需求,全年免费开设中老年、青少年、再就业者等各类群体的计算机知识培训班,采取集中讲课,一对一辅导相结合的方式进行①。

3. 新馆开馆 实现再次跨越

2016年4月29日,以"东胜,因热爱读书而更受人尊重"为主题的2016图书节系列活动在东胜区图书馆新馆正式启动。本次系列活动为期两个月,包括图书优惠大联展、亲子读书会、全民健步走、拍客大赛等13项特色文化活动,旨在进一步弘扬全民阅读、全民参与、全民共享的社会风尚,让读书成为老百姓的一种生活方式。更重要的是,在活动当天,东胜区图书馆新馆的少儿阅读体验馆、24小时自助图书馆和多功能报告厅率先投入试运营。

近年来,绘本阅读已经成为儿童阅读的时尚,是父母培养孩子阅读习惯的最佳选择。为满足少儿读者日益增长的阅读需求,东胜区图书馆精心筹备,打造了这一全新的集专业、舒适、温馨、休闲于一体的少儿阅读体验馆。该区域专为儿童量身定做,设有特色异形书架、卡通阅览桌椅,另有两座"城堡"型玩具展示架供小读者学习玩乐。在环境布置方面,数千只彩灯营造梦幻星空效果,采用区别于传统地毯、更加保暖、防摔、防噪的亚麻地毯。目前共有最新绘本图书1万余册,配置了少儿多媒体学习机、"小青蛙"自助借还书机、儿童专用触摸屏报刊一体机等设备。少儿阅读体验馆新颖的设计风格和精品绘本图书等资源受到家长和小朋友的喜爱,试开放首日接待读者500余人次,在其后的短短10天时间里,已迎来近4000名读者在这里享受阅读乐趣,共度美好亲子时光。

同时启动的24小时开放全功能自助图书馆,是内蒙古自治区旗县级图书馆首家引进的全智能图书馆。馆内上架图书12 000册,上千种电子报刊,成人读物和青少年读物均有,并可根据读者借阅情况及时进行图书调配。24小时自助图书馆提供完全自助式服务,可为读者提供自助办证、自助查询、预约借书、图书自助借还、图书续借等服务,整个过程均可由读者自助操作完成,同时还提供舒适、宽敞的阅读环境,读者完全可以根据自己的时间安排去图书馆自由阅读。24小时自助图书馆与街区24小时自助图书馆以及东胜区图书馆资源实行通借通还,三馆连动,新馆正式运营后,还可实现康巴什、伊旗、东胜三地通借通还,让城市变成没有边界的大书房,市民随时随地都能享受城市的公共文化,最大化地体现图书馆为市民服务的价值。

图书节期间,能容纳100人的图书馆多功能报告厅也开始运行。东胜区图书馆联合鸿波小学分馆在这里隆重举行了"营造书香东胜,倡导全民阅读"的诵读展示。多功能厅主要用来为读者举办公益知识讲座、播放优秀电影、举办各类表演、展示和比赛等。

2016年7月1日,建筑面积33 000平方米的东胜区图书馆新馆全面开放。新馆分为图书馆公共服务区和产业化运作区。其中,图书馆公共服务区共划分为儿童阅览、青少年阅览区、成人阅览区等22个功能区,产业化运作区已有古玩、字画、邮品、3D打印、音像制品、咖啡甜品等22家企业和商户入驻。新图书馆除了传统图书馆的所有功能外,还将包括企业文化、校园文化、当代艺术、图书展销、休闲餐饮等丰富内容。东胜区新图书馆将会成为鄂尔多斯新的文化地标,预计到2020年,将建设成为东胜区的知识中心、培训中心、智慧中心和旅游中心。

---

① 杭霞. 东胜区图书馆建设亮点[EB/OL]. [2016-06-14]. http://www.dsselib.com/a/2014/12/09/476.aspx.

五、广州图书馆：大都市图书馆发展新模式

2013年6月23日，广州图书馆新馆全面开放。新馆开放第一年的总接待量达433.87万人次，日平均接待1.36万人次；注册读者总量达41.77万人，外借文献总量575.53万册次，外借人次总量129.43万人次，创造了全国公共图书馆服务量的纪录，跻身世界公共图书馆服务的前列①。2015年，接待读者总量更是达到了615.4万人次，位居全国公共图书馆第一②。随着广州市建设"图书馆之城"步伐的加快，广州图书馆在广州城市文化和城市公共文化服务体系建设中发挥着越来越重要的作用，是广州培育世界文化名城、建设学习型城市的重要载体和窗口，并逐渐成为广州最受欢迎的公共设施之一。

1. 抓住城市发展机遇　制订新馆发展规划

广州图书馆新馆所处的珠江新城核心区，是广州市政府着力打造的"城市客厅"和广州市新的文化地标。早在2004年3月，广州市计委发布的《关于加快广州文化基础设施建设意见的通知》，就将广州图书馆新馆建设作为高起点建设的一批城市文化基础设施重点项目之一③。2008年12月，国务院批复实施的《珠江三角洲地区改革发展规划纲要（2008—2020年）》又赋予了广州市国家中心城市的新定位，这就要求广州图书馆相应地也要跃升为国家中心城市图书馆。新馆建设和国家中心城市的新定位，为广州图书馆的发展带来了历史性机遇，同时也带来了巨大的挑战，广州图书馆的发展面临着两大艰巨任务：一是如何与一流的建筑相配套实现服务一流，真正达到"国内一流、国际先进"的新馆建设目标；二是为实现国家中心城市图书馆的定位，应界定在什么领域、什么方面在本区域和全国图书馆界发挥引领作用。为抓住机遇，应对挑战，在新馆还未建成开馆的情况下，广州图书馆于2009年年底提前启动了制订2010—2015年发展规划的工作。

为使规划制订科学、合理，具有前瞻性和可行性，推动广州图书馆事业实现跨越式发展，广州图书馆与中山大学资讯管理系合作，对国外图书馆规划文本进行了系统研究和部分翻译，并组织开展了读者、市民问卷调查等大量的基础研究和资料收集工作，经过专家咨询、征集公众意见、全国专家论证等三个程序，制定了《广州图书馆2010—2015年发展规划》（以下简称《规划》），分析了广州图书馆面临的内外部环境，在把握了自身优劣势的基础上，明确了广州图书馆的发展定位。

《规划》中确定的广州图书馆愿景为，"连接智慧世界，倡导阅读生活"；使命为，"区域中心图书馆、知识信息枢纽、终身学习空间、促进阅读主体、多元文化窗口"；并制定了八大发展目标和相应的实现策略。这八大发展目标为：建设公众身边的图书馆，推动广州市公共图书

---

① 方家忠. 广州图书馆新馆开放服务后的若干启示[EB/OL]. [2016 - 04 - 28]. http://www.chinalibs.cn/ArticleInfo.aspx? id = 361161.

② 黄宙辉等. 去年广图入馆人数全国第一[EB/OL]. [2016 - 04 - 28]. http://www.ycwb.com/epaper/ycwb/html/2016-01/14/content_901516.htm.

③ http://www.guangzhou.gov.cn/node_2382/node_510/node_511/2007-01/1170237370156677.shtml.

馆服务体系的科学发展;建设便捷的图书馆,继续推动广州图书馆服务向社区、农村延伸;建设灵敏的图书馆,高效响应、积极引导读者的需求;建设贴心的图书馆,消减读者利用图书馆资源和服务的各种障碍,为各种群体、机构提供针对性的服务;建设促进社会阅读和全民终身学习的图书馆,让社会各年龄段的公众都能找到适合自己的阅读空间和学习资源;建设多元文化融汇的图书馆,积极推进和参与多元文化交流;发展能够满足读者需求和建设知识城市需要的多元、丰富、动态的文献信息资源体系,与全球智慧网络畅通连接;重构管理体系,建设一支与规划目标相适应的人力资源队伍。新馆开馆以来的实践证明,依据广州图书馆实际情况和广州城市发展趋势制定的这份极具前瞻性、可行性、创新性的规划为广州图书馆新馆的发展指明了方向,奠定了理论基础,《规划》最终得以成功实施,新馆取得了显著的服务效益,形成了广泛的社会影响。

2016 年,广州图书馆总结新馆开馆以来所取得的成就和运行中存在的问题,结合"十三五"我国公共文化服务体系建设的新要求和广州城市发展的新趋势,又编制了 2016—2020年发展规划,确定了"建设以人为中心、一流的国际大都市图书馆"的总体目标[①]。新的规划无论是愿景、使命还是发展目标,都更贴近广州城市及城市文化发展的新需求。

2. 基本服务实现全公益、大开放、无差别、自助化

2012 年新馆开馆伊始就全面推行免押金办证注册政策,深受公众欢迎,注册读者量出现大幅增长。同时,实施公共服务空间全开放,馆藏文献 90% 以上开架借阅,无线与有线网络全覆盖;公众无门槛入馆,对所有公众实现无差别服务——可凭身份证或社保卡直接注册成为读者,也可采用远程网络或邮寄方式注册;大幅提高读者证外借文献数量,读者一次外借最多可达 15 册;读者注册、文献借还等基本服务实现自助化。最受公众欢迎的资源进一步实现专区便捷服务:扩大文学图书区、视听资料外借区,设立考试工专题图书区等。通过这些措施,广州图书馆的服务公益化达到了发达国家、地区的同等水平,服务开放、平等与自助化程度进入了图书馆界最前列。

2014 年,广州图书馆开通了微信公众平台,提供文献借阅查询、续借、文献到期提示、活动指南等服务。凡是广州地区实现了通借通还服务的公共图书馆注册读者,都可在广州图书馆微信公众账号上实现书目查询、图书续借等功能;推出全国领先的二维码电子读者证,已注册读者可通过登录广州图书馆官方网站或微信平台,将自动生成的二维码图片保存到手机,该二维码即可充当读者证使用,读者亦可直接利用手机办理图书外借、续借、借阅查询、书目查询等多项业务;推出自助打印、复印、扫描服务。

2014 年 4 月,推出平板电脑馆内成人借阅服务,已注册读者凭本人身份证、读者证,交纳一定数量押金,即可免费在馆内使用平板电脑。

2012 年 2 月,广州图书馆在文化公园建设了第一台 24 小时自助图书馆,此后,陆续在大型住宅区、商业区、公园、交通枢纽等人流密集的公共场所设置了 7 台 24 小时自助图书馆。自助图书馆图书与总馆图书同步更新,配置书况良好的畅销书籍。每台自助图书馆每周补充图书两次、定期更新图书,并根据读者的类型与需求及时进行图书品种的调整。读者凭身

---

① 广州图书馆.广州图书馆 2016—2020 年发展规划[EB/OL].[2016 - 04 - 28]. http://www.gzlib.gov.cn:8080/aboutus/fzgh/fzgh.jsp.

份证就可在自助图书馆免费开通借书功能,直接用身份证、社保卡、二维码电子证作为读者证免费享受便利快捷的图书借还、查询及数字资源阅读、预约取书等基本服务。服务点还设有服务公告、操作指南等宣传资料,公布服务电话接受读者咨询及投诉。

自助图书馆开通之后,广州图书馆利用微博、微信、网站等手段进行了广泛的宣传和推广,并多次组织现场活动,让读者了解自助图书馆、使用自助图书馆、喜爱自助图书馆。此外,针对老年人等不会使用现代化设备的读者群还进行了具体的使用辅导培训。以亚运城服务点为例,自 2014 年 9 月底建成后受到小区业主及周边居民的热烈欢迎,短短一月内借书 1000 多册/次(相当于自助图书馆被借空 3 次),还书 700 多册/次,办证 300 多个。

3. 开展多样化主题服务

根据广州城市文化特点,搭建了以本土文化、多元文化和都市文化为基本要素的主题服务框架,通过设立广州人文馆、语言学习馆、休闲生活馆、创意设计馆等开展了丰富多彩的服务活动。

(1)本土文化服务

2013 年 6 月 28 日,广州人文馆正式开放,其目标定位为"发展地方性专题服务,保存地方文化遗产,弘扬岭南文化",致力于拓展商贸与文化交流、广州名人、广府文化、地方史专题服务,打造特色服务,成为专门提供广州地区专题服务和开展广府文化研究的品牌基地。广州人文馆的特色馆藏主要由普通地方文献、家谱族谱、名人赠书专藏、历史文献和地方文献报刊合订本等构成。其中,家谱征集于 2011 年正式启动,目前与美国犹他州家谱图书馆合作建设了家谱查询中心,提供犹他家谱、图书馆馆藏家谱目录检索和全文引用服务;历史文献主要指以《广州大典》为代表的古籍。《广州大典》由中共广州市委宣传部、广东省文化厅策划并组织、历时 10 年研究编纂而成,是我国首部大型地方文献丛书。2013 年 5 月,《广州大典》与广州历史文化研究基金、《广州大典》重点研究基地在广州图书馆成立。2015 年,又成立了《广州大典》研究中心,并承办了"《广州大典》暨广州公共文化建设剪影"及"十年磨一剑——《广州大典》编纂展",推动了广州图书馆开展历史文化研究服务与大众服务并举的服务新格局。此外,还设立"广州之窗"图书专架,方便不同文化背景的读者了解广州概况。

广州人文馆还依托名人专藏举办了"刘斯翰先生诗词系列讲座"等互动沙龙活动;举办"走向理论自信——中国梦暨广州人文社会科学 30 年成就展""耀粤名族·文仕文化博物档案馆广东族谱珍藏展"等特色展览;与暨南大学汉语方言研究中心签订协议联手搭建粤语普及平台,举办讲座及粤语培训活动等。

(2)多元文化服务

近年来,越来越多的外籍人士因工作、学习、经商、旅游等原因在广州临时居住,据统计,在广州居住一年以上的外国人约有 11.8 万人[1],临时居住的外国人每年约 50 万人[2],他们来

① 罗仕等. 在广州居住外国人达 11.8 万日本人最多韩国居次[EB/OL].[2016 - 04 - 28]. http://epaper.xkb.com.cn/view/968112.

② 张江顺. 大都市公共图书馆的多元文化服务——以广州图书馆为例[C]. 方家忠. 大都市的公共图书馆事业——国际学术研讨会论文集. 广州:中山大学出版社,2013:42—49.

自亚、美、欧、非等几大洲。截至 2015 年,广州已与 36 个国际城市缔结友好城市关系①,与 26 个国际城市缔结友好合作交流城市关系②,各国在广州设立的领事馆已达 53 个③。为使驻广州外籍人士能够了解各国多元文化,以及中国和广州的本土文化,增进不同文化人们之间的交流和学习,广州图书馆于 2010 年制定实施的《2011—2015 年发展规划》将"多元文化窗口"作为新馆建成后的五大使命之一,提出"汇集和展示本地和世界多元文化馆藏,营造多元文化氛围,提供文献、信息、讲座、展览等多样化服务,支持相应领域的学术研究,推进社会的多元文化交流,支持城市的对外交流与合作,涵养开放、包容的城市个性"。随着新馆的建成开放,广州图书馆通过设立多元文化馆和语言学习馆开展了形式多样的多元文化服务。

多元文化馆的定位为"本地居民了解世界多元文化的窗口,外籍人士获取母语文献的空间和城市对外文化交流平台"。在多元文化馆藏建设方面,以各国领事馆、广州国际友好城市图书馆等机构的赠书为基础,划分美国、德国、法国、中国等多个国家主题区,入藏国内外出版的相关中外文专题文献,设计藏量 7.5 万册。馆藏文献围绕文化、文学、艺术、历史地理等学科类型,涵盖中文、英语、法语、德语等多个语种,力图向公众展现各个国家及地区独特的文化风貌。通过资源优化整合,创建了 3 个阅读专区:一是国内首个友好城市赠书区,将独家收藏的各友好城市、各国驻穗领事馆以及其他社会组织的赠书和交换图书开架供读者阅读;二是出国留学资源区,采购了诸如 TOEFL、SAT、ACCA、CAT、GRE 等出国考试复习资料;三是外国文学新书区,提供不同国家出版的小说等文学作品。

语言学习馆的定位为"城市居民学习外语与各地方言、外籍人士学习汉语、城市新居民学习粤语及公众开展语言学习与交流的平台"。提供世界主要语言、粤语及国内其他方言的视听资料和学习资料的借阅服务。

在活动开展方面,积极与各国驻穗领事馆建立联系,接待各国领事馆官员来访。2013 年,共接收墨西哥、日本等领事馆赠书 1191 册;接待法国里昂、英国伯明翰、加拿大温哥华、意大利米兰等国际友好城市市长访问,接收友好城市赠书 291 册;与英国伯明翰公共图书馆、法国里昂市立图书馆、加拿大温哥华公共图书馆签订合作交流备忘录,接收友好城市图书馆赠书 311 册;赴韩国光州图书馆举办"羊城风情摄影展"等交流活动。2014 年,与韩国光州图书馆合作举办"韩国儿童绘本书《吃'夸奖'去》的原画展"及讲座。赴新西兰与奥克兰图书馆签订合作备忘录,举办"奥克兰广州结好 25 周年暨羊城风情图片展"。向韩国光州、法国里昂等友好城市图书馆赠出图书 1429 册、接收图书 300 册。引进留存新西兰长老会研究中心有关广州的老照片 2000 余幅;以"环球之旅"为品牌,联合法国驻穗领事馆等机构,围绕"当法式情怀遇上中国情结——纪念中法建交 50 周年"等主题,开展展览、真人书等 7 个系列活动;联合市外办举办"相知者不以万里为远——广州市国际友城 35 周年展"等多元文化主题活动;全面拓展"广图英语角",推出人文英语系列活动;举办墨西哥文化月等。

---

① 广州市人民政府外事办公室.友好城市一览表[EB/OL].[2016-04-28].http://www.gzfao.gov.cn/Item/2485.aspx.

② 广州市人民政府外事办公室.友好合作交流城市一览表[EB/OL].[2016-04-28].http://www.gzfao.gov.cn/Item/5972.aspx.

③ 广州市人民政府外事办公室.各国驻广州总领事馆一览表[EB/OL].[2016-04-28].http://www.gzfao.gov.cn/Item/7138.aspx.

（3）都市文化服务

设立都市休闲生活馆，体现现代都市生活和城市文化生活，集中"食在广州""美在花城"、旅游、汽车等主题资源，倡导现代都市休闲文化。

（4）其他主题服务

2013 年，以艺术设计为主题的创意设计馆向读者全面开放，其定位是以丰富的国内外艺术设计主题书刊馆藏资源为依托，开展展览、沙龙、工作坊等形式多样的主题活动，致力于为艺术设计爱好者、艺术高校师生、文化创意产业从业人员等搭建艺术设计信息的交流共享平台。馆内入藏有国内外艺术、平面设计、广告设计、工业设计、装饰装修、服装、建筑及园林设计等方面专题文献 30 000 多册、国内外艺术主题期刊 400 多种，年增新书 2000 多册。已形成"友创意"活动品牌，其宗旨是"友情相聚，友聚创意"，开展的系列活动主要有："友创意展"，主要展出设计行业优秀设计作品及艺术院校师生作品等；"友创意工作坊"，邀请热爱生活喜爱艺术与设计的朋友们，一同体验 DIY 的乐趣；"友创意人"，定期邀请艺术、设计、创意领域的先锋人物，将他们的设计经验及背后的故事和读者分享。

4. 开展有针对性的对象服务

（1）面向未成年人开展的多层面服务

广州图书馆从 2009 年起就启动了绘本阅读推广活动，并设立了亲子绘本阅读馆，通过多种方式开展绘本阅读推广服务。其中，"爱绘本爱阅读"亲子读书会是广州图书馆绘本阅读推广的重要形式。活动除了馆员外，还适时邀请出版社编辑、教师、故事妈妈、志愿者等客串亲子读书会的活动主持人，每周举办 1—2 次，每次邀请 20 个家庭参加，目的是培养儿童的阅读兴趣；其次是开展绘本制作活动。广州图书馆与幼儿园、中小学、社区、乡镇等合作，首先选派家长参加绘本制作培训，然后再由家长为每个班级的孩子们进行培训。此外，还组织和举办各类绘本制作大赛，参赛作品不仅有幼儿园的小朋友、小学生、中学生的作品，还有大量成年人的作品，从中评选中优秀作品予以奖励，大大激发了家长和孩子的绘本阅读热情。如 2015 年举办的第九届"在阅读中成长——广州市青少年十年阅读系列活动"之绘本创作大赛，就收到了 127 个单位选送的 3971 份作品①。大赛结束后，图书馆还将参赛人员的优秀作品进行数字化处理，并建成专门的数据库进行进一步的展示。第三是定期组织绘本故事讲述大赛。由广州市精神文明建设委员会办公室、广州市教育局、市文化广电新闻出版局、市关心下一代工作委员会、团市委等联合主办，广州图书馆承办，已连续三年举办了绘本故事讲述大赛，不仅激发了儿童的阅读兴趣，同时也让成年人关注绘本，重视阅读。2014 年，"广州图书馆绘本阅读推广"获全民阅读年会阅读案例一等奖，亲子绘本阅读馆被评为全国"十佳"绘本馆。

此外，针对未成年人，广州图书馆还举办了中美公共图书馆书签设计大赛、"亲子教育"系列讲座、我是科普小达人、"数字阅读"少儿信息技能系列培训等活动。2014 年 1 月 1 日，广州图书馆玩具馆正式开馆，其服务对象为 3—8 岁的儿童及家长，其宗旨是提升玩具在儿童多元智能发展中的重要性，推广玩具（游戏）在亲子家庭中的作用，促进玩具生态化循环。

① 广州市精神文明建设委员会办公室等.第九届"在阅读中成长——广州市青少年十年阅读系列活动"之绘本创作大赛获奖名单[EB/OL].[2016-04-28].http://www.gzlib.gov.cn/hotNews/71234.jhtml.

除各类玩具外,还定时组织开展亲子活动和主题活动等。

(2)面向特殊群体开展的服务

在馆内设置视障服务区,为视障者提供书刊借阅、资料查找、免费送书上门服务。每月举办无障碍电影欣赏会、"心灵手巧——广图视障读者工艺坊"等活动。与残联、盲协、志愿团体等合作,共同组织"广州市盲人诗歌朗诵暨征文比赛"等主题活动;2014年,针对未成年人、老年人、外来务工人员开展了12期61场爱心电脑俱乐部系列培训;启动"I(爱)·捐书"微公益行动,累计接受捐书1.5万余册,并通过华南农业大学义工协会等合作机构向英德、连南等贫困地区小学转赠图书3000余册。

5. 开展交流服务　扩大社会影响

通过举办各类交流服务活动,扩大图书馆影响,吸引社会各界的关注,使图书馆成为城市对外交流的平台。仅2014年全年开展的各类交流服务活动就共计204场、参加公众约29.8万人次。

《诗歌与人》杂志创办并在广州坚持了近十年的"广州新年诗会",从2014年连续两届在广州图书馆举办,产生了重要的社会影响,被媒体誉为中国最有创意和品质的诗会,也被诗人评价为中国最顶尖的新年诗歌朗诵会。新年之际到广州图书馆去欣赏"广州新年诗会"已经成为很多读者、市民的重大节日活动①。

与广州大剧院合作举办"艺游未尽"充电站艺术主题系列讲座,内容涵盖戏剧、话剧、音乐、舞蹈、大型舞剧及歌剧等,以免费的艺术讲座或艺术活动方式,将丰富好玩的艺术带到市民身边。举办"悦读沙龙"活动、"羊城学堂""我的文学行当——黄水玉作品展""你是这样的人——纪念周恩来诞辰115周年珍品展""纪念邓小平同志诞辰110周年暨百色起义85周年图片展""珍图真像——海上丝绸之路之近代三百年珍藏展"、广州国际纪录片节系列展播、第四届"书香羊城(岭南)·悦读生活"摄影及视频创作大赛等公益活动。

为了推介馆内丰富多彩的阅读推广活动,帮助读者更加充分地利用图书馆资源,2014年11月,《广州图书馆通讯》创刊,并开辟了反映读者心声的《书虫来稿》栏目,面向广大读者征稿。截至2016年5月,《广州图书馆通讯》已在线发布了17期。

通过举办大量交流服务活动,广州图书馆得到大众媒体和社会各界的广泛关注,成为广州市重要展示交流活动的首选地和公共交流平台,越来越多的大型文化活动在新馆举办,发挥出城市窗口的强大影响力,并逐步形成以人为中心的公共交流服务的新形态。

6. 公共图书馆立法与总分馆建设

为加快"图书馆之城"建设,2012年3月,广州市启动了《广州市公共图书馆条例》立法程序。广州图书馆积极配合开展相关立法工作及图书馆之城规划的制订工作,参与条文起草与修改、本地与国内图书馆调研及撰写调研报告、组织行业座谈会、专家论证会等。2014年10月29日,广州市第十四届人民代表大会常务委员会第三十四次会议通过《广州市公共图书馆条例》(以下简称《条例》),业经广东省第十二届人民代表大会常务委员会第十三次

---

① 广州图书馆.以诗之美寻墨之境——2016广州新年诗会广州图书馆完美呈现[EB/OL].[2016-04-28].http://www.chinalibs.net/ArticleInfo.aspx?id=398713.

会议于 2015 年 1 月 13 日批准,2015 年 5 月 1 日起施行。《条例》为广州地区公共图书馆服务体系建设提出了更高的目标、标准,建立了全新的政府保障与科学管理框架,在建设主体责任上移、区域范围内总分馆体制建设等方面尤其具有制度创新的意义,为广州图书馆发挥中心图书馆作用、推进地区图书馆事业的跨越式、可持续发展提供了有力的"抓手"。

2015 年 12 月,广州市政府公布了《"图书馆之城"建设规划(2015—2020)》(以下简称《规划》)。按照《规划》,广州市将建立以广州图书馆为中心馆,区图书馆为区域总馆,镇、街道图书馆为分馆,以村/社区图书室、农家书屋、流动图书车、24 小时自助图书馆和其他服务点为延伸,以学校图书馆、科学与专业图书馆及其他类型图书馆为补充,社会力量积极参与的全天候、全方位、多形式的公共图书馆网络体系。2015 年,各区公共图书馆全面实现免押金办证,并启动区域总分馆服务体系试点建设。到 2018 年,各区完成区域总分馆服务体系建设,完成 80% 以上的镇、街道图书馆,实现通借通还。由市政府投入启动资金,设立广州市公共图书馆发展社会基金。到 2020 年,实现每 8 万人拥有一座公共图书馆,人均 3 册公共图书馆藏书,全市镇、街道图书馆全部实现通借通还,建成"图书馆之城"。

目前,广州图书馆已经建立了 13 家分馆,30 个服务网点,其中流动图书馆服务网点 13 个,覆盖了 12 个区县,由旧馆改造的广州市少年儿童图书馆也于 2015 年 3 月正式开馆。2016 年 3 月,广东省全面启动图书馆、文化馆总分馆试点建设工作,要求在现有省、市、县、镇、村五级公共文化服务设施基础上,按照统一领导管理、统一服务提供、统一考评评价"三统一"的要求推进总分馆建设,促使总分馆模式成为图书馆、文化馆将来发展的基本方向①。这无疑会进一步推动以广州图书馆为中心馆的广州市公共图书馆总分馆制的建设。

7. 积极推进法人治理结构试点工作

2012 年 3 月,广州市机构编制委员会出台了《广州市事业单位法人治理结构试点工作实施意见》,广州图书馆成为广州市第二批事业单位法人治理结构试点单位,为使广州图书馆事业尽快迈上一个新台阶,同年 4 月就开始了理事会筹建及《广州图书馆章程(草案)》起草工作,7 月 18 日,市文广新局批复同意广州图书馆理事会成立的申请。7 月 31 日,广州图书馆理事会成立大会暨第一次会议召开,任命分管副局长为理事长,提名并选举图书馆馆长任副理事长,讨论并审议通过了《广州图书馆章程》。9 月 3 日,该章程经广州市事业单位登记管理局核准生效。至此,广州图书馆法人治理结构试点工作正式进入实质性运作阶段。

理事会被定位为广州图书馆的决策机构和监督机构,向举办单位报告工作。理事会由 15 名理事组成。其中政府代表 5 名,市人大教科文卫委员会、市机构编制委员会、市财政局、市人力资源和社会保障局、市文化广电新闻出版局代表各 1 名,由各部门委派产生;社会代表 5 名,其中图书馆行业专家 1 名,文化艺术、地方历史等社会人士代表 2 名,服务对象代表 2 名,分别由市图书馆学会、市文史研究馆、中山大学历史系、读者推荐或推选产生;图书馆代表 5 名,馆长、党委书记为当然理事,副馆长、馆员代表、职工代表各 1 名,由本馆推选产生。理事每届任期 4 年。理事会会议每年定期召开两次,分别在第一季度和第三季度举行。

---

① 广东省文化厅.广东全面启动图书馆、文化馆总分馆试点建设工作[EB/OL].[2016－04－28].http://zwgk.gd.gov.cn/006940079/201603/t20160311_647275.html.

到目前为止,我国公共图书馆的法人治理还处于探索和实验阶段。鉴于此,为完善法人治理结构试点工作,2013 年,广州图书馆多次组织理事赴深圳、东莞等多个省内较有代表性的公共图书馆学习、调研;2014 年,与中国国家博物馆、上海图书馆等 12 个文化系统单位交流工作经验,向湖南省文化厅等 48 个单位发送相关材料,共同探索和推进事业单位法人治理结构试点工作。

六、济南市图书馆:文化甘泉润泉城

济南市图书馆是国家一级图书馆,全国古籍重点保护单位,始建于1953年7月1日。2013年10月11日,济南图书馆新馆建成并正式向读者开放。新馆位于济南市槐荫区省会文化中心,总投资约6亿元,建筑面积4.1万平方米,由中部5层通高空间及其南北两侧的阅览空间组成,地下一层、地上五层,总高度34.3米,设计总藏书量250万册,阅览座席2600个。济南市图书馆先后荣获全国文明单位、全国文化系统先进集体、全国全民阅读先进单位、山东省文化体制改革先进单位、山东省文化信息资源共享工程建设与服务先进单位,并连续七年被评为省级文明单位等多项荣誉。"书香泉城"全民阅读节活动荣获第十届中国艺术节"群星奖";暑假读一本好书、汽车流动图书馆、重汽杯济南市读书人摄影比赛分获中国图书馆学会"全民阅读推广活动经典、创新案例"一、二、三等奖;"成功父母大课堂""汽车流动图书馆"被评为山东省公共图书馆特色服务品牌。

1. 以人为本进行新馆建设

2013年10月11日,第十届中国艺术节在济南开幕,作为本届艺术节的重点惠民工程,济南市图书馆新馆也于当日正式开门接纳读者。济南因境内泉水众多,被称为"泉城",因此,新馆外观以"泉"文化为设计理念,造型别具一格,设计者先将取自水滴形状的菱形排列组合后形成水面,再将此图案赋予建筑立面上,从而形成浅灰色镂空铝板外立面,灵感来源于济南城泉水掩映微波浮动的画面。而其内部的装修设计和硬件设施的配备,则充分体现了以人为本的人性化设计理念。

新馆引进多项高端服务设施,将人性化服务推送到新馆每一个角落,为读者带来全新的阅读体验。例如,一层主入口门厅1200平方米,是新馆视觉中心和读者集散休闲中心,厅中最引人注目的是东侧墙面4层楼高的7层"书墙",以木质隔断,可摆放7万册图书。书墙两侧有楼梯相连,寓意"书籍是人类进步的阶梯",读者可从各楼层取书阅读。在负一层设有读者餐厅、咖啡屋、茶吧、图书漂流等,是读者在紧张的读书学习之余,选择放松、休闲的好去处。另外,在一楼东南侧,设24小时自助图书馆一处,读者在开、闭馆期间均可自由进出,自助完成办证、查询、借还图书等服务。

新馆在细节设计方面也处处体现人性化,例如:书架的顶端有一排小的白炽灯,以便看清书架上文献的书名;阅览室的座椅下都有防滑设施,拉开椅子时也不会发出很大的声响;内部装修设计在遵循国家有关设计规范和标准的前提下,尽量采用环保、节能、防滑、耐磨的新材料和新工艺,室内装修使用浅淡的暖色调,并注意做好采光、通风、保温、防火、防尘、防噪等措施,以增加到馆读者的舒适感和安全感;在每个楼层都有不下于3个饮水处,还配有热水、冷水和纯净水供读者饮用;在大厅设有图书杀菌机四台、自助贩售机,以满足读者不同需求;通过首层北侧的门禁,读者可自由穿梭于各个阅览外借服务区,迅速便捷地获取藏(馆藏)、阅(阅览)、借(外借)、参(参考咨询)"四合一"的"一站式"服务;也可通过一层或南北侧的下沉式广场自由出入报告厅、展览厅等活动场所,轻松享受图书馆提供的讲座、展览、报告会及各种文化娱乐休闲服务①。

伴随着第十届艺术节的召开,济南市新馆的开放引发了市民的阅读热潮,开馆仅6天就办理了超过1万张借书证,市民纷纷涌进图书馆新馆,感受和品味这里的书香氛围。

2. 因地制宜建立总分馆制

济南市图书馆新馆未建成之前,老馆建筑面积仅为0.9万平方米,但人气很旺。书库空间已趋饱和,阅览席位也严重不足,经常处于超负荷运转状态,其功能和作用的发挥受到严重局限,满足不了各类读者的需求。同时,济南市多数基层图书馆由于长期缺乏资金投入,藏书资源陈旧稀缺,服务功能不健全,总体利用率低。在新馆的建设由于各种原因迟迟不能落实的情况下,济南市图书馆开始尝试在企业、机关、学校、部队、社区和村镇推行总分馆制。

(1)总分馆制建设方式的尝试和探索

总分馆制建设之初,采取的建设方式是:由总馆负责为分馆提供一定数量的图书,并定期更换,但并不介入分馆的具体事务,对分馆的馆舍条件、软硬件设施、人员配备等方面没有硬性要求,总馆与各分馆具体的合作方式也不尽相同。2003年12月,由济南市图书馆一次性投入图书5000册的古城实验学校分馆揭牌并正式向师生开放②。2004年,济南市图书馆济钢分馆正式挂牌。随着分馆数量的不断增多,初期这种粗放的建设模式的缺点也逐渐显现出来。2007年,济南市图书馆从分馆(流动站)的规范化、制度化建设入手,推出了一系列整改措施。

一是建立和完善分馆(流动站)的准入制度。针对分馆的经费投入、馆舍条件、软硬件设施、人员配备等设置了一套科学的量化指标考核体系,未达标者,责令其限期整改;拒不整改或整改后仍不能达标者,暂停其分馆或流动站的资格。二是制定统一的管理制度和服务规范,总馆与各分馆(流动站)签订了新的合作协议,进一步明确了总馆与分馆各自的权利和义务。三是在加强业务管理自动化、网络化和共享工程平台建设的基础上,实行"一卡通"服务,总馆、分馆之间通借通还,并使用统一的借阅证、统一的管理软件、服务平台和检索入口。由于各分馆、流动站藏书构成情况并不完全相同,有的全部由总馆提供,更多的分馆藏书中包含部分自建资源,根据总分馆建设的规定,自建资源原有产权关系不变,但必须按要求统一分编入库,实行通借通还,各分馆不得随意设置借阅门槛。四是在继续有计划、有步骤地发展分馆(流动站)的同时,力求分馆位置合理布局,并进一步加强总馆对分馆的业务协调指导和监督管理。总馆除定期对分馆的运行情况进行检查指导和考核评估外,还于每年年初组织各分馆召开年度工作总结表彰会,就上一年度的工作开展情况进行总结交流和表彰奖励,以便推广先进经验,及时解决工作中存在的问题。五是通过建立健全业务档案,开展业务学习与交流,举办图书管理员培训班和组织外出参观考察等形式,加强对分馆(流动站)管理人员的业绩考核和服务技能培训,为总分馆体系的正常运行和发展提供可靠的人才保

① 刘锦山.郭秀海:泉城书香最宜人[DB/OL].[2016-05-31].http://www.chinalibs.net/ArticleInfo.aspx?id=380443.

② 张彤,曹晓晓.济南市图有了首所分馆[DB/OL].[2016-05-31].http://www.chinalibs.net/ArticleInfo.aspx?id=24455.

障①。截至 2016 年,济南市图书馆已设立了近 60 个分馆和流动站。

（2）与企业合作创办汽车图书馆

2006 年 9 月 15 日,文化共享工程进重汽暨济南市流动图书馆启动仪式在中国重汽集团章丘研发基地隆重举行。这是济南市图书馆创办的首个汽车图书馆。

为拓展服务领域,济南市图书馆和中国重汽集团联手创办了济南市流动图书馆。在经过缜密的调查研究和科学论证的基础上,济南市图书馆投资 50 余万元,通过政府采购配置了中型客车 1 辆,并借鉴北京、广州、青岛、苏州等地的经验,精心改制成了一座设备先进、功能齐全的汽车图书馆。汽车图书馆内设图书存放区、办公服务区、读者阅览区等。车内配置有内置式特制斜面书架 9 个,阅览座席 5 个。其中书架为 V 面 7 层单面特制书架,保证汽车运行期间书刊不会自行滑落。另配备无线上网笔记本电脑 3 台,打印机、照相机、压膜机各 1 台,并配有与济南市图书馆互联的图书馆计算机信息管理借阅系统、借书证办理系统和"网上参考咨询"系统,可通过无线上网等现代化技术手段与济南市图书馆互联,现场为读者办理总馆的通用借书证,提供免费的参考咨询、文献检索和远程文献传递服务。在文献资源方面,汽车图书馆藏书约 3600 余册,在图书的配置上注重实用性和新颖性相结合,以济南市图书馆新补充入藏的纸质图书和报刊为主,另包括影碟、VCD、音像资料等。内容上以贴近社会生产和生活的政治法律类、文化教育类、实用工业技术类、农业科学类、医药卫生类图书为主,并根据需要定期更换。同时,市民在汽车图书馆还可共享济南市图书馆丰富的数字化资源,包括电子图书、期刊、论文以及数据库等。

为保证汽车图书馆的安全有效运行,济南市图书馆还在馆内配置了设备先进、功能齐全的监控、防盗、报警系统和自备电源系统,对汽车图书馆的运作情况进行实时监控和管理。行李箱内还装有专用投影仪、活动式报刊架、阅览桌椅和隔离设施等。

汽车图书馆建成之初,济南市图书馆在各企业、社区、学校和军营建立的分馆和流动站已经有 53 个。为配合总馆的工作,汽车图书馆广泛收集各分馆、流动站的基本情况,在实行建档管理的基础上,有计划地定期为各分馆、流动站配送图书资料。在配送图书资料的同时,汽车图书馆还充分发挥自身优势,积极开辟新的流动服务基地,帮助建立党家镇陡沟分馆、武警济南支队大桥流动站等基层服务点 26 个。此外,汽车图书馆根据总馆藏特色以及济南东、西部地区差异和重点用户（重汽总公司）的特殊需求,有针对性地开展信息资源搜集整理和信息开发工作,建立了一系列针对重点用户的特色数据库。如为中国重汽集团开展信息技术查询服务,除广泛收集汽车制造技术资料,还制作了行业动态、技术参考、业界评论等二、三次文献,并建立了汽车制造方面的特色数据库,供企业决策者、技术人员参考②。

3. 多种方式创建特色服务

在坚持不懈的全民阅读推广工作摸索中,济南市图书馆积极为老年人、未成年人、下岗职工、进城务工人员服务,逐渐形成了独具特色的服务和品牌阅读活动,不仅让读者有了更丰富的阅读体验,培养了读者的阅读习惯,也让文化惠民的成果覆盖了所有人。

---

①　王海. 总分馆模式下文献资源共建共享的探索与实践——以济南市图书馆为例[J]. 图书馆学刊,2013(4):45—47.

②　姜淑华. 济南市汽车图书馆建设实践与思考[DB/OL]. [2016 – 05 – 31]. http://www.chinalibs.net/Zhaiyao.aspx?id＝201244.

（1）书香泉城换书节

为营造浓厚的读书氛围，满足市民文化需求，进一步提升城市文化形象，弘扬济南的城市精神，尽快形成"人人读书、人人学习"的城市文化氛围，济南市图书馆自 2009 年首届读书节活动开始"书香·泉韵"读书节和书香泉城全民阅读节，到 2016 年已连续举办了六届。

以 2016 年第六届书香泉城全民阅读节为例，本届主题是"书香泉城，悦读分享"，计划开展活动共计 60 余项，自 2016 年 4 月份启动后将持续到年底。阅读节启动当天，"书香泉城"换书节也如期举办，该活动自 2009 年在阅读节上举办，每年都会吸引上千余名读者参与，为市民打造了一个交换闲置书籍的平台。换书活动的具体操作是由图书馆工作人员根据书籍情况给予等价的抵用券，然后读者可以在换书平台上选择与抵用券价值相当的书籍。阅读节启动仪式当天，还举办了"阅读开启智慧人生"有奖猜谜活动、"名人与读书"大型图片展、济南市图书馆馆藏古籍及地方文献珍本巡展、济南出版社地方文献及生活类图书推介展等展览活动和济南市图书馆移动图书馆电子阅读卡、《济南阅读地图》现场发放活动等。

（2）成功父母大讲堂

2005 年，为了积极配合济南市公共文化服务体系建设需要，济南市图书馆通过问卷调查和召开读者座谈会等形式，广泛征集读者意见，积极与《山东商报》、济南教育电视台等媒体沟通，联手推出"与孩子一起成长——成功父母大讲堂"系列公益讲座。

讲座以实现"孩子成才、家长成功、家庭和谐"为宗旨，邀请国内知名教育家、心理学专家担纲，推出精品讲座。讲座不仅帮助家长朋友解开了家庭教育方面的难题，还在家长与孩子之间成功搭建了一个充分沟通与共同进步的平台，在引导家长走出各种家庭教育误区，提高家庭教育水准，创建和谐平等的亲子关系等方面发挥了重要作用。2009 年，该系列公益讲座被山东省文化厅授予山东省"图书馆特色服务品牌"称号。

（3）"重汽杯"读书人摄影比赛

为响应中宣部、文化部、教育部等 11 部委共同发出"爱读书、读好书"全民阅读活动倡议，由济南市文广新局、中国重汽集团有限公司工会、济南市图书馆、济南图书馆学会、济南市摄影家协会于 2006 年 6 月联手推出的一项全市规模的读书活动，即"重汽杯"读书人摄影比赛。活动围绕"读书人"这一主题，主要包括摄影作品征集、评选、颁奖和优秀作品巡展等活动内容，每年举办一届，每届跨年度举行。至 2015 年年初已连续举办九届，共举办巡展活动 20 余次，征集作品 5000 余幅，观众 3 万人次，活动规模和影响的不断扩大，极大地倡导了全民阅读理念，有力地推动了全民阅读活动的深入开展，成为深受济南市民和摄影爱好者欢迎的读书活动品牌。

（4）"暑假读一本好书"征文活动

为培养青少年的阅读兴趣和阅读习惯，激发学生的读书热情，为未成年人的健康成长创造良好的社会环境。2004 年起，济南市图书馆充分利用馆藏优势，遵循少年儿童的阅读特点和规律，与学校和家庭教育联手，在济南市中小学生中开展了"暑假读一本好书"征文活动。该活动已成为济南市暑期活动的一个品牌，受到广大师生及家长的一致好评。首届"暑假读一本好书"活动征文作品集《好书让我感动》已由明天出版社编辑出版。

"暑假读一本好书"征文活动由济南市教育局、济南市文化局、济南市关心下一代工作委员会主办，济南市图书馆承办，明天出版社协办。活动组织专家列出适合不同年级学生阅读的精品书目,让学生能有目的地选择阅读优秀少儿书刊。同时,邀请著名儿童文学作家与小读者面对面,互动交流,进一步激发学生的读书兴趣。2012 年,"暑假读一本好书"征文活动被中图学会评为全民阅读推广活动经典、创新案例一等奖。

(5)七彩泉谈书吧

"七彩泉谈书吧"是济南市图书馆为 7—12 岁少儿读者打造的交流、分享读书之乐的品牌活动。每月最后一周的周日下午举行。

"七彩泉谈书吧"联合社会多方面力量共同主办,山东师范大学教育学院宋文翠教授、济南幼儿师范高等专科学校林志芳老师、郭芙蓉老师及小学一线名师王欢欢、赵静静、张凤燕等以文化志愿者的身份,引领谈书吧的活动,旨在为少儿读者营造交流、分享读书之乐的平台,每期至少推荐一部优秀的儿童文学作品,与少儿读者共同欣赏,扩展阅读视野,丰富读书生活。

参与活动的少儿读者可赢得"七彩泉谈书吧"送出的一个积分,积极参与交流的少儿读者可赢得 2 个积分。积满 200 个积分借阅额度由原来 3 本提高为 4 本;积满 400 个积分借阅额度由原来的每次 4 本提高为 5 本,并成为《童阅》(济南市图书馆编辑的少儿阅读专刊)的小编辑。

(6)馆员小助理

"馆员小助理"活动是济南市图书馆为少儿读者提供的实践服务岗位。其宗旨是提升未成年人的公民意识,提高其综合素质和能力,从而推进和谐社会建设的步伐。"馆员小助理"活动招收 11 岁以上的少儿读者,每周工作五个半天,时间为上午9:00—11:30;下午14:00—16:30。每年的寒、暑假之前由少儿读者或其家长自行报名,根据参与图书馆或其他志愿服务的表现选择录用,并集中进行岗前培训。

(7)老年人免费电脑培训

"夕阳红"免费老年电脑培训班由济南市老龄委、济南市文广新局主办,济南市图书馆承办,到 2016 年已连续举办 8 年,培训惠及人员达 8000 多人次,深受广大老年读者的密切关注与一致好评,已然成为济南市图书馆的特色服务品牌。

老年电脑培训班的培训地点设在济南市图书馆新馆负一层的电脑培训室。针对老年读者的学习需求,济南市图书馆专门编写了新课件;培训内容以电脑基本操作和上网应用知识为主,让每一位老年朋友开心学习,轻松掌握,从而丰富老年读者的文化休闲生活。

4. 图书馆 + 尼山书院

2014 年 5 月,山东省文化厅发布《关于在全省创新推进"图书馆 + 书院"模式建设"尼山书院"的决定》,要求将现代公共图书馆和传统书院有机结合,在全省公共图书馆建设"尼山书院",进一步发挥图书馆传承教化的文化功能①。济南市图书馆作为试点单位,随即进行了尼山书院的建设,按照要求设立了国学讲堂、国学传习室、道德讲堂、国学经典体验室、国学文献阅览和借阅区、国学电子阅览区等,并推出了一系列丰富多彩的优秀传统文化推广活动,取得了良好的社会效果。

尼山书院建立后,济南市图书馆联合济南市 10 个区县图书馆,积极组织举办"'我爱国

---

① 山东省文化厅.山东省文化厅关于在全省创新推进"图书馆 + 书院"模式建设"尼山书院"的决定[EB/OL].[2016 – 05 – 31].http://www.sdwht.gov.cn/html/2014/ggtz_0512/14595.html.

学'济南市首届亲子诵读大赛",共吸引了全市 1000 余个家庭报名参加。比赛中,各位小选手或吟或诵,或与父母共同演绎国学经典小故事,对宣扬和传播我国优秀传统文化、营造亲子共读和谐家庭氛围起到了积极的推动作用。

2014 年 6 月,济南市图书馆尼山书院举行了首届国学大讲堂公益论坛,来自机关企事业单位的 700 余名干部职工参加了交流。2014 年 8 月,济南市图书馆召开尼山书院专家库成立座谈会,来自山东大学、济南大学、山东财经大学以及社会团体的 8 位知名国学专家"加盟"济南市图书馆尼山学院,并成为首批专家,为尼山书院的后续发展提供智力支持。尼山书院专家库成立后,山东大学教授曾凡朝、济南市府学文庙管理处主任吕智勇等专家先后做客济南市图书馆,为读者朋友带来了以《论语》《大学》《周易》等为主题的公益讲座。截至 2016 年 6 月,国学大讲堂已开办了 67 期。

2014 年 11 月,济南市图书馆尼山书院首期"亲子读经班"开班。此后,每到周六,70 名家长和孩子就在国学讲师的带领下诵读和学习《论语》《大学》《弟子规》等国学经典。

经过一段时间的实践,尼山书院的各项活动都受到了市民极大的欢迎,让读者充分领略了传统文化的独特魅力。济南市图书馆又购置了编钟、插花、古琴、围棋、象棋等器材,又陆续开设了少儿公益书法培训班、成人硬笔书法培训班、国学经典亲子修习班、公益围棋班等课程以及传统文化体验活动。此外,借助尼山书院形成的传统文化氛围,结合春节、元宵节、清明节、端午节、中秋节、重阳节等传统节日,开展了一系列丰富百姓节日生活、弘扬传统文化活动。

七、嘉兴图书馆:构建城乡一体化的服务体系

嘉兴市图书馆的前身是建于1904年的嘉郡图书馆,已有百余年的历史,是我国最早的公共图书馆之一。嘉兴图书馆新馆于2003年10月建成开放。2007年起,嘉兴市图书馆开始探索和实践城乡一体化的公共图书馆服务体系建设,创建了公共图书馆总分馆建设的"嘉兴模式",获得了良好的社会效益,引起了政府、图书馆界和媒体的高度关注。2015年,全年到馆总人次达到322.53万人次,其中乡镇分馆就达到117.82万人次。作为一个地级市的城市公共图书馆,嘉兴图书馆用实践证明了城市公共图书馆在推动乡镇、村图书馆共同发展中的重要作用。

1. 政府主导　统筹规划

"政府主导"被认为是"嘉兴模式"成功的主要原因,也是嘉兴模式的特点之一。早在2004年,嘉兴便开始全面实施城乡一体化发展战略,嘉兴市委、市政府在推进城乡一体化建设进程中,把公共图书馆服务体系建设摆到了应有的位置。2004年发布的《城乡一体化发展规划纲要》、2007年发布的《嘉兴市打造城乡一体化先行地行动纲领》,都有对公共图书馆服务体系的规划。嘉兴图书馆抓住这一契机,2007年获得市、县两级财政总投入2000余万元,在全市开展文化共享工程建设。经过一年多的努力,顺利完成市支中心及五个县(市)支中心建设,创建镇(街道)、村(社区)基层服务点近千个,形成以嘉兴市文化信息资源共享工程数据镜像站为资源及网络中心、各县(市)支中心为枢纽,覆盖全市所有镇(街道)和大部分行政村、社区的文化共享工程服务网络,为构建城乡一体化公共图书馆服务体系建设奠定了网络技术基础。

2007年下半年,嘉兴市图书馆以乡镇分馆建设为切入口,首先在市本级开展乡镇分馆建设试点工作。基于乡镇一级政府财力无力独自承担起公共图书馆建设这一现实,嘉兴市明确乡镇分馆的建设资金和正常运营资金由市、区、镇三级政府共同投入。通过试点,嘉兴图书馆发现农村蕴藏着很大的图书阅读需求量,乡镇分馆建设受到农民群众的广泛好评。同时也发现,总分馆建设作为一个体系建设,光有政府主导下的人员与经费保障还远远不够,政府对总分馆的统筹规划以及建立领导、推进、监督和管理机制也同样重要。因此,嘉兴市政府组织牵头并出台了相关政策,建立了专职机构,在三级政府的共同主导下,乡镇分馆的建设与可持续发展才得到有效保障。

2008年,嘉兴市政府发布《嘉兴市构建城乡一体化公共图书馆服务体系的实施意见》,提出围绕城乡一体化建设战略目标,坚持政府主导、社会参与、整体规划、统一实施的方针,创新公共图书馆服务内容和方式,构建以市、县级图书馆为中心,以图书馆乡镇分馆为纽带,以村(社区)图书室和图书流动车为基础,以企业、学校、部队等行业系统图书馆联合加盟为补充,覆盖全市、城乡一体、功能完善、资源共享、管理规范的新型公共图书馆服务体系的建设目标,并根据各乡镇的人数、覆盖半径和行政区划,对服务体系的网点布局进行统一规划,提出了统一的建设标准。由现行的公共图书馆按行政区划设置向主要按服务人口、服务半

径布点的方向转变。同时推动嘉兴市下辖的五县(市)的公共图书馆服务体系的规划建设。

2. 多级投入　集中管理

所谓"多级投入",是指在市本级范围内,总分馆体系中的乡镇分馆建设和运营保障由市、区、乡镇三级政府共同投入。每新建一个乡镇分馆,由市、区、乡镇三级财政各投入 10 万元,市财政给予作为总馆的市图书馆 30 万元资源购置费补助,总馆专项用于新建乡镇分馆的一次性资源购置。乡镇分馆建成进入正常运营阶段后,每个乡镇分馆每年运营保障经费预算为 30 万元,由市、区、乡镇三级政府财政各投入 10 万元。其中,市财政的投入直接进入总馆,专项用于乡镇分馆的资源购置;区财政的投入划拨至设在区文化局的专门账户,主要用于乡镇分馆设备的添置和更新、消耗材料的补充,以及读者活动等开支;乡镇财政的投入主要用于保障乡镇分馆的日常运营、馆舍维护,以及由乡镇配备的工作人员的工资等。

所谓"集中管理",是指总馆负责管理乡镇分馆的经费、人员、设备、资源建设和相关业务活动。总馆对三级政府财政投入的经费集中管理:乡镇分馆的资源采购由总馆统一进行;乡镇分馆的设备添置或更新,由总馆提出方案,区或乡镇政府按政府采购的程序招标采购;乡镇分馆的其他日常业务支出,均由总馆决定,在预算的范围内支出。此外,在不改变原有行政隶属人事的情况下,实行人员统一管理,乡镇分馆的管理员在当地招聘,享受岗位合同工待遇,由总馆统一培训、统一考核和统一管理,通过定期考核,持证上岗。对于不称职的管理员,总馆有权辞退。同时,总馆还负责对各分馆读者服务工作的指导和协调。

3. 资源共享　服务创新

为实现总分馆体系内的资源共享,总馆负责文献资源的统一采购、统一编目和统一配送,分馆与总馆网络系统整合,实现"一卡通"。明确了乡镇分馆的图书资源产权为市馆所有,在总分馆系统内统一调配和共享。嘉兴市图书馆组建了高效的文献物流系统,图书资源由总馆统一配置,在城乡图书馆之间流通。由于图书产权属于市图书馆,读者把图书放到哪里,书目系统即自动更改馆藏地点,在当地上架流通。在五县二区各图书馆的书目检索平台上,读者都可以了解自己需要的图书在哪个馆里,是否借出,并通过网络或电话预约。总馆读者还可以预约要求浙江、上海等外地图书馆的图书,总馆则通过馆际互借渠道获取。

为提高服务水平和服务效率,2010 年,嘉兴市图书馆与浙江省邮政速递物流有限公司嘉兴市分公司签订了《嘉兴市图书馆书刊配送服务协议》,委托拥有成熟物流系统的浙江省邮政速递物流有限公司负责市馆与各分馆、分馆与分馆,以及分馆与村图书流通站间的书刊配送、预约流转服务,其中对读者异地图书预约,采用邮政物流的快递方式,以每本书 5 元的成本把读者预约的书从馆藏地调往读者的取书地,费用由图书馆承担。邮政物流不仅使服务水平上到了一个新的高度,而且使文献流通的成本相应降低,效率大大提高①。

4. 图书馆服务向村级延伸

在乡镇分馆全面建立的基础上,嘉兴市图书馆在南湖区余新镇长秦村、秀洲区洪合镇良

---

① 朱福英.嘉兴市公共图书馆服务体系的一项创新工程——邮政物流服务[J].图书馆理论与实践,2013(3):98—99.

三村尝试设立流通站取得成功后,嘉兴市文广新局、嘉兴市财政局于 2009 年 4 月联合发布了《关于在市本级开展村(社区)图书流通站建设试点工作的通知》,对市本级开展村(社区)图书流通站建设试点工作进行了明确部署,即以总馆为技术与文献支撑,以乡镇分馆为节点,建立村级图书室或村级流动服务点。要求在 5000 人以上有条件的村(社区)建设分馆,建设标准为:面积 100 平方米左右,藏书 3000 册以上,报刊 50 种左右,计算机不少于 7 台(其中工作电脑 1 台),计算机网络带宽不低于 4 兆,阅览座位 20 个左右;村(社区)分馆每周开放时间不少于 22 小时。配备村(社区)专职图书管理工作人员 1 名。

村分馆的建设资金由区、镇、村三级政府筹措。村分馆一次性建设费补助 2 万元,村(社区)专职管理员补助 3000 元/每年。在总馆统筹下,以乡镇分馆为中心辐射辖区内村分馆,具体负责指导和协调本区域内村分馆的业务管理、资源配置和读者服务等工作①。

5. 基层分馆提档升级

由于乡镇分馆在建设之初主要是解决"从无到有"的问题,因而建设标准都属于"基本保障型"。随着乡镇居民日益增长的文化信息需求,乡镇分馆馆舍舒适度差、硬件配置低等已无法满足民众需求。2014 年,嘉兴市图书馆适时启动了乡镇分馆的升级改造工程。

由于"多级投入、集中管理"所保障的每一个乡镇分馆的运行经费由总馆来决定其使用,因此总馆对每年每个分馆 30 万元的运行经费都会有使用安排,其中包含设备的更新升级和馆舍的维修费用。除去日常的设备维修等费用外,结余部分就作为专项资金存留在专门账户里,正是有了这笔专项资金,升级改造工程才得以实施。升级工程由嘉兴市图书馆规划实施,为乡镇分馆配备的新装备包括:RFID 自助借还系统、电子书借阅机及数字阅读体验区、触摸式电子屏、视障人士阅读设备、小舞台及音响设备等。升级后的乡镇分馆服务功能和馆员的管理能力也逐步得到了提高,分馆与总馆间的服务联运和活动联动使得分馆实现了服务活动化、活动常态化与制度化,到馆人数大大增加,2014 年乡镇分馆的整体效益比上一年明显提升:新办读者证 10 462 张,比上一年同期增加了 4925 张,增长率为 88.9%;外借总量59.343 万册次,比上一年同期增加了 20.7187 万册次,增长率为 53.6%②。

6. 延伸服务的进一步拓展

2011 年,嘉兴城乡一体化公共图书馆服务体系入选第一批创建国家公共文化服务体系示范项目,嘉兴市图书馆以此为契机,实施了农家书屋与公共图书馆服务体系的资源整合、统筹管理和协同发展,创造了农家书屋和公共图书馆服务体系融合发展的嘉兴经验。具体做法是:首先,依托县域图书馆总分馆体系,由总馆负责组织,按国家统一著录标准,建立农家书屋书目数据库,搭建农家书屋业务管理平台。其次,以县为单位,将所有农村居民的市民卡增设图书借阅功能,或向农村居民免费发放图书馆借阅证,建立计算机管理的读者数据库。在建好两个专门数据库后,农家书屋管理系统与公共图书馆管理系统在后台通过技术手段隔离,资源权属清晰,但面向读者的前台则打通间隔实现对接,实现所有资源统一检索、

---

① 朱祥仙. 城乡一体化总分馆制背景下的村图书分馆建设及延伸服务——以嘉兴市为例[J]. 图书与情报,2012(3):92—95.

② 李超平,孙云倩. 嘉兴:打造新一代的乡镇分馆[J]. 国家图书馆学刊,2015,101(5):44—47.

通借通还、共享共用。

农家书屋与公共图书馆服务体系的融合,首先,实现了农村居民持证率100%,大幅度拓展了服务对象。其次,农家书屋的资源"动"了起来,倒逼资源结构、配置方式变革。再次,打通了农家书屋和公共图书馆的资源阻隔,建立起统一的公共阅读资源体系。最后,技术创新降低了农家书屋服务点信息化改造成本。截至2015年8月,已有市本级136个农家书屋完成了与总分馆体系的资源整合①。

从2014年起,嘉兴市图书馆逐步在街道和社区安装24小时自助图书馆,采用同城借阅方式,通过互联网与总馆实现一卡"通借通还",总馆定期进行书籍更新,以满足市民的借阅需求。

截至2015年年底,嘉兴已在全市范围内建成6个总馆、2个区分馆、59个镇(街)分馆、88个村(社区)分馆及1200余个图书流通站(含农家书屋)的公共图书馆服务体系。其中,嘉兴市本级建成1个总馆、2个区分馆、11个镇(街)分馆、28个村(社区)分馆及313个图书流通站(含农家书屋)②。

7. 总分馆制建设标准化

2015年5月27日,为全面系统地梳理、总结、提炼嘉兴公共图书馆总分馆制建设的基本做法、经验,促进总分馆制建设的标准化,提高嘉兴总分馆服务体系的综合服务效能、规范内部管理,嘉兴市文化广电新闻出版总局印发了《公共图书馆中心馆—总分馆服务体系标准》。

一是再次明确了嘉兴市公共图书馆总分馆制建设的基本原则,即"政府主导、统筹规划,多级投入、集中管理,资源共享、服务创新",既使政府责任制度化,又突出了嘉兴公共图书馆总分馆建设的特色。

二是明确界定了中心馆、总馆功能。中心馆的五大功能是:指导与协调全市公共图书馆事业建设和发展;指导与支持全市公共图书馆业务建设和运行;组织与协调全市公共图书馆人员培训和队伍建设;指导与统筹全市公共图书馆服务创新实践和研究;统筹全市图书馆数字资源建设与服务。总馆的七大功能是:编制本地区公共图书馆总分馆服务体系建设规划;统一文献资源的采购、加工、配置,实行通借通还;统一服务规范与业务标准;打造全民阅读品牌,开展区域性阅读活动联动;指导、监督和支持分馆运行与服务;下派分馆馆长,培训业务人员;考核分馆管理与服务绩效。

三是固化了主要指标和基本制度,即设施建设指标、资源配置指标、服务效能指标以及运行管理制度、人员经费保障制度③。

8. 创建文化服务品牌

随着总分馆建设的逐步推进,嘉兴市图书馆通过不断开发和组织丰富多彩的文化活动,

---

① 嘉兴市文化局. 嘉兴市推动农家书屋与公共图书馆的深度融合——嘉兴市图书馆正式启动农家书屋与公共图书馆服务体系资源整合项目[EB/OL]. [2016 – 05 – 27]. http://www.jiaxing.gov.cn/swhj/gzdt_6157/qtywxx_6161/201509/t20150922_536591.html.

② 中国嘉兴. 嘉兴发布公共图书馆分布地图[EB/OL]. [2016 – 05 – 27]. http://www.jiaxing.gov.cn/wzbjb/zyxx_36070/201512/t20151213_558571.html.

③ 嘉兴市文化广电新闻出版总局. 关于印发《嘉兴市公共图书馆中心馆—总分馆服务体系标准》的通知[EB/OL]. [2016 – 05 – 27]. http://www.chinalibs.net/ArticleInfo.aspx? id = 400227.

吸引更多居民到馆,着力推动服务的活动化、常态化、制度化,形成了一系列能够产生辐射效应、实现公共图书馆服务社会效益最大化和资源效能最大化的品牌文化活动,推动了总分馆制建设的进一步发展。

(1)"禾禾"系列少儿品牌化活动

2013年,为使少儿读者能够走进图书馆,爱上图书馆,嘉兴市图书馆在少儿阅读推广方面狠下功夫,推出了"禾禾"系列少儿品牌化活动。"禾禾"品牌的第一个"禾"是嘉兴的简称,第二个"禾"是禾苗的意思,代表少年儿童,表示是专门为他们举行的活动,希望他们茁壮成长[①]。初期以每周一次的故事会、每月一期的手工坊为主打活动,经过一段时间的探索和实践,"禾禾"绘本故事、"禾禾"手工坊、"禾禾"科普站、"禾禾"英语吧和"禾禾"书虫宝宝5个活动,每月或每周定期开展活动。最初,这项活动只在总馆进行,经过一段时间的试行,在分馆铺开,以统一的标志、统一的模式、统一的内容开展"禾禾"系列幼儿活动。随着活动的持续开展,根据小读者和家长的需求,嘉兴市图书馆还在不断开发新的服务内容,如2014年推出了"绘声绘色创绘本"系列子活动,将创意绘本和绘画构图相结合,尝试用想象与创意的方式开辟绘本阅读的新思路,使图书馆真正成为传播阅读梦想的大舞台。

2015年,依托城乡一体化公共图书馆服务体系,以总馆为中心,"禾禾"系列少儿活动品牌已面向乡镇(街道)、村(社区)全面辐射铺开,运用"总馆创新模式、分馆复制借鉴"的方法,实现了总分馆联动开展。2015年,"禾禾"少儿活动共计举办300多场,近万人次参加,产生了很好的社会效应。

(2)夕阳红"e"族电脑培训

夕阳红"e"族电脑培训是专门针对老年人进行的电脑培训,于2013年举办首期,深受广大老年读者的欢迎。嘉兴市图书馆根据老年人的特点,采取通俗易懂的教学方式,帮助他们初步掌握计算机的基础应用,包括操作系统、浏览器、手写输入法等基础内容的培训以及word应用入门、论坛、微博、程序下载与安装、电脑安全等较为复杂的电脑知识培训;随着智能手机的普及,老人们也爱随时随地用手机记录美好的瞬间,图书馆又适时地开设了相关手机应用软件的培训,如美图秀秀的使用等。活动之初,嘉兴市图书馆分别在5月份和6月份开办基础班,7月份和8月份开办提高班,随着报名参加的人数不断增加,从2014年开始,改为在3月、4月和9月、10月开办基础班,5月、6月和11月、12月办提高班,课程增加了一倍。现在,来学习的老人越来越多,基础班则分A班和B班。活动场地也从总馆扩展到了秀州区分馆。

(3)帮兄弟回家

2012年1月,嘉兴市图书馆秀州分馆电子阅览室为一位电脑操作不熟练、多年未能与家人共度春节的农民工读者在网上成功订购了车票,受此启发,决定迅速推出免费服务项目——"帮兄弟回家",帮助文化程度不高的外来务工人员通过网络购买回家车票。

借助千兆网络的网速及遍布城乡总分馆的公共电子阅览室,嘉兴市图书馆免费提供快捷的网络通道及购票培训和辅导,为读者春节期间返乡购票提供便利。读者可直接到嘉兴市图书馆总分馆,在图书馆工作人员的指引下进行购票;对于不识字、不会上网的外来务工人员,图书馆还提供了代买票服务。嘉兴市图书馆特地准备了购票用的网银账户,为没有网

---

① http://www.chinalibs.net/ArticleInfo.aspx? id＝356929.

银的读者提供网银代付,购票人只需带足购票的现金即可。针对团体咨询网络购票流程的,嘉兴市图书馆还可以提供免费上门培训服务。

为让更多的人知悉这项服务,嘉兴市图书馆利用图书馆网站和各种宣传途径进行推介宣传。在图书馆大厅显要位置贴出"帮兄弟回家"项目的"网上订票攻略"和"温馨提示",各乡镇分馆也贴出相关告示扩大宣传范围。图书馆的订票服务引起了省、市主流传媒的关注,带动了电视、报纸、网站等各种媒体的广为传递①。此后,嘉兴市图书馆每年都会在春节前开展"帮兄弟回家"活动,越来越多的人选择到图书馆来购票。2015年,"帮兄弟回家"培训人数超过1300多人次,辅导超过2000人次,帮农民工抢购火车票达800多张。

(4)快乐读写直通车

2014年,嘉兴市图书馆着手开展针对具有读写困难症儿童的服务,在馆员培训、社会调研、服务项目设置和课程安排方面做了大量的前期准备工作。

在馆员培训方面,2014年5月,嘉兴市图书馆派两名馆员参加了由广州图书馆学会广州图书馆和东莞图书馆在广州市图书馆联合举办的"图书馆为读写困难症群体服务高级研修班",学习读写困难症的相关知识,掌握基本的服务技能和服务方法。其次是走访本地部分小学老师、学生家长,发现读写困难症群体,调查读写困难症学生的情况及需求,确定潜在招募对象。在此基础上,在华南师范大学"公共图书馆为阅读障碍人群服务的理论、方法与对策研究"课题组的指导下,组建了由图书馆副馆长负责,2位馆员、2位合作老师组成的读写困难症儿童服务团队,花数月时间精心设计了课程,并利用多方渠道,宣传读写困难症知识,提高社会各界人士对读写困难症的认识。

经过数月的准备,2014年11月,嘉兴市图书馆开展了为期两个月的"快乐读写直通车"学习体验营活动,活动每周一次,共计开展9次;每次20名儿童,20名家长,总共参与人数达360人次。在活动开办中,嘉兴市图书馆积极寻求社会力量进行合作,邀请了嘉兴市星星家园融合教育中心(一家致力于自闭症儿童等特殊儿童教育的社工组织)、嘉兴市青鸟社会工(一家致力于青少年服务的社工组织)等社会公益机构联合举办。其中,嘉兴市图书馆负责活动项目的策划、宣传、组织、读写困难症儿童学员的招募,教师教学指导;其他两家机构负责组织专业教师对读写困难症儿童实施特殊的教学辅导和心理援助。2015年,"快乐读写直通车"助力读写困难儿童开展了3期活动,总计29场课程,培训80余人。

① 朱祥仙.公共图书馆的文化服务品牌实践与思考——以嘉兴市图书馆"帮兄弟回家"项目为例[DB/OL].[2016-05-30].http://www.chinalibs.net/ArticleInfo.aspx? id=360937.

八、浦东图书馆:创建读者精神家园

2007 年 9 月,浦东新区投入 8.5 亿元的浦东图书馆新馆开工建设,并于 2010 年建成投入使用。新馆地处以世博会主会场和世纪公园为中心形成的上海新文化圈内,用地面积约 3 万平方米,总建筑面积 60 885 平方米,藏书容量约 200 万册,阅览座位约 3000 个,日接待读者能力为 6000 人次。新馆建筑造型为纯净、简约、大气的六面体形,分为地下两层和地上六层,建筑总高 36 米。浦东图书馆实行全年 365 天开放,每天开放 11 小时,M 层自修区每天开放 13 小时,基本服务全部免费,真正实现了图书馆服务的公益性、大众化和无门槛。

1. 秉承公共图书馆文化使命,走内涵式发展道路

2010 年新馆开馆以来,浦东图书馆坚持走内涵发展,外化实施的发展道路,顺应我国重视文化建设、重建精神家园的发展趋势,从价值论、本体论和方法论的层面探讨图书馆"是什么"、图书馆"为什么"和图书馆"怎么做"的问题,重新思考浦东图书馆的定位和未来的发展方向。有关这三个问题的思考,浦东图书馆馆长张伟曾在接受媒体采访并多次撰文进行了详细的表述:

关于图书馆"是什么"的问题,浦东图书馆从本体论的角度分析后认为,浦东图书馆是大众享受学习乐趣、感受文化感召、体验心灵和谐、接近生命智慧的"精神家园",是促使人们寻找和平和精神幸福之所,是极富影响力的城市公共文化空间。

关于图书馆"为什么"的问题,就是从价值论角度思考浦东图书馆新馆的价值诉求问题。

公共图书馆不仅要承担起保障公民基本文化权利、保障社会信息公平等社会职责,更要用人文精神来提高大众文化的品质,引领大众文化的走向,帮助大众实现"文化自觉"。因此浦东图书馆从开馆之初就确立了秉持"以人为本,文化立馆,把浦东图书馆办成读者和馆员的精神家园"的办馆理念。

关于图书馆"怎么做"的问题,浦东图书馆关注的首先是"高起点"。浦东与南汇合并、世博会的召开、国务院批准的上海要建设国际金融中心和国际航运中心等为新浦东发展提供了难得的发展机遇。基于这种发展背景下的浦东图书馆新馆"高起点",不仅仅是浦东图书馆新馆硬件的高起点,更是办馆理念、精神与价值追求的"高起点"。与浦东图书馆同时诞生的还有一种使命和责任,即浦东图书馆一定要在微观领域探索中国公共图书馆转型的实践。为此,浦东图书馆用了半年多的时间进行走访调研,从功能定位、服务理念、方式创新等方面重新思考本馆的未来发展,制定了《浦东图书馆发展规划(2011—2015)》,从理念、制度、功能、队伍、文化等五个方面建构了浦东图书馆内涵发展的理论和实践体系,即在服务功能上,注重以品为本,高嫁接,横联谊,低辐射,创新公共图书馆服务方式;在学术上,注重以专为本,营造崇文尚哲、价值引领之学术研究风气;在用人上,注重以德为本,做人第一,强调品格比才华更重要;在内部管理上,注重以心为本,建立"制度 + 人文"的管理方式;在公共关系上,注重以谦为本,谦恭好客,广交朋友,创读者满意、业界认同、社会好评、政府放心的公共图书馆;并把自身的转型归纳为:从重书走向重人、从重藏走向重用、从重技术走向重人

文、从单一走向复合、从被动走向主动、从纸质走向数字与纸质并重。

正是对这些理论的不断探索和实践,新馆开馆以来,浦东图书馆受到社会各界和读者的关注与积极欢迎。周六、日和暑期每天都有一万多人到馆,新馆一个月的借阅量就超过了浦东新区38个街镇图书馆当月借阅量的总和。第一年的到馆读者量和借阅量分别是263万人次和239万册,二者都跃居全国公共图书馆前列①,取得了良好的运营效益和广泛的社会影响。目前,新馆已成为新区公共图书馆服务网络的枢纽、面向社会的文化教育中心、新区文献收藏中心、服务于浦东地区的公共网络信息导航中心,是新区文献信息加工、生产和增值中心、情报信息开发与服务中心,以及浦东新区对外文化交流的重要窗口。秉承公共图书馆文化使命,走外延式发展与内涵式发展相结合、以内涵式发展为重点的路径,浦东图书馆的各项工作取得了令人瞩目的成绩。

2. 专题资源建设与服务

浦东图书馆馆长张伟认为,现代图书馆作为大众教育机构,应该是大众的精神家园,一个极富吸引力的、融教育、文化、生活为一体的公共大平台。新馆开馆伊始,浦东图书馆就依据本馆发展纲要、性质、任务和服务对象,借助本身具有的资源优势,结合浦东新区的经济和文化发展特点,将本馆的文献资源进行整合和优化,重点构建了特色专题文献。

（1）金融专题文献

金融专题围绕上海建设"国际金融中心"的目标而设立,主要收藏货币、银行、投资、保险等方面的金融类中外文图书、重要会议资料、金融珍贵档案资料,收录金融领域的官员、专家、学者、企业家的经典著作和最新研究成果,重点收集浦东新区在上海国际金融中心建设中的理论研究成果。此外,还订阅了金融类精品报刊和数据库,建立研究级收藏和专题馆员服务体系,保障读者的金融研究需求。目前,金融专题的藏书量约为2万册,另有中外文期刊和报纸约100种。

依托金融专题文献,浦东图书馆开展了"金融悦读"系列活动,邀集金融界专家学者,真诚、建设性地探讨金融领域重要问题,为金融机构和金融爱好者搭建获取新知、沟通信息、畅谈交流、思想互动的平台,同时在活动中嵌入金融文献的推介,推进了浦东图书馆金融专题阅读的推广。例如,2016年,浦东图书馆邀请对外经济贸易大学副校长张新民教授为读者讲授"创业路上的财务金融修炼"、邀请上海对外经贸大学副教授汪其昌讲授"金融的本质与英国的崛起"等。

（2）航运专题文献

航运专题围绕上海建设"国际航运中心"的目标而设立,包括航运业、国际航运、邮轮产业、航运政策与法规、航运科技、航运服务业（航运金融、航运物流、航运会展、航运咨询及信息管理、航运教育与培训）、货代、报关、提单等的中外文图书、行业年鉴、统计报告、航运类报刊等。目前,该专题文献的图书藏量为1万余册,报纸10种,中文期刊96种,外文期刊43种。

为强化浦东航运枢纽中心地位,营造上海国际航运中心的文化氛围,完善上海国际航运

---

① 刘锦山,张伟.张伟:中国缺少教堂　更需要图书馆[DB/OL].[2016－05－17].http://www.chinalibs.net/ArticleInfo.aspx? id＝259530.

中心建设的软环境,浦东图书馆邀请航运专家开展了"航运沙龙"主题活动。活动旨在加强推介浦东图书馆专题的优质文献和服务,深入开展国际航运中心建设背景下的航运文献和信息资源服务,拓展航运专题服务渠道和服务方式,延伸航运专题服务内涵,凸显图书馆教育功能。例如,2016 年"航运沙龙"分别邀请了上海社会科学院城市化发展研究室主任宗传宏做"自由贸易试验区建设——推进国际航运中心建设的'加速器'"的报告、复旦大学上海物流研究刘建林博士做"现代物流与我们的生活"的报告、中国航海博物馆馆长助理周群华做了"中国海洋权益保护——从钓鱼岛说起"的报告等。

(3)干部教育与城市治理专题文献

干部教育专题文献由浦东图书馆与浦东干部学院共建,内容涵盖马克思主义中国化、经济、金融、社会管理等社会科学相关领域。

城市治理专题主要是借助世博会在上海举办的良好契机而建立的。浦东图书馆位于浦东文化园核心区域,与世博会场馆毗邻,建成的资源还可以与邻近的浦东干部学院共享。城市治理专题主要收集国内外城市建设、城市公共事务管理、社会发展与组织、社区规划、市政经济、城市生活、安全管理、环境治理等方面的文献资料,供政府决策层、社会工作者及广大市民学习研究,反映"城市,让生活更美好!"的精神。同时,与浦东干部管理学院图书馆合作,力图突出与城市治理相关的管理类文献及管理者的实践成果、专家研究的著述,以便搭建长久交流的平台,为该院校高层次管理者阅读此类文献服务。

(4)法律专题文献

法律专题文献建设的目的是适应法制社会发展的需求,增强公民的法制观念,使读者全面了解我国的各项政策法规及上海市地方政府的规章制度。收藏范围是在原有藏书的基础上汇集新中国成立以来颁布的各项法律法规及上海地方政策法规文献。文献内容主要突出法学、中国法律、政治制度、国家行政管理、地方法制、与我国政策法规有关联的国际法,并订购重点反映我国政策法规信息的期刊、报纸等。目前,法律专题拥有 4 万余册书籍。

为切实贯彻法制宣传教育第六个五年规划精神,加强法制宣传教育,传播法律知识,弘扬法治精神,进一步推动社会公众法治意识和法律素养的提高,浦东图书馆还邀请专职律师开展法律讲座和律师团法律咨询活动,旨在增进读者对图书馆法律专题的了解和认识,提高图书馆法律专题文献的利用率,拓展法律专题服务渠道和服务方式,凸显图书馆的法制宣传教育功能,进而扩大图书馆在法制宣传教育中的社会影响力。例如,2016 年,浦东图书馆邀请律师事务所律师开办了法律讲堂"如何预防房产中介陷阱"和"从《芈月传》版权纠纷谈影视 IP 法律问题"。

(5)艺术·时尚专题文献

该专题包含绘画、书法、篆刻、雕塑、摄影、工艺美术、音乐、舞蹈、戏剧戏曲、电影电视、艺术考古、旅游、服饰、美容、家居装饰等类别,在文献建设上突出专题文献的专业性和学术性,首先确保研究级书籍文献的收藏,满足专业读者的需求,同时也收藏普及型、一般性读物,满足普通读者的阅读需求。目前,"艺术·时尚"专题文献的藏书量约为 115 000 册,中外文报刊 400 余种。

"艺尚雅集"是"艺术·时尚"专题的特色系列活动,每月不定期举办,内容涵盖"艺术·时尚"专题的各个方面,包括摄影讲座、服饰讲座与展示活动、花艺讲座与体验活动、文玩收藏讲座等活动,内容丰富,形式多样,既展现和发扬浦东地方特有的传统艺术文化,又以对艺术和时尚敏锐的感知力展现浦东新区年轻、朝气、先进、充满活力且接轨国际一面。在传播艺术与美的同时,也为广大读者朋友提供了一个学习交流的平台。如2016年"艺尚雅集"开展的活动有:"花朝节汉服文化讲座及展示""爱浦东,爱生活,爱养花"等。

3. 创新服务方式　拓展服务功能

浦东图书馆在开展各项读者服务时,始终坚持"以人为本,文化立馆,把浦东图书馆办成读者和馆员的精神家园"的办馆理念,这不仅体现在基本服务方面,如浦东图书馆为每一位读者提供免证进馆、不分户籍办理借书证、向所有人开放所有的阅览室等服务,更体现在对服务方式的不断创新和服务功能的不断拓展方面。

(1)读者自主管理的公共文化活动课程化实施

2013年秋,浦东图书馆和文化名人鲍鹏山教授一起合作创办了公益国学班浦江学堂。鲍鹏山教授是浦东图书馆浦东文化讲坛的讲座嘉宾,潜心研究诸子百家等传统文化数十载,曾在央视百家讲坛开讲"鲍鹏山新读水浒""孔子是怎样炼成的"而广受好评。鲍鹏山教授认为社会上现在虽然有众多各式各样的国学班,但却存在着"不系统、不专业"等问题,希望开设系统而专业的国学课程,让孩子们从小接受系统的传统文化与国学知识熏陶,这与浦东图书馆计划实施的公共文化活动课程化不谋而合。2013年9月,第一期浦江学堂正式在浦东图书馆开课。

浦江学堂首期克图班共招收了30名二至三年级的小学生,每周六参加免费的国学经典课程学习。项目进行过程中,浦东图书馆负责提供固定的免费教室、设备、现场服务以及宣传报道等,由鲍教授及其学生担任主讲老师,主导"浦江学堂"课程设计。为实现读者的自主管理,经过一个月的沟通和交流,建立了由7位热心家长组成的家委会,由家委会建立家长微信群,通过微信群,发布各种学习信息、班级信息,以及召开家长会的通知、学生作业情况的反馈等。此外,浦东图书馆还委托家委会成立家长志愿者队伍,并排出值班表,由家长轮流承担一定的班级管理任务,如每堂课由两名家长上课前做好考勤、收缴作业、学生优秀作品在微信里面进行展示;上课期间帮助老师管理课堂纪律,发现问题及时和学生家长沟通;轮流组织两位家长参与小组诵读比赛评分等①。

经过一年的学习,学生们能熟练背出《论语》,孩子们通过静心阅读学会了思考,有了恭敬心,有的还能引用《论语》原典解析面临的生活问题。2014年9月,浦东图书馆招收第二批学生,浦江学堂明图班开班。到目前为止,共计已开设了9个班级。

(2)关注弱势群体　残疾人事业发展

早在2001年,浦东图书馆就开展了面向视障人的公益服务。新馆开馆以来,浦东图书馆将盲人服务作为图书馆长期的、重点开展的业务,投入大量经费,积极探索和实践面向残疾人的公益性服务之路,针对残疾人的特殊需求提供内容丰富、形式多样的文化服务,目前,已开展了盲人电脑培训班、盲人读书会、盲人征文活动、盲人写作培训、无障碍电影观看、盲人读书演讲会、盲人朗读比赛、打字比赛等多项主题活动和服务。2010年,浦东图书馆的盲

---

① 顾晓芬. 读者活动自主开展的有益探索——浦东图书馆"浦江学堂"[DB/OL]. [2016 – 05 – 17]. http://www. chinalibs. net/ArticleInfo. aspx? id = 399463.

人服务获得了国际图联颁发的视障人士服务唯一团体大奖"国际图联 Ulverscroft 基金会最佳实践奖"①，这是中国图书馆首次获得此项殊荣①。为便于盲人出入，新馆在 M 层设置了 300 平方米的视障者服务中心，截至 2015 年，浦东图书馆有盲文图书 3000 本，无障碍电影 90 多种，配有盲用电脑 15 台以及盲文点显器、盲文刻录机、数码助视仪等盲人阅读设备②。

（3）做强做专咨询服务

浦东图书馆依托丰富的馆藏与网络资源和专业化的图书情报人员队伍，开设检索咨询、文献提供、定题跟踪、信息开发、决策参考、竞争情报以及媒体舆情等服务，坚持以用户需求为导向，准确、快捷地对各类文献、信息、数据进行收集、整理、开发、提供与利用，以满足政府部门、企事业单位、社会团体及公众对文献、信息、情报的多层次、多样化信息需求。

其中，检索咨询为读者提供表单咨询和课题服务。文献提供为读者提供代查代检和文献传递服务。定题跟踪可根据机构或读者委托提供舆情监测和剪报服务。信息开发提供浦东开发开放新闻报道数据库、浦东论文研究资料数据库以及浦东书目等内容。决策参考主要为"两会"代表、委员撰写提（议）案收集信息参考资料；受理代表和委员与提（议）案有关的事实性咨询；提供与代表、委员本职工作、科研课题相关的文献信息；以国家重点经济、科技、社会问题为导向，针对浦东开发开放、经济社会发展中整体战略规划和决策，进行相关基础数据与动态监测、国内外态势分析、发展趋势分析等战略情报研究；针对浦东新区政府部门的各类专题文献信息需求，广泛收集各类资源信息，包括境外媒体信息，对相关热点报道、敏感问题、各类评论、综述等信息，进行整理提炼，提供专题编译服务。竞争情报服务提供政策信息监测、媒体舆论监测、竞争对手监测和行业信息监测服务。政策信息监测、媒体舆论监测、竞争对手监测和行业信息监测服务。

（4）开展延伸服务

近年来，面对多样化的文化阅读需求，浦东图书馆从"高嫁接、多功能、低辐射，提倡关注内涵发展"的思路出发，坚持公共服务普遍均等原则，不断拓展延伸服务范围，加快构建协同运作、优势互补、资源共享、覆盖城乡的全区公共图书馆总分馆体系新格局，探索实行公共图书馆总分馆制，形成"总馆—直属分馆、区域分馆—街镇分馆—延伸服务点、村居图书室 + 文献资源共享联盟"一体化的服务体系。目前，全区已建成公共图书馆（室）1397 个，其中区级馆 3 个、街道/镇图书馆 36 个、公共图书延伸服务点 263 个、农村农家书屋 325 个、居委会图书室（综合文化活动室）770 个，初步形成了覆盖全区的设施网络。

依托总分馆体系，很多读书活动品牌也在不断形成。总馆推出浦东文化讲坛、人文艺术展览、学术论坛、数字图书馆、周末市民文化活动、民工子弟学校图书室、地方文献资源服务、生命阅读、"我的图书馆我做主"志愿者服务等品牌项目服务菜单；各分馆则围绕区域、单位自身禀赋，培育打造特色阵地服务品牌项目，按照有效服务半径辐射区域读者。通过拓展网络、转换机制、名人打造、丰富内涵和资源共享等途径，扩大品牌的影响面，各类分馆、服务点共同参与，扩展服务群体规模，共同培育品牌项目。

---

① 浦东图书馆.上海浦东图书馆荣获国际图联 Ulverscroft 基金会最佳实践奖［DB/OL］.［2016 – 05 – 17］.http://www.chinalibs.net/ArticleInfo.aspx? id = 203376.

② 郁伟东.公共图书馆扶盲助盲志愿服务探析——以浦东图书馆为例［DB/OL］.［2016 – 05 – 17］.http://www.chinalibs.net/ArticleInfo.aspx? id = 399462.

4. 加强阅读推广　打造文化品牌活动

近几年全民阅读成为社会关注的热点,浦东图书馆视阅读推广为己任,努力将图书馆建成市民的学习中心。以新馆开馆契机,打造新的文化服务品牌,已连续举办五届浦东图书馆读书节,开发出读者欢迎的系列文化活动,如"浦东文化讲坛""人文艺术展览""真实影院""国学沙龙""三人行英语角""少儿绘本阅读故事会""迪士尼亲子故事会""读书沙龙"以及文学、教育、金融、健康等各类讲座活动。目前,已形成了浦东读书节、新书导航和图书漂流活动等品牌文化活动。以2014年为例,浦东图书馆共举办各类讲座及活动571场,读者培训175场,人文艺术展览38场。

(1)浦东读书节

浦东读书节是浦东图书馆于2010年创立并举办的一项大型综合性群众读书文化活动,时间为每年的4月至10月,至2016年已举办6届。每届都围绕特定的主题组织开展各类读书文化活动,力图打造由政府倡导、图书馆组织、社会参与的全区性公益文化品牌,营造千百万市民群众读书明理、求知成才的浓厚文化氛围,引领与时俱进、勤奋学习、奋发有为、积极向上的社会主义新风尚。

浦东读书节秉持"人文浦东、文化强区"的宗旨,以"享受阅读、促进和谐"为主题,以"城市文化品牌,大众文化节日"为口号,充分调动社会各界参与读书活动的积极性。活动举办做到了学科系列化(包括文学、艺术、科普等)、对象系列化(分别举办满足老、中、青、少儿读者需求的系列活动)、形式系列化(如讲座、征文、演讲、竞赛等),从而保证了读书活动的长效运行。

以第6届浦东读书节为例,本届读书节主题为"我阅读·我快乐",从2016年4月23日世界读书日正式启动,将一直持续到10月22日浦东图书馆六周年馆庆日。在读书节持续的6个月内,将有讲座、展览、培训、读者服务等12类文化活动相继举行。4月23日的读书节开幕式上,举办了"问道教育"首届高峰论坛,来自社会各界的专家、学者在读书节期间向读者精彩开讲。从4月到10月,浦东图书馆将陆续推出10余个展览,全部对读者免费开放:4月23日开幕的读书节图片展(2011—2015)、5月的陶物草堂作陶展、6月的上海书协作品展、7月的"党的摇篮"光荣城市巡展等。读书节期间,浦东图书馆还为各年龄层的少年儿童准备了丰富多彩的活动,如面向3至6岁学龄前儿童的亲子家庭,推出"故事妈妈讲故事"与"迪士尼亲子故事会";面向中小学生,则准备了"作家教你写作文"讲座、国学沙龙、暑假"图书小管家"等寓教于乐的活动。此外,本届读书节首度将街镇图书馆阅读推广活动纳入其中,汇总街镇馆、延伸服务点、中小学分馆的读书品牌活动,尝试搭建一个浦东区域图书馆系统阅读推广品牌活动交流和共享的平台:5月,老港镇图书馆将举办"五四青年节"放飞梦想征文活动;6月,康桥镇图书馆将举办康桥杯小学生畅想迪士尼儿童画大赛及作品展;7月,三林镇图书馆将举行"我的快乐童年"三林镇第六届少儿暑期绘画大赛等,活动将惠及浦东各区域,使读者在家门口就能品味书香。

(2)图书漂流活动

浦东图书馆的爱心图书漂流活动于2010年8月30日开始运营,是由浦东图书馆采编部策划、实施和管理的爱心公益品牌项目。

项目实施初期,由于图书缺乏管理,首次上架的4000册图书全部漂出,基本没有回漂的图书。为了确保不断丰富和充实漂流图书,使漂流活动能够持续下去,浦东图书馆经过调研,采取了一系列措施。制定了《捐赠须知》和《取阅规则》,通过网站开设"爱心图书漂流"的微博加强宣传,在浦东新区政府、浦东市民中心等地增设爱心捐书箱,开通爱心捐书热线电话,对于捐赠数量较大的读者,提供上门取书服务等。越来越多的读者支持、参与爱心图书漂流,读者捐书的数量和质量均有提高。目前,浦东图书馆平均每月都能收到漂流图书1000 多册。

经过几年的发展,爱心图书漂流活动已经成为浦东图书馆的一个文化品牌,受到社会各界的关注和赞誉。截至 2015 年 6 月,共计接收各种图书、杂志捐赠 71 403 册,其中大部分图书放在浦东图书馆 M 层进行爱心漂流,由读者自由取阅。还有一部分图书浦东图书馆根据偏远地区的图书需求的申请,对偏远地区进行图书输送,累计建立了 10 家爱心漂流图书点,共计输送图书达 21 487 册。

5. 图书馆法人治理实践

为了落实中共中央、国务院关于分类推进事业单位改革的要求,推进浦东新区国家公共文化服务体系示范区的创建,2012 年年底,浦东图书馆被浦东新区编办确定为法人治理结构试点单位之一,并被列入文化部法人治理专项试点,同时还是浦东新区的年度综合配套改革事项。为使法人治理工作既有创新突破,又能稳妥有序地进行,浦东图书馆邀请了上海市委宣传部政策研究室的相关人员、浦东新区编办的领导和浦东新区其他两家法人治理试点单位的人员一起进行了大量的前期调研;成立了专项工作组,搜集研究了国内外的大量相关资料,并到广州图书馆、温州图书馆等地进行了实地调研。2014 年,浦东图书馆完成了理事会章程等文件的起草工作。2015 年 3 月 20 日,举行了第一届理事会成立大会,浦东图书馆法人治理工作正式启动。

浦东图书馆将理事会定位为图书馆的决策机构,理事会通过《浦东图书馆章程》和理事会会议行使决策权,支持图书馆管理层工作,但不直接参与管理。浦东图书馆管理层由馆长和副馆长组成,是理事会的执行机构,实行馆长负责制。馆长经事业单位登记管理机关登记后,取得浦东图书馆法定代表人资格。这样一来,避免了法人治理的形式化,理事会能够对图书馆进行实质性决策,对图书馆未来的发展负责。按照《浦东图书馆章程》规定,理事会由举办单位成立,任期三年。

本着充分利用社会资源共同治理图书馆的原则,浦东图书馆理事会由 13 名理事组成,理事长由著名的文化学者来担任,副理事长由举办单位委派的分管干部人事和文化事业的一位副部长(副局长)来担任;浦东图书馆仅有一人即馆长参加理事会。除举办单位和图书馆各有一人参加理事会外,理事会中其他十一位成员全部来自社会各界。他们中既有外籍代表,比如上海纽约大学图书馆馆长,又有港澳台的代表,比如台湾图书馆原馆长;既有大学图情系专业的代表,还有中组部的单位中国浦东干部学院图书馆馆长,以及工商企业界的代表如中国商飞企业文化部长;此外,还有陆家嘴金融贸易区和张江高科技园区的社团组织和志愿者代表作为读者代表加盟浦东图书馆理事会。理事会成员的社会化程度较高,社会成员比例达到了 85%。

2015 年 4 月,浦东图书馆馆长张伟在接受 e 线图情采访时,将浦东图书馆法人治理结构的创新与突破概括为三点,一是理事会定位的突破,即将理事会定位为决策机构;二是理事会构成的突破,即理事会成员多由社会各界人士担任;三是干部管理的突破,即按《浦东图书馆章程》的规定,管理层实行馆长负责制,馆长由举办单位按照干部管理程序提名任命,副馆长由馆长提名任命,中层干部由馆长任命。法人治理结构的确立,让图书馆真正实现了管办分离[1]。

浦东图书馆第一届理事会成立一年来,出台了《浦东图书馆法人治理"负面清单"》规范权力运行,并在理事会中设立文献资源建设、财经、阅读推广三个专业委员会。所谓的"负面清单",即明确了举办单位、理事会、图书馆的权利范围,对于举办单位而言,图书馆决策上的事一定要通过理事会来做,而不是通过行政指挥来做;对于理事会而言,也要依法决策,不能违法违规决策,要按照章程管理图书馆;而对于图书馆而言,管理层也要明确哪些事情不能动、不能碰、不能做,明确自己的职责所在。2016 年 4 月,浦东图书馆第一届理事会第三次会议在浦东图书馆召开,理事们对图书馆事业的了解日渐加深,每个人都提交了切实可行的提案。这标志着由浦东新区区委宣传部(文广局)领导、理事会决策、图书馆管理层执行的法人治理结构在浦东图书馆已运行满一年。作为浦东创建国家公共文化服务体系示范区的创新样本,浦东图书馆的法人治理取得了阶段性成果。

① 刘锦山. 张伟:未来是我们要创造的地方[EB/OL].[2016－05－17]. http://www.chinalibs.net/ArticleInfo.aspx? id＝374438.

九、深圳图书馆:创新型城市中心图书馆

1980 年 8 月,深圳经济特区正式建立。20 多年后,深圳从一个人口只有 3 万人的边陲小镇迅速发展成为一座现代化大城市,创造了世界工业化、现代化、城市化发展史上的奇迹,成为令世界其他国家和地区纷纷借鉴经验的特区典范。而深圳图书馆在这一发展大潮中也从一个名不见经传的县级图书馆发展成为一个全国乃至世界领先的大型现代化公共图书馆,成为深圳最为繁忙的公共文化场所,其办馆理念、技术、管理以及率先进行的图书馆法制建设,成为全国公共图书馆学习、借鉴、讨论和研究的典范,创造了国内公共图书馆发展的奇迹。

1. 理念先行

(1)在国内率先实行全开架服务

20 世纪 80 年代,深圳特区建设初期,在市财政年收入不足 2 亿元的情况下,市政府斥资 2000 万元,靠贷款在市中心环境优雅的荔枝公园旁,建成了一座面积 13 494 平方米的新图书馆,从此开启了深圳图书馆辉煌的发展历程。在建设过程中,深圳市领导要求深圳图书馆开馆一定要做到两件事,一是要全开架,二是要使用计算机[1]。

1986 年 12 月 20 日,深圳图书馆落成开馆,采用全开架的管理模式,实行读者入馆“三不要”的政策,即入馆不要证、进阅览室不要证、到书架取书不要任何手续,此举轰动全国。所谓全开架,即除了保本库之外,各专科的全开架辅助书库、出纳台均置于相应的阅览室内,建立起“藏、借、阅一条龙”的管理体系,读者足不出“室”便可从架上取书,通过本室出纳台的电脑终端数秒钟之内就可完成借书手续,大大节省了读者的时间,这种做法在当时的公共图书馆是不可想象的。深圳图书馆开馆后读者数量大增,创造了日均到馆读者超过 5000 人次、最高时创日进馆读者 6000 余人次的纪录。全开放不仅使读者人数大大增加,还提高了文献利用率。据统计,1993 年深圳图书馆的读者流量为 140 余万人次,借阅书刊量是 600 余万册次,馆藏利用率为 466.5%,远远高于当年我国大部分图书馆 10%—69% 的馆藏利用率[2]。

(2)建设“图书馆之城”的“大图书馆”理念

2003 年,深圳市政府提出了“文化立市”的发展战略和建设高品位文化城市的发展目标。为全面推进文化立市,以文化建设带动整个城市发展,决定将“图书馆之城”建设列为文化立市的重要内容之一。“图书馆之城”突破了市、区(县)两级财政“分灶吃饭”的制度限制,通过市馆直接提供文献资源、计算机与网络设备等基本条件,由街道和社区负责提供场地、招募管理人员或志愿者、提供配套投入等相应条件,市馆与街道和社区共同建设市、区、街道和社区四级公共图书馆(室)网络,从而使得深圳成为一个没有边界的图书馆之城[3]。

---

① 沈迪飞.改革开放引领深圳图书馆三次飞跃[J].深图通讯,2008(2):22—25.
② 刘楚材,现代观念与现代图书馆——深圳图书馆 10 年改革实践及其引发的思考[J].中国图书馆学报,1997(3):54—57.
③ 程焕文.岭南模式:崛起的广东公共图书馆事业[J].中国图书馆学报,2007,33(3):15—25.

"图书馆之城"的内涵要义是：

一是从地域与空间上来说，它是一个覆盖全城的图书馆服务体系和数字化的服务网络，通过合理布局图书馆网点和文化信息资源共享基层点，实现图书馆文献信息服务的近距离；二是整合全市文献信息资源，建立全市跨系统的文献信息资源体系，形成资源特色，实现全市文献信息资源的共建共享，推进全市图书馆的数字化建设；三是实现图书馆服务的开放、便利与快捷；实现社会民众广泛的阅读参与，特别是弱势团体的参与；实现社会民众的文化权利。四是大兴勤奋读书之风，营造学习型城市，使阅读成为一种生活。

2003年9月，深圳市文化局（后更名为深圳市文化旅游局）出台了《深圳市建设"图书馆之城"（2003—2005）三年实施方案》，规定了"图书馆之城"的三年实施目标，即服务深圳建设国际化城市的战略任务，以发达国家著名国际化城市和国内先进城市为参照，创新图书馆发展模式；加强图书馆基础设施建设；以优化组合各图书情报单位文献资源为基础，建立全市各系统、各类型图书馆互联互通的文献信息共享平台；构建地区图书馆联盟和数字图书馆网络，拓展图书馆服务功能及覆盖面，形成面向社会、服务群众的社区化、多层次、资讯丰富、快捷高效的图书馆信息服务体系，使深圳市图书馆整体水平达到省内领先、国内大城市位居前列，主要指标接近发达国家同等城市水平①。该方案还对"图书馆之城"建设的实施内容、实施步骤、保障措施进行了部署。建设"图书馆之城"的"大图书馆"理念又一次开创了国内公共图书馆建设之先河。

10多年的"图书馆之城"建设，促使深圳市公共图书馆规模、体系结构、服务效益都有了较大的发展和提升，逐步构建了一个理念超前、资源丰富、设施先进、服务便利、互通互联的图书馆服务网络。截至2013年年底，全市共有公共图书馆633座，其中市级公共图书馆3座、区级公共图书馆8座、街道及以下基层图书馆622座，遍布全市的"城市街区24小时自助图书馆"达到200台，公共图书馆总藏量达到2800多万册（件），基本形成了以市图书馆为龙头，区图书馆为骨干，街道图书馆、社区图书馆、城市街区24小时自助图书馆为网点的服务网络，基本实现了每15万人拥有一座县级以上公共图书馆、每1.5万人口拥有一个基层图书馆服务点、人均公共图书馆图书藏量不低于2.3册的目标。

（3）公共图书馆精神的践行：开放、平等、免费

正当"图书馆之城"理念深入人心的时候，2006年7月12日，深圳图书馆新馆正式开馆。新馆投资近8亿元，建筑面积49589平方米，较之前的旧馆建筑面积扩大了近4倍。新图书馆实行全开架、智能化、网络化设计，馆藏设计容量400万册，阅览座位2500个，网络节点3000个，建筑模式也从传统格局转变为全开放、大空间、无间隔的"模数式"布局。新馆开馆的最大亮点是其实行的"开放、平等、免费"的服务理念。时任馆长吴晞在开馆当日就表示："来图书馆不用带钱包，这里所有的服务都是免费的，连借阅证工本费、上网费都免了。"并多次向新闻媒体公开表示："深圳图书馆向所有读者敞开大门，免费提供服务。无论你的身份、地位如何，有没有工作、户口、住房，衣着是否鲜亮，囊中是否羞涩，既然来到图书馆，就是渴求知识，拥抱文明，都会受到一视同仁地热情接待。"②此举受到社会各界的普遍赞赏。

① 深圳市文化局.深圳市建设"图书馆之城"（2003—2005）三年实施方案[DB/OL].[2016-06-17].http://www.chinalibs.net/ArticleInfo.aspx? id=35017.

② 吴晞.服务立馆·技术立馆——谈深圳图书馆的办馆方针[J].深图通讯,2008(3):24—31.

新馆开馆后,传统项目收费全部取消,收费项目仅保留 4 项,即中外文图书外借押金,图书逾期滞还金,污损、遗失书刊赔偿金,复制成本费:复印、扫描、打印、光盘刻录等成本费。这些保留的收费项目主要是从我国还没有建立起完善的诚信制度以及图书馆要维护全体读者利益,为国家财产负责任方面考虑。尽管免费服务的理念实行起来困难重重,遇到诸多阻力,但深圳图书馆一路坚持下来,真正践行了公共图书馆精神。

20 世纪 80 年代开始,由于经费短缺,我国公共图书馆出现了一股"以文养文"的热潮,很多图书馆为了创收,出现了名目繁多的收费项目。2003 年,深圳图书馆经过深圳物价局批准的收费项目就达 13 类 27 项之多,服务收费是其创收的重要手段。职工的奖金与各服务部门的收费多少直接挂钩,按比例提成,因此实行免费服务,将直接牵涉职工个人利益。对此,深圳图书馆首先对有偿服务项目进行了整顿,由于创收不足造成奖金减少的部门由馆里进行补贴。2005 年年初,深圳市事业单位实行奖金改革,由市财政发放统一标准的岗位津贴。深圳图书馆抓住这个机会,基本取消了所有的有偿服务项目。此外,深圳当时严格执行非户籍人口办理暂住证和边防证的制度,否则一律按照"三无"人员收容并遣送回原籍,图书馆免证进馆的做法明显与这一规定不符,因而也受到了一些部门的非难。另外,免证开放也使得不少小偷、流氓及精神病患者也进到图书馆来,加大了图书馆安保管理的难度。因此,深圳图书馆能够克服种种阻力,在全国公共图书馆尚无先例的条件下,实行开放、平等、免费的服务,实属不易。

(4)新时期的发展理念

作为"图书馆之城"的龙头馆和中心馆,深圳图书馆倡导和实践的开放、平等、免费服务理念已近 10 年,这一理念深刻而广泛地影响了我国其他地区公共图书馆的发展。在新的发展时期,深圳图书馆对这一理念又有了新的诠释和拓展,即:

愿景:城市文脉　信息纽带　知识引擎　智慧空间

理念:服务立馆　技术强馆　文化新馆

使命:保护与传承人类文化遗产,倡导和推动开放、平等、免费的知识获取,启发年轻人和各年龄段的学习者,激发公众阅读兴趣,推动市民终生学习。

总体目标:建设世界一流的现代化国际化创新型城市中心图书馆。

在这一理念和目标的指引下,近几年,深圳图书馆专注于文明传承与文化耕耘,大力推广全民阅读,构建城市第三文化空间。倾力打造了南书房等一系列全新文化空间,升级改造报告厅等原有空间,不断完善活动机制,加强活动策划,阅读品牌体系化、精品化,形成传统文化、学术文化、经典阅读、艺术阅读、数字阅读、未成年人阅读、银发阅读、公益法律、公益培训、阅读关爱、创意思维和现代生活等 12 类系列活动,年举办各类活动千余场,充分履行了公共图书馆的社会职责,深受社会各界和市民欢迎。

2. 技术立馆

1986 年,深圳图书馆开馆之前,深圳市领导就要求图书馆"一定要有计算机",但当时国内还没有图书馆使用计算机。深圳图书馆于是联合北京工业大学图书馆、北大分校图书情报系、首都图书馆和香港康富电脑有限公司共同研制了"实时多用户计算机光笔流通系统",并于 1986 年 12 月正式投入使用。1987 年,文化部在深圳图书馆召开了我国图书馆界首次部级技术鉴定会,认为该系统是当时我国功能最强、管理数据量最大的计算机图书流通管理系统,系统的研制"为我国图图情报业务自助化提供了宝贵的经验,具有广泛的应用前景,是图书情报现代化的一项很有意义的科研成果"①。该系统虽然只是一个单一功能的计算机流通系统,但却开启了深圳图书馆自动化进程的第一步。此后的深圳图书馆走上了技术立馆、技术强馆之路,亦即现代化图书馆的发展之路。

（1）图书馆自动化集成系统（ILAS）

正是由于"实时多用户计算机光笔流通系统"的成功研制和使用,1988年,文化部图书馆司决定委托深圳图书馆进一步研制一个适合我国国情的、高水平、实用性强的图书馆自动化集成系统——ILAS,作为文化部的重点科技项目,由其组织湖南、湖北、甘肃、四川、江苏、广东、辽宁和黑龙江8个省级公共图书馆的技术人员共同进行研发。在研制过程中,深圳图书馆参考和借鉴了国内外主要系统的功能和特点,调查了国内34个不同类型不同规模图书馆的业务现状和工作流程,得到了全国图书馆界的支持与帮助。经过3年多的奋斗,1991年,ILAS在深圳图书馆全面正常运行,部分或全部推广到了全国17个省、市、区图书馆,并于1991年11月通过了部级鉴定。此后,ILAS在全国图书馆推广使用,改写了国内图书馆自动化管理依赖国外进口软件的历史,成为中国图书馆自动化的里程碑。在第62届国际图联大会期间展出时,被誉为"中国图书馆自动化的骄傲",先后获得国家"科技进步三等奖"、文化部"科技进步一等奖"和广东省文化厅"科技进步一等奖"等十多个奖项。

（2）地方版文献联合采编协作网（CRLNet）

2000年,为了加快文献资源共建共享的进程,按照"自愿加入,平等协作"的原则,由深圳图书馆发起,联合天津图书馆、福建省图书馆、湖南省图书馆、上海图书馆和辽宁省图书馆等6家图书馆建立了地方版文献联合采编协作网(简称CRLNet),其宗旨是积极、有效地开展地方版文献采购协作和跨地区联合编目工作,将各地方、各类型图书馆及其多种文献以网络方式组织起来,本着统一规划、统一标准、合作建设、协调管理的原则,实现图书馆界优势互补、资源共享、促进业务、提高效率、增加实力;同时,通过远程传输、网络互联等方式向社会各界提供内容丰富、形式多样的数字化信息资源②。CRLNet采取联合联机编目的方式,遵循ISBD及中国文献著录标准(GB 3792系列),依据IFLA2000年修订的《UNI-MARCManual》,并吸收国家图书馆《中文图书机读目录格式使用手册》(2000年4月定稿)修改的内容,制定了《中文图书数据处理规程》,并对所有上载用户进行"执证编目员"培训,从而保证了书目数据的规范化和高质量,为数据共享奠定了坚实的基础。

2005年,CRLNet获首届文化部创新奖。截至2015年,已有百余家成员馆,已成为国内重要的联合编目中心之一。

（3）数字图书馆体系结构（dILAS）

2001年,深圳图书馆承担了国家计委重点科研课题——"数字图书馆应用平台及网络构架研究与开发"项目(简称dILAS),这是我国"十五"期间的一项数字图书馆攻关项目,其目的是开发一套在网络环境下运行的既包括传统业务与管理又体现数字图书馆资源建设与读者服务特色的集成化通用数字图书馆应用平台及其产品,提供给全国图书情报系统和有关信息处理单位使用,构建多层次、分布式的数字图书馆体系结构。经过两年多的研制,dI-

---

① 深圳图书馆.我国图书馆界首次部级技术鉴定会在深圳举行[J].广东图书馆学刊,1987(4):105—106.

② 姜新年.地方版文献联合采编协作网的创新之路[J].深图通讯,2005(1):16—19.

LAS 于 2004 年年底完成,系统包括资源建设、读者服务、网上图书馆、参考咨询、个人数字图书馆等功能模块。2005 年 5 月,通过文化部主持召开的专家技术鉴定。

dILAS 的研制成功与投入应用有力地推动了深圳图书馆新馆建设和深圳"图书馆之城"的建设,为加速构建深圳数字图书馆资源和服务体系,实现"图书馆之城"的总体建设目标奠定了软件基础,提供了可靠的技术保障。利用数字图书馆应用软件平台,深圳图书馆实现了由图书馆自动化系统向数字图书馆系统的全面升级,实现了引进电子资源库的"一站式"检索,建立了数字图书馆门户系统和网上虚拟参考咨询中心,实现了粤港澳公共图书馆目录的网上统一查询,深圳市、区级公共图书馆图书的"通借通还"等①。

(4)无线射频识别(RFID)在图书馆的应用

2002 年,深圳图书馆新馆应用 RFID 的问题就被列入日程。经过几年的调研、考察和论证,2006 年 7 月深圳图书馆新馆试运营时全面启用 RFID 技术,成为国内全面采用 RFID 技术的首家大型综合性图书馆,也是当时世界上正式应用这一技术的少数大规模图书馆之一。RFID 技术在深圳图书馆的应用主要有两个方面,一是开发了文献智能管理系统,二是开创了以自助服务为主的图书馆服务模式。

- RFID 文献智能管理系统

深圳图书馆新馆开馆后,RFID 技术和文献智能管理系统的实施应用使深圳图书馆的服务水平和工作效率有了根本性的改进和提高,读者通过 OPAC 查询终端实现自助文献查询和索取的积极性大为增加,读者的文献借还量及效率也大大提高,开馆后的读者到馆人数增加了 6—8 倍,外借数量增加了 5—7 倍,日均约计 1.2 万册②,周末高峰时曾达 3 万册,95% 是通过自助外借设备完成的③。同时,由于馆员更多地通过 RFID 设备进行高效率的文献上架、归架操作和系统性的文献精确典藏工作,因而有更多的时间和精力为读者提供更为专业的服务。新的系统的成功实施,也为我国其他图书馆引进 RFID 系统积累了宝贵的经验。

- 城市街区 24 小时自助图书馆系统

2006 年新馆开馆以来,RFID 文献智能管理系统全面应用取得的成就和经验,使深圳图书馆意识到,基于 RFID 技术的自助服务模式大有潜力可挖,因而决定开发研制一种充分利用 RFID 技术优势、完全自助、网络互联、遍布全城街区、24 小时全天候开放的新型图书馆。2007 年 3 月,中共深圳市委宣传部和深圳市文化局发布了《深圳市建设"图书馆之城"(2006—2010)五年规划》,明确将自助图书馆列入主要建设任务。2007 年 6 月,该任务被列为文化部科研项目正式立项,定名为"城市街区 24 小时自助图书馆系统"。第一台自助图书馆服务机样机于 2008 年 4 月 7 日研制成功,通过了文化部阶段性成果技术验收,并于 2008 年"4.23 世界读书日"正式投入使用④。

截至 2015 年,深圳全市街区已设置了 240 台自助图书馆。2015 年全年,24 小时自助图书馆共处理文献 200.79 万册次,服务读者 101.27 万次,办理读者证 2.33 万张,配送图书

---

①　王林.数字图书馆应用软件平台——dILAS[J/OL].公共图书馆,2006(3)[2016-06-18].http://www.publi-clib.org.cn/library/periodical_show/1063.html.

②　李星光.RFDI 文献智能管理系统在深圳图书馆的应用[J].深图通讯,2006(3):15—20.

③　吴晞.服务立馆·技术立馆——谈深圳图书馆的办馆方针[J].深图通讯,2008(3):24—31.

④　深圳图书馆.深圳图书馆首推"城市街区 24 小时自助图书馆系统"[J].图书馆论坛,2008,28(4):52.

141.54万册次,处理预借请求16.7万册次,成功配送预借图书15.87万册次,成功率真达到95%[①]。城市街区24小时自助图书馆的投入使用为深圳"图书馆之城"建设注入了新的活力,也为我国图书馆事业发展探索出了有益的新模式。

(5)"图书馆之城"统一服务平台的构建

在"图书馆之城"的建设过程中,由于缺乏统一技术平台、服务规则各异、书目数据库和读者数据库都是各自为政,导致读者享受不到一致和无差异的图书馆服务。为解决这一问题,深圳图书馆作为"图书馆之城"建设的龙头馆,负责软件研发和统一技术平台搭建和试运行。"图书馆之城"统一服务平台建设目标是统一全市公共图书馆的条形码、RFID标签,建立统一的书目数据库和读者数据库,实现对馆藏数据、读者数据、流通数据的集中运作、管理和维护,通过图书馆之城门户网站统一导航、统一检索、统一使用,着力打造"全城一个图书馆",为读者提供便捷、高效、无差别的一站式图书馆服务。

2015年,"图书馆之城"建设进入规范化、标准化的发展阶段。在深圳市文化旅游局高度重视下,深圳图书馆牵头完成了《公共图书馆统一技术平台应用规范》和《公共图书馆RFID技术应用业务规划》两个市级标准,以及《网点建设与管理工作规范》《读者事务管理工作规范》《文献流通工作规范》《统一技术平台管理工作规范》《统一财经结算工作规范》等五项深圳市公共图书馆统一服务业务规范的研究制定工作。2015年,全市234家公共图书馆和220台自助图书馆加入"图书馆之城"统一服务。

3. 组织管理

在图书馆管理中,人员管理是管理工作的核心,它直接影响到图书馆的运营效率和服务效益。深圳图书馆也不例外,在几十年的发展过程中,逐渐形成了自己独特的组织管理方式和组织文化,使整个组织持续保持着凝聚力和创新力。

(1)组织文化的形成和发展

1986年深圳图书馆开馆后的10年间,深圳图书馆一方面要应对全开放服务后的读者数量激增,另一方面还要攻克图书馆自动化等技术难题,时间紧,任务重,图书馆领导班子以图书馆技术骨干小组为主,树立了"开拓、创新、团结、奉献"的组织文化,而这也正是深圳特区开拓者的精神所在。

1997年以后的10年间,随着深圳特区的建设,随着图书馆的发展,逐步加快了人才队伍建设的步伐。几年间陆续从全国各地大学、图书馆招聘或调聘有知识、有技能的现代化人才上百人,其中包括三名留学生。而对于原有职工,则采取从馆外聘请专家和馆内抽调专业人员的办法,根据员工知识水平和文化水平举办各种类型的培训班,课程内容涉及广泛,包括职业道德、规章制度、图书采编、数据库检索、英语学习、仪表礼仪、健康卫生等,甚至针对女职员多的特点,专门举办了美容化妆、衣着服饰讲座等。为了加强骨干队伍的选拔和培养,除了馆内的培训、在实际工作中给任务加担子外,深圳图书馆还选派馆员到国内外考察和参加各类培训和学习活动。据不完全统计,从1996年到2004年,中层干部和业务骨干到国内

---

① 深圳图书馆. 深圳图书馆2015年度工作报告[EB/OL]. [2016-06-19]. http://www.szlib.org.cn/work-report-article/work-report.html.

外及台港澳考察和培训共有 378 批次,744 人次[①]。

2003 年 4 月,深圳图书馆自己创办的《深图通讯》创刊,不仅是馆内人员学术研讨、交流观点的平台,还成了深圳地区图书馆界的学术风向标,被越来越多的国内外图书馆同人所关注。良好的组织氛围,使馆员产生了深深的认同感、归属感和凝聚力。2006 年 3 月,深圳图书馆从老馆舍往新馆舍搬迁,仅用了 3 个月时间,就完成了工程浩大的搬迁工作[②]。

2010 年,深圳市启动事业单位首次岗位设置及人员过渡聘用工作。深圳图书馆从 2010 年下半年开始有步骤地开展岗位设置管理工作。深圳图书馆注重在岗位分析的基础上遵循科学、合理、协调、高效的基本原则建立图书馆的岗位体系,并且充分认识到,岗位设计必须以图书馆自身的战略目标和任务为主要依据,重点向图书馆主要业务倾斜,既要保证充分履行图书馆职能,又要保证组织运行的高效和灵活,尽量避免因人设岗[③]。

2012 年年底,深圳图书馆发起"深图精神"大讨论,凝聚全馆智慧,提炼"深图精神",以此作为全馆组织文化的核心。2013 年是深圳图书馆确立的"组织文化建设年",全年开展"深图精神"大讨论,发表相关讨论文章 20 余篇,提出深图精神表述关键词 28 个,结合深图精神讨论,配合上级部署,组织开展工作作风的深入反思与讨论。总结、提炼、发布《深圳图书馆改进工作作风倡议书》,以"敬业、专业、创业、乐业"为核心精神,提高全馆服务意识和工作效率。

2015 年深圳图书馆设立馆员创意中心,为员工提供业务研讨、交流互动、碰撞提升的多功能创意空间,营造更轻松、更人性化的氛围,提供一个更好的头脑风暴平台,从而提升员工的凝聚力与创造力。

(2)法人治理

2007 年,深圳作为全国最早的事业单位法人治理结构试点城市之一,率先在全市选取10 个适宜组建理事会的事业单位,开展法人治理结构试点工作,深圳图书馆作为公益性文化机构成为首批试点单位。深圳图书馆广泛调研国内外文献,广泛收集有关法人治理的资料,包括欧美国家图书馆理事会的做法,国内外公司、非营利机构、公立机构法人治理结构的做法,相关政府文件等,并借助地缘优势,到香港进行了实地考察和调研。

2007 年年底至 2008 年年初,由深圳市文化局人事处牵头,深圳图书馆配合,草拟了《深圳图书馆法人治理结构实施方案》,确立了总体目标、基本要求、建立程序,明确了第一步工作重心是组建理事会。此后成立了"深圳图书馆建立和完善法人治理结构推进工作小组",落实了组织机构、工作机制和进度安排。2008 年,在大量文献调研的基础上,深圳图书馆法人治理结构推进工作小组起草了《深圳图书馆理事会章程(草案)》及相关制度草案。2009年,深圳市事业单位体制及行政事业性国有资产监管体制改革领导小组办公室审核同意《深圳图书馆理事会章程(草案)》及相关制度草案。2010 年 12 月,深圳市文体旅游局举行了深圳图书馆理事会揭牌仪式,聘任了首届理事,深圳图书馆法人治理结构开始进入实施阶段[④]。

①理事会的定位及职能。根据《深圳图书馆理事会章程》,深圳图书馆理事会的定位是议事和决策机构,负责确定深圳图书馆的发展战略和发展规划,行使重大事项议事权和决策权。

① 谭祥金.深圳图书馆的成功之路[J].图书馆论坛,2007,27(3):159—162.

② 韩晓薇.从组织文化看图书馆事业发展——以深圳图书馆为例[J].深图通讯,2007(3):24—27.

③ 杜秦生,王冬阳.岗位管理将成为我国公共图书馆人员管理的核心——深圳图书馆的实践体验与反思[J].图书馆论坛,2011,31(3):29—31.

④ 肖容梅.深圳图书馆法人治理结构试点探索及思考[J].中国图书馆学报,2014,40(3):13—19.

理事会对深圳市文体旅游局负责。理事的基本权利包括议事与决策权、监督权和提案权。

②理事的构成、产生方式与委任程序。理事会由政府部门代表、社会人士、行政执行人等组成,理事暂定11名。包括政府部门代表2名;行政执行人1名;图书馆员工代表1名;社会人士7名,其中社会科学界1名、文学艺术界1名、科技界1名、教育界1名、图书情报界2名、读者代表1名。理事采用选任制或委任制产生,由市文体旅游局履行任免程序。理事每届任期三年,可以连选连任。

③理事会会议。理事会不直接参与图书馆管理和干预图书馆日常事务,理事会会议是其行使议事权和决策权的重要方式。按照章程规定,理事会会议一般一年不少于两次[①]。

2015年,深圳图书馆完成了理事会换届工作,新一届理事会有三位新成员加入,分别来自文化传媒、教育机构和公益组织;完成《深圳图书馆理事会章程》修订工作,完善了理事会组成及理事产生办法,社会理事新增了公开选聘的方式。

从第一届理事会成立至2016年,深圳图书馆已初步建立起法人治理结构框架,取得了阶段性成果,在文化行政部门与公益性文化事业单位之间的政事分开、管办分离方面进行了有益的探索。

4. 法制建设

(1)深圳经济特区公共图书馆条例

1997年7月15日,《深圳经济特区公共图书馆条例(试行)》(以下简称《条例》)经深圳市第二届人民代表大会常务委员会第十六次会议通过,1997年10月1日起开始施行,这是全国首部由拥有立法权的地方人大颁布的有关公共图书馆的地方性法规。《条例》颁布以来,给深圳各级公共图书馆的各项工作提供了一个参照执行的模式,不仅推动了深圳市图书馆事业的发展,为"图书馆之城"建设提供了法律保障,而且对其他地方图书馆法规的制定也具有一定的参考借鉴作用。

潘燕桃(2011)通过对1996年(《条例》颁布施行前)、2002年("图书馆之城"计划实施之前)、2005年("图书馆之城"《三年方案》实施后)和2008年("图书馆之城"《五年规划》实施后)深圳市公共图书馆事业发展的各项数据和指标进行的比较分析,发现《条例》的颁布与实施,对深圳市公共图书馆事业的发展确实起到了有力的促进作用,深圳市公共图书馆事业在立法后、建设"图书馆之城"后取得了显著进步,不仅公共图书馆的数量显著增多,馆舍面积明显扩大,而且馆藏总量增长迅速,常住人口人均馆藏从1996年的不到0.5册增加到2008年的1.6册。正是《条例》的颁布与实施,使得深圳各级政府把发展图书馆构想变为政府意志,把各级政府发展公共文化事业的责任规范为法律责任,才有了"图书馆之城"构想的提出和其后建设所取得的成就[②]。

随着深圳公共图书馆事业的快速发展,新建的公共图书馆数量在年年递增,技术管理手段也发生了很大的变化,《条例》的内容与当前深圳公共图书馆的前进步伐已不协调,因此,深圳正着手对《条例》进行修改和补充。

---

① 肖容梅.深圳图书馆理事会运行实践[J].图书与情报,2014(2):7—9.
② 潘燕桃.公共图书馆理念的成功实践之三:"深圳图书馆之城"研究[J].图书馆论坛,2011,31(6):127—132.

（2）深圳经济特区全民阅读促进条例

2015 年 12 月 24 日,《深圳经济特区全民阅读促进条例》(以下简称《阅读条例》)经市第六届人民代表大会常务委员会第四次会议通过,自 2016 年 4 月 1 日起施行。《阅读条例》的通过及其实施标志着深圳已进入全民阅读工作依法促进的阶段,也是深圳彰显"全球全民阅读典范城市"典范作用的具体体现。此次立法从启动至获得市人大常委会通过,历经两年。而最终获得通过的《阅读条例》内容由于国内没有上位法的参照,可以说是我国全民阅读立法的一个创举。

《阅读条例》第十一条规定,公共图书馆应当组织开展全民阅读相关促进活动,履行下列职责:利用各种形式倡导、推广阅读;开展阅读能力辅导,举办或者参与阅读推广培训;设置未成年人阅览室或者阅读区域,提供适合未成年人的阅读资源及服务;在基本公共服务范围内指导机关、企事业单位和其他组织开展全民阅读活动;推荐优秀读物。

通过立法促进全民阅读,公共图书馆被赋予了促进阅读的法定职责,表面上公共图书馆所承担的责任更为重大,实则提高了其在全民阅读中的重要地位,这无疑会更进一步促进公共图书馆的发展。

十、西澳大利亚州立图书馆：在完善的法制环境下发展

西澳大利亚州（Western Australia，简称 WA），简称西澳州、西澳，幅员辽阔，面积相当于整个西欧，占澳洲总面积的 1/3，是澳大利亚最大的一个州。西澳大利亚州立图书馆前身是维多利亚公共图书馆，于 1886 年维多利亚女王登基 50 周年庆典时由立法会拨款 5000 英镑设立，并于次年动工兴建。1889 年 1 月 26 日在临时馆舍正式开放，到现在已经有 120 多年的历史了。1904 年，维多利亚公共图书馆被重新命名为西澳大利亚公共图书馆。1951 年，西澳大利亚州文化与艺术部颁布了《西澳大利亚州图书馆董事会法案 1951》（Library Board of Western Australia Act of 1951，以下简称《Act 1951》）。1974 年在对该法案进行修订时，西澳大利亚公共图书馆正式被命名为西澳大利亚州立图书馆（State Library of Western Australia，简称 SLWA）[1]。在《Act 1951》的框架下，该州又陆续颁布了其他图书馆法规和条例，满足了西澳大利亚州立图书馆不同时期的发展需求。

现在的西澳大利亚州立图书馆位于珀斯（Perth）市中心杰姆斯和弗兰西斯街之间的亚历山大图书馆大楼（Alexander Library building），该楼是珀斯市文化中心的一部分，与市区主要的购物区和商业区仅几步之遥，交通便利。整个大楼建筑面积 30 784 平方米，共六层，于 1985 年建成开放[2]。为方便残障人士访问图书馆，该馆还在杰姆斯和弗兰西斯街道设置了通往图书馆各楼层的轮椅通道，馆内同时设有供听障和视障人士使用的阅读设备[3]。与所有的公共图书馆一样，SLWA 承担着读者信息服务、参考咨询、文献传递的任务，以及在社区开展教育、旅游、研讨会、培训、讲座、展览、家庭识字计划等活动。作为西澳州公共图书馆网的领导者，SLWA 为西澳州其他公共图书馆提供有关图书馆专业领域的参考、研究、培训方面的支持，并提供馆藏文献援助。目前全州有 231 个注册公共图书馆通过 SLWA 与当地政府间的合作来进行运营[4]。西澳州公共图书馆服务是在州和地方政府的公共图书馆服务协议框架内运行的，该协议规定了一个共享愿景，即西澳州公共图书馆服务将作为一个可持续的、连接各公共图书馆的灵活的网络，建立一个州政府与地方政府之间的联合决策过程，SLWA 则是这一网络的管理者和领导者。

1. 西澳大利亚州立图书馆的运营和管理结构

（1）西澳大利亚州立图书馆董事会

1951 年，《Act 1951》法案获得通过，规定在西澳大利亚建立免费的公共图书馆系统，西澳大利亚州立图书馆董事会作为法定机构负责监督这一建立过程，并被授权管理西澳大利

---

① The State Library of Western Australia. Our History[EB/OL]. [2016 – 06 – 21]. http://www. slwa. wa. gov. au/about_us/who_we_are/history.

② The State Library of Western Australia. For New Visitors[EB/OL]. [2016 – 06 – 21]. http://www. slwa. wa. gov. au/for/first_time_visitors.

③ The State Library of Western Australia. Visiting Us[EB/OL]. [2016 – 06 – 21]. http://slwa. wa. gov. au/about_us/access_to_the_building.

④ The State Library of Western Australia. Library Board of Western Australia[EB/OL]. [2016 – 06 – 21]. http://www. slwa. wa. gov. au/about_us/library_board.

亚州立图书馆。按照该法案规定,SLWA 通过首席执行官和图书馆馆长(即董事会的执行官)向董事会提交报告。董事会由 13 位成员组成,其中 11 名由州长任命,任期四年,任期届满时可以连任,其余 2 名为当然成员。以 2015 年在任的董事会成员为例,他们中有律师、教师、大学教授、图书馆员、企业管理顾问、社区服务经理以及来自教育部和审计委员会的人士,大部分成员都有在多个协会或董事会任职的丰富经验。董事会主席每年由董事会成员选出。西澳大利亚州图书馆董事会还任命了三个委员会协助其履行职责,分别为:财务委员会、审计委员会以及政策与法规委员会。其职责分别如下:

财务委员会:代表董事会协助有效履行其法定的财务责任,为关键绩效指标和与图书馆战略目标及业务相关的财务事宜提供战略性建议。

审计委员会:监督管理风险管理委员会所提到的风险管理问题,以及图书馆的审计职能。

政策与法规委员会:在影响西澳大利亚州立图书馆委员会立法的问题上提供建议,确保在图书馆管理政策发展有一个合适的框架,监督政策框架,确保州图书馆政策的系统审查过程。

(2)西澳大利亚州立图书馆组织结构

SLWA 的策略制定和绩效由以下五个部门负责完成:

①客户服务部(Client Services):负责为到馆读者和在线读者提供信息咨询、图书借阅、文献传递等服务,并负责管理州立图书馆书店。

②馆藏服务部(Collection Services):通过鉴定、采购、加工、存储、保护、管理、数字化等手段拓展 SLWA 馆藏服务,保证纸质和电子馆藏的可访问性。

③社区、学习和发现部(Community, Learning and Discovery):负责提供服务或活动以增强和丰富用户基于馆藏的图书馆服务体验。这些活动有诸如家庭识字计划(Better Beginnings Family Literacy Program)、教育和儿童活动等。此外,该部门还负责为西澳州其他公共图书馆提供图书馆专业领域的支持、西澳州历史和家谱研究的高级咨询服务等。

④战略与企业服务部(Strategic and Corporate Services):支持图书馆区域战略项目、财务规划、信息和通信技术、企业服务和建设管理。这里的企业当然是指 SLWA。同时,该部门还要与州文化和艺术部协同为图书馆提供财务和人力资源服务。

⑤行政部(Executive Services):为首席执行官、西澳大利亚州立图书馆董事会以及其他战略合作伙伴提供服务支持。这些服务包括政策建议、州立图书馆和图书馆董事会相关主题和发展趋势的研究支持。同时还负责内部审计、市场营销和沟通交流等事务①。图 1 为 SLWA 组织结构图。

---

① The State Library of Western Australia. Organisation [EB/OL]. [2016 – 06 – 21]. http://www.slwa.wa.gov.au/about_us/who_we_are/departments.

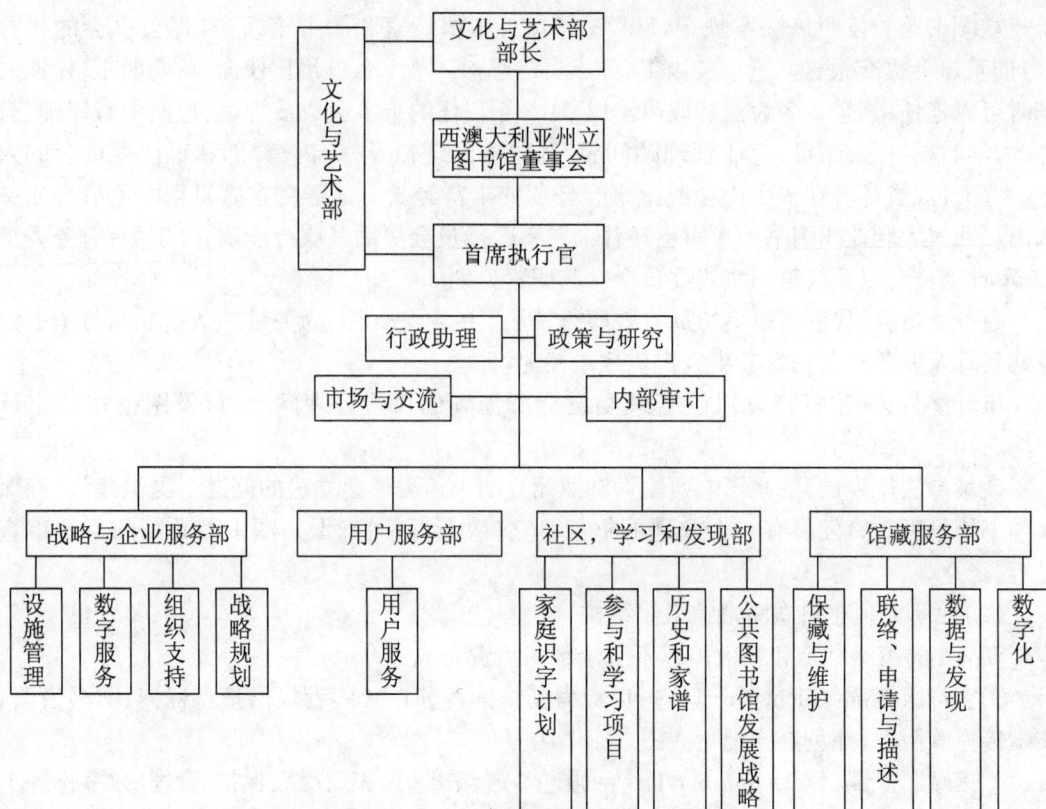

图 1　SLWA 组织结构图[①]

2. 西澳大利亚州立图书馆的资金来源

SLWA 的资金来源主要是州政府拨款和补贴,其他还有诸如捐款、遗赠和少量的用户服务收费等。表 1 为 SLWA 2014 年度收入情况表,主要分两个部分,即来自州政府的收入和图书馆的其他收入。表 2 为 SLWA 2014 年度的支出情况。

表 1　西澳大利亚州立图书馆 2014 年度收入情况[②]

来自州政府的收入(美元)		图书馆其他收入(美元)	
服务拨款(service appropriation)	32 620 000	用户收费(user charges and fees)	1 125 000
转让财产收入(assets transferred)	863 000	出售所得(sales)	159 000
债务承担(liability assumed)	(2 824 000)	联邦赠款和捐款(Commonwealth grants and contributions)	219 000
接受的免费服务(services received free of charge)	3 000	利息收入(interest revenue)	45 000

---

① The State Library of Western Australia. Library structure diagram 2012［EB/OL］.［2016－06－21］. http://www.slwa. wa. gov. au/_data/assets/pdf_file/0017/51146/Library_structure_2012. pdf.

② The State Library of Western Australia. Annual report2013-14［EB/OL］.［2016－06－21］. http://www.slwa. wa. gov. au/_data/assets/pdf_file/0010/60985/SLWA_Annual_Report_2013_14WEB2. pdf.

续表

来自州政府的收入(美元)		图书馆其他收入(美元)	
地区基金使用费(Royalties for Regions Fund)	660 000	遗产捐赠(bequest contributions)	2 000
州政府的拨款和补贴(grants and subsidies from State government)	1 083 000	其他收入(other revenue)	700 000
总计	32 405 000	总计	2 250 000

表 2　西澳大利亚州立图书馆 2014 年度支出情况[①]

支出项目	金额(美元)
雇员福利开支(employee benefits expense)	14 357
供应品和服务费(supplies and services)	5 872
折旧及摊销费用(depreciation and amortisation expense)	12 680
住用设备费(accommodation expenses)	3 807
津贴与补贴(grants and subsidies)	372
销售成本(cost of sales)	112
其他成本(other expenses)	454
总计	34 654 000

表 2 中,供应品和服务费主要指维修和维护费、在线信息存取费、耗材和运费等,折旧和摊销费是指设备、车辆、建筑和馆藏折旧,住用设备费是指因维修、清洁、安保等产生的人员住用设备费,津贴与补贴指图书馆发放的地区补贴和盲人协会的补贴。由表 3 可以看出,SLWA 的主要支出为雇员福利开支,占总支出的 41% 左右。

3. 西澳大利亚州立图书馆的馆藏建设

1889 年西澳大利亚州立图书馆在位于一幢银行大楼附近的临时馆舍首次开放时,只有 1786 册图书。经过 120 多年的发展和沉淀,SLWA 馆藏丰富且具有浓郁的地方历史和文化特色。SLWA 除负责接收当地的呈缴本外,对西澳大利亚文化遗产的收藏是其重点。目前,SLWA 收藏的特色馆藏有:有关西澳州的图书 85 000 多种,位列世界第一;有关西澳州的期刊 15 000 种;从 1830 年的手抄报到现在共计 900 余种当地报纸;丰富全面的西澳洲地图;反映西澳州电影史、由政府和私人制作的电影、视频、DVD 以及新闻、商业和教育影片;当地画家和插画家的作品;非政府组织、企业、教堂、俱乐部、协会和个人档案;反映州历史的照片、明信片、幻灯片、相册、玻璃底片和艺术作品等。SLWA 还拥有澳大利亚最大的口述史馆藏,入藏访谈超过 7 000 份[②]。2013 年,SLWA 收集到澳大利亚一个名为 Swan Brewery 的啤酒公

---

① The State Library of Western Australia. Annual report2013-14[EB/OL].[2016 – 06 – 21]. http://www. slwa. wa. gov. au/_data/assets/pdf_file/0010/60985/SLWA_Annual_Report_2013_14WEB2. pdf.

② The State Library of Western Australia. WA Collections [EB/OL].[2016 – 06 – 21]. http://slwa. wa. gov. au/find/wa_collections.

司 100 多年的文件、一位名叫 Mary Campbell(1871—1945)的妇女从 1908 年到 1942 年的生活日记以及一位圣公会大主教 1857 年至 1875 年的日记。在 2013—14 年度报告中,这部分文献被称为是该馆当年获得的"重要馆藏"①。由此可见,SLWA 对建立西澳文化遗产馆藏非常重视,并将其看作是馆藏建设的核心所在。

由于利用数字资源的人越来越多,SLWA 也非常重视数字馆藏的建设,在收集西澳州遗产文献时,也注意收集、购买、接受捐赠相关的数字资源和基于网络的资源。SLWA 收集的数字资源类型有:数码照片与影片、数字文件(简报、杂志等)、电子书、数字录音、在线报纸、数字故事和口述历史、数字媒体(CD、DVD、CD 光盘)、个人文件和档案(包括电子信件、日记、文稿等)、企业和组织的数字文件(包括会议记录、报表、台账、讲话、书信等)。为保存西澳州文化遗产馆藏和提高其利用率,SLWA 也在逐步将不同存储介质的文献进行数字化。2013 年,SLWA 约完成 28 298 篇纸质遗产文献的数字化,使用户可直接通过馆藏目录对这部分文献进行检索和访问。此外,他们还完成了口述史、馆藏电影以及图片的部分数字化;将馆藏中有关原住民历史、文化的资源数字化后建成门户网站 Storylines,使其成为原住民保存、分享、利用自身文化的平台。到 2014 年,Storylines 包含 4 000 张照片以及来自相关人士的注释 200 余条②。表 3 为 SLWA 年度报告中公布的截至 2014 年 6 月 30 日部分馆藏数量统计③。

表 3　部分馆藏数量(截至 2014 年 6 月 30 日)

文化遗产馆藏		非文化遗产馆藏	
专著(种)	101 575	专著(卷)	276 247
专著(卷)	169 263	印刷本现刊和报纸(种)	1 033
连续出版物(种)	18 037	现刊电子版(种)	32 339
缩微胶片(卷)	17 720	缩微胶片(卷)	15 353
缩微胶片(米)	15.2	缩微胶片(米)	211.4
Ephemera(米)*	23.52		
口述史音频(小时)	16 272		
私人档案(米)	4 016		

*　Ephemera 为一次性或短期使用的宣传品或印刷品,如请帖、广告、名片、海报、入场券、印制的节目单及贺卡等。

4. 西澳大利亚州立图书馆的读者服务

SLWA 除提供常规的读者服务外,还针对不同类型的读者开设了一些特色服务项目。

(1)针对儿童和青少年的服务

Better Beginnings 家庭识字项目是 2004 年由 6 个社区和当地图书馆联合举行的、有 1 000 多个家庭参与的针对五岁以下儿童及其父母的试验项目,后来扩展到西澳大利亚的其

①③　The State Library of Western Australia. Annual report2013 – 14[EB/OL]. [2016 – 06 – 21]. http://www. slwa. wa. gov. au/_data/assets/pdf_file/0010/60985/SLWA_Annual_Report_2013_14WEB2. pdf.

②　The State Library of Western Australia. Annual Report 2014 – 2015 of The Library Board of Western Australia[EB/OL]. [2016 – 06 – 21]. http://slwa. wa. gov. au/_data/assets/pdf_file/0010/64927/SLWA_Annual_Report_2014-15_web. pdf.

他地区。该项目由政府资助,为这些家庭提供免费书籍和"阅读套装",并定期在图书馆举办宝宝童谣会等活动。目前 Better Beginnings 已由 SLWA 发展成为通用的家庭扫盲项目,致力于从孩子一出生就开始建立阅读和故事分享的意识,鼓励和支持父母分享图书和参加阅读活动,让父母和孩子一起爱上阅读;同时促进公共图书馆作为社区中心的重要作用①。到2015 年已惠及西澳大利亚拥有新生儿和 4 至 5 岁孩子的家庭 48 万多个,有 32 000 多份"阅读套装"被分发给 0 至 3 岁的幼儿,54 000 多份分发给幼儿园和学龄前儿童②。

SLWA 在馆内为父母和 0 到 12 岁的儿童开辟了一间活动室,在这里,父母可以参加针对 0 到 2 岁婴儿举办的"活力宝贝"和"儿歌时间"活动,通常会有儿歌、动作表演歌曲等,图书馆会为父母们提供打印副本。其次是可以参加针对 2 到 5 岁幼儿的故事时间活动,图书馆会特意挑选适合这一年龄阶段孩子的故事书,也会通过玩偶或装扮成故事人物的形式吸引孩子阅读③。

SLWA 还在馆内开辟了一定的空间为小学生读者服务,定期举行童谣会、故事会、朗读、唱歌等活动。每年 6 月到 12 月,SLWA 还为中学生提供一个名为 WACE 的特殊学习空间,在这里,学生们可以阅读包括往届试卷在内的各种学习资源④。SLWA 设有专门的教育中心,以上针对儿童和青少年的教育项目均由其教育团队设计,力求能适合 1 到 12 不同年级的学生,这些项目支持澳大利亚开设的中小学课程,并有助于提高学生的信息素养能力⑤。所有项目的设计都是基于其丰富的、能反映西澳州文化的特色馆藏,而且全部教育项目都是免费的,各年级教师都可以利用这些项目为自己的学生服务。

SLWA 认为借书卡是父母送给孩子的最好礼物,通过它,孩子们可以免费满足自己的想象和对知识的渴求,发现自己喜爱的作家和图画,就算是婴儿也不例外。

（2）为求职者提供的服务

SLWA 针对求职者在职业选择方面的困惑、简历或求职信的写作、职业教育和培训提供资源帮助,制作了名为"Career Information"的专题信息,内容包括有关求职方面的书籍推荐、职业机构导航等。对于想自己创业的求职者,还专门开辟了小企业主题导航,包括企业规划、标杆管理、统计信息、市场研究、企业管理等资源。其中"业务启动与标杆管理指南"提供了 100 多个小企业的样本信息,这些信息涵盖了工艺品、烘焙和糕点、汽车美容、清洗地毯、桌面出版和草坪修剪等行业,内容包括如何确定目标客户、市场调查、价格策略、账务和纳税以及商业计划的写作等。"澳大利亚税务局小企业标杆"则提供了包括建筑、教育培训、娱乐、后勤服务、食品、医疗保健和个人服务、制造业、科学和技术服务、零售、运输邮政和仓储

①　The State Library of Western Australia. History[EB/OL].[2016－06－21]. http://www. better-beginnings. com. au/a-bout-us/history.

②　The State Library of Western Australia. Annual Report 2014－2015 of The Library Board of Western Australia [EB/OL].[2016－06－21]. http://slwa. wa. gov. au/_data/assets/pdf_file/0010/64927/SLWA_Annual_Report_2014-15_web. pdf.

③　The State Library of Western Australia. For Parents[EB/OL].[2016－06－21]. http://slwa. wa. gov. au/for/parent.

④　The State Library of Western Australia. For Secondary Students[EB/OL].[2016－06－21]. http://www. slwa. wa. gov. au/for/students/secondary.

⑤　The State Library of Western Australia. Education:Explore,Discover,Create! [EB/OL]. [2016－06－21]. http://www. slwa. wa. gov. au/_data/assets/pdf_file/0008/62756/SLWAEducationBrochure2016. pdf.

等行业的商业基准①。

（3）为研究者提供的服务

对于需要查阅善本和档案文献的研究人员，SLWA 规定这些人员必须与其签署一份保证文献合理使用的协议，并办理一张会员卡，该卡有效期 5 年，每次查阅时都必须出示。对于需要深入研究西澳州史或家族史的研究人员，SLWA 有相关领域的专家为用户提供更深层次的参考咨询服务，用户可通过邮件等方式与这些专家预约见面②。

5. 西澳大利亚州立图书馆法

事实上，早在 1911 年，西澳州就颁布了一部图书馆法，即《西澳州公共图书馆、博物馆和美术馆法案 1911》(Public Library, Museum, and Art Gallery of Western Australia Act 1911)，但该法案于《Act 1951》颁布后的 1959 年废止，并由《美术馆法案 1959》(Art Gallery Act 1959) 代替。与西澳大利亚州立图书馆发展密切相关的图书馆法规除《Act 1951》外，主要还有：《图书馆董事会（州立图书馆）条例 1956》《图书馆董事会（程序执行）条例 1955》《图书馆董事会（注册公共图书馆）条例 1985》和 2012 年出台的《呈缴本法案 2012》(Legal Deposit Act 2012) 、2013 年出台的《呈缴本条例 2013》(Legal Deposit Regulations 2013)。

（1）《西澳大利亚州图书馆董事会法案 1951》

《西澳大利亚州图书馆董事会法案 1951》于 1951 年 12 月 20 日由西澳州文化与艺术部颁布实施，后历经十数次的修订和完善，现行版本于 2014 年 1 月 1 日发布。该法案对西澳大利亚州图书馆董事会成员组成、职权、财政、审计等做了详细的规定。

①董事会成员组成。《Act 1951》规定，董事会由包括主席和副主席在内的 13 位成员组成。其中，须有 1 位成员是根据《学校教育法案 1999》规定在公立学校公共服务部首席执行官办公室任职，1 位必须是担任文化与艺术部首席执行官职务，其余 11 位由州长任命。这 11 位成员中，5 名可由部长直接提名，其余 6 名由能代表相关利益的团体提名给部长，由部长从中选出。这些相关利益方包括：澳大利亚图书馆与信息协会、珀斯市、弗里曼特尔市（Fremantle）、西澳地方政府协会（WALGA）中的大城市地方政府辖区、非大城市的市、镇、郡地方政府辖区，力求通过这些相关利益团体的提名能够代表各方读者的利益。对每一位被提名的董事会成员，政府可指定一名副的或能代表该成员所代理之利益的代表做代理成员，以便在该成员缺席时行使其权利。董事会成员任期届满后可以连任，董事会主席则每年由董事会成员选出，任期一年，期满亦可连任。董事会须任命一位合格的馆员为州立图书馆馆长，同时也是董事会执行官和秘书。

②董事会的职权。《Act 1951》规定，董事会是一个具有法律地位和永久性继承权的法人团体，拥有印章，可以以法人名义起诉和被起诉，可以拥有和处置财产，并依照该法享有以下权利和义务：

控制和管理州立图书馆；协助参与主体（参与主体是指当地政府或被认可的机构）制订规划；为部长和参与主体在一般政策的制定上提供建议；登记由董事会批准和参与主体控制

---

① The State Library of Western Australia. [EB/OL]. [2016 – 06 – 21]. http://slwa. wa. gov. au/find/guides/business_information/small_business.

② The State Library of Western Australia. For Researchers[EB/OL]. [2016 – 06 – 21]. http://slwa. wa. gov. au/for/researchers.

的图书馆为注册公共图书馆(指依据本法由董事会批准成立的免费公共图书馆);检查或提请查检注册图书馆和图书馆服务;检查或提请查检申请由国会援助注册公共图书馆和图书馆服务的任何补助资金拨款的控制主体,并推荐给部长在各申请人之间进行分配;执行与注册公共图书馆有关的其他职能诸如州长的不定期视察。董事会可提供、控制和管理图书馆及其服务,可提供有助于图书馆员和馆长完成其职责的人员培训,这些培训需遵照澳大利亚图书馆协会的要求。

③财务规定。董事会依据《Act 1951》和《呈缴本法案 2012》(Legal Deposit Act 2012)授予的权利和强加的义务保证资金的有效运作:款项由国会不定期拨付;董事会依法可借入资金;董事会有权处置或适当使用通过任何买卖、租赁、抵押贷款、交换或房产和个人财产处置所得;依据《财务管理法案 2006》设置名为"西澳大利亚图书馆董事会"的专用账户。董事会可给予由参与主体控制的公共图书馆发放补贴,用于图书馆服务和人员薪资;财务管理和审计依据《财务管理法案 2006》和《审计总法 2006》执行。

此外,该法还规定,地方政府可对该地区所有纳税土地征收名为"注册公共图书馆服务税"的差饷用于图书馆服务[①]。

(2)《Act 1951》框架下的图书馆条例

《Act 1951》颁布后,在此框架下,西澳州又颁布了三套法规,即《图书馆董事会(州立图书馆)条例 1956》《图书馆董事会(程序执行)条例 1955》和《图书馆董事会(注册公共图书馆)条例 1985》作为对《Act 1951》的补充。

①《图书馆董事会(州立图书馆)条例 1956》即《Library Board (State Library) Regulations 1956》(以下简称《Regulations 1956》),于 1956 年 8 月 3 日颁布生效,后经历年的增删修订,现行版本于 2014 年 2 月 7 日发布。《Regulations 1956》主要内容是针对图书馆日常管理的补充规定。这些规定条款主要有:馆长和图书馆部门负责人对图书馆整体监管和负责,就图书以及图书馆的其他财物的保管向董事会负责;影印本由图书馆提供给个人使用时,未经版权所有人和董事会书面同意,不得再行复制,董事会可就此类复制行为进行限制性规定,个人必须遵守这类规定;个人应遵守图书馆员任何合理的管理指令,不得故意妨碍任何管理人员或董事会成员正常履行其职责,不得阻止或干扰其他人员对图书馆的合理使用;图书馆员有权拒绝为不遵守图书馆规章的人员提供服务或根据本条例规定将其驱离图书馆(如具有醉酒、寻衅滋事等行为的人员);违反图书馆规定的罚款数额不能超过 100 美元,由违规者个人承担。读者如对图书馆员的决定不服,可上诉到董事会,由董事会做出最终裁定等[②]。

②《图书馆董事会(程序执行)条例 1955》即 Library Board (Conduct of Proceedings) Regulations 1955(以下简称《Regulations 1955》),于 1955 年 12 月 9 日颁布实施,同样也历经数年的修订和增删,现行版本于 2010 年 9 月 11 日发布。《Regulations 1955》主要是针对董事会主席和副主席的提名、投票、选举结果公示等选举程序的补充规定。根据《Regulations 1955》

---

① Western Australian Department of Culture and the Arts. Library Board of Western Australia Act 1951 [EB/OL]. [2016 – 06 – 21]. http://www. slp. wa. gov. au/pco/prod/FileStore. nsf/Documents/MRDocument:25612P/MYMFILE/Library%20Board%20of%20Western%20Australia%20Act%201951%20-%20[04-f0-00]. pdf? OpenElement.

② Western Australian Department of Culture and the Arts. Library Board (State Library) Regulations1956 [EB/OL]. [2016 – 06 – 21]. http://www. slp. wa. gov. au/pco/prod/FileStore. nsf/Documents/MRDocument:25677P/MYMFILE/Library%20Board%20(State%20Library)%20Regulations%201956%20-%20[02-a0-00]. pdf? OpenElement.

规定,董事会主席和副主席的选举应在每年的第一次董事会会议或 12 月 1 日后举行,执行官应在会前将会议时间、地点书面告知董事会成员及代理成员。提名名单应在会上宣读,被提名者可要求取消其提名资格;如提名只有一位,被提名者应宣布当选,当提名超过一名时,应进行投票选举;选举结果应当发布官方公告,提名文件在选举结果出来后应当销毁。《Regulations 1955》还对具体的选民投票方式、计票、无效票、监票、选举结果公告等做了详细的规定①。

③《图书馆董事会(注册公共图书馆)条例 1985》即 Library Board(Registered Public Libraries)Regulations 1985(以下简称《Regulations 1985》),于 1985 年 9 月 13 日颁布实施,2004年 1 月 9 日发布修订本沿用至今。《Regulations 1985》包括引言、图书馆的行为、图书馆员和杂项 4 个部分。第一部分为引言。在第二部分图书馆行为中,对读者注册、图书借阅与归还等做了详细规定。如《Regulations 1985》规定,澳洲永久居民(指持有澳洲永久居民签证的外国公民)可在西澳州范围内的所有公共图书馆申请成为注册读者,凡注册读者均发放读者证,读者证不得转让、复制,只限个人使用,如非本人使用,图书馆员有权拒绝出借图书。受雇于公共图书馆服务范围内的流动人员可由雇主代为申请成为注册读者或交纳一定数额的押金而成为注册读者,押金的数额由图书馆与董事会共同决定并公示。18 周岁以下的公民申请注册读者时需有家长或担保人提供担保。读者注册、办理读者证和借阅图书不得收费,但读者证丢失或损坏需重新办理时可以收费,收费金额由图书馆与董事会共同决定;逾期未还的图书、图书丢失或损坏需要缴纳罚款,具体数额由图书馆与董事会共同决定。禁止带宠物或其他动物入馆等。第三部分是对图书馆馆长(馆员)权利的规定,即馆员有权对任何违反图书馆管理规定、醉酒、攻击他人的人员实施驱离或终止其读者证的使用。第四部分为其他规定,如所有款项和处罚可由董事会或图书馆管理部门视情况予以撤销等②。

(3)《呈缴法 2012》

《呈缴法 2012》(Legal Deposit Act 2012)于 2012 年 5 月获得御准,现行版本为 2014 年 1月 1 日修订本。《呈缴法 2012》规定西澳出版物依据本法入藏 SLWA,以确保未来西澳文化遗产的收集和保存。依法呈缴的出版物按储存介质分为两类,一类是实体馆藏,包括书籍、期刊、缩微、地图、CD、DVD 以及储存在物理载体上的数字作品;另一类是西澳网络出版物(WA Internet document),即居住在西澳的个人或主营地点设在西澳的机构在互联网上出版的文献。但目前《呈缴法 2012》第 3 部分对于网络出版物呈缴的规定还未生效,SLWA 已于2014 年 11 月与出版商、政府和社会团体进行了协商,并于同年 12 月提交了讨论稿。目前,SLWA 正在起草指导意见提交议会委员会办公室,用于这部分法规的创建与实施。

此外,2013 年 12 月 7 日,为指导《呈缴法 2012》的实施,文化与艺术部又出台了《呈缴法

① Western Australian Department of Culture and the Arts. Library Board(Conduct of Proceedings)Regulations 1955[EB/OL].[2016-06-21]. http://www.slp.wa.gov.au/pco/prod/FileStore.nsf/Documents/MRDocument:19810P/MYMFILE/Library%20Board%20(Conduct%20of%20Proceedings)%20Regulations%201955%20-%20[01-c0-03].pdf?OpenElement.

② Western Australian Department of Culture and the Arts. Library Board(Registered Public Libraries)Regulations 1985[EB/OL].[2016-06-21]. http://www.slp.wa.gov.au/pco/prod/FileStore.nsf/Documents/MRDocument:3681P/MYMFILE/Library%20Board%20(Registered%20Public%20Libraries)%20Regulations%201985%20-%20[01-a0-06].pdf?OpenElement.

条例 2013》(Legal Deposit Regulations 2013)，现行版本为 2014 年 1 月的修订本①。

《呈缴法 2012》规定，凡是公开文献(即居住在西澳州的个人或主要营业地点设在西澳州的机构印刷、生产或委托其他机构，包括西澳州以外和澳大利亚以外的机构印刷或生产的文献，不包括网络文献)的出版商必须以自付费的形式向 SLWA 呈缴规定的文献复本数量(不超过 2 个)；没有合理理由而不履行呈缴义务则要受到相应的处罚，个人处以罚金1 000美元，机构则处以 5 000 美元，董事会亦可向联邦地方法院申请强制执行应呈缴的文献。对于非印刷文献和互联网文献，如果 SLWA 认为合理并有必要，可要求出版商协助保存或获取所需的文献。未生效的第三部分中对于西澳网络文献呈缴则规定，SLWA 可要求出版商以自付费的方式提供指定数量(不超过 3 个)的网络文献复本②。

　　西澳大利亚州立图书馆已成为西澳州人不可或缺的文化活动场所，其对儿童教育和阅读的重视从新生儿就开始了，婴儿、幼儿、少儿及其家庭是 SLWA 读者服务中重要的组成部分，这是值得我们国内公共图书馆借鉴和学习的。此外，SLWA 的发展不仅源于其悠久的历史，更重要的是其图书馆法规的较早出台和及时完善，得以依法建立了图书馆董事会，实施法人治理，让相关利益各方参与图书馆的建设与管理。西澳州的图书馆法规涉及图书馆管理、运营、读者和馆员权益、馆藏建设等方方面面，并能根据时代发展及时进行修订、完善和出台相应的补充条例，满足图书馆不同时代的发展要求。经过十多年的努力，我国第一部图书馆专门法《中华人民共和国公共图书馆法》已由国务院法制办公室将征求意见稿全文公布，征求社会各界意见，正式颁布指日可待。但我国公共图书馆法制环境的完善还任重道远，还需要公共图书馆界继续努力。

---

①　The State Library of Western Australi. Legal Deposit Act[EB/OL]. [2016 - 06 - 21]. http://www. slwa. wa. gov. au/a-bout_us/legislation/legal_deposit_act.

②　Western Australian Department of Culture and the Arts. Legal Deposit Act 2012 [EB/OL]. [2016 - 06 - 21]. http://www. slp. wa. gov. au/pco/prod/FileStore. nsf/Documents/MRDocument：25611P/MYMFILE/Legal% 20Deposit% 20Act% 202012%20-% 20[00-b0-01]. pdf? OpenElement.

十一、纽约公共图书馆:世界级城市图书馆的发展特色

纽约公共图书馆(New York Public Library,简称 NYPL)是美国最大的市立公共图书馆,与美国国会图书馆、大不列颠图书馆及法国国家图书馆并列为世界四大图书馆,其建筑特点、馆藏特色、管理理念、服务质量都堪称世界一流。纽约公共图书馆系统与布鲁克林公共图书馆系统、皇后图书馆系统一起组成纽约市的三大公共图书馆系统,作为纽约公共图书馆系统的中心图书馆,NYPL 管辖着分布在纽约 3 个区的 88 个分馆和 4 个研究图书馆。整个系统的物理馆藏和电子馆藏免费对公众开放,用于流通和研究的资源超过 5 100 万册(项);每年都会举办数以千计的展览和公共活动,包括技术课程、识字教育、研究和为母语非英语的人们准备的英语课程;NYPL 每年为大约 1 800 万名读者提供服务,其网站每年约有来自 200 多个国家的 3 200 万人次访问。

1. 纽约公共图书馆的服务

纽约公共图书馆的服务范围并未覆盖全纽约市,而是只涵盖了曼哈顿、布朗士和史丹顿岛,纽约市其他两个区,皇后区和布鲁克林区分别建立了独立的图书馆系统。近年来美国经济紧缩也给图书馆的服务带来了影响。从 2008 年到 2014 年,纽约公共图书馆的经费逐年递减,直到 2015 年,才又开始有所增长,因此 2015 年被纽约公共图书馆视为转折性发展的一年。2015 年,纽约公共图书馆获得了市政 4 300 万美元的财政拨款,私人资助也有增加。得益于此,纽约公共图书馆的服务能力也明显提升,一方面,开放时间有所延长,2015 年,纽约公共图书馆系统内的图书馆开放时间达到平均每周 50 小时,高于 2014 年的 46.6 小时每周,另一方面,纽约公共图书馆提供的服务内容也越来越丰富,特别增加了在教育方面的服务项目。

如面向学龄前幼儿推出了一个早期读写能力培养项目,年度参与人数达到 28 万。2015 年 5 月,该项目先是在 10 个分馆开展,随后又有更多的分馆加入。该项目旨在帮助家长和看护者锻炼孩子的早期基本读写能力:阅读、说话、唱歌、写字以及游戏。有了更多经费的支持,该项目增加了"故事会"活动次数,并推出了新的"家庭读写能力讲习班",帮助家长和看护者更好地开展早教。纽约公共图书馆还为有小孩的家庭提供了一个免费的早教套装,其中包含了一些早教方面的小窍门,还有一本由纽约公共图书馆编制的双语儿童图书《ABC Read with Me in NYC》,书中讲述了一只小狮子在城市中的冒险故事,孩子们可从中学到英语、西班牙语两种语言的经典童谣。

从 2013 年开始,纽约公共图书馆面向 1 到 12 年级的少儿群体新增了一项课后免费教育服务项目,包括课后辅导和一对一教学。按照规划,该项目将在 5 年内推广到 50 个分馆。2015 年,纽约公共图书馆系统在课后和暑假期间为少儿学生群体提供 3 000 多座次(class spots)服务。近年来,纽约公共图书馆还特别为中学生推出了一个创新实验室项目,以加强对中学生学习研究的支持,不仅提供家庭作业方面的帮助,还可让学生学到播客、机器人及其他技术知识。

纽约是一个人口多元的移民城市,2014年美国人口调查局的数据显示,纽约850万常住人口中,有近200万不会讲英语。为此,纽约公共图书馆多年来一直为母语非英语的人们开设了免费英语培训,这项服务主要是面向成人。2014年,纽约公共图书馆的英语培训课总计近8 000个座位,学员们来自80个国家,所使用的语言有50多种,他们表示,图书馆是唯一为他们提供免费英语教学和帮助的地方。从2013年到现在,纽约公共图书馆的免费英语培训规模已经扩大了一倍多,但还是供不应求,接下来图书馆还将继续加大投入,让更多人能享受到这一免费服务。

在缩小数字化鸿沟方面,纽约公共图书馆为各年级的学生开设了电脑培训课程,在2015年,有超过10万人参加了这一课程。同时,纽约公共图书馆还开设了编程等高级计算机课程和其他技术培训班,大受欢迎,预约排队人数已有数千人。2014年年底,纽约公共图书馆开始在部分图书馆试点图书馆热点项目,探索为社区提供家庭网络免费租借服务的可行性,向低收入家庭免费租借可携带式无线设备。此外,纽约公共图书馆还正在开发一个免费的电子阅读APP,用户下载安装后可从纽约公共图书馆获得免费的电子书。

2. 纽约公共图书馆总分馆制

1901年,钢铁大王安德鲁·卡内基向纽约公共图书馆捐赠了520万美元,希望建立图书馆分馆,为社区居民服务。纽约公共图书馆与市政府合作,陆续在布朗士区、曼哈顿区和斯塔滕岛区建立了39座图书馆,奠定了纽约公共图书馆系统的基础。纽约公共图书采用的是国际上通行的真正意义上的总分馆制,总馆与分馆之间实行统一管理,即经费、人员、文献资源等全部由总馆负责协调。整个总分馆系统拥有88个分馆和4个研究型图书馆,分布在布朗士区、曼哈顿区和斯塔滕岛区,其中包括1所盲人和残疾人图书馆——安德鲁·海斯克尔的盲文和有声读物图书馆。

(1)总分馆的管理

纽约州教育署要求所有的公共图书馆系统都要制定一个五年服务计划,作为州和公共图书馆系统董事会之间的基本协议,从而使图书馆获得州政府的资助。服务计划要求列出系统的任务、目标、活动和预期的结果,并描述系统是如何满足其所在社区或地区和全州图书馆服务需求。《2007—2011年纽约公共图书馆五年服务计划》(Five Year Library System Plan of Service(Public Library Systems)2007—2011)中对分馆建设的规划流程做了描述,包括5个阶段:①确定分馆的目标、战略举措,包括中心馆和分馆的馆藏、技术服务及其他服务的草案目标和举措;②基于分馆目标创建分馆/中心图书馆计划,安排指定时间段内预计进度的具体指标;③实施战略举措;④分配资源(工作人员、技术、馆藏和设施)实现分馆目标;⑤监督实施状况,根据需要调整战略计划实施。同时,监督审查各个阶段实施进度,要求分馆各级工作人员积极参与。

为了提高工作效率,纽约公共图书馆只在总馆层面设置了理事会,并下设图书馆分馆管理委员会、分馆管理团队和分馆专业咨询委员会以实现对分馆的统一管理。其中,分馆管理委员会由分馆馆长、副馆长、协调性管理人员、预算及运营经理、分馆服务的协调员、社区图书馆馆员等40名成员组成。每月召开一次会议,讨论图书馆新的举措(潜在的赞助机会、预算规划、宣传、基建设施需求等重要问题)、分馆管理团队(由从分馆管理委员会中选举成员组成)。开会讨论关于政策、预算、设施建设及其他问题。分馆专业咨询委员会由分馆管理委员会成员、外部专业人士、读者等组成。其职责是积极提供关于馆藏、中心馆服务、健康信息服务、社区信息服务、网络活动、扫盲服务、残疾人服务、技术服务等方面的建议,定期设立专业咨询小组,协助专项项目工作等。①

（2）分馆

纽约公共图书馆的88座分馆分别位于布朗士区、曼哈顿区和斯塔滕岛区,其中曼哈顿区的分馆数量最多,为39座。这些分馆有19世纪初建成的百年老馆,也有刚刚开放几年的新馆,环境优雅,馆藏丰富,各具特色,并为读者举办丰富多彩的活动,活动信息会在纽约公共图书馆网站上及时公布。以下我们随机选取了3个分馆,了解一下其馆藏、读者活动等相关情况。

曼哈顿区中央车站图书馆（Grand Central Library）:2008年7月开放,主要为上班族、工人及东部的家庭提供服务。馆内有电脑45台,其中32台为笔记本电脑;馆藏包括DVD、CD、平装书以及适合成年人、青少年和儿童的小说和非小说类书籍。② 举办的部分读者活动有:每月的第一个和第三个星期二邀请有经验的演讲家举办演讲培训,求职培训,家庭故事时间,针对18个月到4岁孩子的互动时间,移民权利论坛,针对3至7岁孩子的图画时间,邀请投资顾问举办投资讲座等。

布朗士区城市岛图书馆（City Island Library）:该馆自1903年11月2日以来一直服务于岛上的居民。拥有1000多卷有关船舶的图书,主题涉及造船、海军历史、海盗、美国杯、著名的沉船事件、打捞技术、灯塔、航海指南、海洋小说、冲浪等。有关城市岛历史的参考资料只能在馆内阅览,不外借。该馆配置有8台笔记本电脑和4台普通电脑供读者使用,每周六都会在一间能容纳45人的会议室播放电影或举行历史主题的演讲。会议室也会被开放给学生们玩视频游戏或学习之用,每月都会开设幼儿园、一到三年级的课程。③

斯塔滕岛区纽多尔普图书馆（New Dorp Library）:该馆是斯塔滕岛区最繁忙的图书馆。1907年,斯塔滕岛居民创建了纽多尔普社区图书馆,到1909年,开始接收纽约公共图书馆流动图书馆的书籍,1926年正式成为纽约公共图书馆分馆。纽多尔普图书馆为幼儿和学龄前儿童专门设置了活动空间,面向成年人的馆藏包括中文、俄语和西班牙语的书籍。面向母语非英语人们的英语课程全年开办。④ 该馆举办的其他活动还包括:针对1到2岁的幼儿举办的互动和歌曲时间,美国麻将时间（American MahJongg time,来自不同地区的人们聚在一起一边玩麻将一边交流）,家庭作业帮助,青少年咖啡时间（针对12至18岁的孩子,允许他们携带零食、苏打水、咖啡、作业、iPod在一起娱乐、上网或学习）,办公软件学习,老年人平衡能力训练,为5岁以上的儿童及家长开设的工艺课等。

各分馆都依据当地特点开设了贴近居民工作、生活和学习的服务和活动,婴儿、学龄前儿童和青少年受到了普遍关注。

---

① 李玲丽,谢黎.纽约公共图书馆系统总分馆建设经验研究[J].图书馆学刊,2014(3):140—143.
② New York Public Library. About the Grand Central Library[EB/OL]. [2016-06-24]. http://www.nypl.org/about/locations/grand-central.
③ New York Public Library. About the City Island Library[EB/OL]. [2016-06-24]. http://www.nypl.org/about/locations/city-island.
④ New York Public Library. About the New Dorp Library[EB/OL]. [2016-06-24]. http://www.nypl.org/about/locations/new-dorp.

（3）研究型图书馆

纽约公共图书馆的 4 个研究型图书馆分别为人文和社会科学图书馆、表演艺术图书馆（在林肯中心）、尚博格黑人文化中心（在绍姆贝格中心）、科学与工商图书馆。这 4 个研究型图书馆全部为闭架式、不流通图书馆，通常不置复本，只供在馆内阅览，不提供外借服务，但任何人均可以到馆内查阅自己需要的资料。

①人文和社会科学图书馆。即 1911 年建成的位于第 40 街和 42 街之间第 5 大道著名的 Stephen A. Schwarzman 大楼，以其收藏的人文和社会科学方面的优秀研究性馆藏以及儿童馆藏闻名于世。其中，儿童馆藏为开架，可流通；闭架不流通的研究性馆藏最初由阿斯特图书馆和雷诺克斯图书馆的馆藏组成，如今已发展成为世界最杰出的研究人类思想、行动、历史的公共资源之一，从人类学到考古学、到宗教、体育、世界历史、文学等一应俱全。目前，这座百年大厦正在重新整修，目的是腾出更多的流通馆藏空间，项目计划在 2018 年完成。①

②表演艺术图书馆（the Performing Arts, Dorothy and Lewis B. Cullman Center）。无论是专业人员还是业余爱好者，都能在这里免费查阅丰富的艺术馆藏，包括历史记录、非书资料、手稿、信件、乐谱、舞台设计、剪报、节目、海报和照片等。每年表演艺术图书馆都会在布鲁诺沃尔特礼堂里举办一系列丰富多彩的免费公益活动，包括讲座、小组讨论、表演、硕士课程、阅读和电影放映等，诸多著名的演员、作曲家、音乐家、剧作家等都曾在这里演出。图书馆还会引进一些其他国家的戏剧。由于这些公益活动大受欢迎，不得不采取发放免费门票的方式，节目开始之前一小时在入口处发放，每人限一票，不接受预订和预留座位。

③尚博格黑人文化中心（Schomburg Center for Research in Black Culture）的前身是"黑人文学、历史、版画分馆"，作为一个特藏分馆于 1925 年开放。1926 年，波多黎各出生的黑人学者与藏书家尚博格将其个人收藏捐给图书馆，这些收藏包括 5 000 册图书、3 000 份手稿和 2 000 幅版画和油画作品以及几千本小册子。1940 年，该分馆更名为尚博格黑人文学、历史、版画收藏，1972 年，这部分收藏被作为纽约公共图书馆的研究图书馆之一正式命名为尚博格黑人文化中心。1991 年，该中心进行了扩建，增设的展览馆、美国黑人剧院以及 340 座的兰斯顿休斯礼堂，用以举办演唱会、论坛、讲座、演出或其他活动。

现在，尚博格黑人文化中心已成为世界重要的保存全球非洲和非裔犹太人历史文献的学术机构，为美国和来自世界各地的人们提供服务。Ernest D. Kaiser 引文索引是尚博格黑人文化中心独有的检索工具，提供近 18 万条黑人杂志和报纸文章引文数据。

④科学与工商业图书馆（The Science, Industry and Business Library，简称 SIBL）于 1996 年开馆，当时的首要任务是为中小企业服务。目前其收藏重点是有关商业、中小企业、金融与投资、产业与技术等方面的纸质和电子文献，读者在这里可以找到所需要的商业和财务数据，政府信息，专利和商标，普查和贸易数据，以及历史报告，如参议院听证会或立法信息等。此外，SIBL 设有免费的研讨室供读者预约使用，读者还可以与馆员预约更深层次的帮助，获得有关财务、创业、就业等方面的专家指导。

3. 纽约公共图书馆的营销

纽约公共图书馆自成立以来，在纽约市的发展中发挥着越来越重要的作用，对纽约人的

---

① John Hill. First Look at NYPL's Central Library Plan [EB/OL]. [2016 - 06 - 24]. http://www.world-architects.com/pages/film/nypl-central-library-plan.

影响也越来越大。围绕着"促进终身学习,推动知识发展,强大本地社区"的宗旨,纽约公共图书馆建立起自己独特的品牌效应和优良的公共关系,如今在美国乃至全球都具有极高的知名度和影响力,展现出了纽约公共图书馆的非凡成就。

美国图书馆界对图书馆营销非常重视,纽约公共图书馆在这方面也表现突出。纽约公共图书馆并非政府机构,而是一个私人慈善机构管理的非营利机构,其发展模式十分独特,树立了政府和私人慈善机构为一个公共使命展开合作的典范。纽约公共图书馆的经费来源主要是政府拨款,包括纽约市政府、州政府、联邦政府的财政拨款,此外,来自各社会团体和个人的捐赠资助也十分重要。事实上,纽约公共图书馆的建立就源于多位社会人士的慷慨资助。1886年,纽约州前州长提尔登(Samuel J. Tilden)去世,在遗嘱中提出捐赠240万美元,用于在纽约市建立一座免费的图书馆和阅览室。图书馆筹建期间,纽约两家重要私人图书馆——阿斯特图书馆(Astor Library)和雷诺克斯图书馆(Lenox Library)正面临发展困境,于是,在提尔登信托人约翰·毕格罗(John Bigelow)的提议下,阿斯特图书馆和雷诺斯图书馆与提尔登基金合并,共同创建了纽约公共图书馆。

每年,纽约公共图书馆除了向政府争取更多拨款外,还要自筹大笔资金。为了获得更多支持,纽约公共图书馆十分注重维护与政府部门、社会团体、机构、个人之间的公共关系。2011年,为抗议政府削减拨款,纽约公共图书馆发起了一场名为"让图书馆开下去"(Keep Libraries Open!)的拯救图书馆运动,呼吁民众向政府发函表明图书馆的重要作用,包括幼儿园的小朋友、青少年、退休人员、在图书馆帮助下找到工作的人、外来移民、作家等在内的各个领域各个阶层的人们纷纷响应,讲述了图书馆给自己带来的改变,还有很多人向图书馆捐款表示支持。如今,纽约公共图书馆每年可收到约4万美元单私人捐款,金额从数十美元到上千美元甚至上亿元不等,纽约公共图书馆还曾获得卡耐基和洛克菲勒等所捐巨款,卡耐基捐建的数十个分馆大部分至今仍在使用中。在每年的年度报告中,纽约公共图书馆都会列出一份长长的年度捐助者名录,包括众多捐款人、捐款机构以及其他为纽约公共图书馆提供各种支持的人们,向他们表示衷心感谢。另外,纽约公共图书馆网站常设了一个捐赠通道,以方便人们捐款,并特别告诉人们,每捐出115美元,纽约公共图书馆就可以增加一卷参考文献。秉持公开透明的原则,纽约公共图书馆每年还会发布一份经审计的财务报表,让公众能够更好地了解其经费使用情况。

目前,纽约公共图书馆已设立了多个奖项,用以促进图书馆事业和教育、文化等相关事业的发展,有力地提高了图书馆的社会影响力。有为奖励纽约公共图书馆管理层和员工的杰出贡献而设立的"马赫·斯特恩奖"(Maher Stern Award);有为奖励在改善公共参考咨询服务方面做出杰出贡献的纽约公共图书馆员工而设立的"吉恩·M·坎贝尔奖"(Jean M. Campbell Award);有面向纽约公共图书馆各分馆而设立的"纽约社区图书馆奖"(NYC Neighborhood Library Awards),主要表彰在为社区提供特别服务方面表现突出的5个分馆,获奖的每个馆可获得20 000美元奖励;有面向纽约市公立高中优秀毕业生设立的"密涅瓦奖"(Minerva Award);有面向35岁以下小说家设立的"幼狮文学奖"(Young Lions Fiction Award),获奖者可获得10 000美元的奖励;有为奖励在重要公共事务方面做出卓越贡献的记者而设立的"海伦·伯恩斯坦新闻图书奖"(Helen Bernstein Book Award for Excellence in Journalism),该奖得主可获得15 000美元的现金奖励;有与以斯拉·杰克·济慈基金会共同为儿童读物作家新人而设立的"以斯拉·杰克·济慈奖"(Ezra Jack Keats Award)。

纽约公共图书馆的主馆和多个分馆馆舍都是由著名建筑师设计的,独具特色,向公众传递了良好的图书馆形象。纽约公共图书馆主馆是纽约市的一个重要地标,被誉为"人民宫殿"(the People's Palace),建筑本身也具有十分重要的价值。这座巨大的大理石建筑横跨两个街区,外观宏大气派,充满古典和学院气息,位于三楼的主阅览室——玫瑰阅览室富丽堂皇,是当今世界上最大的无柱房间之一。现在,玫瑰阅览室已被暂时关闭,因为天花板出现破损正在进行修复,预计该工程将于2016年秋季完成并重新开放。而在图书馆门口宽广的台阶两旁,两座大理石狮子雕塑牢踞不动。这两座石狮闻名全世界,它们拥有自己的名字,最初是以纽约公共图书馆两位创始人的名字命名的,分别叫"阿斯特"和"雷诺克斯"。但人们往往亲切地把它们称为"阿斯特夫人"和"雷诺克斯勋爵",虽然这两头狮子都是雄狮。后来,20世纪30年代美国大萧条期间,这两座石狮改名为"耐心"(Patience)和"坚韧"(Fortitude),用以激励纽约人克服困难不断前进。这两座狮子伴随纽约人经历了百余年的历史风云,拥有超高的人气和深厚的意蕴,因此也成了纽约公共图书馆的最显著象征,纽约公共图书馆为它们申请注册了商标,设计成图书馆的馆徽。此外,以这两头石狮为原型的角色还出现在众多动画片、儿童故事、戏剧和电影中。2003年,美国还以纽约公共图书馆的石狮为形象发行过邮票。

第四部分　城市图书馆发展对话

一、李国新:"十三五"时期现代公共文化服务体系建设的重点任务

[专家介绍]李国新,北京大学教授、博士生导师,北京大学国家现代公共文化研究中心主任,文化部公共文化研究(北京大学)基地主任。兼任文化部国家公共文化服务体系建设专家委员会主任,文化部"十三五"时期文化改革发展规划专家委员会委员,全国人大教科文卫委员会《公共文化服务保障法》专家组成员,国家社会科学基金重大项目首席专家,中国图书馆学会、中国文化馆协会理事等职。参与了《公共文化服务保障法》《公共图书馆法》、加快构建现代公共文化服务体系意见、"十三五"时期贫困地区公共文化服务体系建设规划纲要,以及国家基本公共文化服务指导标准等多项公共文化法律、政策的研究和起草工作。先后出版《公共文化政策法规解读》等专著多种,发表专业学术论文170多篇。

构建现代公共文化服务体系是国家的一项重要战略举措,是保障群众文化权益、丰富群众文化生活,提高全民族文化素质的重要抓手。公共图书馆作为公共文化设施的重要组成部分,对于公共文化服务体系构建有着非常重要的意义。面对这样的发展背景,图书馆应该怎么办? 怎样才能不负时代给予我们的重托? 带着这样的问题,我们于2016年6月5日在赤峰市举办的"现代公共文化服务体系建设论坛"期间采访了北京大学信息管理系李国新教授。

1. 推进基本公共文化服务标准化均等化

刘锦山: 李老师,您好! 公共文化服务体系的建设对于保障群众基本文化权益,丰富群众文化生活,有着非常重要的意义。但是,在公共文化产品及服务供给方面,我国存在着区域发展不平衡问题,其中最为典型的不平衡就是西部、中部与东部之间的差异,即便在经济、文化比较发达的东部地区内部仍然存在着地区之间的不平衡问题,此外还有城乡之间的差别,沿边地区与内地之间的差距等。面对这种情况,国家提出了公共文化服务标准化均等化

的应对战略和措施。请您首先向读者朋友谈谈这方面的情况。

李国新:谢谢刘总和 e 线图情。整个"十三五"时期我们国家公共文化服务体系建设的首要任务就是推进标准化、均等化。标准化、均等化不是并列关系,公共文化服务核心是均等化,就是普遍均等,惠及全民,让文化的阳光普照到每一个人,这是公共文化服务的终极目标。那么怎么样达到这个目标? 现在形成了一个基本思路就是以公共文化服务的标准化来促进均等化,所以标准化是手段,是途径,均等化是目标。这是关于标准化和均等化的关系。中宣部部长刘奇葆曾经在一次会议上说过一句话,他说"十三五"时期公共文化服务体系建设的主攻方向是标准化、均等化,也就是"十三五"时期现代公共文化服务体系建设的"纲"是标准化、均等化。因此,我们首先要理解标准化、均等化在整个公共文化服务体系建设当中的地位和作用。

为什么现在特别提出了标准化、均等化? 是因为我们国家目前的公共文化服务体系建设存在着严重的不均衡。这种不均衡在 2015 年年初中办、国办《关于加快构建现代公共文化服务体系的意见》中,概括为三个不均衡:第一,城乡不均衡,城乡的公共文化的总量不均衡,质量不均衡。第二,地域不均衡,从全国来看有东中西,好中差,每一个地方实际上也有这种问题,即便是经济最发达的地区,现在也存在不均衡。第三,人群不均衡,主要是一些特殊群体的公共文化服务保障做得还不到位。比较典型的例子,伴随着城镇化进程而产生的农民工,全国有 2.7 亿左右,与农民工相伴而生的农村留守妇女、留守儿童有 1.1 亿人以上,这是目前一个严重的薄弱环节。

改革开放以来,我国经济社会在快速发展,纵向来看,每一个地区的发展都很快,但是放眼全国,东中西的差距,地域发展不平衡现象没有缩小,相对差距还在拉大,这是一个总体的判断。为什么会拉大? 你发展别人也在发展,你的发展没有跨越式、没有超前,那就还是在落后。因此,"十三五"现在目标非常明确,补短板,首要任务把短板补上来,这样求得均衡发展、协调发展。"十三五"时期发展的新理念有 5 个关键词:第一个是创新,第二个是协调,协调发展实际上就是解决不均衡问题。我们可以看一些数据,就可以体会到这种不均衡。目前全国文化事业费,东部 9 个省占了 44% 多,将近 50%,中部 10 个省 24%,西部 12 个省 31%。公共文化服务的重点、难点在基层,但实际上现在基层得到经费少,县及县以下,不到 50%,经费还是集中在大城市。北京、上海现在人均一年文化事业费 120 多元,中部一些人口大省,如河南、河北、安徽、江西人均 10 多元,不到 20 元,是北京、上海的零头。我们国家从"六五"开始,搞县县有图书馆、县县有文化馆、乡乡有文化站,到今天,"十三五"了,全国还有 130 个左右的县级行政区划没有图书馆,还有 550 多个县级公共图书馆、700 多个县级文化馆,建筑面积少于 800 平方米。少于 800 平方米是什么概念呢? 国家标准现在最低标准就是 800 平方米,没有达到最低国家标准。看着这些数字,就更能体会到发展的不均衡。

刘锦山:李老师,确实如您谈到的那样,发展不平衡是我国公共文化服务体系建设过程中面临的严重问题。面对这样的现实情况,我们应该怎么办? 您前面谈到,"十三五"期间的一个重要任务就是补短板,面对这样的短板怎么办? 怎么来解决?

李国新:现在形成的一个基本的破解问题的思路,就是要建立基本公共文化服务标准体系,以标准化促进均等化。首先政府主导建立标准体系,通过标准体系,把一些重要指标固定下来,向全社会公开,等于政府向全社会、向老百姓做了承诺,让全体人员来监督政府,来落实这个标准,这就是基本思路。对于各级政府制定标准体系,中央有一个总的原则性要求,很宏观。在这个总的要求中,最核心的一句话是,"要明确国家基本公共文化服务的内容、种类、数量、水平"。最后 8 个字是核心。现在从中央到地方制定标准体系,要解决的核心问题就是公共文化服务什么内容,什么种类,什么数量,什么水平。这些问题明确了之后,应该具备什么条件,各级政府应该履行什么责任,不要再拍脑袋了,不要再主要依靠主要领导人个人的思想觉悟、个人的认知水平了,摆脱这种状况,走出这个怪圈,算账、看标准。算账、看标准就会使公共文化服务的保障能够逐步科学化、规范化,这就是基本思路。

在这个基本思路之下,找到了一个实现的路径,就是从中央政府到地方政府制定标准体系。中央政府制定《国家基本公共文化服务指导标准》,这个指导标准作为 2015 年年初中办、国办《关于加快构建现代公共文化服务体系的意见》的附件,大众媒体都公开发布了,我想大家可能都已经看到了。国家这个指导标准,三大类、十四项、二十二条。国家指导标准发挥什么作用?它明确了我们国家目前经济社会发展阶段,基本公共文化服务的内容和种类,国家标准主要解决内容和种类,什么内容,什么种类,这三大类、十四项、二十二条就是解决这个问题的。对于我们国家来说,这就是各级政府公共文化服务保障的一个底线。公共文化服务保基本、促公平、兜底线,这就是底线。底线什么意思?从理论上说,今天一个人只要是中华人民共和国的公民,政府就有责任、有义务保障他能够享受到这样一些基本公共文化服务,当然享受不享受那是公民自己的权利,无论哪一级政府也不能要求所有人都得进图书馆,所有人都得进文化馆,然而政府的责任就是把底线兜住,这是中央政府要干的事情。

所谓标准体系不是一个标准,按照顶层设计,在中央政府这个指导标准颁布之后,全国 32 个省、市、自治区,包括新疆生产建设兵团,省级人民政府都要颁布本省的基本公共文化服务的实施意见和实施标准,就是落实中办、国办文件里的实施意见和实施标准,每一个省级政府都得颁布,这是中央的统一要求。到现在为止,全国 32 个省级政府都已经颁布了。例如,2016 年 3 月 24 日,内蒙古自治区党委办公厅、政府办公厅发布了《内蒙古自治区关于加快构建现代公共文化服务体系的实施意见》,作为附件,也正式公布了内蒙古自治区的基本公共文化服务实施标准。这就是内蒙古党委、政府向内蒙古人民的一个承诺,它是对中央的意见和指导标准的一个细化、具体化。"十三五"时期内蒙古的公共文化服务做到什么程度,最低限度就是自治区党委政府发布的这个意见和标准。这样,公共图书馆到底买多少书,现在不要拍脑袋了,落实党委政府的承诺,算账就可以了。这就是省级政府根据国家指导标准制定与当地经济社会发展水平相适应的,具有地方特色的实施标准和实施方案,省级政府都得做,地市级政府中央没有统一要求,可做,当然可以不做。据现状来看,现在地市级政府做得很多,特别是经济发达地区,地市级政府也根据当地的情况做出了本地区的实施意见和标准。总的来说,省级政府的意见和标准不能低于国家的标准,只能高不能低,地市级的标准只能高于国家的和省级的,不能低,就是每一级可以提高,不能降低,国家标准是兜底线的,是最低标准。

地方性的实施意见与实施标准主要解决什么问题呢?主要解决数量和水平。国家标准内容、种类有了,内容、种类到了某个地方,什么数量、什么水平,地方标准得落实下来。因此,中央指导标准和地方实施标准加起来,最终就落实"内容、种类、数量、水平"这 8 个字。这次标准体系的落实,中央也有明确的要求,以县为单位推进落实,所以标准落实的第一责任主体是县级政府。同时也强调这个标准不是一成不变的,要建立动态调整机制,随着经济社会的发展,这个标准要逐渐提高。十七届六中全会那个年代,2011 年,那个时候我们国家公共文化服务的主要任务是什么？简单地概括叫六大任务：主要解决老百姓读书、看报、听广播、看电视、参加公共文化活动、进行公共文化鉴赏这六个任务。到2015年，我们颁布国家基本公共文化服务指导标准，动态调整了，由六大任务变成了三大类、十四项、二十二条。这就是一个动态调整。现在这个指导标准管到2020年，2020年以后还得调整，所以动态调整机制要建立起来。这就是标准体系。

"十三五"时期，怎么样破解发展不均衡，怎么样来实现以标准化促进均等化，总体的思路就是这些，建立标准体系。应该说现在顶层设计、中层设计都已经做完了，下面就是落实的事情了。落实当然有难度，由设计完成到最终落地还有一个过程，还需要我们付出艰苦的努力。就公共文化服务体系建设来说，现在有了尚方宝剑，有了依据，有了顶层政策，现在特别强调看齐意识，地方政府官员，或者地方文化行政管理部门的官员可以拿着中央文件，拿着省级党委政府的文件去和有关部门协调，这是依据。顶层设计就是给基层制造的"武器"。武器制造出来了，这个仗打赢打不赢说实的顶层设计有时候也管不了，还得基层对武器运用的怎样。这是关于标准体系的问题。

"十三五"时期中央财政对于公共文化服务体系建设投入的重点现在也明确了。文化部"十三五"时期改革发展的规划纲要现在已经进入最后的研讨阶段，很快就会公布。其中关于促进均衡发展的一些重要的措施，比如，中央财政要重点支持中西部1465个县级图书馆、文化馆新建、改建、扩建，中央政府要支持92个已经开工的地市级公共文化馆、图书馆、博物馆的建设，中央财政要建立专项资金补助基层文化服务中心的设施建设、设备购置、添置和更新，特别明确提出来要加强边境县公共文化服务设施建设，要实现边境地区公共数字文化网络全覆盖。边境地区的文化安全现在已经引起高度重视，因为我们这几年也发现了一个现象，许多边境地区，我国与其他国家接壤的地区，我国的老百姓看不到自己的电视，听不到自己的广播，看的听的都是对方的，长此以往是非常危险的。所以在"十三五"，边境地区的问题要提高到维护国家文化安全的角度来解决。"十三五"时期边境县公共文化服务设施全覆盖。这是中央财政促进均衡发展的一些举措。这些举措实际上给地方的公共文化服务体系建设提供了机遇，提供了平台。当然这些机遇，不一定一下子就掉到某个地区的头上，机会是给有准备的人的。这就要求地方政府、地方文化行政主管部门未雨绸缪，早做规划，早做准备，有了准备，机会来了就能抓住。

经过"十一五""十二五"的持续建设，我们国家基本公共文化服务均衡发展出现了一些新的现象，新的变化，这些新变化是什么呢？到现在为止，从全国总体上来判断，公共文化服务体系建设发展最好的是东部，其次是西部，最差的是中部，所以东中西的格局发生了变化。现在公共文化服务的主要指标，全国排行垫底的不是西部了，是中部那些人口大省，比如河南、河北、安徽、江西等。什么原因呢？第一，"十一五""十二五"中央财政对西部有比较大的支持力度，西部上升很快，这是外在原因。第二，内在原因，中部不东不西，自身的发展实力比不上东部，国家扶持又比不上西部，再加上人口多，一个中部人口大省的人口比国外一个国家还多，总量可能不小，一人均，就垫底了。中部人口大省就是中国的缩影，我们中国在世界上的状况就跟中部地区在中国是一样的，总量不小，经济总量世界第二，一人均，就排在全世界最后，所以这就是这几年经过"十一五""十二五"持续建设，我们国家公共文化服务体系总体格局发生的一个变化。因为有这个变化，所以我们就得有应对之策，不能西部刚拉上来，中部又掉下去了，现在就已经出现了中部洼地、中部塌陷的现象，一方面经济在中部崛起,另一方面公共文化服务在中部塌陷,这不行。

因此,"十三五"促进均衡发展,从总体上来说还有一个重要任务,那就是要解决中部的问题,特别是中部人口大省,国家政策当然需要适当调整了,总体上在资金、资源扶持政策要做一些调整,要促进中部地区,特别是中部人口大省公共文化服务跟全国均衡发展。所以"十三五",国家还得腾出点手来解决一下中部的问题。

2. 加快贫困地区公共文化服务体系建设

刘锦山:李老师,贫困地区公共文化服务体系建设也是很重要的问题。我们知道,"十三五"时期我国要全面建设小康社会,中央宣布2020年之前贫困地区全部"摘帽",在这样的背景下,现在的贫困地区公共文化服务体系建设如何推进?

李国新:贫困地区公共文化服务体系建设是"十三五"重点中的重点。您刚才也提到了,"十三五"我们国家最核心的一个任务就是全面建设小康社会,全面建设小康社会到"十三五"进入了决胜阶段,决胜阶段扶贫工作的重点任务是什么? 习总书记说三大任务,第一要务是发展经济,不发展经济要解决贫困,那不可能。第二,根本之策是教育优先,贫困地区教育要优先发展,不能让贫困代际相传。第三,基本保障,基本保障是什么呢,提高农村公共服务体系建设的水平。农村为什么会落后,基本公共服务上不去,与城市比,城市这个设施,那个保障都有,到了农村什么都没有。基本公共服务体系,就包括了公共文化。所以就整个文化改革发展来说,"十三五"时期,贫困地区公共文化服务体系建设是重中之重。整个"十三五"我们国家公共文化服务体系建设最艰巨、最繁重的任务在贫困地区。

怎么解决贫困地区的问题? 2015年年底,中央七部委出了一个专项规划,叫作《"十三五"时期贫困地区公共文化服务体系建设规划纲要》。2015年后半年,为了编制贫困地区"十三五"规划发展纲要,文化部组织了三个调研组,分散到全国贫困地区进行调研,一个在湖南湘西,一个在重庆,还有一组就在内蒙古赤峰,这个组就是我带队来的,当时我们去了巴林右旗和林西县,这两个旗县对于我们国家制订"十三五"时期贫困地区公共文化服务体系建设规划纲要做出了重要贡献。规划纲要最后形成了许多政策措施就是我们调研过程中发现的问题,很有针对性。"十三五"时期贫困地区公共文化服务体系建设规划纲要提出的总体目标,就是到2020年,要让贫困地区公共文化服务能力和水平明显改善,明显改善的具体要求是什么? 基本公共文化服务主要指标接近全国平均水平,最初起草文件的时候用的是"达到",后来在正式发布前把"达到"改成了"接近",意思是话不要说得太满,留点余地。虽然"达到"改成"接近",但是奋斗目标没有变,还是"达到",争取要全面"达到"。达到平均水平就从根本上扭转了贫困地区和经济发达地区公共文化服务体系建设相对差距扩大的这种态势。扭转这个态势,就是目标。

这里所说的贫困地区指什么? 现在也明确了,中央财政就解决14个集中连片贫困地区和国家扶贫开发工作重点县,全国一共839个县,这是中央财政解决的问题,省级贫困县主要靠省级财政去解决。839个县,13 000多个乡镇,将近15万个行政村,3.2亿人口,占国土面积将近一半,这就是中央财政要重点解决的问题。那么贫困地区公共文化服务体系建设在"十三五"期间重点解决什么问题?

第一,设施。设施现在提的目标非常明确,到2020年,839个贫困县县级公共文化服务设施全部要达到国家建设标准,图书馆、文化馆、乡镇文化站都有各自的建设标准,这都是由国家发改委、国土资源部、财政部、住建部和文化部共同颁布的。中央财政支持,2020年消除县级公共文化服务设施空白点,没有图书馆和文化馆的,都得建起来;没有达到国家标准的县级公共文化服务设施全部要达标,达标就是改建、扩建,一共涉及全国721个县级图书馆和文化馆,这是设施建设的一个任务。第二个任务,对新情况、新问题怎么处理? 因为这些年随着国家城镇化建设的加快,公共文化服务设施出现了一些新情况,过去我们提"县县有图书馆、文化馆,乡乡有文化站,村村有文化室",现在随着城镇化的加快,出现了许多空心村,那次我们在赤峰调研的时候,就看到了一个村,说过去有两千多人,现在就十来个老人,识文断字的,有点劳动能力的都出去打工去了,这就是新情况,这些村我们还需要不需要补设施? 还需要不需要设施建设? 再比如那次在内蒙古调研我们也发现了一个现象,农村幸福院,相邻的一些村的留守老人现在被政府集中安置了,集中安置分散生活,农村幸福院没有公共文化服务设施配套,但这个地方又是人口聚居区,怎么办,这都是一些新情况。

所以关于设施建设,在规划纲要当中明确了几条,农牧民定居点,移民新区,城乡结合部,城镇新兴社区,农村中心村,怎么办? 各地要提方案,因地制宜。现在中宣部启动了一个项目,叫作"百县万村综合文化服务中心示范点建设",全国选择一百个县,一万个乡镇,中央财政投入支持建设综合文化服务中心,重点解决这些新情况、新问题。因此,在"十三五"时期设施建设,一方面是县级基本设施一定要全面达标,同时,要对一些新问题、新现象有针对性地提出方案,像空心村就不需要再建了,而一些新兴的中心村,过去既不是行政村也不是自然村,随着经济社会的发展,随着交通的发展形成了人口聚居区,那就得考虑。所以公共文化服务设施建设现在明确,它是以人口聚居程度为第一依据,不是像过去简单地按行政区划或行政级别去配置。

贫困地区公共文化服务体系建设在"十三五"期间重点解决的第二个问题是广播电视与流动服务。现在农村特别是经济欠发达地区的农村,老百姓的公共文化享受最主要的途径还是广播电视,所以"广播电视户户通"是"十三五"的攻坚任务。"十二五"我们已经基本上做到了"村村通","十三五"要做到"户户通"。另外中央财政明确了,全国839个贫困县,要为每个县都配备流动文化服务车,要为每一个县级剧团配备流动舞台车。这些流动设施在服务功能上会有一些变化。最近几年,有许多公司研发出了一些新的流动服务设施,过去一说送书下乡,派个汽车拉点书下去了,一说送戏下乡,弄个汽车拉点人下去演戏,这当然都是传统的做法。现在出现了一种集成化、便捷式、多功能的流动文化服务设备,集成组装式,功能从读书看报到娱乐活动都有,设施都组装起来,体积很小,到了地方,半个小时全部展开,这是一种新型流动服务设施。农村集市、边贸口岸、边疆哨所这些地方,流动服务点要加强。过去我们的公共文化服务更多地注意了阵地建设、设施建设,对于一些流动服务没有给予高度的重视。现在看来,贫困地区有大量的人口稀疏地区,也有大量的边远山区,这些地区可能原本就不需要建设固定设施,这些地方的公共文化服务怎么解决? 就是流动服务,所以要形成一个流动服务常态化的机制。《国家公共文化服务保障法》当中对设施体系也说得很清楚,阵地服务、流动服务和数字服务相辅相成。现在说设施体系,千万不要按照传统观点理解成就是盖房,流动服务同样需要设施,数字服务也需要设施,这是关于广播电视跟流动服务。

第三,服务内容与组织体系。服务内容总的要求就是到2020年全国所有的贫困县基本公共文化服务内容的各项指标都要达到国家指导标准和本省的实施标准。所以"十三五"时期国家基本公共文化服务指导标准和各省的实施标准都是非常重要的政策依据,到2020年都得达到,这是对内容的基本要求。贫困地区强调了特色化建设,一县一特色,一乡一品牌,一村一团队,这样的格局要形成。这就给地方文化行政部门提出了基本的工作思路。一般的公共文化服务要做到,同时抓特色、抓品牌。什么叫品牌? 品牌就是持续时间长、参与公众多、社会影响大的活动,这叫品牌,要打造出这样的活动来。组织体系现在提得非常明确,到2020年全国三分之一的县要建立起公共图书馆和文化馆的总分馆体系。应该说这个标准现在看来有点滞后了,2016年中央深改组文化体制改革的重点任务之一,是全面推进图书馆和文化馆的总分馆制建设。按照这个精神来看,到2020年不是三分之一的问题了,可能贫困县基本可以做完,就是图书馆、文化馆建立总分馆体系。总分馆体系是一个什么事情? 是组织体系。现在一个一个图书馆,一个一个文化馆都是设施孤岛,馆长把自己的四堵墙之内管好就行了,这是不行的。要建立组织体系,要把作为设施孤岛的公共文化服务设施变成一个公共文化的设施群、服务群。设施群、服务群靠什么来连接呢? 靠组织体系,组织体系是什么呢? 总分馆。这就是组织体系的要求。

第四个任务,数字文化服务。解决贫困地区公共文化服务体系建设的问题,数字化是一个非常重要的手段。我们现在一定要破除一个观念,就是一说解决贫困地区的问题,就是盖房子、给人,要打破这个思维定式。将来我们的公共文化服务,特别是贫困地区、边远地区公共文化服务可能更多地需要靠数字服务,靠现代化的手段去覆盖。因此,整个"十三五"期间,对贫困地区的问题要把数字化服务放到突出位置来考虑。关于数字服务,有这样几项明确的要求,首先要构建县域公共数字文化综合服务平台和区域性的综合管理平台。服务平台以县域、以县为单位去建设。什么叫综合性、一站式? 就是各种公共文化服务整合到一个平台上来,老百姓不关心这个服务是图书馆提供的,那个服务是文化馆提供,不关心这个,他关心的是我想要的有没有,谁提供的后台去处理,这就叫综合性、一站式。管理平台区域还可以扩大。资源共享,共建共享,服务联动,怎么共享,怎么联动,得有平台能够看到,所以管理平台可能是以地区,当然也可以以县为基础建立。要把服务平台、管理平台建立起来。其次,对于贫困地区,数字资源建设在"十三五"会有许多项目,按照顶层设计是要依托重大公共文化数字工程,要开展地方特色的数字资源建设,要形成地方特色的文化资源库。重大数字文化工程像文化共享工程、数字图书馆推广工程这样一些项目还要持续地进行,当然方式、方法、路径都会有一些调整,这些工程现在的重点已经转向了资源建设。现在全国每年文化共享工程的资源建设经费大约在1.5亿至2亿元。这些经费都分散到全国各地。贫困县一定得能够设计出来体现地方特色的资源建设项目,去参加竞争性评选,不会因为你是贫困县,一摸脑袋就把钱给你了,这个时代已经结束了。得设计出来有特色的、传承地域文化的东西,国家会支持。依托重大公共数字文化工程开展有地方特色的资源建设项目,需要地方动脑筋、想办法,设计项目,疏通渠道,找好路径,这件事情对于促进贫困地区公共数字文化服务体系建设意义重大。

贫困地区怎样把数字资源真正送到老百姓手里让大家用起来? 结合贫困地区的实际,可能就得多种手段并用了,网络传输,硬盘固化,城市里不需要硬盘固化,农村可能就需要。光盘农村现在也还需要,手机下载是大量的,多种服务形式,最终的目的就是让公共数字文化资源真正能够进村入户到老百姓手里用起来。数字文化服务的总体要求,到2020年,贫困地区所有的县级公共文化服务机构基本具备数字资源提供能力和远程服务能力。我们做过调研,图书馆好一点,很多县级文化馆没有网站,一个公共文化机构连网站都没有,还谈什么数字资源提供能力,谈什么远程服务能力呢? 最基本的入口都没有,所以这个任务还是很艰巨的。现在就要求到 2020 年,县级公共文化服务机构都得有这两个能力。

第五个任务,乡土人才培养。现在许多基层公共文化服务效益不好,很多地方都反映乡镇文化站铁将军把门,为什么? 原因是多方面的,其中重要的原因是人,设施有了,设备有了,资源有了,没有得力的人去管,一切都是零,所以人的问题,对于基层公共文化服务来说可能是第一位的。我们老说要把过去的"送"文化,变成"种"文化,什么叫"种"文化? 在农村有留得下、用得上、靠得住、离不开的人,这才叫"种"文化。所以,"十三五"乡土人才培养,成为贫困地区公共文化服务体系建设的重点要务之一。怎么落实? 从顶层设计,设计了一个叫"一员三能"提升工程,一员就是乡镇村的文化管理员,"三能"是要提升他们的三种能力。第一,政治素养;第二,专业技术;第三,管理能力。这样一些人才能真正地培养出来,在农村能留得下、用得上、靠得住、离不开,农村的公共文化服务就有了基本的保障。同时提出,鼓励地方和艺术职业院校开展合作,开展基层文化干部的学历教育,这是北京市延庆区的一个成功经验,希望全国能够推广。延庆是北京最远的一个县,以前一直是县,最近刚刚改成区,它与河北的北部接壤。在北京,延庆那个地方算贫困地区,它的公共文化服务人才培养创造了一种方式,叫村级文化组织员,组织员是怎么管理的? 乡聘乡管村用,每一个村都有一个,由乡镇政府负责招聘,负责管理。延庆与县里的艺术职业学校合作,对招聘进来的组织员进行中专学历培训,学制三年,三年之后就拿到中专学历。这件事情解决了一个什么问题? 一方面现在许多基层的职业学校,尤其是地级、县级职业学校,生源严重缺乏,另外一方面大量的基层公共文化管理人员特别是乡镇村那一级,基本上没有专业水平的人员。两方面一联手,实现共赢。经过 3 年培训,大家掌握了一些基本的专业技能、专业理论、专业知识,这样就能够更安心地、更好地开展工作。组织员有了基本的学历,村级不需要太高的学历,中专足够。基层的职业学校,有了稳定的生源,这件事情希望各地能够借鉴、推广下去。另外,"十二五"期间实施的一些人才培训计划,"十三五"继续实施,比如,"三区"人才支持计划,这是一个国家专项,在"十三五"期间在边远贫困地区、边疆民族地区、革命老区中继续推进。每年国家要为"三区"培养 1500 名急需的文化工作者,这是国家层面的规划。所以,人才培养被纳入贫困地区公共文化服务体系建设的重要内容。

刘锦山:李老师,我们国家在扶贫工作方面一直有个机制,叫作对口帮扶,经济发达地区的省对口援助经济欠发达地区的省。过去的对口援助,文化、公共文化没有纳进来,从"十三五"开始省际对口援助,把公共文化服务体系建设的帮扶纳进来了。请您向读者朋友谈谈这方面的情况。

李国新:文化帮扶机制的建立是我国扶贫工作的一个重大进步。文化帮扶特别倡导经济发达地区要帮助贫困县实施公共文化发展的一县一策的帮扶计划,一县一策精准扶贫,要把它纳入规划。国家层面也要选派优秀的文化工作者,到山区、贫困地区、革命老区这些地方去提供公共文化服务。把公共文化服务体系这些内容纳入省际对口帮扶的范畴。

"十三五"时期贫困地区公共文化服务体系建设的规划纲要所提出来的主要内容、主要任务就是这么多。怎么样保证这些任务能够如期完成,怎么样保证这个规划能够落地,这个文件设计了一个工作机制。这个工作机制我觉得地方党委政府、地方的文化行政主管部门的领导一定要准确把握,理解深,理解透,按照要求去做。工作机制是什么? 第一步,要求贫困县文化行政部门要会同相关部门开展专项调查,调查什么呢? 摸清底数,找出突出矛盾和问题,找出短板。找短板的依据什么呢? 就是国家基本公共文化服务指导标准和各省党委政府的实施标准,这就是依据。对照依据找短板,先把问题找出来。找出问题来之后,得做第二件事情,对照标准逐项地测算服务与资源的缺口,列出清单,这是第二项工作。这两项工作做完了,地方文化行政主管部门和地方政府的事情算是告一段落。中央财政支持的时候不会因为是贫困县一摸脑袋就给钱,看贫困地区的规划明确不明确,明确了就资助。找不出短板,没有头绪,给钱也不知道往哪花,就不会给了。总体要求就是前 3 年集中攻坚,后两年巩固提高。而且说得非常明确,以县为单位去制订实施方案。要求各级党委政府把落实情况作为政府督查、督办的事项,作为政府考核的重要内容。全面扶贫攻坚,习总书记说得非常清楚,得立军令状,全面扶贫就包括公共文化扶贫。

新的扶贫计划,就是精准扶贫。什么叫精准扶贫? 先把短板找出来,需要的是什么,有针对性地去扶持。有些地方已经很好了,已经达标了,那"十三五"就不需要再去做了。应该说,对贫困地区来说,对贫困地区的公共文化服务来说,"十三五"时期,按我的理解,这是最后一次机会,为官一任,主政一方,地方的这件事情在基层官员手里,国家有政策有机会没抓住,那可能就是自己的失职。我们现在老说,跨越式发展需要机遇,什么叫机遇? 这就是机遇。通俗地说,机遇就是大马路上的公共汽车,赶上这一波就赶上了,赶不上这一波,对不起,得等下一波。下一波什么时候来,下一波来不来,不知道,这就是机遇。对于贫困地区公共文化服务体系建设来说,按我的理解,"十三五"是最后的机遇,国家重点地、有针对性地扶持,到"十四五"可能不是这种路子了,可能要全面地去做,全面提升水平了。这就是工作机制。地方党委政府,特别是县级党委政府、县级文化行政主管部门一定得把工作机制搞清楚。把方案制订清楚,把清单列好,做好准备。

刘锦山:李老师,财政支持机制方面"十三五"期间有什么新的变化?

李国新:"十三五"期间,中央和省级财政通过转移支付资金给支持,这是一个大原则,转移支付。在"十三五"期间,转移支付在过去传统做法的基础上增加了一个机制,什么机制呢? 根据绩效考核实施奖励。因此,"十三五"转移支付是两笔钱了。根据清单补短板。做得好奖励,正面激励。我们还得知道,从"十三五"开始要大规模压缩专项转移支付。什么叫专项转移支付? 过去我们说这个钱是共享工程补助经费,那个钱是免费开放补助经费,那个钱是数字资源建设补助经费,是专项经费,而专项经费在我们国家的现行体制之下,通俗的说法就叫作"买酱油的钱不能打醋"。地方不是对这个措施很有意见吗? 我这个地方不需要办这个事,你非给我钱要让我办,过去是有这个问题,地方没有自主权。所以现在"十三五"的转移支付从中央到省级,更多的是一般性转移支付。什么叫一般性转移支付? 一笔资助钱给了地方,地方政府有更多的自主权,由过去更多的专项转移支付变成今后的一般转移支付,对于地方政府、对于地方公共文化服务,既有机遇也有挑战。机遇就是把清单弄好了,可能争取到更多的扶持经费;挑战就是没有明确的规划,没有明确的清单,地方政府就有权力不把这个钱用在这里。文化本来就是弱势部门,如果没有一个很好的方案,不梳理得很清楚,凭什么县委书记、县长就把钱划给文化部门呢? 这就是人们常说的,有位先得有为。这就是国家财政资助体系的变化,并且也是挑战。过去转移之后,这笔钱就是共享工程的,地方不能乱花,花了要审计,现在这个要求取消了,这笔钱可以不花在这里。贫困地区文化领域需要适应这种财政体制的变化。

　　财政支持还有一个利好消息,就是明确了国家安排的公益性文化建设项目取消县以及县以下、集中连片特困地区地级市的资金配套政策。凡是中央安排这种公益性文化建设项目,不需要地方配套。比如说免费开放经费,过去对西部中央财政拿80%,地方配套20%,据我们调研有许多地方政府是不配套的,中央和地方商量时说地方要配套,那时没拿到钱地方一拍胸脯,能。等中央钱下来之后,地方没有配套,反正没钱,为什么贫困? 贫困就是没钱。没钱才需要中央支持,现在又让地方拿,拿不出来,所以有这种情况。现在中央政府也想明白了,贫困地区要支持,只要是中央开的项目,中央财政全包。因此,以后像这种免费开放经费的配套,中央全拿,这对于839个贫困县是利好消息。

　　还有最后一条就是与我刚才谈的财政转移支付方式转变密切相关。中央补助基层的公共文化服务专项资金可以按规定由县级财政会同文化部门统筹使用,要注意"统筹使用"这几个字,不是专款专用,是统筹使用。专款专用什么意思,不能动,"打酱油的钱就得打酱油"。现在是统筹,统筹就是可以在一个锅里搅稀饭了,不一定非得给某个单位,给别的单位也行,县级政府是有这个权力的。这就是财政扶持政策。

　　刘锦山:李老师,考虑上述新的变化,贫困地区的图书馆、文化馆和博物馆等公共文化服务机构及其上级文化行政主管部门在设计公共文化服务建设规划方案时,需要注意哪些问题? 才能有利于获得国家的相关支持?

　　李国新:这个问题很重要。在设计贫困地区公共文化服务建设规划方案时,一定要注意体现"精准扶贫"的思想。"十三五",即便对贫困地区,也不是大水漫灌,也不是千村一律,要找短板,找薄弱环节。从国家来说叫"一县一策",对县可能是"一乡一策""一村一策",甚至"一户一策",得到这个程度。习总书记反复强调扶贫攻坚,贵在精准,重在精准,成败之举在于精准,要深刻理解这个精神。贫困地区公共文化服务怎么就叫精准,我们做规划时,做了许多调研。在调研当中确实也发现了一些问题,比如本来是贫困地区,单纯地搞文化建设,就是送书送报,但是老百姓还没时间看。怎么样把公共文化服务与农民的致富紧密地结合起来,这就是需要认真研究的问题。对于公共文化服务而言,可能因地制宜的致富资源与服务的定制,这是我们要认真研究和探索的。不是说一个数字资源就是大家都适用。我们在贵州做调研的时候,碰到一个村,乡村旅游做得很好,几乎家家户户都有一个农家乐,一个民宿。这些地方公共文化服务需要什么资源? 种植、养殖都不需要,可能需要什么呢? 饭店怎么开,迎宾待客的礼仪是什么,需要这些东西。我们也调查问过,现在乡村旅游,不是像过去到农村都是大通铺、大土炕一睡,连个抽水马桶都没有,还是过去农村茅厕也是不行。这些理念怎么样灌输下去,迎宾待客怎么样做,如果是这样的资源,我想可能就需要。我们在贵州和农民座谈,有个农民说的一句话对我真是很有启发,警醒很大。过去我们说为农民服务,面向基层。农村需要什么资源? 种植、养殖、农村实用技术这些书、这些资源多送点,为农民服务。座谈的时候,人家一个农民说了一句话,他说你们以为我们现在还是看着书种地啊? 现在有哪个农民看书种地? 农技服务现在是点对点、手把手,我有了问题还用看书? 一个电话农技服务就来了。你说我们给农民送种植、养殖的书有什么用? 没有用。文化扶贫确实不能拍脑袋,精准扶贫需要深入了解农民真正需要什么。不把公共文化和农民致富进一步联系起来,就发挥不了作用。提高素养,提高道德,那是下一步的事情。

　　规划、精准扶贫首先要解决这个问题,然后怎么样培养乡土人才。一个村,特别是最基层的公共文化服务,设施重要不重要? 不能说不重要,资源重要不重要? 也不能说不重要,但是更重要的是人,一个文化能人,就可能把一个村的公共文化服务搞得轰轰烈烈。没有这个人,再好的资源,再好的设施,基本上等于零。这我们见得太多了。有些村没有政府的设施,没有政府的资源,就是有一个文化能人,他喜欢这个,他那个院子就是一个文化活动中心。所以乡土人才的培养要加强。我们都说,利用数字化手段解决贫困地区的问题,现在的农村,特别是留在农村的那些人,数字化资源下去了,远程服务能力有了,怎么样能够让大家享受到?留在农村的什么人?小孩,一般来说现在小学都是乡镇寄宿制,一个星期回家一趟,剩下就是妇女老人,这些人特点是什么?基本上四十五岁以下的信息获取能力不用我们关心,现在玩手机玩得溜着呢,四十五岁以上的基本上是计算机盲,手里有没有智能手机,即使有,但是怎么上网不知道,没有基本的信息获取能力,这样数字资源一点作用都发挥不了。因此,现在在农村,在贫困地区,留守妇女、儿童、老人第一步要解决大家基本信息获取能力的问题,得会上网。我们在基层做了许多调研,也问过大家,手里有智能手机愿意不愿意上网啊,大家说愿意啊,愿意为什么不学呢?"哎呀,不是不学,是没人教","怎么没人教,我们这办过班",农民说"哎呀,你办那个班,要不就是我们在地里劳动的时候办,等我们有时间的时候又不办,再说有时候请来那个人讲,他讲课大学生可以听,给我们讲,我们听不懂"。这都是具体问题。

精准扶贫,就得在"精准"之上去做文章去,大做文章。整个"十三五"规划要求找短板,列清单。在这个过程中,一定要体现精准扶贫的思想。"十三五"已经不是全面开花、大水漫灌的时代了,许多事情我们已经做了。在找短板的过程中落实精准,要把落实精准扶贫思想作为制订方案、制订规划的一个重要指导原则。

3. 推广县域图书馆、文化馆总分馆制建设

刘锦山:李老师,总分馆体系是构建现代公共文化服务体系的重要基础。我国公共图书馆的总分馆体系经过十余年的探索与实践,积累了丰富的经验,但也遇到了体制与机制方面的瓶颈,进一步发展需要面临着比较大的困难。这方面国家有关部门有哪些具体的考量和举措?

李国新:2016年中央深改组文化体制改革的重点任务就是要推广县域图书馆、文化馆的总分馆制,中央深改组的组长就是习近平总书记。现在文化部正在牵头起草《关于推广县域图书馆、文化馆总分馆制的实施意见》。这个实施意见很快就要进入审议程序,估计2016年后半年能够出台。这个文件出台之后,以县级图书馆、文化馆为中心,推广总分馆制建设,就要成为政府文化体制改革的一项重点任务,这不是图书馆、文化馆自己搞的一项业务活动,而是政府文化体制改革的一项任务。

2015年中办、国办《关于加快构建现代公共文化服务体系的意见》中,有一句话,以县级图书馆、文化馆为中心,推广总分馆制建设。因为写进中办、国办文件了,所以现在列入中央深改组的重点工作,就是对落实中办、国办意见的一些举措。现在政府层面要加深对图书馆、文化馆实现总分馆制的理解和认识。以前我们把总分馆作为一个业务问题,让局长、县长去了解总分馆,当时觉得没有这个必要,现在看来政府行政主管领导必须得了解了,因为这是政府文化改革的一项工作了。总分馆制的问题现在应该引起党委政府、文化行政主管部门主要负责人的关注。

什么叫总分馆制?总分馆制的核心理念是,在一个合适的地域单元之内,把分散独立的

图书馆、文化馆、文化站连接成一个组织体系。为什么要连接成组织体系呢？在这个体系中实现资源共建共享，服务上下联动，提高综合服务效益。简单地说，这就是总分馆制的核心思想。一个合适的地域单元，什么叫合适的地域单元？目前在中国就把合适的地域单元定位为县域。所以现在中央明确提出来，总分馆制以县级图书馆、文化馆为中心去推广，就是在县域之内构建总分馆体系。县与县怎么办？县与上面怎么办？就要构建中心馆总分馆制体系。在地级城市中，地级市馆是中心馆，要与所有的县级总分馆连接起来，这就变成了一个中心馆总分馆体系。总的来说，是要把一个个的设施孤岛，变成一个设施网络，形成服务体系。我们要注意，我们构建的是现代公共文化服务体系，核心是"体系"这两个字。在一个合适的地域单元——县域，把分散独立的设施最后联结成组织体系。只有形成组织体系了，才能够资源共建共享，服务才能上下联动，才能提高效能，这就是总分馆制。

总分馆制与过去独立的单馆相比有什么特征？首先得明确，总分馆是以设施体系为基础形成的服务体系，设施要形成体系，这是基础。在这个基础之上，最终形成的是一个服务体系，这是一个特征。第二，在中国，总分馆体系的实现方式是多样化的。现在国内图书馆里的总分馆有许多模式：苏州模式、嘉兴模式、禅城模式等，具体做法不完全一样。实现方式可以有所区别，但总的目标就是前面谈的，得把一个个独立分散的个体设施变成一个组织体系，得有资源共建共享、服务联动的这样一些举措。第三，总分馆制的核心是什么？核心就是要实现不同程度的人财物的统一管理。人财物的统一管理是一个手段，为什么要人财物统筹管理呢，为实现服务政策、服务质量的城乡一体，最终为促进服务效能提高奠定基础。公共文化服务普遍均等，惠及全民，要解决城乡差别、地域差别与人群差别，怎么解决？优质公共资源下沉，增加基层的总量和质量。用什么方式解决？通过总分馆就可以让资源流动起来。总分馆体制做得好了，在一个地区不管在什么地方，人们享受到的图书馆服务、文化馆服务的数量和质量大体均等，这就是总分馆制的目的。要达到这个目的，人财物要相对统一。当然目前在中国不同的地区，统一的程度可能不完全一样，因为我们现在的行政管理体制是分级管理，财政管理体制是分灶吃饭，分级管理、分灶吃饭与人财物统一是矛盾的，国家不会因为图书馆搞总分馆制、文化馆搞总分馆制，就改变财政体制，这是不可能的。只能去适应财政体制，在适应的过程中要有突破和创新。为什么总分馆制叫作体制、机制改革，这就是要突破现有的一些体制、机制。在什么程度上能够人财物统一，比如说图书馆的图书采购，是以县为单位统一，是以市为单位统一，还是以乡为单位统一，这个要根据当地的具体情况来做，但总的来说要走向统一，不要再分散地一个个来做。资源怎么样能够流动起来，以乡为单位流动，以县为单位流动，具体实现方式可以考虑，总的方向得让死资源动起来，所以总分馆制的核心，以人财物的统一管理为手段，目标是服务政策、服务质量统一，这样提高服务效能。因此我们才说，总分馆本质上是公共文化服务机构的组织体制和运行机制的变革，所以它才成为中央深改组全面深化文化体制改革的重点任务。

为什么总分馆制不是一个业务问题，而是一个体制改革问题呢？道理就在这里。为什么要上升到政府层面去做这件事情呢？它是体制改革、机制改革的问题。前面谈了，总分馆是以设施体系为基础形成的服务体系，设施体系是一个基础，我们知道建设施，盖图书馆、盖文化馆，什么叫设施体系？做到什么程度就叫体系了？举一个发达国家的例子，美国克利夫兰公共图书馆的服务设施体系，克利夫兰在美国是一个中等城市，200 多平方公里，40 万人，40 万人在美国就算中等城市了，这个城市图书馆的设施怎么建的？1 个总馆，1 个资源保障中心,28个分馆,35辆流动车,这就是它的设施体系。从这个城市任何一点出发,走个十分、十五分钟就有一个图书馆,这就叫老百姓身边的公共文化服务设施,这就叫体系化的设施。假如这个城市只有一个图书馆,这个图书馆建得再高大上,能把所有的人覆盖住?覆盖不住。公共文化设施就是要形成一个体系。我们现在这么一个说法,县县有图书馆、文化馆,乡乡有文化站,村村有文化室,这还谈不上是体系,谈不上设施体系,只是以行政区划为依据的一个设施配置。一个县一个图书馆、一个文化馆,能做到全覆盖吗?做不到。我们现在离设施体系化还差得很远。这也就是中国公共文化服务与发达国家相比重要的区别。单体设施高大上,中国现在全世界做得最好,我们省级图书馆盖到10万平方米以上,最大的12万平方米,10万平方米以上的省级公共图书馆已经有了好几座,全世界只有中国有。单体设施,国家大剧院、国家博物馆,哪一个落后?哪一个都不落后。单点上我们是世界领先,但是要说体系,可能就排到后面去了,这就是我们现在的发展水平。但是公共文化服务不是要覆盖所有人吗?所以就讲究体系,这就是我们的努力方向。

有了设施体系是不是自动地服务体系就形成了?也不是。设施体系是基础;在设施体系的基础之上一定得通过一种组织机制把它连起来,这个组织机制就是总分馆。所以我们说,设施体系是基础,要形成服务体系,要靠组织体系去联结。国际上有一个很有名的口号,图书馆是一个组织体系而不是一座建筑,图书馆长是组织体系的管理者,不是那个建筑的管理者。市图书馆的馆长,面向的是全市图书馆事业的发展;县图书馆、文化馆的馆长,面对的是全县群众文化活动的发展,要着眼于组织体系,不是把自己的一亩三分地弄好就完事了。这就是单体设施与组织体系的重要区别。在组织体系中的总馆,就要承担规划布局、资源统筹、队伍培训、服务政策制定以及指导跟援助分馆的作用。一个通俗的说法,图书馆、文化馆总分馆体系的总馆,比如图书馆总馆是图书馆的图书馆,文化馆体系中的县级中心文化馆是文化馆的文化馆,这是它的重要功能。我们要理解这一点,总馆不仅仅是老百姓的图书馆,老百姓的文化馆,更多地要承担图书馆的图书馆,文化馆的文化馆,这就是体系,是组织体系支撑设施的互联互通。

刘锦山:现在是一个互联网时代,总分馆体系的建立离不开互联网的支撑。请您谈谈在构建总分馆体系过程中应该如何有效利用互联网的问题。

李国新:确实,今天还得树立一个理念,互联网络支撑网络服务体系。现在建立总分馆体系,如果还像过去完全靠单一的组织体系,没有互联网络那是不行的。整个设施体系强调的是固定设施、流动设施、数字平台相互补充。所以我们才强调要以县域为单位建设综合性一站式服务平台。有了这个服务平台,老百姓的公共文化服务就可以由传统的政府配送变成老百姓点单。有了互联网之后,要大力发展线上、线下相结合的群众文化活动。最近几年创造性的活动也很多,发展趋势也很好。将来这是一个很好的方向。未来的公共文化服务不单纯是阵地服务,也不单纯是互联网上的服务,这两个东西要结合起来,怎么结合?最近文化部全国公共文化发展中心正在搞全国广场舞大赛,这就是一个比较典型的线上线下结合的模式,首先线上,谁都可以把自己的广场舞传到线上来,传上来大家看,大家点,大家评;过一段时间以县为单位组织实体比赛;再过一段时间,以地级城市为单位组织实体比赛;最后在全国组织实体的比赛。线上线下结合。现在这个活动线上每天的点击量有200万人次。没有互联网,哪一个机构办的多大规模的活动能够吸引两百万人,吸引不到。这就体现出互联网的威力了。什么叫公共文化,群众参与,不是专业团队,不是专业演出,群众得广泛参与进来。就是因为有了互联网,一天 200 万人在参与。浙江丽水搞乡村春晚,那个地方有传统,搞了十几年了,每年春节每一村都搞春晚。过去也就是一个村一个村地搞。2016 年依托互联网,向全球 21 个国家和地区直播,通过互联网直播,为什么要在 21 个国家和地区直播?因为那个地方的国外华侨很多。华侨第一时间看到他村子里的演出了,效果非常好。没有互联网,一个村的一个文化活动怎么能走向全球 21 个国家和地区,线上线下结合?公共文化、图书馆服务部门要更多地动脑筋开展这种线上线下结合的活动。这是现在非常好的一个发展方向。所以总分馆还得靠互联网来支撑网络服务体系。

伴随着即将出台的关于图书馆、文化馆总分馆制建设这个重要的文件,总分馆制将会成为各级政府文化体制改革的一个重点任务。希望政府官员对于总分馆制有一个理解和认识,这样有助于推动当地图书馆、文化馆的总分馆制建设。

4. 提高公共文化服务效能

刘锦山:李老师,服务效能也是现代公共文化服务体系建设过程中的一个重要问题,从您前面谈的内容可以看出,公共文化服务体现建设正在从数量增长阶段逐步向质量提升阶段发展,充实要素,丰富内涵,精准扶贫,都是新的历史阶段提出的要求,而服务效能则是对新的历史发展阶段发展成果的重要衡量指标。请您谈谈提升公共文化服务效能的问题。

李国新:我们国家公共文化服务发展水平如果与发达国家相比,一个重要的差距就是服务效能不高。设施建了很多,资源建了很多,没有发挥应有的作用。这也就是中央领导反复强调的管不好、用不好,发挥不了效能,这也是老百姓一般抨击的严重浪费、形象工程。如果服务效能不能在短时间内大幅度地、跨越式地提升,公共文化的可持续发展可能就要受到挑战了。我们的服务效能与国外相比差距很大。图书馆有效持证读者占总人口的比例是国际上评价图书馆服务效能的一个基本指标。美国做得最好,是 68%,将近 70% 的美国人是图书馆的服务对象。亚洲日本做得最好,为 43%;中国于 2014 年年底的数据是 2.9%。现在全国 3000 多所县以上公共图书馆,5 万多名专职从业人员,国家每年投入 120 多亿,用在 13 亿人身上,水平很低,但要是用在 3000 万人身上,水平就不低了,这就是效能问题。图书年平均外借次数发达国家这个指标一般都在 2 次以上,平均图书馆的每一本藏书一年得转两圈。我们 2014 年年底的数据 0.59 次,中国公共图书馆的总藏量平均来看将近一半没人动。最近清华大学做的一项关于我们国家省、市、自治区公共文化服务投入产出效能指数研究,这个结论也很有点说服力。投入相对好,效能也相对好的省区不多,主要是经济发达地区;投入相对好,效能相对低的省区,主要是一些边疆少数民族地区,也有合理性。因为例如在新疆服务一个人的成本比在北京、上海服务一个人的成本肯定要高。所以,这些地区服务成本高有其合理性。但是,也不能说服务成本高效益一定低。投入相对差、效能也相对差的地区比较多。投入相对差、效能相对差和投入相对好、效能相对差的占了大部分,三分之二。总体上效能不高。当然,这种数据在细枝末节上较真是说不清楚的,但这种数据就是看趋势。如同国家统计局的数据一样,有人老质疑国家统计局里的数据有没有水分,水分肯定有,那种数据就看的就是趋势。从上述数据可以看到我们国家的总体效能。

面对这样一些问题,"十三五"怎么办?提高服务效能是构建现代公共文化服务体系的重点任务。怎么提高?一般来说提高效能,从领导到群众没有意见。但是,提高效能不是喊口号,不是说两句就能提升的。提高效能要解决制约效能提升的一些关键性要素,那些要素不解决来提高效能叫喊口号。按照国际国内公共文化服务发展基本规律,制约效能提升的关键性要素是什么我们要清楚。各地党委政府清楚,有针对性地分析自己当地情况,看看短板是什么,缺什么补什么,把制约性因素补上了,效能才能提高,否则,那真是喊口号。

根据国际国内基本经验,提升公共文化服务效能,可以从如下几个方面着手:

第一,内容建设。我们必须要知道公共文化服务是内容为王,不是设施为王。内容建设上不去,设施建设得越漂亮,浪费越大,建还不如不建。现在的问题就是有一些空心图书馆、空心文化馆。为什么空心呢?外表建得很漂亮,到里面一看什么都没有,图书馆没有书,文化馆没活动,发挥什么作用呢?国际图书馆联合会发布过一个采购率标准,根据普遍的国际经验,图书馆要想可持续发展,资源保有量搞到一定程度才可。这是临界标准,达到这个标准,可以进入良性发展;达不到,所有的投入基本上都是浪费。公共文化就有这样的特点,不是今天投两百明天投三百就算增加了,达不到临界标准,两百是浪费,三百还是浪费,增加还不如不增加。比方说,服务10万人口,中等藏书规模是20万册,每年新增2万册。到了这个标准就进入临界标准,可能进入良性发展,没到这个标准,把县长换来当图书馆馆长同样搞不好。这就是规律。我们专家学者相信规律,这规律也不是人为拍脑袋拍出来的,通过大样本的数据,由历史的、现实的经验总结出来的。在日本,日本图书馆协会有标准,最小规模的公共图书馆藏书量是5万册,每年新增不低于总藏量的七分之一到八分之一,按这个标准衡量中国的图书馆,恐怕很多图书馆就不算图书馆。为什么要求5万册呢?不要以为图书馆有2000册书,每个人进来要把两千册书从头到尾看个遍。不是,进来可能就看两三册。所以,图书馆资源首先求规模,然后要求结构。文化馆同样这个道理。不解决公共文化服务内容建设问题,没有内容保障,想提高服务效能——只能是喊口号。首先解决内容,特别是各级党委政府、文化行政主管部门要确立公共文化服务内容为王这样一个理念。

第二,要解决公共文化服务产品供给跟群众需求有效匹配、有效对接的问题。现在脱节现象也比较严重。政府辛辛苦苦送书下乡、送戏下乡,送下去之后,老百姓不领情不去看。为什么呢?老百姓想看的没送,送的老百姓不欢迎。我们在许多基层图书馆、农家书屋见到《朱光潜文集》,农民连朱光潜是谁都不知道,这就是典型的问题。现在内蒙古的彩云服务在全国影响很大,彩云服务就是把图书采购权交给老百姓。利用互联网把图书馆的读者数据库、新华书店的销售数据库连接起来,图书馆定一套规则,只要是图书馆读者,在书店看到一本书说好,现场办手续拿回去,一个月后还回图书馆来。为什么图书馆有那么多买回来没人看的书?买的老百姓不欢迎,把采购权交给老百姓。所以,内蒙古图书馆说现在一般图书的外界率是百分之百。按照传统图书馆理论,图书馆藏书百分之百的外借不可能,这是我们传统的图书馆理论。但实际上,通过这种创新我们达到了,颠覆了长期以来图书馆的基础理论。这些事情做得多,图书馆学概论也得重写。基层图书馆又不用承担保存功能,把采购权利交给老百姓有什么不行?我看可以。把地方文献保护好了,其他的就是为老百姓服务。公共文化服务以人民为中心,公共文化服务以老百姓的需求为出发点和落脚点不能是空话,要落到实际上。国内有人说我们不能这么做,这么做就破坏了图书馆的藏书体系,这是不对的。

内蒙古彩云服务获得了美国图书馆协会2016年国际创新大奖。在我的印象中,中国此前获这个奖的有三个单位:第一个是东莞图书馆,第二个是中国图书馆学会做了五年的图书馆志愿者活动,第三个是同济大学的一个图书馆服务项目。2016年就是内蒙古的彩云服务。

什么叫公共文化服务的中国创造？什么叫公共文化服务的中国道路？这就是。要解决公共文化服务跟老百姓对接的问题。什么叫创新？创新就是对过去的东西有突破。几百年图书馆教科书那么写的，现在不那么做了。当然也不是说所有的图书馆都那么做，国家图书馆这么做恐怕就不行。现在各地利用互联网发展点菜式服务，过去都是政府配送，配送就是政府意志，政府老是怕老百姓上当受骗，结果老百姓不欢迎。互联网起来之后，还有公共文化互动的网络众筹。这就是典型的公共文化服务的自我创造、自我表现、自我服务、自我教育。在提高效能这件事情上，要想办法解决产品服务供给与群众需求对接的问题。包括贫困地区公共文化服务体系建设也是这样，虽然国家要下决心解决这个问题，最后还是大水漫灌，弄了很多僵尸产品、僵尸服务，这肯定不行。以上说的是解决服务效能的第二个问题。

第三，公共文化和科技深度融合。在今天，要提高效能，没有跟科技深度融合是万万不行的。还有一个重要问题需要引起党委政府、文化行政主管部门的高度重视——基层公共文化队伍建设。现在中央要求每一个乡镇文化站要有一到两名有编制的工作人员，这从理论上说全国基本上都能做到。问题是在编不在岗、在岗不在任，基层公共文化服务这个队伍不专职、不专业、不专心。如果这个问题不解决，基层队伍还都是三不专，要把基层公共文化搞好不太可能。在基层公共文化队伍还有一个重要问题，我们对公共文化机构的领军人物的遴选、配置、任命现在存在着很多问题，简单地说是行政化现象比较严重。领军人物问题不解决，想把一个公共文化机构带好不可能。在实际调研中，见到的这种现象太多了。两个地方环境、条件差不多，就是馆长作为不作为，这两个公共文化服务机构的面貌就大不一样。基层队伍建设的重中之重、有效的突破口是领军人才队伍的建设。要解决基层公共文化问题，首先解决人的问题，突破口是领军人才，关键少数。我们得解决基层工作文化服务关键少数遴选任命的制度化问题。大量的事实证明，一个好馆长，就能把一个机构给带起来，所以这个问题要认真解决，提高效能这也是要重点突破的问题，

第四，评价激励机制问题。必须建立以效能为导向的评价激励机制。过去评价激励我们一直在做，各地都有，但是不是完全以效能为导向，那就不一定了。要提高效能，评价激励机制一定得向这个方向转移，因为评价激励机制就是一个指挥棒。什么是以效能为导向？体现出效能的指标要放到重要位置，重点考核。这个图书馆好，为什么好，有人说历史悠久一百年，一百年是祖先干的事，跟现在一点关系都没有；有人说馆藏丰富，100万册，100万册中80%都是十年以前的书，用处也不大，所以导向一定要转换过来，就是要看服务效能。我给许多基层馆长讲课的时候，反复说这个问题，什么叫好馆长？首先把人气搞起来，公共服务文化机构没有人气，说自己搞得好，水平高，全都白搭。搞起人气，通俗地讲，就是要把利用率指标搞上去。各级公共文化服务机构管理者，也要把这个放到工作的重心上考虑。这就是激励机制。

5. 加强公共文化服务法律体系建设

刘锦山:李老师，公共文化服务体系建设过程中，既有图书馆、文化馆从业务层面的实践和探索，还有以互联网技术为代表的技术层面的推动，同时还有各级政府提供的政策驱动，而立法驱动与保障无疑是力度最大、层次最深、波及面最广的驱动手段。近若干年来，从地方到中央，在公共文化服务体系建设方面的立法工作做了大量的工作。请您谈谈这方面的情况。

李国新：确实如此。公共文化法律体系的建设，党中央国务院从十七届六中全会之后高度重视，提出要加快公共文化建设，制定和完善公共文化保障等方面的法律，提高文化法制水平。十八届四中全会讨论依法治国，提出了未来国家重点加强法制建设的7个领域，其中就包括文化领域，而且明确要求制定《公共文化服务保障法》，促进基本公共文化法律化、制度化，以法律手段来促进标准化、制度化。2015年年初出台的《关于加快构建现代公共文化服务的意见》要求更明确。所以，从十七届六中全会以来，中央的部署是非常明确的，高度重视。

目前国家公共文化立法的主要进展是这样的，《博物馆条例》已经出台了，这是国务院行政法规，也是属于法律。目前正在全力推进的一个是《公共文化服务保障法》，公共文化服务保障法推进的速度最快，2014年年初才启动，2016年6月已经进入了全国人大常委会的审议阶段。第一次审议已经结束了。按照我们国家现在的立法程序，国家的法律三审表决，审议三次，付诸表决，现在第一次已经审议完了。因此，如果顺利，公共文化服务保障法2016年之内可以出台，现在全国人大、中宣部、文化部已经开始部署《公共文化服务保障法》的宣传推广问题。一部国家的法律，用了两年多的时间快速推到了全国人大常委会审议，在新中国的立法史上也是前所未有的。一部国家立法搞个十几年、二十几年也是常有的事。一部《非物质文化遗产法》搞了十二年。《公共图书馆法》搞了多少年？2001年开始，到现在还没有进全国人大常委会。国家立法就是这样，特别漫长。像《公共文化服务保障法》的速度前所未有，为什么呢？第一，中央高度重视；第二，形势发展迫切需要。当然，下面的研究、保障、推进也非常有力。

《公共文化服务保障法》当中有些重要的条款，我简单介绍一下。国务院制定基本文化服务指导标准，省市自治区制定实施标准，写进法律，把我们现在的政策上升为法律，还要求县级以上人民政府根据国家的指导标准、省级人民政府的实施标准制定本区域的服务目录，向老百姓公开，这是法律要求。在这部法律中，对于什么是公共文化服务设施做了规范，第九条就是重点说这个问题的。什么是公共文化设施，这一条到现在还有一些争议，如美术馆方面提出意见，美术馆为什么不能纳入公共文化设施？广播电视播出传出覆盖设施，这点也有争议，有专家说，广播电视的传输设施列入公共文化服务设施还有点道理，播出设施如电视台，每年那么多广告费收入，要列入公共文化服务设施说不过去。图书馆、文化馆、博物馆是写入宪法的公共文化设施，所以对图书馆、文化馆、博物馆没有任何争议。在这部法律中有一个新的思想，以后盖图书馆、博物馆，不能关起门来决定，要征求公众意见。为什么加上这一条？这些年来出现了一个问题，城市大规模的扩张，许多地方都把公共文化设施建到了新区。那些地方还形不成人流，形成人流是五年以后十年以后的事情，图书馆等文化设施在新区建起来了，建得很高大上，但是没有人。这是这几年的一个突出问题。要说有的地方党委政府不重视公共文化，投了大量的钱建设施；要说重视，那个地方五年以后才能形成人流，目前建在那里就是浪费。所以向社会征求意见，这是一个突破性的规定。新建、改建、扩建居民住宅区，按照规定要配套公共文化设施。这部法律出来以后，以后开发小区都得有公共文化设施，现在对于商业设施、学校是有要求的，对公共文化设施没有要求。以后任何一个开发商开发小区，公共文化设施必须有配套设施，这是新规定。拆除怎么办？要求地方政府，要坚持先建设后拆除，至少是边建设边拆除，不能先拆后建。写进法律不执行就是违法了，违法就有公益诉讼，法律与政策，法律约束力更强。政府拨款也写进法律，县以上的人民政府都得购买公共文化服务。少数民族地区的公共文化服务,首先强调优秀公共文化产品在民族地区的传播,其次鼓励和扶持民族文化和产品的创作与生产。中华民族的优秀文化产品要在民族地区传播,这是公共文化服务的首要任务。公共文化要建立资金使用的公告制度,近期就要开始。这是关于公共文化服务保障法。

现在《公共文化服务保障法》正在进一步公开征求意见。按照立法要求,对于任何一条意见都要认真研究,要给出处理意见,不是征求之后就没事了。公共文化服务保障法把许多现行政策法律化了。现行政策法律化听着不新鲜,但是把政策法律化之后约束力强了。此外,像设施建设征求老百姓意见,建立实施基本服务标准制度、目录制度,新建小区要配套公共文化服务设施,这些都不是小事情。

刘锦山:公共图书馆的立法工作一直是图书馆界同人非常关心的问题。请您向大家介绍一下公共图书馆立法工作的推进状况。

李国新:图书馆立法启动比较早,2001年就启动了。按我的说法就是《公共图书馆法》属于醒得早起得晚。现在《公共图书馆法》还在国务院法制办手里,还没到全国人大常委会。现在的工作目标是争取在2016年年底之前将法律草案由国务院法制办提交到全国人大常委会。提交到全国人大常委会之后还有调研、进一步征求意见的过程。这样,《公共图书馆法》在本届人大任期内出台的可能性不大了,尽管在本届人大的立法规划里《公共图书馆法》是一类法案。

《公共图书馆法》现在也已经公开征求意见了。这部法律草案有一些争议,征求意见已经结束了,现在正在修改完善。争议主要内容有如下几个方面:首先,就是什么是公共图书馆。公共图书馆立法,首先要解决什么是公共图书馆,法律要给公共图书馆界定一下。这个界定虽然是法律界定,但是影响非常大。什么是公共图书馆? 现在是这么写的:"是指以提供阅读服务为主要目的,收集、整理、保存、研究和传播文献信息,向公众开放,并经依法登记的非营利组织,包括由政府设立的公共图书馆和由公民、法人或者其他组织设立的公共图书馆。"对这一条款的争议有两点:第一,业界提的很多,到现在还提公共图书馆以提供阅读服务为主要目的,公共图书馆的服务范围早已拓展了很多,这样定义限制了图书馆的发展。第二,争议也围绕"非营利组织"这几个字。中心词是非营利组织,紧缩一下,公共图书馆是非营利组织。把公共图书馆界定为非营利组织在全世界是第一次。什么叫非营利组织? 非营利组织在国外也叫"非政府组织",即NGO,图书馆在我国是由政府主办的,怎么叫非政府组织? 按照这个界定,目前的公共图书馆包括两类,一类是政府设的,一类是公民、法人、其他组织设的,简单说是民营图书馆。理论上没有问题,但是下面的许多规定就有问题了。公共图书馆按照界定这两类都得覆盖,但对这两类图书馆政府承担的责任是不一样的。比如法律现在规定了,公共图书馆应该具备一些条件,按照这些条件中国估计一所民营图书馆也不会有。哪一个民营图书馆能有和规模功能相适应的专业工作人员? 哪一个民营图书馆有稳定的运营经费? 都是达不到的,达不到就不是民营图书馆。这个地方没有区分政府办的图书馆和民营图书馆,逻辑关系没有理清。再比如,按照规定,公共图书馆包括政府办的和民营的,政府办图书馆要建设在政府划拨的土地上,政府能给民营图书馆划拨土地吗? 这都是问题。

其次,对于法律中涉及图书馆业务的具体条款争议比较大。比如,对第二十条文献信息资源的收集途径争议也很大。第二十条是这样规定的:"公共图书馆应当根据办馆宗旨和服务对象的需求,通过以下途径收集文献信息资源:(一)采购;(二)接受呈缴;(三)接受捐赠;(四)其他合法方式。"对上述条款,有专家就提出来,现在收集文献不限于这些途径,图书馆之间的交换是一个重要的途径,实际上公共图书馆收集文献的方式也用不着法律来罗列。

第二十一条是这样写的:"公共图书馆收集文献信息资源不得入藏来源不明或者来源不合法的文献信息资源。"这条大家也提出不少意见。从理论上说,公共图书馆收集的文献没有来源不明的东西,采购、捐赠或者在旧市场买的,反正直接来源都是明的,要说间接来源是哪里的,图书馆也用不着管那些。"来源不合法",实际问题就多了。原则上来说,图书馆收藏什么政府似乎不应该加以限制,可以限制提供,但不能限制收藏。今天认为不能公开的,可能过十年、八年就可以公开了。图书馆承担的是保存文献的历史责任,要是以一时一地的价值观念去判断文献是否合法可能要出问题。特别是我们中国,1949年以后经历过这么多的正反面的运动和教训。基本理念应该是图书馆收藏文献放开,提供文献可以限制。任何一个执政党和任何一个时代,总是有些文献是不能提供的,或者要限制提供的,但收藏文献不能限制。

第二十五条:"国家对公共图书馆馆藏中失去使用价值的文献信息资源建立处置制度,具体办法由国务院文化主管部门制定。"这一条大家也是觉得管得太多了,图书馆对于失去价值文献的处置是个业务问题,每一个图书馆都有剔旧原则,图书馆有个零增长理论,就是图书馆的总馆藏规模应该维持在零增长,增长一部分就要剔除一部分,剔除什么?要根据图书馆的性质和功能、藏书体系来决定,这是图书馆的业务问题,业务问题还需要国务院行政主管部门来制定办法,这就是典型的政府管得太多了。

再次,对于休假伦理方面的条款争议比较大。第三十五条:"……公共图书馆在国家法定节假日、公休日应当开放。"这一条中公共图书馆在国家节假日和公休日应当开放,争议也很大。我们在2008年立法研究很长时间,最后得出的结论就是,公共图书馆在国家节假日和公休日应有开放时间,这个表述是正确的。法律上的"应当"是什么意思,就是必须做。中国公共图书馆365天开放这件事情可能现在走到头了,要调整。全世界没有任何一个国家的公共图书馆是365天开放的。现在的问题很多,一是公共图书馆是提供基本公共服务的,大年初一有没有人来看书,我们不能说一个没有,如果三五个人,我们基本服务是否要提供?因为开馆后灯光、水电都要提供,这些都是投入。还有图书馆馆员本身从业权利的保障。按照我们国家现行规定,法定节假日是三倍工资,实际上大多是不能落实的。即便是落实了,这里还有一个休假伦理的问题,这是更高层面的问题,为什么国家有公休日和法定节假日,这就是说大家都休息,家庭和亲人团聚就有时间,这叫休假伦理。春节都要加班,给三倍工资,经济上补偿了,但是剥夺了享受天伦之乐的权利。国外图书馆节假日也开放,但是排班往往跨越周期很长,保证每一个馆员在每一个法定节假日都有休息的时间。从事图书馆职业像其他职业每个周末休息是不可能的,节假日必须开放,但是也不能说每一个公休日都不能休息,剥夺了休假伦理权利是不可以的。这做起来非常复杂。我们做了好多年的研究,得出了一个基本的结论,就是在法定节假日和公休日应有开放时间,不能春节放假七天就关七天门,那不行,可以开两到三天,在周末两天也不可以都关门,至少也得开一天,这叫应有开放时间。应当开放的含义是说必须开放,我们现在许多公共图书馆就是这么做的,我觉得这可能要调整。365天开放在中国特定的历史时期,确实发挥了特定的作用,促进改变了我们的服务理念和方式。现在已经完成了这个历史任务,要回归常态和符合规律。

最后,还有一些遗留的问题,如怎么样能落实保障公民利用图书馆权利的条款,怎么样体现公共图书馆法定职能,关于总分馆制在法律中怎么样来进一步地强化,怎么样通过公共图书馆法来完善我们国家的出版物呈缴制度等。所以公共图书馆法征求意见稿争议还不小,现在国务院法制办正在汇总,做进一步的修改。修改完之后,国务院法制办提交全国人大常委会,人大常委会还要组织论证和提意见,还要组织修改,所以修改的空间还是很大。

这就是《公共图书馆法》主要的一些情况。总的来说,目前我们国家公共文化立法重点推进的主要是这两部法律,一个是公共文化服务保障法,胜利在望,一个是公共图书馆法正在全力的推进。我们希望"十三五"时期能够把文化馆条例的制定列入立法规划,因为在公共文化里面,最薄弱就是文化馆,文化馆连一个可行的管理办法都没有,现有的一个管理办法是 1992 年制定的,内容基本上没有用了,文化馆确实处于无章可依的阶段,所以希望"十三五"时期能够把文化馆条例的制定列入立法规划。

经过改革开放三十多年,特别最近十几年公共文化服务体系建设,我们所取得的一个重要成就,就是彻底改变了公共文化服务全面落后于发达国家的状况,这是这些年的最大变化。当然还有很多方面和发达国家比还有很大的差距,特别是贫困地区公共文化服务体系建设问题。按照我的看法,"十三五"时期仍然是中国公共文化服务体系建设快速发展时期,因此,"十三五"期间,公共文化服务体系建设还有很多机遇和挑战,图书馆、文化馆、博物馆一定要在"十三五"期间抓住机遇,乘势而上,创造更多的中国经验,取得更大的成就。

二、吴建中：我们迎来一个新时代

[专家介绍]吴建中，上海图书馆馆长，上海科技情报研究所所长。1978 年毕业于华东师范大学外语系，1982 年获该校文学硕士学位。1992 年获英国威尔士大学哲学博士学位。2002 年 1 月起任上海图书馆馆长、上海科技情报研究所所长。中国图书馆学会副理事长，上海市图书馆行业协会会长，全国社科基金评审委员，国务院特殊津贴专家，上海市政协常委。曾任国际图联管委会委员（2001—2005），上海世博会主题演绎顾问。出版有《21 世纪图书馆新论》《国际图书馆建筑大观》《世博会主题演绎》《和谐的进步》《转型与超越：无所不在的图书馆》《人的城市：世博会与城市发展》《图书馆的价值：吴建中学术演讲录》等著作 20 余本，论文 300 余篇。

在图书馆赖以生存发展的社会环境发生重大变化的时期，图书馆界同人纷纷从不同角度研究和解读图书馆应该如何与时俱进，赢得发展先机。上海图书馆馆长吴建中博士多年来一直致力于图书馆理论与实践探索，对于社会大背景下的图书馆发展问题颇有理论与实践心得，提出了诸多发人深思的真知灼见。为此，e 线图情就"新常态下图书馆发展"问题采访了吴馆长。

1. 关于"新常态"

刘锦山：吴馆长，您好。距离我们上次采访您的时间 2011 年 11 月 10 日已经有三年多了。我记得那次采访您的主题是"建设第三空间，强化社会参与"，着重向读者朋友介绍了您领导下的上海图书馆着力发挥图书馆作为场所的文化功能，努力为读者建设第三空间，积极进行社会参与的发展理念和所取得的成绩，采访稿发布之后深受读者好评和业内重视。2012 年 11 月 22 日，您在东莞召开的中国图书馆年会上做了"新常态新指标新方向"的主旨报告，正式在国内图书馆界提出了"新常态"这一概念，专门用来指称高速增长之后的长期缓慢增长或者零增长这一发展状态，引起图书馆界的强烈关注。十几年前，您发表的文章《中国图书馆发展中的十个热点问题》，对图书馆的未来发展趋势做了深刻剖析，时至今日，读来仍然让人受益匪浅。

通过上述简单的几个例子，我觉得您特别善于从繁杂的表象中先人一步地捕捉到事物的发展趋势和规律，以此来指导实践工作。请您结合"新常态"这一概念的引入、提出过程，谈谈您是如何做到这一点的？

吴建中：我很荣幸再次接受刘总和 e 线图情的采访。十几年来，我一直很关注国内图书馆事业的发展，也做了一些理论上的思考和实践上的探索。对您的赞誉，我深感惭愧，因为我只是做了我该做的一些工作。顺着您的问题,我谈点感想,也正好梳理一下自己的思路。

以前在国外读过书,所以常常喜欢把国内的情况与国外做比较。我觉得这种比较很有意义和价值,因为国内国外发展阶段不一样,欧美比我们先行一步,所以国内外在专业发展上有较大的落差。经常了解和研究一些发达国家新的发展动态,有助于通过比较和反思,让国际经验为我所用。我已经形成了一种习惯,每天会打开一些国际上的网站或者浏览其他媒体信息来了解、学习和研究国外相关领域的最新发展状况。由于在国际图联工作过,所以经常会浏览国际图联的网站,看看国际图联发表了哪些战略规划,国际图联各专业委员会有哪些长远计划和具体项目,这些信息对了解和把握整个图情事业发展的趋势很有帮助。

"新常态"提醒我们要反思。过去图书馆的发展主要体现在量的发展上,特别是在文化大发展、大繁荣的高潮时期,人们往往觉得只要有钱什么事情都可以办成,所以把大量的资金用于硬件建设和项目建设,而忽略了软件方面的发展。"新常态"是几年前美国人提出来的一个新名词,意思是高增长的时代已经过去,我们必须适应中低增长的环境了。从文化角度来讲,"新常态"意味着我们迎来了一个新时代,这是一个无法预知的时代,一切都可能发生,一切都可能改变,我们要换一种思路发展,换一种方式生存了。虽然 2012 年国内经济高增长态势总体上还没有改变,人们依然沉浸在大发展、大繁荣的氛围中,觉得有钱就可以建图书馆、建数据库、上大项目,没有意识到"新常态"会到来。当时我认为,我国经济在不久会进入中低增长时期,"新常态"对社会方方面面一定会产生影响。2013 年 2 月 7 日,我在《人民日报》上发表了一篇文章《西方新常态下应有的心态》。记得在东莞年会上我说了一句后来新闻媒体也常常说的话,"要有过紧日子的准备",提醒大家一旦我国经济进入"新常态"后,会对图书馆、情报机构投入方式和发展方式产生影响。现在我们已经可以感觉到这一变化及其影响了。从 2014 年起,各图书馆的预算基本都是零基预算,就是不增长,不像以前一定是百分之多少的增长比例了。过去的发展主要靠大投入,基建的大投入、项目的大投入,现在突然刹车,逼着我们要改变发展方式了。无论什么职业,每隔一段时间都要进行反思,反思是一个好习惯,当时提"新常态"也是基于这样的考虑。过去 30 多年,是改革热情充分释放的 30 多年,这个阶段图书馆事业、情报事业与整个经济发展一样处于蓬勃增长时期,追求的是量的增长,而现在已经到了追求转型发展即质的发展的时候了。

您刚才讲到第三空间的问题。过去我们觉得图书馆之重要,在于图书馆作为场所的价值。信息化、网络化以后,觉得场所不那么重要了,虚拟图书馆更重要,所以拼命去追求虚拟图书馆。20 世纪 90 年代前后,旧金山发生了两次大地震,当时加州大学正要开设蒙特利湾分校,有人认为实体图书馆已经到头了,就在该分校建设了一个没有藏书的虚拟图书馆。后来发现不行,因为图书馆还要有场所的功能,所以 2008 年一个万平方米规模的蒙特利湾分校图书馆建成开放。如此反复,是否说明实体图书馆重要、而虚拟图书馆不重要了呢? 不是。这几年图书馆界经过"空间再造"探索和实践,逐渐悟出了一个道理:图书馆不只是纯粹的物理空间,也不只是纯粹的虚拟空间,而是一个互联网环境下实体与虚拟高度融合的新空间。

图书馆如何把第三空间的功能发挥得更好? 最近我在自己的博客上提到了"流空间"。"流空间"理念在建筑界和规划界比较流行。我们到底需要什么样的第三空间呢? 我们需要的是实体和虚拟融合的复合型空间。从图书馆角度来看,阅览室从过去的封闭型,到半开架型,再到后来的全开架,一直在追求最大限度的开放,有人甚至提出书库也要做到全开放,从实体形态的角度来看这种开放程度已经达到天花板了。前一段时期流行数字图书馆，我们就大力发展数字图书馆，但实际上数字图书馆与实体图书馆是并行发展的两个东西，相互之间缺乏有机的联系，"两张皮"现象十分严重。虽然文化共享、电子阅览室以及数字图书馆等工程都取得了很明显的成果，但与实体图书馆没有很好融合起来。今天我们不是需要其中哪一个，而是要思考如何将两者结合在一起。

我觉得共享空间（Commons）是虚拟和实体融合的一种尝试，值得探索和实践。以前图书馆是按照纸质书的流线来设置部门的，也就是说是从载体而不是从功能的角度来设置一个个部门的，比如采编部、阅览部、书库等，采编部只负责纸质书的编目，数字资源的编目往往由另外一个部门负责。而按功能来设置的话，各种类型资源的编目都应该整合在采编部，采编部不是纸质资源的采编部，而是所有资源的采编部。当然，采编工作不是都由采编部的人来做。从知识流的角度来思考，是否收集、编目、阅览、参考以及保存都可能发生在同一个主题空间里呢？比如法律主题空间要收集法律的文献，并对法律文献进行主题标引，对法律问题进行咨询，与法律工作者进行沟通，这些都可能在一个空间里完成。过去需要几个部门承担的工作现在由一个人或几个人来承担了，不同的要素流都整合在一个空间里，"流空间"其实就是这样的概念。传统的文献流是线性的，而知识流是非线性的。我们高兴地看到，在空间形态上已经出现从以纸质文献为主体的阅览室向以满足学习和研究需要为主体的学习空间、信息空间、知识空间转型的趋势。上海图书馆和国内不少图书馆都在这方面进行大胆探索，取得了可喜的成果。空间再造对图书馆来讲是一场革命，就是要对原来的信息组织、管理、服务方式和流程进行反思和再造，这是图书馆界面临的非常重要的问题，不是某一个阅览室、某一个部门的转型，而是整体的转型。现在不少新馆硬件条件很不错，但总体上转型和创新还体现得不够，有的甚至只是传统图书馆的延伸，整体功能、部门建制都没有很大改变，也就是说，只不过是原来图书馆的放大。现在是我们重新思考如何适应网络环境下读者的多元需求、实现空间再造的时候了。

2. 关于价值观

刘锦山：吴馆长，"新常态"的提出，意味着我们的价值观与发展观与以往相比已经或者将要发生深刻的变化。就图书馆事业而言，您觉得新常态下的图书馆或者图书馆人应该秉持什么样的价值观？

吴建中：实际上，价值观就是发展观，就是对发展的认识。就图书情报工作而言，重点要看图情职业的价值体现在哪里。我们之所以担心图书馆职业的去中介化，是因为我们已经感受到这方面的社会压力。图书馆的核心能力体现在文献的收集、组织、服务、分析、咨询、保存上，如果网络可以替代图书馆，那么人们还要图书馆干什么呢？现在年轻人更习惯于谷歌的搜索，谷歌搜索方式更直接、更直观，而不像图书馆要做非常复杂的检索系统。现在我们反过来思考，如果我们做的很多工作谷歌可以代替，其他组织可以代替的话，还要图书馆干什么呢？图书馆确实面临着去中介化的问题。不能口头上说图书馆重要，而是要让人们真正看到图书馆存在的价值和理由。同样，在出版界编辑也面临去中介化的问题，但是很多编辑坚守自己的核心价值，对内容进行严格的选择、审核、校对，编辑靠自己的努力让读者相信，如果没有编辑的努力，出版事业就会处于无序和低质状态。图书馆员也要反思，我们的能力和价值到底体现在什么地方？我们如何让读者相信，图书馆这一职业是少不了的呢？

　　我坚信,图书馆这一职业是少不了的。图书馆员有自己独特的职业技能和社会贡献,这一切都体现在图书馆核心价值体系里。无论图书馆外围的社会、文化和技术有什么变化,图书馆的核心价值都不会改变,图书馆的核心价值是什么呢? 一句话,就是如何使人类文明记录保存下来、传播出去。人类文明记录不是光指纸质书,纸质书在整个信息资源中所占的比例越来越小,如果我们认为图书馆收藏范围只是纸质书的话,那么我们可以管理的资源将越来越少,这样走下去我们的职业也可以看到尽头了,因为数字化为主体的时代已经到来了。如果要使我们的核心价值延续下去,就必须把数字及其他形态的资源与纸质资源并重,把它们都看作是人类文明记录的一部分。

　　图书馆工作者有很多优势。我常常说,图书馆人对元数据有一种天然的认知和组织能力,图书馆最善于把知识置于有序的状态下,每一本书在图书馆都会有一个独特的编号和位置,这就是我们的强项。数字化时代对图书馆员提出了更高的要求,一本书、一个文档不仅可以在实体空间有其位置,而且在虚拟空间也有其位置,不只是一个位置,可以有更多的位置。但图书馆的这一核心能力是否有效地发挥出来了呢? 我觉得图书馆在这方面的作用发挥得很不够,与国际同行相比差距很大。现在国际上流行数字管理(Digital Curation),就是对数字资源的管理,但我们这里参与数字管理的图书馆并不多,有人甚至认为数字管理不是图书馆该做的事情。我觉得图书馆员应积极参与数字管理,并将自己管理知识的技能有效地应用到数字化工作之中。

　　参考咨询是图书馆的核心业务,图书馆其他工作可以外包,参考咨询是不可以外包的。图书馆员具有良好的逻辑思维和系统分析能力,这是图书馆工作者的优势,他们善于利用信息资源为读者提供个性化、有针对性的参考咨询服务。这也是图书馆员的强项和核心能力。

　　人类文明记录最终要保存下来,保存的方式也会发生变化。以前是保存纸质的东西,图书馆员的技能主要体现在对古籍的保护和修复上,比如防腐去酸和文献修复等。数字化时代也有相应的保存技术,图书馆员应关注和研究数字保存的技术,并提升这方面的能力。

　　总之,图书馆员有自己独特的专业能力,如何将这些强项发挥出来,应用到新的发展环境之中,是我们需要认真思考的问题。实际上,图书馆现行的管理方式是很保守、很传统的,就像我刚才讲的,图书馆一般是根据书的流向来设置的。比如说书买来以后送到采编部门编目,然后送阅览室或书库提供借阅或保管,这是典型的书本位流向。数字化就不一样了,在其生命周期里,每一个环节都可以与其他环节产生关联,每一个环节都可以实现增值。今天我们要有开放性的思维,对图书馆管理和流程进行梳理和再造。坏境发生了变化,思维也要跟着变化。图书馆要适应读者的需求,以人为本,而不是以书为本。2007 年我在《解放日报》"文化讲坛"有一个发言,题目是"每个人都是一个图书馆",强调每个人都有其知识组织的方式、能力和习惯,与图书馆一样。如果图书馆不能满足读者的需求,读者就会到馆外寻求帮助,比如以前寻找信息,读者常常使用图书馆的目录体系,现在读者觉得谷歌更方便,所以他们上谷歌寻找信息。每一个读者都有自己独特的信息组织方式,图书馆不能无视他们的经验和技能。今天图书馆要熟悉读者、研究读者,无视这一点,就会倒退到藏书楼时代。现在很多图书馆从严格意义上来说不过是传统藏书楼的延伸,各自为政,自娱自乐。读者一旦觉得图书馆帮不了自己就不会依赖图书馆了,实际上不少人来图书馆只是借用空间,会会朋友,不一定真的来查资料、做研究。今天,网络一代(90 后)已经走上了工作岗位,他们熟悉数字化,我们不能无视他们的习惯和需求,而是要思考如何满足他们的学习要求,适应他们的查询方式。图书馆不仅要研究读者,还要研究并适应技术环境,这些年图书馆技术变革都与社会技术变革有关,知识发现系统也是向外界学来的。图书馆的检索体系太复杂,谷歌一个检索就可以了,让机器在幕后处理,然后系统化、可视化地展示检索结果。智能化发现系统有很多优点,比如键入检索词后,屏幕上显示的结果会按照时间、空间、逻辑体系立体式地排列,而且机器还能掌握你的搜索习惯,下一次检索时,机器可以帮助你省略很多动作,这就是图书馆需要向外界学习的东西。总之,我们要了解读者、研究读者,与读者一起共建图书馆,同时要研究技术、应用技术,用现代化来武装图书馆。

再回到核心价值的话题。图书馆工作者的核心价值不仅体现在专业能力上,还涉及精神层面,如职业精神和职业伦理。图书馆工作者是信息服务者,是读者和信息资源之间具有公益性质和社会责任的中介,如果这个核心价值不能体现的话,我们的职业就没必要存在了。我们既要为读者提供信息,也要保障读者的权益,保护读者的隐私。当某机构提出要查阅某个人阅读行为的时候,图书馆就要站出来保护读者的权益和隐私,这就是职业伦理,这一底线不能突破。所以图书馆员既要当好信息的服务者,又要当好读者权益的守护者。除了要保守国家安全、国家机密以外,图书馆还有责任保护读者的权利,严守读者的隐私,这就是图书馆员的核心价值和职业伦理。现在经常讲图书馆权利,我觉得不应该站在图书馆的角度去讲权利,而是应该站在读者的角度、用户的角度去讲权利。图书馆的任务是保护用户和读者的权利,我们要站在读者和用户的角度去思考他们应该有的权利,我们需要的不是图书馆本位的价值观,而是读者本位的价值观。

刘锦山:与此相应,我们应该采取什么样的发展思路与发展模式?

吴建中:这个问题很大,我觉得现在最重要的是转型和创新,过去图书馆的工作还是有点自娱自乐,按照自己的思路去发展、思考,如果把图书馆放在社会发展的大循环中去思考的话,我们就会感受到社会和读者需求的压力,而这些压力也能帮助我们转化为动力。现在很多图书馆没有把自己置于社会之中,这样就容易和社会脱节,这就是所谓的自娱自乐,想怎么做就怎么做。应该按照社会的需求来做,一旦把图书馆放到整个社会大背景下考察,你会发现图书馆的活动空间很大。我常常说,图书馆是一种社会的基础设施,政府之所以要立法建图书馆,是因为它能为每一个市民和每一个组织提供参与城市发展所需要的知识和信息,而当传统的图书馆无法适应现代发展需要的时候,许多西方政府就会给图书馆"断奶",逼着图书馆转型到能适应发展为止,因为图书馆是作为城市基础设施存在的,你不能为社会提供基础性的公共信息服务我还要你干什么呢? 国内图书馆转型之所以艰难,是因为我们还没有意识到自己是城市的一个组成部分。社会是需要图书馆的,但图书馆对社会的贡献如何呢? 所以图书馆一定要转型。

比如,现在全球都在推进开放获取运动,图书馆应该积极参与其中。而国内参与开放获取的机构很少,大量的图书馆与开放获取运动、开放数据、开放科学好像无缘。从实际情况来看,国内大学图书馆参与学校教研计划、公共图书馆参与区域发展计划的好像还不是很多,图书馆还是满足于自己固有的思维和活动方式。再比如在数据中心的建设方面,很多图书馆都认为与己无关,而国外20%左右的大学图书馆,预计过几年会达到40%,参与到数据中心的建设之中,在国内大家都觉得这不是图书馆的事,甚至怀疑图书馆是不是该管得这么宽、走得这么远?

按固有的习惯和思维来管理图书馆的时代已经过去了。现在迎来了一个新的时代,我敢说,相当一部分图书馆是没有准备的。有一位员工跟我说,你们领导只顾拼命往前走,还要回头看看大部队是否跟上来。我觉得员工讲得很有道理,这说明我们说服力还不够,与员工之间沟通还不够。但是经过一段时间,大家感觉我们走的这条路是对的。改革要有一种拼搏的精神,否则是很难改变传统观念和传统体制的。现在上海图书馆好几个阅览室都变成了共享空间或学习空间。最近《解放日报》头版刊登了上海图书馆为创客提供服务的报道,这是社会对我们转型的高度认可。看准了的事要大胆去干、去闯,虽然部分员工一开始不理解,这是沟通不够的问题,现在大家理解了,就会主动地参与进来,现在很多好的主意都是员工提出来的。改革是系统工程,我们需要的是稳妥的而不是整体塌陷式的改革。第一步很艰难,先跨出来,但跨出来后,就必须坚定地走第二步第三步,而且要想好如何与其他有效衔接,观察其适应性,然后再进一步推进,一直到整体实现改革的目标为止。把几个阅览室改造成共享空间只是转型和创新的第一步,以后还有很多事情要做。这其中也可能有失败,但这就是创新,当然我们在设计的时候一定要考虑将损失降到最低限度。转型是一个艰难和长期的过程,现在哪个人都说不出复合型图书馆、未来图书馆是什么模样。转型是需要付出代价的。有人可能会抓住某些不足以偏概全,说改革不成功,但认准的路要不懈坚持,否则就会半途而废。改革的任务非常艰巨、责任非常重大,不可能完全想好了再改革,也不能完全塌陷式地改革,需要有一个战略性的全盘思考。

3. 关于技术

刘锦山:吴馆长,从历史上看,技术作为一种力量,对于图书馆的发展一直有着很大的影响,但是从来没有像现在这样对图书馆有着如此全面、深刻的影响。您多年来对此也一直关注有加,例如,最近您提出了"暗数据"的挖掘、图书馆目录从门户向平台转型等问题。请您结合这两个具体问题谈谈图书馆应该如何有效利用新技术发展自己。

吴建中:技术再好也是一种工具或手段,我们千万不能像过去那样对技术顶礼膜拜,但也不能看轻技术的影响力,技术会改变很多东西,互联网已经很大程度地改变了社会的结构和发展。在某一个时期技术会成为非常重要的东西,技术可能会颠覆传统的框架和基础,所以技术还是非常重要的。但技术有其两面性,也有负面的因素,比如文献保存。我们今天之所以能看到这么多古籍,就是因为古人在文献保存上有很多智慧和技巧。现在大家觉得书库有空调,可以恒温恒湿,就万事大吉了。其实不然,空调有时也会出现故障,空调一开一关反而会影响文献生命。有的图书馆白天开,晚上关,那就更麻烦了,我们需要研究和学习老祖宗保管资料的有效方法,这叫自然的睿智。上海世博会上有人提出"低技术"这一词汇,所谓"低技术"就是巧用手工技术,手工技术是注入感情的,有些东西必须要手工进行打磨。比如世博会意大利馆,整个馆都是手工,修皮鞋、自行车、乐器等,其主题思想是"美好生活始于手工精神"。现在到了环保生态型的社会,更要注重环保和生态和谐。还有,由于过于依赖技术,使得人类的思维和头脑功能退化,解决问题的方式单一了,完全依赖机器解决问题,后来发现完全靠机器是解决不了问题的。图书馆的劳动是智力劳动、知识劳动,在这种情况下更要强调人性化的服务,如面对面的咨询和交流是非常必要的。我们既要关注技术对社会的推进作用,又要把握好技术这一工具。在互联网和信息通信技术高度发达的今天,要善于培育新思维,活用新技术。

我之所以关注数据,比如前一阵子关注暗数据,是强调要把资源释放出来,发挥图书馆员的专业优势,把那些看上去不起眼的资源挖掘出来。在我们面前,每天都会有大量的数据流失,其中不少就是所谓的暗数据。我对数据技术不熟,要强调的是一个理念,图书馆里的暗资源太多了,大量资源沉睡在书库里,等待我们去激活它们。图书馆目录从门户向平台转型是个大趋势,就是通过关联数据,将信息资源释放出来。最近我在研究知识是怎么流动的,关注影响知识流动的环境,关注信息流畅度、关联度、传播力、开放度等。比如说现有的图书馆目录体系是一个门户,是一个自上而下的结构,社会对此不了解,也不便二次利用,能不能把它变成一个自上而下与自下而上结合的平台,通过将目录体系关联数据化,与社会上的各类资源建立关联和共享,在社会上发挥更大的作用呢?书目数据放到关联数据的环境中,不仅能开放出来,而且有了更好地与其他资源链接和关联的机会。现在不列颠图书馆(大英图书馆)、德国国家图书馆都已经将目录对外开放,变成可以二次利用的数据。变成关联数据的好处就是可以被再利用,读者可以自行设计应用程序来利用这些数据,使这些数据发挥更大的价值和效益。国内图书馆的目录体系还处于门户化阶段,我还没听说哪一家已经实现了关联数据化,也许有,但大型图书馆做到的恐怕很少,今后肯定要向平台化方向发展。门户的方式是我播你看,而平台的方式是互动、交流和资源的再利用。现在特别强调的就是数据的二次利用,二次利用的前提是数据的规范化、开放化,不规范、不开放是没办法做到二次利用的。

4. 关于创新

刘锦山:吴馆长,创新是我们多年来一直提倡的,但是不少人仅仅从技术角度来理解创新。您在 2015 年 1 月 26 日《文汇报》上发文指出,"创新不是技术的问题,而是文化的问题"。请您具体谈谈我们应该如何正确理解这一理念及其对于新常态下图书馆事业发展的指导意义。

吴建中:我觉得现在可见的资源都用得差不多了,人口的红利都吃得差不多了,资源的红利也用得差不多了,怎样使新的红利出现,就需要创新。在新一轮发展中整个社会都在探索和挖掘新的红利,图情工作者作为"尖兵"和"耳目",更应发挥其应有的作用。最近我一直在研究数字革命对社会以及对图书馆的影响,也多次呼吁全社会要关注数据这一新的资源。

为什么讲创新是一个文化问题?我觉得创新实际上是观念的问题。资源是无处不在的,但很多都处于沉睡状态,如果这些沉睡的资源被激活起来可以发挥巨大的能量。图书馆既然有良好的知识组织能力,为什么不利用这种能力把沉睡的资源激活起来呢?说白了,资源无处不在,就躺在我们身边,如何将这些资源挖掘、利用起来,不是技术的问题,而是文化的问题。

创新是无止境的,在科技创新的大潮流、大背景下,图书馆在为创新发展提供服务的同时,自身也要创新。上海图书馆做了很多尝试,比如设立创客空间,我们叫"创·新空间",不仅提供书刊,提供信息,而且提供各类软硬工具,包括 3D 打印机和设计软件等,在这样的空间中,读者不仅可以与馆员互动交流,而且可以与其他读者互动交流。图书馆以前不太强调为自由职业者服务,现在搞创新就要为所有的人服务,尤其是为那些初创者服务,他们在寻找机会、资源和空间,图书馆应该为他们提供方便。再比如,尝试电子书服务的创新。以前我们提供电子书阅读器甚至平板电脑的外借,现在我们在"BYOD"(自带设备)上有了突破,也就是说将读者手上的移动阅读设备激活起来,而不是考虑买更多的电子书阅读器或其他阅读设备。

有时技术解决不了的问题,还要靠文化。举一个例子,我们以前常常说引进人才,但引进人才工作做得不适当,反而会影响到本地人才的积极性,而引进的人才与本地的人才不能有机合作的话,情况会更糟。现在有人发现人才的短期访问和交流效果可能更好,引进人才易,创新人才环境难,而创新人才环境就是文化。研究者往往是跟着资金走的,但如果创新环境好,也会改变研究者的流向。文化很重要,当技术、硬件无能为力的时候,文化能发挥更大的作用。新常态是一种文化,创新是一种文化,文化的力量是无穷尽的,我们要善于借助文化的力量来推动图书馆事业的转型发展。

三、程焕文:用理念引领发展

[专家介绍]程焕文,博士,中山大学资讯管理学院教授、图书馆馆长,图书馆学与历史文献学博士生导师,兼任教育部高等学校图书馆学学科教学指导委员会副主任委员,教育部高等学校图书情报工作指导委员会委员,国务院学位委员会全国图书情报专业学位研究生教育指导委员会委员,中国图书馆学会常务理事、学术研究委员会副主任委员、图书馆史研究专业委员会主任委员,广东图书馆学会名誉理事长,广东省高校图书情报工作指导委员会主任委员等专业学术职务和国内外十余种专业学术期刊编委。著有《中国图书文化导论》《沈祖荣评传》《图书馆权利研究》等 20 部学术著作,在国内外发表学术论文 200 多篇,获各级教学和科研奖励 30 余项。

图书馆事业发展过程中,一直存在着学术思想与技术方法、理论与实践之间的分野。从一定程度上讲,学术思想和理论决定着技术方法和实践的发展路向,而价值观又是学术思想和理论的灵魂,基本价值观的迷失会导致图书馆事业发展方向的错乱。因此,如何处理学术思想与技术方法、理论与实践之间的关系,是一个相当关键的问题。为此,e 线图情采访了中山大学程焕文教授。

1. 关于学术与技术

刘锦山:程老师,您好! 非常高兴您能接受我们的采访。众所周知,21 世纪以来的十多年是我国图书馆事业蓬勃发展的十多年,而理论与实践是评判一项事业发展阶段与发展程度的两个维度。您曾经指出,20 世纪以来的中国图书馆事业犹如一列大抵上沿着图书馆学术思想和图书馆技术方法两条平行"钢轨"铺就的轨道行进的火车。您的这个论断用来说明我国图书馆事业最近十多年的理论与实践的发展是非常贴切的,因为,技术方法不过是相当典型的实践形式之一。而我们都知道,您一方面十分重视图书馆学理论的研究,另一方面也非常重视图书馆事业的实践。请您首先向读者朋友谈谈您对图书馆学理论与实践二者之间关系的思考。

程焕文:我觉得这还不是一个纯粹的理论和实践的问题,我说的两条平行的"钢轨"一个是通往学术思想,一个是通往技术方法,其实学术思想也有实践的内容,技术方法也有理论的内容,技术方法不是单一的。我之所以说学术思想和技术方法是两条平行的"钢轨",两个东西同时在走,原因很特别,从 19 世纪末、20 世纪初中国开始有了新图书馆以后,一百多年来其实在最前面的是学术思想或者说是理念。一百多年来,中国图书馆从 20 世纪发展到 21 世纪,图书馆的最基本理念没有改变。20 世纪初期大家感觉到这些最基本的理念很先进,到了 21 世纪初期大家感觉到还是很先进的。其实,21 世纪初期的理念和 20 世纪初期的理念几乎没什么不同,基本理念就是一样的。只是因为 20 世纪中间的 50—80 年代,我们在图书馆理念方面走了一些弯路,现在又走回来了,又回到原来的轨道上来了,发展的路线非常特别。

20 世纪初期之所以有新式图书馆产生,有一个很重要因素是当时主张公共、公开、共享,这其中蕴含了平等观念。因为先有了公共图书馆的发展,然后才有高校图书馆的发展。那时候在建设新型图书馆,开始把图书馆基本理念与中国图书馆的实践结合起来,可是抗战爆发了,它还没伸展开。实际上,20 世纪 20 年代有一个建馆的高潮。我们知道,20 世纪初开始设立图书馆,但那时图书馆的数量很少,20 世纪中期的时候开始大量建设图书馆,可是只有十年左右的时间,还没有伸展开的时候抗战爆发了,新中国成立以后,因有不断的政治运动,图书馆并没有太多的发展。新中国成立以后一直到新中国成立三十周年这段时间,由于受到政治运动的影响,特别是在抗美援朝这样的背景下,当时的图书馆路线、理念一下子发生了转变,转变成学苏联的图书馆学,原先的整个图书馆理念,如果不是很确切地说,可以说是全推翻掉了。实际上,苏联图书馆学是以列宁的图书馆思想作为指针的,而列宁的图书馆思想和西方的图书馆思想是一致的,可是我们在实际工作中逐渐把图书馆学思想政治化了,这就偏离了图书馆的本质。"文革"结束后,提出了"两个服务",其一是为人民服务,为人民大众服务,这和今天的为人民大众服务是不一样的,那时讲的大众不是全部的大众;其二是为科研服务,20 世纪 50 年代突出为科研服务,用今天的话来说是比较高端一点。这两个口号我们不能说它错在哪里,可是,它和图书馆最本质的东西、最基础的东西是有差距的。80 年代以后,因为市场经济的发展,又出现了一些新的理论,最主要的是市场经济下图书馆的发展,讲一些服务,讲生存发展,我们也不能说错到哪里了,但是这和图书馆的精神还是不一致的,图书馆的基本精神无论对公共图书馆也好还是对大学图书馆也好,它强调的是基本公共的服务,强调公益性,上面的提法都背离了这些东西。

21 世纪初,大家提的图书馆理念又回到了 20 世纪初期,强调其公益性、公共性,强调为大众服务,绕了一圈后又回到这个方面,所以说这一条路线它在走。

另外一条是技术的线路,很多时候,技术进步给图书馆带来的变化是最直接的、最显现的,从卡片目录到机器目录,从计算机应用、图书馆自动化系统到网络化服务,每次都能看到很大的变化。这些年来,图书馆这列"火车"沿着这样的一条铁轨在前进的,两条铁轨中的一条有一点弯曲时,火车就会有一点变向了。很多时候,技术这条钢轨可能很直,好像很有力量,如果理念这条钢轨有偏差,技术就会导致图书馆这列火车行运时变向,会领着我们走弯路的。在技术方面,近年来我国图书馆界对世界潮流跟得很快。但是,我们要明白,虽然跟得很快,但鲜有创新。之所以如此,是因为我们在理念上没有创新,因为只有先进的理念才有先进的技术。如果没有正确的理念,技术应用就会偏离方向。例如,图书馆里所有放置电脑的地方都有用空调,但有人的地方不一定有空调,电脑是宝贝,可是电脑用不了几年的,应该讲人是最重要的,有人的地方应该有空调;同样,有书的地方没有空调,实际上书比电脑还贵。这就说明理念很重要,所以我常说价值观有时决定技术、方法、设备,甚至是建筑,我们可以搞非常豪华的建筑、非常先进的设备,书可能也是很好的,所有的东西都是很好的,可是因为理念不正确,导致条件相同的图书馆产生不同的服务效果。很好的馆舍建筑,如果没有基本开放的理念,而是设了重重障碍让读者极其不方便;反之,如果秉持开放理念,设备方面可能稍微差了一些,但用户和读者都非常欢迎,觉得它很亲近。

理念和技术不是排斥的,但是如果一个好的技术方法,没有正确理念指导,是不可能发挥出很好的效能,而且可能会出现偏差。图书馆需要防盗,我们可以有很好的监控设备、防盗设备,每个角落都监控得很好。可这是与人性化相背离的,基于人性化考量,我们就应该知道这些设备怎样使用,如何让身处其中的人感觉到很人性化。我们过去常讲的一个例子,防盗监测设备中山大学图书馆也有,可是这么多年我们没抓过偷书的人,这说的就是理念的问题,因为无论读者有意还是无意带书出来,偷书还是不偷书,这就要看管理是否人性化了,我们要求所有工作人员认定这不是偷书,这是无意带出来的,我们可以问他有没有办手续?没办手续请办手续,我们不会按照偷书处理的。这反映出一个理念的问题,我的管理理念是将所有人都定义是善的,这样,好的设备才能用到点子上。

这么多年来我国图书馆的理念其实并没有太大的进步,现在图书馆的价值观和20世纪初期图书馆的价值观是一样的,或者说大致是一样的。为什么说大致一样呢?这两个阶段的基本价值观是符合世界图书馆的普遍价值观的,中间那一段不是建立在普遍价值观上的。如果不是建立在普遍价值观基础之上,得一个什么奖,这个项目、那个项目的都没用,因为这种东西就是做完了也对实践没有什么指导作用。图书馆的理念、技术方法,应该建立在世界图书馆基本价值观上,只有如此,才能与世界紧密联系在一起。为什么大家感觉理论与实践有些脱离,因为我们写了多少种理论、多少种书,实践者并不理睬,不说欢不欢迎,首先是不理睬的,你做你的理论,我做我的实践。相反我们可以看到实践很多时候跑到理论前面,这是很普遍的一个现象。图书馆界的实践活动走在理论研究的前面,因为图书馆面对的最基层是用户,不断地倾听基层的呼声,知道基层的需求是什么。实践中产生了很好的理念,但还没有进行好好总结,没有将其上升到理论高度。

价值观决定理论研究和实践的发展方向,决定图书馆这列"火车"要往哪里开,学术思想和技术方法虽然是两条平行的轨道,但火车要往东开还是往西开,是由价值观来确定的。长期以来我们对价值观不重视,今天仍然如此,大家都是东跑跑、西跑跑,不知往哪里跑。

2. 关于《图书馆学家文库》

刘锦山:程老师,确实如您所言,价值观是学术思想的灵魂,图书馆基本价值观的迷失则会导致图书馆事业发展方向的错乱。因此,这么多年来,您一直非常重视对图书馆学基本理论的研究,其中图书馆学术思想史是您多年来一直关注的一个重点研究领域。例如,您在中山大学攻读博士学位期间,以"晚清图书馆学术思想史"作为自己的学位论文选题。请您结合您的研究谈谈图书馆学术思想史的研究对于图书馆学理论发展的意义。

程焕文:在几千年的中国藏书思想与图书馆学术历史长河中,晚清图书馆学术思想史的历史十分短暂,但它却是一段十分重要甚至特别精彩的历史。因为它是中国古典藏书思想向近代图书馆学术思想转变的奠基，如果我们忽视了这段重要的历史，那么，所谓的中国近现代图书馆学术史就会形同无源之水，无本之木。同时，晚清图书馆学术思想史孕育于时代大变革之际，一直与当时社会的剧烈变革、新学与旧学激烈交锋、中学与西学相互激荡、古代藏书楼的衰落与近代图书馆的兴起等彼此交融、互为表里、相互影响，这可谓千载难逢的历史景观。尤其精彩的是，当时图书馆学术思想的主体并非纯粹的"图书馆学家"，而是各类人物应有尽有，从而使图书馆学术思想的传播受众更多、力度更强、范围更广、影响更大。

中国近现代图书馆学术思想史到现在有一百多年的历史了，但不少人对图书馆学术思想史不重视，至今也没看见一本像样的图书馆学术史著作。不少人感觉学术思想史的研究价值不是很大，可是一个学科的学术思想史是否完整、是否健全，实际上反映了这个学科的发展水平。我举个简单例子，中国语言文学系即中文系，讲的都是中国文学史，文学理论很少。哲学也是如此，哲学主要是学哲学史，比如中国哲学就是从先秦哲学开始学起。所以说一门学科真正的发展，它的所有理论，都是由学术思想史来构成的。不重视学科史，学科怎能称为一个学科？学科必须有厚重的学科史作为支撑。只有不断对学术史进行探索研究，才能促进学术发展。图书馆学术思想史的完善和研究其实很重要，不少人一讲到历史好像就没什么兴趣，这种现象要引起我们的重视。

刘锦山：程老师，2011年2月初，您和谭祥金、赵燕群、吴晞、刘洪辉、杜秦生等先生共同发起编辑出版《图书馆学家文库》丛书，并邀请周和平馆长担任丛书编辑委员会的顾问。2011年年底，《李华伟文集》与《谭祥金赵燕群文集》的出版标志着《图书馆学家文库》丛书的出版正式启动。请您结合两部文集的出版情况具体谈谈发起出版《图书馆学家文库》丛书的具体思考及意义。

程焕文：关于图书馆学家文库的问题，我们已经做了《李华伟文集》与《谭祥金赵燕群文集》，马上要出版的有《杜定友文集》，年底还要出版台湾学者的《胡述兆文集》《李德竹文集》，还有可能出版的是《谢德华文集》。出版著名学者的文库，国内似乎没什么人会做这件事情，原因是多方面的：一是力量问题，出版纯学术著作，每位学者的文集光印刷费就需要十几万块钱，谁会拿这钱去做这个事？愿意做的人少。二是这件事情是"为人作嫁衣"的，不是出自己的文集，出的都是学界有名的大学者的文集。

我们第一期出的都是70岁以上学者的文集，先出了前面四位学者的四大本，马上要出22本。之所以要做大开本，是因为过去其他领域的学术大家总是看不起图书馆学，我们有这么多的大家、名家，自己过去也不是太重视。但是我们可以骄傲地说，我们图书馆学家的学术水平完全可以和其他领域的学术大家相媲美，丛书之所以称为《图书馆学家文库》，以此肯定这些大家、学者的成就，希望通过这套丛书，让其他学科的人也能注意到图书馆学科，图书馆学家也是学富五车的。通过这件事情，树立图书馆学界大家、大师的学术形象，这很重要。经过一百多年的发展，我们现在来总结这些前辈的学术思想、学术著作，通过出版文库，来推动对这些名家、大家的研究。我们可以想象一下出到50本时的情景，这么多的文集摆出来，封面用红色，很醒目……我相信没有多少学科能像我们这样来做这件事情，摆出来大家一看，就知道图书馆著述宏富。许多图书馆学家所涉及的领域，不仅仅是图书馆学，还有教育学、哲学、历史学等诸多领域，不少大家古今中外都是通的。原样印刷这些东西，我觉得这是为学界树立一个丰碑，这样大家可以慢慢有一种崇敬的心理和一种敬畏的心理。过去不少人对图书馆学总是有一种鄙视的眼光,觉得你是个小学科,也没什么有影响的人物,而图书馆学领域,有一个不好的毛病,对先贤的敬重和敬畏不够。就一个学科发展而言,对大师、对大家、对先贤的崇敬是很重要的,如果我们对大家们连最基本的崇敬都没有,这个学科没法干的。

这也是与广东图书馆界一起合作的一件事情,这两年来进展还不错。估计两三年之内会出二三十人的著作,全部都是公开发行的。出到二三十人的时候,规模已经相当大了,在国内的图书馆学的丛书中分量最重,不是以后成为经典,出来时就是经典了,因为所选的人很谨慎,他们在学界都是卓有成就的,有的 70 岁快 80 岁了,有的已经过世了。这些大家创作力很旺盛,文库把这些大家的大部分论文放到一起,这就代表了大家的学术成就,所以说一出来就是经典,这是不用怀疑的一件事。

3. 关于图书情报学教育

刘锦山:程老师,图书馆学科教育对于推动图书馆学理论与图书馆事业的发展具有不可替代的作用。2011 年 1 月 30 日,全国图书情报专业学位研究生教育指导委员会成立,除了学术学位之外,我国图书情报硕士也有了专业学位。从您的博文了解到,今年 4 月,您在图书馆学硕士研究生入学考试面试中,出了这样一道题,要求每个考生阐述其所抽中的当今图书馆学界非常有影响的学者的学术经历、主要著述和学术思想,面试效果并不理想。请您结合这两件事情谈谈您对我国图书馆学科教育的思考。

程焕文:我出这些题目也是有意识的,实际上每年我们都出类似的题目,有的时候变着法子来出,有的时候一组题目 5 个人,每年也不一样,过去会出一些刘国钧、杜定友、韦棣华、沈祖荣、李伟华这些大人物,在 20 世纪很有影响的人物。去年,我出的是正当年的,50—60 来岁之间的在国内最有影响力的人物,很多学生十有八九都答不出来。这说明几个问题:一是学生为了考研而考研,买书为应试的。二是也反映了一些图书馆学院系的教育忽视了这些内容,对整个学术史的教学,对经典著作的阅读,对人物的研究都不到位;天天讲新技术这些东西,对我们学科最基本的东西没有教学,纯粹从职业培训角度来讲,教给学生几项技术,学生学会也就行了,就完成了基本的使命,可读研究生要对专业有理解,要有专业精神,这当然要求我们对大家本身有所了解,对大家的学术思想有所了解,对我们整个学科背景有所了解。考研题目我们也要加一些古文的内容,明、清或者更早的一些学者的著述,因为图书馆工作本身要求知识面是很广的,既要懂得古代的,又要懂得现代的,既要懂中国的,又要懂国外的。我们每年故意或者有意地做这些方面的引导,这些引导我之所以贴到博客上去不是宣扬中大图书馆学学生是怎样面试的,不是想追求怎样另类、怎样异类、考得倒学生,不是这样的。我公布出去,只是想告诉大家我们不能忽视这方面的教育,学生在平时要复习这些内容,即使老师没有讲过,也要学会自己主动去看这些方面东西,主要是起这样的作用。

刘锦山:程老师,现在很多图书馆都有图书馆学、情报学硕士点,您是怎么看待图书馆办学对于学科及图书馆事业发展的意义?

程焕文:图书馆最早开始申请硕士点,应该是从上海高校开始的,从复旦到交大。上海这个地方很特别,原来华东师范大学有个图书馆学专业,到 20 世纪 90 年代的时候"休克"了,整个上海的图书馆学教育就靠空军政治学院,那里有图书馆学专业。这就出现了一个问题,大量的图书馆工作人员没有受过专业训练,大家要提高怎么办? 在当地没有图书馆学高等教育的情况下,这时有实力的大学图书馆,就自己申请图书馆学情报学硕士点,自己培养人才,当然量是很少的。这说明两个问题:首先,图书馆学专业高端人才培养有需求,所以图书馆才申办硕士点;其次,图书馆办的硕士点要挂在图书馆里,图书馆既要做这件事,又不能做大,因为图书馆不是一个专门的教育机构,所以学生很少。由此也可以看出,整个国家对图书馆从业人员要具备什么样的资格、资质,认识是不清晰的,因为我们没有这个行业的准入制度。而且不少人认为,不是学图书馆学的干得也很好,因为很多图书馆馆长都不是学图书馆学的,而自己感觉良好,这种观念很普遍。不少人并不知道办图书馆最基本的理念,不知道中国图书馆事业和欧美之间的差别在哪里。我觉得中国和欧美图书馆事业最根本的差别在于人员的素质,美国、欧洲的图书馆只有硕士以上的学历才能担任专业馆员,才能做馆长。人家有正确办馆理念,我们这里很多人根本认识不到,还沾沾自喜——一想到我不是学图书馆专业的,我也可以把图书馆办得很好,甚至还比学图书馆的办得还好。我不否认没学图书馆专业的做馆长可以比学图书馆专业的要好,但是,绝大多数还是没有学图书馆专业的好,而且绝大多数学图书馆专业的都要比不学图书馆专业的馆长办得好。现在是恶性循环,就是没有学图书馆专业的馆长对学图书馆专业的有一种本能的排斥,觉得不是图书馆专业的也能把图书馆办得很好,学图书馆专业也没什么用,知识面很窄……

　　这需要一个很长的过程,现在大部分图书馆馆长都不是学图书馆专业的,这对图书馆发展会产生长期的负面影响,因为人才队伍变化需要很长的过程,所以现在国家有了图书情报的专业硕士,就是希望通过专业情报硕士对相关人员进行更多培训,这是符合国际图书馆界的惯例,像美国图书馆学是从硕士开始,本科的背景可以是其他学科的,研究生再进行图书馆学的教育,这样进了图书馆专业,有其他学科背景也没有关系,读情报硕士就可以了,读完以后就可以接受专业的训练。这样的学生,也是非常好的。我的观点是,所有的馆长应该鼓励那些没有学过图书馆专业的馆员去读图书情报专业硕士,这样他们才能成为一个专业的馆员,才会做得更好。

4. 用理念引领发展

刘锦山:程老师,古代有"学以致用"之说,任何的理论总是要为实践服务的。多年来,您一直活跃在图书馆事业的前沿,参加并领导了诸多丰富多彩的实践活动,在海内外取得了相当大的反响。请您结合多年来的实践活动谈谈您在这方面的体会。

程焕文:中山大学图书馆的实践活动这两年还是做得有声有色的,但是其实仔细看一看,中大图书馆的建筑不是最好的,尽管我们的面积很大,用的也不是很豪华的材料,都是很普通的,造价很低,设备也不是最好的,可是比较满意的是,服务是不错的。我们在技术上不是领先的,在技术方面甘当落后分子,因为经费是有限的,要去追逐最新技术的时候,要花很多的钱,在技术方面可以等一等,稍微落后一点,以后是可以跨越和超越的。一项新技术,就像电脑一样,开始最先进,可一年以后价格跌了一半,我们先落后一点,一年以后我们不会晚得太多,而价钱会便宜很多。上系统也如此,这方面我们不去做先进分子,甘愿做落后分子,新系统、新技术应用出现以后,有一个实践过程,让我们也有一个比较的过程,所以我们愿意观望一下,看一看其他图书馆怎么用,其优劣如何,看准之后再选择适当的时机下手。

　　但是对于传统的东西,对文献的收集、保护方面我们下了很大力气,我们有保护中心,对特色文献、地方文献会想尽一切办法去收集,花了很大的力气。一个大学的图书馆也是一个学术型的图书馆,它的生命力在哪里?它的生命力在于资源,别人没有的我有。现在图书馆资源是同质化的,大家都在买数字资源,但买的都一样,所有图书馆都是一样的,那么图书馆如何显现出自己的学术地位?那就是别人有的自己有,别人没有的自己也有,这就是特色资源建设,这些年我们比较重视这方面的工作。当然这里也有个理念的差距,很多人认为只要有电子资源其他什么都解决了,不是这样的,实际上纸质资源有它自己的用途。特色资源对一个学校的学科建设发展很重要,拥有了这些资源也就是拥有了某几个学科的制高点。先进的设备过几年就会落后,特色资源过几年价值会更大。现在不少馆长都是学理科的,他们对人文社会学、对原始资料价值的认识有时是不到位的,总感觉有内容就行了,没有注意到除了内容有学术价值以外,文献本身还有历史价值、艺术价值以及其他方面的价值。图书馆收藏这些东西,就是财富,这些财富是多方面的,不单是经济方面的财富。举个例子,我们有一幅蒙娜丽莎的电子版,就是有一亿幅也比不上法国卢浮宫的那一幅,这个道理就太简单了,电子版的东西,可以看到图像,但就是没有原件好,图书馆作为一个文化机构,在保存文献方面有其重要的作用和责任。

四、李广建：抓住机遇　促成飞跃

[专家介绍] 李广建，教授，博士生导师，北京大学信息管理系主任。1980—1984 年于北京大学图书馆学系读本科，1984—1986 年于北京大学图书馆学系读硕士，1999—2002 年于中国科学院文献情报中心读博士。1986 年起在北京师范大学任教，历任讲师、副教授、教授，博士生导师，曾先后担任北京师范大学图书情报学系（后改称信息技术与管理学系）系主任助理、副系主任、系主任，院系调整后任管理学院副院长。2001 年年底，入选"中国科学院文献信息和期刊领域优秀人才引进计划"，2002 年 3 月至 2006 年 6 月兼任中国科学院文献情报中心信息技术部主任。2007 年年底调入北京大学信息管理系。

20 多年前，数字图书馆的兴起为图书馆学、情报学创造了一次良好的发展机遇；现在，大数据的出现似乎又一次为图书馆学、情报学的发展提供了新的机会。我们应该如何看待新技术发展对于图书馆学、情报学的影响？如何把握这种机遇以推进学术与实践的发展？带着这样的问题，e 线图情采访了北京大学信息管理系主任李广建教授。

1. 学术生涯

刘锦山：李老师，很高兴您能接受我们的采访。您多年来一直从事情报学与图书馆学的研究与教学工作，取得了丰厚的成果。首先请您向读者朋友谈谈您的学术、工作经历。

李广建：谢谢 e 线图情和刘总对我的关注。我的工作经历和学术经历比较简单。我的本科和硕士研究生都是在北京大学信息管理系念的，当时还叫北京大学图书馆学系。1980 年入校，那时只有图书馆学专业，我是理科班。入学之后，系里将同学分成若干组，先到相关各系学习专业基础课和部分专业课，然后再回到图书馆学系，学习图书馆学的相关课程。我当时分在计算机组，在计算机系读了两年后，又继续回到本系学习图书馆学课程。1984 年本科毕业，同年考取本系研究生，1986 年年底硕士研究生毕业之后，被分配到北京师范大学工作，此后一直在北京师范大学教书。1999 年至 2002 年在中国科学院文献情报中心攻读博士学位。2007 年年底回到北京大学信息管理系任教。

刘锦山：我觉得北京大学图书馆学系当时将新入学的同学分成不同的小组很好，有利于人才培养。

李广建：是的，我的印象里，1979 级和 1980 级是这么做的。至少对我来说，从这种教育模式中受益匪浅。在计算机系的学习确实开阔了自己眼界,计算机方面的知识对我以后的工作和实践都有很大帮助。

刘锦山:您的研究生导师是哪位老师?

李广建:我的硕士导师是张树华老师,我的博士生导师是徐引篪老师。北京大学和中国科学院两个地方的读书经历对我的帮助和启发很大。北京大学图书馆学系在学术方面为我提供了非常好的知识积累和方法论训练,而在攻读博士学位期间,中国科学院文献情报中心进入中科院知识创新工程,建设数字图书馆,我也因此在徐老师的指导下接触、参与了文献情报中心的一部分工作,这两段经历对我影响很大。特别重要的是,我的两位导师不仅在学术上给予我指导,她们诚挚谦虚的品格和宽厚善良的处世方式,至今都是我的行为楷模。

刘锦山:李老师,您的硕士和博士论文做的是什么呢?

李广建:我的硕士论文题目是《论图书馆社会学》。1986年左右,图书馆学基础理论发展比较快,学界特别关注图书馆与社会的联系,强调图书馆应该起到的社会作用。张老师的主要研究方向是基础理论和读者工作这两部分,我在她的指导下选了这个题目,论文主要包括两个方面的内容:一是用社会学的方法去研究图书馆,二是强调社会和图书馆的联系。

博士论文的题目是《个性化网络信息检索系统的研究与实现》,主要是通过捕捉网络信息检索系统中用户的检索行为,进行用户建模,判断用户的学术兴趣,主动为用户推送他们可能感兴趣的东西。

刘锦山:李老师,我们注意到,您先后在北京师范大学、中国科学院文献情报中心、北京大学等单位工作,既从事理论研究与教学工作,还参与了一些实践项目的工作,这样的学术与工作经历是十分可贵的。这样,无论理论研究还是实际工作,都可以转换视角,从不同视域来看待问题。您是如何看待您过去的学术、工作经历对您的影响的?

李广建:我在北京师范大学工作了十几年,一直从事教学科研工作。在中国科学院文献中心学习和兼职工作也有将近十年的时间,中国科学院文献情报中心从新馆搬迁,到数字图书馆建设,我都经历过并参与了其中一部分工作,收获确实非常大。同时我还在中国科学院文献情报中心兼任过一段时间的博士生导师,参加博士和硕士的教学工作。这两种类型的单位,教学和科研有共性的方面,但各自的特色也非常明显。

在共性方面,这两种类型的单位都非常讲究教书育人,对教学有严格的要求,作为教师,要想搞好教学,自己必须要好学。给人一碗水自己就要有一桶水,教师也时刻要逼着自己去学习。

另一方面,在高校里,教学和科研都特别强调知识的系统性。教学上,比较强调学科的知识体系,教学过程通常要讲求基本概念、基本原理和方法体系。在科研方面,高校教师有比较大的自由度,一般有自己稳定的科研方向,追求对学科知识的贡献。在中国科学院文献情报中心这样的实践单位,当然也有自由的科学研究,但更多的还是面向问题、解决实际问题的研究。来了一个问题,这个问题怎么解决,要结合问题搞研究,研究的目的和结果一定要落实到问题的解决上面。同样,在教学方面,无论是课程的设置,还是教学内容,也会反映出这种面向问题的特点,因此,毕业的硕博士解决问题的能力都比较强。

当然,以上仅仅是我个人的体会,不一定全面和准确。

我非常感谢这几个单位,北京大学培养了我,北京师范大学和中国科学院锻炼了我,在这几个单位的不同经历,对我的发展很有帮助,给了我将书本上的理论与图书情报工作的实践两者结合起来机会。

2. 数字图书馆的发展现状及其趋势

刘锦山:李老师,数字图书馆一直是您关注与研究的领域,请您谈谈您是如何看待过去20年来数字图书馆的发展状况及其未来发展趋势和影响的?

李广建:数字图书馆在我们国家也有近20年的发展历程了,取得了很大的成就。成就至少体现在两个方面:一方面由于数字图书馆研究的驱动带来了图书馆的理论和实践的变化,进而促进了图书馆学、情报学等学科的发展;另一方面数字图书馆本身的发展促进了图书馆事业的发展,同时又培养了用户,激发了用户的需求。在我看来,用户的需求是需要激发的,用户需求有现实需求还有潜在需求,数字图书馆的发展把用户的潜在需求都激发出来了,例如对电子资源的使用习惯的培养。我举个例子,在早期建设数字图书馆的时候,大家还是比较习惯去看纸本的东西,对电子资源还不太习惯,随着数字图书馆一步一步地向前发展,用户觉得数字图书馆的系统与服务方式越来越便捷,用户的使用习惯也不断在转换,反过来又对数字图书馆提出了更高的要求,这是数字图书馆很大的贡献和成就。过去,很多事可能想到了也做到了,但是有些事是想到了却做不到,因为没有技术手段或者做起来很复杂,就不做了。数字图书馆的发展使得以前这些做不到的事情现在可以做了,甚至有可能由于数字图书馆的发展,数字技术与用户需求的相互促进,很多过去没有想到的事,现在我们不仅能够想到,而且能够做到。再进一步说,数字图书馆目前正扮演着用户需求的主动引领者的角色,而不再是用户需求的被动响应者。这是数字图书馆的最大发展成就。

就未来趋势而言,数字图书馆的发展有这样几个问题值得大家关注:其一,数字图书馆的互联互通以及数字图书馆与互联网的融合。美国ALA曾界定了数字图书馆的若干特征,其中之一就是,数字图书馆不是一个实体。当前,在实践上,很多号称"数字图书馆"的系统,还都是基于实体来建设的,一个单位自己建一个数字图书馆,购买或自建一些资源,用户只能在这个系统中打转转,系统和系统之间并没有真正的互联互通,从某种意义上来说,这些数字图书馆都是互联网上的信息孤岛,就更不用说真正地融入互联网中去了。这里所说的融入互联网,是指数字图书馆与互联网业界的合作。这种合作不是指的传统的合作方式,不是指图书馆将自己的数据公布到互联网上去,如将馆藏数据公开到谷歌学术上去。而是指要充分利用互联网上的数据资源为我服务,同时将自己的资源开放到互联网上的其他系统。例如,利用用户在搜索引擎中查询学术信息的行为,预测用户的阅读兴趣,提升数字图书馆的服务主动性,远比利用一个数字图书馆的用户日志数据来得更为全面和准确。因此,我觉得互联互通、与互联网融合这可能是将来发展的一个趋势,最近几年开始的互联网数据开放,将为数字图书馆与互联网的融合提供发展机遇。例如,百度已经正式发布大数据引擎,将包括开放云、数据工厂、百度大脑三大组件在内的核心大数据能力开放,通过大数据引擎向外界提供大数据存储、分析及挖掘的技术能力,数字图书馆完全有可能在这种环境下有更大的发展。

其二,服务公平化是将来数字图书馆发展的大趋势。现在一说到数字图书馆,通常就想到"高""大""上"、面向科研的这些东西,但是数字图书馆的初衷至少不是为了所谓的"高""大""上"的,因此服务的公平化是数字图书馆发展的目标。过去对数字图书馆的研究,比如研究用户行为方式,比较多地针对科研人员等高端用户。实际上,大部分的阅读,特别是数字阅读、电子阅读,可能更多的是普通老百姓,但目前我们对普通人员的电子阅读的研究并不多,以后可能需要更多地关注普通人的电子阅读习惯。数字资源的使用者可能不仅仅局限于高端用户上,普通用户也会越来越多。

其三,移动是数字图书馆的重要发展趋势。服务均等化与移动也有关联。这么多年来,数字图书馆的概念在不断发展,相关的新名词不断出现,例如"遍在图书馆"。"遍在图书馆"其实是数字图书馆的另一种称谓,但侧重点与数字图书馆有所区别,它更强调数字图书馆适用于不同的人群或者不同环境下的人群,比如不能读的可以听,不能读也不能听的可以摸。一个人,半夜想起来一件事,想上"遍在图书馆"去查查,在这样的情况下,可能光线不足,他可不可以不用开灯或者不用起床走到计算机的旁边就通过摸和听的方式来使用数字资源呢?这就是遍在图书馆要考虑的事情。在任何环境下都可以对资源进行访问,这是一个大的发展趋势。移动可能会带来新的理念和方法,与传统、固定的网络不太一样,因移动而遍在。同时,移动还有可能带来一些新的数据采集方式和服务方式,例如,通过移动终端可以测量人的心跳情况,以后用户在用移动终端阅读的时候,移动终端会自动测出人们的心跳,根据心跳频率来判断用户的兴奋程度,从而知道用户对看到的内容是否很关注,用网上流行语来说,那个时候,点赞是一件很 out 的事情,因为,你心里想的是啥,数字图书馆早就知道了。

其四,跨界也是数字图书馆未来的重要发展趋势。过去的数字图书馆资源更多地还是限于传统文字型资源。近几年,不同媒体与不同服务的跨界成为一种趋势。以前的数字图书馆只提供一种资源的表现形式,即数字化的图书或文章。现在很多数据库都会把核心作者、相关文献、引文文献等列出来,服务都延伸了很多,甚至可以提供篇章、科学数据、实验数据之间的联系。在以前纸质论文中,有很多细节如实验过程等是没有办法详细展现出来的,现在,可以把科学数据、研究过程和科学文献打包,成为数字对象,读者除了能看到研究结果,还可以去看研究过程甚至是数据的细节。数字图书馆已经不是提供简单的文字阅读功能了。

刘锦山: 李老师,您谈到数字图书馆不是实体这点很对。一般情况下,人们认识一个东西,总感觉实体的东西比较踏实、具体,很好去认识。但是如果总局限于这样一个阶段,总是把认识对象局限于实体,就会限制认识的进一步发展。科研的发展过程也是逐步从实体到普遍的过程。数字图书馆不是一个实体,当然数字图书馆包括实体的东西,但是我们不能把它仅仅当作实体来看,只有把这个概念理解了,才能更好地理解均等化的发展趋势,二者是密切相关的,只有普遍化了以后才能做到服务的公平和均等化。

3. 大数据的影响及其带来的发展机遇

刘锦山: 李老师,最近几年,大数据引起了各界的重视。大数据应该是两三年以前美国先提出来的。同时,学科交叉也是现在学术科研发展的一个非常重要方向。您对于图书馆学、大数据、情报学这三者均有涉猎和研究,请您从学科交叉的视角谈谈这三个领域之间的交集会给我们带来什么样的启示呢?

李广建: 大数据出来以后我也一直在学习。如果说数字图书馆当年给图书馆学、情报学提供了一个机会,那么大数据的出现又为图书馆学、情报学提供了一个机会。为什么这么说呢?

　　从现在来看,到底什么是大数据,尽管现在还有不同的定义,但认真细致地总结一下,关于大数据的概念有两种比较典型的看法,或者说是隐含着两种不同的看法。一种是强调数据及其处理技术,当然这是很重要的,早期的大数据概念比较强调这个特征。另一种看法是最近几年开始更多强调的是大数据、大洞察,简单来说就是大数据分析,现在大数据讲的是怎么从大数据的分析中得到有益的结果。

　　为什么说这又是提供了一次机会呢？以情报学为例,情报学中非常重要的领域就是信息分析和情报分析,文献计量、科技情报分析、竞争情报等都是我们这个领域中耳熟能详的名词术语,它们的共同特点是通过对信息或数据进行分析、从中提炼出知识并加以诠释,再映射到自身领域来解决或描述各种问题、现象或者提供决策支持。从这个意义来说,情报分析和大数据分析并没有本质的区别,大数据是不是可以看成是情报学的"回归"呢？另一方面,大数据的理念和方法在某种程度上又促进、丰富了情报学和情报分析的研究,过去,我们更多的是处理单一类型的数据,大数据的概念出现以后开阔了我们思路,例如,在情报分析领域,有关多源信息融合和多源方法融合方面的探讨越来越多。

　　还有一个机遇,这么多年来,大数据分析的理论方法到底是什么、方法体系到底是什么,在大数据研究和实践领域中都没有公认或者成形的答案,也就是说,这个问题并没有得到彻底地解决。情报分析已经做了这么多年,是不是应该对此做点贡献？我的意思不是让情报分析去代替大数据分析,但是,情报分析是不是应该为大数据分析的方法论做点贡献？BDA（Big Data Analysis）中的 A 不也是分析么？事实上,这本身对情报分析理论与方法的建设也有好处。情报学的学科发展肯定不能够故步自封,要吸收别人的养分而变得强大,同时结合自身优势为大数据的发展做出贡献。大数据不仅是一个概念,更多的是一个理念,实际上到底什么是大数据,多大才是大数据,并不是十分重要,我觉得理念、思想和方法论更有意义。

　　此外,大数据为情报学提供了实践机遇。刚才我们说在理论方面,情报学应该有贡献,同时,情报学应该抓住实践领域的机遇,大数据的发展为情报学的学科体系建设、人才培养提供了很好的机遇,怎样抓住机遇,应对需求,反过来促进学科的发展。所以我们真的要去抓这个机遇。前一段时间我的一位同事讲,目前大家公认的几个世界上最牛的数据科学家都在以色列,而这几个数据科学家原来的背景都是搞情报分析的。别说都是搞情报分析的,就是主流的数据科学家中有一两个出身于情报分析领域,就足以说明情报分析是有点用处的。我觉得这种影响真的是实实在在的,所以希望我们也可以抓住这个机遇,我只是从情报分析的角度来说。情报学分析包括信息采集、存储、分析、提供服务等环节,这种思想方法贯穿在整个大数据分析的流程里。

　　还有一个例子能看出来图书馆学、情报学与大数据之间的关系。我们系的毕业生有相当一批人在做与互联网和大数据处理有关的工作。如果有一两个人做这方面的工作,可以说是个人的特质和兴趣所致,但如果做这方面工作的人比较多,是不是说明两件事的关联性比较大？我们希望在课程体系建设、人才培养、科学研究方面围绕大数据做些工作。

4. 基于生活事件的信息资源整合方式

　　刘锦山: 李老师,我们注意到,信息资源整合是信息资源深度开发利用的一种重要方式,但传统的整合方式多是基于资源属性的一种整合方式,其关注点并不在用户。针对这种情况,您提出了基于生活事件的信息资源整合方式,请您谈谈这一研究成果及其意义。

李广建：首先，要说明的是，基于生活事件的信息资源整合方式并不是我提出来的，如果我没记错的话，最早是欧洲的学者提出的，我只是写文章介绍或引用罢了。在以前搞数字图书馆研究和参与数字图书馆建设的过程中，我发现，特别是早期的数字图书馆系统，基本上是建设单位的成果展，开发很多个系统最后都发布到网页上，图书馆买一个资源就放到网页上，读者一开始觉得挺新鲜，但是后来就烦了，因为，网页上的系统越来越多，每一个系统的规矩又都不一样，进去之后就要学习每一个系统的使用方法。面对众多的系统和资源库的入口，用户不知道所需要的东西在哪里，反而在丰富的系统和资源面前感到迷茫。我们一直在强调数字图书馆的建设应该以用户为中心，但实际上，许多数字图书馆建设还是以自我为中心，也就是以建设者为中心的。用户要想使用数字图书，就必须知道什么叫题名、文摘、关键词，什么叫组合检索、复杂检索等，夸张一点说，就是强迫用户去学图书情报学，否则就不能很好地使用数字图书馆。

为什么老百姓那么愿意用谷歌、百度，就是因为界面很简单，用户可以什么都不知道，想找的东西一输入检索词就出来了。再看看我们现在的检索系统，界面比较复杂，简单检索、复杂检索、全文检索等一应俱全，对普通用户来说，增加了他们使用数字图书馆的成本。

基于生活事件整合信息资源的做法最早起源于电子政务领域。不管大政府还是小政府，都有很多不同的部门，各个部门有自己的职责范围，各自职能的范围都是各管一段，国外也是不可避免。原来我们总说国外办事效率高，那只是后台整合得好。对老百姓来讲，尤其是国外的老百姓，政府的概念很淡薄，不管政府设立什么部门，我要干的事就是我想干的事，你只要来告诉我该怎么做就成了，不用去学习民政部门干什么、人力资源部门管什么等。比如，我现在就想去就业，想要找工作，找工作可能要涉及一系列事情，包括提交受教育情况的证明、居住情况证明等，教育、居住可能分属不同的政府部门管理，在非电子环境中，可能就需要求职者分别跑几个部门才能办好这些事情，而在网络环境下，用生活事件来表示公民（或企业）在生活（生产）中遇到的需要政府服务的生活场景，将用户需求映射为服务流程，用户无须知道他需要的服务来自哪个政府部门，而只需确定自己的要干的事情，就可以被引导至相应的服务。换句话说，老百姓不必知道政府有哪些部门，就可以一站式地解决自己的问题。事实上，这种思想在数字图书馆、信息服务这些领域里面其实都有，有时是有意识地在做，有时就是无意识地做。在电子政务领域，这方面的研究和实践都做得比较突出，例如，欧盟前一段时间就资助了好几个这类的电子政务项目。

5. 关于北京大学信息管理系的招生改革

刘锦山：李老师，北大正在改革博士招生方式，贵系将从 2016 年起将博士生招生的考试制改为申请制，请您谈谈这方面的情况。

李广建：这方面的变化是比较大的。国家已经批复了北大综合改革方案，改革有很多方面，关于博士生招生这块，将由以前的考试制改成申请制。原来学校有一些试点的院系，我们是 2014 年把方案上报给了学校，将于 2016 年实施。

考试制有好的地方，当然也有问题，最大的问题就是一锤子定音。从总体上是公平的，可以选拔出人才，但是从个体上来看，并不一定能保证选拔出来的人就是最优秀的。申请制能够在对学生做全面了解的基础上进行选拔，可能会更加符合老师和学校对学生培养的要求。申请制的具体操作方式是这样的，首先申请者要有一定的基本条件，这些基本条件包括学习条件、科研条件、经历条件等,符合条件就可以申请。系里成立的委员会对申请者进行初筛、面试、能力测试这样几个阶段来确定人选。

有人可能担心就是申请制会不会出现"走关系"的情况,产生招生腐败,这一点我认为不必担心。首先,我们在制定招生细则时,已经充分考虑到招生委员会和招生导师之间的权力分散和相互制衡,确保选拔出符合条件、科研能力强的申请者;其次,在今后的四年培养中,还有一系列中期考核、开题、匿名评审的环节保证培养质量,有多个环节过滤出不合格或不适应的学生;同时,学校对于有不能按期毕业学生的导师也有相应的奖惩措施,这些措施保证了导师在挑选学生时,会慎之又慎。

五、方卿：双向融合绘新篇

[专家介绍]方卿，管理学博士，现任武汉大学信息管理学院院长、珞珈特聘教授、博士生导师，新闻出版总署武汉大学高级出版人才培养基地主任，武汉大学国家文化创新研究中心研究员，《出版科学》杂志主编。兼任全国编辑出版学名词审定委员会副主任，高等学校出版专业本科教学指导委员会副主任，国家社科基金管理学科组评审专家，中国图书馆学会著作出版专业委员会副主任等职务。曾获国务院政府特贴，入选首批"全国新闻出版行业领军人才""教育部新世纪优秀人才"支持计划。主持国家科技支撑计划项目、国家社会科学基金重大及重点项目等各级各类项目30多项，发表学术论文170多篇，出版著作20余部（含参编）。获中华优秀出版物（论文）奖等5项。

数字技术的发展对于图书馆行业以及出版业都产生了深刻的影响。从产业链的角度来看，传统出版业是图书馆行业的上游产业，在某种程度上二者是一种共生的关系。但技术的发展，使得产业链中上下游的界限日渐模糊，图书馆也可能成为出版的主体，出版社也可能承担起图书馆的某些功能。在这种背景下，图书馆行业与出版行业如何发展与自处？带着这样的问题，e线图情采访了武汉大学信息管理学院院长方卿教授。

1. 学术生涯

刘锦山：方院长，很高兴您能接受e线图情的采访。您多年来一直致力于出版学的研究与教学工作，取得了很大的学术成就。首先请您向读者朋友谈谈您多姿多彩的学术生涯。

方卿：非常感谢刘总和e线图情对我的关注。我首先向读者朋友简单介绍一下我20多年来的从业情况。我大学本科和研究生，都是在武汉大学度过的，专业就是图书馆学。1990年硕士毕业以后留在武汉大学图书情报学院出版发行学教研室工作。也就是说，我学的专业是图书馆学，工作以后的研究与教学活动却是在出版领域。当然，这两个学科也是有联系的，而且，我学的图书馆学专业对于我从事的出版学教学、科研工作起到了很大的促进作用。工作了几年之后，又攻读了图书馆学专业的博士学位。

这些年一直在出版营销和数字出版领域从事教学、科研活动。武汉大学出版学专业是从1983年创办的图书发行管理学专业演变而来的。我留校以后在出版发行学教研室承担出版市场信息学和出版营销管理等课程的教学任务，后来我指导的研究生也是图书市场信息研究和出版营销管理研究这两个方向。因此，我的教学科研与当初学习的图书馆学还是有些关系的。近十多年,我的研究更多集中在数字出版领域,其中一个重要原因也是与我当初学习图书馆学专业密不可分的。从信息的价值链或者产业链角度来看,出版、图书情报实际上是一个上下游的关系,出版机构所生产的出版物是图书情报机构的主要信息来源。20世纪末以来,信息技术尤其是数字技术的发展,一方面改变了出版的生产方式甚至包括出版物的形态,另一方面也改变了信息用户的需求,包括阅读方式等。在这样一个背景下,我开始将研究的重点从出版营销转向了数字出版。我对数字出版的研究,虽然有产业管理视角,但更多的还是图书情报(或称信息管理)视角,重点主要涉及开放存取出版和数字出版学术质量控制等问题。

数字出版与传统的纸质出版相比,在流程、方式等方面都有不一样的地方。数字出版物的学术质量,在社会上和图情界是遭到一些非议的。三审、三校等传统出版程序在数字出版中没有完全做到,或多或少地影响到了数字出版的学术质量。鉴于此,我在数字出版领域的一个重要的研究方向就是数字出版学术质量控制。在教学方面,我也比较早地在我们传统出版发行学专业下面招收数字出版方向的研究生。2012年我们在全国率先创办了数字出版本科专业,现在这个专业已经列入了教育部的本科专业目录了。2012年该专业正式招生,报考的学生非常踊跃。数字出版专业自从列入本科专业目录以后,两年之内有十几所高校也设立了这个专业,其中包括中南大学、上海理工大学等。这对推进传统出版产业的升级,更好地满足数字信息需求具有积极意义。

刘锦山:您的硕士和博士导师是哪位先生?

方卿:我读硕士生的指导老师是郭先寿老师,他当时是图书馆学系的主任,我的研究方向是社会情报学,硕士毕业就留院里了。我博士念的比较晚,1998年读博士,导师是彭斐章先生,2001年毕业。我的博士论文与现在的研究有一些关系,论文题目是《基于网络的科学信息交流载体整合与过程重构研究》。这篇博士论文是在国家社科基金项目——"数字时代科学信息交流载体整合与过程重构研究"(01BTQ008)的支持下完成的。论文先后获得了湖北省优秀博士论文和全国优秀博士论文提名奖。当时,图情专业还没有博士论文获得全国优秀博士论文奖。2004年,我以该论文为基础撰写的《科学信息交流研究:载体整合与过程重构》著作入选武汉大学学术丛书。

刘锦山:方老师,刚才您已经谈到了您20年来的研究、教学方向。起先是出版营销管理,然后是数字出版,数字出版领域您主要关注的是开放存取和数字出版学术质量,还有科学信息交流。请您向读者朋友具体谈谈这三个方面的研究成果。

方卿:出版营销管理我现在还在坚持做。出版行业由于意识形态属性而导致其管理体制与其他产业领域有所区别,或者说出版领域市场化程度和产业化程度比较低。我主要从市场营销的角度出发,将市场营销的一般基本理论、方法或者技术应用到出版领域。我陆续出版了几本书,比如1998年山西经济出版社出版的《图书营销学》,2004年复旦大学出版社出版的《图书营销管理》,2005年广东教育出版社出版的《畅销有理:畅销书案例评析》,2008年湖南大学出版社出版的《图书营销学教程》等。

数字出版方面关注的时间也比较早,前面我也讲到了数字出版的质量控制问题,这方面也做了几个项目:2010年承担的国家自然科学基金项目"开放存取数字期刊学术质量评价与控制研究"(70973094),2007年和2010年承担了两个教育部博士点基金项目,项目名称分别是"国内外科技论文网络发表平台的发展现状与问题分析"(20070486108)和"开放存取对学术交流系统的影响机制及对策研究"（201000141110139）。2013 年，在电子工业出版社出版了一本著作《数字出版产业管理》。

科学信息交流实际上是出版学、图书馆学两门学科共同关注的一个领域。在一定意义上，学术出版是服务科学交流的，而图书馆是科学交流的一个非常重要的组织或者机构，我学的是图书馆学，研究的是出版学，把这两者结合起来就成为我研究的一个重要的方向——科学交流或者科学信息交流。2005 年我在武汉大学出版社出版了《科学信息交流研究》这本书。2000 年到 2003 年 4 月之间我陆续发表了 20 多篇与科学信息交流相关的文章。

2. 数字出版新业态

刘锦山：方老师，您谈到的数字出版质量控制是很重要的一个问题。学术研究过程中作者通过论文发布学术成果时，大家都在引用参考文献，人们一般认为经过传统出版方式出版的学术文献，其可信度和学术价值会更高，而网络文献、数字文献的可信度和学术价值与传统学术出版物相比来得就有些弱。您觉得这方面以后会不会有什么变化呢？实际上，通过数字出版这种方式出版的学术文献，或者是通过互联网发布的学术文献，不能说这些文献全部质量不高，有的质量不高，但是也有高质量的；就像正式出版的书刊一样，有些质量很高，有些质量就不行，因此不能一概而论。因此，数字出版学术文献的深度开发利用方面会不会有所变化？我们应该采取一种什么样的态度和方法取其精华，去其糟粕？

方卿：正如您刚才所说的，实际上传统出版物的质量也有高低的问题，数字出版也是一样的。经过十几年将近二十几年的发展，数字出版的学术质量总体上有了明显的提升。在开放存取出版物之中，大家非常熟悉的就是 PLoS（Public Library of Science），即科学公共图书馆，PLoS 有十几种子刊，比如说 PLoS 生物学，即 PLoS Biology，它实际上就是一种刊物，它的影响因子已经达到了二十多、三十多，非常高。从这个意义上来讲，数字学术出版物之中其实是有一些学术质量非常高的出版物。当然，也有一些出版物，主要是在早期，尤其在不是很规范的情形之下，特别是一些小的机构搞的一些开放存取出版物，在质量把关方面还做得不够。我国其实也有两个比较重要的开放存取平台，一个是科技论文在线，这是教育部的，另一个是奇迹文库。它们的学术质量与传统正式出版物相比应该说还是有一定差距的。一般学术期刊至少有个同行评审机制做保障，还有一个编委会在那里可以把把关，而新出现的数字出版平台早期不一定有这样的机制。这种情况下，其出版物学术质量整体上应该说比传统的要低一些。但是这些年来，大家在发现这些问题之后，采取了一些措施。一些做得比较大的平台，比如美国的 BMC（BioMed Central）、PMC（PubMed Central）、arXiv 等，都采取了一些相应的措施来提升数字出版物的质量。arXiv 虽然是一个物理学平台，就是一个学科仓储，通过对作者身份的认证等措施，对发表的东西实际上起到了一种监管的作用，所以它所收录的文献的质量也会有一定的提升。毫无疑问，未来数字出版质量将会受到越来越多的重视，一些大的学术平台在质量控制手段上也会逐步强化。从我了解的情况来看，至少可以从下述这几个方面来做些工作：第一，制度建设方面，建立学术质量控制机制，比如，早期的一些开放平台不一定有同行评审的方式，现在不少的平台有了同行评审机制，制度建设方面在强化；第二，流程控制方面，实际上也在逐步改善，早期有很多平台，如机构仓储，开放存取期刊，实际上就是作者自己把文章丢上去就行了，现在实际上也有一个把关的过程，流程也比以前严格了一些；第三，有一些平台还采取一些技术手段来控制质量，比如说会对文章的相似性等做一些基本的比对,通过技术手段来提升质量。从未来来看,数字出版的学术质量,我感觉会逐步改善和不断提升。

刘锦山:我国的出版和意识形态是关联的。传统出版需要通过依照相关规定成立的出版机构进行出版,每本书都有一个书号。就传统出版而言,对于什么是出版或者正式出版,大家都有一个大致明确的概念。但是数字出版的情况与传统出版有很大的不同,虽然主管部门也给符合条件的一些机构颁发了互联网出版许可证,有了这个牌照就可以做互联网出版了。但是现实情况是绝大多数的机构或者网站并没有这个牌照,数量众多的网站或者机构也会通过网络或者其他数字载体直接发布信息。例如,为数众多的科研机构网站发布学术动态和科研成果,这种情况算不算互联网出版呢?从狭义上来讲,数字出版可能像传统出版那样有一个明确的规定,这个规定是什么?国外对于出版或者数字出版的规定与我们国内有什么区别?一般情况下,人们可能会认为,对于传统出版而言,印出来就是出版;数字出版可能就是通过数字媒介将信息发布出来。如果是这样,现在对于互联网出版或者数字出版的管理应该还处于探索阶段。

方卿:您谈到的情况我感觉可以归纳为三个问题。第一个问题就是什么叫作出版?实际上,对于什么是出版,无论在国内还是国外都有一个公认的定义的,这就是公之于众,把自己或者他人的观点通过一定的手段或者方式发布出来就是出版。

刘锦山:也就是说出版不一定要有书号或者刊号?

方卿:可以这么讲。一般意义上的出版就是公之于众。但是,我们前面谈道,出版毕竟还带有意识形态问题,所以在不同国家对出版采取了不同的管理方式,由于管理方式的不同,导致了不同的国家和地区官方对于出版的理解和定义是不一样的。我们国家对于出版有严格的定义,即主管部门授权的机构所从事的出版物编辑、复制与发行活动才是真正的出版。我们国家传统意义上的出版机构有三类:一是图书出版机构,就是人们常说的出版社;二是报社;三是期刊社。我们国家的出版社有 500 多家,报社有 2000 多家,期刊社或者编辑部大约 9000 多家。在新媒体技术发展的背景下,出现了一些新类型的出版机构,比较早的有音像出版机构,我们国家有 300 多家,早年主要出版卡带或者是光碟;其次还有电子出版社,全国有几百家,当时是由以前的新闻出版署所批的;现在还有互联网出版机构等。

在一定意义上讲,我们国家是有数字出版的定义的。在新闻出版总署和广电总局还没有合并之前,新闻出版总署的科技与数字出版司对于数字出版给了一个工作定义。定义的具体内容我记得不是很清楚了,当时我们在这件事上沟通过。这个工作定义是把总署交给科技与数字出版司管理的产业门类定义进来,这个定义相对来说就宽了一些。除了前面说的这些音像出版、电子出版、互联网出版机构被定义进来了之外,网络游戏、动漫、彩铃、网络广告等也被定义进了数字出版这个概念之内。这是我说的第二个问题。

第三个问题,世界其他国家和地区与我们国家关于数字出版的定义是完全不一样的。这与很多因素有关,比如说欧美国家和地区对传统出版的定义和我们有很大不同,出版并非需要政府授权。西方国家和我们国家一样,每个出版社都有社号,每本书都有书号,每种刊都有刊号。版号都需要,但管理方式不同。以美国为例,美国对书号的管理实际上是委托一个企业来管理的,即 Bowker 公司。如果一个组织或自然人要出版一本书,不想让别人出,自己出可不可以?去 Bowker 公司申请一个书号就可以自己出版了。我们国家台湾地区也一样,台湾地区的书号不是由某一个部门来管理的,而是由台湾地区的一个图书馆来管理。个人想出版一本书,在网上就可以向这个图书馆提交一个申请表,对方在七个工作日之内必须把条形码和书号发给作者。如果在规定的时间没有给,就是对方的不作为。因此,就这些国家和地区而言,将出版称之为公之于众是没有问题的。在新的背景之下,数字出版的定义与传统出版一样,也没有那么严格,不是说非要政府正式授权才可以出版的,主要是通过一些载体把内容加工以后发布出去就是出版。可见,在数字出版方面,西方与我们的定义也有出入。

刘锦山:现在传统出版的管理主要就是通过对出版机构的管理来管理的,数字出版如果采取传统管理的方式是不可行的,管不过来。现在是多中心的时代,每个人都可以是一个发布者或者出版者,采取以前的管理方式是没办法管的。

方卿:那是管不了的,只要有一个IP地址,只要有一个基本设备,人人都是主持人,人人都是出版社。现在有一些概念官方并没有认可,比如说自出版。这个概念与西方的自助出版是不同的,自出版就是个人借助某种网络平台从事的类似出版的活动,比如在微博上出版;再如微出版,也就是微内容的发布。这些东西发布后也有很多人传阅,这算不算出版?从本质上来讲,如果把出版定义为公之于众,这也算是出版。当然在一定制度之下,还有个规范问题。数字出版对于出版管理的挑战还是蛮大的,技术发展那么快,影响又那么大,要想封锁它,实际上也没有谁敢,也没有谁想去这样做。主流的想法就是怎么去引导,所以更多的人都在探索和摸索。

刘锦山:如果严格按照有些规定来看,没有获得互联网出版许可证的机构和个人都不能通过网络或者数字媒体发布信息,但是互联网、信息技术带来的挑战太大了,政府管理部门也在观察、探索,只要不要超越底线,不违背社会良俗,大家就可以自由地去发展。

方卿:数字出版如果要用传统的方式管理,会是什么后果?所以现在管理部门也在观察、探索,只要不超越底线一般都是允许的。

刘锦山:传统出版好管理之处,是传统出版的成本在那里放着,要印本书,自己去出版还得花钱。现在技术的发展,使得数字出版基本上是没有成本,只要通过手机一按就发布出去了,数字出版的成本很低。

方卿:是这样的。

3. 新技术背景下的传统出版

刘锦山:方老师,信息技术的发展,对于出版业尤其是学术出版的模式、形态和产业链产生了非常深刻的影响,您刚才在谈开放存取出版业时谈到了这个问题。业内人士从不同视域和角度对于出版业的发展趋势做出了自己的预测。您对于这个问题有什么看法?

方卿:我在好多地方讲过这些内容,周六我在时代出版集团有个讲座,讲的内容就是出版业的现状、未来和应对。信息技术的发展对传统出版的影响是有目共睹的。其实从20世纪末到今天,我们国家在传统出版业从产值上讲是在增长的,但这个增长更多的是由于定价的增长所造成的,出版行业从实物销售数字上来看实际上是在下滑的。比如说我们国家图书印数最多的年份是在1998年,当时图书的总印数达到了七十八九亿册,之后就一直处于下滑状态,到了2000、2001年大约是六十二三亿册。因为我们国家没有图书销售册数的数据,所以只能用印数来看这个问题。近些年总印数有点回升,达到七十六七亿册。这只是印数,实际上印出来的书还有很多没有卖出去,还有库存,我们的库存现在持续上升,2000年总库存就超过了 50 亿册,在 2000 年前后大概还是三十四五亿册左右,这几年平均每年的库存量增加 2 亿册左右。印数下降、库存增加,实际销售的数字肯定是在下降的。从某种意义上讲,传统出版不采取新的技术、新的方式来应对挑战,出版领域的后果是不可想象的。这是我的第一个观点。

第二,尽管传统出版在下滑,但这决不意味着居民或者公民的文化消费在下降。数字技术的发展造就了数字出版新业态,它提供了一种新的产品或者新的服务方式,满足的也是公民的文化消费,产生的也是文化产品。现在国家也在反复提倡传统出版的转型升级,传统出版业要重视新技术,与新技术融合。但是,我们做得不算好,尤其是传统出版业在应用新的数字技术来转型升级方面做得不好。西方国家在这方面做得比我们好得多。比如在学术出版领域,西方国家从 20 世纪 90 年代就以数据库出版为主。现在一些知名的学术期刊出版纸质版的也不是太多了,大多数都是采取新的技术至少是用数据库出版。语义出版等已经很普遍了。我们国家尽管也有一些类似的平台,实际上还是把纸质文献的内容放到网上去,深加工不够。西方国家现在有一种被称为增强型数字出版,在出版物中嵌入进来很多多媒体的内容,比如说文章中提到了一个实验,文中不仅有实验结果,而且把实验过程等所有内容都嵌入进去了。我们如果能把这样一些东西用起来,对出版产业的提升有很大意义。

这是学术出版这一块。在出版中还有比较大的一块就是教育出版。教育出版现在西方采用的技术和实现的方式走得比我们远得多,做得比我们好得多。现在我们更多的还是在探讨电子书包,西方国家已经走过了电子书包这个阶段,现在做的多是电子校园、电子教师这一类东西。这也可以说是数字技术对出版行业的影响,它的未来从这里应该可以看得出来的。

刘锦山:我们国家出版业的发展还是与您前面讲的问题有关联,出版业市场化程度不高。传统出版业实际上处于一种半垄断状态,不少出版社通过书号也能维持生存,这样就没有太大的生存压力,如果市场化程度很高,就会产生严重的危机感,从而促使自己想办法去应对危机。

4. 图书馆行业与出版行业的双向融合

刘锦山:方老师,从更宏观的角度来看,出版业和图书馆行业都属于文化产业的范畴,从产业链的角度来看,传统出版业是图书馆行业的上游产业,在某种程度上二者是一种共生的关系。但是技术的发展,使得产业链中上下游的界限日渐模糊,图书馆也可能成为出版的主体,出版社也可能承担起图书馆的角色。您是怎么看待这种相互影响的?

方卿:出版业和图书馆业在文化产业范畴中,是上下游的关系,是一种共存的关系。历史总是有轮回的,从中国的历史来看,古代的刻书机构很多时候与图书馆都是一体的,既是图书馆也从事出版活动,既储藏也出书、卖书,在早期二者至少还没有那么明确的分工。随着社会的发展,专业分工不断深入,有藏书功能的机构逐步发展成为图书馆,刻书卖书机构逐步发展成为出版社。在新的历史条件下,新技术的发展有可能会使这两个机构重新融合在一起,而且这种状况现在已经出现了。很简单的例子就像刚才讲的 PLoS——科学公共图书馆,科学公共图书馆既是一个图书馆,但实际上又是一个出版机构。图书馆对新技术比出版社更敏感,已经把新的技术运用到自己开发出版物上了。

学术出版物的初衷实际上是服务学术交流的,而不是经济目的。20 世纪 60 年代才有期刊出现。但是现阶段科技期刊或者学术期刊都被一些大的出版机构或者是商业出版机构垄断了。在这些机构的操纵下，科技出版物的价格不断上扬，但用户又不能不买。在一定意义上讲，现在商业出版机构的发展不是在促进而是在阻碍科学交流。科研项目花了很多钱，后来出了文章，文章登上了期刊，一份期刊也要卖几千块钱，很多人想看还看不到了，所以阻碍了科学交流。这样，图书馆在资源购买上需要花费更多成本。

现在图书馆通过技术，利用自己拥有的内容，进行加工、组织，自身提供出版服务为什么不行呢？如果图书馆能做到这一点，实际上它就是在履行出版机构的职能。从某种意义上讲，图书馆要尽可能充分利用这些技术，因为图书馆有市场，知道客户的需求，有针对性地从事相关出版活动是有市场和空间的。

换一种角度讲，现在的出版机构包括发行机构在内，是不是也可以承担起一部分为公众提供非付费信息服务的职能呢？现阶段网络出版机构至少有部分出版物也可以给读者阅读，像亚马逊公司。亚马逊是不是出版机构不好讲，但至少它是发行机构。事实上它也部分地承担了图书馆的一些功能，它网站上有些东西是可以免费看得到的。实体图书销售机构也在向这方面转型，比如说新加坡的唐城书店，那个书店买书的人少看书的人多，它就是为公众提供阅读服务的。国内也有很多大型的图书超市也在履行这样一种功能。技术发展到一定的程度之后，图书馆和出版社这两类机构的职能划分可能会慢慢淡化。因此，出版行业应该向我们图书馆来学习。

刘锦山：您刚才谈到的语义出版、增强型数字出版物，可以把一些音频、视频或者知识元等内容嵌入文本中，这样对读者来说更方便，对我们进一步完善 e 线图情等产品启发很大。

5. 再创辉煌

刘锦山：方老师，武汉大学信息管理学院在国内图书情报界一直有很大的影响，请您谈谈您对于贵院未来发展的一些思考。

方卿：说实话，刚开始我对担任院长有一些顾虑，我虽然学的是图书馆学，但是教学、科研一直在出版领域，实际上是在图情这个圈外的，我当时觉得担任院长不一定合适。

上任两年来，我自己的想法也有了些变化。其中有两件事情，对改变我的想法有较大启发。2014 年 9 月，我们邀请国家新闻出版广电总局副局长邬书林来院里做讲座。邬书林副局长的讲座不是关于出版方面的，而是信息流程，他把出版看作是整个信息流程中的一个环节。邬书林局长认为，有出版业的研究经历对于做好信息管理学院工作会有积极的帮助。这对我鼓励很大。另外，我们到西方国家一些信息管理学院访问时了解的情况，也验证了我的一个想法——图书情报不是一个孤立的领域，而是与出版密切相关的。美国的伊利诺伊香槟分校 UIUC，其图书情报学在美国排行第一，而数字出版也在美国名列前茅。我们去的时候，他们的一位副院长刚在 *NATURE* 上发表了一篇关于数字出版的文章。通过这两件事情，我感觉出版领域的教学、研究经历对于做好信息管理学院的工作可能还是一个比较有利的条件。

信息管理虽然是一个很小的学科，我担任院长以来感觉社会对这样一个学科的认知程度还是蛮高的。如果说我们是图书情报学，那么公众的认知就相应窄了；如果说我们是信息管理，那么公众的认知度就非常高。大家感觉到我们信息管理学院培养的人才在社会上有广阔的发展空间，很多领域其实都需要我们这个领域的人才，不仅文化领域需要，政府部门在信息采集、组织和服务方面也需要，我们的人才对行政或者政府部门管理工作的意义很大，同样，产业界也存在着信息资源管理的问题，我们的学生到企业里面去也有很大的发展空间。在信息技术飞速发展、信息资源的价值被大家充分认知的背景之下，我们的学科有非常好的发展空间，所以我也真心地希望有更多人关注或者是关心我们学科的发展。我自己是研究出版的，学校任命我担任信息管理学院的院长，希望能把学院和学科的发展面拓宽一点，不限于图书情报领域，要把信息管理做实了，出版要向前扩充一步，进一步拓宽研究领域和范畴。

武汉大学信息管理学院的图书情报学科历史十分悠久，到现在有 90 多年的历史了。我们在 10 月还接待了学院创始人韦棣华女士的亲属，她的外甥孙女夫妇。武汉大学信息管理学院之所以有现在的影响和社会地位，得益于 90 年来各界尤其是图书情报界大力的支持和帮助，在此我代表学院对大家的关心和支持表示感谢。

六、柯平：辨章方略　创新模式

[专家介绍]柯平，教育部长江学者特聘教授，南开大学商学院信息资源管理系教授，博士生导师，南开大学图书情报专业学位中心主任。主要社会职务有国务院学位委员会"图书情报与档案管理"学科评议组成员，国务院学位委员会、教育部、人力资源和社会保障部"全国图书情报专业学位研究生教育指导委员会"委员，中国图书馆学会学术委员会副主任兼目录学专业委员会主任。曾主持完成多项国家社会科学基金重点项目。出版专著等20余部，发表学术论文200余篇。多部著作荣获教育部第二届全国人文社科优秀著作三等奖等多项奖项。《图书馆战略规划研究》（社会科学文献出版社2014）入选国家哲学社会科学成果文库。

我国公共图书馆事业在几十年的发展过程中，对于体系化发展模式做了大量的实践探索和理论研究，形成了很多成果。南开大学信息资源管理系柯平教授多年来一直致力于图书馆战略管理、规划以及评估标准等领域的研究，对于公共图书馆体系化发展颇有心得。为此，e线图情采访了柯平教授。

1. 模式辩证

刘锦山：柯老师，您好。非常高兴您又一次接受我们的采访，上次采访还是十多年以前的事情。最近十余年，我国公共图书馆事业迎来了发展黄金期，各地图书馆在发展实践中不断探索，形成了各具特色的一些体系化发展模式。我们知道，模式是事物发展到一定程度形成的具有模板意义的发展样式，是事物发展成熟度的一种标志。我国公共图书馆从十几年前几乎千馆一面的状态发展到如今百花齐放、百家争鸣的体系化局面，这充分显示出在构建现代公共文化服务体系过程中公共图书馆发展的勃勃生机。请您首先向读者朋友总结一下我国公共图书馆比较典型的体系化发展模式。

柯平：非常高兴接受刘总的采访。e线图情是我国图书馆行业非常好的一个学术平台，一个事业发展的前沿平台。这些年，e线图情一直围绕图书馆实践与学术前沿进行报道，特别是对图书馆事业的热点和前沿问题做了很多非常好的专题。这次围绕公共图书馆发展模式进行专门的研究、采访，我觉得切中了我国当前图书馆发展的新阶段，是关于公共文化服务体系建设中公共图书馆如何恰当定位的非常好的题目。

关于公共图书馆典型的发展模式，前些年，大家比较多地总结了公共图书馆的发展经验，提出来了一些区域模式。例如，苏州模式、杭州模式、嘉兴模式、东莞模式、深圳模式等。2015年中国图书馆年会上，广州图书馆推出来了一本新的著作《迈向权利保障时代——公共图书馆发展的广州模式研究》。在这次会议上，广州市图书馆主办了一个专题论坛，方家忠馆长专门介绍了广州的经验，我应邀参加了这个分论坛并做了一个报告。在前些年探索的基础上，现在已经有了一些比较成熟的图书馆区域发展模式。但是，目前总结出来的一些区域模式实际上都是经济发达地区的图书馆发展模式，一直没有一个欠发达地区好的经验和模式，这是我们欠缺的地方。这些发达地区的模式对于欠发达地区是没有拷贝的意义，或者说没有直接的应用价值。这些模式，比如广州模式、苏州模式这样一些模式对发达地区有很好的参考借鉴意义，但是对中西部地区、对欠发达地区的参考借鉴意义就不是很大。

前几年，国家图书馆研究院组织了几次公共图书馆发展调研，我参加了其中的一个调研组，到山西进行调研，写了一本《公共图书馆服务体系的探索与实践——山西调研报告》。此外还有天津调研报告、东莞调研报告、杭州调研报告。做这些报告过程中我对山西的调查有一个深切的体会，当时我们也想把山西的经验总结一种模式，但是后来还是感觉不是很成熟。所以，我们后来称之为"山西经验"。总的来说，中西部地区、欠发达地区缺乏比较好的区域发展模式。这是我们对前一段时间公共图书馆发展模式的探索和总结。如果要从公共文化服务体系构建的角度来看公共图书馆的发展，这些区域模式还不能很好地概括公共图书馆的发展现状和未来发展趋势。这种区域发展模式的概括性和抽象度都不够。

我认为，从公共图书馆发展的过去、现在和未来来看，我国公共图书馆发展比较典型的模式就是两种：其一是"体系化发展模式"，其二是"图书馆联盟模式"。我们首先来看第一种模式，这种模式也有个发展过程。早期是"纵向系统体系化模式"，从改革开放一直到2006年之间，我们一直追求的就是纵向的体系化。这个纵向里面包括国家的、省的、市的、县的，每一级都要有一个图书馆。因此，我们一直提了一个口号"每一级政府必须要有一个图书馆"。按照这样的体系模式，我们追求"县县要有图书馆，市市要有图书馆"。后来，我们追求的是"县以下也要有图书馆"，从上到下整个系统就是一个大体系。这是改革开放以来我们一直追求的目标。

最近十年，公共图书馆发展到一个新阶段，我们追求的是纵向和横向相结合的"立体体系化模式"，或者叫作"体系化的立体模式"。原来只能保障每一级政府有一个图书馆，这样没有办法满足老百姓的需求。我们现在追求的立体的图书馆体系化，既有纵向的体系化，在纵向上我们继续追求，继续完善，还要重点在横向上做区域体系化。横向上一个区域里的图书馆就是一个完整的体系。这样一来，就改变了过去的概念。过去一级政府只有一个图书馆，现在一个区域里有很多图书馆，而且这些图书馆构成了体系，一个完整的体系。这样，一个区域内就从纵向的体系化和横向的体系化两个维度构建了一个立体的体系化模式。

现在，区域体系化中还有两种模式。其一曰总分馆模式，其二曰类总分馆模式。总分馆模式追求的就是比较严格意义上的区域体系化。一个区域有一个严格意义上的总馆，还有若干个严格意义上的分馆。这些年，我们在总分馆制方面做了大量的工作，积累了很多经验，李国新教授等很多老师都在探索总分馆制。总分馆制实际上已经发展得比较成熟了。总分馆模式中现在有两种子模式发展比较好，一种是县域总分馆，另一种就是城市总分馆。前些年，发展比较多的是城市总分馆，比如苏州的总分馆。现在比较强调县域总分馆体系，国家正在大力推进。我国在总分馆制的探索是比较成熟的，已经发展到很好的水平。区域体系化模式中另一种是类总分馆制。类总分馆制实际上不是严格的总分馆，实际上类似于总分馆这样一种制度，比较典型的代表是杭州模式。杭州模式叫"中心馆＋总分馆"模式。

有个中心馆,下面有多个总分馆。广东的县域图书馆发展模式也是类总分馆制。类总分馆制既不是严格意义上的总分馆,又不是一个松散的联盟,这是一个具有我国特色的类总分馆的体系化。在类总分馆制中还有一种典型就是上海模式。上海图书馆是中心图书馆,中心图书馆与下面的分馆通过一卡通做通借通还。

综上所述,我们这些年在区域体系化方面有很多非常好的经验。我们最近在编写一本文化部的培训教材——《基层图书馆管理与服务》。这本教材中我写的是公共图书馆体系建设这一章,我对基层图书馆的发展模式做了一些总结。体系化里有区域体系化,区域体系化实际上是一种立体的体系化,是纵向体系化和横向体系化相结合的立体的体系化模式。

我国公共图书馆事业发展的另一种发展模式是以协作协调为主要特征的"图书馆联盟模式"。一些地区还没有办法做体系化建设,在现有条件尚不足以做总分馆制的条件下,这些地区可以做图书馆联盟。图书馆联盟还可以开展图书馆的协作协调工作。我国公共图书馆事业一直都有这方面的传统,例如吉林省公共图书馆联盟,还有我们调查的山西实际上是全省的一个大联盟。山西全省的公共图书馆可以通借通还,但它不是严格的总分馆。联盟里有松散型联盟和紧密型联盟。实际上,联盟是未来某些区域的发展模式。

这两种模式,一种是体系化模式,一种是联盟模式。我们现在大力推进体系化的模式,联盟模式将来可能也要朝体系化的方向发展。所以,这两种模式的主体模式就是体系化模式,辅助模式就是联盟模式。我觉得我国公共图书馆发展将来可能就是这两种模式并存的一种局面。这是我对体系化发展总体上的评价和看法。很多模式都已经非常成熟,但是联盟模式还并不成熟,还在探索中。这两种模式将来还要有一个发展期,终极目标是实现我国的公共图书馆体系在整个现代公共文化体系中能够建立满足公民需求的一个非常好的成熟体系,最后能够真正使公共图书馆成为文化中心、知识中心、信息中心、教育中心。

2. 中外辩证

刘锦山:柯老师,就一般意义而言,发展模式包括理念、动力、内容、措施、路线图、体系、制度等要素。我们也知道,西方公共图书馆发展比我们要成熟很多,请您从发展模式的角度入手比较一下中外图书馆发展状况的异同。

柯平:就像您所说的,发展模式包含着很多要素。公共图书馆在发展探索过程中从经验上升到理论的比较成熟的东西,我们称之为模式。任何一种模式都是由比较先进的理念组成的,理念在整个模式当中有着很重要地位。在理念和理论的指导下会产生一系列的措施、方法、路线、制度和一些要素结构。就目前而言,实践中公共图书馆的发展已经比较成熟了,但是对这些模式的理论总结实际上还是不够的。实践已经回答了某种模式产生的背景、动力机制及其内容,但是还缺乏系统的理论总结。所以,您提的这个问题非常好,从这个角度出发总结一下西方和我国公共图书馆的发展状况非常有价值。

西方公共图书馆的历史比较早,发展比较成熟。我国公共图书馆发展在新中国成立以后,特别是在改革开放以后有了比较大的发展。起初我们比西方落后,发展到现在,我国公共图书馆快速发展,在某些方面已经接近或者赶上西方公共图书馆了。但是在发展模式上还有比较明显的差异,这反映在西方的发展模式主要走的道路是首先通过图书馆立法和社会化推动。西方公共图书馆事业的发展抓住了两个方面:一是立法,通过立法推动公共图书馆事业的发展;二是通过社会力量参与。这两点恰恰是我国所不足的。我们的图书馆立法比较晚,到现在还没有出台公共图书馆法,西方开始就先立法来推动图书馆发展。二是发动社会力量参与图书馆建设。西方早期的公共图书馆都是私人办的,后来通过立法以后就有了政府的主持,西方主要就是这样两手抓。发展到现在,国外公共图书馆事业的发展模式相当成熟了,我总结为"社会保障模式"。西方走了一条社会保障的发展道路,这种社会保障模式一是要依靠国家立法,通过立法进行保障,所以叫法制化。世界上先后出台了250多部图书馆法规,一些法律还不断地在修订。大多数国家都是依靠法律促进图书馆发展,走的是法制化道路,实际上就是对公共图书馆事业做了一个基础性的保障。图书馆法主要解决的是经费问题,比如美国的法律解决的是联邦的拨款、州的拨款、各级政府给公共图书馆拨款问题,为公共图书馆提供设施设备这些基本条件的保障。有了法律之后,公共图书馆必须要建立起来,就普及了。

在法制化基础之上,国外图书馆又加了两方面的措施,一是标准化,一是规划化。因此,我把国外公共图书馆社会保障模式总结为"三化",就是法制化、标准化和规划化。标准化就是公共图书馆业务标准要规范,各个地方都有图书馆了,必须要在业务标准上统一规范、统一标准,所以大力地推进国家标准、国际标准,这样在业务基础上就有了保障。最近这二三十年,国外公共图书馆的发展与规划化分不开的,国外公共图书馆大力地推进图书馆的三年或者五年规划,并与长期规划相结合。规划化解决的是公共图书馆个性化发展的保障,既有基础性的统一性保障,又有个性化的发展保障。在"三化"的作用下,西方公共图书馆的发展水平比较高。我这几年都在做公共图书馆的战略规划研究,规划对公共图书馆的推动很大。有了这"三化"之后,西方的公共图书馆就有了根本的社会保障。当然,社会保障里面也有政府的作用,有社会力量的参与,还有图书馆自身的能动性。这样的一种保障模式就使得西方的公共图书馆事业发展到今天有了比较高的水平。

相比之下,我国公共图书馆事业的发展道路主要走了一条"政府推动模式"。政府推动模式包含三方面:第一是政策推动。中央政府、地方政府出台了很多关于图书馆的政策,通过政策来推动地方图书馆事业的发展,政策推动发挥了很重要的作用。第二是项目推动。项目推动这些年做得非常好,一些大的工程比如文化信息共享工程项目,从省到市县,特别是很多基层图书馆都是用共享工程的经费发展起来的。原来一些县以下的基层图书馆室没有信息化条件,共享工程直接把经费、机器、信息资源送到基层图书馆,起到了很大的推动作用。除了文化共享工程以外,还有一些其他大的工程也都起到很好作用,像数字图书馆推广工程、公共电子阅览室建设计划、古籍保护计划、民国文献保护计划等,国家这些大的工程一直支持到基层图书馆。国家级项目对我国公共图书馆发展带来很大的推动。第三是评估推动。1994年开展第一次公共图书馆评估定级工作,到2013年一共开展了五次评估定级工作。这五次评估定级工作对公共图书馆事业的推动特别大。1994年第一次评估后,平均每一个市图书馆财政拨款每年是51万元,但是到了第四次评估以后,每一个市图书馆的年均费到了476万元,通过四次的评估带来了很大的推动。其中除了本来的自然增长以外,更大的程度是通过评估带来的增长。同时,藏书量和服务也有了很大的变化。现在准备开展第六次评估定级工作。评估推动是我国很好的一个经验。

我国公共图书馆的发展走了一条与西方不完全一样的道路,我们充分地利用政府的资源,依靠政府的力量,做了这样的一个推动模式。通过比较,我国的这种模式在一定阶段非常成功,非常有价值。但是,当公共图书馆事业发展到一个新阶段的时候,如果还是按照这种模式来做,就有局限性了。所以我们现在在追求以政府推动为主来加强法制化、标准化和规划化的一条道路,同时充分发挥社会力量。这样一来我国公共图书馆事业发展就到了这样一个阶段,从未来的发展角度来讲相当于是"三驾马车"来推动我国公共图书馆发展的一种新模式。一是政府推动,二是法制化、标准化、规划化,三是社会力量参与。国家现在大力推动社会力量参与公共图书馆建设,我们曾研究民办图书馆要不要纳入公共图书馆的范畴。现在也有很多人都赞同这样一种观点,应该把民办图书馆一部分纳入公共图书馆体系中,这样在公共图书馆体系当中就有大量的社会参与了,依靠社会力量来办馆了。这有助于改变过去由单一的政府办馆的局面。因此,公共图书馆发展就有了"三驾马车"。我觉得这是一种新模式,这是我国公共图书馆事业未来发展一种综合化模式。这种模式借鉴了改革开放以来 30 多年来的经验,同时也借鉴了西方发达国家的一些经验。我觉得这是未来发展的一个方向。

3. 战略辩证

刘锦山:柯老师,最近几年,您在图书馆战略管理方面用力甚多,而规划是战略管理的有效抓手。请您结合"十三五"规划的制订实施谈谈如何通过战略管理打造比较有特点的图书馆发展模式。

柯平:这些年我在战略管理方面做研究同时也参与一些图书馆的"十三五"规划制订这样的实践工作,总体感觉目前图书馆的战略管理也发展到了一个新的阶段,大家都意识到图书馆管理要提升,要依靠战略规划,要依靠战略管理。原来图书馆的管理一直在科学管理层面上发展。在科学管理基础之上现在比较重视绩效管理,而战略管理是在绩效管理基础之上进一步从宏观上对图书馆发展进行调控,战略管理是图书馆管理金字塔的塔尖,它起着一个纲领性的作用。

对公共图书馆而言,未来要发展必须把规划作为一个重要抓手。"十三五"期间我国公共图书馆已经开始重视战略管理,通过战略管理来打造发展模式是未来的一个方向。具体来说,"十三五"期间我们应该怎么去做呢? 我觉得首先是要结合区域特点来发展公共图书馆。我们前面提到了一些地区已经有了很好的区域模式,但是从战略规划的角度来说,更多的是强调要有本区域特色,要结合本身特色,要借鉴别人的经验,但更多的是需要有本地域特色的区域模式。所以,未来发展中一定要结合本地实际,从实际出发。别的地区的一些经验有的适合自己,有的并不适合自己。举个例子,有些地方是做严格的总分馆,所有的经费都由上一级政府机构全包,但是很多地方是分级财政,分级财政就做不到这些,如果强行套用人家的模式就无法实现。因此,"十三五"期间我们要结合东中西部的差距,一定找到适合自己的最佳的模式。东部找到东部的发展模式,中部找到中部的发展模式,西部找到西部的发展模式,一定要结合实际来形成自己特有的一些模式。如果不这样,有一些模式将来就不支持当地图书馆的可持续发展服务,这是一个基本规律。

其次,比较重要的就是要找准定位。公共图书馆在未来的发展中无论是哪一种模式,必须要有自己恰当的定位。自己的定位是什么? 这个定位里面包含着行政定位,比如省级馆、市级馆、县级馆,有一个行政级别的定位,而且还有自身的定位,公共图书馆如果能够找到自己的定位是非常重要的。做规划有一个叫定位学派,就是找准自己的定位以后就能够生存和发展,对未来而言就是避免大家都做雷同的工作。公共图书馆在资源建设、用户服务等各方面都应该有自己的定位,要避免与别人干的是差不多的工作。别人做阅读推广,自己也做阅读推广,如果每个图书馆阅读推广都差不多,就没有自己的定位,没有自己的特色。

再次,充分依靠信息化,依靠技术。技术对公共图书馆发展的作用特别大。公共图书馆在发展过程中要科学选择,要对技术进行科学的论证和选择,这一点非常重要。所以规划中也要讲这个问题。未来图书馆选择什么技术? 走什么样的信息化道路? 这是非常重要的。例如,很多图书馆都在考虑 24 小时图书馆,这里就涉及怎么选择的问题。要不要发展 24 小时图书馆? 目前城市的 24 小时图书馆比较多,但是也发现有一些 24 小时图书馆没有发挥很好的作用,还暴露出很多问题。这就要求我们在做规划的时候要注意,未来要不要发展 24 小时图书馆? 另外,最近几年比较热的互联网 +、大数据等,都是信息化推动,图书馆应该做哪些方面的选择? 每个图书馆要做出自己的技术路线、发展道路。因此,这一点也非常重要。在未来发展中,技术可能会对图书馆事业发展有比较重要的作用。

最后,还有一个比较重要的问题就是人才问题。公共图书馆事业如果没有人才,就会遇到很大的障碍。发展事业需要加强人才培训工作。未来需要什么样的人才? 图书馆未来需要什么样的组织文化? 这些都要考虑到。业务上主要是创新,要走创新的道路。怎么创新? 需要人才支撑。未来的发展模式应该是个性化的发展道路,每一个图书馆都能找到自己的恰当定位,找到自己的发展空间。

4. 评估辩证

刘锦山:柯老师,公共图书馆评估定级工作一直是促进公共图书馆标准化建设的重要抓手,您最近领衔县级以上公共图书馆第六次评估定级标准的研究制定工作,请您向读者朋友谈谈评估定级工作对于公共图书馆发展的作用和意义。

柯平:从 2015 年年初开始一年多的时间,花了很多精力带着我们的团队做评估标准的研制工作,这项工作是中国图书馆学会委托来做的。2016 年 6 月,就这项工作的进展情况中国图书馆学会向文化部做了汇报,文化部将来会有正式文件下发。我这里谈一些我个人的认识。公共图书馆的评估工作前面已经有五次,这一次是第六次评估。评估工作对于公共图书馆发展的作用和意义,我觉得可以从以下几个方面来理解:

第一,这次评估与前面五次评估最大的一个不同,就是这次评估是在公共图书馆事业快速发展特别是公共文化服务体系大发展的大好背景下开展的。与以前不同,社会背景发生了非常大的改变,从中央到地方特别重视公共文化建设。这样,公共图书馆的评估对于我国公共文化服务体系建设,对于我国公共文化发展有非常重要的意义。

第二,公共图书馆发生了很多改变,这就需要有新的评估标准,但是这次评估又是对前面五次评估的延续,是继承和发展。以评促建,继续发挥以评促建的作用,通过评估来促进公共图书馆的建设,这是一项连续性的工作。

第三,公共图书馆发展到了一个新的阶段,我们原来做了很好的基础性工作,在现在这样一个新的阶段公共图书馆未来如何发展? 评估是个指挥棒,因此这次评估就非常重要和关键。我们把前面的五次评估作为公共图书馆事业发展的一个阶段,这次评估实际上是公共图书馆事业发展的一个新阶段的标志。通过这样一个指挥棒来指导、引导未来图书馆事业的发展。

刘锦山：图书馆参加评估是为了促进图书馆的发展。评估过程会不会出现一些负面的问题？

柯平：从理论来看，评估本身不存在正面和负面的问题，评估本身是一项很科学的事情。以评估来推动图书馆事业发展并不是我国特有的做法，其他国家也有评估。韩国把图书馆评估写进图书馆法，在图书馆法里强调要评估。韩国的图书馆法是 1963 年开始的，修订了16 次，2006 年修订的时候就把图书馆评估写进去了，要求对图书馆进行评估。西方一些国家的图书馆法虽然没有强调要评估，但是也有图书馆评估制度。西方比较多的是第三方评估，第三方评估制度在国际上比较普遍。

当然，如果换个角度，应该谈评估定级工作可能存在的问题或者说需要注意的问题，那么这是存在的。总结前面几次评估的经验教训，存在着对评估的认识发生了偏差，从而出现了投机，甚至还有些不实的东西。另外还需要注意确立妥当的评估机制，如果评估机制有问题可能也会带来一些问题。评估标准定下来以后，有些图书馆一看标准对自己有利就参评，对自己不利就不参评，这也是可能遇到的问题。

还有一个最重要的问题就是我国公共图书馆东中西部差异太大，我们又必须要拿一个统一的标准。用一个标准来对应发展各异的众多图书馆必然会存在一些不太理想的情况，从这个角度来看还是有不够科学的地方，所以这次做标准我们尽可能把不科学的因素去掉，希望更科学一些。我们曾经也考虑能不能用东中西部不同的标准衡量不同地区的图书馆，但是这样做的结果与国家的公共文化服务的标准化是不一致的。标准化希望全国所有的图书馆都应该朝着一个标准来发展，如果不同地区用不同的标准还是鼓励好的更好，把差距固化，缩小不了差距。所以，我们努力的目标还是用统一的标准来考量，希望缩小不同地区之间图书馆的差距。

作为全国统一的导向，导向上我们要统一，不能说不同区域有不同的导向。从标准化的角度考虑是需要统一导向，但是区域上的差异怎么解决？这方面的问题在评估机制上解决，发达地区在定级的时候可能会考虑一些不同的要求，可能会提高要求，但是在标准上要有一致性的标准。这次我们还是做了比较多的工作来解决评估可能存在的一些问题，有一些问题已经想到了，做了很多调研和大量的研究，一些指标通过研究，取东中西部的平均值，取了平均值后由高到低做了一些创新的机制。第六次评估标准相对以前而言总体上应该更科学一些。

刘锦山：柯老师，从某种角度上来讲评估定级标准是公共图书馆发展的指挥棒，第六次评估定级标准与第五次相比有哪些新的变化？这个标准肯定也鼓励大家在标准化基础上做一些特色的工作和服务，这对于构建有特色的图书馆发展模式有哪些启发和帮助？怎么样利用评估定级的契机把标准用好？

柯平：公共图书馆的评估定级工作是我国公共图书馆发展过程中的一个很好的抓手。第六次的评估和前五次评估一个最大的区别，就是第六次评估是一个新阶段的标志。这是第一个变化。这次评估是一个新的开端，从政府单一评估转向政府和学会共同评估，这是一个很大的改变。前五次评估都是政府单一评估，文化部独立负责所有的工作，方案的制订和直接评估，所有的工作都是政府负责。这次评估既有政府评估也有第三方评估，是一次结合性评估，是政府和学会相结合的评估。这是很特别的地方，是政府转移职能的一个试点。中国科协与文化部达成协议，公共图书馆评估的政府职能由学会来承接。中国图书馆学会负责评估定级标准的研制和评估定级实施的工作,文化部主要负责领导和标准发布、评估定级的组织领导,这是一个很好的配合。这是一个新的很大的改变,发挥了第三方的作用,发挥了行业协会的作用,也实现了文化部政府职能转移。这实际上是一个新的评估模式。

第二,前五次评估是手工评估,这次评估要转向自动化评估。前五次评估是通过组织评估档案,根据评估指标进行手工评估。这次评估要实现无纸化评估,所有的程序都要在网上进行。我们已经研制出来了评估系统,将要参评的图书馆需要把材料上传到系统上,评估专家也需要到网上进行评估。这也是一个比较大的改变。

第三,前五次评估的导向是建设导向评估,所有的评估指标都是为了公共图书馆的建设;这次评估的导向主要是效能导向评估,虽然在指标中也会涉及一些保障指标和建设性的指标,但是重要指标是绩效指标、效能指标,原来比较多的是强调资源建设,强调一些基本条件,现在比较多的要强调服务,标准里面服务指标占的比重比较大。前五次评估中服务占的比重相对比较小,但是这一次服务占的比重就比较大了,特别强调服务,特别强调效能,这与图书馆事业发展趋势相一致,引领大家去发挥设施设备、资源的效用,这是这次评估的一个鲜明导向。

第四,这次评估还有一个很重要的特点,就是从过去的结果评估转向过程评估。前五次评估都是结果的评估,都是临时下达标准,然后对照标准展开工作。这次是先下达标准让大家去建设,让大家有一个建设周期,建设了以后再去评估。因此,将来越来越重视过程,重视建设过程、服务过程,而不仅仅重视最终的结果。这次评估以后将来会形成动态评估,原来是四年评一次,动态评估以后可能会有多次。这次评估在指标设计上也有很多动态指标。

第五,还有一个非常重要的变化就是这次评估鼓励图书馆的个性化发展,鼓励图书馆的创新性。与前五次不一样,这次的标准有很多创新。其中最主要的创新点就是加分制,这次除了有基本分以外,还有加分。做得好的加分,有创新的加分,鼓励创新,管理创新、服务创新都有加分。这就鼓励每一个图书馆除了基础性工作以外还有一些更多的加分,这样就可以解决中东西部差距的问题。东部地区就可以多拿加分,这些加分项目都是一些前沿的项目,都是一些创新的项目,可能很多西部地区图书馆达不到,但是东部地区图书馆可以达到;当然,对西部图书馆而言也有一些适合西部的加分项目。通过加分制鼓励每个图书馆的积极性,每个图书馆都能找到自己发展的一个很大的空间,都可以走个性化发展的道路。这次还把一些创新内容都纳入标准体系中了,比如法人治理、理事会制度等,作为加分项。如果图书馆已经做了理事会制度,就可以加分。图书馆购买社会服务、社会力量参与、重点文化工程项目都可以加分。希望通过评估来实现标准化发展和个性化发展相结合的模式。

一方面鼓励标准化,通过评估推动公共图书馆能够达到一个基本标准;一方面鼓励个性化,通过评估引导一些新的方向。这次评估标准加强了信息化指标、服务指标、管理指标和政府责任。一方面围绕国家公共文化服务标准化均等化的大方向,另一方面鼓励个性化、特色化发展道路。两方面结合起来,公共图书馆事业的发展就会有一个比较好的新的方向。

刘锦山:柯老师,您刚才谈到的加分制,加分有没有上限?

柯平：有封顶。加分都在具体指标上,比如这个指标加五分,那个指标加十分。比如县级馆最多能加多少分,市级馆最多能加多少分。省市县这三级图书馆的基本分都一样,都是一千分,加分项低于基本分,不会超过或等于基本分。基本分是主要的,主要体现主副的位置。辅助分会加三百分、四百分、五百分,基本上是几百分。这次做了很多创新,当然也做了很多延续的工作,过去标准中那些好的指标延续下来。我们还建立了试评估机制,这也是一个新的机制,最近就要做试评估的工作。

刘锦山：试评估是图书馆自己报名?

柯平：不是,是学会组织。

刘锦山：为什么要做试评估?

柯平：检验标准。根据试评估的结果调整标准,使我们的工作更加科学。为了使评估标准更科学、更实用,所以要做试评估工作。试评估之后文化部会发布评估标准。

刘锦山：现在试评估工作开始没有?

柯平：很快就做这项工作。

刘锦山：相当于做试验,先试验一下。

柯平：对,就像实证研究的问卷一样。文化部和中国图书馆学会在做这件事情的时候,很多方面更科学了,拿出来的东西更先进。这次评估标准新的东西比较多,过去优秀的东西会保留,在继承的基础上进一步开拓创新。同时,以前评估产生的问题这一次尽可能克服掉。这次评估将会对我国公共图书馆事业产生很大的推动。

七、高波:加强联盟建设　推进资源共享

[专家介绍]高波,华南师范大学经济与管理学院信息管理系教授,华南师范大学图书馆馆长,博士。曾任中国图书馆学会学术研究委员会资源建设与共享委员会委员。现任教育部高等学校图书馆学专业教学指导委员会委员,中国图书馆学会学术委员会图书馆统计与评价委员会副主任委员,全国信息与文献标准化技术委员会委员,中国科技情报学会情报理论与培训专业委员会委员,广东省图书馆学会常务理事,广东省图书馆学会学术研究委员会副主任委员,广东省科技情报学会情报教育委员会委员。出版著作多部,发表论文70余篇。主持国家哲学社会科学基金课题两项(其中重点项目一项),参与国家哲学社会科学基金重大项目等项目六项。研究成果两次获得广东省哲学社会科学优秀成果三等奖。

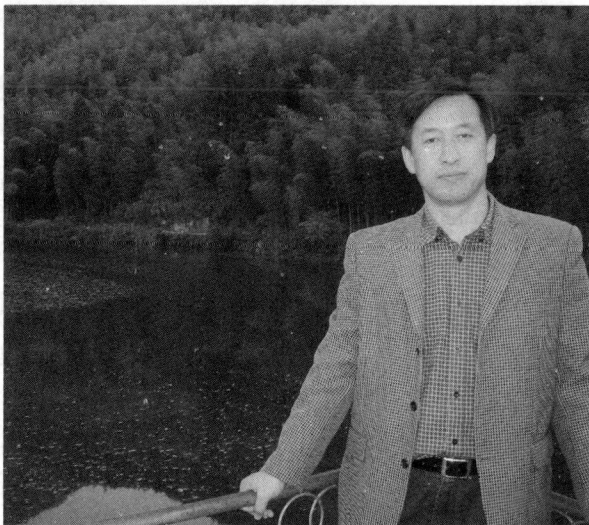

资源共享的理念现在已经深入人心,我国图书馆界也进行了诸多的探索与实践,取得了良好的成绩。华南师范大学经济与管理学院信息管理系高波教授十余年来,对国内外图书馆联盟与资源共享的理论与实践多有研究,取得了深刻的理论成果。为进一步推进我国图书馆资源共享事业的发展,e线图情采访了高波教授。

1. 联盟共享　互为表里

刘锦山:高老师,您好！非常高兴您能接受e线图情的采访。我们注意到,最近几年,您对两个问题关注比较多,其一是图书馆联盟与资源共享,其二是图书馆危机管理。我想首先请您围绕这两个问题向读者朋友谈谈您的学术旨趣。

高波:非常感谢刘总和e线图情对我的关注。图书馆联盟和资源共享是我一直关注的问题。图书馆联盟的本质是资源共享,它是资源共享的组织形式。我对图书馆资源共享问题的关注始于2000年。那时,我开始写博士论文,选题就是资源共享这一方面的,题目是《中日图书馆文献信息资源共享比较研究》。从2000年到现在,15年来,我的主要研究方向一直集中在资源共享这个领域,70%的精力都用在了这里,共发表有关资源共享的论文四十五篇,出版专著一部。2006年,我承担了一个国家社科基金课题——网络时代我国图书馆资源共享模式研究,发表了27篇课题成果论文。今年,我承担了国家社科基金重点课题——中外图书馆联盟管理模式比较研究。此重点课题虽然只研究图书馆联盟的管理模式,但研究范

围更广了。2000 年的博士论文是中日比较,是两个国家,这次的重点课题虽然也是中外比较,但涉及国内外各 100 个图书馆联盟,国外涉及五大洲 20 余个国家。这个课题计划 3 年完成,工程是比较大的。资源共享是过去 15 年我的主要研究领域,今后我仍将持续关注这个领域。

我从 2006 年开始关注图书馆危机管理问题,2007 在《中国图书馆学报》上发表了一篇论文,是关于中日图书馆危机管理比较研究的。近两年对欧美发达国家的图书馆危机管理现状做了些研究,共发表 8 篇论文。除了资源共享和危机管理,我对图书馆绩效评估和图书馆法也很感兴趣,也发表了一些论文。

刘锦山:高老师,图书馆资源共享研究您已经做了 15 年了,请您向读者朋友谈谈您的主要观点和思想。

高波:资源共享是图书馆永恒的奋斗目标,也是图书馆学研究的永恒主题。资源共享的理念古代就有,古埃及的亚历山大图书馆就有向希腊雅典的图书馆借书的记录。到了近代,资源共享的理念逐渐被普遍接受。二战以后,资源共享已成历史潮流,不可逆转。当前,资源共享的理念已深入人心,是一个无可争议、无须讨论的问题。图书馆界有很多问题是有争议的,但在资源共享理念这个问题上是没有任何争议的。只要图书馆存在,资源共享永远是个热门话题。这是我的第一个判断。

我的第二个判断是,目前我国图书馆的资源共享活动是有史以来最好的。历史上我国图书馆资源共享活动最成功的案例是 1957 年的《全国图书协调方案》。这次活动之所以成功,与当时党和国家的方针、政策的宏观导向是密切相关的。1956 年,党中央提出了"向科学进军"的口号,接着政府制订了科学技术发展规划。而发展科学技术,没有文献资源则无从谈起,正如兵马未动粮草先行一样。当时,如果不实行资源共享,各图书馆还采取自给自足、各自为政的方式,是不可能满足国家的战略需求的。因此,图书馆界首次开展了全国性、大规模的资源共享活动。此次资源共享活动从 1957 年开始,不到 10 年的时间,取得了良好的经济效益和社会效益。遗憾的是,"文化大革命"开始后就中断了。"文化大革命"结束后的十年里,图书馆界主要是"拨乱反正",并未出现全国性或区域性的大规模的资源共享活动。1987 年,由文化部、国家科委、国家教委、中国科学院、国防科工委、中国社会科学院等15 个部委联合成立了全国部际图书情报工作协调委员会。该委员会的主要贡献是组织开展了全国文献资源调查与布局的研究工作,但并未将调查和研究成果应用于实践。

20 世纪 90 年代末至 21 世纪初,我国迎来了第二个信息资源共享高潮,其标志是中国高等教育文献资源保障系统(英文缩写 CALIS,始建于 1998 年)、国家科技图书文献中心(英文缩写 NSTL,始建于 2000 年)及中国高校人文社会科学文献中心(英文缩写 CASHL,始建于2004 年)三大信息资源共享系统的建设。上述三个资源共享系统均由国家投资,其中,CALIS、CASHL 由教育部组织实施,NSTL 由科技部组织实施。可见,从 20 世纪年代末到现在,我国图书馆资源共享的浪潮是一浪高过一浪,一直保持上升的势头。不管是 CALIS、CASHL 还是 NSTL 都取得了良好的经济效益和社会效益。虽然国家投入很多,但回报远远大于投入。国家层面的信息资源共享活动也带动了我国区域性信息资源共享活动,涌现出了以上海市文献资源共建共享协作网和北京高校网络图书馆为代表的大量区域性图书馆联盟。

我的第三个判断是,1957 年至今的我国图书馆资源共享发展历史表明,凡是注重信息资源建设的图书馆联盟,尤其是注重国家战略层面的信息资源建设的图书馆联盟,不论跨系统的还是系统性的,一定要由政府牵头、政府投资,否则,难以成功;凡是不以资源建设为主的图书馆联盟,不依赖政府的管理和投入也有可能发展得很好。

2."小共建大共享"

刘锦山:高老师,我们现在还有可能复制或者拷贝 20 世纪 50 年代的做法吗?

高波:从我们国家近 50 年的发展经验以及其他国家的发展经验来看,我们不太适合建立覆盖全国的、包罗万象的庞大的图书馆联盟。理想上我们希望建立这样一个联盟,但是现实告诉我们不太实际,因为我们国家有公共、高校、专业等图书馆系统,这些不同系统的图书馆差异性非常大,且各类图书馆的数量也非常多,如果建立一个覆盖三大系统的图书馆联盟,难度非常大,即使建立起来效果也很差。而且,学校、党校等系统的图书馆还没有考虑进去。现在的社会环境与1957 年相比变化较大,虽然我们的政治体制没有变,但是经济体制有很大变化,那时候是计划经济,现在是市场经济。市场经济下人们的观念、意识发生了天翻地覆的变化。因此,我们不可能建立类似 1957 年那样的"大一统"的图书馆联盟了。这就是我的基本判断,我在做博士论文的时候就提出了这样的观点。

如果想建立一个有益于国家科技、教育发展战略的图书馆联盟,我个人认为应该是"小共建大共享"模式的联盟。2000 年,我提出这个想法的时候,没有太多的案例来证明这一想法。当时我就认为,建立一个跨越三大系统、包括全国所有图书馆的联盟体系,是不现实的,现实的做法是"小共建大共享"。当时我只是提出了这样一个理论,后来的实践证明了这个理论是可行的,因为 CALIS 和 NSTL 是最典型的"小共建大共享"图书馆联盟,它们不是涵盖全国所有的图书馆,但是它们面向全国服务。这两个案例可以证明我在 2000 年提出的"小共建大共享"理论是可行的。地方层面,我想也有这种可能性,比如某一个省的图书馆联盟,一开始只是面向成员馆,当发展到一定规模的时候,就完全可能面向本省的所有类型图书馆,这也是一种"小共建大共享"模式。北京高校网络图书馆的"大馆共建、小馆共享"模式即是"小共建大共享"的范例。

图书馆联盟能否成功,归根到底还是管理问题。所以,我这次申请的国家社科基金重点课题就是研究中外图书馆联盟的管理问题。管理实际上是图书馆联盟的龙头,管理不科学,资源共享就难以实现,就像人受大脑支配一样。

3. 信息资源战略安全

刘锦山:高老师,确实如您所说,现在的环境和 1957 年有很大的不同了,我们确实应该与时俱进。1957 年的时候做共享,从资源的载体上讲基本都是纸本的,但现在资源的载体既包括纸本的,也包括数字形态的,数字形态的资源占相对主导的地位。国内大多数图书馆购买国外数据库的时候,绝大多数都是以包库形式购买使用权的,厂商一般不给装镜像数据,一般不会把数据给图书馆。极个别情况是给数据不给系统,而且给的是裸数据。现在业内有人担心,这种情况会影响到我国的信息安全问题,万一将来由于某些情况的出现不能继续订购这些国外数据库了,那我们该怎么办? 对于这个问题您是怎么看的?

高波:这个问题是一个很现实的问题,我们回避不了。就我们国家而言,这种想法可能一直都存在,业界也一直有这种想法和担忧。从 1957 年到 20 世纪 90 年代末,两次大的资源共享活动之所以能够成功,其中一个很重要的原因就是要保证国家对信息资源的战略需求。过去纸本文献买了以后就拿不走了。数字文献大量出现之后,不少人担心,一旦出现什么情况,给我们"断粮"了怎么办?前几年业内讨论这个问题的时候,稳妥的做法就是纸本和电子的同时采购,重要的既订购纸本的又订电子的。现在的数字资源越来越多,尤其是学术型资源,都有电子版的,如果纸本和电子版的都订,对图书馆来说负担太重了,所以,很多图书馆在经费紧张的情况下只能采取砍纸本、保电子的办法。

刘锦山:高老师,刚才您说现在和 1957 年的情况不一样了,现在有没有那种可能,就是说政府可以给一个机构投钱,这个机构代表国家只买一套,把纸本和镜像都买了,例如可以委托国家图书馆这样的机构进行战略储备。

高波:这个问题可以解决。只要国家认识到了文献资源的战略意义,政府就会果断采取措施解决此问题。1957 年的全国性资源共享活动就是这种模式,目前的 CALIS、CASHL、NSTL 也是这种模式。

4. 他山之石 可以攻玉

刘锦山:高老师,您选择的题目是中外比较,就您目前的研究来讲,国外的情况和中国相比有哪些相同和不同?

高波:国外图书馆资源共享活动有几个地方是值得我们关注和学习的:

第一,资源共享的观念深入人心。欧美图书馆开展资源共享的历史长。资源共享的理念首先是在西方产生的,也是他们先实践的。

第二,尊重用户的需求。国外图书馆对用户的需求会更尊重一些,能够真正以用户为中心,真正把用户当作上帝。用户既然是上帝,有需求就要去满足,满足不了怎么办?资源共享!这种意识很值得我们去学习。

第三,经济发展水平决定图书馆资源共享的水平。国外图书馆的资源共享活动总体来说好于我们国家,尤其是美国、英国、加拿大、澳大利亚、德国等发达国家,而非洲、拉丁美洲、南美洲的大部分国家及亚洲的部分国家的图书馆资源共享活动则比较落后。究其原因,不能排除经济水平这个因素。我国图书馆资源共享的现状也证明了这一点,经济发达地区,图书馆的资源共享活动开展得就好,比如北京、上海、广东、浙江、江苏;而新疆、宁夏、甘肃、山西、内蒙古、黑龙江、青海、西藏、云南、广西、海南等省的资源共享活动与经济发达省份相比,差距很大。

八、郭向东:与时俱进　面向未来

[专家介绍] 郭向东,甘肃省图书馆馆长,博士,研究馆员。中国古籍保护协会副会长,中国图书馆学会常务理事、地方文献委员会副主任,甘肃省图书馆学会会长,甘肃省《四库全书》研究会会长,《图书与情报》主编,《中国图书馆学报》编委。出版《四库全书存目丛书》等著作(含合著)10 余部,发表学术论文百余篇。主持《西部少数民族文献资源建设研究》等多项国家社科基金、省社科规划项目、软科学项目。成果《文溯阁本〈四库全书〉研究》获甘肃省第 13 次社会科学优秀成果一等奖,另有多篇论著获省、部级奖。曾获国家教育部先进工作者、甘肃省先进工作者、文化部优秀专家等多项荣誉称号,是享受国务院政府特殊津贴专家。

甘肃省图书馆一直是我国中西部有重要影响的大馆,经过多年的传承发展,已经成为我国公共图书馆事业中的领先者。2016 年,甘肃省图书馆迎来百年馆庆,为述往思来,总结甘肃省图书馆的发展经验,对我国图书馆事业发展有所裨益,e 线图情采访了甘肃省图书馆郭向东馆长。

1. 职业生涯

刘锦山:郭馆长,您好! 非常感谢您接受 e 线图情的采访! 请您首先向读者朋友们介绍一下您的从业经历和个人学术生涯。

郭向东:我于 1976 年进入西北师范大学学习,毕业后留校工作。1993 年起担任西北师范大学图书馆副馆长,1997 年调入甘肃省图书馆,2001 年开始主持全面工作,转眼又过春秋数载,可以说与图书馆有着非常特殊的感情。谈到学术,我的科研基本是以兴趣为主,这些年对图书馆学、情报学和文献学都有所涉猎,但基本以文献学为主。近几年主要关注古籍保护、文溯阁《四库全书》研究等方面的内容,最近一个即将结项的研究成果是关于西部少数民族文献资源建设的。我知道,作为一个管理者,馆长的个人品质、职业素养及业务能力对于图书馆整体工作水平的高低起着决定性的作用,因此,我时刻都在思考如何能将理论研究与实践工作有效结合起来,通过管理实践,体现学术探索,也使得甘肃省图书馆能够时刻顺应改革和发展的新形势,在为社会公众的服务中能够更为贴心和便捷。

刘锦山:我们知道,在甘肃省图书馆馆长一职之外,您还是中国古籍保护协会副会长、甘肃省图书馆学会会长、甘肃省《四库全书》研究会会长、《图书与情报》主编,在图书馆学学术研究方面成就显著。馆员的专业化发展也是近几年的一个热点,在这方面您是怎么看的?

您能以一位前辈的身份,为众多图情学专业的学生以及正从事图书馆工作的广大图书馆人提一些建议吗?

郭向东:从我的个人经历来说,图书馆和图书馆学就是我的生活与人生,这是一个与众不同的职业,我们以书本滋养人心,以知识造福社会。我看到,当前有越来越多的学生选择了图情学专业,行业内也有着许多正在默默奉献的工作者,他们都是很有理想的,我们的职业也许谈不上伟大、也不够辉煌,但足够充实、足够丰满。至于建议我认为,大家既然选择了这一行,就要悉心钻研图书馆学这门学问,做一个有心人,要在对图书馆学探索求知的同时,不断认识到图书馆作为一门职业的乐趣所在、作为一门社会学科的魅力所在,以及作为一名图书馆员的职业追求所在,只要秉持这个信念,我们就能在清寂平淡的图书馆工作中体会到无限的快乐。

如果说图书馆是服务社会、传播知识的生产力,那么馆员就是图书馆价值实现的发动机,这里面既有刚性的要求,更有软实力的要求。同时,我们还需要通过完善教育培训制度、促成专门法规的出台、建立健全分配制度等措施来提升馆员的职业认同感和忠诚度,进而促进图书馆员专业化建设。

2. 百年甘图

刘锦山:郭馆长,甘肃省图书馆即将迎来建馆百周年,您能简单介绍一下贵馆近百年的发展历程和现状吗?

郭向东:甘肃省图书馆自 1916 年建馆起至今,几经风雨,已经走过了近百年的峥嵘岁月,它的发展凝注了几代图书馆人的心血求索。甘肃省图书馆是由新中国成立前的甘肃省立兰州图书馆和国立兰州图书馆合并而成的。甘肃省公立图书馆创建于 1916 年。1944年,著名图书馆学家刘国钧先生在兰州创办了国民政府三大国立图书馆之一的国立西北图书馆。1949 年 10 月两馆合并更名为西北人民图书馆,1953 年 10 月始称甘肃省图书馆。

改革开放以来,全馆建设有了突飞猛进的发展,各项工作都取得了巨大的成就。近年来,我们本着"服务、合作、创新、超越"的办馆理念,全力加强全馆的业务建设工作,在文献资源建设、读者服务、馆际协作、自动化建设与网络改造等方面都取得了一定成绩。1994 年我们在首次全国省级公共图书馆评估中名列第五,1998 年在第二次评估中获得西部地区唯一的国家"一级图书馆"称号,在 2009、2013 年的第四、第五次评估定级中也连续获得国家"一级图书馆"称号。多次获得文化部、甘肃省委省政府表彰奖励。是国务院公布的首批"全国重点古籍保护单位",是国家古籍保护中心人才培训基地。

经过一个世纪的积累,甘肃省图书馆已是一座拥有近 500 万册藏书,其中包括 38 万册古旧籍、文溯阁《四库全书》等珍贵文献的文化殿堂。今后,我们要继续做好全省社会文献保障体系中最重要的支撑点,为甘肃的文化教育事业做出积极的贡献。

刘锦山:郭馆长,"以书籍为公有而公用之",这是刘国钧先生提出的一个理念,这句话也成了甘肃省图书馆发展的一个重要指导方针。显然,这和现阶段我国提出的公共图书馆服务网络均等、普惠发展目标相一致,要实现这一理念,您认为关键是什么?贵馆在这方面是怎么做的?

郭向东:近年来,公共图书馆精神的公共理念得到弘扬,公益性、基本性、均等性、便利性成为公益文化事业的普遍服务原则。2011年年初,文化部、财政部联合下发了《关于推进全国美术馆、公共图书馆、文化馆(站)免费开放工作意见》,全国公共图书馆掀起了转变机制,提升服务,开创图书馆发展新局面的热潮。

回顾近年来的工作,甘肃省图书馆秉承先馆长刘国钧先生"保存文献,提高文化,促进学术,以增进人民之知识而协助政策之推行"的办馆思想,以"以书籍为公有而公用之"为指针,按照"一个理念""两个依托""三点探索""五个进入"的工作思路,开展了些许探索。其中的"一个理念"就是前面谈到的以"服务、合作、创新、超越"为办馆理念,服务是根本,合作是趋势,创新是要求,超越是目标;"两个依托"是指依托文化信息资源共享工程、依托古籍保护工程这两个国家重点文化建设工程,强化与市、县图书馆的业务合作与交流,建立并完善面向全省公共图书馆的省、市、县三级流通服务网络;"三点探索"是指探索省级公共图书馆与其他系统图书馆资源共建共享的路子,探索特色馆藏(如文溯阁《四库全书》等)与城市文化旅游相结合的路子,探索图书馆社会教育与学历教育相结合的路子;"五个进入"是把服务重点转向进入社区、农村、学校、厂矿、军营,旨在最大限度地将服务的触角延伸到各个领域,为社会各界民众提供优质公平的服务。

为进一步提高馆藏文献资源利用率,使图书馆服务作用于更广大人群,甘肃省图书馆依托市、县图书馆,建立分馆、流通站64个,每年为流通站送书30多万册,形成省、市、县图书馆协作共赢的服务模式。这种模式一方面盘活了藏书资源,缓解了基层图书馆经费短缺、新书较少的困难,提高了双方的办馆效益;另一方面,还有利于形成以甘肃省图书馆为主心骨的一馆主导、基层馆四方配合的共享局面,使服务的触角延伸到全省各地,让更多基层读者能共享馆藏文献资源,发挥了图书馆服务的整体效益。为让广大残疾朋友共享社会发展成果,我们还与省残联合作,成立甘肃省残疾人阅读服务中心,并开展了免费上门接送盲人读者到馆阅读、免费提供午餐的"阳光工程",受到了广大盲人读者的欢迎。此外,我们还通过开展送书下乡、送文化进社区、进校园等活动,变被动服务为主动服务,扩大图书馆的社会影响,让越来越多的人能够享受到阅读的快乐。

3. 与时俱进

刘锦山:郭馆长,进入信息社会以来,图书馆的自动化、信息化、数字化发展正日益受到重视。但相比较东部地区而言,我国西北地区图书馆事业的现代化进程要稍微落后一些。作为西北地区的中心图书馆,甘肃省图书馆的作用显然十分重要。那么,您能谈谈在推进图书馆现代化建设方面贵馆的经验和规划吗?

郭向东:一个世纪以来,甘肃省图书馆走过了在困境中求发展的曲折历程,逐步奠定基础,稳步发展,迎来了当下图书馆事业日新月异发展的数字化、自动化、信息化服务时代。尽管由于历史原因和经济发展的不平衡,西北地区图书馆现代化建设不如东部地区迅猛,但也有着蓬勃的发展态势。

为推进新时期的图书馆工作,我们策划制定了"一体两翼"的发展战略,其中的"一体"是指以建设西北地区的中心图书馆为基本轴心,"两翼"是指以特色馆藏研发和数字图书馆建设这"一旧一新"为发展方向,一体为本,两翼齐飞。经过多年的努力,我们在"两翼齐飞"上取得了诸多成绩:甘肃省图书馆扩建工程(数字图书馆项目)于2014年顺利开工建设;馆藏数字资源总量超过60TB;国家古籍保护中心人才培训基地、国家古籍修复中心甘肃传习所相继挂牌;近三年馆内承担的国家社科基金项目、甘肃省哲学社会科学规划项目、甘肃省科技支撑计划项目逾 10 项等。接下来的工作中,甘肃省图书馆将继续加快全省服务网络、数字资源、人才队伍、协作机制的建设,全力构建覆盖全省的数字图书馆服务体系,使图书馆能够始终在社会文明进步中发挥重要作用。

刘锦山:甘肃省图书馆发展至今,馆藏资源十分丰富,尤其是在古籍文献和地方特色文献方面。您曾提出,"图书馆作为国家为了满足公民的知识共享需要而提供的一种制度安排,其所体现的海量知识存贮功能、异地多点多类布局、文献复本制度、文献反复流通制度等特征,都是为了适应知识共享的需要而设计的"。您能结合贵馆在资源建设方面的做法来谈谈吗?

郭向东:我认为一切信息技术与手段的使用,都是围绕着如何最有效地充分开发和利用信息资源而展开的,图书馆作为国家信息港建设的重要组成部分,它有能力也有义务成为社会各类文献信息资源的整合中心。在资源建设上,甘肃省图书馆向来秉承"内优外联"的建设理念,对内,我们优化馆藏,挖掘资源,完善各类数据库,建立合理的多学科、多层次、多载体形式的馆藏文献资源体系,尤其致力于将西北地方文献、古籍文献等特色馆藏资源做强做大,以保持优势地位;对外,加强共享,协同发展,积极参与各类型各地区图书馆联盟建设,推进甘肃省科技文献共享平台建设,发挥甘肃省中心图书馆委员会的作用,着力推进全省图书馆事业的快速发展。

4. 面向未来

刘锦山:郭馆长,您以前曾在高校图书馆工作多年,而转到公共图书馆至今也有 20 年左右了吧,对图书馆可谓知之甚深。作为一名资深图书馆管理者,您曾提出"面向发展,追求卓越"的管理模式,指出"管理理念要从基础型和理性型转向发展型,强调人与人、人与组织、人与社会和自然的共同发展"。您能为我们解释一下其中的内涵吗?

郭向东:无论是高校图书馆还是公共图书馆,其运转都离不开先进的管理理念和科学的管理方法,在我们阔步走向知识经济时代的同时,也要注重管理理念从基础型、理性型转向发展型的这一变革。简单来说,基础型管理的结果是经济的个人化,理性型管理的结果是团队组织化,发展型管理的结果则是个人、团队和社会都获得自我实现和发展。我认为,管理的最高境界在于创造"学习型组织",营造一种促进人不断学习的组织氛围,促进人不断贡献心力于所在组织的一种激情,然后在这个基础上实现潜力的外化,即创新,从而使人得到自我更新和自我实现,使组织得到发展和超越。理论上而言,每个图书馆都有自己的特点,需要因地制宜地采用合适的管理理论和管理方法,并不断调整管理模式,但是"学习型组织"确是图书馆行业发展的绝对前提,我们要努力形成让馆内不同岗位、职位馆员都全心投入工作并不断学习的职场氛围,让馆员们在拥有共同发展愿景的基础上,不断开拓、创新,提高自主管理能力、学习能力,让每位馆员都能充分发挥自己的创造性思维。

刘锦山:郭馆长,百年庆典对于任何单位来讲都有着重要的历史意义,这是一个继往开来的重要契机。前面您已经很好地总结了贵馆百年来的辉煌发展成就,下面请您向读者朋友谈谈贵馆未来的发展规划与愿景。

郭向东:甘肃省图书馆已经走过了百年历程,历代甘图人创造了无数业绩和辉煌,这是我们今后事业继续发展的宝贵财富。今后,伴随着"互联网＋"浪潮的兴起,图书馆也将大步迈向以数字为主题的网络管理服务时代,面对这样一个"大数据"时代,我们必须要有所准备。首先,加大数字资源建设力度。我们将在对读者需求进行科学、系统、细致分析的基础上,加快特色文献的数字化工作,系统地采集和积累信息资源,完善各个专业数据库,做好数字遗产保护的主力军。其次,转变服务模式、不断更新服务理念。不能否认,信息技术的迅猛发展使得图书馆服务正面临着一系列新的挑战,读者到馆率逐年下降,传统阅读减少、网络阅读增加,甚至出现了"图书馆消亡"论,面对这样严峻的变革形势,我们要积极制定创新服务的战略对策,使服务制度、服务手段、服务方法、服务过程、服务网络等诸方面都不断创新,以适应新生代读者乃至我们馆员自身的变化节奏。再次,加强构建覆盖全省的公共图书馆服务体系的力度。近几年来,公共文化体系建设不断完善,图书馆在其中发挥着愈来愈重要的作用,各方面政策对图书馆事业的支持力度也一直在持续增强。甘肃省图书馆新馆的建设计划正在实施之中,这的确是提升图书馆服务能力、惠泽读者大众的一项盛事,但我认为,如果没有众多的分馆、基层馆、区域性服务网点等作为支点,修建再大再先进的馆舍也是不够的,未来的公共图书馆系统,需要的是更加贴心、更加便捷的网格化服务,从这一角度上讲,我们可还有很多工作要做。但我相信,有国家"一带一路"战略的支撑,借着"向西发展"大势的东风,我们甘肃省图书馆必将与全国图书馆界同人一道,迎来图书馆事业大发展大繁荣的蓬勃春天。

九、李西宁:"图书馆 + 书院"开新局

[专家介绍]李西宁,山东省图书馆副馆长,山东省文化共享工程中心主任,研究馆员。兼任中国图书馆学会理事,中国图书馆学会阅读文化研究委员会主任,全国图书馆技术标准化委员会(SAC/TC389)委员,山东省图书馆学会常务副理事长,山东省青年新闻工作者协会副主席,山东省青少年基金会理事,山东省艺术科学协会常务理事,山东省尼山书院秘书长,武汉大学特聘研究员,曲阜师范大学客座教授,文化部优秀专家。主持编辑了《山东省图书馆馆史资料汇编》《山东省图书馆志》《古本十三经》等。撰写《人淡如菊——张元济传》《唐弢与读书》《血荐中华》和《喜马拉雅探险》,点校《大金国志》《契丹国志》等著作。

书院作为古代传统社会的重要文化机构,承担着保存文化、传承文明的重要社会责任。近代以来,随着社会环境的变迁,书院一度销声匿迹,被新式西学和图书馆所取代。但是,历史总是以一种螺旋上升的方式轮回,最近 20 余年,书院在新的时代背景下又重新焕发出生机。图书馆作为书院的天然近亲,如何有效地利用这一契机,充实书院与图书馆的内涵,实现双方共同发展,是一个重要的问题。经过精心筹划,山东省在全省范围内推出了"图书馆 + 书院"建设尼山书院的创新发展模式,经过近两年的发展,取得了良好成效。因此,e 线图情采访了山东省图书馆李西宁副馆长。

1. 缘起

刘锦山:李馆长,您好! 非常高兴您能接受我们的采访。创新现在已经成为公共图书馆降低运营成本、提升服务效能的重要推进因素,业内进行了卓有成效的探索与实践,形成了很多有参考价值的案例。在山东省文化厅的领导下,贵馆和山东省图书馆界在图书馆运营创新方面也进行了有益的探索,2014 年 5 月 9 日,山东省文化厅正式印发了《关于在全省创新推进"图书馆 + 书院"模式建设"尼山书院"的决定》。我们了解到,"图书馆 + 书院"的运营发展模式在国内图书馆界也有相关的案例,但是在全省公共图书馆推进这种模式,却是第一次。您既是山东省图书馆副馆长,同时又是山东省尼山书院理事会秘书长,所以,我们首先想请您向读者朋友谈谈山东省提出和推进"图书馆 + 书院"模式的背景。

李西宁:谢谢 e 线图情和刘总对山东省图书馆和我的关注。"图书馆 + 书院"这种模式的酝酿、提出与实施,既有国家层面的需求,也有群众现实层面的要求,同时也是图书馆自身创业实践与发展的需求。

就国家层面而言,需要传承文化,把优秀文化基因延续下来,在建设现代和谐社会中能够起到润滑作用。就社会层面而言,群众也有需求。民间创办的私塾和书院很多,很多人包

括孩子、老人和年轻人,都非常愿意到书院去学习,接受传统文化的熏陶。就山东而言,借助2013年第十届中国艺术节的召开,山东省将近三分之二的公共图书馆进行了改扩建,硬件环境、设备设施得到了很大的改善,怎样把这些设备设施使用好,这是摆在我们面前一个很重要的课题。这里还有一个很现实的问题,不少地方的新馆位置有点偏僻,有些馆建环境很好但位置不好,怎样使这些设备设施的功能发挥出来,使政府投入和纳税人的钱花得有价值,把服务效益彰显出来?

这直接关系到对群众文化权利的保障。权利保障不是空话,需要载体。大家熟知的共享工程就是一个很好的典范和载体,覆盖城乡,让群众对新技术有更多的接触,而且打通"最后一公里",文化资源直接到基层。我们山东省公共图书馆面对国家和群众的需求,面对自身发展的需求,考虑怎样能够找一个点,把国家文化惠民政策、老百姓的需求和图书馆自身发展结合起来,拓宽我们的服务边界,把设备设施用好,使服务更接地气,发挥更大的效应。这就是当时提出"图书馆+书院"模式的背景。

至于为什么选书院,我们得找一个载体。我们图书馆一直都在搞活动,讲座、朗诵、早读、展览等都在做,做得也是风生水起。但是在主题上,我们每年都在更新。能不能找一个很好的载体,固定下一个主题来做? 于是就想到了书院。为什么会想到书院呢? 因为书院和现在的图书馆有着千丝万缕的联系,书院的藏书、社会教化、教育职能,现在的图书馆同样具备,可以说,图书馆和书院有着天然的联系。经过反复思考、研究,我们最终确定了"图书馆+书院"的创新发展模式。

刘锦山:李馆长,有的学者认为,书院必须以私办为主,应该远离市场到深山老林中才能办好。"图书馆+书院"的模式,恰恰与上述主张相反,您是怎么看待这个问题的?

李西宁:现在情况不一样了,发生了很多变化。现在如果到深山老林中去做书院,有多少人能够去那里学习? 有多少人能够传承? 在我国发展的大背景下,一是希望民间和企业家们能够支持书院,而国家的支持更重要。这种情况下,过度强调书院的私学特征、强调其独立性,我觉得大可不必。既然想延续文化的命脉和道统,书院应该是普及性的、教育性的东西,而不是越来越少的东西;应该是入世不应该是出世;应该是兼济天下的事,而不是独善其身的事。

前段时间我在北京开的一个会上说,地不分南北,人不分老幼,学不分官私,大家都应该齐心协力为传统文化复兴做贡献,不要自设藩篱,自我隔绝,现在是一个共享的时代、协作的时代、沟通的时代,开放的时代。孔子都不抱残守缺,周游列国,推行儒家的政治主张,我们更应有开放的心态。有个观点是尼山书院山长许嘉璐先生提出来的,我很赞同,就是对儒学的普及,学者和专家们应该有个接地气的问题,就是学问和需求应该结合起来。我们现在做的尼山书院就是把专家们的学问和知识与社会上老百姓的需求结合起来。如果把书院办在深山老林,就把老百姓的需求与书院分开了,这是形式上分开了。更重要的是要讲老百姓听得懂的话,将学术语言转化为老百姓能听懂的话,否则就像一个空中花园。孔子为什么成为孔子? 就是把他的思想和学问与老百姓生活理想结合的缘故。传统文化不仅仅是在书斋里、学校里,也应该在屋檐下、在老百姓的生活中、在田间地头、在小路上、在同事的谦让中、在孩子们的天真欢笑中、在家庭的和谐里、在社区。否则,只能停留在理论层面,就会孤立于生活之外,在自身的系统内循环,落不到实处、扎不了根,是天上的云彩,转化不成雨露甘霖。

不要认为老百姓什么都不懂,就人生生活智慧而言老百姓懂得更多,所以书院要接地气,不要远离老百姓。传统文化的基因,已经浸润到中华民族的骨子里,经过传统文化体系几千年的教化,我们的生活方式确实是围绕传统文化的方式起作用,现在的问题是怎么能够唤醒老百姓传统文化基因,转化为自觉的行为。许嘉璐先生提出,我们不是居高临下,给人家灌输和启蒙,应该唤醒人们心里的善良和温情。我觉得人和人之间这种友爱和温情的社会环境是非常重要的。怎么在新的时代把研究和现实结合,这是历史赋予这一代知识分子的历史责任。

刘锦山:确实如此。

李西宁:到底怎么做这个书院,我们考虑了很多。这个书院必须有个响亮的名字,但是一想全国各地有很多书院:稷下书院、春秋书院、泰山书院、岳麓书院等。假如每个地方的书院都叫不同的名字,虽然能体现各自的特色,但不容易形成有效的管理体系。于是我们就想能不能做一个统一名称的书院,我们就把目光投向了曲阜。曲阜历史上有"四大书院":尼山书院、洙泗书院、春秋书院、石门书院。最早的书院在孔子诞生的地方,叫尼山书院。尼山原有孔子庙建于北周时期,主要祭祀孔子。据我考证应该没有书院的功能,叫书院的时间应该是在元代的时候,据记载元至元二年(1336),中书左丞王懋德奏请在尼山创建书院。《尼山创建书院碑》载,修建此书院时,"凡齐鲁之境贤卿大夫,民之好事者,出钱而助成之。释木于山,陶甓于野,庸僦致远,牵牛车,服力役,连畛载途,饮饷相望"。元代专门建立的尼山书院,朝廷指派的一个姓彭的学者就到那个地方去做山长,这是皇帝任命的。到后来战乱、兴废。我们觉得这个符号很好,也是中华优秀文化的一个非常响亮和具有代表性的符号,便于宣传,便于让大家认可,那么这个书院就这么做下来了。既不是恢复一个古代的书院,以文物的形式保留下来徒有虚名,也不是编造一个新的载体横空出世,而是现代文化服务与优秀传统继承的和谐统一,服务群众,传承优秀传统文化,是现代公共文化服务的创新与探索。

2. 传承

刘锦山:李馆长,"图书馆 + 书院"模式具有什么样的现实意义呢?

李西宁:首先,"图书馆 + 书院"模式是传承中华优秀传统文化的重要举措。就国家层面而言,"图书馆 + 书院"模式是传承中华优秀传统文化,彰显优秀传统文化时代价值,实现创造性转化,创新性发展的需要。2013 年 11 月 26 日,习近平总书记视察曲阜时,指出"中华民族有着源远流长的传统文化,也一定能创造中华文化新的辉煌。研究孔子和儒家思想要坚持历史唯物主义立场,坚持古为今用,去粗取精,去伪存真,因势利导,深化研究,使其在新的时代条件下发挥积极作用"。山东创新推进"图书馆 + 书院"模式,传承弘扬中华优秀传统文化,正是贯彻习近平总书记重要文化思想、切实履职履责的具体举措。图书馆作为弘扬中华优秀传统文化的主要阵地,本着对中华优秀传统文化礼敬自豪的态度,通过现代公共图书馆和传统书院有机结合的服务模式,充分发挥齐鲁传统文化丰厚的优势,深入开发公共图书馆自身承载的历史与文化资源,增强国学氛围,强化以文化人、以人育人的功能,使图书馆在提供传统公共文化产品的基础上,成为教化人、培育人、引导人的文化重镇和精神殿堂。

第二,"图书馆 + 书院"模式是弘扬社会主义核心价值观的重要服务平台。通过"图书馆＋书院"的服务模式,把社会主义核心价值观切实融入现代公共文化服务体系、民族民间优秀传统文化传承体系,利用中华民族创造的一切精神财富,包括礼乐典籍、传统美德、精神价值,通过经典讲读、讲座展览、体验活动、社会教育课程等,使广大群众特别是青少年在潜移默化中深化对社会主义核心价值观的认识,做到入脑入心,做社会主义核心价值观的践行者、传播者,成为培育和弘扬社会主义核心价值观,凝神聚气、强基固本的基础工程。

第三,"图书馆＋书院"模式是回应群众热情,引导"国学热"健康持续发展的需要。从社会现实看,是群众心灵的需要,人民生活的需要。目前全国已经有 2000 多家书院,除了几个古老的书院纳入大学体系,其余的书院大都为民办,几百万的儿童、少年、青年和老年人在里面学习,很多家长愿意让孩子接受传统教育或国学教育,一定程度上说明整个社会对传统文化的需求十分强烈。"图书馆＋书院"正是回应了社会的要求,开拓了服务群众的新途径。

第四,"图书馆＋书院"模式是让古籍里的文字"活起来",推动公共图书馆转型发展的需要。近年来特别是筹备十艺节的几年来,山东省各地公共文化设施特别是公共图书馆建设大大加强,总数达到 153 个,其中国家一级馆 76 个、二级馆 42 个,硬件条件大大改善。但也存在着日常服务手段不够丰富、传统服务项目吸引力不强、馆舍利用效率不够高的问题。而尼山书院的出现,则大大改善了现有局面,通过开办尼山书院,让藏在图书馆的文献典籍走进百姓,有利于公共图书馆进一步拓宽服务领域,使图书馆资源得到了有效利用,增加服务总量,提升服务水平。

在国学热渐渐升温的当今时代,淡出民众视野已久的书院又重回公众视野,与图书馆相结合成为为教化育人、传承文明的阵地,也理应成为引导潮流和发展方向的先锋军、主力军,唤醒善良,唤醒民众内心深处的优秀传统文化的基因,促进国学持续健康发展。

刘锦山: 李馆长,自从孔子开办私学,打破了"学在官府"的局面之后,私学经过辗转发展,终于在唐末形成了书院我国这一特有的教育制度和组织形式,并在宋代迎来了第一次发展高峰,为我国古代培育了大量的人才。近代以降,受到社会环境变化的影响与西学的冲击,书院渐至衰落并销声匿迹。最近十余年,随着传统文化的复兴,书院这一古典教育组织形式又重新引起了人们的重视。而公共图书馆是近代西方文明的产物。在"图书馆＋书院"这种发展模式中,图书馆和书院之间的契合点在哪里?与其他机构比如学校相比,图书馆与书院结合的优势体现在哪里?

李西宁: 书院是唐宋出现的一种独立的教育机构,是私人或官府所设聚徒讲授、研究学问的场所。清代袁枚在《随园随笔》中说:"书院之名,起唐玄宗时,丽正书院、集贤书院,皆建于朝省,为修书之地,非士子肄业之所也。"书院制度萌芽于唐,完备于宋,废止于清,前后千余年的历史,书院作为我国古代特有的以刊藏典籍、教化育人、研究传播为主要职责的文化教育机构,在文脉传承、教育推广、人才培养等方面发挥了重要作用,对中国千年社会教育与文化的发展产生了重要的影响。

前面说过,书院和现在的图书馆有着千丝万缕的联系,至少有许多天然的联系。古代早期的书院像唐代的书院,都是编书和藏书的地方,没有教育职能。宋代以后,书院出现了社会教育职能。从书史发展来说,最早出现的书都是抄本和写本,那个时候印刷术还没有产生。晚唐产生了雕版印刷术,但成本很高,大部分都是以抄、写为主。书院既是著书讲学的地方,又是刻书印书、传播知识文化的地方。此后逐步由书而学,因学者而讲学,由讲学而形成了书院。随着雕版印刷和活字印刷技术的发展,书院也逐步发展起来。古代书院的基本职能是藏书,与图书馆一脉相承,这是一方面。另外,书院有祭祀的功能。基本上就是祭拜孔子和书院创始者或者对书院有贡献的先贤、乡贤,他们属于人物榜样,这实际上是一个礼乐教化的过程,而不是一个简单的祭祀,通过一些必要形式,凸显崇高感。第三方面,就是教学和学术方面的教育职能。图书馆不但藏书职能与书院一脉相承,出版展览具有社会教化作用,图书馆社会教育职能也与书院相近。现代公共图书馆承担着文献收藏、整理研究、社会教育的职能,是构建学习型社会的重要阵地,是广大群众的终身学校和传承延续文明的文化重镇,与古代书院有着天然的联系。将古代文化教育机构书院与全省范围内的现代图书馆相结合,不但延续古代书院与现代图书馆的天然联系,复制传统文化中最优质的基因,延续文脉,同时也实现馆藏典籍、礼乐教化、教书育人等功能的有机统一,在研究创新过程中实现对传统文化的弘扬与传承,提升公共文化服务效能。

与学校等机构相比,图书馆与书院结合的优势主要体现在以下方面:首先,随着现代公共文化服务体系建设迅速推进,各地公共文化设施特别是公共图书馆建设大大加强,硬件条件不断改善,为书院的建立提供了完善的设备设施基础和服务网络基础;其次,由于种种原因,图书馆内珍藏的古籍文献部分没有得到充分有效利用,通过采用"图书馆 + 书院"这种模式,可以让藏在图书馆里的文献典籍走进百姓,让书写在古籍里的文字活起来,充分发挥公共图书馆传承教化的文化功能;最后,借助书院的平台可以强化公共文化服务体系的教育教化功能,进一步拓宽公共图书馆的服务领域,增加服务总量,提升图书馆服务群众的能力。

3. 发展

刘锦山:李馆长,现在距山东省文化厅下发文件将近一年,请您介绍一下"图书馆 + 书院"模式建设尼山书院在全省的推进情况?

李西宁:"图书馆 + 书院"模式已在全省范围内全面推开,根据"六个一"(即全省县以上"尼山书院"须设置一个统一匾牌,一尊孔子像,设立一个国学讲堂、一个道德展室或展区、一个国学经典阅览室或阅览区、一个文化体验室或活动区)"五大板块"(即开展经典诵读、国学普及、礼乐教化、道德实践、情操培养)的要求,建设的总体情况如下:

山东省建设尼山书院和乡村(社区)儒学讲堂工程实施,山东省图书馆尼山书院于2014年5月31日举办了首场国学讲座,一年半多时间以来,开展了丰富多彩的实践探索。一是开展礼乐教化,重塑儒家文化精神。举行新六艺体验、开笔礼、夏(冬)令营、祭孔仪式等,吸引读者达2000余人次。二是传承经典,普及国学新知。共举办各类专题讲座如国学课堂、孔子公开课、论语公开课等144场,现场听众人数1.5万余人,观看现场直播人员21万余人。内容涉及儒家经典、汉服、剪纸、射艺、中医等传统文化知识。三是开展道德实践,传承乡贤英模风范。在书院内开设"永奠和平——济南青岛德州地区受降展"、齐鲁先贤英模展等3个主题展室,一年多来,共举办《泰山经石峪金刚经》拓片展、馆藏金石拓片精品展、孔子圣迹图版画展等各类展览50余场次,参观展览人次达4万余人。四是强化体验互动,情操培养寓教于乐。举办艺术院团体验日、"新六艺"体验日、非遗体验活动等各类体验活动500余场次,参与人数达3万余人。举办各种书香雅集活动,如"艺海流金——齐风鲁韵海峡两岸文化交流笔会""明湖七夕诗会"、古琴雅集等,提高了活动的趣味性和吸引力,在群众中引起良好反响。五是创新思路,开拓数字服务途径。开通了书院网站、微信公众号,推出了客户端和资源触摸屏服务端,打造超越时间空间泛在数字服务形式,使群众在任何地方任何时间都能够享受传统文化的服务。在多媒体教室每周定期播放传统文化相关视频如《孟子的智慧》《孔子与百姓生活》等共80余期;加强数字资源建设,制作戏曲动漫20集,利用动漫的生动形式展现古代圣贤的生平事迹和道德小故事,面向青少年展现传统文化的精髓。六是开展社会教育,化育人才。开办"尼山义塾",采取经典诵读班、经典讲读班等形式,面向少年儿童开展国学教育,进一步丰富了国学教育的形式和内容。另外,举办面向家长的"家长课堂",成为少儿教育的有力补充。培训全省尼山书院骨干和讲师360余人。七是开展学术研究,使古籍文献"活"起来。举办尼山书院会讲,完成首批《齐鲁儒学珍本文献丛刊》50余种的出版工作,总结经验,推广成果,并启动第二批的编辑整理工作。联合山东大学策划编辑传统文化教材和普及读物。启动实施"海外儒学文献回归计划"及"齐鲁珍贵地方文献回归计划"。

目前全省公共图书馆尼山书院建成132个,其中省级1个、副省级2个、市级15个。全省各级尼山书院举办各类活动3200余场次,参与群众40万余人次。在各级尼山书院建设的带动下,以尼山书院为核心延伸出来的乡村儒学、社区儒学成绩斐然。2013年年初以来,在省委、省政府支持下,在省文化厅推动下,乡村儒学的发展不断向全省辐射。目前,全省17市都已经推开乡村儒学,越来越多的基层百姓受到优秀传统文化的熏陶,在改变民风,营造乡村和谐氛围方面发挥了积极作用,教育效果不断显现。目前,全省已建成乡村儒学6000余个,开展活动1.5万余场次,参与群众60万余人次。

结合尼山书院建设,不断加强在城市社区的儒学推广工作,把社区儒学建设定位为加强和推进尼山书院建设的重要举措,是尼山书院服务向基层延伸的桥头堡,是全省公共文化服务体系建设的重要组成部分。2014年11月,尼山书院首家社区儒学讲堂在济南鲁能领秀城社区成立,为社区儒学的推广提供成功经验。目前,全省17市已全面展开社区儒学推广工作,共建成社区儒学2000余个,开展活动1800余场次,参与群众17万余人次。社区儒学、乡村儒学的大力推广,把优秀传统文化和优良传统道德送到基层群众中间,实现了尼山书院功能向基层的延伸,在提升群众道德水平和文明程度,提高公民素质、营造和谐社区、和谐乡村,建设文明社会等方面发挥了重要作用。

这些遍布全省的文化阵地,把优秀传统文化和优良传统道德送到群众身边,使越来越多的基层百姓受到优秀传统文化的熏陶,尼山书院的建设不仅为图书馆的发展打开了新的局面,更为其充实了新内容,注入了新理念,提高了图书馆管理水平,使图书馆设施得到了充分利用,发挥了更大效能。同时,在潜移默化中改变了民风民俗,营造了乡村和谐氛围,在提升群众道德水平和文明程度方面发挥了越来越重要的作用。

刘锦山:李馆长,古代书院有各自的教学管理制度,有课程体系,有管理人员比如山长,有专职的教师,有全职的学生在书院里学习,书院也有相关的考试。请您谈谈尼山书院的教育教学体系建设方面的情况。

李西宁:尼山书院没有专职的学生,但是有很多孩子每周都来,长期学习,我们叫尼山义塾,在书院学习儒家经典,学习六艺,学习做人的道理。以前的书院是个学术机构,又是个教育机构,书院时而私时而官,有时候被官方收编了,明代就不让民间办书院了。为什么元代重视书院呢?政府想把书院统起来,在圣人经行之处都要建书院,就是要进行教化,就要把府学、县学都结合起来。当时的尼山书院政府派来的山长，同时兼职国子监的职务，当然我估计这是当时给他的一种待遇。考核不错可以到政府的教育系统像现在的教育厅里去任职，两个是相通的，都是政府派的，吃的都是政府的俸禄。

西学东渐，把学堂建立起来了，学院就废了；然后小学就起来了，私塾也废了。现在的书院更重要的是传统教化的作用，而不仅仅是学习知识的地方。以前书院教育实际上就是做人，然后学知识，这是一个结合的事情。现在的教育，虽然有道德思想课，但是做人教化淡化了。现在西式教育面临着很多的困境和弊端，书院作为一个补充就应运而生。民间有些书院也有学生，但是学生有可能最后也考上学了，道德教育如何，不得而知。大部分人还是向现在的学历教育靠着，并不是说上完书院就成大家，没有这样。而且这是长期的，不是一两天就能形成的。经世弘道的这种理想情怀，儒生的以天下为己任的精神，在书院体现得更好，培养这种精神，这也是我们努力的方向。

德业并重是书院的一大特点。做传统文化和书院，要言必信，行必果，不能说一套做一套。以前老师也是我们的榜样，老师给家长说还管事，因为他做得好。我举个例子，我考大学的时候，班主任上午去住院，下午拿着吊瓶在课堂上给我们辅导作业。高考的时候，我们班基本上百分之九十的同学都考上大学了，那个时候大学难考。老师的行为让我们很感动，这就是德的问题。业是一方面，知识是一方面，业好学，德很难学。过去书院的导师和学生们的关系，很亲密，就像一日为师终身为父的父子关系，同学之间关系也很亲密，"有朋友自远方来，不亦乐乎"，就是同学与同学的关系，路途遥远，我们聚到一起不容易，在一起切磋一下学问是多么开心的一件事情。学习里面还有感情和做人的道理问题，我们也在营造一种这样的氛围。

书院没有门槛，为什么那些穷学生上不起私塾？因私塾有门槛，书院无论贵贱，尼山书院什么人都可以来。关于教育体系，我们是社会教育，没有办法和职业教育比，我认为也是很好的，作为补充也是挺好的，没有门槛，但传统书院精气神在。我们现在的老师大都是志愿者，有些是大学的老师，有些是机关干部，或者社会上的传统文化践行者，他们的水平也很高，既不为名也不为利，就是为能够在一起讲传统文化，能够在一起做这个事业。现在我们书院尼山义塾的读经班、诵读班一期一期办着，非常受欢迎，今后我们会在课程体系、教师队伍建设方面加强力度的。

刘锦山：李馆长，据我了解省馆有一个尼山书院，济南市馆也有个尼山书院，另外，临沂、曲阜等地也有，这些尼山书院之间的关系是什么呢？

李西宁：是联盟和推广的关系。

刘锦山：相当于品牌共享，共享尼山书院的品牌。现在书院有一套标准化的运作方式吗？各地的尼山书院全部按照标准方式来运作吗？

李西宁：尼山书院的运作模式与现在的图书馆体系是一样的。政府现在的积极性很高，不但政府积极性很高，乡村社区的积极性也很高。图书馆服务延伸到乡村建设了，乡村本来就有传播文化的阵地文化大院，通过尼山书院，图书馆与乡村文化大院也联系起来了。

刘锦山：将来尼山书院也有可能拓展到其他省市。李馆长，"图书馆＋书院"模式建设尼山书院的推进过程中，存在哪些问题需要在发展过程中逐步加以解决？

李西宁：虽然我们在尼山书院推进的各项工作中迈出了新步伐，取得了新成绩。但是，在某些方面，仍然存在一些问题，需要在今后工作中逐一解决。

一是发展不均衡。由于地方经济发展不均衡,重视程度不一等原因,导致全省各地方在发展上不均衡。有些地方政府支持力度大,尼山书院、乡村儒学和社区儒学推广较快,"五大板块"内容落实比较到位,活动形式和内容也非常丰富,而有些地方恰恰相反。

二是机制建设还不够完善。去年我们在山东省成立尼山书院理事会,在管理运行机制上迈出了重要一步,但在管理制度化、服务标准化、教学科学化、运行社会化等方面还不够完善。在地方上,有些也成立了理事会,有些没有,在管理和日常工作上还没有形成足够健全的机制。

三是内容创新不够。创新是发展的源泉,工作开展起来了,但很多时候缺乏创新,缺乏动力。这主要是动脑筋不够多,方式方法老套,不注意整合社会力量形成资源共享,不善于运用新技术、新渠道。所以,在充分调动各地创新能力的同时,要多推广先进地区的好经验、好做法,做到创意共享,共同发展。

四是师资队伍建设需进一步加强。目前,在师资队伍管理、培训等方面做了很多工作,初步形成了具有一定战斗力的队伍。但是,在数量、质量上仍然不够多、不够强,给教学培训活动的开展造成一定困难。

4. 未来

刘锦山:李馆长,从字面理解,"图书馆＋书院"模式似乎是借助图书馆的资源和力量来建设尼山书院,那么,尼山书院的建设会给图书馆带来什么呢?

李西宁:我们依托"图书馆＋书院"模式建设尼山书院,在弘扬优秀传统文化、推进现代公共文化服务体系建设、实施文化惠民等方面,积极行动,扎实推进,取得显著成效。

一是将"图书馆＋书院"模式纳入公共文化服务体系建设,推动图书馆发挥更大效能。"图书馆＋书院"模式推开后,全省各地高度重视,积极行动,建设尼山书院,推广乡村儒学,开展丰富多彩的活动,取得良好的社会效益。以"图书馆＋书院"建设为契机,在图书馆管理机制改革、优秀传统文化弘扬、文献整理出版、学术研究和人才培养以及对外交流方面,都迈出了坚实步伐。同时,"图书馆＋书院"模式丰富了公共文化服务体系的内容,拓展了公共文化空间,促进了社会资源整合共享。目前,我们借助政府支持和民间力量,以专家学者组成义务教师团,以儒家伦理为主要内容,以重建乡村文化、改善乡村治理为重要任务,启动定期化、常态化、秩序化教学传承机制,将儒学讲堂与基层综合性文化服务中心建设结合起来发挥更大效应。实现了将尼山书院、社区儒学和乡村儒学建设纳入山东构建现代公共文化服务体系的重要考核内容,保障了"图书馆＋书院"的可持续发展,覆盖全省、运转规范、服务有效的"尼山书院"服务网络体系已初步建立。尼山书院的建设不仅为图书馆的发展打开了新的局面,更为其充实了新内容,注入了新理念,提高了图书馆管理水平,使图书馆设施得到了充分利用,发挥了更大效能。

二是机制建设进一步完善,不断强化图书馆标准化建设。注重顶层设计,在"图书馆＋书院"实施目标基础上,制订2016—2018年尼山书院发展规划,从框架上采取现代管理运行模式,推动法人治理结构,成立了尼山书院理事会,保障尼山书院建设规范化管理和科学化发展。在"图书馆＋书院"建设模式上,形成了政府主导、图书馆承办、社会参与的机制,共建共享、合作推进的发展模式。积极推动尼山书院软件及各项标准的制定工作,起草《"尼山书院"建设与服务标准(试行)》,拟订《尼山书院讲读专家库》《尼山书院推荐书目》和《尼山书院必备书目》。制定了《关于进一步规范尼山书院、乡村儒学社区儒学讲授及活动内容的意见》,对尼山书院、乡村儒学和社区儒学的建设和业务活动内容,尤其是授课教材、授课内容等进行规范。"图书馆＋书院"的标准化建设,带动了图书馆不断提高管理和服务的制度化、科学化、标准化和规范化,不断完善管理运行机制,成为全省现代公共文化服务体系极具地方特色的服务亮点。

三是以文化惠民为目的,开展丰富多彩的活动,拓展图书馆服务领域发展空间。全省尼山书院、乡村儒学、社区儒学需要坚持以下原则:①坚持公益性原则,整合资源,精心设计,广泛组织丰富多彩的国学讲堂、道德实践、礼乐教化、经典诵读、艺术体验等活动,积极配合相关部门推动中华优秀传统文化的进学校、进农村、进社区。创新服务内容和方式,增强服务内容趣味性和互动性,借助雅集、笔会、讲读会等载体,通过诵读、音乐、动漫、书画等形式,让优秀传统文化和道德伦理代表人物、故事真正"活"起来。②坚持时代性原则,依托新媒体和网络技术的应用,开通尼山书院网站、微信,启动尼山书院手机客户端应用,制作尼山书院数据库等,建设数字尼山书院,通过移动客户端、电脑、触摸屏等把尼山书院送到千家万户,把优秀传统文化资源送到更多的基层百姓身边,不断扩大尼山书院服务范围,增强传播力和影响力。③坚持社会性原则,广泛联合社会机构,共同举办具有一定规模的活动,扩大社会影响力。如省图书馆尼山书院与山东大学历史文化学院共同举办的青少年国学夏令营,两年来共举办8期,参与人数500余人,效果良好。2016年6月11号与济南彤骏马术俱乐部及济南射箭机构联合举办的首届"尼山书院杯"传统射艺交流邀请赛顺利举行,来自全省100多位专业和业余选手参加,规模空前,具有很大的社会影响力。④坚持互动性原则,通过讲座、座谈、互动体验、展览等形式如"艺术体验日"、射艺体验、传拓体验、雕版印刷体验等,吸引广大群众参与到各项活动中来。听取群众对于书院建设的意见和建议,使其作为优秀传统文化的接受者同时,成为推动尼山书院建设的一分子,密切了群众与图书馆的关系,从而不断拓展图书馆服务领域和范围。

四是社会风气改善成效显著,彰显了图书馆良好的职业形象。在推进尼山书院、乡村儒学和社区儒学建设过程中,我们始终以优秀传统文化,培育和践行社会主义核心价值观为目标,立足社会,面向乡村、社区、家庭、学校,通过讲座、论坛、曲艺、视频播放、经典诵读、夏(冬)令营等形式,开展宣传教育和培训活动,在改善社会风气、营造和谐社会、和谐家庭等方面成效显著。在今年的夏令营中,有一个小朋友在接受记者采访时说,以前自己完全不理解父母的辛苦和对自己的良苦用心,还经常向父母发脾气,花钱也不知道节俭,但在参加了夏令营特别是听了老师对经典中"孝"的概念的解读后,终于明白父母真的很辛苦,不能因为父母爱自己就提一些过分的要求,她表示以后多来图书馆,认真学习,好好孝敬父母。

通过尼山书院我们在以优秀传统文化教化人心,改变社会风气,营造和谐社会过程中,与群众沟通互动交流的渠道更加畅通,服务更接地气,针对性和服务效果更加显著,从而让社会更多的人了解图书馆、走进图书馆。同时,也锻炼了队伍,提升了馆员的思想道德水平,树立图书馆良好的社会形象和服务品牌,延伸拓展了图书馆的服务,更好地满足了群众的文化需求。

刘锦山:李馆长,请您谈谈"图书馆＋书院"模式在未来的发展规划。

李西宁:"图书馆＋书院"模式在未来将着重开展以下几个方面的工作。

第一,加快推动全省尼山书院建设步伐,完善尼山书院工作运行和服务机制。

根据尼山书院发展规划要求,进一步加强尼山书院硬件、软件建设,完善"六个一,五大板块"内容,挖掘典型事例,实现以点带面,典型带动,做好优秀传统文化推广工作,提升整体服务水平。进一步建立健全工作组织机制以及管理运行机制,加强活动策划和项目设计,完善尼山书院理事会制度,筹备成立尼山书院工作联盟,结合山东省加快构建现代公共文化服务体系实施意见及实施标准的制定落实,建立完善建设、服务、活动、教材、流程、管理等方面的标准体系,保障其建设规范化管理和科学化发展。探索建立和完善尼山书院服务体系,加强对尼山书院、乡村儒学、社区儒学等传统文化项目活动的监督指导,丰富和规范授课活动内容,吸引社会力量参与,推动书院进社区、进学校、进企业,初步建立覆盖全省、运转规范、服务有效的尼山书院服务网络体系,形成山东孔子故乡独有的特色与优势。

第二,创新服务内容和方式,大力提升尼山书院技术创新和传播能力。

进一步增强书院活动内容的趣味性、互动性、时尚性,通过动漫、讲读、笔会以及书画、音乐等方式,让我们的活动形式更生动活泼,活动内容更丰富亲切,传播手段更立体多元,也更具有吸引力和感召力。加强重大文化工程如非物质遗产保护、古籍保护、文化共享工程的结合,充分融合当地文化资源和特色,调动工作人员和群众的积极性,把创新当成一种常态,增强惠民效果,传承中华优秀传统文化。充分利用现代化网络和新技术手段,通过微博、微信、手机客户端、触摸屏等媒介,建设网上虚拟尼山书院,提高数字化水平强化与群众之间的新型互动,让大家以更多方式、更多渠道参与到活动中来;利用互联网平台,拓展互联网 + 书院的思路,整合 17 地市讲座和活动资源,为市民进行优秀传统文化方面的网上现场学习和辅导,强化活动信息推广力度,把优秀传统文化资源送到基层百姓身边,扩大服务范围,增强书院传播力和影响力,让"图书馆 + 书院"模式真正成为山东文化惠民工程的一个品牌,并拥有强劲的可持续发展力。

第三,提升学术研究水平,打造一支高水平的文化服务学术研究队伍。

充分发挥尼山书院学术阵地作用,通过学术研讨、书院会讲、学术报告等形式,提高传统文化、儒家文化的学术研究水平,培养学术研究骨干。成立尼山书院研究院,实施特聘专家制度,设立儒学研究和传播重点项目或课题,培养学术研究骨干。收集各地市尼山书院及乡村儒学讲堂讲稿,汇编成册,强化宣传推广,让优秀齐鲁文化走近群众、服务群众。加强齐鲁文献资源的挖掘整理与出版,让更多的齐鲁文献走出书库,走出图书馆,服务社会,完成《齐鲁儒学珍本文献丛刊》第一辑出版,实施好"海外儒学文献回归计划"及"齐鲁珍贵地方文献回归计划"。

第四,更加注重服务效果,加强保障措施促进书院健康有序发展。

加大人才培养力度,强化对管理和师资队伍的精细化管理,打造一支过硬的传统文化教学传播和管理的精锐之师,形成坚强后盾。建立尼山书院讲读专家库,组成由国内外知名专家带领、省内知名学者为骨干、高素质专业技术人才组成的儒学服务和传播团队,开展各地尼山书院和儒学讲堂宣讲。增强对各级尼山书院师资队伍的培训力度,力争在数量、素质、能力等方面有较大提升,通过聘请专家讲授、外出培训学习等方式,提高专业水平,注重师资分级培养,继续举办全省尼山书院管理骨干及师资骨干培训班,培养达到 1500 人的讲师团。强化机制保障,建立健全宣传文化、教育、团委、文联、老龄等部门协作的工作机制,整合资源,形成合力。强化制度保障,完善并落实服务需求反馈、绩效考核和监督管理机制,进一步推动尼山书院、乡村儒学、社区儒学健康繁荣发展,为传承弘扬优秀传统文化,培育和践行社会主义核心价值观做出新的贡献。

十、刘洪辉：粤图文脉领风骚

[专家介绍]刘洪辉，研究馆员，现任广东省立中山图书馆馆长，广东省古籍保护中心主任，广东省中心图书馆委员会副主任，全国图书馆专业杂志核心期刊《图书馆论坛》主编。担任社会职务有中国图书馆学会常务理事，中国图书馆学会学术研究委员会委员兼图书馆管理委员会主任，广东图书馆学会理事长；兼任中山大学资讯管理学院研究生导师，华南师范大学经济与管理学院研究生导师。2008年获"广州市优秀专家"称号，2009年获"广东省委宣传部'十百千'第一层次人才培养对象"，2013年度"文化部优秀专家"。

在最近20多年中，诸多图书馆为寻求新时代我国图书馆事业发展道路，进行了丰富多彩的理论思考与实践探索，取得了富有成效的收获，有力地促进了我国图书馆事业的发展。广东省立中山图书馆在此过程中，在许多方面都做出了积极的贡献。因此，e线图情采访了广东省立中山图书馆刘洪辉馆长。

1. 大众书童

刘锦山：刘馆长，您好！非常高兴您能接受我们的采访。请您首先向读者朋友谈谈您的治学与工作经历。

刘洪辉：谢谢刘总和e线图情对广东省立中山图书馆和我的关注。治学不敢当，由于一直工作在图书馆领域，对于图书馆事业的发展非常关注，有一些自己的见解和想法，自己不是专业做学术研究的，谈不上治学。我简单向读者朋友谈谈我的求学和工作经历吧。

我是1983年考入北京师范大学图书情报系本科，1987年本科毕业之后又继续在北京师范大学读硕士，是当时数学系和图书情报系联合培养硕士，方向是应用软件。硕士毕业之后，1990年被分配到江西大学（后来与江西工业大学合并组建南昌大学）图书馆学系任教。在江西大学图书馆学系做了3年的教师，1993年调到广州图书馆技术部做数据库系统维护和编程工作，1996年被任命担任广州图书馆技术部主任兼馆长助理。1999年调任广州少年儿童图书馆馆长，2005年调任广州图书馆馆长，2009年6月调任广东省立中山图书馆馆长。

由于工作原因，我对两个方面的问题比较关注。早期因为做技术部的工作，对于技术层面的问题关注比较多，后来担任馆长，对于图书馆管理问题更加关注。这些年来，我在这两个领域用了点功夫去学习和实践,并不时与同行探讨一些相关问题。到省馆以后,因为工作原因,对标准化和古籍整理两个领域花的时间更多一些。2012 年,我们馆承担了图书馆标准化委员的两个标准的制定,一个是刚刚通过专家审定的《图书馆参考咨询规范》,另一个就是《乡镇图书馆管理规范》,因此,这几年我对图书馆标准化问题做了些探讨。广东省立中山图书馆的前辈们为我们积累的馆藏非常有特色,馆藏古籍资源相当丰富,我自己也比较关注古籍的整理和出版。第 11 届文博会展出的广州出版社出版的《广州大典》引起了很大的反响和关注,在《广州大典》的整理编校中,我们馆是绝对的主力。广东省立中山图书馆提供了在全球范围收集到的底本的 70% 左右,这件事情的合作方是中山大学图书馆,《广州大典》是520 册的大部头,收录了 1912 年以前的广府文献 4000 余种,卷帙浩繁。此外,我们还与中山大学图书馆合作,整理出版了《清代稿钞本》,分六编,共 300 册。我们还整理了关于南海方面的边疆史料。这样,在古籍整理方面投入了一定的时间和精力。

最近,我比较关注图书馆体系建设方面的问题。因为我国的公共图书馆体系比较特别,从国家图书馆到县级图书馆全部定位为公共图书馆。在很多国家的教科书或者法规中,国家图书馆是单列章节的,国家图书馆与不同级别的公共图书馆的定位和职能是不同的。省级图书馆也有其特殊的定位,以美国为例,州立图书馆是淡化公共服务职能的,它的主要职能有点类似行政机构,统筹整个州的公共图书馆事业发展。我国的省级图书馆没有这样的定位,我们的定位就是公共图书馆。最近,我一直在思考,省馆在公共图书馆这个大系统里面应该怎么定位? 现在提倡均等化服务的环境下,图书馆体系建设是一个很重要的问题,关系到均等化服务的实现效果。这些问题需要投入一定的时间和精力去关注。

我所关注的问题都与工作有紧密联系。我对自己的职业定位就是大众书童,我就是为大众购书和藏书,怎么能让大家更舒适、更方便和更快捷地看到自己想看的书,这就是我的职责。这个说法不一定确切,但是大体能够反映我自己对职业和工作的认识。图书馆真正的主人应该是纳税人,是公众,我们只是资源的管理者,怎么能让资源更有序地流动,怎么能在公平、公正和开放的状态被大家利用,是我们图书馆人的职责所在。因此,我们图书馆人就是对这些文献资源负有管理责任的管理者,但真正的主人不是我们,主人应该是大众,是读书人。

2. 关于省馆的定位

刘锦山:刘馆长,贵馆创建于 1912 年,经过一百余年的发展,现已跻身全国著名图书馆前列。目前贵馆可以说处于一个继往开来的阶段。请您向读者朋友具体介绍一下贵馆已经取得的成绩和未来几年的发展规划。

刘洪辉:广东省立中山图书馆有超过百年的历史,其前身是广雅书局的藏书楼,以广雅书局的藏书为主体,加上广雅书院冠冕楼的一部分藏书合并成我们最初的馆藏,对公众开放。广东省立中山图书馆是 1910 年,也就是在清朝末年筹建,民国元年开放。随着一百年来的慢慢建设,现在广东省立中山图书馆有 900 多万册藏书,古籍线装书有 40 多万册的规模。

百年馆庆时,我在介绍广东省立中山图书馆历史时除了提到几个时间点之外,我用了一句话——"中山图书馆的百年历史和中国近代百年历史高度契合"。抗战时,广东省立中山图书馆馆藏从广州转到粤北的韶关地区，甚至有一部分转移到广西，大迁徙过程中损失了很多藏书，我们曾经在水路运送，书箱掉进水里、翻船等事件时有发生，非常令人痛心。1949—1970年，整个过程有很多的起伏。尤其比较特别的是，广东省立中山图书馆与广州市图书馆两次合并。广州市图书馆于20世纪30年代开放，两个馆靠得很近，当时的省政府和市政府认为省、市图书馆的功能相同，地方靠得也很近，没有必要设立两个图书馆，所以省馆就合并到市馆去了，我们的资源全部给了广州市图书馆。后一次合并是在1955年，原因也是一样的，因为虽然30年代合并了，抗战时期我们又独立开办了一个省馆，到1955年再一次合并，这次是市馆合并到省馆。因此，我们今天的馆藏实际上是广东省立中山图书馆和广州市图书馆两馆前辈们早期收集和储存下来的，凝聚了两馆前辈共同的心血。这种情况在全国可能是唯一的。20世纪80年代，广州市图书馆也重新成立了。现在广州市图书馆有一座体量巨大的新馆，他们的服务做得很好。

除了文献资源这些看得见、摸得着的宝贵财富之外，前辈们还给我们留下了丰厚的精神财富。杜定友先生是我们的先馆长，也一直是我学习和敬仰的楷模，他在极其艰难的条件下，维持和发展省图书馆的事业，做了大量开创性的工作。我们现在做地方文献的很多原则还是杜先生当年定下的，我们都不会轻易地变动，可能因为现在条件和环境的发展我们会有所补充，但是核心内容还是不变的。比如说广东文献和广东寓贤著述的收集，这些都一以贯之延续下来，才有我们今天的成绩。我们有时候遇到一些问题还会参考当年前辈们留下的方法，历代的馆员和领导都为我们留下了宝贵的经验，是我们学习的榜样。

关于未来的发展，我们有两件事必须做实做强。第一，广东省立中山图书馆作为省馆的定位和担当。以前，图书馆的核心业务之一是原始编目。现在，大多数图书馆都放弃了原始数据的加工，包括大学图书馆都放弃了。广东省立中山图书馆作为一个省馆也是华南地区最大的图书馆，原始编目总是有人做的，图书供应商并不能提供合格的原始数据，对于中国南方特别是粤版书的原始编目，我们一直会努力承担下去，这也是为图书馆服务。我们加盟到国家编目中心，支持国家编目中心的工作，通过这样的方式来奉献全国的公共图书馆尤其是广东省内的公共图书馆，这样省内的其他图书馆就可以把人力调配出来，做好读者服务工作。我们的数据是可以全国共享的。省馆定位中很重要的一项工作就是为图书馆服务，为此我们同时运作了一个"中心图书馆委员会"，由全省的各级各类图书馆组成一个工作联盟，去协调高校、科技和公共三大系统的图书馆。在这样的联盟环境之下，除了运作了全国参考咨询联盟一个服务业务之外，我们在人员培训、协作协调方面也起到了一个核心作用，其实所谓核心就是需要做特别的奉献和担当。我们馆还是广东省图书馆学会的所在地，全省的学术、科研和一些项目的发布，广东省立中山图书馆都要承担非常重的任务，其实也是为行业研究和培训做一些服务以及对整体的协调。广东省的古籍保护中心也在省馆，我也忝居主任之职，担任这个职务并不是说我本人在这方面实力强，其实古籍工作，是我的弱项，而省馆要在这件事情上有担当。除了全面配合国家古籍保护中心的工作之外，我们要进行人员培训、规范标准制定、古籍普查等全省范围的古籍保护工作，为部分古籍收藏机构配工具书、修复材料、非接触式扫描仪、建立古籍修复室等。所有这些事情都需要有人牵头出来担当，如果没有这样一个机构，古籍保护工作就很难做下去的。这个领域我们这几年投入的力量也是比较大的。

所有这些工作,都在表明我们试图为省馆做一个定位。我现在最想做好的事情就是把广东省立中山图书馆定位好。做好自己的定位长期被大家忽略,哪些是城市图书馆该做的,哪些是省馆该做的,哪些是国家馆该做的,我们应该在这个系统中有个恰当的自我认知和定位。公共图书馆要服务大众,我们一年有几百万的公众服务量。但是省级公共图书馆的定位仅仅如此吗?广东省立中山图书馆要做本省图书馆的图书馆,即为省内的各级各类图书馆服务,以全行业的力量来满足社会的需求,不和城市图书馆进行简单的比较和竞争。我做广州馆馆长的时候,省馆直接的读者服务量和一些数据从来没有赢过市馆,现在我做省馆馆长,省馆也从来没有赢过广州图书馆。对比是非常明显的,省馆开放程度不如市馆,作为广东省的文献保障基地,大量的图书都在书库里面,读者根本就不能直接看到,书库面积比开放的读者空间更大,而广州市馆空间完全是开放的,绝大部分图书读者都可以直接看到、借到。因此,省馆为全省各级各类图书馆提供服务,包括培训和研究等一些基础性业务,我们主持了广东省古籍保护中心、中心图书馆委员会、图书馆学会、编目中心等影响全行业的工作。这样就会将省馆打造成全省图书馆的核心,这是我们对省馆的主要定位。

第二,我们继续深入推进数字图书馆工程,在数字图书馆服务上,努力实现政府提出的均等化服务的原则和目标。我们要把我们组织的珠三角数字图书馆联盟一直做下去,我们要把我们发起成立的全国参考咨询联盟这个全国最大的合作体继续做下去,我们要把数字图书馆融入国家数字图书馆推广工程中去。在这个过程中,会特别关注粤东、粤西、粤北贫困地区的服务工作。广州、深圳、东莞、佛山这些城市,数字图书馆和数字资源检索都做得比较好,在这一块他们自己就很强大了,我们的原则是扶弱。我们和数据供应商的谈判通常会考虑粤东、粤西、粤北贫困地区问题,也为这些地区提供一定资金支持,之后省馆的资源就会向这些地区开放,对供应商应该是双赢的局面,因为贫困地区不是数据商的目标用户,省馆愿意付出代价为他们提供这些服务,让大家跟上数字化建设的时代发展。同时,要把广东省经济条件落后的地区带动起来去做数字化服务。

3. 关于参考咨询联盟

刘锦山:刘馆长,互联网时代,数字技术和互联网技术对于图书馆的发展产生了深远的影响,贵馆以敏锐的战略眼光和务实的精神紧紧瞄准技术前进的方向,在全国率先推出了基于互联网和数字技术的网上参考咨询服务,并逐步发展成为众多图书馆参与其中的全国最大的参考咨询联盟,取得了很好的效果。请您谈谈这方面的情况以及将来进一步发展的规划。

刘洪辉:联合参考咨询发展的大致环节如下:早期建设数字图书馆,后来建立数字图书馆联盟,再向联合参考咨询方向发展。很多比我们能力强的图书馆也加盟其中,例如国家图书馆和上海图书馆各方面的能力其实比我们强很多,他们也加入其中,之所以会这样,是因为我们很早意识到纯公益的文献推送和原文推送服务会受到读者和用户的欢迎的,实践证明确实如此。我们做大规模的数字资源采购,有条件、有能力做这样的工作,而且按照当时与资源供应商签订的合约,没有违反相关的知识产权法规,供应商也认可,所以就这样做起来了,慢慢地加盟馆达到180多家,早期的服务量比现在大很多。原因在于,当时拥有自己的数字图书馆的馆相对是比较少的,我们早期建立了珠三角数字图书馆联盟,以这个联盟为基础,我们的资源量是全国最大的,能够回答的问题或者是能够做原文推送的业务就会是最好和最全面的。很多资源供应商开始为了打开市场就让我们来用,约束也很宽泛,只要是通过人工传递而不是直接查询获取全文,就可以不受限制,大家就用得很好。后期有人向我们投诉,开放性不如初期那样了,这实际上不是我们图书馆或者联盟有约束,而是资源提供商根据其自身市场发展状况对我们参考咨询的开放性做了更多的限制,他们在联盟和某些地区的用户之间设置一些技术障碍,进行流量控制,使得开放性下降了。

现在合作的范式和联盟依然在,但是随着数字图书馆的发展以及我们与供应商之间的一些协议问题,在全国数字图书馆高速发展状况下,大家对于联盟的依赖性下降了。参与合作的单位更多的依赖自身资源,因为用自己的资源会更方便和快捷。此外还有一个因素,早期联盟对外文文献传递有一些鼓励政策,现在因为供应商加强了约束,我们的鼓励政策就取消了。原来推送一篇文献会相应给一些积分和报酬作为鼓励,现在从知识产权保护的角度来说,这种做法似乎不妥,我们就取消了鼓励政策,这样也造成了现在服务量一定程度的下滑。现在年度回答咨询量从当初最高峰的七八百万篇次跌到现在的一百多万篇次,甚至还在进一步下滑。尽管如此,这个项目在很大程度上对我国图书馆特别是公共图书馆的数字图书馆早期建设与运用起到了很好的带动作用,大家觉得数字图书馆可以做这件事是非常不错的。现在大家都各自发展起来了,对于联盟资源的依赖越来越小,同时由于商务原因联盟的资源开放度越来越低,这就不可避免地造成咨询量的下滑。

在新的环境与背景下,参考咨询联盟还会继续发展下去。当然,我们要进行一些创新,通过创新求得发展。我们现在还计划依托这个联盟,做一个纸质资源馆际互借系统。如果某位读者想借一本广东的地方文献,但是他所在地区的图书馆没有,向系统提出来,在协议的基础上把书传递给这位读者。

刘锦山:刘馆长,珠江三角洲数字图书馆联盟与粤港澳三地图书馆网上参考咨询合作之间的关系是什么样的?请您把这个脉络梳理一下。

刘洪辉:粤港澳三地图书馆网上参考咨询合作是我们和港澳地区图书馆界进行交流的一项工作。我们把珠江三角洲数字图书馆联盟对港澳图书馆开放,港澳图书馆的资源也对我们开放。2015年6月10日,港澳图书馆界的代表与我们共同开通三地古籍数字化成果和地方特色文献。港澳对广东的古籍利用率肯定比其他地区更高一些,原来旧广府的范围就包括港澳地区。最近我们对300多万页的广东文献进行了数字化,现在上线的有超过100万页,这些资源我们会对港澳地区开放。

刘锦山:珠江三角洲数字图书馆联盟什么时候成立的?

刘洪辉:大概是在2007或者2008年,因为大家一起协商的时间很多,就是看时间点从哪段算起。这样的联盟组织一般就是几个图书馆先协商,这几个图书馆就联合起来,再与其他图书馆协商扩大联合范围。

刘锦山:珠江三角洲数字图书馆联盟什么时候面向全国开放的?

刘洪辉:珠江三角洲数字图书馆联盟成立起就面向全国开放了。只要有图书馆加入联盟,联盟就会对该图书馆开放。同时,只要读者进入这个系统,都可以提出问题,我们都会去一一解答,我们面对的是终端的个人读者,不分地域。

刘锦山:珠江三角洲数字图书馆联盟运作的高峰期是什么时间?

刘洪辉：大概是在2007—2009年三年。现在处于下降趋势，读者数字化资源的利用大幅提高，占图书馆服务总量的比例不断增长，读者的水平提升了，可以直接查询到需要的文献，大家对珠江三角洲数字图书馆联盟的依赖越来越小。

4. 关于流动图书馆

刘锦山：刘馆长，图书馆对于增强国家文化软实力具有十分重要的意义，而构建普遍均等的文化服务体系，是增强国家文化软实力的前提。我们了解到，贵馆实施的流动图书馆项目在这方面进行了很好的探索，请您结合贵馆的情况谈谈图书馆在这样的背景下如何更好地发挥自身的作用？

刘洪辉：公共文化服务均等化是政府和社会追求的一个目标。事实上在省域范围内实现均等化是不太现实的，就广东而言，粤东、粤西、粤北地区与深圳、广州、东莞、佛山这些先发展起来的珠江三角洲地区之间的差异越来越大。广东省立中山图书馆作为省馆怎样去引领整个行业向均等化方向发展？基于这样的考量，我们也做了一些具体的工作，其中流动图书馆系统就是我们为此运行的一个规模非常大的项目，我们把省财政支持的一些经费和资源用来支持粤东、粤西、粤北这些贫困地区的基层图书馆。这些基层图书馆有馆舍和编制，但是没有新书，所以都冷冷清清的，没有服务和人气，我们如果投入一部分新书就会把这些馆舍和人员激活。基于这样的考虑，我们启动了流动图书馆项目。由于流动图书馆项目的实施，使得这些图书馆的服务活跃起来。经过十几年的努力，图书馆发展呈现出良好局面，地方政府投入不断增加。现在广东不少贫困地区也建立了自己的新馆舍，在建立流动图书馆之前，这对当地图书馆馆员来说是不敢想象的。

对于这些贫困地区的图书馆，除了为其配置一些新书以及自动化系统之外，我们每年都会分片去做人员培训。我们按照现在发达地区的图书馆服务体系建设去推动贫困地区的体系建设，我们理解得均等是在城市范围内的相对均等，因为在全省范围内追求均等是不可能的事情，但是我们会让贫困地区图书馆的服务从弱到强，让贫困地区图书馆的服务体现出当地的均等化，并保障底线均等。我们在这样的方向下做了大量的工作。同时，我们还建了一个捐赠换书中心，用募集到的图书支持乡村学校图书馆建设，我们对捐助的图书进行仔细筛选，每年都会支持几十个乡村的学校图书馆和阅览室。站在省馆的角度上，把目光投向能力相对比较弱的地区，推动这些地区的阅读基础建设、资源基础设施建设和阅读风气的培植。当然，我们还致力于全省范围内的阅读推广活动和社会阅读风气的养成。对一些发展起来的地区，我们的直接支持会少一些，而对于那些落后的地区我们做的工作就会多一些，包括文献资源上的支持，例如，每年我们都会投入50万元左右去做贫困地区图书馆人员的大规模培训工作，由省馆承担包括食宿在内的全部费用。这体现出对相对落后地区的关怀，也体现出作为省馆的担当。

刘锦山：刘馆长，根据您刚才谈的内容，您说的流动图书馆似乎与我们通常意义上理解的流动图书馆不太一样，是这样的吗？

刘洪辉：确实如此。我们借用了通常所说的流动图书馆这个概念。我们这里的流动图书馆并不是我们过去理解的流动图书馆。我们的流动图书馆是这样操作的：假如一个地市有5个图书馆成为我们的流动图书馆，我们就为每个流动图书馆配置一批不同的书，每隔一定时期我们为这些流动图书馆配备的图书就会在这些图书馆之间进行交换流动，当然，图书的交换必须依靠物流来支撑。早期是一年交换两次,现在一年交换一次。如果一个地级市建立了 10 个县级的流动图书馆,我们配备给这些图书馆的图书就在这些图书馆之间定期交换流动。最初,使用"流动图书馆"这个概念,争议还是比较大的。现在我们已经在尝试开发自己的流动图书馆系统,从服务效果来看,做得还是比较成功的。

刘锦山:所谓"流动",不是图书馆在流动,而是图书在馆际之间流动。这种流动图书馆的服务更易深入和扎根,通常的流动书车毕竟在覆盖面和服务量上还是有所局限的。

刘洪辉:但那是正宗的流动图书馆的概念。国外有很多人口比较稀少的地区,没有必要去建设一个实体图书馆,就用这种方式作为一种补充。我们的流动图书馆是扎根在市、县馆里面,在馆际之间进行文献交换。我们每年都会配发一些新书下去,今年给 A 馆 1500 本新书,然后再从 A 馆拿走 1500 本书给 B 馆,再从 B 馆拿走 1500 本书给 C 馆……两个人或者几个人相互交换等额的金钱没有意义,但是交换一本不一样的书意义就非常大了,这就是的书的特殊性。

刘锦山:流动图书馆项目是什么时候开始筹划运作的?效益如何?

刘洪辉:2003 年开始筹建,已经做了十几年。省财政每年支持 500 万元的购书经费,主要用来买书;另外支持 100 万元的运营费用,主要用来购置图书监测仪、电脑和书架等设备。作为公共图书馆,广东省立中山图书馆肯定会有一定量的完全迎合大众阅读需求的书,这些书每年都会有一定量的剔旧,大概会有 10 万册以上,有些年份会达到 20 万册,这些书我们也投入到流动图书馆系统里面,对于许多贫困地区图书馆而言,这些剔旧图书也是非常新的。

刘锦山:加入流动图书馆系统的是县级图书馆还是地市级图书馆?

刘洪辉:既有县级图书馆也有地市级图书馆。这些流动图书馆的工作非常积极主动,它们自己下设的更基层的流动服务点多达 500 多个。基层图书馆有很多感人的事迹,有一个很小的县级图书馆叫新兴图书馆,我们合作之后,现在它下面发展了 50 多个流动服务点,新兴图书馆的馆员和馆长经常用摩托车为各个服务点送书,是广东省唯一的一个被中宣部、新闻出版总署、文化部等四个部委联合嘉奖的全国先进单位。我们每年都会提供培训机会,这样每个图书馆都可以交流和互相学习。2014 年流动图书馆设立的流动服务点超过 540 个,有时我们也会去看看,这 540 多个流动点都已经铺设到乡镇、街道、学校、企业、军营等。

因为缺乏宏观指导,流动服务点的设置有很大的随机性。有的机构自己觉得需要通过阅读提高文化建设水平、氛围,就会主动联系图书馆为他们设阅览室,这样一些不确定的因素是比较多的,但是不少图书馆还是把服务都推广出去了。最稳定的合作机构是学校,不少图书馆在学校设立了流动服务点。流动图书馆逐渐也迎来了社会合作,比如广东省立中山图书馆和花旗银行合作在新兴的六祖镇和惠州地区的龙门镇建立了两个少年儿童图书馆,投资几百万,按照我们的这个模式建立的,投资周期完成以后就交给我们管理。因此,我们这些流动图书馆不仅仅有我们自身投入的,还有一些是社会机构投入的,比如满天星这样的公益机构承诺在广东的一些学校建立爱心阅览室,数量也非常大,我们也和它一起合作,我们提供模式和专业的指导,当然作为公益机构是不营利的,但是会获得相应的社会赞誉。

刘锦山:省财政是从什么时候开始支持流动图书馆项目的?

刘洪辉:2005 年开始,到现在投入有 6000 多万元。500 万元经费的购书资产是归省馆的。

刘锦山:现在放在流动图书馆的存量书有多少册?

刘洪辉:现在流动图书馆有 85 个,图书存量中新书有近 200 万册,旧书不算,剔旧图书每年就有 10 多万册,每个图书馆平均下来有 25 000 册图书,因为流动图书馆关键就是缺少新书,在前期调研的时候我们发现有的地方几十年没有买过一本新书,一个图书馆馆长年没有买过一本新书就意味着没有读者,要是突然放下去 15 000 册新书一下子就会增加很多读者,服务慢慢起来以后,文化系统的领导们也会去看,其他的文化机构都是门可罗雀,图书馆却突然来了这么多人,这样会引起政府相关主管部门的重视,就会逐步形成一个良性互动,服务起来了,人也多了,馆舍也热闹起来了,慢慢地效果就会好起来。

刘锦山:图书交换流动的费用都由省馆来承担吗?

刘洪辉:省馆承担所有的费用。新书配发下去时,运输由中标供应商来提供,这几年由新华书店集团中标,新华书店集团在各地都有很多点,我们直接让书店把新书发到相应的流动图书馆,同时顺便再馆际交换一些图书,我们也会给他们一些费用,只有共赢才能长期合作,这笔物流费用其实不是很高。因为采购回来的新书配送是不收费的,再顺便交换图书送到其他点,所以物流费用不是很高,每年的 100 万元的运营费包括培训费用、基础设备采购费用以及物流费用。85 个流动图书馆有统一的自动化系统管理,和各馆协商之后,他们也会装一些远程摄像头,这些费用也很低,这样我们也可以观察到阅览室读者的情况,这样大家互相有制约和承诺,送出去的书不能一直躺在书库里面,关键要用起来,只要是面向公众使用,读者就会逐步增加的,这样合作就会长期进行下去。

刘锦山:85 个图书馆服务量如何?

刘洪辉:总的数量很大,大约是千万级的服务量,但是要平均到几十个馆,数量就不大了,还需努力。资源贫乏地区的图书利用率很高。

刘锦山:贵馆的流动图书馆是一种模式上的创新。

刘洪辉:我们做了有十几年了,目前国内还没有复制这种模式的。现在国内有很多成功的范式,像深圳图书馆,长三角地区的苏州、无锡、杭州等地的图书馆都有各自的模式。城市图书馆的运行模式有很多共性,市馆作为中心龙头馆利用通借通还做资源配置和服务支持,区县以下的图书馆就走总分馆,城市图书馆大体就是这么一个模型。当然,也有不同的地方,包括各级政府的资金投入、支持方式、运行模式中的一些差别等。省馆就很特别了,因为在现有财政体制之下,这种做法其实是值得商榷的。因为从税收角度来看,税赋由县财政收走了,所以文化服务按分级财政应该由县级来承担,广东地区差距太大,所以省里面要有省里面的担当。我们的这个模式在十几年的运行中,文化部也为此开过现场会来推广,但是依然只有我们这一家。我们也看到它存在的意义和价值,而且各地同人看见,正面评价比较多,因为它确实把冷冷清清的图书馆带活了。我们希望地方政府要意识到这是自己的责任,如果真正把一个地方图书馆的投入进行划分,省馆占的依然是很小的一部分,馆舍是地方建的,馆员是地方供养的,省馆只不过是放了一两万册书而已,书价占的比重绝对比不上馆舍,实际上还是以地方投入为主,以前就是因为缺乏新书资源,图书馆服务没有开展起来,我们就把这个关键抓住,激活了其原有资源。

刘锦山:早年有做咨询的人,提出了一个叫作"99 度加 1 度"的理论,贵馆做的就是加 1 度的事情,让水沸腾起来。

刘洪辉："八五"期间文化部提出县县有图书馆,这是一个政府考评的硬指标,所以就建了图书馆。有图书馆就一定要有编制,馆舍、人员都有了,而且也达到目标了,书呢?没有书不行。现有的资源怎样去激活,所以这个模式最好的作用就是能激活基层图书馆的存量资源,对当地的图书馆进行了启蒙,大家开始意识到这件事情的意义了,现在广东不少贫困地区建立了新的图书馆,投入也大了很多,开始慢慢地有了效果。当一个地方的图书馆发展起来之后,省馆的流动图书馆怎样在不对其产生任何负面影响的情况下有序地退出来,退出来之后地方政府还能为图书馆提供支持,这是一个非常重要的问题。省馆从各个方面退出来之后,地方图书馆的依赖性也会彻底消失。

要避免把所有的图书馆搞得像行政系统一样,省馆相对于市馆而言,和省政府相对于市政府而言完全没有可比性,因为行政机构是层级的,对于图书馆来说,每一个图书馆都是独立的,这样大家就会有建设本地图书馆的主体意识。做流动图书馆,要避免形成一种依赖的心理,但是现在渐渐变好,标志就是建了很多新馆,大家的投入都比原来增加了很多,我们只是个引子,把这个种子播下去,最后要在当地土壤里生长,需要当地的营养和培植。我们现在所做的事情以后还会继续去做,但是我经常告诉地方图书馆的同人,不要说某某馆是省馆的什么分馆,地方馆就是一个独立的存在。我曾经告诉省馆的同事,我们不要以为下去就真成为地方馆的领导了,这样不利于培养基层馆的自我意识。每个馆都是独立的存在,每个馆都应该有这样的自我认知。

刘锦山:刘馆长,一般而言,企业是相当重视品牌的作用,而多数图书馆对于品牌的重要性还没有给予足够的重视。美国的一些图书馆对品牌比较重视,美国兰乔库卡蒙加公共图书馆(Rancho Cucamonga Public Library),做了一个长方体的木箱子,里面放了些玩具,供小朋友通过游戏来学习,他们就注册了一个商标,叫作"边玩边学小岛"(Play and Learn Islands?)。目前,该馆已向35个加州图书馆的辖区授权免费使用"边玩边学小岛"产品,让更多的孩子能从中获益。我国图书馆这方面的意识比较薄弱,注册商标的很少。贵馆明确提出建设活跃的公共关系,创造文化品牌,增值无形资产的战略,这是对于图书馆的发展具有十分重要的战略意义。请您结合贵馆的实际谈谈品牌建设对于公共图书馆发展的重要意义。

刘洪辉:除了一般的公共服务之外,我们在数字时代已经将自己做成了一个自媒体,我们有微博、微信、NFC模式,我们的数字图书馆是对所有的移动终端,比如kindle、iPad、移动电脑等都能提供使用。比如讲座,我们会有讲座的预告提供给感兴趣的读者,读者也可以在网上拿票,可以在网上听和看我们的讲座等,我们现在正往这方面做而且也取得了一些成绩,在全国我们也不算是落后。

传统品牌和宣传就是要增加社会能见度和美誉度,让服务能够被广泛知晓,为大家所接受。我们的品牌都是呈现给服务对象的。怎样能够最大限度提升服务量和品质,怎样把我们的服务推广和复制出去,这几乎是品牌建设的唯一目标。我们在实现这个目标的过程中。图书馆是个很开放的行业,大家会毫无保留地共享经验和研究成果。我们的品牌大多是学习和借鉴同行而建立的,我们所做的工作,也会和同行分享,因为图书馆提供的是公共文化服务,公共产品"非排他性"和"非竞争性"的特点使图书馆的品牌大同小异。

图书馆品牌的树立,要以文献特色为基础。以展览为例,我们利用馆藏文献,做过十三行文献图片展览,反映广州"独口通商"的一段历史。国家当时"闭关锁国",只留了广州一地可与海外通商,全国海上贸易都交由广州十三行行商代理,因此,广州成为与欧美往来的唯一窗口。是中国近代史呈现"南风北渐"特征的重要原因。这个展览既发掘了一段重要的地方史,引起学界和读者的广泛兴趣,又因为这段历史与港澳密切相关,引起港、澳图书馆的强烈兴趣,邀请我们到他们那里展览,反响很好。这仅仅是一个案例,品牌就是通过这些有特点的工作,逐步在公众和同行中树立。现在,周末到中山图书馆听讲座、看展览已经成为我们馆周围一些居民的习惯,这或许就是树立品牌吧。

5. 关于法人治理

刘锦山:刘馆长,公共图书馆治理结构的改革现在是大家普遍关注的一个问题,贵馆作为文化部的试点单位之一,在这方面也做出了积极有益的探索和实践,请您向读者朋友谈谈这方面的情况。

刘洪辉:从中央文件和中办、国办文件来看,本轮改革的实质是把最大主动权给了举办单位,一些配套文件特别强调在本轮改革中要加强党的建设和领导,制度设计、理事会成员等均要得到主办单位的认可。从宏观来看,举办单位让度多少权力出来,图书馆在本轮改革中就会接受到多少权力,这是基本面。在这样一个框架下,图书馆进行改革的力度就有所不同。办文化向管文化转变是本轮改革要实现的目标,对此我持乐观的态度,但乐观并不一定意味着一步到位,改革是一个过程,新的制度比原来优,只要是进步就应该乐观其成。各馆理事会制度的设计是有差异的,在但大的条款方面都比较相近。我们省馆馆长的提名权在政府主办单位,但是广州图书馆把馆长的提名权给了理事会,这样会有一些差异,授权大小会不一样。在本轮改革中广州图书馆有一个亮点就是市编办、市委组织部、人力资源与社会保障局、财政局四个部门发了一个专门的配套文件,把部分人事权比如招聘专业人员权利授予了图书馆,只要在编制内图书馆不用再报用人计划就可以自由招聘;同时把内部机构设置的权利交给了图书馆和理事会,举办单位不再进行干预,内置机构的撤并增加,完全是图书馆的自由;固定资产的处置权也交给了理事会和图书馆。大宗固定资产的报废原来可能都需要上报到人大,一定要有授权,才能处置报废资源。比如旧的文献资源是固定资产,如果一年要剔旧 20 万册图书,这个额度文化主管部门都审不了,就要到财政,甚至人大审批。等一年半载审批之后,这批文献的价值就衰减了,广州市直接把固定资产的处置权授予图书馆和理事会,有利于把这些资源配置给有需要的基层图书馆。还有一些具体的权利都授予给了图书馆。这样理事会改革就有很多实质性的变化,我们省馆现在获得的授权暂时还弱一些。

今天的改革方式和力度其实是与大的社会管理模式联系在一起的。对于主管厅局而言,图书馆出问题厅局负有连带责任,所以厅局就要看着图书馆,这很正常。如果把某些权力授给图书馆,图书馆可以跨过主管厅局独立做出决定,这样图书馆在授权领域出的问题与主管厅局没有关系,只要把这种责任连带关系区分开了,其实厅局都愿意放权。因此,理事会改革是与大的社会管理规则和制度联系在一起的。也正是因为这样的原因,我对举办单位持赞成和支持的态度,因为图书馆与举办单位是一个联合体,图书馆的任何一个小错误都会导致自己的上级领导挨批评。如果制度规定图书馆的责任就是图书馆独立担当,和其上级领导没有关系,那么主管机关自然就不愿意管图书馆的事情。我们的制度架构已经打造好了,现在缺乏一个权力清单,当整个社会向"小政府,大社会"转型的时候,政府职能往后退的时候,向下的授权自然就会多起来。因此,这一轮改革,我个人理解就是搭建良性的或者是向好的方向发展的制度框架，授权到什么程度图书馆就接受到什么程度，我认可今天的这种模式。有些地区的图书馆理事会改革更超前一些，但是我并不认为改革会立即给图书馆带来多少实质性的活力，只是多了一个机构在这里，多了一些会议和汇报，改革的效果要在实践中慢慢显现，在各方逐步磨合中，在深化制度规范的过程中体现。当然也会有直接的好处，毕竟会有一些人（各领域的理事）为图书馆说话，当图书馆和社会或者一些权力部门互动的时候，毕竟还是有一些人会帮图书馆一下，好处肯定会有很多。但是从整个宏观制度改革来说，我觉得现在只是搭了一个好的架子，更大的进步还需要时间。

刘锦山：只要不超出编制，图书馆可以根据需要自行招聘人员，不再需要申报，这就是说图书馆有进人的权力，除了自然退休，辞退和解聘的出人的权力也都给图书馆了吗？

刘洪辉：原则上聘期到了可以不聘或者给调换岗位，从聘任制的角度而言图书馆具备这项权力的。但是从整个社会制度建设的角度来看，实际上两种状态都会造成不公平。假如一位馆员完不成任务，图书馆还必须用这个人，那么对图书馆来说是不公平的，图书馆应该有办法来解决这个问题；但是如果直接把这个人推到社会上去，那么对于这个个体来说也是不公平的，他这么多年的辛苦和努力白费了，以前事业单位职工是不缴纳社保的，退休后可以享受退休待遇，如果离开图书馆到企业就职，社保就必须从零开始，这显然不公平。对于公务员和事业单位的职工没有合理的社会保障制度的支撑，这样直接解聘事业单位职工也是不公平的。

刘锦山：因此，把社保都统一起来，不管身份是否一样都按照同样的制度缴纳，这样事业单位人员流动的出口就比较畅通了。

刘洪辉：对，整个大环境要相应改变。大环境不变如果我们强调某项权利会让人非常为难，这也是为什么有的地方会发生一些恶性事件的原因所在。

刘锦山：某一方面的自由一定有另一方面的不自由作为代价的，或者说某一方面得到的一定是以另一方面更多的付出做平衡的。

刘洪辉：但是如果整个改革完成了，整个社保全部统一了，慢慢地这将会成为大家的一个常态了，领导觉得我不胜任这个岗位了，我可以走。

刘锦山：可能馆员还会炒图书馆，就像员工炒企业一样。你这里不要我，我到别的地方去。这样大家就会认为这件事情比较平常了。回到馆长的提名和任命，馆长由理事会提名，组织部门或者人事部门去任命。有没有这种情况，就是组织部门或者人事部门认为理事会提名的人选不合适，退回来重新提名？

刘洪辉：这种情况会有的。

刘锦山：广州图书馆理事会框架下副馆长的任命是如何进行的？

刘洪辉：副馆长的任命方式还没有最后确定下来，我们看到的章程还是征求意见稿。我建议由馆长提名，理事会通过之后，由举办单位来任命。这样比较合理，因为馆长负责制把所有的责任和压力都交给馆长一个人身上，如果下面有任何一个人馆长管不了，或者说下面有的领导成员馆长是管不了的，是由主管部门越过馆长来管，大家对主管部门负责，对馆长不负责，但是责任还都是馆长一个人的，这是不符合责权一致的原则的。国外一些图书馆馆长权力很大，但是制度管得很严，馆长不可能用公款请客吃饭、旅游，这些都不行，但是馆长在内部的权力非常大，有时候直接任命馆内干部，全体人员都不知道，直接上台就宣布。我在洛杉矶就碰见过这种情况。

十一、王筱雯：谋篇布局促发展

[专家介绍] 王筱雯，研究馆员，辽宁省图书馆馆长。2010 年 3 月，被辽宁省人社厅、文化厅授予"全省文化系统先进工作者"；2010 年 4 月，被辽宁省总工会授予"辽宁五一奖章"；2011 年 3 月，被中共辽宁省委宣传部授予"辽宁省'四个一批'优秀人才"；2011 年 8 月，被中国科协、中组部、中宣部、教育部、科技部等 8 个部门授予"全民科学素质行动计划纲要实施工作先进个人"；2012 年 3 月，被辽宁省妇联授予"辽宁省三八红旗手标兵"；2013 年 3 月，被全国妇联授予"巾帼建功标兵"；2014 年 1 月，被文化部授予"文化部优秀专家"；2014 年 4 月，被全国总工会授予"全国五一劳动奖章"称号。

辽宁省图书馆是 1948 年中国共产党领导下建立的第一所大型公共图书馆，它的发展轨迹折射着新中国公共图书馆事业发展的缩影，在中国百年图书馆史上具有划时代的意义。2010 年 7 月，辽宁省图书馆新馆建设正式启动，这是辽宁省图书馆发展史上具有标志性的事件，辽宁省图书馆的同人们正以此为契机，努力推进辽宁省图书馆的跨越式发展。在这样的背景下，e 线图情采访了辽宁省图书馆王筱雯馆长。

1. 辉煌历史

刘锦山：王馆长，您好！很高兴您能接受我们的采访。贵馆作为我党领导下建立的第一所大型公共图书馆，在近 70 年的发展历史中，为辽宁省、东北地区和我国图书馆事业的发展做出了很大的贡献。请您首先向读者朋友谈谈贵馆的发展历程。

王筱雯：谢谢 e 线图情和刘总对辽宁省图书馆的关注和支持。辽宁省图书馆是中国共产党领导建立的第一所大型图书馆，这是我们区别于其他省级图书馆的一个重要特点。从全国来看，不少省级图书馆都已经或者接近百年馆龄，辽宁省图书馆从建成开放到现在已经走过了 67 年的发展历程，与一些百年老馆相比馆史不算长。辽宁省图书馆是 1947 年在哈尔滨筹建的，原名东北图书馆，馆舍最初在哈尔滨，1948 年 8 月 15 日建成对外开放，同年 11 月搬迁到沈阳，1955 年改名为辽宁省图书馆。

在近 70 年的发展过程中，辽宁省图书馆在馆藏建设、服务工作与队伍建设等各方面都取得了比较大的成绩，为辽宁省、东北地区和新中国的公共图书馆事业做出了积极的贡献。例如，新中国第一部图书馆分类法——《东北图书馆图书分类法》，就是东北图书馆工作人员在对旧分类法进行再三修改的基础上形成的,它在新中国的图书馆事业中发挥了重要作用。多年来,我们先后荣获"全国一级图书馆""全国文化工作先进集体""精神文明标兵单位""群星奖服务奖""全国扶残助残先进集体""全国少数民族古籍工作先进集体"等一系列荣誉。我这里重点向读者朋友谈谈馆藏古籍的一些特点。

辽宁省图书馆现有藏书近 600 万册,涉及文种十几个,其中古籍藏书 61 万册,善本书约 12 万册。古籍藏书无论质量和数量上在全国都是名列前茅的。东北图书馆成立之初,图书的来源有接收、捐赠和采购三种方式。在筹备东北图书馆期间,接收了存放在佳木斯《东北日报》社的东北民主联军撤离长春时收缴伪宫的一批宋元版善本书;冯玉祥夫人李德全捐赠了从美国带回的一套《大英百科全书》;开明绅士孙丹阶(广庭)捐赠了家藏的古籍及碑帖拓片 2 万多册。1948 年 11 月,东北图书馆接管了原"国立沈阳博物院筹委会图书馆"和"辽宁省立图书馆"等处藏书,以后又陆续接收了罗振玉的藏书。至 1949 年年底,藏书量达到近 70 万册,成为新中国成立初期我国藏书较多的公共图书馆之一。

由于特殊的历史原因,辽宁省图书馆收藏的古籍文献质量较高,有相当部分是存世孤本、珍本,为业界所瞩目,并形成了较鲜明的藏书特色。例如,宋元版古籍精品较多,闵版书收藏集国内大成,殿版书收藏品种全、特色突出,罗氏(罗振玉)藏书完整丰富,稿本、抄本藏品精良等。此外,还有数量比较多的旧日文、旧俄文文献,以及一些比较有特色的东北地方文献等。

2. 新馆建设

刘锦山:王馆长,通过您的介绍我们较为全面地了解了贵馆不平凡的发展历程,也了解了贵馆发展历史中具有标志性意义的重要节点。而贵馆新馆建设也是一件具有重大历史意义的事件,我们了解到,贵馆新馆经过几年的建设即将投入使用,是目前国内单体面积最大的省级公共图书馆之一。请您向读者朋友谈谈贵馆新馆建设的情况。

王筱雯:辽宁省图书馆的馆舍几经变迁,现在的馆舍 3 万多平方米,1989 年开始建设,1994 年对外试开放,1998 年全面对外开放。2010 年 7 月,辽宁省委、省政府将新馆建设作为我们省文化建设的一件大事,同时启动了包括图书馆、博物馆、科技馆和档案馆在内的四个馆舍的建设,其中有三个馆的面积是超过 10 万平方米。

新馆是由法国 VP 建筑事务所设计的,2011 年 3 月破土动工,规划用地 83 200 平方米,建筑总规模 103 150 平方米,是目前为止全国单体建筑面积最大的省级公共图书馆之一。建筑高度 22 米,建筑密度 31.7%,绿化率 31.2%。计划设置阅览座席 7000 个,设计藏书能力达到 1000 万册,日均读者接待能力超过 1 万人次,信息节点 4000 个,网络带宽 1000 兆。

新馆在设计上凸显以人为本的服务理念。使用大空间、无间隔,使其可以灵活应对未来的发展变化。在布局上,本着各主要功能区既保证相对独立,又紧密相连;以静区、较静区和闹区分隔明晰、互不干扰为原则。合理设置书流、读者流、工作流,使流线清楚。

经过近四年的建设,土建工程已基本完工,目前正在进行专业设备的试运营和验收。现在看来,土建工程、专业设备等的运行情况良好,基本具备搬迁和新馆试开馆的条件。因此,于近期启动了搬迁工作。图书馆的搬迁是一项规模非常浩大的工程,500 多万册的藏书,需要几个月才能搬迁完毕,古籍还需要经过恒温恒湿的试运行,具备条件以后才能搬迁。

刘锦山:建设方是哪个单位呢?

王筱雯：是辽宁省基建办公室负责代建的。

刘锦山：设计单位是法国的吗？

王筱雯：是法国 VP 建筑事务所设计的，由辽宁省设计院进行深化设计。

刘锦山：在设计过程中，图书馆参与程度如何？

王筱雯：公共图书馆有不同的功能区，藏书区、读者借阅区、文化活动区、辅助休闲区、专业设备区，功能很多，并且应适应长远发展需要，所以也有一个不断调整和完善的过程。在实际工作中，我们和代建单位建立了比较好的合作关系，对我们提出的一些问题，代建单位在一定范围内尽量按照我们的意见进行修改，除了个别不可逆转的工程性问题，大多数问题解决得较好。

刘锦山：建设过程中做过哪些比较大的调整呢？

王筱雯：有过一些较大的调整。如新馆建设之初，我们没有考虑建立典籍展示馆。后来考虑为了更好地展示书籍的发展历程，提出增加典籍展示馆，增设了恒温恒湿环境和气体灭火功能。这属于比较大的调整。

刘锦山：王馆长，请您谈谈新馆布局方面的情况？

王筱雯：根据《公共图书馆建设标准》，新馆设置藏书区、借阅区、咨询服务区、公共活动和辅助服务区、技术设备区、业务加工区、行政后勤区等区域。

藏书区：为充分发挥馆藏文献作用，在各类书库周围设立主题阅览室和专题研究室，为广大社会公众、科学研究人员配备功能齐全的服务设施，使他们能充分利用省图书馆丰富的文献资料。库房将一律采用密集书架。在古籍保护方面，按照《古籍特藏书库建设标准》，采用恒温恒湿，气体灭火，防盗报警系统等，建成一流的古籍收藏、研究和保护基地。藏书区面积有 1 万多平方米。

借阅区：集阅览、外借为一体，以全开架式阅览服务为主。其中，儿童服务以创新未成年人教育功能为主线，开展集少儿信息借阅、课外阅读指导、少儿问题咨询研究、少儿活动，0—6 岁婴幼儿服务、玩具服务为一体的少儿服务体系。残疾人服务按照《城市道路和建筑物无障碍设计规范》的要求，从整体到细节充分体现出对残疾人的关注与尊重。外借服务采用 RFID（无线射频）技术，实现 24 小时的自助借还服务。借阅区面积有 3 万多平方米。

数字图书馆和多媒体服务区：将依托新馆的智能化设计，作为各种新兴载体的展示陈列窗口，为读者提供专业的视听享受和数字图书馆的服务，以及个性化服务。该区域有 5000 平方米。

公共活动和辅助服务区：作为文化展览、图书展示、学术讲座、知识普及和阅读活动等场所，为广大市民终身教育和学习提供交流、互知、开放的平台。公共活动和辅助服务区有三个报告厅、一个展厅，还有几个辅助休闲区，面积 1 万多平方米。

技术设备区：突出信息化智能化建设，努力为国内外读者提供开放共享的远程服务。

在功能布局方面，我们最大限度地把空间开放给读者使用，可供读者使用的空间有 7 万多平方米。

刘锦山：王馆长，新馆各楼层面积与功能区分布情况如何？

王筱雯：就楼层而言，情况是这样的：

地下一层面积为 10 305 平方米。主要设置有读者餐厅、变配电室、电话机房、水池/水箱/水泵房、通风/空调机房、换热站、监控室、地下停车场等。

地上一层面积 25 917 平方米。设有少儿天地、特殊群体服务中心、新书坊、办证咨询中心、展览中心、讲座中心、24 小时自助借还中心、报纸期刊保存库、咖啡吧等。

地上二层面积 14 708 平方米。设置数字图书馆和多媒体区、创意体验区、影音欣赏区、中外文图书保存本库和阅览室等。

地上三层面积 23 852 平方米。设有古籍保护区、古籍(历史文献)阅览区、典籍展示区、古籍修复区、珍善本库房和历史文献库、中文图书借阅区、信息咨询和工具书阅览区、专家研究室等。

地上四层面积 24 031 平方米。设有辽宁作家作品展示区、地方文献阅览与咨询区、辽宁政府信息公开中心、中外文图书借阅区、分馆流动站借阅中心、报刊阅览、文献采购加工、数字化加工、缩微拍摄、网络机房、行政办公等。

刘锦山:整个新馆的投入是多少?

王筱雯:基建加上专业设备一共约 9.2 亿。

刘锦山:投入 10 亿之后,搬进去就能用,是吗?

王筱雯:基本建设投资 8 亿左右,此外,在布展、信息化、专业防备、典藏设备方面投入了约 1.2 亿。

3. 功能与定位

刘锦山:王馆长,对于任何一个图书馆而言,新馆建设都有着重要的、特殊的意义。新馆不仅意味着图书馆物理环境的发展变化,更意味着图书馆文化环境、内涵与机制的发展变化。因此,新馆建设,往往会成为一个图书馆办馆理念、办馆思路与办馆实践发生蜕变和飞跃的契机,借此,不少图书馆实现了跨越式发展。请您谈谈贵馆借由新馆建设带来的相关变化。

王筱雯:2015 年 2 月,中办和国办出台了《加快构建现代公共文化服务体系的意见》,把公共文化服务提升到非常重要的地位,对公共文化服务机构提出了新的更高的要求,公共图书馆作为公共文化服务体系的重要组成部分,责任重大。新馆建设是辽宁省文化事业的一件大事,省委、省政府对此非常重视,这些年对新馆的投入逐年增加。以购书经费为例,2008 年从以前的 800 万增加到 1600 万,2014 年又增加到 2420 万。辽宁省图书馆新馆建成和即将开放适逢其时,我们一定要抓住机遇,为推动辽宁省文化事业的繁荣做出自己的贡献。

新馆建设之初,我们按照省领导的要求,研究和规划新馆的建设目标与功能定位。新馆办馆实践中应该体现出什么样的理念? 新馆到底应该具备什么样的功能? 当时我们对国内外有关图书馆进行了认真调查,并结合国情、省情和馆情,将新馆的建设目标确定为:"标志性的图书馆馆舍、海量的数字文献存储、领先科技的阅读服务设施、现代化的传输和办公手段、开放创新的服务理念、企业化的管理模式和机制"。新馆启用不是一个简单的地理位置的变迁,而是意味着图书馆文化环境、内涵与机制包括管理方式都会发生新的变化。我们希望通过新馆建设,使我们的办馆理念和思路、办馆实践产生一个巨大的飞跃,使图书馆在功能定位、信息技术应用、服务内容等方面都有比较大的提升。简言之,就是要抓住新馆建成启用的有利契机,实现省图的跨越式发展。

基于这样的考虑,我们确定建成后的新馆应该成为"全省文献资源共建共享中心、全民接受终身教育的学习中心、开展社会教育的活动中心、辽宁文化成果展览展示中心"。

无论从历史还是现状看,辽宁省图书馆都是东北地区藏书量最大的机构,理所当然地负有辽宁省甚至东北地区文献资源保障的责任和义务。因此,我们首先将省馆建设成为集传统文献、地域文献与现代网络资源为一体、具有鲜明辽海文化蕴涵、知识聚集和知识服务相交融的海量信息资源库群和数字化服务体系。形成以省图书馆为中心,辐射市、县(区)、乡镇、村的四级文献服务体系,成为全省文献资源共建共享中心。

我们还要把辽宁省图书馆建设成为面向广大社会公众,面向科研人员,具有学习阅读、社会教育、学术研究、信息交流、文化休闲等多功能,提供自动化、网络化、智能化服务的各类阅读和学习场所,使新馆真正成为全民接受终身教育的培训中心。

通过努力,要把新馆建设成为一个适合不同群体、不同规模、不同形式、不同载体、不同内容、不同主题的各类讲座、展览、展示、科普教育、专业培训、学术交流等活动的场所,努力发挥新馆的科学普及和开展社会教育活动的重要功能,成为面向东北、面向全国,积极开展国际交流的重要文化设施和开展社会教育的活动中心。

通过新馆建设,还要加强古籍保护及辽宁地方资料、人物资料、地方出版物、与辽宁省发展密切相关的专题文献的收藏,成为全省文献资源共建共享中心,知识信息的集散地。成为辽宁文化成果展览展示中心。

建设新馆是辽宁的一项重点工程,我们既要将其建设成为标志性的文化建筑,更应该注重图书馆的内涵建设,树立开放创新的服务理念,运用现代化技术成果,整合图书馆的海量文献,实现服务、办公与传输的现代化,更好地体现公共文化服务机构的公益性。

4. 文化与发展

刘锦山:王馆长,我们中国有句古话叫作继往开来,讲的是文化的传承与发展。如您前面所谈,新馆的投入使用,使得图书馆诸多方面都将发生很大的变化,但文化的传承与创新并不因新馆建设而受到影响。请您谈谈贵馆新馆投入使用之后在图书馆文化建设方面的一些思考。

王筱雯:以往我们在图书馆文化建设方面做了一些工作,但是做得远远不够,今后我们要努力将其提升到更高的水平。新馆投入使用之后,我们计划从三个方面继续加强图书馆建设工作。第一是制度文化建设。新馆开放后,其服务理念、服务方式与工作流程等都将发生深刻的变化,这就要求我们建立起适应新馆发展需要的制度文化体系。第二就是组织文化建设。馆员是图书馆发展最主要的内在推动力,这几年我们在组织文化建设方面做了不少工作。2012年到2014年这三年里,我们把所有在职的专业技术人员整体送到高校进行专业培训,时间为期一周,合计人数将近200名;近期又将组织100名业务骨干到中央文干院进行集中学习。这些对加强组织文化建设起到了积极的作用。第三是服务文化建设。图书馆一切工作的出发点和落脚点都是围绕读者服务展开的,如何适应读者的需求,发挥图书馆的作用,是我们应该认真思考的问题。以往图书馆更多的是立足于阵地来开展服务,这些年通过数字化手段,开展网络在线服务,我们的服务从以往以阵地为主,扩展到通过远程利用图书馆的服务。还有流动文化服务,流动书车定期巡回把图书馆的文献、展览、讲座服务送到读者身边,力争把图书馆的服务效能最大化。

如何营造图书馆的文化氛围,如何在新馆环境中体现出地域文化特色,这是新馆建成以后我们应该加以考虑的重要问题之一。

刘锦山：王馆长，这方面馆里有哪些具体的考虑？

王筱雯：新馆是一个比较现代的建筑，整个环境颜色以黑、白、灰色为主，比较简洁。交付后，我们感觉到涉及文化内涵的东西是比较少的。国内图书馆建设和国外图书馆建设方式是不一样的，国外的图书馆建设很多采用的一体化建设方式，从图书馆的立项、设计、建设包括建设过程中一些功能分区和专业设备等基本上都是一体化的，我们应该学习这种做法，因为一体化建设会把很多问题综合考虑进去，所以设计、内部装饰、环境、设备、服务非常协调。而国内大部分图书馆都是代建工程，土建包括初装修由建设方承担，但是代建方对图书馆的功能和规律性的东西了解的不是很多，所以建成后发现体现文化氛围，特别是图书馆氛围的东西少。就我们馆而言，建设和装修都是由建设方承担，后期的设备由我们来做，我们在设备配备过程中还是采用了一些设计理念的，比如说室内的环境专门找了设计公司来设计，包括书架的材质、颜色和摆放形式等做了设计。后期室内绿化，也专门找了园艺公司来设计和实施，室内绿化中计划引入一些山水元素，以及绿叶植物、干花和鲜花的结合等。我们还结合不同的服务内容和服务群体来配置一些装饰画，如果读者群体是少年儿童，那么装饰画就必须适合少年儿童的特点；在电子阅览服务方面，引入了比较抽象的数字线条；在影视欣赏服务做了一些声波设计的东西，通过这些设计来体现服务内容。使环境和服务内容相得益彰。

当然，图书馆环境氛围的营造也是一个渐进的过程，不可能一蹴而就，需要不断完善和提升。

5. 服务与管理

刘锦山：新馆启用以后服务方式和内容上可能会有哪些变化？

王筱雯：新馆启用后，我们在服务模式上要加强创新力度，准备从如下几个方面着手

其一，以现代化、数字化替代传统服务手段。

实现新馆图书采编、流通、管理及办公全部自动化管理。开展高水平、专业化的网络信息咨询服务。从跟踪重点课题和重大建设项目的需求入手，利用馆际互借、资源推送、文献传递、虚拟参考咨询等服务方式，加强面向重点教育、科研与生产单位的联系，主动提供深层次、专业化的信息服务。建立全媒体数字图书馆服务平台。以技术手段对资源进行有效的整合，利用移动通信网、广播电视网、互联网等，搭建起满足不同服务需求的全媒体数字图书馆服务体系，开展手机阅读、电子阅读器阅读、电视阅读等服务。建立网上学习园地。为公众提供方便的虚拟多用户学习环境，提供以提高综合素质和职业技能为目标的学习平台和课件，支持公民终身学习。通过整合网络阅读资源和提供阅读服务，建立网络阅读园地，为公众提供丰富的网络阅读资源，使辽宁省图书馆成为网络读书活动的重要阵地。建设多媒体服务区，为读者提供电影欣赏、音乐欣赏、互联网服务等。利用多媒体手段为读者提供英、日、俄、法、德等语言的学习。建立新技术体验区，跟踪技术前沿，为读者提供图书馆新技术的体验服务，增强现代化服务功能。

其二，最大限度地满足不同群体的需求。

简化阅读手续，新馆所有服务场所向社会公众免费开放。一般性阅读读者不需证件即可阅览，须办证借阅的，除古籍等特种文献外，采取一证多用、一证通用的方式。建立未成年人借阅、亲子阅读、未成年人活动、未成年人科普教育、数字图书馆服务等为一体的未成年

服务体系。积极与教育主管部门沟通,努力提高未成年人素质教育,将省图书馆建成全省未成年人教育基地。为残障人士提供盲文文献阅读、对面朗读服务、盲人数字图书馆服务。在主要阅览室、报告厅等设立残疾人席位,在新馆主入口、坡道、楼梯、卫生间、停车场等充分考虑无障碍设计,努力为残疾人提供方便有效的服务。引进 RFID(无线射频)技术,为读者提供文献自助借还服务。设立 24 小时自助借还中心,为读者提供 24 小时无间断的文献借阅服务,最大限度满足读者的文献借阅需求。根据读者需求和馆藏特色,设立艺术文献、大众生活、保健养生等专题阅览。

其三,深化图书馆的社会教育和培训功能。

举办丰富多彩的讲座活动。做好辽海讲坛讲座,开办院士讲座、名家讲坛等新的讲座品牌。同时积极与社会各界合作,举办专题讲座。积极推动讲座深入城乡基层。举办展览展示活动。一是举办书史、国内外图书馆发展史、世界各国知名图书馆等常态专业展览;二是围绕重大事件、社会热点问题,举办不同主题的展览展示;三是与社会各界合作,举办各种专题展览;四是加入国家图书馆展览联盟,引进全国各省的特色展览巡展,强化展览展示功能。成立培训中心,开展面向读者、面向省内图书馆界、面向社会不同群体的培训,使培训工作成为社会教育职能拓展的重要手段。开展全民阅读活动,利用世界读书日、全民读书月、图书馆服务宣传周、科普活动周等活动,举办全民阅读节,通过开展读书报告会、读书知识竞赛、读书演讲比赛等,推广全民阅读。形成覆盖全省的社会阅读机制。积极开展面向农民工、妇女、未成年人、老年人、残疾人的阅读活动。围绕新馆建设,做好新馆室内外景观设计、绿化,在不同区域增设文化休闲阅读场所,使新馆成为市民的文化休闲中心。

其四,构建辽宁地方特色文献品牌和服务。

建立辽宁作家作品专题阅览室,系统收集辽宁籍作家的作品和记录辽宁史实的作品及与辽宁有关的地方文献,提供专题展示和阅览咨询服务。广泛征集辽宁地域文化资源,如清文化、辽宁名胜古迹、辽宁博物、辽宁文艺精品、辽宁文化名人、辽宁工业遗产、老工业基地振兴、辽宁非物质文化遗产、辽宁体育等,提供专题服务。完善辽宁省政府信息公开查阅,主要与省委、省人大、省政府、省政协,以及各有关部门沟通,扩大信息征集范围,努力为读者提供政府信息服务。建立辽宁地方文化展示馆,系统展示地方特色文化资源。

其五,推进古籍保护、开发与利用。

完善古籍保护条件,探索先进的古籍保护技术。开展古籍数字化技术和缩微复制技术的应用。完善国家级古籍修复中心建设,建设古籍修复实验室,加强古籍修复工作,对破损古籍进行系统修复。建立书籍博物馆,系统展示馆藏珍善本、满文文献、满铁资料等,体现馆藏特色,让珍贵文献展示大众,服务大众。利用馆藏古籍特点和优势,系统开展古籍出版工作,使馆藏古籍得到充分开发利用。

其六,发挥省图书馆在全省的辐射作用。

探索总分馆制,在各市图书馆建设辽宁省图书馆地区文献服务中心,形成以各市图书馆为中心,辐射县区、乡镇的四级图书馆服务体系,为全省公众提供公益性、基本性、均等性、便利性的文献信息服务。在人流密集区域,配置自助借还机、流动图书车等流动服务设施,方便群众就近就便地享受到图书馆服务。加强公共电子阅览室和数字图书馆建设,建设辽宁省图书馆地区数字图书馆分馆。通过 VPN 等网络技术,建立以省图书馆为中心,服务市、县、乡镇(社区)的数字图书馆四级服务网络,支持全省各地数字图书馆之间的资源与服务的共建共享,实现全省数字图书馆统一服务体系。加强文化信息资源共享工程进村入户服务。以全省网络改造为契机,努力推进文化信息资源通过广播电视网在全省的全覆盖。发挥学会作用,开展省内学术交流、学术研究和行业协调,增强全省各系统图书馆的凝聚力和影响力。

其七,积极推进国际交流

建设好新馆报告厅,积极引进国际论坛交流等活动,扩大图书馆影响。进一步拓展与国内外图书馆界的交流与合作,积极举办国际图书馆之间的学术交流活动。积极参与中图学会与国际图联等组织的工作与活动,寻求有实质性内容的国际性合作项目,提升全省图书馆影响力。

刘锦山:王馆长,请您具体谈谈对特殊群体读者的服务考虑。

王筱雯:新馆启用以后,我们会特别加强对老年读者、残疾人、进城务工人员与少儿等特殊读者群体的服务。如为老年读者提供大字本的阅读服务;为视障读者开展"书香千里"盲文图书邮递服务,并已经增加了盲文图书的采购量,此外还会配备盲文打印机等为残疾人服务的专用设备;为弥补盲文出版物少的缺憾,我们计划编制盲文杂志;为了做好少儿服务,我们补充了不少的绘本。

此外,我们还计划加强多元文化资源建设与服务。以往我们采购的外文文献主要以英文为主,这两年补充了比较多的日文、韩文文献,因为地域关系,在辽宁,从事日本研究的科研人员相对来说还是比较多一些,辽宁有较多的朝鲜族,同时沈阳有韩国人居住区,所以也补充了韩文文献。还会考虑采购一些德文文献,因为德国在沈阳有宝马汽车的生产基地,也设有领事馆。

刘锦山:邮递服务也不是很新鲜的事情,但是真正做的还是比较少的。

王筱雯:我在日本研修期间,对日本在公共图书馆开展邮递服务方面的法规支持有比较深的印象。我们最近和辽宁省邮政局达成了合作协议,他们将在为视障读者提供邮寄服务方面给予支持。

刘锦山:邮费有没有大致的预算?

王筱雯:现在考虑为有需求的视障读者提供一年六次的邮递服务,因为这部分读者只是图书馆服务的特殊群体,因此总的投递量实际不会太大。

刘锦山:王馆长,现在图书馆的职工有多少人?

王筱雯:我们现在的编制是269人,实际上在岗职工是220多人。

刘锦山:以后这个老馆还保存吗?

王筱雯:以后交回省里,但是我们想尽量能争取留一部分做分馆。

刘锦山:老馆面积是3万多平方米,新馆扩大到三倍。人员编制会适当增加吗?

王筱雯:新馆建设之初,省政府就明确规定不给增加编制,但是可以借鉴其他一些省份增加公益性岗位的做法。因为从实际运行看,人员缺口确实非常大。我觉得这里有多方面的原因,一方面是免费开放所增加的工作量,更重要的是图书馆的功能和服务内容这些年发生了很大的变化。我们现在的编制是1992年核定的,到现在已经有20多年没有增加了,那个时候的藏书基本上是200万册,现在的总藏量是590万册;那个时候的购书费一年是200万,现在是2400多万;那个时候馆舍面积是1万多平方米,现在是10万平方米。更为重要的是,以往采取的是闭架管理,现在实行了大范围的开架,管理与工作量都不一样;以往图书馆没有展览、讲座、数字图书馆和流动服务,现在我们在全省建立了一百多个服务点,图书流动车每天都提供定时定点的服务。此外,国家实施的重点文化工程——数字图书馆推广工程、古籍保护工程等,省图书馆需要协助文化厅做好全省的协调工作等。

刘锦山:按照文件的精神,公共文化服务单位的编制会不会有所松动?

王筱雯:2015 年年初,中办和国办下发了《关于加快构建现代公共文化服务体系的意见》。文件提出,对免费开放后工作量大量增加、现有机构编制难以满足工作需要的公益性文化事业单位,要结合实际和财力,合理增加机构编制。我们也希望省里的意见出台后能够对我们提供一些有利的政策支持。编制外的人员可能好管理,但是我认为应该给予晋升的空间,这是很重要的,但是这需要一个大的政策支持,如果在图书馆没有晋升空间,不利于其长期工作,而且还存在着同工同酬的问题。

刘锦山:这样,会给贵馆派多少名合同工?

王筱雯:目前还没有核定,我们做了一个比较实际的需求,大概在 180 人左右。

刘锦山:新馆启用以后,部门和机构建制上有没有变化?

王筱雯:肯定有变化。新馆的建筑形式、结构与服务内容都会发生变化,工作流程也会发生相应的变化,因此,新馆启用后,组织机构也会做些调整。现在还是比较平稳,搬迁之后经过一段时间的运行,摸索出一些东西之后,再进行必要的调整。

刘锦山:馆里对于学术研究问题是怎么考虑的?

王筱雯:这些年我们比较重视职工的学术研究和职业发展问题,这几年也出台了一些办法。如从 2014 年开始我们开展了馆内课题立项,核定一些经费,鼓励馆员进行学术研究。我们还对获得国家级课题、省级课题与厅级课题或者在专业核心期刊发表文章的馆员,给予适当奖励,鼓励大家开展与业务工作相结合的学术研究。

十二、易向军:徽风皖韵看安徽

[专家介绍]易向军,法学学士,安徽省图书馆党委书记、馆长。兼任文化部全国文化共享工程安徽省级分中心主任、安徽省古籍保护中心主任、安徽省图书馆学会理事长、中国图书馆学会八届理事会常务理事、中国图书馆学会图书馆史学专业委员会副主任等职。是安徽省宣传文化系统"六个一批"拔尖人才,安徽省第四批学术和技术带头人称号获得者,享受省政府特殊津贴。

发表专业论文十余篇,主持古籍整理出版著作数部,出版专著一部,承担安徽省社科联资助的立项课题多个。2007 年起担任全国文化信息资源共享工程安徽省特色资源建设项目负责人、总制片人、总编审,主持策划并完成多部大型电视专题片等省部级建设项目,受到专家和业内同行的广泛好评。

安徽地处中部,人杰地灵,物华天宝。安徽省图书馆宛如徽州大地上一颗璀璨明珠,近年来各方面工作取得了较大的成绩,在我国图书馆事业发展过程中熠熠生辉,受到公众和业内的积极关注。因此,e 线图情在 2016 年中国图书馆年会之前采访了安徽省图书馆易向军馆长。

1. 职业生涯

刘锦山:易馆长,您好! 非常高兴您能接受我们的采访。首先请您向读者朋友谈谈您的职业生涯。

易向军:谢谢刘总和 e 线图情。我是 2006 年 1 月 18 日来到省馆进入图书馆这个行业的,到 2016 年已经有 11 个年头了。安徽省图书馆 1998 年进行了扩建,图书馆的格局、硬件设施基本成型。但是由于安徽地处中部,经济欠发达,省馆如何发展,到什么地方去,成为一个重要的问题。这种情况下,当时的省文化厅党组对图书馆人员配备高度重视,经过全厅系统的摸排,采取公开招考的形式,择优录取。我记得有七八个人报图书馆馆长这个岗位,省人事处也动员,厅党组也部署。我当时没有报这个岗位,我报的是社会文化处(就是现在的公共文化处)处长。我的考试分数在图书馆馆长、社会文化处处长等所有招考岗位中整体排名第二。我当时报的是社会文化处处长一职,因此入围图书馆馆长的不是我。当时组织上可能考虑到我以前在人事部门工作过,原则性比较强,人又比较年轻,所以安排我到图书馆工作。因此,我和图书馆是蛮有缘分的。我上任时才 39 岁,是当时全国省级图书馆最年轻的一位馆长。

我记得很清楚,2006 年 1 月 18 日下午,天下着淅淅沥沥的小雨,我从家里出发坐公交车到图书馆报到,当时文化厅的田传江副厅长和人事处的王瑞处长一起送我上任。我对图书馆开始是很陌生的,对图书馆的认识局限于借书还书这一概念。安徽省图书馆那时底子很薄,条件很差,人员素质参差不齐,财政投入不足。同时,当时省级图书馆、市级图书馆、县级图书馆老死不相往来,各自为政,各搞各的。当时对人员不熟,业务不熟,环境不熟,真是一头雾水。在1998年改扩建之前,安徽省图书馆参加过1994年的评估,在全国20家参评的省级图书馆中,安徽省图书馆倒数第三。1998年由于改扩建就没有参加当年的评估,2003年改扩建结束后投入使用。2004年的评估,因为软硬件设施没到位,没有参加。第4次、第5次这两次评估我们都参加了,负重爬坡,取得很好成绩,一跃成为一级图书馆。安徽省图书馆尽管面积很小,只有36 900平方米,人员也不多,100多人,但是这十余年进步还是比较大的。当然,横向比较,与发达地区的省馆相比,尤其是沿海地区省馆相比,差距还是比较大的。

我们当时班子一帮人都很年轻,以50、60年代出生的为主。图书馆往什么地方去,怎么样负重爬坡,这是我们当时考虑的首要问题。经过调研,我们决定从ISO质量管理体系入手。2008年提出了一个口号,叫作"向企业看齐,与国际接轨,用标准说话",引入企管理体制。2008年开始,2009、2012、2015年3次得到了CQC公司(中国质量认证中心)的现场认证。全国公共图书馆界全方位引入ISO,这在省级图书馆当时是不多见的。这个路子我们感觉走得很对,它是一个持续改进的过程。不管事业单位还是企业单位,引入一个规范的、科学的管理模式比什么都重要。馆长只是一个职务,馆长不能把自己的意志强加给一个馆。规范化的流程不会因人员的变化而变化,一任馆长调走了,下一任馆长还是按照这种规范化的东西运作,是长线条的东西。从这几年的运作来看,我们在这方面取得了一些成绩。

在安徽省图书馆工作这十年间,我们在文化信息资源共享工程资源建设方面做了一些工作,拍摄了很多具有安徽地方特色的电视专题片,这在全国省级图书馆中也是处于领先地位的。我自己结合图书馆的工作实践,对图书馆制度、法人治理、图书馆文化建设等课题也做了一些学术研究工作。2012年到2014年三个年头到郎溪县挂职了整整两年时间,深入基层工作,收获不小。

这十年一路走过来,喜悦大于忧愁。从对图书馆一无所知,到真心实意地爱上图书馆,基本上是这样一个蜕变过程。

刘锦山:易馆长,请您谈谈在郎溪县挂职的情况。

易向军:事业单位工作人员到基层挂职的情况不多见,一般都是公务员到基层挂职。挂职期间,我一直思考几个问题:第一,图书馆人到基层挂职,自己能给基层带来什么? 这是一个问题。第二个问题,我自己有什么? 第三个问题,基层群众是不是喜欢? 我考虑了很多。有什么应该知道的,能带什么,有了不一定能带去。比如省馆有古籍善本,但不能带去。当然,带下去的东西要基层认可。郎溪是安徽省东南部的一个小县城,属于宣城市。34万人口,1000平方公里。郎溪以前条件很差,有句话描绘郎溪的情况:"一个红绿灯,一根半烟囱"。"一个红绿灯"指的是城市的格局很小,"一根半烟囱"指的是一个火葬场常年烧,还有半根烟囱是搞工业的。我们去的时候大概财政收入在十几亿,但是我们回来的时候,财政收入将近20亿。两年时间,跨度很大。

刘锦山:您挂职期间主要负责哪些方面的工作?

易向军:我挂职期间担任的职务是常委副县长,党政两边都挂。分管科技,协管文化,还有工业项目、计划生育和扶贫等工作。很多工作对我是个挑战。这两年挂职最大的收获,首先知道了什么叫群众,这是第一条。平常我们是在上面,搞不清楚什么叫群众,群众需要什么,他们的疾苦在什么地方。第二知道怎么样服务,作为政府官员、县委班子成员,用什么样的心态去为老百姓服务,做什么样的事情让老百姓感到实实在在。与群众相处,采取什么样的方式,这是最关键的。不能高高在上,每天穿得西装革履。人家蹲在地头,自己也要蹲在地头;人家坐在炕上,自己也要有坐在炕上的勇气才行。这样心交心,群众才能信服。这两条我觉得是做好任何工作的一个基础,图书馆也不例外。

刚才讲有什么,底下需要什么,能带什么。安徽省图书馆有图书的优势、资源的优势。我给县委汇报,利用我们图书馆的资源,填补安徽省没有农民工图书馆的空白。大家都非常赞同。当时全国农民工图书馆也不多,安徽省应该有一个,是欠发达地区嘛,郎溪又是欠发达县。这样一拍即合,当地政府也非常重视。在一个农民工聚集的地方,搞了三层楼,一千多平方米,里边有书、杂志、活动体验区。《安徽日报》《宣城日报》都有采访报道。这是为郎溪做了一件实实在在的好事。农民工图书馆现在还在发挥作用。农民工晚上到图书馆,这个地方不仅能看书学习,而且还可以打乒乓球、踩街舞,都有设备。这些资源和设备都是图书馆和有关企业无偿赞助的,这点非常重要。场地、桌椅板凳是政府配的,书和各种资源,包括数字体验设备都是厂家无偿赞助的。这都是对农民工的奉献。

挂职期间做的另外一件事情,就是促进郎溪县图书馆建设,实现了从三级馆到一级馆的跨越。郎溪县图书馆的工作是可以的,但是场地面积达不到评估标准。我觉得这不是什么不可逾越的障碍,只要党委、政府重视,什么问题都可以解决。通过工作,把乡镇建筑的产权划到图书馆来。面积达标了,工作上去了,一级馆按照评估标准去评。如果政府不重视,三级馆就三级馆吧,那就不可能达到一级图书馆的。当时郎溪县政府非常重视,政府领导讲郎溪以前也是个文化重镇,群众文化需求也非常旺盛,图书馆、博物馆和文化馆建设不能落后。文化馆是一级馆,图书馆为什么不是一级馆?政府主要领导了解到是面积问题,就和我商量面积问题怎么解决,我就讲了怎么解决,解决了就成了。这两点都是围绕群众的需求来做的。当然图书馆也是为读者服务,图书馆的工作也是服务群众的一个方面。

刘锦山:易馆长,农民工图书馆的管理、人员上是怎么安排的?

易向军:农民工图书馆挂在乡镇,其实是郎溪县图书馆的分馆。管理上由郎溪县图书馆负责,指派专人在那里为读者服务。这就提高到文化供给侧改革的高度了,供给要和需求配对。

刘锦山:2016年6月5日,李国新老师在赤峰做了一个讲座,"十三五"时期现代文化公共服务体系建设"。他谈到一个问题,以前的文化扶贫工作、农村书屋建设,是按照行政村、自然村来布点建设。不少村庄都空心化了,送下去的资源发挥不了作用。因此,"十三五"期间就有一些新的调整,不一定完全按照行政村或自然村建设了,空心化的村不一定建设固定的文化设施,可以通过移动服务、流动服务来满足需求,但是对新形成的人口聚集区要加大覆盖力度。您谈到的农民工图书馆,就是在农民工比较聚集的区域提供公共文化服务。

易向军:当时也不是突发奇想,就是感觉到农民工需要什么,我们就来做什么,这就是供给侧。没有需要做什么呢?我们为什么不在党政机关搞分馆呢?因为党政机关并不缺乏这样一些基本的文化服务。而农民工需要文化的滋润,工作之余、休息的时候要有去处,不仅要看书、学习,而且还要活动,这是农民工最基本的需求。根据这样的需求配备资源,相得益彰。一定要结合实际,基层的一些空心村,很多留守人员都是老人、妇女和孩子,配的资源一定要适合他们的需要,如果尽配些大部头的书,谁来看啊? 明显是资源浪费,起不到多少作用。

2. 制度设计

刘锦山:易馆长,我们注意到,您多年来一直关注制度图书馆学的问题研究,涉及公共图书馆制度设计、立法、法人治理等相关内容。请您结合实际谈谈这方面的研究成果和思考。

易向军:研究成果谈不上,我谈谈我对这个问题的一些思考和看法。立法是最顶层的制度设计,法人治理需要制度设计。法人治理结构是个好东西,源于企业,适用于事业。现在,中央有文件要求推动事业单位法人治理结构改革。文化部布置的法人治理结构试点工作2016 年上半年结束,本来是 2015 年下半年要结束。现在试点工作结束了,然后总结提高,最后铺开。安徽的法人治理结构试点单位是合肥市图书馆和铜陵市图书馆。法人治理机构主要是外部与内部几个方面机制的建立。法人治理结构的推广不能一刀切,任何事情想成功,必须具备相应的条件。现在公共图书馆法还没有出台,法制环境不是很健全。就安徽而言,安徽省目前尚未颁布地方图书馆条例和政府的相关规章,这是一个短腿。第二,图书馆行业管理没有跟上,安徽省还没成立图书馆行业协会,只有安徽省图书馆学会,而学会是学术性组织。第三,图书馆员包括社会对法人治理结构的认知度还不够。第四,基层图书馆人员配置不足,有的图书馆三四人,有的图书馆只有一个名字,甚至有的地方图书馆和文化馆一起只有两三个人。上述问题制约着安徽省图书馆界法人治理结构的构建。法人治理最终的目的是政、事分开,但是如果行业管理跟不上,法制环境又不健全,群众的呼声又不高,加上很多基层图书馆的实际问题得不到解决,这会极大地制约法人治理的实施。

刘锦山:一些地方或图书馆现在实施法人治理的条件还不成熟。

易向军:是的。有的基层图书馆就两个人,还要 365 天天天开放,还要开展法人治理,这显然做不到。搞法人治理结构的目的是为了推动图书馆的发展,条件不具备的单位,可以暂时缓缓,待条件成熟之后再搞。现在的试点工作,在全国范围来看,也是百花齐放,各有特点。例如,理事长的人选问题,有的是文化行政主管部门的局长担任,有的是副局长担任,有的是社会贤达担任,有的是图书馆馆长兼任。从图书馆自身的利益出发,当然是图书馆馆长担任理事长比较好了,发改委、财政部门、人事部门都听馆长的,但是这违背了政事分开的原则,搞法人治理不是为了抓权,而是为了分治。理事长应该怎样选,上面应该有统一规定,与机关政府的人没有关系,与图书馆的人没有关系,社会贤达需要怎样的资质条件才能担任图书馆理事会理事长,这是一个问题。再如,理事会成员的构成,发改委也来人了,财政部门也来人了,人事部门也来人了,但是来的人只是听会,况且一年只开两次会议。理事选配应该有什么条件? 好多理事会的理事搞个主任科员、副主任科员,开会时人家也来了,理事会有什么问题需要解决,理事需要回去向领导汇报,经费的问题、人的问题,都不能形成决议。比如一个图书馆,每年财政预算应该达到多少,购书经费应该占到多少,财政能给解决吗,解决不了。此外还有监督体制问题,这些都不成熟。

因此,文化部做法人治理结构的试点非常有必要,本来 2015 年年底就应该结束,为什么到 2016 年上半年才结束,这说明这项工作做好不容易。顶层设计是什么样的,路径又是什么样的,图书馆发展和法人治理有什么直接的关系,这些问题都需要系统研究。

关于制度还有一个问题需要引起我们的重视。为读者服务是天经地义的，读者是图书馆的衣食父母也是千真万确的，这是基础和条件。但是，图书馆员也需要尊重，也是需要"充电"，也是需要休息。如果制度设计不能兼顾两个方面，只是一边倒考虑读者，而忽略图书馆人的存在，这对图书馆事业的发展是没有好处的。现在我们有的图书馆设立了"委屈奖"，奖给服务过程中受委屈的馆员。馆员与读者发生争执的时候，读者理直气壮的时候，馆员感觉有理没地方诉的时候，馆员只能轻轻地流眼泪，只能哭诉于馆长，好像自己低人一等似的。这种现象我觉得不妥。因此，在制度设计方面，要体现出对图书馆员权益的保障，要体现出对图书馆馆员的认同，要有相应的荣誉体系。以前有个口号叫"读者第一，服务至上"。现在我们扳过来了，叫作"服务第一，读者至上"。首先是我们的服务，在平等互爱的基础上才能谈到至上的问题。我写那么多关于制度研究方面的东西，就是要平衡二者之间的关系，不把图书馆员当人看，那是一种封建意识。

刘锦山："以人为本"是大家共识，具体到图书馆，"以人为本"有两方面的含义，"以读者为本"和"以馆员为本"，这两方面应该辩证地结合起来。

易向军：对，基于这样的道理，制度设计要体现出公平与科学。

3. 文化建设

刘锦山：易馆长，图书馆的发展与其硬环境、软环境建设都有很大的关系。硬环境发展到一定程度，软环境建设更能体现出图书馆发展的发展水平。软环境与图书馆的文化建设密切关联。您对这个领域研究颇深，请结合贵馆的情况谈谈图书馆软环境建设。

易向军：现在不少图书馆建筑、硬件都很高大上，宽敞、明朗、宏伟。但是建筑、设备是硬的、冷的，一个真正好的图书馆，一定要注重软环境建设。要通过环境建设体现出图书馆的核心价值观。软在什么地方非常重要，最关键软在热情上，软在细心上，软在为别人着想上，软在以心换心上，这是最主要的。您可能到安徽次数很多，也可能开车来过，看看高速公路收费站的工作人员他们的微笑，他们的态度，那是软，如一阵春风吹来，让人感觉心里乐滋滋的、暖洋洋的。图书馆软环境建设就软在这些地方，不是高楼大厦，不是资金注入，不是所谓的团队精神，不是高尖端东西，而是人心的温暖、热情。高楼大厦很重要，但图书馆大可不必只在高楼大厦上做文章，把人心搞好了，把我们自己丰富了，队伍素质提高了，让读者到图书馆就像家一样温暖，这就做到位了。

图书馆文化建设很重要。图书馆是引领社会风尚、教育民众、促进发展的文化机构，其实图书馆的根和落脚点都在这上面。图书馆的职业道德，讲得都很好，但实际做到位的、落地生根的不是很多。大家现在比什么东西呢？有多大面积，有多少资金投入，就不比热情。我觉得我们安徽人就在高速公路停车的地方，给人是最温馨的，我们图书馆是要找这样一个点。人文素质的培养，比什么都重要。我们想让读者充分地了解图书馆，愉快地走进图书馆，有效地利用图书馆，尽情地享受图书馆，图书馆软环境建设确实是不能逾越的主题。文化这个概念，很容易虚化，怎么让人家感觉体验到图书馆的文化、馆员的素质和品质，这个领域的课题图书馆界交流比较少，看到的也很少。前段去英国参观乡村图书馆，工作人员是一位60多岁的老妇人，进到图书馆以后让人感觉就像到家了，在那儿喝口水、看看书，与她聊聊天。但是，我们国内的一些图书馆，进去后没什么感觉，到前台办个证，半天才反应过来，馆员拿本书，也是感觉慢腾腾的。这样怎样能留住图书馆读者？程焕文馆长讲的"爱国、爱家、爱书、爱人",我觉得从这四个方面来勾勒图书馆人的心灵世界是很必要的。

刘锦山:易馆长,怎样把读者留住,就是文化落地的问题。文化建设可以构建出很完善的体系,战略层面的理念、价值层面的理念、执行层面的理念,这是文化理念体系中的三大块。文化理念体系构建之后,最后怎样在工作中出现像英国图书馆工作人员发自内心的灿烂微笑,这很重要。这就是文化落地的问题。您的《图书馆软环境建设》这本书很系统,很多问题都涉及了。最近几年,图书馆越来越注重自身文化建设工作。您的专著从软环境入手系统论述和阐发了图书馆文化及其建设所涉及的方方面面的问题,这是很有价值的工作。

易向军:作为一本图书馆文化建设方面的专著,涉及的内容还是比较全面的,涉及图书馆精神、图书馆人文建设、图书馆管理、图书馆服务于读者权利、图书馆文化建设、图书馆职业道德与继续教育、图书馆改革与创新、资源共建共享与馆际协作、图书馆公共关系与图书馆人物等内容。下了不少功夫,肯定也存在很多不足,请您和读者朋友多多批评指正。

安徽省图书馆在办馆过程中,相当注意图书馆文化建设问题。我们特别注意把传统的思想政治工作与图书馆文化建设工作结合起来,为传统的思想政治工作注入图书馆文化建设的专业内容,以新颖的形式推进文化建设工作的开展,将社会主义核心价值观的践行与图书馆职业道德的培育关联起来,取得了比较好的效果。同时,图书馆视觉识别系统的具体应用,都是我们在文化建设、文化落地工作方面的探索和实践。应该说,效果还是比较显著的。

4. 资源为王

刘锦山:易馆长,贵馆"十二五"发展规划中提出,"在全省文化共享工程业内,形成以摄制大型电视专题片为主要特色的安徽数字资源建设体系"。您本人也非常重视安徽省地方文献的整理、开发和利用工作,过去几年里,您主持策划了多部安徽地方专题特色电视片。请您向读者朋友谈谈这方面的工作。

易向军:共享工程电视专题片的拍摄有一个机缘。我经常和单位的同事们讲,比经费比不过别人,比技术比不过别人,比业务素质也比不过别人,甚至比各方面的支持、关爱程度,也可能比不过别人,我们比的只能是在创新上,要找到突破点。2007年碰到一个机遇,文化部全国公共文化发展中心(当时叫文化部全国文化信息资源建设管理中心)希望共享工程在资源载体上有所突破和创新。派了一个调研组到安徽,组长是当时管理中心的崔建飞副主任,他现在清史中心当主任。崔主任讲,"易馆长,我们现在想用电视的手段进行资源建设,就是做电视片,省馆可愿意做?"当时只是征求我的意见,图书馆都没开始做类似东西。电视片?怎么拍,怎么搞,我都搞不清楚。我和崔主任说,能不能容我回去开个会研究一下。崔主任讲时间比较紧,如果安徽省图书馆做不了这个试点,他们就请其他省馆去做。我听崔主任这样讲,我就开玩笑说,这如果是人干的事情,我们就敢干,况且这是一种创新嘛。我们图书馆以前是买资源,现在是做资源,这就是一个机遇。就这样决定干了。从零开始做,什么都不知道,一直延续到今天,还在做。2007年起步,到2015年12月,我们已经做了19部234集的电视专题片。

我们当时提出一个口号叫"资源为王"。电视专题片的主题叫"徽风皖韵看安徽",这也是我们进行特色数字资源建设的总体框架。建设的基本思路是"三个立足":第一,要立足于特色,以安徽特色为主。内容涵盖安徽红色文化、非遗物质文化与非物质文化、文化历史名人、文化历史名城与文化讲座等。第二,立足于自建。命题下来以后,我们是第一家做电视片的。我们就考虑,国家给了我们钱,到底是包给别人做当二传手还是组建自己的队伍干?经过考虑,我们决定打造自己的队伍,历练自己的队伍,自己做。一开始大家有不同意见,因为转包是比较省事的一种方式,国家一部分钱到图书馆账上了,图书馆看哪个公司好,经过招投标就转包给那个公司。但既然是一种机遇,就要抓住不放。如果当二传手,这个机会不就失去了吗?所以我们立足于自建。第三,立足于创新。这是我们的基本架构和思路。现在来看,无论在数量上还是质量上,"徽风皖韵看安徽"系列电视专题片在全国31个省市自治区省级文化中心中都是走在前面的,也得到了文化部领导和共享工程国家中心领导的高度赞赏。

刘锦山:资源建设方面,贵馆确实做得好,积累下来这么多东西,很不容易。

易向军:主要在于做。我们这个团队摄制时每天工作14个小时。每到一处,大家都讲我们这个队伍是铁军。我们制片主任孙主任,为了追逐太阳拍一个太阳的镜头,凌晨4点多起来,中午就在拍摄地吃盒饭,晚上到12点才休息。不是一天这样,而是一出去很多天都这样。我特别欣慰,就是打造了这样一支队伍,从不会到会,从零起步一直到现在。我们现在与地市图书馆联建,已有十几家图书馆与我们联合做资源。我觉得这是一种载体转换,也是转型升级。先前我们只知道买资源,不知道自己做资源。共享工程资源建设是持续的,"十三五"投入可能比"十二五"更多,资源建设的任务更重,要求更高。在我们的影响下,包括新疆、陕西等省级图书馆都陆陆续续做。这条路子是对的,"资源为王",打造自己的队伍。

刘锦山:易馆长,构建现代公共文化服务体系是现在党和国家的一项重要文化举措,贵馆依托文化信息资源共享工程、数字图书馆推广工程和电子阅览室建设计划,在构建安徽省基层文化服务网络的过程中做了大量的工作,请您向读者朋友介绍一下这方面的情况。

易向军:文化信息资源共享工程、数字图书馆推广工程与电子阅览室建设计划,是当今公共文化三大数字文化惠民工程。安徽省在构建基层文化服务网络过程中,充分依托和利用三大工程的支撑作用,做了大量的工作。共享工程2002年开始起步,数字图书馆推广工程2010年开始启动,电子阅览室建设2012年1月启动。后面两个工程安徽省都是试点地区。安徽省在共享工程起步阶段做得还可以。作为后面两个工程的试点地区,我们只能说做了一点工作和尝试,都是根据文件的要求按部就班推进的。安徽省在这三个工程中的亮点或者做的工作最多的还是我们前期抓的共享工程这一块,这方面的情况前面已经谈了。

数字图书馆推广工程主要是铺设路径、平台建设,推广的前提是道路要通。电子阅览室建设主要是惠民站点建设,有了资源和通道,还要有终端把这些惠民成果交给大家。这是三个工程之间的相互关系,互为依托,互为补充。如果说在共享工程事业发展过程中,安徽省图书馆在资源建设方面做了一点工作,那么其他两项工程,我们是按照国家图书馆的有关文件要求稳步推进。目前有一个省级图书馆,就是安徽省图书馆,还有13个市级图书馆参加建设,我们现在有16个市,还有3个市级图书馆没有参加。通过数字图书馆推广工程,最终实现云、网、端三位一体的组建模式。资源通过云存储,通过网输送,通过手机终端等最后使读者、用户实现资源共享。电子阅览室建设计划,我们按照要求标准在全省已经建了1632个电子阅览室,以后还陆续建。

5. 精神高地

刘锦山: 易馆长,在探索图书馆发展模式、发展机制的过程中,图书馆业务外包是近年来大家谈论比较多的一种模式。物业管理、安保、编目、特色库建设等具体业务的外包,现在比较多见。随着具体业务外包以及社会力量参与图书馆事业的发展,出现了一种探索图书馆的整体外包或者托管的声音,也有个别的一两个案例。对这个问题您是怎么看的?

易向军: 我最近写了一篇文章——《公共图书馆是民主社会进程中不可或缺的制度性安排》。公共图书馆是政府保障公民文化权益的一种重要制度安排。公共图书馆从其实体存在的形式上说是一种组织机构,而从其所承担的社会职能与任务上说它又是一种制度性安排。作为一种探索,一种尝试,图书馆整体外包也好,托管也好,可以在个别图书馆去实践,然后进行观察,进行评估。但是,局部地区、甚至更多地区要推而广之,一定要非常慎重。有的地方政府是这样想的,把图书馆外包给企业,自己既不要养人,也没有人找自己的麻烦;不外包,图书馆养了一批人,还总是找自己的麻烦,所以索性外包了。这个思路有问题,企业与事业是两码事。图书馆是公益服务机构,虽然也讲效能,讲成本,但它不是以营利为目的的;企业则不同,企业就是要营利,要赚钱的。因此,营利性企业来运营一个公益性的文化机构,其中存在着天然的矛盾。

刘锦山: 确实如此。因为企业要挣钱,企业运营图书馆,可能不会有太长远的考虑,图书馆自己对馆藏、资源建设可能会有比较长远的考虑。某些资源比如地方文献目前可能读者用得少,但对于保存地方文化具有重要的意义,为未来保存现在的资源,图书馆会在这方面投入,企业就不一定了。因为企业可能为了当下的效益,而对长远一些的事情不会考虑太多。

易向军: 一个地区、一个城市的图书馆,其实就是这个地区、这个城市的文脉所在,它具有延续性,不能整体打包像东西一样外包出去。安徽省有个区级图书馆做了一年的外包,效果很不好。

刘锦山: 如果规范经营,企业外包图书馆的运营成本并不低,效益也不一定高。如您所述,事业单位、公益性单位的宗旨是有冲突的,您谈到的那个整体外包图书馆运行效果不好,实际上就是两种不同类型机构之间的宗旨、机制冲突的表现。

易向军: 炒作概念,盲目跟风,一拥而上是要不得的。要静下心来仔细研究,图书馆到底怎么发展。这涉及图书馆整体核心竞争力问题。如果最后图书馆都没了,还谈什么竞争力? 图书馆关乎公共文化服务体系中精神高地建设问题,如果图书馆都没有了,其他都是空中楼阁。

现在大家都比较关注公共文化服务体系建设,但是我仍然关注图书馆最终的发展目标。我们行业的先贤——印度的阮冈纳赞说过,"图书馆是一个生长着的有机体",有机地生长,是有生命的。阿根廷的博尔赫斯讲过一句话,"如果有天堂,天堂应该是图书馆的模样"。这是先贤给我们指出的一条路。图书馆作为文化服务阵地,这只是初级阶段,包括体系建设也是为文化阵地服务的,但是图书馆的终极目标不仅是传承文明、传播知识、服务社会,它会产生思想,生产智慧,它是一个精神高地,要把图书馆打造成社会的精神高地。首先建设精神家园,打造精神高地,最后促使和实现人的精神飞跃。这是我们图书馆真正的目的。我们现在还在半空中。现在还有一种"去图书馆化"的说法,也是要引起我们的注意。社会力量参与图书馆建设当然很重要,但社会化是否能引领图书馆前进呢? 图书馆本质的职能是意识形态领域的,是主阵地,服务只是一个方面,它是打造精神家园、传播正能量的地方。如果社会效益、经济效益集合在一起,社会效益必须是第一位的,况且还必须长期坚持,这才有生存的活力。

现在财政投入也增加了,人员素质也比以前好。但图书馆最终目标到底往哪个方向去,这个问题必须深层次地考虑。现在全国公共图书馆的从业人数不到6万人。图书馆要发展,首先要解决生存问题。打造精神家园,建设精神高地,图书馆首先在其中摸爬滚打才行,提高自身的素质、修养,这是最关键的东西。现在社会化思潮一来,图书馆的名称可能还在,服务还在,但是图书馆人没有了,这是个大问题。图书馆现在面临转型问题,转型问题是重中之重。首先应该顺应社会发展,这是大的背景。其次,要关注读者需求,读者在干什么,需要什么东西。以前就是借书还书,现在的读者需求发生了很大的变化。图书馆是第三空间,读者想唱有唱的地方,想听就有听的地方,想聊天就有聊天的地方,想研究就有研究的地方。最后,遵循先贤主张,这一点非常重要。不能把自己的根搞没了。阮冈纳赞的话我们要听,博尔赫斯的话我们要借鉴,现代图书馆界的大家例如吴慰慈先生等大家,他们的经典著作、经典思想我们要汲取,这是我们的根。我们要遵循先贤主张,实现合适的转变、科学的转变,不能转得连图书馆都找不到影了。转型不仅要有良好的初衷,而且选好路径,把握火候,控制结点,这样才能转型成功。

前段时间我们对合肥市八个不同形态的图书馆家进行了调研,了解图书馆的生存发展状况,图书馆生机不足或者活力充沛,各自的原因到底是什么?出路在哪里?这是我们图书馆人必须要解决的问题。我总结了关于转型的初衷、路径、火候与结点四句话。图书馆转型最根本的问题除了这四句话,还有就是必须要实事求是,不能跨越阶段搞发展,在这个阶段如何发展,在那个阶段如何发展,这是不一样的。转型很重要,要转好,不能瞎转。以前黄梅戏转型,转得歌剧不像歌剧,戏曲不像戏曲,黄梅不像黄梅。转型不能违背初衷。图书馆不仅是个文化阵地,更重要的是精神高地。没有这样的顶层设计,图书馆生存都会成问题,对基层图书馆尤其如此。我们现在整个盘子不到6万人,这6万人必须是文化阵地里面的精英团队,是建设精神高地的依靠力量。

刘锦山:易馆长,对不少图书馆而言,"十三五"时期是一个重要的战略机遇期,是实现转型和跨越发展的关键时期。我们相信,对于安徽省图书馆而言也不例外,请您向读者朋友谈谈贵馆如何利用"十三五"这一发展黄金期,实现图书馆的转型与跨越,将贵馆建设成公共文化服务领域的精神高地?

易向军:确实,"十三五"时期是安徽省图书馆实现转型和跨越发展的重要战略机遇期,也是我们加强公共文化服务领域精神高地建设的黄金期,为把握好这一关键时期,我们在2015年度就研究编制了《安徽省图书馆"十三五"发展规划》,在这个总体规划的基础之上,还编制了《安徽省图书馆人才队伍建设"十三五"规划》《安徽省图书馆地方文献资源建设"十三五"规划》《安徽省图书馆三大数字文化工程"十三五"规划》《安徽省古籍保护"十三五"规划》《安徽省图书馆信息化建设"十三五"规划》和《安徽省公共图书馆阅读推广联盟"十三五"发展规划》等专项规划,希望通过规划的研究、编制、落地实施来全面提升安徽省图书馆事业的发展水平,推进安徽省公共文化事业的发展,将安徽省图书馆真正建成公共文化服务领域的精神高地。

"十二五"期间,安徽省图书馆在基础业务建设方面、服务创新方面、重点文化工程建设方面、人才队伍建设方面、学术研究方面、体系化建设方面、图书馆综合管理方面都取得了很大的成绩。但是，也存在着公共财政投入不足、服务水平和质量有待提升等问题，图书馆发展进入瓶颈期，转型升级任务艰巨。正是基于上述情况，"十三五"规划提出了十大建设目标，希望通过这些目标的实现，完成转型升级的跨越式发展。

具体来说，安徽省图书馆"十三五"期间，将加强如下十个方面的工作：

第一，建立"以读者为中心"的工作导向，将省馆建设成为读者的学习空间、交流空间、人文空间、主题空间和休闲空间。第二，进一步丰富服务内容和服务手段，拓展服务领域，改善服务态度，提高服务水平，使读者综合满意度明显提升。第三，建设具有安徽省地方特色的文献收藏体系，协调建设文献资源和数字资源，将省馆变为安徽省总书库和全省信息资源保障中心。第四，以数字图书馆建设为基础，全力推进图书馆智能化建设，积极应用"互联网＋技术"，全面提高图书馆应用新信息化技术的水平和能力。第五，积极推进文化信息资源建设工程、数字图书馆推广工程和公共电子阅览室建设计划等数字文化工程建设，共享工程电视专题片拍摄工作保持全国领先地位，全面提升专题片拍摄和制作水平。第六，古籍保护工作水平明显提升，完善古籍分级保护机制，基本形成可持续发展的全省古籍文献资源保障体系。第七，全面推进安徽省公共图书馆阅读推广联盟建设工作，在全省公共图书馆系统形成"以上带下、以强代弱、上下联动"的图书馆阅读推广活动格局。第八，推进全省公共图书馆开展规范服务一体化和标准化体系建设，探索建立安徽省公共图书馆地方标准体系。第九，建设一支年龄结构合理、专业门类齐全、团队意识较强，有强烈进取精神的人才队伍。第十，积极开展文明创建工作，在保持"安徽省文明单位"的基础上，力争获得"全国文明单位"的荣誉称号。

为了实现上述目标，我们又根据上述目标确立了"十三五"时期十八项主要任务，并从思想、组织、人才、资金和制度等方面给出了相应的保障措施。

刘锦山：易馆长，2016年中国图书馆年会在安徽省铜陵市召开，请您向读者朋友介绍一下安徽省公共图书馆事业的发展状况以及为迎接这次盛会所做的准备工作。

易向军：2016年中国图书馆年会能在安徽省铜陵市召开，与铜陵市委书记宋国权先生的推动有密切关系。宋书记对文化有研究，以前在黄山做过市长。他在黄山组织过一次国际性的武术大赛，通过办会把队伍给建起来了，环境也整治好了，把黄山市的实力也提高了。宋书记到铜陵担任市委书记后，我与他接触过两次，他非常健谈，对文化也情有独钟。以前年会在什么地方开啊？东莞、上海浦东、北京东城、广州，这些地方经济实力靠前。中部地区现在按照图书馆业内说是十家，经济区划是六家，还没有敢牵头搞年会的，2016年就是安徽。铜陵市的财政收入和经济实力，在安徽还不是最强的地区。合肥、芜湖、马鞍山应该是靠前的，铜陵为什么敢做？我觉得宋国权书记在这方面是有研究的。

关于年会的准备工作，落地方面是铜陵市委、市政府在负责，总指挥部设在铜陵市政府。业务方面，安徽省文化厅把年会作为2016年重点工作之一。我们省图书馆，将竭尽全力做好自己应该做的工作，主要是配合、协助铜陵市的工作。我们在技术方面要为铜陵市图书馆提供支持，因为铜陵市图书馆是一个新馆，业务系统等各方面还不成熟，省馆专门组织了队伍对铜陵市图书馆进行指导、帮助。另外，安徽全省图书馆2014年成立了一个安徽省公共图书馆的阅读推广联盟，以前是107家成员，现在是113家，包括省、市、县三级图书馆的大联盟。联盟成立以后，做了很多工作，为支持2016年年会的胜利召开，联盟也会举全省图书馆界之力进行支持、协助和配合。

十三、方家忠：制度创新　立法驱动

[专家介绍]方家忠，研究馆员，广州图书馆馆长。兼任广州大典研究中心主任，中国图书馆学会第九届理事会理事，广东图书馆学会第十二届理事会常务副理事长，广州市图书馆学会第六届理事会理事长，中山大学资讯管理学院图书情报专业硕士兼职导师，广东省公共文化服务体系建设专家组专家，广州市重大行政决策论证专家等社会职务。2015 年获"2015 年中国图书馆榜样人物"称号。发表学术论文 10 余篇；主持或参与文化部、省、市等各层面科研课题 5 项，其中主持《关于现阶段我国在街镇一级建设独立运作公共图书馆的必要性与模式研究》获得文化部国家公共文化服务体系制度设计优秀结项研究课题。

回顾过去 20 余年的发展，我国的公共图书馆事业取得了很大的成就。现在已经进入到这样一个进度，通过制度层面的顶层设计来着力突破制约图书馆事业发展的一些体制与机制问题，从中央到地方政府相关部门以及图书馆界同人为此付出了艰苦的努力。广州图书馆近年来在图书馆立法、理事会制度等方面进行了有效的实践与探索，取得了不少有价值的经验。基于此，e 线图情采访了广州图书馆方家忠馆长。

1. 职业生涯

刘锦山：方馆长，非常高兴您能接受我们的采访。最近几年来，广州图书馆无论在办馆理念和办馆实践方面，在全国图书馆界一直领风气之先，这次有机会与您进行当面、深度的交流，我感觉非常高兴。我想首先请您向读者朋友谈谈您的职业生涯情况。

方家忠：谢谢 e 线图情和刘总。很高兴有机会和您交流，我感到很荣幸。e 线图情在我们业界是很有影响的媒介，通过 e 线图情把广州图书馆的一些办馆实践和经验向同行介绍出去，供大家参考，很有意义。

1992 年我从中山大学图书馆学专业毕业，然后就一直在广州图书馆工作。图书馆的业务部门我几乎都待过，我的第一个专业岗位是采访部的中文图书采访员，陆续在文献开发部、咨询阅览部、办公室、辅导部、公关部，几乎所有的业务部门我都转过一圈，然后是办公室主任，再到做业务副馆长，最后到馆长。大概是这样的一个过程。行政方面我没有直接管过，除此，其他的业务岗位我基本上都有一点经验。工作、学习相结合。我个人对事业发展、图书馆的一些理念都是逐步形成的。

在工作期间曾经有几次学习机会，对我个人的影响比较大。第一次是 2000 年，我再回中山大学参加图书馆专业研究生班学习。第二次是 2006—2007 年,参加了广州市委宣传部和中山大学资讯管理学系、中山大学图书馆几个单位一起组织的广州地区图书馆专业人才高级研修班。第三次是 2009 年,与刘洪辉馆长到美国学习交流了半年时间。

其中,第二次正是新公共图书馆运动开始前的这段时间,程焕文老师在中山大学牵头组织了这个班。我们总共有 70 多位同事去参加,每一期培训都有 3 个多月的时间。当时程焕文老师在牵头设计之时,立意非常高,把当时业内影响比较大、比较活跃,致力于传播新的公共图书馆理念的专家、学者和馆长汇聚起来,进行探讨交流。那次研究班对我们的影响很大,我们的收获也比较大,与很多同人就一些新理念做了系统地交流,期间还参观了一些图书馆。

第三次,2009 年去美国学习交流是广州市委宣传部 2006—2007 年项目的延续。我有机会和时任广州图书馆馆长刘洪辉一起去美国半年,主要在洛杉矶郡的图书馆做交流馆员。后期,我还参加了当时文化部和美国博物馆与图书馆服务署两个机构合作的中美图书馆研究交流项目。这是我个人职业生涯里一次非常有收获的经历。我们馆在规划、管理、服务等很多具体层次上的一些设想,到现在形成广州图书馆新馆的服务结构,与这次交流有很大关系。因为在交流期间,我结合看到的情况查找一些资料,从大的方面对我国和美国图书馆的整个组织、管理、运作等模式做了一些比较,并有一些比较深入的思考。此后,我就推动我们馆做“十二五”规划,很多理念也体现到这个规划里面。

刘锦山:方馆长,请您对中美图书馆事业的发展状况做些比较。

方家忠:我们可以从发展体制、管理机制和服务框架三个方面对中美两国公共图书馆事业进行比较。事业发展体制方面,美国是联邦制国家,没有全国性的公共图书馆法。公共图书馆方面的法律主要是地方立法,由地方推动为主。全国层面有相关的一些法,不是图书馆的专门法,教育法里面有关于公共图书馆的一些内容。地方立法是推动图书馆事业发展的主要因素。美国公共图书馆整体发展水平比我们高很多,发展状况可能比欧洲也好一些。美国图书馆的体系建设,有各种各样的形式,非常灵活,有一级政府自己发展的,也有与别的地方图书馆体系签订合约的,或者不同政府之间签订合作协议的这样一些体系建设的方式。

在全国性推进方面,可能有一些以项目形式来推进他们关注的重点领域的发展。美国公共图书馆有两次大的发展,一次是 20 世纪初至 20 年代,这个时期安德鲁·卡内基捐资兴建图书馆,这是一次大发展时期;另一次是 20 世纪 60 年代,美国颁布的教育法的相关条款,对美国小型图书馆发展起到了很大的推动作用。怎样把社会力量引入图书馆行业,这是我比较关注的内容,广州的立法里面做了一点设计,可实质性的内容在我们国家都还没有突破。当然,事业发展的实际情况也会反映到立法里面,全国立法、地方立法实际上是相辅相成的。地方立法也许还可以发挥更重要的作用。这也是我们推动地方立法时很重要的意见。在整个图书馆事业发展过程中,美国的协会、行业组织发挥的作用很大,图书馆的业务标准基本上都是美国图书馆协会制订的。

管理机制方面,美国图书馆界对理事会、社会参与方面非常重视,都有相应的制度设计。例如理事会,可能有各种性质、定位的理事会,决策性质的、咨询性质的理事会都有。决策性质的理事会,一定是与民选的政治代表密切相关,是民选官员委派的或者是核准的。理事会在民意、民众的需求方面,与图书馆管理方面有很顺畅的路径,理事会能够把二者联系起来。我们在成立理事会之前,民众需求与图书馆管理层之间基本上没有直接的关系和路径。在服务设计这方面,我有很深的体会。美国图书馆要推出什么样的服务项目,他们一定是要在理事会进行充分的讨论。例如,美国的一个图书馆要推一个针对婴儿潮时期人群的服务,理事会必须进行充分的讨论,我还参加过一次他们的讨论。我还参加过他们与社区人员的交流活动,了解社区人员的需求,改善图书馆服务。美国图书馆有固定的一些机制,定期要与居民交换意见。包括与社区里面的学校、图书馆之间的合作,都有一些机制。

刘锦山:美国公共图书馆理事会的理事都没有薪酬吧?

方家忠:对,一般不怎么授薪的。有一些理事会可能会给理事有一点交通补贴,有的可能就完全没有报酬。还有一点,图书馆是公众税收来支持的,要收房地产税来支持图书馆。因此,图书馆的发展状况与经济发展情况息息相关,经济发展得好,图书馆就发展得好;经济发展得不好,图书馆受到的影响就比较大。同一个地区,可能有些区域经济发展比较好一点,或者居住的人比较富裕点,房地产税收比较多一点,相对而言图书馆的服务保障就比较好一点。如果经济发展不好,像2008年金融危机之后,很多地方的图书馆受到的影响也是非常直接的。图书馆的服务保障与其所在区域自身经济状况的关系是非常密切的。

在服务设计方面,例如,一个社区图书馆,其环境设计、装饰、文献资源与图书馆员的配备,一定与社区群体密切相关。这一方面,我们现在仍然做不到。美国图书馆对人口结构进行分析,有各种各样的数据分析,服务设计都是以此为基础的。美国图书馆服务的社区化、对象化、主题化,直接影响到我们广州图书馆现在的服务结构。我们现在的服务设计,基本上就是根据我在美国观察学习而来的。我们的服务向专业化、社会化、主题化、对象化方向发展。从面向大众的服务到面向分众的服务,从基本服务到主题服务,从传统服务到新的服务领域、主题的拓展,都是根据社会需求来考虑的。美国图书馆在具体运作与管理方面,包括人员结构,对我们都有参考意义。他们的专业馆员一般占的比重可能是三分之一左右,有相当部分是雇员,有相当部分是半职的员工。

2. 办馆思想

刘锦山:方馆长,您刚才谈到,您在工作、学习过程中逐步形成了自己的办馆理念和办馆思想,请您结合贵馆近年来的办馆实践谈谈您的办馆理念和办馆思想。

方家忠:办馆思想方面,我首先考虑的是我们事业发展的方向问题。通过这些年的实践、思考和研究,我们感觉公共图书馆发展的大方向应该是一个社区、一个城市、一个社会的公共交流平台。这一理念已经反映在我们"十三五"规划里面了。图书馆的传统职能逐步扩展、演化到文化参与职能,再到整个区域的公共交流职能,大的方向应该是这样。传统的图书馆服务、职能必须要做一些调整,要进一步丰富和发展,如果不做调整,在新的环境之下,就有很多局限,面临很多困难,这一点已经非常明确了。因此,图书馆自身必须要做这样的发展。如果公共图书馆传统服务是我们原来和社会关系的出发点,是圆心,那么文化领域的参与和服务可能是我们走出的第一步,区域公共交流平台可能是我们走出的第二步,但实际上始终都是一组同心圆,基点(圆心)还是图书馆基本、基础的职能,由基本职能达到文化的、社会的整体职能。我馆更多的是通过实践探索和思考达成这样一种方向,这是比较重要的一个收获,一个结果。公共图书馆在履行传统职能的基础上,更多地参与地方文化交流领域,会有很大的空间,能够发挥非常好的作用。公共交流平台是我们这几年体会出来的,看到这样一个新的方向,我们要逐步地向这个新的方向发展。我们可能还有很多工作要做,要把相应的专业能力逐步建设起来，来支撑这种新的方向和职能。

管理理念方面，我们在 2015 年会之前做了一些思考，大体上做了一个总结。我们现在有五大理念：权利保障理念、绩效管理理念、规划管理理念、社会化双向参与理念和区域共同体理念。权利保障理念主要说明图书馆服务的目的、图书馆与社会关系、图书馆的定位、图书馆存在的基础。图书馆服务应该定位于公众基本权利保障，而不仅仅是公共服务。这样才能摆正、厘清图书馆与社会、图书馆与用户的关系。基于这样的定位，过去或者现在的一些提法，例如文化惠民，我觉得值得商榷。因为这样提的出发点是不准确的，图书馆就是一个服务者，不是对公众的施与，不是一种恩惠，而是代表政府向民众提供公共文化服务的机构。权利保障理念在实践领域的体现就是《广州市公共图书馆条例》，立法的目的就是体现这一点。这与整个区域的发展、整个国家的发展、也与个体体验的因果关系非常明显。

2004 年，新公共图书馆运动强调的是什么？2006 年，我们参加培训，系统地接受专家们灌输的一些理念是什么？实际上就是这些。2006 年，启动公共图书馆立法的时候，时任市委常委、宣传部长陈建华讲了一句话，给我印象非常深刻。陈建华说现在公民最大的贫困实际上是权利的贫困，而不是其他各种贫困。权利贫困要靠什么来解决？只能靠立法来解决。这是当时广州市对图书馆条例立法的初衷。我们也很好地把这一初衷承接下来，最终在 2015 年出台的《广州市公共图书馆条例》里就得到了体现。这是大的层面。在服务层面，我们也很好地贯彻了这样的理念。广州图书馆现在没有任何门槛，我们把物理的、心理的门槛全部都拆掉了。进入图书馆只是需要做一个安检，不需要任何证件。按照权利保障理念，我们重点对纳税人，当然还包括我们缴纳各种税费的群体提供服务，再扩展一点，我们对所有人提供服务。对非本地居民我们提供两个月有效期的服务，对居民提供长期有效的服务。保障公众比较自由平等地获取我们服务的权利。权利保障是作为我们的一个最基本的、最基础的理念，作为我们的一个原则。

关于绩效管理。现在业界很多时候会强调效能管理。从图书馆具体管理来讲，我觉得"效"和"能"还是要分开。因为"能"实际上是有不同层面的能力，宏观方面要争取政府、社会各方面的支持，微观方面要建设自己的服务能力，特别是队伍能力。但是"效"这方面来讲，我们在表层的、面向社会的、面向公众的投入方面，首先必须要考虑绩效，要争取一个好的服务绩效。我们在新馆开馆时，确定了三个基本目标：一是要有好的效益，二是要有好的服务结构，三是要有好的社会影响。其中，效益方面，因为广州图书馆一直以来服务效益就不错，这是我们的一个传统，我们希望这个传统能够继承下去。公共管理的绩效管理要求越来越明确，从原来相对粗疏的管理到现在精细化的管理，必然要求有好的绩效，对投入产出要进行评价。因此，在新馆开放的时候，有一些基本服务政策去对应上述理念，然后去争取有好的绩效。图书馆服务要细化，细化必须要定位，以明确服务的群体、服务的资源、服务的方式。从图书馆本身的职能，培养公众阅读习惯的角度，少儿是最容易培养的一个群体。从效益的角度来讲，少儿也是最能够获得服务绩效的群体。与旧馆相比，我们对少儿群体的服务做重点保障。此外，我们对一些重点的主题资源进行保障，如文学类资源，这是公共图书馆利用的最大的一个主题。与以前相比，我们对一些利用率比较高的资源，例如视听资料、期刊等，在保障这方面都重点做了强化。

服务方式方面，尽可能便利，尽可能开放。整个图书馆里面，我们的读者几乎可以走到任何一个空间，可以接触我们几乎所有的资源。因为我们的空间全部都是开放的，任何人都可以走到里面去。我们70%的资源是开放的，我们只有一个很小的书库，大部分资源读者自己可以直接看得到。大量自助服务设备、设施的引入，更加方便了读者。我们的服务政策也比较开放，新馆一开放，读者一次可以借书15册。我们还有家庭证、社区证等各种措施。这些政策的设计，总体上就是要把效益充分地发掘出来，要把服务效益充分地提高。多元文化服务是我们比较有特色的服务，形成了不小的影响。多元文化服务包含三大系列：本土与传统文化，世界多元文化和现代都市文化。我们在"十二五"规划里就对多元文化服务做了基本设计，在新馆时就更加详细了。多元文化服务的传播效果非常好，有力地促进了服务绩效的提升。围绕多元文化服务，设计了大量活动，包括其他对象化的群体服务活动，公众参与程度会很高，媒体报道频率非常高，能发挥出非常好的宣传推广效果。因此，2015年，新馆开馆第三年，到馆读者还维持在平均每天2万人左右，每天新增注册读者1000人，每天外借图书2.4万册的水平。不少图书馆新馆开馆之后都会有一段爆棚效应，之后慢慢就会减退，读者增长率降低。广州图书馆的爆棚效应连续保持了三年，2015年新增30万注册读者，2012年到2015年累计105万的注册读者。注册读者数量超过全市人口的8%。这种情况在国内新馆比较少见。从外借量看也是逐年递增的，2015年是754万册，2014年是732万册，2013年是500多万册。

刘锦山：8%的比例在国内还是相当高的。

方家忠：横向比较应该很高。现在广州市区两级图书馆（不含省馆）的注册读者共有180多万，其中，广州市馆的读者超过了一半。"十三五"结束时，我们希望广州图书馆的注册读者能达到广州市人口的20%左右。

刘锦山：实现这个目标以后，持证读者比例与美国、日本相比还是差一些，但在国内是相当高的。

方家忠：是的，美国、日本的持证读者比例可以达到百分之六十几，我们还比不了。

刘锦山：国外图书馆体系比较完整，布点比较均衡。

方家忠：对，我们按条例规定设计的体系建设起来后，与欧美相比覆盖程度还是有差距的，但是确实前进了一大步。

规划管理方面。2009年做了第一个五年规划，就是"十二五"规划。2015年，我们花了一年时间，做了第二个五年规划。这个规划与新馆硬件建设，一个软件一个硬件，互为表里，形成了新的服务结构。有时候同事交流，大家会探讨规划在图书馆发展过程中起到了什么作用，因为不少具体工作可能并没有按照规划来做，规划似乎没有太大的用处。通过沟通、交流，我们感到如果没有这样一个规划，也许新馆就是一个放大的旧馆而已。服务理念、服务模式、服务效益可能不会有太大的变化，新馆也许仅仅就是旧馆规模上的变化而已。正是因为有"十二五"发展规划，我们又通过一段比较长的时间，大家系统研究、讨论和学习，设计出了现在的总体发展架构。规划对我们图书馆发展影响非常大。现在看来，当时我们去推动做规划，还是非常对的。

规划管理已经成为我们馆的一项基础的管理理念。相对而言，我们在工作过程中可能会有很多好的想法，但是如果没有规划这样一种管理工具，很难将这些想法系统化。在急剧变化的新环境之下，只有通过规划才能对图书馆发展进行系统关注。因此，我们与中山大学合作，利用各种社会资源一起做这件事情。我在2016年《国家图书馆学刊》第1期发表了《图书馆发展规划的效用问题》一文，专门探讨规划管理的问题。我得出结论是，只要是社会系统之下的管理,一定要有规划。不管馆大馆小,不管条件好坏,如果希望图书馆理性发展,就必须有规划管理工作。规划实际上就是一个工具,一种手段,我们可以利用其推动事业发展,推动图书馆专业化发展、规范化发展。前面讲的绩效管理与规划管理实际上是一个整体,区别在于出发的角度不同。"十二五"时期是我们规划管理的有益尝试,意义重大,效果也非常好。

3. 立法驱动

刘锦山:方馆长,现在图书馆体系化建设已经成为业内的共识,通过体系化建设缩小差距,实现服务的均等化。图书馆体系化建设经过前面十余年的努力,目前的一些发展模式已经遇到了很大的瓶颈,请您介绍一下广州图书馆体系化的经验以及突破发展瓶颈的尝试和努力情况。

方家忠:图书馆要发挥作用,必须建立体系化发展模式。广州一直走的是立法驱动的道路。从技术层面、业务层面进行体系化建设的努力与探索,广州图书馆在全国也是做得很早的。我们在 20 世纪 90 年代初就与社会各界合作建设联合图书馆,这在全国图书馆界体系化建设方面走得非常早。但是当我们走到 90 年代后期,觉得后面这条路实际上很难再往下走,以图书馆自身的力量,实际上是没办法持续下去的,因此,我们就一直希望走政策保障的道路。从 90 年代末开始,到 2006 年,我们开始立法进程。2012 年,我们做第二轮立法,我们一直在走这样道路。当然,这种选择既是我们的理念,也是我们一种现实的选择。2005 年、2006 年,因为当时处于新馆建设过程之中,没有更多的精力去做大量的服务体系建设工作。这样,我们把重点放在推动立法上面。2006 年、2012 年,我们深度参与立法工作。立法驱动当然是进行体系化建设的一种最好的模式,当然也是最困难的模式。因为实现立法是需要机遇的,如果领导不重视、不推动,就很难实现。《广州市公共图书馆条例》出来以后,您可能也看过,我们觉得在公共图书馆立法里面,这真的是一个值得骄傲的立法。前面讲的权力保障理念,这种立意在图书馆立法里面充分地体现出来了。保障大家共同的权利,这种实质的东西是立法要解决的首要问题,政府保障责任这个问题解决了。制度创新方面,我们也做了探索,进行了制度设计。从这两个方面来讲,这个立法确实值得我们骄傲。

之前,国内有五部地方立法,这些立法应该说原则性内容大过实质的、规范的内容,社会宣示的意义大过实质的意义。但是广州的立法,在政府保障责任方面做出了四个方面要素的规定,提出了介于国家标准和国际标准之间的广州标准。与我们现实的基础比较,应该说是一个比较高的标准。当然我们与发达国家有差距,但我们能够比较有力度地逐步去推动事业的发展。这应该说是更现实、更好的一种模式。

我们的总分馆体系没有完全突破行政管理体制的局限,但是走出了一大步。业内很多同人都说我们这个服务体系可能是最好的,广州市的一个区范围内实际上是一个体系,从上到下就是一个总分馆体系。广州市有市、区和街道乡镇三级政府,我们把基础两级建设主体责任统一集中到区政府这一级,这在国内是一个大的突破。当然这只是在制度层面做了这样的设计,将来在贯彻落实层面会有很多工作要做,也会遇到很多实际困难,但至少在制度设计、在立法层面已经做了这样一个设计和保障,立法保障毕竟是最有力度的保障。对于立法后的效果,我觉得应该谨慎乐观,它能够发挥比较好的作用。2015 年,立法颁布之后,除了两个区之外,广州市其他区或者已经有了新馆,或者有了新馆建设计划。广州市的区级图书馆如果都做得很强，整个地区的服务面貌与保障面貌就会有很大的推进。对于基础图书馆，我们设计的镇街层次的图书馆，八万人口左右布局一个街镇图书馆。如果《广州市公共图书馆条例》在今后五年能够得到比较好的实施，那就意味着广州市大概就有 170 个左右有专业服务能力的图书馆。数量上可能还比不上深圳，可能还不一定比得上东莞。但服务能力方面，如果按照设计基本到位，我们的能力一定是比较强的，服务效益也是比较好的。因为就是在现有体系之下，现在这样一个水平之下，广州地区图书馆综合服务效益还不错。如果在新体系框架之下去推动，经过几年发展，我们这个体系的服务保障能力至少在国内来讲应该是在最好层次上的。

刘锦山：立法驱动应该是比较好的一种模式，但是您也谈到做起来难度比较大。立法成功当然有领导比较重视等一些偶然因素，但肯定还有其他方面的因素和条件，具体怎么做，如何把握机遇，我觉得也很有参考价值的。请您再谈谈《广州市公共图书馆条例》的立法过程。

方家忠：广州的图书馆立法是在一个比较好的大环境之下，利益相关方都充分重视和支持的情况下，才形成的这样一个地方法。最早在 2006 年，广州市委宣传部委托中山大学程焕文老师牵头，以社科规划课题这种形式启动图书馆地方立法研究。立法的起点是专家级立法。专家立法的优点是在理念方面、国际标准衔接方面，相对会考虑得比较完善。例如，我刚才谈到的权利保障理念，在全国范围来讲，我们可能是在政策层面体现比较早的，当然在一些官方领导讲话里面，比较早一点就已经有一些这样的提法；2012 年，在做立法设计的时候，我们在草稿里面也已经写出来了。例如，人均保障标准，我们在 2006 年设计的时候已经提了出来。指标、标准应该怎样，可以逐步、反复地进行讨论。但是要提些什么标准出来，在 2006 年立法研究时已经设计出来了，框架已经出来了。当时我们提出的理念、保障的要素、标准，大体与国际标准是衔接的。国内标准在 2008 年以后才陆续出台，所以我们当时对接的是国际标准。这是一个比较好的基础。程焕文老师非常重视与国际衔接的问题。我当时也是课题组的成员，我们从世界范围的理论层面、实践层面，进行大量调研，又结合广州的实际情况，经过认真研究形成了草稿。

但是这个程序到 2008 年中断了，没有再继续往下推。2012 年，在陈建华市长的推动之下，我们再次启动了这个项目，这体现出领导重视对立法的意义。立法首先要有立法资源，立法资源实际上是很紧缺的。广州市人大每年是 10—12 部的立法，各个领域都想立法，若干年前当然还是以经济立法为主，要在 12 个立法指标里面拿到一个文化立法指标，一个图书馆立法指标，是很不容易的。领导不重视、不支持，是做不到的。2011 年，陈建华市长就要求再一次推动图书馆立法，2012 年再一次启动了立法程序。在立法过程中，一定要有各方面的支持，才能形成一部好的法律。首先我们图书馆界齐心协力，我们都是直接参与者，我是我们局立法小组的成员。上一轮立法的核心成员，程焕文老师、潘燕桃老师、刘洪辉馆长，都是我们的咨询顾问，遇到问题我们都会与他们进行密切的沟通。

立法过程有几个环节，由行政部门也就是文广新局来起草，这是一个环节；然后到政府法制办审核，这是一个环节；然后到人大教科文卫委员会、人大法工委进行审核。正式的有 30 多道程序，一道程序一道程序走下来。文广新局、法制办一样，都有很多程序要走。都要向利益相关方征求意见，每一次征求意见过程中，最核心的问题就是政府保障的标准怎么定，定什么样的标准，大家反复讨论，反复争论，反复博弈，就会有来自各个方面的压力。我们提的标准比较高,很多人认为达不到,所以希望标准低一些。讨论过程中,我们业界坚持要有这么一些标准,并且参照国内、国际标准基础上,广州要有好的、相对高的标准。在这样原则之下,我们的标准一直坚持下来了。当然,这也涉及领导和政府的重视、支持问题。

这就是政府、领导重视和支持的作用,这是一个方面。人大这方面对于立法也给了大力支持。我们这个立法有一个制度的创新,但这个制度创新,超出了我们图书馆界开始的设计。因为开始我们没敢这样设想,比如说总分馆体系,我们还是在提业务层面的总分馆体系,是由区馆来统筹、协调、指导乡镇街道图书馆业务工作。但人大这边最后甚至提出由区政府来负责建设区域范围的图书馆体系,由区的图书馆对整个区域范围内图书馆的人、财、物进行完全的统筹协调。这是在人大法工委这个环节确定下来的,人大法工委在期间发挥了很关键的作用。当然,我们在讨论过程中,逐步向这方面靠,说靠图书馆做不了统筹协调,能不能由区政府做这件事情。最后就是人大拍板由区政府来统筹协调,这样才形成这种制度创新。不通过立法,其他方面层次的保障可能难以实现。政府的行政规章是没办法来做这样的设计的,只有人大可以做。在整个过程中,图书馆界、政府部门都发挥了作用,大家都把问题摆出来,意见提出来;人大发挥了关键的作用。人大这边如果不认可是不可能实现的,做不到的。我们图书馆界也发挥了重要作用,一个一个的问题,一道一道的程序,任何一道程序都可能把一些保障标准删掉,或者压低标准,我们几乎是每一道程序都全程参与,每一道程序都会考虑到可能涉及的方方面面的问题,每一道程序我们都要极力去争取。

我们当时还有一个很有利的条件,就是环境条件。第二轮立法启动时,我们的新馆已经开放了,开放之后效益很好,读者很多,用户很多。这就从客观上非常好地回应了一个问题,就是这个社会还需不需要实体图书馆? 图书馆界的努力很重要,领导重视只是给了我们这样一个机会,我们要把这个机会变成一部好的法律,没有业界的意见和坚持是做不到的。因此,《广州市公共图书馆条例》是相关各方都重视、支持、参与的结果。这种局面形成很不容易,所以说广州市出台这样一部法律,值得骄傲。

刘锦山:这就为全国的地方立法起到引领作用和导向作用,其他有立法权的计划单列市立法时就有可能参照广州的模板。

方家忠:现在全国人大在放权,各个地方一些较大的城市都有立法权。广州以前只有半个立法权,2015 扩大地方立法权之后,东莞、佛山也有立法权了,深圳早已有地方立法权了。您刚才讲得对,广州的公共图书馆立法确实对其他地方具有很强的引领和示范作用。

刘锦山:将来《广州市公共图书馆条例》实行几年以后,效果就会彰显出来,全国各地肯定有不少图书馆来学习考察,包括图书馆的行政主管领导,这样对大家的观念有所改变。以前的文化体制太难改变,广州的实践可能会在地方层面上有所突破,这样可能会对图书馆总分馆建设有很大的帮助。如果是这样,图书馆的效能可能会非常好。

方家忠:广州难得出现这样的环境和机遇,我们抓住了这个机遇,出台了一部很好的地方法律。现在依法治国、依法行政力度比较大,所以我觉得我们对条例的实施应该要抱一种乐观的态度。国家、社会发展到一种程度,不管是有意识无意识,不管是不是重视,文化自然会发展到这样一个阶段。要发展,要做制度设计,广州的图书馆立法经验对大家来说是很好的参考范本。社会自然发展到一定程度,图书馆必然要发展成为一个体系。从这个角度而言,《广州公共图书馆条例》应该会发挥非常好的作用。最近,东莞地方公共图书馆立法,他们就非常好地吸收我们的一些经验和设计,我觉得非常好。更多的地方认可,大家来共同推动,会形成一个非常好的大环境。

4. 社会参与

刘锦山：东莞还有一个优势,行政区划没有县区这一级,从市直接到乡镇、街道,这样东莞的总分馆可能就是市馆与乡镇、街道的总分馆。方馆长,您刚才谈了权利保障、绩效管理、规划管理方面的情况。请您再谈社会化方面的情况。

方家忠：广州市实际上是一个很市民化的地方。市场经济,市民社会发育相对内地来讲比较早,也比较成熟。公众对公共事务的参与一向很强,图书馆领域也是这样。因此,我们设计的公共服务,市民实际上很乐于利用。我们开展的公共活动,公众群体也是愿意参与。我们图书馆做了大部分服务框架设计之后,面对不同群体的多元文化活动,我们做得非常多。2015 年,我们做了 1200 多项活动,平均每天四场左右。这些活动我们图书馆只做了一小部分,大部分活动是公众和合作伙伴做的。2015 年年底统计,我们的合作伙伴有 150 多个。2013 年 6 月,多元文化馆开放,到 2016 年正好三年,多元文化活动超过 100 场,超过 15 个系列,例如墨西哥多元文化月、法国多元文化月、俄罗斯多元文化月、英国多元文化月,这些活动都是与我们的合作伙伴一起做的。墨西哥多元文化月与墨西哥总领事馆合作,加拿大多元文化月是与加拿大领事馆、加拿大温哥华图书馆、加拿大温哥华的华人社团、广州外语外贸大学加拿大研究中心等合作。

有一个案例。我们与新西兰总领事馆合作做了新西兰老照片展览,展览的内容、题材是 19 世纪末到 20 世纪 50 年代新西兰的一些传教士拍摄的照片。照片内容主要是两大方面,当年传教的时候,拍摄的华南地区、广州地区的自然、人文、社会各种各样的题材。其中有一部分照片是当时到新西兰开挖金矿的华人劳工在那边生活的题材。通过这个展览,我们了解了照片来源线索,是新西兰基督教长老会的收藏。我们就通过发现这些老照片的一个美国人,与新西兰长老会进行联系,希望把这些照片再复制给我们图书馆,对方也认可了,然后我们就到他们那边去,沟通具体怎么复制,签了协议。新西兰这边,对此事情也很重视,搞了一个简单的仪式,新西兰新任驻华大使出席了仪式。这批照片到图书馆之后,我们又进一步分主题展览。当时有一个机构,发现有关于他们机构的照片,他们找我们要这些照片来进行研究。

我们有各种各样的合作伙伴,国内外都会参与进来。我们要做这种服务活动,需要大量合作伙伴。多元文化窗口方向的界定,都是基于社会化理念设计出来的。我们的手段也是社会化的手段。从经费角度讲,我们可能一年投入 200 万经费做这些活动,但社会配套进来的资源,如果从经费角度测算,大概会有多少钱呢？我相信不低于 1000 万元的投入。接下来我们从技术角度做一些测算,大概图书馆做多少,合作伙伴做多少,合作伙伴投入的资源大概可以折算出多少经费。服务模式是一个非常社会化的方式。甚至说,图书馆仅仅提供空间,让公众或者一些群体自己来做活动,图书馆仅仅提供平台,真正发挥公共交流平台的作用。"雅村文化空间"文化艺术普及系列讲座是我们与广东文化学会合作举办的。我们提供场地,在宣传等方面我们提供一些支持和配合。演讲嘉宾由文化学会邀请。受邀这个系列讲座的嘉宾全是广东最有影响的文化艺术家。广东文化学会本身就团结了、联系了很多名家,学会把这些名家邀请到图书馆讲座。显然,图书馆在文化艺术方面的影响力不如广东文化学会,合作时间长了之后,图书馆本身这个平台的影响力就出来了,我们也能够邀请和整合社会各个领域的一些专家资源,就可以把社会最优质的专家资源吸引到图书馆。慢慢地,图书馆本身也逐步具备了比较强的这样一种能力。但就整体而言,图书馆要做面向各种群体的各种主题的活动,与这些不同合作伙伴直接合作是最好的一种方式。

在管理方面,我们也要向社会开放。比如您刚才谈到的理事会制度,理事会制度实际上就是管理的社会化与社会的参与。我们的基本思路是利益相关方能够在理事会这个平台上充分地交流,或者充分地博弈,这个平台在一定程度上能够满足这种交流、博弈需求,政府方面又能够承担相应的成本和投入。人员方面由代表社会需求这一方、代表政府投入这一方和图书馆运作这一方三个方面组成,三三制的原则。我们马上要进行理事会第二届换届改选。基本的思路还是一样,结构方面会有一些小的调整。这就是管理的社会化。我们要把大量优质社会资源引到图书馆。但是何谓优质资源,需要有评价机制。

刘锦山:您刚才讲了,广州市民社会发育比较好,又是沿海开放城市,社会资源比内地很多地方有优势,此外还有不少高校、协会等。与这些社会资源合作举办的活动,公众参与度高不高?

方家忠:首先,我们很多活动请了有很多专家,大家很乐意参与到这些活动,这实际上也是公众参与的体现之一。其次,媒体对公共生活的关注程度在广州是很高的。再次,我们举办的活动如果没有人参与,我们设计这样的活动就没有意义了。我们也有一些活动让公众自己来组织,例如,在校学生利用图书馆的平台组织一些活动,端午节、中秋节,他们自己组织一些活动邀请市民一起来参与,玩一下。还有些老年人,利用图书馆做一些书法、绘画展览等。社会组织管理方面,我们国家现在正慢慢放开,公众自己组织的活动会越来越多。我们在管理模式方面,展厅、报告厅等这些活动空间以及设备设施,都做资源化管理,就像书一样,让有需要的人到馆里预约,然后利用这些空间和公共资源。在进一步推进之后,自主的群体需求以及参与程度会更强地体现出来。区域共同体方面,我们这几年与广州大学、深圳图书馆、中山大学图书馆有大量的合作。做规划,我们是与中山大学资讯管理学院合作。立法,实际上是整个区域一起合作。培训,也是大家一起合作。我觉得广东的局面非常好。业界、学界,大家有充分的交流和充分的合作。大家都非常愿意参与这样一种合作。

这是非常强、非常有优势的资源。我们有一个中山大学在这个地方,这就是我们图书馆的优质资源,我们与中山大学的合作比其他地方的图书馆与中山大学的合作更多更深入。我们与中山大学进行各种项目的密切合作,很方便地进行交流。每年的社会调查项目、联合培养专业硕士项目都是与中山大学合作的常态性项目。新馆开放之后我们与中山大学资讯管理学院签了一个三年期的框架性合作协议,我们现在准备签第二个框架性合作协议。因为资讯管理学院院领导有些变化,现在聘请了龙乐思教授担任院长,他是葡萄牙人,原来在英国,是欧洲图情行业的权威。我们希望在新时期继续与其保持深度合作,当然中山大学也认为,广州图书馆是他们与社会合作的主要对象和媒介。

我们接下来要做的事情,诸如立法配套、第三方评估等,我们也尽量让这些行业的、社会的力量参与进来。我们要充分利用行业各种各样的资源促进区域共同体局面的形成。我和《图书馆论坛》刘洪主任也提到这一想法,希望《图书馆论坛》能够体现出广州的区域共同体的特点。

刘锦山:我们国家以前社会管理主要靠政府,改革开放以后市场力量兴起,市民社会方面发展不均衡,以前我们对社团组织管控比较严格。但是沿海地区,像广州、深圳这些地方,市民社会发育得比较好,这样才有现在社会力量、个人参与图书馆事业的发展,这对图书馆的发展还是有比较好的推动作用。应该把政府、市场、社会三方力量结合好。

5. 理事会制度

刘锦山:方馆长,理事会是现代图书馆治理的一种有效模式。贵馆的理事会现在是第一届,理事会制度比较有特点。前段时间和省馆刘洪辉馆长聊起您这里的理事会,刘馆长说广州图书馆的理事会很有特点。请您具体谈谈这方面的情况。

方家忠:广州图书馆理事会比较显著的一个特点就是社会化,在管理的社会化原则之下,利益相关方参与图书馆治理。这个特点体现在理事会的人员结构上面就是三三制。我们的理事会由15个人组成,三分之一是社会方面的代表,三分之一是政府机关方面的代表,三分之一是图书馆方面的代表。社会方面的代表由常规服务领域、新型服务领域的代表,涵盖了文化领域、历史领域、图书馆领域的专家和读者代表。政府机关方面的代表由与图书馆投入最密切相关的政府机关的代表组成,包括编制部门、人事部门、财政部门、文化主管部门、人大方面的代表。图书馆方面的代表包括图书馆管理层的代表、职工代表。社会参与图书馆治理,三三制是我们比较显著的特色。我们的做法在全国发过简报,介绍我们的经验。

理事会的建立,实际上是基于图书馆层次的改革,还仅仅关联到制度的低端。深入发展就会向制度的中端和高端层面迈进,这可能关联到行政体制的改革,关联到政治体制的改革。从这个角度来讲,我们在低端层面能够发挥点作用,理事会在沟通协调各个方面,争取各方面、社会的理解和支持,能够发挥比较好的作用。但目前而言,我们的理事会发挥的作用也就到这个层面了,决策层面的功能还是要有相当长的时间才能够具备。决策权从哪里来?无非就是从政府手里来,政府把这个权限让渡到理事会,但政府行政体制不改革,这个权限不可能放得下来。这是我讲的中端问题。更深层的关系,比如理事会与我们党的关系等。

刘锦山:理事会制度与我们政治体制的对接。

方家忠:对。图书馆理事会与图书馆、文化行政部门之间的关系如何处理?这些更深层的问题属于体制的问题。我们现在的理事会主要还是由机构编制部门、文化主管部门动员我们图书馆一起来推动。但是,行政体制与政治体制的改革,部门是推动不了的。因此,决策性的理事会制度建立可能需要一个长期的过程,这是一项大的改革,恐怕确实需要比较长的时间。第二届理事会在三三制的框架下,每个方面的具体结构、比例可能会有一点调整,政府机关方面代表的比例会缩小一点,社会方面代表的比例会大一点。但大的思路、大的结构还是不变的,是一个交流、博弈的平台。

刘锦山:理事会有多少理事呢?理事长由哪方面的代表担任?

方家忠:理事会有15位理事,理事长由主管、举办单位的代表担任,我们现在的分管副局长担任理事长。理事会推选我担任副理事长。在第二届理事会,社会力量要尽量多一些参与,企业代表等一些界别要逐步考虑进来。制度设计方面,也可以用荣誉理事等方式来建立。

刘锦山:方馆长,理事会具体有哪些职责和权限?对图书馆运营、管理,人事方面有哪些具体的职责和权限?

方家忠:根据图书馆章程的规定,理事会的定位是决策和监督,监督来源于决策,没有决策就没有监督权。从制度设计上来讲,所有的权限理事会都有,重大业务活动的决策权、发展规划的决策权、对管理层的决定权、对经费预算的决定权,大的方面都有。

刘锦山:业务方面的决策权我理解图书馆要做什么活动,先做规划,然后理事会讨论和批准。财权和人事权方面的情况呢?

方家忠:对,图书馆大的发展规划、年度计划、大的项目计划,需要得到理事会的批准才能实施。财权方面,图书馆编制的财务预算需要得到理事会的批准。人事权方面比较复杂,理事会主要关注管理层的聘任。馆长是由谁任命,如果馆长任命了,按理事会章程,馆里其他人员是由馆长来聘任的。人事权的核心问题是馆长的聘任权在谁的手里。理事会聘任?还是我们的主管局聘任?

刘锦山:贵馆章程里对于馆长任命问题是怎样规定的?

方家忠:我们的章程规定馆长由理事会提名,主管单位、举办单位确认。

刘锦山:干部考察程序仍然按照现有的程序走?

方家忠:这与干部考察是两回事情。理事会制度与党管干部程序现在没有对接。理事会提名了,组织认可了,该走的程序还要走,但不是在理事会框架里的程序,是在党组织程序里。

刘锦山:以前馆长由政府直接考察任命。现在是理事会先提名,然后组织部门考察,再做任命。

方家忠:对。哪怕提名权,也是权力啊。

刘锦山:也有可能理事会提名了一个人,组织部不认可,经过考察给否掉了。做到这一步也是很难得的。

方家忠:这也是一个进步。现在这样设计出来了。从制度设计来讲,决策监督还是该有的都有了,当然实际落实还要有个过程。有些地方的图书馆理事会是咨询性质的。咨询性质的理事会与现在实际是相符的。我们要求建立的是一个决策性质的理事会,实际上能否做到,还需要一个过程。

刘锦山:理事会建立以后,运作可能是以图书馆的管理层为核心的运作。因为图书馆管理层天天在图书馆做与此相关的工作,但是理事会成员不可能投入太多时间做这样的工作。

方家忠:就我们观察应该是这样的。理事会的理事大多是义务性质的,是兼职的。参加理事会是他们参与社会公共事务的一种形式,很多具体的运营设想、基本设计都是图书馆提出来的。

刘锦山:这样图书馆可能还是起主导、核心的作用。

方家忠:至少是一个基础作用,我们不敢说是主导作用,但是仍然是基础作用。

刘锦山:对,基础作用,您的说法更准确。图书馆理事会制度刚起步,对于理事会的运作模式、机制、议事规则,以及博弈,各方面都有一个试验和适应的过程。

十四、郭秀海:泉城书香最宜人

[专家介绍]郭秀海,研究馆员,济南图书馆党委书记、馆长。兼任中国图书馆学会理事,山东省图书馆学会常务理事,济南图书馆学会理事长,济南市政协委员。先后获得全国古籍保护先进个人、山东省古籍保护先进个人、济南市五一劳动奖章、济南市专业技术拔尖人才等荣誉称号。

保存文明,传承文化,是图书馆根本宗旨。在现在这样一个技术飞速发展、影响日益深刻的时代,图书馆如何在接纳、利用现代技术的同时,有效发挥自己在文化传承方面的功能和作用,是一个十分重要的问题。济南市图书馆以丰富多彩的实践给出了自己的答案。为此,e线图情采访了济南市图书馆郭秀海馆长。

1. 新馆新气象

刘锦山:郭馆长,很高兴您能接受我们的采访。欣闻贵馆于2015年2月被中央精神文明建设指导委员会授予"全国文明单位"的称号,对此我们向您和贵馆表示热烈的祝贺。我们了解到,贵馆新馆是2013年建成投入使用的,贵馆此次被评为"全国文明单位",既是对贵馆多年来的各项工作的肯定,也是对贵馆新馆建设工作的认可。而且贵馆新馆建成以后受到业内的普遍关注,前来参观、考察和取经的同人络绎不绝。所以请您首先向读者朋友介绍一下贵馆新馆的情况。

郭秀海:谢谢刘总和e线图情对我们的关注。2013年10月11日,济南图书馆新馆正式面向读者开放。新馆由法国AS公司主持设计,项目总投资约6亿元,新馆建筑面积40 593平方米,由中部5层通高空间及其南北两侧的阅览空间组成,地下一层、地上五层,总高度34.3米。设计总藏书量250万册,阅览座席2600个。新馆是济南市在新中国成立以来投资最大建设的文化设施,也是重要的文化惠民标志性工程。新馆的落成开放标志着济南市图书馆事业的发展实现了新跨越。

新馆开馆后,即以全新的服务形象,先进的服务理念,一流的服务设施,为读者和市民带来强烈的视觉冲击、崭新的阅读体验和更多的服务便利。中央及省市有关领导,多次来馆视察和指导;每日前来参观考察的代表和读书学习的广大市民群众络绎不绝,成为济南西部新城最亮丽的一道风景线。开馆至今,已办理借书证10余万张,接待全国各地参观考察和学习交流的代表团500多批次15 000余人,读者200余万人次,为泉城市民奉上了一份满意的答卷,成为市民心中的知识圣殿、文化甘泉。

新馆内部装修设计以节能环保、经济适用为原则,适当融入阅读和地方文化元素,力争将新馆打造成生态型、智慧型图书馆。其内部装修设计在遵循国家有关设计规范和标准的前提下,尽量采用环保、节能、防滑、耐磨的新材料和新工艺,室内装修使用浅淡的暖色调,并注意做好采光、通风、保温、防火、防尘、防噪等防护性措施,以增加读者用户的舒适感和安全感;进出口通道、洗手间等全部采用无障碍设计,为残疾人读者进出和利用图书馆提供人性化服务;墙面饰之以名人读书箴言和具有地方特色的文化艺术装饰,如欧阳中石的《泉城颂》、赵孟頫的《鹊华秋色图》等,将阅读文化和泉城文化有机整合在一起,不但营造出高雅、精致、明快、智慧的文化氛围,同时又有利于增强市民对泉城文化的认同感和自豪感。其中长18米,高7米的高仿名画《鹊华秋色图》大气磅礴,生机盎然,堪称新馆一大亮点,彰显了济南历史文化名城的丰厚底蕴和源远流长的历史文脉。

新馆建筑主要由中部5层通高空间及其南北两侧的阅览空间组成,东西两侧仿木质感的书墙和600座席报告厅是其一大亮点,中庭屋顶天窗给整个空间带来充足的采光。为便于开放式管理,一站式服务,为读者创造全新的家居式阅读体验,新馆在空间布局和功能区划上采用大空间、大布局、大流通的布局体制和布局模式,面积较大的借阅服务区全部用书架或家具进行"软隔离",充分体现了"书在人中,人在书中"的开放式服务和管理理念。读者通过首层北侧的门禁可自由穿梭于各服务区,迅速便捷地获取纸质文献、电子文献、声像文献"三合一",藏(馆藏)、阅(阅览)、借(外借)、参(参考咨询)"四合一"的"一站式"服务,也可通过一层或南北侧的下沉式广场自由出入报告厅、展览厅等活动场所,轻松享受图书馆提供的讲座、展览、报告会及各种文化娱乐休闲服务。

新馆设施配备和服务项目设置中,引进多项高端服务设施,将人性化服务推送到新馆每一个角落,为读者带来全新的阅读体验。分布在各楼层的书目检索机、自助借还机、客户终端和上网、下载等多项免费服务,均实行"一站式"服务。这种形似"超市"的服务模式让读者拥有最大的自由度,只要一卡在手,便可坐拥书城,尽享书香。

新馆主要设施配备和服务功能如下:

一层主要由主入口门厅、总服务台、儿童借阅区、报刊阅览区等构成。其中,主入口门厅1200平方米,是新馆视觉中心和读者集散休闲中心,厅中最引人注目的是东侧墙面4层楼高的7层"书墙",以木质隔断,可摆放7万册图书。书墙两侧有楼梯相连,寓意"书籍是人类进步的阶梯",读者可从各楼层取书阅读;儿童借阅区藏书5万册,期刊540种;报刊阅览区配置报纸200余种,期刊2600余种,电子读报机、视障人阅读机各20台;一层北侧设有数字阅读区,配置计算机64台,检索机5台,触摸式资源展示屏4台,电子读报机4台,虚拟翻书机2台以及自助办证机4台。

二层为自然科学、社会科学借阅区,藏量约60万册,内设检索机12台,自助借还机16台。

三层为自然科学、社会科学阅览区,藏量约45万册,内设检索机12台,阅览座席350个;二、三层挑空周边设阅览座席260个,东侧为读者休息区,设电视机。

四层主要设读者自习区,阅览座席1000个;电子阅览室,配电脑30台;声像资料欣赏区,座席20个,配置CD文献与耳机;新技术展示区,如移动阅读、触摸屏资源展示、电子书下载等。

五层为高端读者服务区,设有古籍书库、古籍地方文献阅览室和4个专题研究室。阅览室内将放置特殊展柜20多个,分批展示一些市图书馆的镇馆之宝。

负一层除办公区外,设展厅1635平方米,大报告厅580座,小报告厅160座,并配有贵宾接待室、培训教室、读者餐厅、咖啡屋、茶吧、图书漂流等，是读者在紧张的读书学习之余，选择放松、休闲的好去处。另外，在一楼东南侧，设24小时自助图书馆一处，读者在开、闭馆期间均可自由进出，自助完成办证、查询、借还图书等服务。

2. 理念引领

刘锦山：郭馆长，贵馆获得"全国文明单位"这样的荣誉，得益于贵馆长期以来不断的努力。有句话叫作纲举目张，说的是战略理念对于推进各项工作的重要性。请您结合贵馆创建"全国文明单位"的实践谈谈贵馆的办馆理念及其对于创建工作的引领作用。

郭秀海：济南市图书馆秉承"以人为本，服务立馆，科技兴馆"的办馆理念，并将其贯穿到"全国文明单位"创建工作的始终，同时抓住新馆建设、启用的契机，将新馆建设与创建工作融为一体，使办馆理念成为引领我馆各项工作发展的不竭动力和灵魂。下面我谈谈我们如何将新馆建设与"全国文明单位"创建工作有机结合，并且在建设与创建工作中具体贯彻和落实办馆理念的情况。

第一，以人为本方面。新馆引进多项高端服务设施，将人性化服务推送到新馆每一个角落，为读者带来全新的阅读体验。分布在各楼层的书目检索机、自助借还机、电子读报机、虚拟翻书机、自助办证机、视障人阅读机、触摸式资源展示屏、客户终端和上网、下载等多项免费服务，让读者拥有最大的自由度，只要一卡在手，便可坐拥书城，尽享书香。

新馆设计处处体现人性化，例如：书架的顶端有一排小的白炽灯，以便看清书架上文献的书名；阅览室的座椅下都有防滑设施，拉开椅子时也不会发出很大的声响；内部装修设计在遵循国家有关设计规范和标准的前提下，尽量采用环保、节能、防滑、耐磨的新材料和新工艺，室内装修使用浅淡的暖色调，并注意做好采光、通风、保温、防火、防尘、防噪等措施，以增加到馆读者的舒适感和安全感；在每个楼层都有不下于3个饮水处，还配有热水、冷水和纯净水供读者饮用；在大厅设有图书杀菌机四台、自助贩售机，以满足读者不同需求；通过首层北侧的门禁，读者可自由穿梭于各个阅览外借服务区，迅速便捷地获取藏（馆藏）、阅（阅览）、借（外借）、参（参考咨询）"四合一"的"一站式"服务；也可通过一层或南北侧的下沉式广场自由出入报告厅、展览厅等活动场所，轻松享受图书馆提供的讲座、展览、报告会及各种文化娱乐休闲服务。

在提升新馆人性化管理的同时，济南市图书馆重视发展建立在特色资源基础上的特色服务，积极为老年人、未成年人服务；为下岗职工、进城务工人员服务；建立视障阅览室，为残障读者提供个性化、多元化服务，让文化惠民成果覆盖所有人。

第二，服务立馆方面。济南市图书馆一直高度重视读者服务工作，把服务视作文明单位创建工作的生命线，始终坚持一把手负总责，以职业道德建设为重点，深入开展文明窗口服务工程。设立"学雷锋志愿服务岗"，开展了"书香泉城"文化志愿者服务活动以及文明服务窗口和服务明星评选活动，2014年评选出3个文明服务窗口和16名服务明星，树立了精神文明创建典型，推动了精神文明建设不断前进。采取为读者提供图书杀菌设备、借书袋、老花镜、小药箱、延长闭馆时间等一系列措施，工作人员以真诚、热情、高效的服务受到读者的表扬，有些读者专程来送感谢信、锦旗以示谢意。

在做好阵地服务的同时，我馆借鉴先进地区经验，推行总分馆制，构建服务网络，服务触角向全市覆盖。以市图书馆为总馆，由分馆、流动站、汽车流动图书馆、24小时自助图书馆构成,形成了基本服务网络。截至目前,在全市建立分馆、流动站 57 家,在泉城广场、领秀城社区等设立 7 处 24 小时自助图书馆,并与天桥、市中等区县图书馆及重汽、林桥社区等 28 家分馆实现了借阅"一卡通"。拓展了服务的空间,我馆还采取措施延长服务时间,新馆开放到 18:30,老馆开放到 20:30,最大限度满足读者阅读需求。此外,我馆心系特殊读者群体,实施文化惠民。积极落实"文化惠民金点子",充分保障视障读者的阅读权益,启用了我市首个视障阅览室,配有盲用学习电脑 15 台、盲文读书机 20 台、电子助视器 6 台、盲文图书百余册和有声电子读物 5 万余册;同时,还针对视障读者开展了一系列电脑培训活动,并发放 200 台听书机,以丰富和增强他们的文化生活和社会适应能力。

第三,科技兴馆方面。科技发展日新月异,数字化、网络化、信息化发展的大潮,正以一种前所未有的力量,迅速改变着社会的生产和生活方式,给人们带来崭新的生存体验——数字化生存。济南市图书馆顺应这一变化,将数字图书馆作为新馆建设的重中之重,大力加强新馆的数字化、网络化、信息化建设。我馆争取专项资金 1400 万元,建立了万兆光纤主干千兆到桌面的网络系统、计算机云中心和自助借还、电子阅览、无线上网、信息资源展示使用、全市一卡通、共享工程服务、数字音乐图书馆等多种新型服务平台,并以上述平台为依托,实现无线网络全覆盖和全面自助服务,建立全市公共图书馆虚拟网,加入国家数字图书馆虚拟网;构建体系化、特色化知识资源库群,提高数字资源的可获取度;开通书香泉城数字阅读平台、手机图书馆,读者可以在济南任何地区免费阅读 100 余万册电子书、300 份电子报、1000 种年鉴、2000 种工具书及济南名泉等自建特色资源;建立全市联合编目系统,形成覆盖全市的数字图书馆服务网络,促进了全市图书馆资源与服务的共建与共享,成为名副其实的现代化图书馆。

3. 技术支撑

刘锦山:郭馆长,从您前面的介绍中可以看出,信息技术的发展为图书馆做好各项工作提供了很好的手段,请您谈谈贵馆在创建"全国文明单位"中如何有效利用和发挥信息技术的作用的?

郭秀海:科技发展日新月异,数字化、网络化、信息化发展的大潮,正以一种前所未有的力量,迅速改变着人类社会的生产和生活方式,给人类带来崭新的生存体验——数字化生存。市图书馆顺应这一变化,将数字图书馆作为新馆建设的重中之重,大力加强新馆的数字化、网络化、信息化建设。

为推进数字图书馆建设,引进 100TB 大容量磁盘存储器、万兆三层核心交换机和千层交换机等设施,建立了万兆光纤主干千兆到桌面的网络系统和服务器集群系统(济南市公共图书馆云中心),并以此为依托建立了 RFID 自助借还系统、电子阅览室系统、无线上网系统、信息资源展示使用系统、全市一卡通系统、共享工程服务平台、数字音乐图书馆等多种服务新平台。

以上述平台为依托,新馆实现了全面自助服务,开放借阅文献达 100 余万册(件),同时升级读者借阅权限至 10 册,成为国内面向读者开放度最高的图书馆之一;实现了无线网络全覆盖,建立了全市公共图书馆虚拟网,并加入了国家数字图书馆虚拟网;对纸质文献、电子资源和网络资源进行深度加工和多维整合,构建了体系化、特色化的知识资源库群,提高了数字资源的可获取度;开通了书香泉城数字阅读平台,读者可以在济南任何地区免费阅读 65

万册电子书、300多份电子报、1000多册年鉴、2000多种工具书及济南名泉、济南记忆等自建特色资源;借助移动通讯、广播电视、互联网及VPN等现代网络技术,建立了全市联合编目系统,形成了覆盖全市的数字图书馆服务网络,促进了全市数字图书馆系统间资源与服务的共建与共享。

依托新平台,新馆还将以海量信息资源为根本,综合运用各种现代技术,积极拓展网上阅读、信息发布、联机检索、网上借书、资源点播、信息定制和推送等多种形式的网上信息服务;推进图书馆智能化,实现高效精确的典藏管理与服务,为手机用户开辟查找馆藏资料的新捷径;加强门户网站建设,建立绿色网络,实现网站与自动化管理系统的无缝链接;综合运用报纸、杂志、广播、电视、音像、网路、电信、卫星通信等各类传播工具,用文字、声音、影像、动画、网页等形式,为市民提供全媒体服务。

此外,为进一步加强我市公共文化服务体系建设,我馆秉承"开放、平等、免费"的服务理念,利用"零距离"服务策略,"送服务上门,促全民阅读"开展图书馆自助式服务。2011年10月,我馆承办的"书香泉城"24小时自助图书馆,分别在泉城广场和赤霞广场投入使用。之后,又分别在领秀城社区、龙奥大厦、阳光100、鲁能康桥等地设立24小时自助图书馆。

24小时自助图书馆是集射频识别技术、网络技术和自动控制技术于一体的人性化、数字化、智能化的先进图书馆,通常可内置图书450册,采用智能环形轨道实现图书自动上下架,读者通过正确操作,可自助完成借书证办理、书目查询、图书借还、图书续借及预约等多项服务。作为一项新兴的现代化技术,它打破了时空界限,真正做到了一年365天、一天24小时开馆,自投入使用以来,得到了社会和广大读者的认可。

4. 品牌建设

刘锦山:郭馆长,在浓缩提炼出符合图书馆发展趋势的战略理念之后,如何将理念落实到各项具体工作中就显得十分重要。而服务品牌的建设,是落实战略理念的很好抓手。通过服务品牌的建设,既可以有效推进各项工作,又可以在读者心目中留下关于图书馆的具体而深刻印象。请您谈谈贵馆在服务品牌建设方面所做的工作。

郭秀海:济南市图书馆每年大概都要开展100余项读者活动,约有30多万读者参与。其中,"成功父母大课堂""济南汽车流动图书馆"被评为山东省公共图书馆特色服务品牌。"济南市中小学生'暑假读一本好书'活动""'重汽杯'济南市'读书人'摄影比赛""七彩泉"谈书吧分获中国图书馆学会"全民阅读推广活动经典、创新案例"一、二、三等奖。我这里向读者朋友介绍一些社会效益大、影响显著的品牌文化活动。

(1)"天下泉城"大讲堂名家讲座

济南市图书馆"天下泉城"大讲堂名家公益讲座,以围绕中心、服务大局为己任,把"满足读者需求、引领先进文化"作为最终工作目标,充分利用各种节假日和纪念日,累计举办各类公益讲座逾200场,听众近10万人次,服务触角延及企业、学校、军营、社区、农村和机关等,讲座内容和形式也不断创新。通过对读者兴趣的认真梳理和对社会热点的有效把握,自主开发并成功打造出以"成功父母大课堂""女性讲堂"和"天下泉城"大讲堂为首的三大系列主题讲座,内容涵盖文化、教育、时政、健康、情感、艺术、军事、法律、科技、历史等多个层面,满足了不同群众多样化、差异化和个性化需求。这些活动的开展,有效拓展了图书馆的社会教育职能,发挥了图书馆传播知识、指导阅读、释疑解惑和启迪心智的作用,成了市民喜爱的"城市新课堂"

(2)"全国先进,省内一流"的汽车流动图书馆

为充分发挥图书馆在构建和谐社会中的作用,推进文化进企业、进农村、进学校、进军营、进社区活动的开展,2006年,在济南市委、市政府的支持下,我们创办了"全国先进,省内一流"的汽车流动图书馆。该图书馆以中型客车为载体,内置一整套自动化图书借还管理服务系统,以及开放式书架、活动式阅览桌椅等通过与济南市图书馆联网实现图书通借通还,可在企业、农村、社区、校园、军营等基层单位和汽车可达的场所,为读者现场办证、借还书刊以及查询、下载信息等,极大地拓展了图书馆的服务功能,对传播先进文化,满足广大人民群众的文化需求起到积极的促进作用。多年来,汽车流动图书馆先后深入企业、社区、部队、机关及其他单位、公共场所服务3000余次,借还图书近50余万册次,办理借书证2.5万余个,服务读者近15万人次,"汽车流动图书馆"被市民誉为"身边的大书房""流动的电影院"。

(3)"暑假读一本好书"活动

为培养青少年的阅读兴趣和阅读习惯,激发学生的读书热情,提高学生的文化修养和文化品味,全面提高中小学生思想道德素质,为未成年人的健康成长创造良好的社会环境。自2004年起,充分利用馆藏优势,遵循少年儿童的阅读特点和规律,与学校和家庭教育联手,连续十年在济南市中小学生中开展了"暑假读一本好书"征文活动,累计参与人次达200余万,共有15 670名学生分别获一、二、三等奖,另有1478名教师获优秀指导奖。"暑假读一本好书"征文活动用优秀的书籍为未成年人的成长提供丰富的精神食粮,为少年儿童营造了良好的阅读环境和平台,担当了未成年人"导航员"的角色,在全市精神文明建设中中发挥了积极的促进作用。

(4)"重汽杯"济南市"读书人"摄影比赛暨展览

为响应中宣部、文化部、教育部等11部委共同发出"爱读书、读好书"全民阅读活动倡议,由济南市文广新局、中国重汽集团有限公司工会、济南市图书馆、济南图书馆学会、济南市摄影家协会于2006年6月联手推出的一项全市规模的读书活动,活动围绕"读书人"这一主题,主要包括摄影作品征集、评选、颁奖和优秀作品巡展等活动内容,每年举办一届,每届跨年度举行。至今已成功举办九届,共举办巡展活动20余次,征集作品5000余幅,观众3万人次,活动规模和影响的不断扩大,极大地倡导了全民阅读理念,有力地推动了我市全民阅读活动的深入开展,目前已成为深受济南市民和摄影爱好者读书活动品牌。

(5)济南市读书朗诵比赛

2010年首次举办,每年由来自社会各行各业、各个年龄段的近千名选手报名参加。在2012年山东省读书朗诵大赛中,济南市推荐的六组节目分获成人业余组一、二、三等及优秀奖。广大市民的热心参与,形成了热爱朗诵、分享阅读的良好氛围,更体现出群众创作能力的提高和业余文化生活的丰富。

(6)"夕阳红"老年人电脑培训

"夕阳红"老年人电脑培训是2007年我馆推出的一项主要面对老年读者的公益性文化技能培训,已连续八年举办,每年举办免费活动30余期,参与培训的老年读者人数达5000余名。

连续多年的活动,扩大了公益文化服务的群体,切实体现了全方位"贴近"的群众文化品牌。

5. 泉城书香最宜人

刘锦山：郭馆长，活动是图书馆服务社会、扩大影响的很好的载体和平台。我们了解到，贵馆在开展读者活动、助推全民阅读方面颇有建树。请您谈谈这方面的情况。

郭秀海：书籍是人类进步的阶梯。阅读水平的高低，则是衡量一个国家或地区社会文明程度的重要标志。泉城济南，是座历史悠久的文化名城，人们有爱书、惜书和读书的传统，文化底蕴深厚，历史文化源远流长。为营造浓厚的读书氛围，满足市民文化需求，进一步提升我市的文化形象，弘扬济南的城市精神，形成"人人读书、人人学习"的城市氛围，切实推进全市全民阅读活动的开展和学习型城市的创建。自2009年开始，我馆在借鉴先进地区经验的基础上，整合以往举办的文化读书活动，打造出"书香泉城"全民阅读节活动，以"品味浓郁书香，建设美丽泉城"为主题，包括一系列活动内容。主要有前面谈到的各项活动：①"书韵泉城·济南换书节"；②"天下泉城"大讲堂名家讲座；③济南市中小学生"暑假读一本好书"活动；④"全国先进，省内一流"的汽车流动图书馆；⑤"重汽杯"济南市"读书人"摄影比赛暨展览；⑥济南市读书朗诵比赛暨山东省读书朗诵大赛济南选拔赛；⑦"夕阳红"老年人电脑培训班；⑧"书香泉城"24小时自助图书馆。

"书香泉城——全民阅读节"活动，至今已连续举办了六届。通过这一活动，扎实推进了济南市全民阅读活动的深入开展，从根本上提高公民思想道德素质和社会文明程度，为弘扬"诚信、创新、和谐"的城市精神，切实保障人民群众均等共享的文化权益，推动了全市文化大发展大繁荣，促进"和谐济南、文化济南"建设和社会主义核心价值体系的形成。经过六年精心打造，"书香泉城"全民阅读节已成为目前济南市规模最大、影响最广泛的读书活动平台，荣获第十届中国艺术节"群星奖"。

围绕"阅读"，深耕细掘。近年来，济南市图书馆还相继举办了读书演讲会、有奖猜谜、法律咨询会、名家鉴宝与收藏、图书馆体验日、共享工程广场放映与视频展播、老照片征集等活动，把文化惠民、文化利民落在了实处。

刘锦山：郭馆长，习近平总书记指出："博大精深的中华优秀传统文化是我们在世界文化激荡中站稳脚跟的根基。"优秀的传统文化对于民族复兴有着极其重要的作用和意义。图书馆肩负着保存文化、传承文明的历史重任，贵馆处于儒学的故乡，责任更为重大。请您谈谈贵馆在弘扬中华传统文化方面开展的工作。

郭秀海：确实如此，图书馆在弘扬优秀传统文化方面肩负着重要的历史责任。2014年4月，济南市图书馆作为山东全省试点单位，根据《山东省文化厅关于在全省创新推进"图书馆+书院"模式建设尼山书院的决定》，建立了尼山书院，并按照要求设立了国学讲堂、国学传习室、道德讲堂、国学经典体验室、国学文献阅览和借阅区、国学电子阅览区等。为传承国学经典，弘扬中国优秀传统文化，尼山书院自建成之日起，便坚持每周举办国学讲座，同时推出国学经典亲子诵读大赛、少儿公益书法培训、国学经典诵读等活动；购置了编钟、插花、古琴、围棋、象棋等器材，并陆续开设相关课程；成立尼山书院国学专家库。

2015年6月14日，由济南市文化广电新闻出版局主办，济南市图书馆·尼山书院、济南图书馆学会、县（市）区文广新局承办、县（市）区图书馆协办的"我爱国学"济南市首届亲子诵读大赛复赛，在济南市图书馆新馆小报告厅举办。5月下旬，"我爱国学"济南市首届亲子诵读大赛初赛在市图书馆新馆成功举办，来自全市的20余组家庭近50名选手经过激烈角逐,最后成绩排名前三名的选手入围此次复赛。此外,来自全市 7 个县(市)区图书馆的 16 组选手也同时入围决赛,他们在比赛中或吟或唱、各显神通,通过朗诵国学经典诗篇和表演国学经典故事,让现场观众充分领略了传统文化的独特魅力。最终大赛决出一等奖 1 名、二等奖 1 名、三等奖 2 名以及优秀组织奖若干。

传统文化源远流长,丰富多彩,既有高大上的国学经典,也有百姓日用而不知的各种礼仪风俗。因此,我们不仅举办了尼山书院,开展诵经活动,而且还结合春节、元宵节、清明节、端午节、中秋节、重阳节等传统节日,开展了一系列活动,丰富了百姓的节日生活,弘扬了传统文化。例如,每年正月初一上午,我们都会举办猜灯谜活动。大批市民都会聚集到图书馆,参加融知识性和趣味性于一体的有奖猜谜活动,开拓了思维,启发了心灵,又获得了图书馆奉送的开年礼品,受到广大市民和读者的欢迎。春节期间我馆举办的"泉城新春鉴宝会",颇受市民欢迎,市民们纷纷将家中"宝贝"请专家鉴定,明辨真伪。

传统节日期间,我们还为少儿读者举办"我们的节日"主题活动。春节期间,为少儿读者举办剪窗花、秀民俗,元宵节举办花灯闹元宵活动;端午节,为少儿读者举办创意美工坊活动,讲述节日的来历和民间庆祝习俗、民间小故事,同时教孩子们折龙舟,制作粽子小挂件。中秋节、重阳节,举办"九九重阳、尊老爱幼"活动。这些活动对传承传统民俗、弘扬传统文化起到了积极的作用。

十五、张岩：图书馆发展方略辩证

[专家介绍] 张岩，副研究馆员、副教授，深圳图书馆馆长。曾任武汉大学历史系讲师、副教授，深圳市文体旅游局主任科员、副调研员、副处长。兼任中国图书馆学会常务理事，广东省图书馆学会副理事长，深圳市图书情报学会理事长，深圳阅读联合会理事。中山大学信息资源管理系兼职硕士研究生导师。主编刊物《公共图书馆》《行走南书房》。主持国家文化部、广东省古籍保护中心等多个课题研究，发表历史学、图书馆学学术论文20余篇。

深圳图书馆在过去十几年的发展过程中，一直是我国公共图书馆界的翘楚，在办馆机制、运营方式、服务模式与理论研究等诸多方面都进行了积极的创新与探索，取得了有目共睹的成就，"深图模式"成为业内学习的典范，为引领和推进我国现代公共图书馆事业的发展做出了卓越的贡献。目前，我国公共图书馆事业又迎来了一次非常重要的发展机遇，如何总结经验乘势而上是图书馆界同人普遍关心的问题。在这样的背景下，e线图情采访了深圳图书馆张岩馆长。

1. 关于"深图模式"

刘锦山：张馆长，您好。非常高兴您能接受我们的采访。首先请您向读者朋友总结一下贵馆过去十几年发展过程中所取得成就和积累下来的经验。

张岩：谢谢刘总和e线图情对我们的关注和支持。深圳图书馆在过去十几年得益于天时、地利、人和诸多方面条件的配合，取得了一些成绩，受到全国图书馆界朋友们的关注，对此我们深感荣幸。

谈到经验，我觉得在我们现行体制下，一个地区公共图书馆的发展与地方党委、政府的重视与支持分不开。20世纪80年代，深圳经济特区起步之初，各方面条件还十分艰苦，可以说捉襟见肘，我们当时的市委书记就说，"勒紧裤腰带也要把八大文化设施建起来"。正因为地方党委、政府对文化的重视，深圳老的八大文化设施和新的八大文化设施建设中都有图书馆，我们的老馆和新馆就是在老、新两次文化设施建设高潮中建起来的，新馆建好之后，老馆就给了少儿馆。近两年，我们又获批立项建设一个新的大型文化设施——深圳市图书馆调剂书库，地点也选在非常好的地理位置，还有2003年启动的"图书馆之城"的建设，等等，都得益于党委和政府的远见、重视与支持，这是一个前提条件。

当然，与此同时图书馆人的励精图治也相当重要，要积极开展工作争取各方面支持。深图人秉承团结奋斗、努力创新的精神，数十年如一日，孜孜不倦、勤奋工作，才取得了诸多成绩。例如，打造了"图书馆之城"的统一服务模式，在现有管理体制和格局下，克服市区两级行政体制的种种障碍，团结全市图书馆人为着共同的目标，联手开展统一服务业务，这其中涉及大量的协调工作,取得的成果来之不易。又如,深图近年来微博、微信、微平台三微联动,南书房、爱来吧、讲读厅、捐赠换书中心等新型文化空间的创设以及开展的一些重要文化活动等,都是在人力、资金十分有限的条件下克服困难、创新方式、联合社会力量逐渐发展起来的。图书馆人的大局意识、职业精神与钻研精神,持之以恒,共同形成今天这样的良好局面。

第三,深圳地区图书馆的发展还有一个比较突出的特点就是文化+科技。深圳整个"图书馆之城"的科技含量都比较高,市、区图书馆的全自助服务、数字图书馆、自助图书馆等得到较为普遍、均等的使用。全市220多个自助图书馆与图书馆之城统一服务是打通的、一体化的,为市民提供了很大的便利。我们自助图书馆的绩效也很不错,前段时间我看到媒体报道称外地有些自助图书馆的运营情况不是太好,可能与其整个顶层设计有关。深圳的自助图书馆从一开始就是作为一个体系来设计运行的,因此当汇入全市统一服务的大网后,的确起到了便民和宣传等效果。现在深圳的自助图书馆每年有100多万册次的外借量,相当或者已经超过了一些地级市图书馆的外借量,发挥出了整体效益。

2. 关于文化权利理论

刘锦山:张馆长,"图书馆之城"建设既包括基础设施建设,又包括阅读推广活动建设。我们了解到,贵馆早在2000年领全国风气之先开展组织读书月活动,迄今已有15年。从2003年到现在,深圳市委宣传部、市文体旅游局每年11月份都组织全民阅读活动。深圳在阅读推广方面不仅在自己城市里做了很多工作,同时在业界、全国也起到了一种带动作用。现在全国已有400多座城市开办了各自的读书节庆活动。这样的成就和影响的取得绝非偶然,因为任何活动背后都有一定的理念作为思想基础的,只有这样才能行稳致远。请您谈谈贵馆图书馆之城建设与阅读推广活动背后是以什么样的理念作为支撑的?

张岩:确实,深圳阅读推广活动和"图书馆之城"背后有着深刻的理念作为支撑,这就是文化权利理论。时任深圳市文化局局长、后来任市委宣传部部长、现任国务院参事室参事的王京生先生,从20世纪90年代末就开始研究文化权利理论,他大声疾呼读书求知是市民最基本的文化权利,保障市民读书求知权利是谁的责任呢?是党委、政府的责任,党委、政府必须保障公民读书求知的文化权利。在文化权利理论的支持下,深圳市文化局于2000年创办了读书月活动,2003年提出打造"图书馆之城",这两个活动都逐渐上升为区、市政府文化发展战略。每年11月的读书月,大家都说是深圳的文化盛宴,也有人说读书月是深圳城市的文化闹钟,每到读书月了,提醒大家该读书了。十几年来形成了很大的影响力,因此在市民中都有这样一个印象,就是"以读书为荣,以读书为乐"。

有人说,读书是个人的事情,全民阅读是政府搞运动。其实政府是通过活动的形式提醒市民读书,倡导市民读书,在现在中国很多人不读书的情况下,这个工作还是很需要的。在弘扬优秀传统文化方面,深圳也很注意。例如,我注意到国内一些城市公交站全是美容整形广告,而深圳的很多公交站都是市委宣传部牵头制作的《论语》金句,这些人们既熟悉又陌生的名句经过专业设计,以非常优雅的形象展示出来。对读书、做人和城市氛围都有很好的影响。

今年"4.23世界读书日"我们与媒体座谈,我说对于图书馆人来讲,每天都是读书日,每月都是读书月,图书馆人关于阅读的相关工作从来没有停息过。因为整体设施需要定期检修,我们主馆舍一般周一闭馆,而一楼新开的南书房、讲读厅365天每天18小时开放,从早上7点到晚上11点,每天还有丰富多彩的社会教育活动在里面开展。我们的数字图书馆、自助图书馆都是 365 天每天 24 小时运营,这表明图书馆工作不论是时间上还是空间上,不论外延还是内涵,都已经得到极大的拓展。

深圳读书月的开展和"图书馆之城"的建设,取得显著成就,也获得国际认可。联合国教科文组织在 2013 年授予深圳"全球全民阅读典范城市"称号,这是深圳人一步一个脚印做出来的。作为专业的公共文化机构,我们把推广全民阅读作为分内之事。这两年我们还成立了专门部门,配备专门人员,从事这方面的工作,效果很好,全民阅读活动的内容、场次、效果每年都有提升。2014 年,我们联合社会力量举办了 1000 多场阅读推广活动,凝聚了很多人气,图书馆让市民感受到了这种城市的温度和高度,赢得了很好的口碑。

3. 关于总分馆制

刘锦山:张馆长,通过您的介绍,我们更加深刻、全面地了解了贵馆过去艰苦奋斗的历程和辉煌的发展成就,可以说,这些成就和经验为贵馆的进一步发展奠定了非常坚实的基础。我们现在要问,面对过去发展这样出色的一个图书馆,今后贵馆还有哪些发展空间,怎样在现有的基础上更上一层楼,请您谈谈贵馆在这方面的考虑。

张岩:我们目前正在制订"十三五"规划。对于图书馆我们以往比较多地强调公共服务、服务市民与服务社会,这是没有问题的;但是图书馆拥有这么丰富、宝贵的文献资源,这是一座金矿,因此,对图书馆馆藏我们未来还要加大收藏、研究、展示和传播的力度,让图书馆的宝藏和特殊功能进一步发挥作用;同时,科技迅猛发展使得人与人之间的交往、人类文化生态发生了改变,人们越来越多的习惯在虚拟空间交流,这种情况长远看来对文化发展未必是件好事。针对这种情况,图书馆这类公共文化设施在公共文化空间方面还可以发挥更大作用;此外,国外把公共图书馆看作"城市的心脏",国内城市图书馆与城市政治、经济、社会发展之间的关系还应适当加强,应有能力为政府和相关机构提供更高质量的决策信息支撑,体现图书馆的专业价值;在"图书馆之城"建设方面,过去我们主要通过业务整合来实现图书馆之城的一体化服务,由于跨越了市、区甚至街道三级行政与财政壁垒,在具体实施中遇到的困难和障碍非常多,协调成本很高;而且人才、资源、活动等各自为政,重复建设,不能实现共建共享,已成为制约图书馆之城效能进一步提升的瓶颈。西方发达国家和地区通行的是一体化管理与服务,效能很高,但我国现在管理体制太强大,很难突破。直到目前各地图书界仍在创造各种各样的"总分馆"模式,与其说是创新不如说是无奈。

刘锦山:我了解到有两个地区的总分馆体系建设做得比较彻底一些。内蒙古鄂尔多斯东胜区图书馆直接将自己的馆员派驻到 15 个街道办事处的文化站担任副站长,主要负责开展社区文化服务工作,但这些派驻人员的行政编制仍然隶属于图书馆。佛山禅城区联合图书馆在区政府和街道的支持下,实现了集中管理、统一财政、统一服务的总分馆服务体系。

张岩:嘉兴地区的总分馆制也很有特点。嘉兴是多级财政投入,由嘉兴市图书馆统一管理。深圳市福田区相对来说做得彻底一些,但是目前也只把文献经费统一起来,由福田区图书馆统一为每个社区馆配备文献,但是人员和资产还管不到。

刘锦山:我们这几年采访了不少中国特色的总分馆制,主要是业务方面的整合辅导。上级行政区划的图书馆对于下级行政区划公共图书馆有业务辅导、指导的传统,大家从业务层面上做些整合比较容易,而且像您谈的那样已经把业务整合做到极限了。这么多年来,我一直考虑这个问题。一般来讲,市图书馆建在市区,不会建到郊区和农村。有没有这种可能性,将来市馆建分馆,可以建的小一点,直接建到下面区县里。

张岩:现阶段直接在区县建分馆比较难,因为市区分两级财政分灶吃饭,市里是市里的,区里的是区里的。从市财政的出发点看,钱已经通过财税体制分给各区了,各区不应再用市里的经费建设自己的文化设施。我们目前只能通过统一服务甚至全市阅读推广活动的联动,进一步推动全市资源与服务的整合。比如今年"4.23"期间全市一起把外借量从5册提高到了10册。"5.26图书馆服务宣传周"期间,我们推出"少儿智慧银行"项目,市区图书馆推选各馆的少儿"智慧星",并进行座谈和表彰,凸显全市"图书馆之城"服务的合力。

刘锦山:我们国家的总分馆已经发展到这种程度,再前进只能在体制和机制上进行突破了。如果能在体制和机制方面有所突破,示范效应和影响非常大。当然存在着您谈到的行政和财政壁垒的问题。

张岩:因为存在着上述壁垒,现在绝大多数的总分馆并非真正的总分馆。嘉兴是依靠主管副市长参加图书馆馆长联席会来协调。对于总分馆体系建设,业内也有不同看法。倪晓建馆长认为大都市应该效法西方,推行一体化管理;李国新教授主张建立以区县馆为总馆的总分馆体系。从深圳来说,各区馆馆长和业务都很强,实行总分馆制有很好的基础,也有文件依据,但由于种种原因,目前还难以落到实处。

4. 关于社会化运作

刘锦山:现在大家逐步认识到,公共文化事业的大发展、大繁荣,需要在体制、机制方面的改革措施配套,只有这样才能行稳致远。在公共图书馆领域,最近几年也进行了大量的探索。图书馆社会化管理或社会化运作现在是一个热点问题,现在有一种整体外包的社会化模式受到业内的关注,例如,武汉市经济技术开发区图书馆就外包给武汉市图书馆负责运营,当然也有企业作为承包方来进行整个图书馆的运营。对于这个问题,您是怎么看的?

张岩:我觉得现阶段这种模式只适用于刚开馆的新馆,而且也是由图书馆来管。如果由社会公司来运营,还需要观察。图书馆除了服务,还有最重要的一个职责就是积累、传承文化。这个使命由公司来承担恐怕是不行的。一些小的社区馆购买服务可能问题不是太大,但是大型公共图书馆的使命是多重的,社会教育、核心价值观与优秀传统文化的传承应是大型公共图书馆的重要职责所在,这些使命只有公益的非营利性机构承担。我感觉图书馆社会化这个提法似是而非,比较容易产生歧义。图书馆在国外都是法定机构,有特定的价值取向和职业操守,而企业的主要目的是营利。社会化是以市场为导向的、以需求为导向的,图书馆和社会化之间存在某种冲突。

刘锦山:整体外包确实可能会存在一些问题。营利机构可能不会考虑太长远的问题,这样会影响外包图书馆的持续发展。有些资源文化价值很大,投入很高,可是现在未必有多好的使用效果,从长期来讲,图书馆必须要保存,但外包企业出于运营效益的考虑可能未必会采购这样的资源。公立图书馆基于文化传承方面的考虑,必须要保存。企业很可能存在着一种短视行为。这两年我干,过两年可能不是我了。

还有一个问题值得重视。有些地方提出图书馆社会化和整体外包,大致出于两个方面的考虑:一是事业编制的限制,开了一个新馆没有足够的编制,所以要外包;第二是觉得公立图书馆的运营成本高,为了降低成本而外包。基于第一方面的原因考虑而外包,我觉得比较正常;基于第二方面的原因考虑外包,就值得商榷。规范经营的外包企业,成本不会比图书馆自行运营低多少的。企业聘用员工，薪酬应该包括工资、社保、公积金以及其他方面的福利，如果为了降低成本，压低薪酬，包括不按照要求为员工缴纳保险和公积金，这种做法是不可持续的。即便这种做法得逞于一时，但外包成本以后也会出现报复性增长的。如果整体外包并不能降低公立图书馆的运营成本，那么整体外包的必要性就值得考虑了。

张岩：我觉得如果真想降低成本，人财物一体化的总分馆体系是最集约的。有次我去澳门，澳门中央图书馆长邓美莲女士带我们去看她们的"一人图书馆"，即正式工作人员只有一名，外加一名保安，几万册图书报刊、电脑阅览，整个馆务就由一个人来运作。如果是一个独立的社区图书馆一个人能搞定吗？肯定不行。澳门的一人图书馆背后其实有澳门中央图书馆的支撑，就像我们的自助图书馆，它也不是单纯的一台机器，背后我们很多人为它服务。因此，一体化其实是最集约、最高效的。同时，某一家社区图书馆单独招聘，人员能力素质与工作需要、待遇等不好匹配。但如果是一体化集约管理的体系，人才可以按需要灵活调配，就不会把一个人永远固化到一个位置上，更易合理使用人才。

现在对图书馆的专业化特点还不够重视。图书馆是作为专业性的公共文化机构，专业性还是需要各方注意的，并非说是个人就能把图书馆搞好。当然，小的社区图书馆业务比较单一，找个人开门关门守摊是不难的。但效益发挥如何就要看管理者的素质和工作热情。现在对此认识不足，有些社区图书馆就是物业的工作人员专事"坐台"，搞不好是必然的。要想把基层图书馆搞好，首先要尊重这个行业，要有基本的管理体制、人员规范、工作要求。现在一些社区图书馆就是找个人开门、关门，没有把图书馆当成专业机构来运营。但这个问题不是图书馆的问题，是现有体制、基层图书馆责任主体不明确等多种原因造成的。政府觉得图书馆做得不好，就去购买企业服务"倒逼"图书馆发奋图强，这个逻辑是有待商榷的。今天觉得这儿不好，就在这儿搞个新的东西出来，明天觉得那儿不好，就在那儿搞个新的东西出来，缺乏系统性。实际上社区图书馆的问题表面上看是图书馆的问题，实际上不少是体制机制不顺造成的，需要政府予以根本理顺。改革要对症下药，否则反而会引起新的乱象。

刘锦山：要做好其实成本是一样的。现在控制事业编制，图书馆人员不够，就用了一些事业外编制的人员。这两种编制的用人成本确实不一样，事业编制的成本要比事业外编制高一些。现在有些大学图书馆的人员也不够，就招合同工，还有劳务派遣工。合同工的成本要比事业编制的低一些，劳务派遣工就更低一些。高校图书馆可以用学生工，勤工助学。同工同酬这是劳动者最基本的权利嘛。随着劳动者权利意识的觉醒，人家就会问，为什么我们做同样的工作而待遇不一样？我觉得，图书馆要做持续发展，整体外包时间久了未必比自己办花的钱少，人力成本是省不掉的，企业还要有利润，至少公立图书馆不要利润。同时，现在的公共图书馆体制，限制了很多馆员业务晋升空间和发展。如果实现了真正的总分馆制，从市级图书馆到基层图书馆的人员流动渠道都打通了，人员就会流动起来，馆员的业务晋升空间也有了。毕竟市级馆的位置是有限的，一个人老是待在一个岗位上，也是一种资源浪费。

张岩：其实劳务外包、劳务外聘事宜，应该是由图书馆根据具体情况来决定。例如，一个社区馆，配一位中级职称或高级职称的馆员，搭一个临聘人员，他们的工作内容绝对是不一样的，也就不存在同工不同酬的问题。我曾经专门就这个问题与香港中央图书馆交流过，它的人员一部分是馆员系列，就是专业系列，一部分是文员系列，文员系列高中生都可以做，文员系列与馆员系列的工作内容与薪酬当然是不一样的了。应该通过业务来定薪酬，社会化不是把一个馆整体包出去了，而是根据图书馆专业、业务情况而定。

还有一个可能,就是图书馆社会化管理和运作的提法指的是法人治理结构改革,不完全是指业务外包或者运作市场化。不管怎么社会化,公共图书馆经费还是应以政府财政投入为主,国外也是如此,个人偶然办一个小馆可以,但持续发展就有问题。在我们现阶段社会捐赠机制极不健全的情况下,指望社会力量办公共图书馆是不切实际的,办好公共图书馆是地方党委政府的责任,不应该把这个责任推向社会。

刘锦山:以前农家书屋工程也是只给资源不给编制,最后书派下去,没人管。农家书屋工程的领导机构为新闻出版总署、中央文明办、国家发展和改革委员会、科技部、民政部、财政部、农业部、国家人口和计划生育委员会八部委,唯独没有文化部,如果把文化部也纳入进来,以公共图书馆作为基础,效果就不一样了。虽然公共图书馆现在还没有一体化,但是有体系的。

张岩:现在很多社区搞老人之家,有时候要建一个文化中心,就把很多不同部门建设的活动中心拼在一起,大家都管也都不管,没有一个主体。其实图书馆是一个很好的阵地,老人来图书馆聊聊天,下下棋,图书馆搞些活动,都没问题。现在抓计划生育,我们不少社区图书馆又成了计生中心,但阅览室以计生中心的人为主也搞不好,还是没有确立图书馆的主体地位。如果以社区图书馆为主体,计生中心、老人活动中心、妇女读书会、儿童四点半学校等职能纳入进来都没问题,但是要有一个主体。现在社区文化中心存在的问题就是主体不突出,各个机构都进来,到底谁来安排这个机构,责任不明确。

刘锦山:基层公共图书馆是基层公共文化服务体系的枢纽,应该树立这样的理念。图书馆与文化站还不一样,文化站没有书看。

张岩:图书馆有空间,有资源,有专业人员运作,可以把各方面服务有效整合进来。例如,可以在社区搞家庭关系研讨、育儿经验分享、儿童四点半学校、社区读书会等,家具、空间、文献都是现成的,整合起来很方便。如果用计生中心来整合图书馆就有点怪了,现在计生中心实力雄厚,统一形象设计,图书馆的牌子挂在计生中心下面。这些都是问题。不要老觉得事业单位不干活,其实事业单位中图书馆业务发展意识很强,很多图书馆都是很勤奋的。

十六、李东来：阅读从图书馆出发

[专家介绍] 李东来，研究馆员，东莞图书馆馆长。兼任北京大学兼职教授、国家公共文化服务体系建设专家委员会委员、中国图书馆学会理事、中国图书馆学会阅读推广委员会主任等多项社会职务。近年来，共主持承担国家级、省部级课题 11 项。其中，主持的"区域图书馆整体协同发展的模式和路径研究"课题为全国地级市图书馆首个国家社科基金项目，项目于 2011 年顺利结项并被评为优秀项目。2011 年以来，发表相关专业著作 4 部，专业论文 9 篇。先后荣获"文化部第十四届群星奖"公共图书馆服务奖、全国文化系统先进工作者、"2013 中国图书馆榜样人物"、全国优秀科技工作者等荣誉称号。领导的东莞图书馆荣获"全国文明单位"称号等多项荣誉。

近十余年，是我国公共图书馆事业飞速发展的十年，在这个过程中涌现出很多标杆图书馆，东莞图书馆就是这众多标杆中的一员。在中国图书馆学会新一届阅读推广委员会换届成立大会之余，e 线图情采访了阅读推广委员会主任、东莞图书馆李东来馆长。

1. 十年

刘锦山：李馆长，您好。非常高兴您能又一次接受我们采访。我记得上一次采访是在 2005 年年底，到现在已经整整十年多了。这十年间社会发展变化很大，而东莞图书馆在您和各位同人的努力下，各方面都发生了非常深刻的变化，在图书馆界的影响力也越来越大。贵馆早期的总分馆体系构建，不仅仅是业务上的联盟，而且有技术和体系的支撑；后期的规范化等一系列工作，做得非常成功。现在大家谈模式谈得比较多，可以说，东莞图书馆经过十余年的发展，形成了自己的模式。请您首先向读者朋友谈谈贵馆十年来的发展？

李东来：谢谢您。2005 年您采访过我一次，到去年 2015 年正好 10 年。2015 年，我们馆在各方面也做了一些梳理，十年是一个大的节点。我们自己也在找我们做得好的，做得不好的，不用非得说成功还是失败。我们从开馆以后，随着新馆的变化、新馆的发展、服务的发展也相应做了一些适度的调整和变化。在时间脉络上，我们确实相对清晰一点。因为我们每年都有一个主题，时间跨度长一点，那个阶段有哪些有特点，在主题年上可能会比较充分地体现出来。现在回过头来看，2002 到 2005 年，建馆三年，那时候我们就有很多合作，包括《城市图书馆新馆建设》那本书就是当时合作的成果。那时候您和我们有过不少接触。

刘锦山：那本书影响不错。很多建设新馆的图书馆界同人都会把这本书作为参考书来读的。我经常会遇到有馆长拿出来这本书说，这是您和李馆长合作的，我们早就读过这本书了。

李东来：因为那时正好我们有很多交流和交谈，大概您可以感觉到，回过头来看，要说好的地方，我们在做图书馆新馆建设中，把新馆建设作为一个很好的契机，因为它是一个大的环境变化和工作提升，是全方位的改变——人员结构的调整、业务能力的提升、工作方式的转变等都在新馆中体现出来，因为它是一个大平台。舞台搭好了，将来上演什么剧目是很关键的，正好那时我们是共同去做，您知道那个时段我们的感觉。在做的过程中，其实您可以感觉到我们很希望能够更多地吸收业界的经验，同时自己也可以去摸索。和贵司合作，我们得到的最大帮助就是您提供了很多相关资料和信息，以及您在这个领域的积累。

在建馆过程中，除了实务工作，我们很注重理性梳理和提升，这就有一个奠基性的基础。总的来说，还是在建馆那三年，做了很多开创性的东西，后面只是逐步去完善。体系化构建、技术性支撑、全时段服务、专题图书馆细分、市民学习网等，其实这些核心业务在2005年开馆时就基本成形了。开馆以后面临的问题和各个新馆开馆后遇到的问题是一样的，都会有一个读者蜂拥而至，业务管理如何跟进，如何去适应新的变化的问题。

2005年是服务年，2006年是活动年，就是把图书馆对外的形象和我们的服务要衔接好，有些和社会对接的地方，像原来我们有动漫图书馆。在2006的活动年，每个部门都策划一些与主题年配套的活动，比如说漫画馆的几位年轻的同事策划出东莞首届动漫节。这些面向社会开展的服务，效果很好。大开放以后，来馆读者与以前相比都是翻番的，到馆的人很多，业务管理是什么样的状况呢？开放之后，图书的丢失率和破损率怎么样？对传统图书馆而言，清点整顿是最基本的业务职能。我们在2007年也专门做了一次开放之后的馆藏清点，本来想用两个来月做完清点，因为量比较大，最后七八个月才做完全馆的清点整顿。清点之后我们对馆藏破损和丢失的状态有了基本的了解，结果还不错，在一个可控可管理的范围之内，丢失、破损的比例为1.7%。当然，大开放以后乱架的很多，清点后作为图书馆管理者心里就有数了。大开放之后，我们感觉到有些问题需要解决，后方粮草要跟上，需要做一个回归，因此2007年的主题就是管理年，2008年规范年。规范年的结果是2009年在原来的规章制度基础上形成了一本规范管理手册。

规范管理手册对前两年各个部门的工作经验进行了总结和提炼，引入了绩效管理模块。我们很感谢甘肃省图书馆原来的老馆长潘寅生先生，他对我们规范管理手册的提炼做了很多帮助工作。我很在意我们行业专家学者的专业贡献，我们所有的发展，都是继承发展，不能丢掉前面的专业积累。

2009年是研究年，提出研究导向和要求，组织课题组开展总分馆课题研究和评审工作，课题组不仅有我们图书馆的同事，也有我们邀请的专家对我们做专门的指导，还有广东地区的图书馆界的同人。

2010年是微笑年。经过2002到2010年的发展，我们想画一个小句号。同时，工作到一定程度，应该越来越走向平和，工作状态和人的心情是均衡的状态，所以我们把2010年确定为微笑年。微笑年也有要求和对应的项目，我们自己微笑也让读者微笑。我们每年做这些主题年，年初会做策划，提出基本要求，然后落实到各个部门对应的项目上，年底会有总结表彰。微笑年的总结表彰非常好，大家说我们的馆徽都笑了。这是开馆以后第一个五年，对外服务与内务管理，达到了一个新的均衡。

2011年起，整个"十二五"期间，我们是在原有基础之上进行精神层面的提升。2011年是故事年，把我们当时和以往的工作经历、感受都用故事串起来，这样就把形而下、形而上很好地统一起来，通过这样的设计，使工作氛围和大家的工作状态能够更好地体现出来。馆员的状态好了，就会给读者带来更好的服务。这就是故事年，本来想沿着这条线继续走下去，但是2012年中国图书馆年会在东莞举行，我们相应地做了调整，2012年就是交流年，全国同行之间的大交流，不是小交流，我们策划了相应的项目，举办了活动。2013年、2014年有些延续和调整。最近五年基本上在稳定中踏踏实实地发展，因为我们进入了东莞图书馆的稳定发展阶段，套用时尚词语也就是"新常态"，所谓新常态也就是新的发展阶段。这个阶段中，常规的业务要稳定，不能像建馆期间，创新和探索还是蛮多的，现在这个时期要求稳定，在稳定中争取更高层次的平衡。"十二五"期间，我们的工作越来越按部就班，越来越平稳，在这个过程中，我们的内部管理、理念提升和对外服务越来越注重平衡，不是某方面的单兵突进，而要体现出均衡发展。在此基础之上，每年可能还会有一些重点性的工作，进行策划和提升。例如，2012年我们做了两件大事，上半年做卓越绩效质量奖的申报，下半年举办中国图书馆年会，这两件事对我们整个工作的影响和促进都是很大的。年会不仅仅给同行一个更好的形象，更重要的是和全国同行交流经验，这对我们影响比较大。卓越绩效质量奖的申报，使我们在原来的图书馆传统业务管理和对外服务基础之上，全面综合性追求卓越的质量管理，切切实实把卓越绩效模式导入到我们的工作环境和各个环节中。在实施卓越绩效质量奖之前，从管理角度而言，馆办的一般管理到部门一级就可以了，但是实施卓越绩效以后，我们有了一个比较规范的管理层级，延伸到员工，延伸到岗位这个层级。按照卓越绩效的模式，大家学习、消化、吸收，然后变成我们的工作方式，不是为了申报一个卓越绩效奖，而是把卓越绩效的理念、模式落实到我们内部管理工作中。现在每个部门每个月都有绩效分析会，大家会说工作进行到什么程度了，每个岗位会说每个月完成的情况。按照卓越绩效对工作任务安排、工作重点指标、重点工作、主题年项目、其他常规工作进行分解，这样每个月、每个部门开分析会时，就很清楚。例如，按照工作任务分配，某个岗位这个月应该完成多少量，完成与否，一下子就知道了。如果没有完成，有客观原因，可能还有主观原因，大家自己就分析了。这些是我们馆比较好的一种业务性积累。每次我选部门去参加绩效分析会，受到的触动也很大。工作的衔接已经到了岗位这一级，馆员分析出来的问题，会给我们很大启发，他们自己会分析存在的问题。2015年年底，我们把各部门绩效分析会用摄像机录下来，这些原始资料倒是蛮有趣和蛮重要的，这些过程做完了，也记录下来了，其实那些消失在细节中的东西是最有价值的。我们现在很多研究成果其实在绩效分析会的时候已经提炼出来了。在具体工作岗位上体现出来的东西，有的时候是最有味道的。像搞历史研究，《二十四史》确实很好，是主渠道，但某种程度上，从笔记文体中会发现另一种不同的历史，语境可能更丰富，我觉得这些可能更有价值。2015年，我们馆正好走过十年，我们把那些细节性的东西回收起来，可能会更有价值和意义。

2. 回归

刘锦山：现在编的历史书比较枯燥，就是因为缺乏细节。过去的史书，比如《资治通鉴》故事性、情节性特别强，很有趣味。梁启超曾经说："事本飞动而文章呆板，人将不愿看，就看也昏昏欲睡。事本呆板，而文章生动，便字字活跃纸上，使看的人要哭便哭，要笑便笑。如像唱戏的人。唱到深刻时,可以使人感动。"现在很多史书,按照时间、地点、人物、时间、意义这样的结构叙述历史,但细节性的东西非常少,读起来很枯燥,没有趣味。有细节的历史才是饱满和丰富的,这样才能吸引人。您说的细节回收是非常好的创意。

李东来:对十年进行梳理,各个部门都会有自己的十年回顾,有找自己好的和不好的,当然谁都希望好得多,不好的少。如何能把这些好的东西延续下去,能够提炼和凝固下来为我们所用,为后来到图书馆的人所用,或者为同行所用,其实更有价值。形式提升到一定程度比较有利于推广,我们希望在细节上的东西逐步成形。2009 年以前的管理基本上还是图书馆原来模式状态下的管理,虽然体系架构中加了绩效管理,注重输出和评价,但是还不够。2015 年,我们在实施卓越绩效,积累了几年之后再做规范手册的新版修订,上位的理念提升和文化构建,又成为重要的一块,当然卓越绩效和业务管理会更加完善。国家图书馆出版社觉得有价值,可以出版,原汁原味对其他图书馆同行更有借鉴意义。我们编完手册,好多单位确实需要。新的规范手册很快就要出版了,本来是我们自己用的,有些东西比较粗糙或者说只在局部范围内适用,但是真要出版了,会显得有点不规范,使用范围有限,确实存在这样一些问题。但是另一方面,这可能就是最有价值的东西,把棱角都磨没了,可能也就没有太大的价值了。我们比较在意的是在细节中如何把我们的工作固化下来。

这就是我们十年来所走过的路。总的来说,建馆和开馆的指导思想,面向社会、读者的服务理念肯定要始终贯彻的,但是只说是不够的,我们是建设者和实践者,怎么落实到实践上而不只是一个口号,就要拿出具体的东西,当然这个具体东西是要有理念支撑的。例如,开馆的时候,我们的专题馆细分读者,细分的时候照顾到不同群体的特殊需求,就会把读者至上的理念体现出来了。我们体系化推进还是很早的,体系化是众多的图书馆联系到一起,我们可以用强力的组织方式去联系,还可以用从下到上的技术手段来联系,当时我们用的是比较适合现实的技术手段来联系的,效果应该是更好的。图书馆在群体合作发展阶段,其业务管理经过形式化的凝练、包装以后更适宜传播。体系建设是分层次的,不同层次也有不同层次的问题,把症结性层次的问题解决了,效果会更好。现在来看过去的十年,我们遇到的最大问题,不只是人财物问题,主要还是我们专业的一些研究、思考,与现实对接不够。从我们自身来说,原来学的专业知识不适应新的环境,如何去弥补是一个比较大的问题。为什么这样说呢? 哪个地方都会有人财物问题,或者是领导重视不够的问题,这种共性问题其实都一样,但是作为从事专业的、做图书馆行业的人员,起码我们应该拿出我们的设想方案,我们的一些业务储备、工作方法,不管是社会还是政府机关,觉得我们这是好的,供他们做选择,我觉得是容易的,只要拿出方案一比,我们能说出哪个好,这样比较容易选择的。如果我们拿不出来方案,还让人家支持图书馆工作,这恐怕就比较困难。还是要从自身的专业角度来准备、筹备、充实我们的工作,可能会更重要一点、更现实一点,这需要我们和更多的同行合作。东莞图书馆也是得益于我们与院校的专业合作,包括开始与你们的合作,我们做的项目或者有些工作都是有合作痕迹在这里。其实这是互相充实的,我们的业务充实和完善,也就是实践和创新在具体的工作环节交织起来加以提升的。

图书馆人做好自己的事情,就会有发展。在发展过程中找准新的服务领域、新的目标,新的手段来丰富和提升自己。

刘锦山:李馆长,您刚才谈的贵馆十年来的发展情况,每年的主题年实际上就是一个逐步提升和完善的过程,用哲学语言讲就是螺旋式的发展过程。我体会比较深的是,在这个过程中,贵馆特别注重对于通过凝练、形式化将发展成果固化下来。发展成果的固化可以体现在内容和形式两个方面,内容上总结提炼出来,贵馆从开始到现在,编辑出版了有不少关于图书馆建设方面的作品,包括正式出版的图书著作,还有内部的质量手册和规范手册,这就从内容上把这个阶段的发展成果总结出来,固化下来;但是,事物的内容和形式两个方面中,有时候往往会忽视形式的,工作做了,不是太注重形式上的提炼,我感觉您对内容和形式是同样重视的,而且对形式的提炼下了很大功夫。贵馆的规范化管理、视觉识别系统,包括您担任主任的中国图书馆学会阅读推广委员会的标识体系设计,这都是形式化提炼的重要抓手和举措。形式化提炼和固化非常重要,简单明了,直接把很多内涵固化在形式上,然后传递下去,这样慢慢时间长久了,影响就能扩散出去。贵馆在这方面做得非常好,例如对每年主题的定位,梳理一下就明显能感觉到一条发展的主线贯穿其中。

李东来:确实如此,现在回看过去,如果没有主题年,就缺少重点标志,自己串起来都困难。

刘锦山:通过这种形式把内容很好地组织起来。2005年和贵馆合作编著《城市图书馆新馆建设》之后,我们一直特别关注贵馆的发展。可以说,过去十多年,贵馆在图书馆建设与创新方面做了很多事情,取得了不少成果。请您向读者朋友谈谈这方面的情况。

李东来:我们比较在意与工作实践密切结合的理论研究,这可以从最早策划的图书馆新馆建设系列丛书中看出,以《城市图书馆新馆建设》为例,三部分内容,第一部分是通用的基础性内容,主要讲新馆建设是怎么做的,理念、方法、程序是怎样的。第二部分以东莞图书馆业务为主,案例呈现。第三部分是兄弟图书馆的经验和模式。这些您都很清楚。中间的这一块是我们具体化的东西,其实又是从细节入手在实践过程中形成的,对于其他两部分是很好的补充。这些都是我们在做的过程中,在实践中凝练出来的。其中最有价值的是我们怎么做的,而不是把一堆文件堆砌在一起。

对新馆建设而言,大楼土木基建是图书馆闹心的事情,因为我们不懂或了解得少,需要学习、补课,但是最主要的还是图书馆业务定位要做好。我们是做专业的,这个职业的存在就是因为我们的专业有价值,所以我今天最主要想表达的就是就像我在这次阅读推广委员会上说的,我们的专业性如何体现。"阅读从图书馆出发",加一个"再"也好,其实质是要回到我们专业基点上,不能我们走了半天,连自身的优势、原点以及起点是什么,自身的根据是什么,都不知道。我们要拿出专业性的意见。我们是学专业的,老师教的好多东西可能都忘记了,但是核心的思想方法,是应该记到专业的骨髓里去的。例如,我们做图书馆管理,前几年都讲开放,我们比较早地在全开放之后就做了馆藏清点,作为管理者要看服务和内在管理是不是匹配。我重视图书馆专业,专业知识建设得好了,用我们的专业服务社会。社会需要的是我们的专业价值,如果别人做什么,我们就做什么,社会可能就会重塑我们了。就阅读而言,2016年阅读推广委员会确定的主题是"阅读,从图书馆出发",为什么从图书馆出发?从图书馆出发要考虑图书馆有什么,图书馆有文献,有空间,其实更重要的是有图书馆员,图书馆员有图书馆专业知识。从近代算起,图书馆已经有100多年的历史了,积累了大量的图书馆专业知识。专业院系的老师专门开展专业知识研究,并且和实践结合。我们要重视这些东西,重视专业就会在社会中有特殊的价值——图书馆专业的价值,这样社会才认同我们的存在。

我们通过专业知识为社会、人类做贡献,就有自己的价值。如果其他行业做什么,我们也去做什么,可能会失去本源。从图书馆出发,不仅仅是阅读,这里想强调的是图书馆专业的价值。这个专业到底是什么?它会发展,我们如何去充实它?我们要在工作过程中不断去充实和完善它。例如,以前不讲图书馆体系,最近十多年来逐渐发展、逐渐充实起来。现在讲文化自信,专业也要有自信。我觉得图书馆核心的东西是不可能丢失的。例如,知识有序化整理就是图书馆的核心之一,如果我们没有与时俱进,没有与时代对接,那么其他行业的人会做类似的工作的,计算机利用数理方法、模型化方式把人类知识进行有序化、条理化,把人类知识整理提升到一个新的层次。计算机或说ICT(信息通信技术)不是简单取代图书馆的存在,而是在凝练、转化、提升图书馆专业知识。我们专业里面还有很多有价值的思想、理念,如何转化过来是我们要认真思考的问题。我比较强调从图书馆出发,这里包括几个方面的问题。就阅读而言,要充分重视图书馆的资源和空间。

其实更多的在于我们自身,提醒图书馆自己,使我们的专业有所提升,回归到专业上的认知上来,这样价值会更高。现在来看,在专业意识方面我们馆一直都是比较强的,当然我们不排斥专业以外和社会给我们的东西,我们也在学习。我们领导班子五个成员中有四个是图书馆学专业的,另一个人在图书馆也工作了20多年。这样我们就会有一个很好的沟通,或者说是共同工作的基础。我们比较重视图书馆学专业的提升,无论形式也好,内容也好,其实就是和我们原来做的专业相关,不是今天做这个,明天做那个,那是不行的。尤其是现在,我们特别注意从新的实践、新的工作、新的理论基础来丰富我们的专业,这样可能会更有价值。图书馆阅读推广面临新的变化,从这一点也可说是新的领域,这两年我们做阅读推广,用图书馆的专业理论来对其进行丰富和充实,大家是有共同认知的。我们专门设一个理论专业委员会,由范并思老师牵头,上一届吴晞主任不遗余力推进阅读推广理论研究,他也是图书馆学专业的,他感觉我们以往对阅读推广理论研究重视不够,需要用新的知识来丰富和充实,这其实何尝不是向图书馆回归,或者说是从图书馆角度再出发。我们时刻知道我们的原点是什么,我们图书馆人要认识我们是从图书馆专业出发,这非常重要,这是核心的东西,是我们的职业属性。

3. 均衡

刘锦山:李馆长,贵馆"十三五"的发展规划如何?

李东来:2014年年末,国家开始启动"十三五"规划的编制工作,这是我国发展到一定阶段,重视先期研究和实践工作结合的必然结果。我当时也参加了国家的"十三五"公共图书馆事业发展规划方案讨论,比较早就了解"十三五"规划的一些情况。以南开大学柯平老师为主做国家的公共图书馆事业"十三五"规划,他之前也做这方面的课题。我们比较关注行业中比较好的专业成果,有好的成果我们就吸收过来,这样我们会提高得更好、更快,不是说非得自己来创新。当时我们和柯平老师商量,请他做全国规划的同时,帮东莞图书馆也做一个"十三五"规划,这样对柯老师来说是一个案例,对东莞图书馆来说,可能会更好地与行业进行对接。另外,从我们馆自身来说,正好是经过十年发展,下一步怎么走,我们正在思考。对我们而言,建新馆那三年是最容易的,目标很明确,新馆的大楼设计成什么样子,新馆开馆后的目标也是明确的——完善服务、构建体系,这些比较明确,比较具体。"十二五"时期其实就有一点模糊化了,管理性的因素就会更多,从无到有容易,从有到好就难,从好到更好就更难了,大家都会遇到这样的问题。我们那时也希望借鉴更多的国内外同行的成果,为我们所了解。

我觉得与柯平老师的合作还是很好的,柯老师也有总结,不管是调研、丰富的操作程序规范,以及文本形态的完善,我们受益良多。通过规划的制订,也让我们重新再看我们下一个五年到底应该做什么,梳理一下。在形式和调研方面,柯老师做了很多的工作,也给了我们很多建议。在规划内容方面,我们与柯老师也讨论很多次,因为这是我们自己应该做什么事,做规划不是别人帮你做一下就可以了,你想干什么还是你自己的事。最后我们确定了五大战略方向,即服务体系、阅读推广、与城市对接、业务建设、人员建设。具体来说,战略方向一是提升体系化公共服务能力,就是要充分发挥东莞图书馆作为城市中心图书馆的核心和龙头作用,推动东莞地区图书馆事业的整体发展;二是全面促进城市阅读,就是发挥"学习型城市"发动机的功能,驱动形成浓厚的城市阅读氛围;三是助推东莞社会建设,紧跟我市"十三五"时期的发展重点,通过建设知识服务平台、开展信息服务和知识共享服务等支持东莞创新型城市建设;四是丰富资源、创新服务,通过探索提供特色资源和服务,成为联系资源与读者的桥梁。五是规范管理、专业成长,这是对未来管理方向和员工的期许,我们将加强卓越质量管理模式的应用和推广,巩固东莞图书馆在业务、科研方面的优势。经过梳理以后,我们觉得更清晰一点。五大战略方向按照四个级次展开,从战略方向、目标,到策略、行动计划,为未来五年的发展提供方向和指南。原来我们做的有弱项,要考虑以后如何去充实和完善。比如我们最主要的弱项还是为城市服务方面,在战略方向上明确提出"助推东莞社会建设"以突出发展重点;在目标方面,设置了支持创新型城市建设、提供城市文化休闲空间、支持城市建设与对外宣传、加强资源服务一体化、完善东莞学习中心建设等,同时也具体提出了一系列的策略和行动来予以落实。比如,在服务城市发展方面,围绕东莞在"十三五"时期建设目标,提出建设"东莞知识服务平台"、助力产业新发展、提供创业/就业支持等策略,为创新型城市建设和转型升级发挥图书馆的作用。在对接企业服务方面,提出了"智慧制造"知识服务计划、企业数字阅读推广行动、建立企业信息资源库、建设企业内刊基地等等具体行动。同时,东莞也是一个外来人口众多的城市,在帮助外来员工融入城市、学习成长方面,也提出了对外来务工人员的信息服务和技能培训、为产业工人进修提供支持、开展新创业/就业培训计划、创客空间、"在东莞"阅读专区建设等具体行动。在支持城市建设与对外宣传方面,将利用漫画图书馆、粤剧图书馆、东莞书屋等特色窗口加强城市宣传和文化交流等。希望通过这些有针对性的战略方向、目标、策略和行动,能在"十三五"期间进一步改善和充实我们的弱项,从而提升图书馆对城市的整体服务能力。

"十三五"期间我们延续的东西也不少,并不是都做新的东西。例如,我们理念的提升,使命、愿景和价值观,基本上还是延续十二五归纳出来的内容。"十三五"有新的目标,有新变化。制定"十三五"也好,"十二五"后面这几年也好,其实我们最大的感觉和要解决的问题,就是在新常态下如何发展。以往我们的服务指标,或者是这种指标追求还是都有的,服务量的提升是需要的,但是服务量的提升和我们圈选范围有关,这些我们都要重新认知,全市的服务量可能应该提升,通过体系完善使我们的服务和资源铺设到下面的镇区,甚至到村社区,但是我们的中心馆,以其现有体量,到馆人次如果要无限上升,其实是困难的,总量和单点是不一样的。图书馆新馆开馆后都会有类似的问题,到这个程度前端服务和后端资源支持是个均衡过程,不能太失衡。这十年,我们认识到了,也是现实给我们的一个教训,有的时候是不能太狂飙突进的,也没法突进,或者是突进了几步,跑了几步,后面要赶紧补上其他没有跟上的那几个方面,这样事业才能比较平稳地发展。这就是我们的基本状态,当然不是说每年不会有一个重点工作,但是总体来说是更加注重均衡。

4. 趋势

刘锦山：就像一个国家或者地区一样，发展到一定程度就要注重各方面的均衡。您再谈谈阅读推广委员会方面的情况，这是一个更大的空间和平台，在这方面您可能也要花不少的时间和精力，前面十年了，到您这是第三届，您做报告的时候，我也听了，很全面。您再谈谈这方面的情况。

李东来：阅读推广是图书馆和社会对接的一个中介区域。图书馆界都认为，阅读是我们最重要的一个服务领域，而且是最活跃的领域，阅读推广已经成图书馆的基本工作、核心工作。前两届阅读推广委员会为我们这一届奠定了很好的基础，搭了一个很好的台子，社会环境也很好，我们这届如何去认知现在的阅读状况，如何去认知图书馆的状况，图书馆应该如何做好阅读推广，是我们需要考虑的问题。以前阅读是以图书馆为主的，现在其实不是这样子的，我们要找准我们自己最有优势的那块领域。全社会都做阅读的时候，图书馆要找准最优势的领域。阅读是全社会的事情，阅读推广各行各业都在做，图书馆做哪一块？图书馆应该做图书馆擅长的、专业性强的、与其他行业价值不一样的。在阅读推广领域，我们可以有我们的知识高度的，可以有我们专业高度的。在全社会阅读的生态里面，图书馆阅读和阅读推广应该就是一个参天乔木，是比较高的。如何发挥我们的专业优势？图书馆做阅读或者是阅读推广，从图书馆建立开始，尤其公共图书馆建立算起，就是为了做阅读推广，即使是藏书楼也是为了阅读，只是其推广意味不强，我们的积累要比其他行业多多少年啊？上千年都有，那么我们上千年的优势在哪里？

我们专业委员会有很多专家的建议，其实是非常好的。有些专家提的建议其实有好多都是回归性的，图书馆的专业是哪些？哪些是我们擅长的？我在报告里说了，阅读是一种生活方式，图书馆人不是单单的口号族，图书馆人其实是脚踏实地的建设者，如果说阅读是一种生活方式，那么生活方式是什么呢？以往阅读的一批人的生活方式是什么，文人雅士，琴棋书画，精英阶层，因为他们有一定的文化修养，有一定的精神追求，这是我们应该鼓励和提倡的，但就以往来说，这部分人是不是偏少一点？现在这个时代，我们是不是更应该面向更广泛的人群？从这个角度来说，如何和更广泛人群的生活能够发生共通，那仅仅是琴棋书画吗？琴棋书画肯定要有的，而且是应该积极鼓励提倡的，但是还应有其他。阅读是一种生活方式，阅读首先要和生活相关，由生活相关逐渐把我们原来那种阅读——上进和学习，或者就是精神修养，拓展开来。

我们今年4.23活动主题为"阅读在路上"。这个主题由前年的骑行阅读开始，就是运动、健康、生活。跑步、骑行是很多人的一种生活状态，那么阅读是不是应该和它相关呢？第一个层面，是阅读和生活相关，后面才说它变成一种生活方式。我们就从生活相关入手，就是这样来做的。生活是丰富多彩的，我一再说以往的生活形态应该有，但是我们也会有一种新的生活形态，因此领域是蛮广大的。阅读和生活相关，我们图书馆的服务领域其实是很大的。我们要关注现在的生活，如果和现在生活没有关系，然后说去推广阅读，这怎么可能呢？人们整体生活好了，人类社会进步了，科技发展了，劳动生产力提高了，劳动生产力提高的同时，休闲时间多了，那么，图书馆的服务时间是不是应该增多呢？没有疑问，应该增多，二十四小时都应该提供阅读服务。能不能提供是另外一件事，有没有提供的能力，有没有条件，是不是现在就可以提供，那就要各地因地制宜了。科技发展了，现在起码在数字空间上的阅读推广绝对是 7×24 小时的,实体空间可不可以? 东莞图书馆的二十四小时自助服务就可以实现,不见得用更多的人力投入才可以达到,那为什么不提供呢? 要注意到人们的生活形态和方式,生活小康了,休闲时间多了,图书馆服务能不能跟上,是很简单的问题。图书馆对接上了,然后把休闲的时间用更好的阅读占领和充实,然后让读者把阅读变成一种生活方式,这是有步骤的。阅读是一种生活方式,还要和生活状态相关。跑步、健身、骑行,多么盛行,很多年轻人群体在做这些事情,阅读服务应该不应该关注这种现象呢? 不能说就在屋里看书吧,我觉得那是不够的。这是我们需要重新认识的阅读拓展领域。生活方式是我们更高层面上的要求和期盼,前面起步是什么? 人的生活变了,生活状态是什么,图书馆也要了解。

第二个层面,让阅读变成一种生活方式,那图书馆的拓展空间就大了。图书馆的专业积累、资源积累、空间积累、人员积累都可以提供这样一种支撑。图书馆事业在这里有很好的生存空间。阅读从图书馆出发,因为我们毕竟是做图书馆的,鼓吹了半天阅读,而图书馆越来越被湮没,这种危机感是很强的,是可怕的。我们如何去充实我们专业,顺应时代变化? 图书馆也在发展和提升,当然我们一定要看到未来发展的趋势。这次阅读推广委员会请上海图书馆刘炜副馆长,做数字阅读未来发展前景展望和分析,就是希望能够对未来有所关照。我们应该看到未来,但是看到未来的同时,我们要回过头来从现在起步,充实我们的专业,这样可能走得更好。从阅读角度而言,我现在有这样一种基本认知,要有进有退。但从整体来说,到了这个阶段我比较在意均衡,并不就是直接往前跑或者说就是回到原来的图书馆,不是的。

中国古人讲中庸。基辛格 90 多岁了,写了《世界秩序》这本书,讲均衡。其实类似的,社会发展到一定程度确实有均衡问题,起码我们图书馆事业到现在也有这样的问题,好多馆也感觉到同样的问题。我们现在是在均衡中求发展,可能会更好些。回过头来看我们的理念提升,其实也是两部分,一是进取的,一是回归的,要把这两个方面当作一体,不要分开。当然除了理念的愿景或者是追求以外,有具体的几个方面建设,把具体的东西落实到实际工作中。我觉得阅读推广领域确实是生机勃勃的,我们委员会的同事,大家都还有很大的干劲。这个领域从工作形态来说是和社会对接很密切的,从现有状态来说,对人的潜力激发也比较大,但是理性思考的层次还不够,所以我们还设立了阅读理论专业委员会。

总之,首先借助已有基础或者说是依赖于已有基础——前两届打的基础非常好,整个图书馆行业的状态也非常好,把阅读推广工作做好。其次就是注意问题导向,问题太多了,不可能都解决,确定几个主要方面,一步一步地去解决,一个一个地去解决。再次就是明确指导思想。最后是开展四大建设。希望在各个委员会和各位同人支持下,我们共同努力做好图书馆阅读推广。

刘锦山: 听过您的工作计划和报告,感觉很振奋。

李东来: 有的时候也是有些茫然的,人类未来的阅读景观到底是什么样的? 我们茫然,国外图书馆也是这样,新闻出版行业不更是这样吗? 刘炜那句话不是很形象嘛,图书馆吃鱼头(出版业),图书馆自己也有危机,互相的危机感一直都有,其实从来都如此。在当今快速演变过程中,我们应该坚守我们自己,我一直都比较在意图书馆的专业性,图书馆专业性不完全只是以前的,但是以前的核心思想是要有的。图书馆以前是很有价值、很有影响的,计算机的教科书开始都是用图书馆知识组织和目录柜去说明其信息处理机制的,这说明什么? 人类知识核心的东西是贯通的,血脉相承的,只是在不同时代的实现方式可能有不同的演变。

十七、乔礼:服务传文脉　书香润草原

[专家介绍]乔礼,研究馆员,内蒙古鄂尔多斯市图书馆馆长。1985 年 3 月起,在鄂尔多斯市图书馆工作,曾任团支部书记、办公室主任、业务副馆长、党支部书记和馆长,以及市文化局党委委员职务。1997 年至今,任鄂尔多斯市图书馆专业中级专业技术资格社会化评审委员会主任委员;2001 年至今,任内蒙古自治区图书专业高级技术资格评审委员会委员;1995 年至今,任内蒙古自治区图书馆学会常务理事,任鄂尔多斯市图书馆学会理事长;2006 年,任鄂尔多斯市非物质文化遗产保护咨询专家评审委员会委员;2009 年至今,任鄂尔多斯市政府采购专家委员会评审委员。

位于内蒙古西南部的鄂尔多斯市,拥有悠久的历史文化。这里是人类文明发祥地之一,距今 5 万到 3.7 万年前,"河套人"就在鄂尔多斯高原的萨拉乌苏河流域繁衍生息,创造了著名的古代"鄂尔多斯"文化,史称"河套人文化"。蒙古语"鄂尔多斯"意为"众多的宫殿",这里曾是马上民族的贵族部落聚居地。今天的鄂尔多斯是内蒙古的经济新兴城市,是我国改革开放以来的 18 个典型地区之一。传承与弘扬着深厚地域文化和现代文明的鄂尔多斯市图书馆始建于 1956 年,原名伊克昭盟图书馆,历经 5 次搬迁,2009 年 7 月搬迁到康巴什新区。新馆总占地面积 21 200 平方米,最大存藏能力 200 万册(件),现有馆藏 64 万册(件),是国家一级图书馆。

1. 草原明珠

刘锦山:乔馆长,您好! 感谢您在百忙之中接受我们的采访,首先请您介绍一下鄂尔多斯市图书馆的情况。

乔礼:非常感谢刘总和 e 线图情对我们的关注。鄂尔多斯三面环绕黄河,得天独厚的地理环境孕育了这片富饶的沃土和人类文明。迄今在这个地区已发现有 5 万到 3.7 万年前的古人类遗址,学界命名为"河套人"。著名的河套人文化源远流长,为这里留下了灿烂深厚的文化积淀。鄂尔多斯市图书馆是在 1956 年建馆,在将近 60 年的办馆历程中,共经历了 5 次搬迁。现在的这个新馆是 2009 年 7 月建成投入使用的,总建筑面积 41 670 平方米,最大存藏能力 200 万册(件),现有馆藏 64 万册(件),年接待读者能力 72 万人次,阅览席位 2000 个。馆内设置 5 个功能区,即普通文献资源服务区、电子资源服务区、特色文献资源服务区、影视音乐报告资源服务区、读者休闲消费服务区。普通文献资源服务区包括 5 个服务部室,

即中文图书借阅区、少儿文献借阅区、中文报纸阅览区、中文期刊借阅区、工具书阅览区;电子资源服务区包括 3 个服务部室,即多媒体阅览区、共享工程资源采集服务区、计算机中心;特色文献资源服务区包括 4 个服务部室,即专家文献研究区、蒙文文献借阅区、地方文献采集服务区、鄂尔多斯历史文化名人手稿馆;影视音乐报告资源服务区包括 2 个服务部室,即影视资料厅、多功能报告厅;读者休闲服务区包括 6 个服务功能,即读者健身中心、读者中西餐饮区、读者文印中心、少儿游艺活动区、音乐咖啡书吧、新华书店书城。

伴随新馆的投入使用,由鄂尔多斯市人事局、文化局委托内蒙古大学定向培养的 45 名图书馆管理专业大学生,全部顺利毕业,走上工作岗位。目前,我们馆在册人员是 79 名,老、中、青相结合的人员批次非常好,可谓是人才济济,像我们的布和宝力德馆长就是学图书馆专业的,在图书馆的数字化和自动化方面驾轻就熟,而且大家的服务理念和创新意识也都非常强。这样一个专业过硬的队伍完全能够承担起图书馆智能化、数字化建设的重任,为实现鄂尔多斯文化大市、促进社会发展进步做出巨大的贡献。由于鄂尔多斯幅员辽阔,仅凭一个市馆是难以实现文化全覆盖的,因此我们很早就实行了总分馆模式,而随着网络信息技术的迅速发展和普及,以“智能化和数字化”为建设理念也显得更为重要。旗、区图书馆是我们的分馆,旗、区下面还有分馆,每一个旗、区都有十几个到二十几个分馆,全部加起来,我们共有 98 个分馆,这是去年的统计数据。值得一提的是,从 20 世纪 90 年代初期开始,我们就着手在乡、村、镇、社区、厂矿企业以及一些建筑工地、监狱、敬老院和特殊学校等这些知识需求比较密集的地方建立分馆,旨在把馆藏资源的社会效益扩大化,开展最大化的延伸服务。

我们这个总馆负责帮助组建分馆,对各级分馆进行业务辅导、人员培训以及图书的配送、文献的交换和流动。因为每个分馆的文献是不一样的,需要定期交换,目前我们实行的是一年交换一次,交换的工具就是流动文化车,也就是汽车图书馆。概括起来,我们的总分馆模式就是层层馈送,层层组建,层层辅导。各级分馆依托当地文化局、文化站来建立,由旗、区文化局直接派文化馆、图书馆的专业人员进行管理、开展活动,能够很好地保证文化活动的专业性和持续性,毕竟光有热情是不够的,基层文化活动的长期可持续开展更需要专业的知识作保障。

2. 小康文化工程

刘锦山:乔馆长,我们了解到,一些地方在建设农村文化书屋的时候,由于没有设专人来负责,而是依靠当地的农民兼职负责,结果就是您刚才所说的情况,没多久就会人员流失,文化书屋被迫关闭,非常遗憾。

乔礼:是的,问题的根源就在于缺乏供养机制,当地主管部门一年只给分馆的兼职工作人员 1000 元的补贴,如果有更好的生活来源,这些人员肯定就会走。我在 1998 年就曾写过一篇题为《关于鄂尔多斯流动文化的思考》的论文,针对的就是基层文化单位人、财、物的管理与流失问题的,过去经常是前脚刚建好文化站点,后脚人就说走就走了。这里的主要原因,一个是管理,另一个就是人才匮乏;解决的途径就是人、财、物全部由当地政府文化局派出和管理,有效保证人员、设备、设施的稳定。这样,由于人员有正式编制,工资就是有保障的,而且专业也对口,这些专职人员利用专业知识可以更好地面向当地的农牧民开展文化活动,调动他们参与文化活动的积极性,为他们提供更好的文化产品。我们从 2000 年就开始这样实施了,到现在已经有十几年,很好地解决了上述问题,文化部对于我们采取的这种模式也给予了高度认可。

套用时下流行的一个词,文化其实也是一种生态,需要我们长期坚持不懈、更好地进行保护和传承,同时有效地进行开发、利用和创新,从而渐进式地形成一种文化的积淀。基于这一理念,我们在20世纪80年代初期就提出了"小康文化工程",这在全国来说算是相当早的,几乎与小康社会的提出是同时的,而且我们也是唯一一个提出"小康文化"这个概念的。那个时候我们就在乡建立了文化站,在村建立了文化室,甚至到户里面是文化户,有一些基层热爱文化的人,还有一些特殊专长的文化人,由政府资助他们的个人兴趣爱好,所以在20世纪80年代我们就已经建成了从市级到户的五级文化网络。近两年来,随着电脑、网络设备的普及,我们的五级文化网络基本实现了全自动化,依托全国文化资源共享工程,这些设备都是政府配送的,对于偏远地区,我觉得这是一个很了不起的创举,网络信息技术的普及在一定程度上很好地消除了地区发展的不平衡和文化传播的壁垒,填平了信息交流的鸿沟。

3. 智能化图书馆

刘锦山:乔馆长,刚才您提到贵馆以"数字化和智能化"作为建设图书馆新馆的抓手,并且取得了很好的成效。请您具体谈一谈这方面的情况。

乔礼:新馆建成以后,我们馆有了一个智能化和数字化的发展。2011年,我们建成了覆盖了整个鄂尔多斯8.7万平方千米全境的数字图书馆,包括自建数据库在内的数字化资源达到53TB,实现了海量下载,凡是在鄂尔多斯境外的手机和电脑用户、通过手机、电脑等移动通信设备也都可以随时登录鄂尔多斯数字图书馆查阅数字资源,我们的服务在传统的基础上也有了更大的拓展,服务效果非常好。鄂尔多斯市图书馆的持证读者有1.8万多,因为我们的新馆在新区,新区的常住人口大约7万多,主要的办证读者来自东胜、康巴什、伊旗。我们的数据资源大部分都是公开的,IP全部覆盖,在鄂尔多斯范围内,手机点击鄂尔多斯,经过读者统一认证的系统,就可以登录我们的数字图书馆,没有权限限制。传统的借阅,包括借助于RFID等智能化设备的,到馆读者每年保持在40万人次左右,通过远程访问数字图书馆的读者每年已经突破60万人次,两项加起来共有100多万人次,按照官方统计,鄂尔多斯的总人口也就是190万,实际的常住人口大约是150—160万,由此我们就能够看出图书馆服务借助智能化和数字化手段所产生出的巨大的社会效益,或者说图书馆服务正在向着社会效益最大化的方向迅速发展和迈进。

下一步我们要在总分馆模式的基础上,通过必要的软硬件配备,进一步推进图书馆的智能化建设。我们在伊旗、康巴什、东胜三个核心区域部署了24小时自助图书馆。图书馆是城市的文化中心,智慧图书馆必定是智慧城市的核心要件。配合智慧城市的打造,我们利用共享工程的设备,结合传统图书馆的管理,加上我们购置的大型图书馆后台软件,制订并实施了鄂尔多斯智慧图书馆的建设方案。接下来的目标是通过设备的增加以及技术改造、技术提升、技术扩容,实现市民卡取代借阅卡,更大范围地实现一卡通行、通借通还、异地借还,目前这项工作正在稳步推进中。由于已经有很好的基础,后续再争取到政府的经费支持,目标和理念的实现就指日可待了。

在数字化和智能化的理念下,我们还建设了各种特色图书馆和创意图书馆。比如我们的馆中馆,有鄂尔多斯历史文化名人手稿馆、蒙文文献馆、地方文献馆、电影图书馆、音乐图书馆,等等,还有我们的汽车图书馆,以及建立在工地上的农民工流动书屋。我们的特色图书馆受到国家文化部、自治区文化厅以及当地政府和社会各界学者的关注,我们所提出的"一馆办证、多馆借书、多馆还书、通借通还、资源共享"的畅通无阻、广覆盖的渠道和文献阅读形式,实现了城镇十分钟文献生活圈、农村两公里文献服务圈和牧区十公里文献服务圈的服务设计效果。在2012年文化部召开的全国农民工文化建设现场经验交流会上,我们的农民工流动书屋还获得了表彰。

4. 天天有书香

刘锦山:乔馆长,您前面介绍说,贵馆纸本资源和数字资源加起来每年能够有100多万人次的借阅访问,按照190万的人口数量,差不多不到两个人就来访一次,从平均数量来看确实是比较高的,从效益上来看是很好的。为了吸引更多读者到馆,贵馆一定开展了很多独具特色的活动,请您谈谈这方面的情况。

乔礼:为了吸引读者和宣传图书馆,我们每年都会开展文化惠民、文化育民、文化乐民等的一系列活动,我们的理念就是达到"天天有书香,月月有活动,季季有亮点"。每年年初,我们都会组织馆内的一些书法爱好者进社区、下乡村,为农牧民和社区居民进户写春联,这个活动我们已经坚持开展四年了,业已成为我们的品牌活动。还有就是每年的元宵节,结合"迎元宵、猜灯谜、读好书、共享文化"的主题,举办有奖猜灯谜活动,这个活动已经开展五年,也是我们的一个品牌活动。每年的五月份是鄂尔多斯大学的校园读书月,我们就结合大学的校园读书月活动,开展各种丰富多彩的活动,有书评、演讲比赛、知识竞赛等。还有在民间开展的"十大"评选活动,例如"鄂尔多斯十大优秀长书评"评选活动、"鄂尔多斯十大优秀读者"评选活动,等等,都会吸引大量的读者踊跃参与。

我们馆的大厅几乎天天都有书画展览,这些民间草根的书画作品,是大众文化水平和国民素质不断提升的缩影。我们定期举办鄂尔多斯文化系列大讲堂,邀请当地的文化名人讲述老百姓身边的文化,非常贴近生活,深受老百姓的欢迎,也成为我们的一项品牌活动。我们每年在图书馆门前举办5万种图书的大型图书展销活动,迄今已经做了五届。还有就是针对老、弱、病、残等不便到馆,也不能通过数字图书馆去阅读的特殊读者群体,我们的工作人员会定期上门送书、报、刊。作为共享工程的活动之一,开展室内电影图书馆活动,在各个人群聚集的地方流动播放电影,惠及全民。

我们的汽车图书馆活动更多,除每周三进行车辆维护以外,其他日子都会出去。汽车图书馆不只是我们图书馆有,每个旗区馆、乡镇馆都有。汽车图书馆也叫作文化车。文化车的功能包括小型的演出、小型的展览,还有就是图书报刊的流动借阅。从市一级到县(旗)、乡、村、镇、社区的汽车图书馆,成功打造出了五公里文化圈和十公里文化圈,使流动文化成为我们基层文化和社区文化的重要组成部分。总而言之呢,只要是与图书、图书馆以及阅读有边缘性关系的活动,能想到的我们就会去做。通过举办形式多样、丰富多彩的读者活动,并有意识地添加众多的智能灵动元素,我们馆打造出了一个集学习空间、交流空间、创意空间、展示空间、娱乐空间为一体的多维立体文化空间,从而聚集了大量的人气,效果特别好。

刘锦山:从您的介绍中,我们了解到很多有价值的办馆理念和举措,非常值得向其他兄弟馆推广,非常感谢您,乔馆长!有您及鄂尔多斯图书馆同人们的倾心奉献和辛勤耕耘,灿烂绚丽的文化之花必将在鄂尔多斯这片神奇的沃土上永恒绽放。

十八、初景利：难在改变　赢在改变

[专家介绍]初景利，现任中国科学院文献情报中心学位评定委员会主席、编辑出版中心主任，博士生导师，博士后合作导师，二级研究馆员，《图书情报工作》杂志社社长、主编，中国科学院自然科学期刊研究会常务副秘书长，《中国科技期刊研究》常务副主编。兼任国家社会科学基金学科规划评审组专家，国际图联（IFLA）"信息素质"专业委员会常设委员，中国图书馆学会"用户研究与服务专业委员会"主任，"国外文献编译出版专业委员会"主任，华南师范大学客座教授，东北师范大学兼职教授，南开大学图书情报专业硕士兼职教授暨硕士研究生导师。2014年9月获"全国新闻出版行业领军人才"。

信息技术与信息环境的变化，带来社会各行业的变革，图书馆则首当其冲。在数字化、网络化、泛在化的信息环境中，图书馆如何重新定位自身、重塑形象，避免走向边缘化乃至消亡，这是学术界、教育界和实践界共同关心的问题。中国科学院文献情报中心《图书情报工作》杂志社社长兼主编初景利教授以自己多年的教学、科研、实践的经历，对此有自己的感悟和认识。他认为，图书馆的生存与发展，取决于很多条件，但最根本的是适者生存。为此，必须审时度势，因应而变，变被动为主动，主动地驾驭环境，改变传统的惯性、惰性和定势。他很认同的一句话是：难在改变，赢在改变。当然，改革是痛苦的，不改革将是更加痛苦的（马云语）。

为更好地了解初景利教授的学术经历和学术思想，e线图情就有关用户服务、开放获取、图书馆发展战略、图书馆发展趋势等问题，专程采访了初景利教授。

1. 学术经历

刘锦山：初老师，您好！非常高兴您能接受e线图情的采访。请首先向读者朋友谈谈您的治学、工作历程。

初景利：谢谢刘总和e线图情对我的关注和采访。1981年，我以理科生的身份考入东北师范大学图书馆学系图书馆学专业。1985年，大学毕业之后考入北京大学信息管理系攻读硕士学位，师从关懿娴先生，研究方向是图书馆管理。1988年2月，研究生毕业后到辽宁师范大学图书馆学专业（后图书情报学系）当老师，曾担任系副主任。1998年（36岁），被评聘为教授。2000年，考入中国科学院文献情报中心攻读博士学位，师从孟连生先生，研究方向是信息资源管理。2002年1月，中国科学院文献情报中心实施知识创新试点工程，合并了原来的教育培训部和研究发展部,组建教育与研究发展部,我被聘为部门主任。随后的一年半,我一边工作,一边做博士论文研究,2003 年 7 月获得博士学位。2004 年 4—9 月,单位公派我去美国西东(Seton Hall)大学图书馆做访问学者。担任了 4 年的教育与研究发展主任后,2006—2010 年我又应聘新组建的部门——学科咨询服务部担任主任,与学科馆员们一道开创了国内图书馆嵌入式学科服务的新模式。4 年之后,2010 年 6 月,应聘为编辑出版中心主任,组织和管理院中心 10 种期刊、协调 3 个地区中心 7 种期刊的编辑出版与研究工作。2011 年以后,又先后担任企业性质的《图书情报工作》杂志社的主编、社长(法人代表)。2013 年年底,又担任中国科学院自然科学期刊编辑研究会的常务副秘书长兼会刊《中国科技期刊研究》的常务副主编。同时担任中国科学院文献情报中心学位评定委员会主席。

我从 2002 年开始担任硕士生导师,先后培养了 13 名硕士。2005 年后开始担任博士生导师,目前毕业的博士生 7 人,在读博士生 10 人。2013 年,获得博士后合作导师资格;2011 年,获得“中国科学院文献情报工作创新服务优秀个人”;2013 年 1 月,被评为二级研究馆员,年底被评为中国科学院文献情报中心“先进个人”;2014 年 9 月,被国家新闻广电出版总局评为“全国新闻出版行业领军人才”(第四批)。兼任“国家社会科学基金学科规划评审组专家”,国际图联(IFLA)“信息素质”专业委员会常设委员,中国图书馆学会用户研究与服务专业委员会副主任和国外文献编译出版专业委员会主任,全国文献与信息标准化委员会第 8 分会副主任委员,被聘为华南师范大学客座教授、东北师范大学兼职教授、南开大学图书情报专业硕士(MLIS)中心兼职教授,《大学图书馆学报》《图书馆建设》《图书馆学刊》《图书馆报》等编委。

2. 用户服务

刘锦山:初老师,从您的介绍我们可以看出,您的学术、工作经历相当丰富。我们了解到,您在长期的教学、科研与实践过程中,关注的问题也比较多,而用户服务是您长期以来关注和研究的一个核心课题。请具体谈谈您在这个方面的研究情况。

初景利:1981 年上大学以来,我一直关注图书馆学基础理论、图书馆服务、图书馆管理方面的研究。我学士学位论文的题目是《未来的图书馆和图书馆员:思考与评价》(东北师范大学,1985 年),硕士学位论文的题目是《对图书馆馆长管理行为及其导向的探讨》(北京大学,1988 年),博士学位论文的题目是《图书馆数字参考咨询的理论与实践研究》(中国科学院研究生院,2003 年)。在用户服务及管理方面,我比较早地关注到图书馆公共关系。我的第一篇论文就是《公共关系是图书馆管理的重要环节》(《黑龙江图书馆》1987 年第 2 期),也是国内最早研究图书馆公共关系的论文。我在国内最早关注并引进 SERVQUAL 评价模型(《大学图书馆学报》1998 年第 5 期),这种评价模型后来演变为 LibQUAL 评价模型,目前仍然是评价图书馆服务方面非常重要的工具,国内很多图书馆也都在使用。

我的经历比较丰富一些,当过 12 年的大学老师,现在还在指导博士研究生;做过科研,主持并参与多项省部级、国家社科基金、中国科协的课题;从事过学科服务、编辑出版等领域的实践工作。这样的经历有助于我把理论研究、教学、科研、实践这几个环节有机地结合起来。到中国科学院以前及以后,我还始终比较关注图书情报学教育问题。2004 年到美国半年,完成了有关美国的图书情报学教育、美国研究图书馆的用户服务、科技信息的开放获取 3 份研究报告。但我持续关注的还是用户服务问题。在我看来,用户服务是图书馆存在的根本,图书馆能不能发挥作用从根本上取决于服务的水平和能力,取决于服务能不能得到用户的认可,取决于服务能不能真正产生效果。今天的图书馆已经不仅仅是建筑,不仅仅是资源集聚地,这些是远远不够的,图书馆的作用和功能更多的是通过服务来体现的。因此,我认为,服务的研究是很重要的理论问题,也是图书馆学研究的核心问题,图书馆学应该通过对服务问题的深度理论研究推动图书馆实践的创新发展。

对于服务,我很关注两个问题:第一,如何体现以用户为中心的图书馆服务。这是一个大的命题。很多人都在谈、都在提"以用户为中心"。但如何体现以用户为中心? 在新的形势下,如何在用户不常到物理的图书馆的情况之下体现以用户为中心? 这是一个很大的困惑,也是我们现在所面临的新挑战。以前有个说法:千方百计地吸引读者到图书馆来。这句话从表面上来看是对的,但是现实情况中,网络设施越来越发达,移动终端即查即得,数字资源越来越丰富,而且开放程度前所未有。这样的信息环境越好,用户可能就越不到图书馆来,这不是一个吸引不吸引的问题,而是用户本身的信息行为所决定的,是不以我们的意志为转移的。在这种情况之下,如何更好地体现以用户为中心的服务? 我们基本的理念和这些年所形成的认识叫作"服务的泛在性",即嵌入式的图书馆服务。所体现的核心思想就是"用户在哪里,服务就在哪里"。今天的大多数用户并不在图书馆里,而是在教室、办公室、实验室、会议室,甚至野外观测台站或出差途中。如何为这些不到馆的用户做好服务,这就是今天我们需要直面的新问题。传统图书馆在用户到馆之后就可以提供很好的服务,不到馆就无能为力了。在今天这样的环境之下,我们需要解决的是,通过技术手段和图书馆员个人的作用,把服务延伸到用户所在的地方,到用户的身边(物理的或虚拟的)去提供服务,提供到身边的个性化的服务。中国科学院文献情报中心的基本理念就是"资源到所、服务到人,融入一线、嵌入过程",这正是体现以用户为中心的思想,以用户为中心既体现在服务的内容上,也体现在服务的模式、技术和服务组织上,围绕用户需求特别是潜在需求开展服务。

一般情况下,我们很多图书馆注重的是满足用户现实的需求:用户需要一本书、一本期刊、一篇文章,图书馆就想方设法去满足,这只是现实的需求(表达出来的需求)。而潜在的需求就是表面上用户可能提出需要一篇文章、一种期刊、一本书,但背后可能是一个研究课题、一个研究任务。用户对这方面的研究成果的需求,很可能是这个领域最热点和前沿问题的需求。图书馆如何把用户潜在的需求加以识别、发现、挖掘出来并满足其需要,这是图书馆今天所要解决的非常现实的重要问题。中国科学院文献情报中心特别强调嵌入式的学科服务,准确地讲是"嵌入式学科知识服务",不是单纯地提供文献服务,也不是简单地提供信息服务,而是提供融入了人的知识和智慧、面向用户潜在需求、运用技术和工具来解决用户深层次需求的一种深度、高层次的服务。这种知识服务一定是嵌入式的才有效果。所谓嵌入式服务就是图书馆员(比如学科馆员)到用户的身边,嵌入到用户的科研过程、工作过程、工作场所、工作空间、工作流程,更好地实现信息(知识)与用户需求的结合,图书馆员与用户之间形成一种合作的关系,而不仅仅是传统的中介关系。在今天的用户基本不到物理的图书馆的情况下,如果图书馆员不到用户身边,那么图书馆和用户之间的关系就会是一个死结,用户和图书馆之间的联系必然就会中断,最后死掉的可能就是图书馆。我们并不认为在数字化和网络化时代下图书馆就没有作用了,也不会像国外有的人预测的那样图书馆将会消亡,关键在于图书馆能做什么。如果图书馆做到的事情能够满足当前用户的需要,特别是潜在的需求,甚至超越用户的需求(用户没有提出但图书馆已经很好地满足了),那么图书馆当然还会有所作为,能够更好地发挥自己的作用。相反,如果图书馆很被动地适应需要或者仍然还在用传统的观念、传统的服务手段来满足用户常规性、浅层次的需要,比如到馆阅览、借阅、参考咨询等,那么图书馆的地位和价值必然会受到质疑,图书馆的边缘化也是毋庸置疑的。

图书馆今后能不能发展,能发展到什么程度,都取决于自身的能力,而这种能力在今天来看,我们认为最重要的就是嵌入式学科服务的能力。如果能够在这方面有大的发展、突破、根本性的变革,图书馆仍然会彰显其地位和贡献。自2006年以来,中国科学院文献情报中心在嵌入式学科服务上有了很好的开拓,从某种意义上来讲客观上推动了国内学科服务的深度发展。2010年,我和部分学科馆员还共同申请了国家社科基金课题——《图书馆嵌入式学科服务的理论方法研究》,我与孙坦(中国科学院文献情报中心副主任)共同来组织研究。这个课题2014年已经完成结项,修改后以书名《图书馆嵌入式学科服务的理论与方法》由科学出版社正式出版(2015年4月出版)。我们希望通过课题的研究和这本书的出版,能够更进一步推动国内嵌入式学科服务的理论研究和实践的创新发展。

刘锦山:初老师,您刚才讲到的以用户为中心提供嵌入式学科知识服务,非常好。现在很多图书馆也在做学科服务。我想请您再简单介绍一下中国科学院的具体做法和经验,为大家提供一个参考。

初景利:关于中国科学院文献情报中心当前学科服务的做法,我没有资格讲,因为我已经脱离学科服务实践工作一线有4年多了。我虽然不再从事具体的学科服务,但我很关注,也在做一些研究,也利用主编之便,组织发表了多篇学科服务的文章。我的博士后合作指导的方向也是学科服务。我现在思考得比较多的是学科服务模式、难点与破解,试图总结我过去在做学科服务方面的经历、感受、感悟、心路历程。我曾发表过一篇文章《学科馆员对嵌入式学科服务的认知与解析》(《图书情报研究》2012年第3期),总结了8种嵌入式学科服务的模式。随后写了一篇文章《学科服务的难点突破》(《中华医学图书情报杂志》2012年第4期),总结了学科服务五个方面的难点。后来经过更深入的思考,总结了16个难点,并做过多场报告。一些问题已经在《图书馆嵌入式学科服务的理论与方法》这本书中有所阐述。我认为要做好学科服务,既要总结模式,又要突破难点。中国科学院文献情报中心的做法和高校图书馆、其他类型图书馆、国外图书馆均有所不同,这可能与中国科学院特定的环境有关。中国科学院对创新的要求更高,压力也更大。中国科学院的文献情报服务如何适应国家创新驱动发展战略的需求,我们始终感受到一种无形的巨大挑战和压力,始终有一种强烈的急迫感和危机感。如何保持对国家科技自主创新的适应能力,如何体现知识服务的能力和水平,如何真正为科学研究、科技创新提供强有力的保障,这是我们这个时代的图书馆员肩负的一种使命和责任。

刘锦山:请您简要介绍一下这本书的主要内容。

初景利:这本书把国内外,特别是中国科学院文献情报中心近些年来所开展的学科服务,特别是嵌入式学科服务的一些认识、模式、经验、做法做了较为系统的总结,其重要特点是非常强调学科服务的嵌入和服务的深度。比如,如何跟踪科研课题,进行科研课题的全程式信息跟踪和个性化服务,如何更好地嵌入科研环境,搭建一个适应科学家或课题组需要的信息环境,等等。实践证明(也经历了一个艰难而痛苦的探索过程),中国科学院的科研人员和研究生对嵌入式学科服务非常欢迎,也非常信赖。因为有这种嵌入式学科服务,所以我们走上了良性循环的发展道路:服务越好越容易得到支持,得到的支持越多就越有能力提供更好的服务。目前,中国科学院文献情报中心拥有 60 多人的专职学科馆员团队,绝大多数均拥有硕士、博士学位或博士后经历,通过"常下所、长下所",提供嵌入式的学科知识服务,在全院上下产生了良好的影响。这也许代表了国内图情业界在服务方面的一种新模式,一种新的发展方向。我们也通过切身的感受认识到学科服务的重要价值和对图书馆发展的重要意义。对图书馆来讲,如果不做学科服务、不做嵌入式学科服务、不做嵌入式学科知识服务,图书馆就很难有更好的未来。这不是一种服务模式与机制的问题,而是影响到图书馆的生存和发展的根本问题。

当然,学科服务不仅仅是学科馆员一个团队、一个部门的事情,学科服务并不等于学科馆员的服务,而是影响到全馆、需要全馆参与的服务,包括资源、技术等整体管理与相互配合和支持,这是一个全局性的服务。因此,打个不甚恰当的比方,学科服务就像是部队的前线。前线是与敌人打仗的地方,全军上下都要为前线保驾护航,图书馆也一样。看似只是几个学科馆员到用户身边去做服务(是前线,是一线),实际上背后是全馆各个部门、各个团队的支持。学科服务做得好坏取决于很多因素。国内有不少图书馆做得非常不错,各有自己的模式和特点。总的来讲,共同特点就是如何围绕着今天用户新的需求,为用户的科研、教学提供全程式、更直接、更有深度的信息和知识服务作为保障和支撑。我们应该将嵌入式学科知识服务作为图书馆服务的一个突破口,借此真正带动和推动图书馆的整体发展。

刘锦山:初老师,您讲到学科服务的难点需要攻破,请您谈谈最大的难点在哪里。

初景利:学科服务最大的难点在于学科服务基本理念上要有突破。学科服务不是去做资源、服务的宣传推广。以前人们认为学科服务就是做联络,图书馆有什么新的资源就去告诉读者,就去做培训和报告,用户有什么需求再反馈给图书馆,提供给资源部门或服务部门加以解决,这是远远不够的。图书馆学科服务不是去做中介! 要从简单的宣传推广转变为嵌入式的合作,要和用户结成联盟,馆员应该成为用户科研团队的成员。多年以来,传统上图书馆员一直都是中介,是中间人的身份,但仅仅是中间人的身份无法满足今天的用户需要。真正的学科馆员要发挥潜力、能力、作用,就必须成为科研的合作伙伴,成为课题组的成员。我们曾经参与过用户的 863、973 项目,用户希望学科馆员介入进来对整个课题进行全程式的信息跟踪。学科馆员进入课题组,课题组花费很小,但收获很大,效率更高。学科馆员是专职的情报人员,对于资源、服务和工具都很熟悉,如果能与用户的需求很好地结合起来,所发挥的作用是用户自身所不可替代的,当然这也是最难的。对于用户来讲,对学科馆员的认知、接纳、信任,一开始时困难非常大。对学科馆员来讲,突破障碍,真正走进科研过程、走进用户之中,完成"破冰之旅",是其必然面临的一次巨大的考验。从我们馆的实践来讲,好的学科馆员是可以做到的,但也不是所有的学科馆员都做得到位,但这一定是一个方向,而且只要有一个人做得到,就会有更多的人也能做得到。学科馆员服务也还有许多其他的难点,比如学科服务模式、工具的利用、团队与能力建设、考核评价等,也有如何有所为有所不为的问题,都需要在实践中探索。当然,每个图书馆的情况不同,难点也不同。图书馆员要善于发现问题、不断总结经验来推动问题的解决。

3. 开放获取

刘锦山:初老师,开放获取运动从十多年前兴起,到现在已经成为一种与商业出版模式相抗衡的重要学术文献出版与信息获取方式,对于学术交流意义甚大。据我们了解,您是国内较早关注开放获取的学者之一,请谈谈您对这个领域的研究情况。

初景利:我是2004年到美国访学时开始关注开放获取这一问题的。开放获取是国外兴起的一种新的学术交流方式。2004年出国之前,我对开放获取并不了解,国内也没有这个概念。在美期间,我对美国研究图书馆协会122个成员馆的网站做了系统调研,发现很多图书馆都在关注 alternative communication system(open access)。我当年就写了一篇文章《开放使用:一种新的学术交流模式》,发表在当时我担任常务副主编的《图书情报工作动态》2004年第8期上,这也是国内最早关注开放获取问题的文章之一。回国以后我还专门写了一份关于开放获取的调研报告。中国科学院文献情报中心也在2005年组织了一次"科技信息开放获取的政策与机制"国际学术研讨会。我当时还牵头我们中心设立的关于开放获取研究的课题"科技信息开放获取的运行模式与政策机制研究",同时指导研究生开展开放获取领域的学位论文及相关研究,发表了多篇关于开放获取的文章。从某种意义上讲,开放获取是对抗商业性学术期刊出版的一种新模式。近些年,商业出版的学术期刊价格越来越高,很多图书馆无力支付越来越沉重的采购费用,科研人员也就无法阅读了解关于相关领域的新发展和新变化,这就带来学术期刊的危机、信息交流的危机、学术传播系统的危机。

开放获取不仅仅影响的是学术期刊,也对图书馆诸多方面产生了很大影响,包括对资源建设、采购模式、服务能力等都产生直接或间接的冲击。开放获取所带来的影响是全方位的、深刻的。就期刊出版而言,开放获取是一种新的出版模式,打破了原来的基于订购的出版发行模式。其运营费用完全由作者或其他经费支持,但对读者则是完全免费的,打破了影响学术交流的障碍,用户(读者)可以自由、免费、没有障碍地获取研究成果的全文,其目的是公共利益的最大化。科研成果大都是国家经费来支持的,是纳税人的钱,成果出来以后如何使其意义和价值最大化、社会利益最大化,这是开放获取的核心。中国科学院也在积极推动相关部委制订开放获取政策,中国科学院和国家自然科学基金委在2014年5月9日和5月15日相继发布了开放获取的政策声明:《中国科学院关于公共资助科研项目发表的论文实行开放获取的政策声明》《中国国家自然科学基金委员会关于受资助项目科研论文实行开放获取的政策声明》,后续还将出台不断完善具体政策的相关措施。这样一种政策将对我国的开放获取产生深远的影响,也必然对图书馆的业务体系、岗位设置、业务能力产生深刻的影响。而这种影响既可能是正面的,也可能是负面的。

刘锦山:商业出版向用户收取订购费用来作为期刊的运营资金,开放获取不向终端读者收取费用,出版以后可以按照一定的许可供学术研究免费使用。开放获取实际上是把出版费用问题在前端解决了,我觉得这是非常方便的。但是会不会有这样的一个问题,现在从前端收取费用,或者找一些机构赞助、资助出版,或者向作者收取出版费用,一个版面多少钱,有的期刊都是这么做的。如果对于现在协作比较密切的工业化大科研来讲,从国家或者社会拿到了科研经费,经费中间会有一部分出版费用,这样出版问题不大;但是个体的科研工作者,没有团队就自己,尤其人文社科领域经常是自己去做研究,或者不在体制内的科研工作者,没有课题和基金的资助,这部分作者的出版会受到影响,因为没有钱。这方面的问题有没有考虑过呢?以前都是读者出钱,现在都是作者出钱。通过前端收费,会不会影响到条件不太好的人学术出版的权利,您是怎么看待这个问题的?

初景利:开放获取的问题还是比较复杂的,不少人一般都简单化理解为"作者付费、读者免费"的模式,但实际模式要复杂得多。开放获取两个非常关键性的问题是:一是政策问题。作为一个国家或者机构,如何认识开放获取,能不能作为国家或者机构的政策来加以推动,这种政策性问题对开放获取的影响是非常大的。国际上开放获取发展比较好、比较快的国家和机构都是因为有了相应的政策来支持,为开放获取的发展提供了保障。目前,我国正在通过政策推动也是基于这种考虑。二是经费问题,开放获取并不是没有成本,一定需要经费才能运转起来。专家审稿、人力成本、文章处理等都是需要费用的,费用主要的渠道是来源于作者,因为作者本身是有项目、经费支持的,很少有完全没有经费支持、自由探索的情况。社会科学可能自由探索的情况比较多一些。就开放获取本身而言,除了作者支付的费用之外,国际上还有各种基金会来支持,基金会支持期刊发表文章免除版面费和 APC(文章处理费)。另外有一些期刊本身依托的机构足够强大,可能也不需要收取版面费来维持发展。还有的情况是图书馆支持开放获取,典型的例子就是高能物理领域期刊群(SCOAP3),全世界有高能物理领域研究的机构共同来负担这笔费用,对作者来讲也不需要负担文章发表的费用。还有一些情况是减免费用。例如,中国科学院和 BMC 签署协议,即中国科学院科研人员在 BMC 期刊上发表文章自己只需要付一半的费用,另一半费用是中国科学院文献情报中心来支付,至少对作者来讲不需要负担那么多了。还有一些国际的期刊本身就是不收费的。这种开放获取期刊的情况比较多,形式也比较多样,对于作者来讲有很多选择的机会,不完全是没有经费就没有发表的机会。

刘锦山:现在国内开放获取的刊物越来越多,全文放在网上供大家浏览、下载,从图书情报领域来讲,不少期刊每期都是可以看到的。中国科学院的期刊很多,图书情报类的刊物都在您这边。我想请问一下你们对开放获取有什么考虑呢?

初景利:目前,中国科学院主管、主办、承办的科技期刊共 338 种,其中,学术期刊 274 种、英文期刊 78 种、绝大多数都在走向开放获取。《图书情报工作》是选择性即时开放获取,我们还要靠刊物的发行作为收入的主要来源。如果全部开放获取很可能就没有人再订购了,那杂志社就无法生存。但是我们也在推动、适应开放获取的需要。《图书情报工作》现在采取的是重点栏目、重点文章实行开放获取,通过网站可以第一时间阅读或下载重要的文章,大约占 1/3 左右。《中国科技期刊研究》则实行完全、即时的开放获取。我觉得国内的期刊界对开放获取的理解还有一些偏差,或者说认识上还有局限性。现在很多人、很多期刊把免费获取视为开放获取,免费获取就是在网上可以免费看到全文,实际上国内很多的期刊实行的是免费获取,而不是开放获取。开放获取和免费获取的不同在于:其一,开放获取更强调开放获取政策,开放获取需要有政策上的支持,大多数期刊基本上缺乏这样的政策。2012年10月,《图书情报工作》杂志社在苏州组织的一次会议上,发布了《中国图书馆学情报学期刊开放获取出版苏州宣言》,提出了十点建议。《图书情报工作》在 2012 年 11 月 30 日发布了一份"《图书情报工作》开放获取出版的政策声明",就是规范开放获取出版行为。其二,相关的许可制度。文章允许利用到什么程度,需要一系列相应的许可制度作为保障。比如,论文下载出售是否允许,论文制成文集是否允许,或者对文章进行了一些改造、衍生是否允许,都需要有相应的许可制度和规定。这是国内很多所谓开放获取的期刊所没有的。其三,能不能长期保存,今天开放获取了可以在网上看见全文,如果 2018 年网站上没有了就不能认为是开放获取。开放获取必须是可靠的长期保存,在网上获取应该是永久性的获取。此外,是立即的开放获取(发行之时同步在网上开放),还是延时的开放获取(过 3 个月、半年、1

年、2年)？是否允许文章作者把在期刊上发表的文章存储到机构知识库中(自存储)、甚至是个人的网站、主页、博客上等,都需要一系列的政策、制度、措施等相配套。瑞典伦德大学管理的开放获取期刊目录(DOAJ)就非常严格。如果入选该目录,就要遵循一系列相关政策和要求,比如说开放获取的网址是什么,是不是可以看到全文,开放获取的许可制度是什么,相应的一些规定都是开放获取所要求的。现在很多期刊都号称是开放获取,实际上都是免费获取,离完整意义上的开放获取还是有距离的。当然,毕竟免费获取是开放获取的一个基础,我们能够走出这一步已经很不容易,今后还是要采相关的制度、政策,更好地设计、引导。

刘锦山:初老师,开放获取运动对图书馆有哪些影响？图书馆应当如何面对开放获取运动的影响？

初景利:目前,我并不具体参与图书馆的业务,我从一个研究者和旁观者的角度来谈谈我的看法。图书馆要敏锐地认识到开放获取所带来的变化以及这种变化对图书馆可能产生的颠覆性影响,要有一种强烈的危机感。传统图书馆业务模式可能会在数字化、网络化、开放获取形势之下难以为继。原来的资源都是订购型的,现在开放获取的资源会越来越多。国外有人估计开放获取的文章目前已经达到了30%—50%,未来若干年可能会达到70%—80%。这样,图书馆可能就不需要那么多的人员去花钱买资源。如果是这样,图书馆的资源建设应该做些什么？传统图书馆通常花大量的人力、物力、财力去购买资源,也许5年以后图书馆不需要花那么多钱买资源了。图书馆作为购买者的重要性大大下降,以前需要很多人、时间、精力去从事资源建设,但是在数字化、开放获取时代,资源建设主体是购买数据库,而且相当数量的图书、期刊、研究报告、课件等也都在走向开放获取,不需要花钱去购买了。我们设想一下,5年以后当图书馆不需要花钱去买资源的时候,而且所获取的资源都是数字化资源,图书馆还做什么？我们必须及早认识这个问题,及早去适应这个转变,这个转变就是从资源依赖走向服务驱动,把我们关注的重点从购买资源转向服务,转向深度的知识服务。这是图书馆今后发展能不能起到应有的作用,保持应有的地位,甚至能不能生存的一个非常严峻的问题。图书馆必须要转型。以前和资源打交道,围绕资源去做很多业务工作,将来必须要围绕人(用户)去打交道,围绕用户的需求去采集资源、组织资源,更好地提供服务。这对图书馆来讲是战略性转变,能不能转变得好,意义重大。开放获取带来的不仅仅是一种采购模式的变化,而且是图书馆服务体系的重新设计,也是对图书馆服务能力的重新构建,更进一步可能也是对图书馆本身性质、功能的重新认识。

刘锦山:现在国内外的开放获取平台有好几个,据我了解都是把期刊的地址作一个链接放上去,可以浏览、可以下载,但使用的便捷性还是相对弱一点,像全文检索、统一检索功能都没有。将来开放获取的期刊和图书越来越多,大家可能把各自的东西放上去或者每个出版机构都有自己的网站,现在的数据库都是商家通过拿到授权整合以后再销售给图书馆,将来可能80%以上的期刊都开放获取了,图书馆可以自己获得这些资源,但是图书馆是不是还得需要整合后的东西？因为散布在很多期刊网站上的开放资源,图书馆使用是不是不太方便？这已经涉及另外一个问题,国外的很多数据库商本身就是出版商,其出版物开放获取以后自己是有版权的,国内的数据库商不是出版机构,没有版权,而把期刊版权谈来再自己整合,将来如果期刊都放到网上去了,这些机构还有没有存在的必要？不仅是图书馆的模式、内涵会受到开放获取运动的影响,可能商业机构也会受到影响,这个问题您是怎么看的？我觉得可能还是需要图书馆或者其他机构去做整合服务,如中国科学院也有不少刊物在期刊的主页放着,这样对读者来讲显然也是不太方便的。

初景利:这肯定是一个比较大的问题,也是一个新的问题。现在国内外开放获取的方式有三种:第一,期刊网站,自己的期刊在自己的网站上提供全文的阅读和下载的方式;第二,商业性的出版机构,不少都在提供开放获取,这也是能够提高数据库影响力的很重要的方式,从原来的抵制到现在积极参与,认识到开放获取的潮流,也在积极地利用;第三,第三方建立的基础平台,像科学出版社(中国科技出版传媒股份有限公司)建立的"中国科技期刊开放获取平台"(http://www.oaj.cas.cn/),希望把国内开放获取的科技期刊整合在一起,形成检索利用。现在开放获取的资源是非常分布式、发散的,这也带来了如何去更好、更有效地利用资源的问题。图书馆已经认识到了这个问题,比如中国科学院文献情报中心在做开放资源的登记系统,把包括期刊、会议在内的各种各样开放获取的资源收集起来,做成一个平台系统以后更好地揭示和利用。对其他关注开放获取的机构而言,如何把资源更好地收集、揭示也是今后需要去解决的重要问题。图书馆将来重点工作不用再做采购的时候,资源的组织、揭示、知识的发现就会变得越来越重要,资源建设工作的核心必然要转向资源、知识的组织,通过本体等的组织系统,对知识进行更好地组织、揭示、分析,建立发现系统和导航系统,这可能是今后着重要加强的工作。开放获取的资源越丰富,这方面的任务就变得越来越重要。对图书馆和用户而言,能获取的资源越丰富,对服务就越有利。如何把广泛分布的资源有效、及时地获取,转化为服务能力,这是图书馆今后要重点开展的工作。

4. 图书馆发展战略

刘锦山:初老师,战略对于一个组织的发展至为重要,国外的图书馆对于战略规划都非常重视。而国内的图书馆最近几年也开始逐步重视起这个问题。我们了解到,您对于图书馆发展战略也一直关注有加。请您谈谈这方面的问题。

初景利:图书馆发展战略关系到图书馆的未来。图书馆不仅仅要关注现在做什么、过去做什么,更要关注今后做什么,今后的3年、5年、10年做什么。尽管战略研究带有预测性质,也不一定完全准确和可靠,但是没有预见,就不知道未来发展的方向。要通过战略研究更好地规划今后发展的路线,动态地适应环境的变化。战略问题非常重要,不像分类、编目、资源建设,这不是一个具体的业务问题,而是影响整个图书馆发展的全局、重大的方向性问题。如果方向错误,付出再多的努力都是没有意义的。与企业相比,国内图书馆界不大关注战略,据我所知很多图书馆包括一些很知名的大学图书馆,都没有发展战略,没有"十二五"规划,也没有着手制订"十三五"规划。2015年是"十二五"规划的收官之年,也是面向"十三五"制订发展战略的关键之年。《图书情报工作》2015年的第一个选题就是面向"十三五"的图书馆发展战略研究。《国家社会科学基金项目2015年度课题指南》中"图书馆·情报与文献学"第二个选题也是关于战略的——2020年图书馆国家或区域战略与规划研究。图书馆事业的发展需要我们更加正视图书馆发展战略问题。战略的问题并不是务虚,它是一个实实在在规划我们行动的纲领。今后的发展到底要做什么,2016年做什么、2017年做什么,总不能2020年做的事情和2015年一样的。要想做得到,必须要先想得到,只有想得到才能做得到。

图书馆应该对于发展战略给予足够的重视,通过深入系统的研究形成共识,形成未来发展的方向,形成未来发展的规划蓝图。2014年11月,全国高校图工委在海南召开了高校图书馆发展战略研讨会,我做了一个报告谈我对这些方面的认识。我对国外图书馆的发展战略规划也做过一些调研,看过一些国外的研究报告和国外图书馆战略规划。国际上对图书馆发展战略的规划问题非常重视,国内图书馆界因为种种原因在这个方面的研究和实践都还比较薄弱。我这些年做的国内学术交流讲座比较多的也是图书馆发展的趋势与战略问题,这可能和我担任《图书情报工作》主编也有关系。作为一个学术期刊的主编,我必须很好地把握我们这个领域、学科、专业发展的方向性问题,当然我想更重要的是在理论上把图书馆的战略规划问题真正有深入透彻的研究,而且能够在实践上不断去推动。战略规划不仅仅是一个研究的成果,要落实,要有措施,要有行动计划,要有经费保障。

战略规划最重要的意义在于两个方面:第一个是要形成共识,要让全馆的人、业内的同行,更多地了解图书馆今后发展的趋势是什么,图书馆将来到底会怎么样,朝哪个方向去发展,并为此积极地谋划和组织实施,这是很重大的课题。业界不少人在图书馆未来发展战略方面还存在着一些模糊的认识和消极的情绪。要通过规划和研究来分析发展形势,明辨发展的方向。第二个意义是要通过规划和研究为图书馆争取到应有的支持。因为图书馆发展要有保障措施和条件。要实现这些目标以及如何去实现,需要通过与上级有关部门的沟通,来最后对这些规划达成共识,取得上级有关部门的支持,包括人员、经费等方面的支持,为图书馆更好地发展创造有利的条件。如果没有这种规划,就很难得到这种支持。作为一个图书馆馆长如果不知道未来该怎么发展,不知道2016年该做什么,不知道2020年应该做什么,那这个图书馆的发展一定是盲目的,而且不可能有很好的发展,这样的馆长也是不称职的。如果馆长只会向学校(上级)要求增加经费,凭什么要增加呢? 必须要有一个可行的方案,才会得到上级领导的认同,才有可能得到经费的支持。我前几天见到一个大学主管图书馆的副校长,同时主管财务,他说以前很多人都以为学校没有钱,其实学校是有钱的,但是钱用在哪个方面就要看哪个方面更重要。如果图书馆有很好的规划,知道今后怎么发展,而且这样的发展能够征服领导,领导觉得这个规划确实很重要,能够对学校的教学科研产生非常大的帮助,就会把经费优先重点投向图书馆。如果什么想法都没有,只会按部就班地借书还书,还是在维持传统的图书馆业务,仅仅维持开馆的水平,那自然就得不到这种支持。因此,战略规划重要的意义在于通过规划的制订,能够形成未来发展得很好的行动方案,得到学校的支持。作为一个研究图书馆来讲,最重要的是考量为学术机构(大学、研究院所)的教学和科研能否提供有效的信息保障和情报支撑,而不仅仅是提供阅览的场所、学习的空间,因为这是远远不够的。我认为面向"十三五"对图书馆来讲可能是非常重要的发展机遇。我们总在说机遇,"十三五"对图书馆而言确实是一个机遇。如果我们在这五年内能够抓住机会得到快速的发展,在资源保障、技术应用,特别是在服务能力方面有一个快速的提升,图书馆今后的发展可能就会奠定一个良好的基础,否则在这五年我们仍然还是非常被动,仍然还是在固守传统,没有大的创新发展,包括在学科服务能力上没有根本性的改变,可能就失去了机会,再去发展难度就会非常大,图书馆将会面临什么样的命运真的很难讲。

我希望通过各种场合去宣传推广这个思想,重视战略规划,重视发展方向的研究和整个业务能力的重新部署。《图书情报工作》每年搞一次新型图书馆员能力提升培训班,主要考虑在新的环境和需求之下,图书馆员到底应该具备什么样的能力才能适应今天图书馆发展的需要,适应图书馆未来发展的需要。每年培训的主题、内容和邀请的专家都有不同,也希望通过这样的培训能够为国内图书馆员能力提升方面有所推动。与此相关,我在海洋出版社也在组织专家策划出版了一套《新型图书情报人员能力提升培训丛书》,现在已经开始陆续出版了。希望通过这些工作,帮助图书馆员面对未来的变化,衔接目前的发展和未来的需求,更好地适应图书情报转型的需要。这些年有一个非常重要的概念叫"转型":从传统的图书馆转向新型的图书馆。原来的图书馆主要是资源依赖的发展方式,以后要转型为服务驱动的发展模式,这是转型最根本、最核心的问题。

5. 图书馆发展趋势

刘锦山: 初老师,说到战略就要涉及另外一个问题——图书馆的发展趋势,因为战略肯定有共性的问题,虽然每个图书馆要根据自己的具体情况来制订各自的战略,而共性的问题就属于图书馆发展趋势问题。请您谈谈图书馆的发展趋势。

初景利: 关于图书馆发展趋势还是一个比较难于说得更清楚的话题,这可能一个是智者见智、仁者见仁的问题,因为每个人所处的环境、图书馆的类型、本人对于相关问题的认知都是有差别的,对图书馆未来发展趋势的认识可能存在很大的差别。

我认为下面几个方面是图书馆比较重要的发展趋势:

第一,从注重文献保障走向服务能力提升。传统图书馆有钱就去买资源,资源越多越好,资源越多图书馆的能力越强。实际上这不是绝对的。在今天这样一个数字化、数字资源占主导的时代,资源的保障并不是最难的问题,因为总是可以通过购买、馆际互借、文献传递、网上搜索引擎等很多途径获取资源。只要用户提出需求,总会有办法解决的。不应该是有钱了就全部花在资源上,再有钱也不可能实现资源100%的保障,能达到90%就算相当好了,能达到70%就不错了。这一点,在认识上需要转变。资源还是很重要的,是基础,但不要把我们的精力、经费全部投入到资源保障上,我们的重点和重心应该转到服务能力的提升上,把对资源的保障转化为为用户提供服务的能力上,这是我们需要加大力度去做的事情。要更好地去了解和把握用户的需求,更好地揭示和发现用户的需求,更好地围绕着用户的需求来提供服务、组织服务,去设计面向当前用户需求的服务体系。将来想到一个图书馆,不是想到这个馆拥有多么丰富的资源,而是图书馆能给用户提供什么样的服务。比如,图书馆和医院比较,医院不是宣扬自己拥有多少仪器、场地有多大、大楼有多漂亮,而是有多少有名的医生、能够在治疗哪些疾病上有专长。图书馆需要做到的是提升服务的能力,人们想到图书馆时是想到图书馆拥有什么样的学科专家,能够解决用户什么样的问题,能够给用户带来什么样的帮助。我特别希望若干年之后图书馆能够培养更多的学科情报专家,当用户需要图书馆的时候,能够想到图书馆的专家,能够求助于专家解决问题。图书馆的影响力来自学科情报专家的影响力。

第二,从印本资源转向数字资源。图书馆利用资源的目的是为了提供服务,而今天的用户特别是科技用户基本上不看印本,而是通过网络来阅读数字资源,所以数字资源对用户来讲更为重要。国外的图书馆已经把很多经费投入到电子资源上,有的图书馆在电子资源的投入比例是相当高的。而国内的图书馆基本处在50%—60%的水平上。实际上对于图书馆而言,有了电子资源才能更好地去适应用户在桌面及时、方便获取信息的需要。用户不希望去查看印本是因为太过于费时费力。图书馆在资源建设上也必须适应这样的转变。另一个相关的问题就是出版市场的变化。出版商在出版政策方面已经并且将继续做出调整，原来主要出纸版，现在越来越多的出版商在转向电子、数字化。数字化资源的成本更低，而且传播的速度更快、更广。原来我们说印本优先（p-first），现在出版的战略是电子优先（e-priority），甚至有一些电子期刊完全是电子的（e-only），而不出纸版。当出版市场越来越多都是数字化的，甚至是纯数字化的，图书馆还在纠结于购买印本，就必然失去市场的基础。市场的变化对图书馆的影响是非常大的，作为图书馆工作者也要去关注出版领域的变化，这种变化会对资源采购的模式带来根本性的影响。

第三，从图书馆员转变为情报专家。以前说图书馆员的工作就是借借还还，很多人对图书馆员的认识就是这样一种认识，这可能是物理图书馆时代图书馆员比较典型的形象。在数字化、网络化、知识服务的时代，图书馆员本身的学历、知识、能力也在不断提升，拥有学科背景高学历的图书馆员，完全有可能成为学科的情报专家。这种学科情报专家要能够深入到研究课题之中，能够成为课题研究的顾问、情报分析专家，能够对研究的课题提出分析，比如研究的热点或前沿、竞争力比较、国外其他机构的研究动态和战略等，深入到课题的研究过程之中，真正解决课题研究中信息支撑的问题。

第四，从到馆服务走向泛在服务。所谓到馆服务就是用户到图书馆接受图书馆员所提供的服务，这个工作还是要有的，毕竟还是有用户特别是本科生愿意到图书馆去享受图书馆的环境和服务。他们到馆的话，我们还是要提供非常好的服务。国内外有很多图书馆在提供学习共享空间、信息共享空间，就是为到馆的读者创造良好的环境，但这还是不够的。如何引导图书馆员走出图书馆的围墙，走向用户的空间，实现融入和嵌入，与科研过程更好地结合，这是今后要解决的重要问题。很多研究生、老师、科研人员、领导是不到图书馆中去的。如何把服务的前线推向用户的身边，这是今后图书馆要解决的问题。图书馆员的职业定位不是在图书馆里工作，而更多的是在用户的空间中，包括物理空间和虚拟空间，与用户合作，这是非常重要的发展方向

第五，从手工转向工具。现在所谓的智慧图书馆、智能图书馆等，都是在强调技术、工具在图书馆中的应用，能够用计算机、技术系统解决问题就不要用人工。上海图书馆吴建中馆长说过一句话，"图书馆能力的大小不在于规模而在于智慧"。将来的图书馆不是馆藏规模大、馆员人数多就是一个大的、有能力的图书馆，而在于能不能很好地解决用户的问题。如何加强工具的利用、工具的研发来解决、替代馆员的手工劳动，从而更有效率地开展服务，更加体现服务的深度。如果没有工具，很多分析完全靠手工是做不到的，现在已经有很多的工具帮助我们解决问题、提高工作效率。这方面今后可能还会有更好的发展机会，更大的服务空间。

第六，更加重视馆员能力培养和提高。我们以前比较重视物质，有了钱就买资源、买设备或者建立一个馆舍，今后应该把对人（馆员）的培养、使用作为一个重要的任务。图书馆的未来取决于图书馆员的能力，就像医院的能力是由医生的水平所决定的。只有把馆员培养成知名的学科情报专家，图书馆才会有显示度，有影响力，有社会地位和经济地位。培养馆员成为学科情报专家，这是今后应该着力推动解决的首要问题。如果一个图书馆能够有一批学科情报专家，更好地去支撑一个机构的科研教学、发展战略规划，图书馆就一定会有更好的发展机会。中国科学院一些院所的科技战略规划都有我们的情报人员参与。为什么情报人员能够起到这个作用？是因为情报人员本身具备学科基础，视野更宽阔，接触的信息更

多,并且更具中立性。不是说科学家有偏见,但科学家总有其学科背景、自己学科领域的局限,甚至不排除有利益的相关性,规划的课题可能是其所擅长的,他可能在这方面积聚优势。而情报人员没有这方面的倾向性,完全以客观、中立的角色参与到规划的研究和制订之中。因此,图书情报人员在今后的科技规划发展方面会发挥更好的作用。馆员能力的提升将决定图书馆的根本出路。培养高水平的图书情报专家,真正起到专家的作用,为用户提供咨询、指导并参与规划和研究,这是至关重要的问题。

后　记

很荣幸有机会与铜陵市图书馆合作为 2016 年中国图书馆年会做点工作。

最近二十余年,随着社会经济、文化与技术的不断发展,我国图书馆事业逐步迎来了发展的黄金期,城市图书馆事业发展亦不例外。现在已经发展到这样一个阶段:单馆发展模式已经越来越让位于区域化、体系化的发展模式。而区域化、体系化发展模式亦由城市图书馆领风气之先并发扬光大,在未来区域化、体系化发展过程中,城市图书馆当仁不让仍然会发挥非常重要的作用。这也是出版本书的意义所在。

均衡发展、协调发展,是时代的主旋律。城市图书馆与城市相伴而行,得益于城市这一人类物质文明与精神文明高度聚集区域提供的得天独厚的条件,其发展一直处于公共图书馆的领先地位,如何在继续保持先发优势的基础上带动域内图书馆事业的整体化发展,这是城市图书馆未来发展过程中需要解决的课题。当然,这一问题的解决,不单单取决于城市图书馆本身,而且与域内城乡均衡发展相关。但这不是说城市图书馆就应无所作为,近年来城市图书馆的实践已经对此做出了回答。在研究、采访与写作本书的过程中,我们可以深切地感受到城市图书馆在促进域内公共文化服务事业均衡协调发展所做出的努力和探索,正是因为如此,才形成了丰富多彩、百花齐放、百家争鸣的城市图书馆发展模式。

本书就是对最近二十余年城市图书馆发展实践的总结,也是对最近二十余年公共图书馆事业发展实践的总结,面对如此丰富多彩的实践,总结起来难免挂一漏万,虽然如此,也可窥一斑而见全豹,从中多少对公共图书馆事业,特别是城市图书馆事业发展有些概括的了解。

本书的研究写作过程中,得到了全国图书馆界的朋友们的大力支持,特别是本书所采访的专家、馆长以及所收录的案例图书馆的同人们,正是由于他们的鼓励和支持,本书的出版才得以顺利进行。在此,我们对关心、支持和帮助我们的所有领导和朋友们表示衷心的感谢。

由于时间紧张、水平有限,不足之处尚请读者朋友多多海涵。

刘锦山
2016 年 10 月 1 日